오스트리아의 역사와 문화 2

Jong-Dae Lim
Österreichische Geschichte und Kultur. Österreich in der Geschichte Europas,
Europa in der Geschichte Österreichs.
Published by Euro. Seoul, Korea 2014.

오스트리아의 역사와 문화 2

유럽 역사 속의 오스트리아,
오스트리아 역사 속의 유럽

임 종 대 지음

유 로

이 책은 대략 지금의 오스트리아 니더외스터라이히 연방주의 크기에
해당하는 바이에른 공국의 동쪽 변경구로 출발한 오스트마르크(마르키아 오
리엔탈리스)가 공국과 대공국 시대를 거쳐 중부 유럽을 지배하는 거대 제국
으로 융성하였다가, 두 차례의 세계대전에 패한 후 오늘날의 오스트리아
공화국으로 이어지는 천여 년의 역사를 기술한다.

오스트리아 역사의 원년은 바벤베르크 왕조(976-1246)의 시조인 레오폴트
1세가 신성로마제국 황제(오토 2세)에 의해 오스트마르크 변경백에 임명된
해인 976년이다. 바이에른 공국 동단의 변경지역에 불과했던 오스트리아
가 공국으로 국격이 격상되어 신성로마제국 의회의 의석을 확보한 해는
1156년이다. 바벤베르크 왕조는 1246년에 멸망하고, 36년 후 합스부르크
가가 바벤베르크가의 유산과 전통을 이어받아 1차 세계대전이 끝날 때
까지 오스트리아를 지배한다.

합스부르크 왕가 최초의 신성로마제국 황제 루돌프 1세(재위: 1273-1291)는
남서부 독일의 백작 가문이었던 합스부르크가의 도읍을 오스트리아 땅
으로 옮기기 위해 1278년 오토카르 2세 뵈멘 국왕을 제거한 후, 1246년
이후 뵈멘이 점령한 옛 바벤베르크가의 영토(오스트리아)를 회수한다. 합스부
르크가의 오스트리아 역사는 1282년 루돌프 1세 황제의 장남 알브레히
트가 오스트리아 공국과 슈타이어마르크 공국을 제국봉토로 수여받으면
서 시작된다. 합스부르크가 출신의 초대 오스트리아 공작 알브레히트 1

세는 1298년 신성로마제국 황제로도 선출된다. 바벤베르크가의 오스트리아와 합스부르크가의 오스트리아 사이의 36년 공백기(1246-1282)는 오스트리아의 공위기라 불린다.

1246년에 중단되었다가, 1282년 재출범한 오스트리아 공국은 1453년 대공국(에르츠헤르초크툼)으로 승격된다. 신성로마제국의 마지막 황제 프란츠 2세가 오스트리아를 황제국으로 선포한 1804년까지 오스트리아는 대공국이었다. 오스트리아 제국은 왕가의 명칭에 따라 합스부르크 제국이라고도 불린다. 16세기 이후 이미 오스트리아가 합스부르크 제국이라 호칭되기 시작한 것은 1516년 합스부르크가의 대공 카를로스 1세(신성로마제국 황제 카를 5세)가 스페인 왕국의 왕권을 인수하였고, 1526년 페르디난트 1세(카를 5세의 동생) 대공이 헝가리 왕국과 뵈멘 왕국의 국왕에 즉위했기 때문이다. 합스부르크 제국은 1차 세계대전에서 패한 후 붕괴된다. 알브레히트 1세 공작의 통치로 시작된 합스부르크 제국의 역사는 1918년 카를 1세(재위: 1916-1918) 황제의 퇴위와 더불어 역사의 뒤안길로 사라지고, 오스트리아는 공화국 시대를 맞이하게 된다.

합스부르크 왕조 시대의 오스트리아의 역사는 동시에 독일의 역사이다. 여기서의 독일은 국가 개념의 독일이 아니라, 지역과 민족 개념의 독일이다. 1866년 독일전쟁(프로이센-오스트리아 전쟁) 이전의 독일의 역사는 신성로마제국의 역사와 독일연방의 역사이다. 1438년 이후 1806년까지 신성로마제국을 지배한 황제는 - 1742년부터 1745년까지의 3년을 제외하면 - 합스부르크가 출신의 공작과 대공이었고, 독일연방(1815-1866)을 지휘한 국가 역시 오스트리아였다. 프로이센 왕국이 주도권을 행사한 독일의 통일에서 오스트리아가 배제된 이유는 오스트리아가 제국 산하의 왕국과 공국(헝가리, 뵈멘, 갈리치아, 크로아티아 등)을 포기할 수 없었기 때문이다. 프로이센과 오스트리아의 결별은 그러나 길지 않았다. 1879년 독일제국과 오스트리아-헝가리 이중제국은 군사동맹을 체결했다. 그것이 세기적 악연의 출발점이 되리라고 예상한 사람은 아무도 없었다. 독오 동맹은 1차 세계대전으로 이어졌고, 독오 합병은 2차 세계대전으로 연결되었다.

독일전쟁 이전의 오스트리아 역사와 프로이센의 역사는 신성로마제국의 역사와 독일연방의 역사를 공유하는 역사이다. 독일의 역사를 알기 위해 오스트리아의 역사를 읽어야 하는 이유가 바로 여기에 있다. 독오 동맹과 1차 대전, 독오 합병과 2차 대전의 연관성을 밝히기 위해서도 독일의 역사와 오스트리아의 역사를 함께 읽어야 한다. 지금까지 독일사라는 제목으로 출판된 저서와 번역서는 현재의 독일연방공화국을 구성하고 있는 16개 주의 역사를 중심으로 독일의 역사를 다루고 있다. 프로이센 왕국을 중심으로 한 독일사에는 통일 이전 독일의 양대 구성요소였던 오스트리아의 역사가 포함되지 않거나 부분적으로만 취급되기 때문에, 온전한 독일의 역사를 파악하기에는 한계가 있을 수밖에 없다. 이 책은 양독 관

계에 대한 종합적인 이해를 바탕으로 독일어권 유럽의 역사를 기술하려
고 했기 때문에, 유럽의 역사를 이해하는데 도움이 될 것이다.

이 책에 등장하는 비독일어권 지역의 지명은 현재의 지명으로 바꾸어
표기했고, 출현 빈도가 높은 것은 독일어 지명과 현지어 지명을 병기하
였다. 역사서에 따라 연대, 수치 등 객관적 사실이 다를 경우, 1998년
슈투트가르트에서 출판된 <독일역사사전>(수정3판)과 1906년 빈에서 발간
된 <마이어 대백과사전>(6판)의 내용을 기준으로 삼았다.

오스트리아의 역사를 통사의 형식으로 펴내는데 <인문저술연구비>
지원을 결정한 <한국연구재단>에 깊은 감사의 말씀을 드린다. 방대한
초고를 일일이 읽어주신 아주대학교 이재원 교수님, 어려운 출판환경에
도 불구하고 <오스트리아의 역사와 문화>를 기꺼이 3권의 책으로 엮어
주신 <유로 출판사>의 배정민 사장님, 그리고 심재진 편집장님께 진심
으로 감사드린다.

2013년 9월
임종대

※ 이 저서는 2007년도 정부재원(교육부)으로 한국연구재단의 지원을 받아 수행된 연구임 (NRF-2077-812-A00243).

| 제 9 장 | 공화국 시대(1918-)

| 제 2 장 | 합스부르크 왕조의 등장과 종교적 갈등의
시대(1282-1648)

1. 합스부르크가의 융성기
1) 루돌프 1세 - 합스부르크가의 첫 독일국왕
2) 합스부르크가의 두 번째 독일국왕 알브레히트 1세
3) '미남공' 프리드리히 3세 - 루트비히 4세 황제의 대립국왕
4) 알브레히트 2세 공작과 케른텐 공국의 재합병

▷ 오스트리아의 대공 명칭에 관해

5) 루돌프 4세와 프레빌레기움 마이우스

▷ 신성로마제국 헌법 〈금인칙서〉(1356)

2. 합스부르크가 세습지 분할 시기(1379-1463)
1) 알브레히트 가계(1379-1457)
알브레히트 3세, 알브레히트파의 시조
알브레히트 4세 공작과 빌헬름 공작 간의 긴장관계와 홀렌부르크 계약
합스부르크가 역대 세 번째 독일 국왕 알브레히트 5세 공작
알브레히트파 최후의 대공 라디슬라우스 포스투무스
2) 레오폴트 가계(1379-1463)
노이베르크 분할계약(1379)과 홀렌부르크(1395) 계약
레오폴트파의 시조 레오폴트 3세 공작과 트리에스테 합병
레오폴트파의 2대손 빌헬름 공작
레오폴트 4세 공작
심부오스트리아 공작 철인 에른스트
티롤파의 시조 프리드리히 4세 공작
가권분할시대를 극복한 프리드리히 5세 공작
지크문트 공작 ― 티롤파의 2대손
레오폴트파의 마지막 대공 알브레히트 6세

| 제 3 장 | 바로크 시대(1648-1740)

| 제 4 장 |

오스트리아 계몽주의 시대
(1740-1790)

‖ 제4장 ‖
오스트리아 계몽주의 시대(1740-1790)

❏ 1
마리아 테레지아의 집권과 전쟁 발발

　황제 카를 6세의 죽음은 단순히 합스부르크가의 남계의 단절만을 의미하는 것은 아니었다. 그의 죽음은 지금까지 합스부르크 오스트리아 왕조가 과시해온 고공비행의 종말의 시작을 알리는 상징적인 사건이었다. 카를 6세 황제의 장녀 마리아 테레지아를 로트링엔가의 프란츠 슈테판 공작과 결혼시킴으로써 순수한 합스부르크가의 대물림은 끝나고, 왕위가 합스부르크-로트링엔 통합가문으로 넘어가면서 마리아 테레지아 시대 40년의 막이 올랐다. 그리고 난 후 서서히, 매우 서서히 1918년을 향한 하강이 시작되었다.

　로트링엔 공작 프란츠 슈테판과의 결혼에서 16명의 자녀를 생산한 마리아 테레지아는 국민의 사랑과 존경을 한 몸에 받은 여인이었다. 오스트리아는 마리아 테레지아 시대와 그의 장남 요제프 2세의 통치시기에 오늘날의 복지국가로서의 기초가 다져졌다고 해도 과언이 아닐 것이다. 반종교개혁이 오스트리아에서처럼 성공적으로 마무리된 국가도 없었다. 뵈멘의 신교도 봉기를 최종적으로 잠재운 합스부르크가의 군주도 마리아 테레지아였다. 여제는 오스만 제국 군대를 유럽에서 몰아냈고, 신교를 국교로 삼고 있는 해양강국 영국 및 네덜란드와 동맹을 체결하여 프랑스를 적절히 견제했다. 그러나 이 빛나는 업적 뒤에는 겉으로 드러나지 않은 불안한 요소가 숨어있었다.

오스트리아가 헝가리와 뵈멘을 지배하기 이전까지, 다시 말해 1526년 이전까지는 수도 빈이 서유럽의 최동단 지역에 위치한 서구문명의 외곽 보루였다면, 헝가리와 뵈멘을 합병시킨 이후 다민족, 다국가 체제로 전환된 이후의 합스부르크 제국의 수도 빈은 지정학적으로 볼 때, 제국의 심장부, 환언하면 중부 유럽의 중심에 놓이게 되었다. 제국의 통치지역은 정치적, 군사적 장악이 힘에 겨울 정도로 확대되었는데도, 제국은 왕조 간의 결혼을 영토 확장의 수단으로 삼으려 했다. 제국을 지탱하는 내부구조는 견고성을 결여하고 있었다. 합스부르크 제국이 의존한 유일한 존립 기반은 한 가문에 대한 헌신, 다시 말해 합스부르크가에 대한 충성심이었다. 제국을 관류하는 공통의 풍습도, 공통의 언어도 없었고, 신앙의 선택은 권력에 의해 강요되었다.

오스트리아 제국은 자치 국가들의 연방이 아니었다. 그럼에도 불구하고 마리아 테레지아가 집권했을 때의 합스부르크 왕가는 공유하는 특성이 전혀 없는, 예의 십인십색의 다민족, 다국가 집단을 이미 200년 가까이 동일한 제국의 기치아래 통치해 왔다. 오스트리아 사람들에게 헝가리의 마자르족은 그들 특유의 낯선 풍속에다가, 인도 게르만어와는 문법 체계가 전혀 다른 언어를 가진, 통합시키기 어려운 민족이었다. 장구한 세월 동안 오스만 제국과의 접촉으로 인해 절반은 이미 동양화되어 버린 헝가리를 제국에 동화시키는 작업은 쉬운 일이 아니었다. 그러나 마자르족 문제는 수많은 난제 중의 하나일 뿐이었다. 동유럽 깊숙이 광범위하게 확대된 합스부르크 통치령 내에는 수많은 민족 단위의 저항세력들이 존재하여, 완전한 통합은 애초부터 실현될 수 없는 희망사항이었는지도 모른다. 도나우 강변의 작은 변경백령(오스트마르크)으로 출발한 오스트리아는 이제 폴란드에서 지중해에 이르는, 그리고 발칸 반도 깊숙한 지역까지 이르는 강대한 제국으로 성장하였다. 1805년 오스트리아의 영토에 편입된 잘츠부르크를 제외한 - 지금의 부르겐란트주는 1차 대전이 끝날 때까지 헝가리 영토였다 - 오늘날의 오스트리아 전체, 남 티롤, 헝가리, 오늘날의 체코 공화국인 뵈멘과 메렌, 지금은 폴란드 영토인 슐레지엔, 루마니아 북부지방인 지벤뷔르겐, 크로아티아, 아드리아 해 연안의 북 달마티아, 크로아티아의 항구도시 리예카(옛 이탈리아의 피우메)와 트리에스트(이탈리아의 트리에스테) 항구를 포함한 이스트리아 반도, 남서부 독일의 일부(전부오스트리아), 벨기에(오스트리아 령 네덜란드), 이탈리아의 북부 평원 롬바르디아(수도: 밀라노), 이탈리아의 토스카나, 이탈리아의 피아첸차와 파르마가 모두 마리아 테레지아가 물려받은 합스부르크 다민족 제국의 지배지역이었다.

이 광대한 제국을 마리아 테레지아가 여자의 몸으로 전쟁의 위험을 무릅쓰고 합스부르크가의 유산으로 상속받은 것은 만 23세 되던 해인 1740년이었다. 로트링엔가의 프란츠 슈테판 공작과 결혼한 후 4년 만의 시점이었다. 1736년 마리아 테레지아와 결혼하여 1745년에 신성로마제국, 즉 독일제국 황제에 선출된 프란츠 1세 슈테판은 이미 1723년부터 카를 6세의 부름을 받아 빈의 황실에서 황제 예비교육을 받았었다. 마리아 테레지아가 합스부르크 제국을 상속받았을 때, 합스부르크가의 창공의 해는 아직은 중천에 떠있었다. 그러나 지평선 북쪽에는 악천후를 예고하는 작은 먹구름이 이미 오스트리아를 향해 고개를 내밀고 있었다.

□ 2
오스트리아 계승전쟁과 1, 2차 슐레지엔 전쟁

중부 유럽의 소나기구름은 예고 없이 발생한다. 마리아 테레지아가 등극한 후 얼마 지나지 않아 악천후는 시작되었다. 북쪽 국경 건너편에는 공명심이 한이 없는 공격적 성향의 젊은 군주가 강력한 육군을 장악한 제후국을 지배하고 있었으니, 후일 '대왕'이라 불린 호엔촐레른 왕조의 프리드리히 2세(1712-1789. 1740-1789: 브란덴부르크 선제후, 1740-1771: 동프로이센 국왕, 1772-1789: 프로이센 국왕) 브란덴부르크 선제후였다. 브란덴부르크는 1701년 공국에서 왕국으로 승격한 동프로이센을 지배하고 있었기 때문에, 프리드리히 2세는 자신을 선제후로 불리기보다는 국왕으로 불리기를 선호한 군주였다. 프리드리히 2세가 즉위한 해는 공교롭게도 마리아 테레지아가 합스부르크 제국의 수장이 된 바로 그 해 1740년이었다. 더 정확히 말하자면 프리드리히 2세는 1740년 5월 31일에, 마리아 테레지아는 약 5개월 후인 같은 해 10월 20일에 등극하였다. 역대 프로이센의 국왕들 중 - 1772년 이후의 브란덴부르크 선제후는 동프로이센과 서프로이센과 브란덴부르크를 포괄하는 통합된 프로이센 왕국(프로이센 왕국 성립사 및 폴란드 분할 참조)의 국왕을 겸했다 - 유일하게 대왕이란 칭호로 불린 프리드리히 2세는 46년의 재위기간 동안 세 명의 여인을 상대로 한 전쟁을 치르는 데 통치기간의 대부분을 할애했다고 빈정거린 사가도 있었다. 그(프리드리히 2세)가 '교황의 마녀'라고 불렀던 마리아 테레지아, '북방의 살쾡이'라고 한 러시아의 옐리자베타(1709-1762, 재위 1741-1762) 여제, 그리고 프랑스의 루이 15세(재위: 1715-1774)의 연인 잔 앙투아네트 푸아송 퐁파두르(1721-1764) 후작부인이 그 세 여인이었다.

제3차 슐레지엔 전쟁, 혹은 7년 전쟁(1756-1763)이라고 불리는 오스트리아와 프로이센 간의 전쟁에서 마리아 테레지아는 프로이센을 제압하기 위해 합스부르크가의 숙적인 부르봉가의 프랑스에 도움을 요청했다. 18세기 전반에만 해도 두 차례의 큰 전쟁에서, 다시 말해 스페인 계승전쟁(1701-1714)과 폴란드 왕위계승전쟁(1733-1738)에서 여러 차례의 전투를 치르면서 승패를 주고받았던 프랑스와 오스트리아는 1756년 5월 1일 대프로이센 군사동맹조약(베르사이유 조약)을 체결했다. 전통적 적대관계였던 부르봉가와 합스부르크가 간의 베르사유 조약 체결에 깊이 관여한 여인이 퐁파두르 후작부인이었다. 마리아 테레지아의 요청으로 옐리자베타 여제도 다음 해인 1757년 1월 11일 프랑스-오스트리아 동맹조약(베르사이유 조약)에 가입하여 오스트리아와 함께 프로이센을 공격할 전열을 정비했다. 프리드리히 2세 프로이센 국왕의 세 여인에 대한 험구는 바로 이와 같은 역사적 사실에서 연원한 것이었다.

　한 세기 전에 이미 독일 통일의 초석을 놓은 프리드리히 2세를 프로이센 사람들은 '대왕'이라 칭하면서 그의 업적을 평가했지만, 오스트리아 사람들의 시각에서 보면 그는 '침략자'였다. 유럽의 국제정치계에서 뿐만 아니라, 합스부르크가 내에서도 잘 알려지지 않은 독일제국 변방(로트링엔)의 공작(프란츠 슈테판)과 결혼한, 젊고 정치적 경험이 일천한 마리아 테레지아가 스페인 계승전쟁과 터키전쟁(7차 터키전쟁)을 치르느라 국고와 국력이 바닥난 대제국을 상속받았을 당시의 오스트리아는 정치적으로 고립된 상태에 있었다. 동맹국 러시아의 동의 없이 체결한 <베오그라드 평화조약>(1739)에서 베오그라드를 포함해 도나우 강과 사바 강 이남 지역 전체를 오스만 제국에 반환한 후, 1년 남짓 지난 시점에 갑자기 카를 6세가 사망했기 때문이었다.

　1740년 10월 20일 카를 6세가 55세를 일기로 사망하고, 졸지에 대제국의 경영을 상속받게 된, 이제 23세 밖에 안 된 마리아 테레지아의 입지는 극도로 불안정한 상태였다. 이미 유럽의 여러 나라들이 인정하기 시작한 <국본조칙>에 근거하여 즉위하였음에도 불구하고 종형부(바이에른 선제후 카를 알브레히트)가 일으킨 계승전쟁과 프리드리히 2세 프로이센 국왕의 슐레지엔 침공전쟁이 동시에 발생하였기 때문에, 마리아 테레지아는 즉위한지 두 달 만에 전쟁의 소용돌이 속으로 휘말려 들어갈 수밖에 없었다. 두 전쟁은 거의 동시에 일어났다. 3차에 걸쳐 일어난 슐레지엔 전쟁에서의 오스트리아의 주적은 프리드리히 2세 브란덴부르크 선제후였고, 오스트리아 계승전쟁에서의 마리아 테레지아 여제의 주적은 바이에른 선제후 카를 알브레히트 공작이었다. 남편(프란츠 슈테판 로트링엔 공작)을 부왕(카를 6세)의 후임 독일제국 황제로 만들기 위해 합스부르크 왕가의 모든 외교력을 집중시켜야 할 대상들인 바이에른 선제후와 브란덴부르크 선제후를 상대로 마리아 테레지아는 정권의 정통성 확립 전쟁(계승전쟁)과 영토 수호 전쟁(슐레지엔 전쟁)을 동시에 벌여야 했다. 프리드리히 2세 브란덴부르크 선제후는 국본조칙과 마리아 테레지아의 정통성을 문제 삼아 두 전쟁에 모두 개입했기 때문에, 오스트리아 계승전쟁과 슐레지엔 전쟁은 분리시켜 기술하기가 어려운, 상호 밀접하게 연계된 전쟁이다.

1) 오스트리아 계승전쟁(1740-1748)의 배경과 원인

막시밀리안 1세의 장손이며, 미남왕 필립 1세 카스티야 국왕(1504-1506)의 장남인 카를 5세가 1516년 스페인의 국왕에 즉위한 이후 184년 동안 존속한 스페인 합스부르크 왕가의 남계가 1700년 11월 1일 카를로스 2세 스페인 국왕의 사망과 더불어 단절되었다. 그 후 루이 14세 프랑스 국왕의 손자인 부르봉가의 펠리페 5세가 스페인의 새로운 국왕에 즉위함으로써 합스부르크가는 부르봉가와의 전쟁(스페인 계승전쟁)에 휘말려 들어갔었다.

오스트리아 합스부르크 가계의 수장인 레오폴트 1세 독일황제는 작은아들 카를(카를 6세 황제)을 펠리페 5세의 대립국왕(카를로스 3세)으로 선포하여 프랑스와 스페인 계승전쟁에 돌입하기 전에 우선 합스부르크가(오스트리아 합스부르크가와 스페인 합스부르크가) 내의 상속순서를 확정지어야 할 필요성을 느끼게 되었다. 후사를 두지 못하고 1700년에 사망함으로써 나라를 빼앗긴 스페인 합스부르크가의 마지막 스페인 국왕 카를로스 2세의 전례가 향후 더 이상 반복되어서는 안 되기 때문이었다. 레오폴트 1세 황제의 후계자로 결정되어 이미 1699년 선제후 회의의 선거를 통과하여 로마 왕에 선출됨으로써 신성로마제국, 즉 독일제국의 차기황제로 확정된 큰아들(요제프 1세)과 스페인 국왕(카를로스 3세)에 지명된 작은아들(카를 6세)의 후손들이 유사시 상호상속권을 가질 수 있도록 규정하고, 그 순위를 확정한 비공개 합의문서가 바로 레오폴트 1세가 주도하여 요제프와 카를 형제가 동의한 1703년 9월 12일의 <상호계승약관>이었다. 10년 후인 1713년에 제정된 <국본조칙>의 모태가 된 상호계승약관은 여계는 남계가 단절된 경우에 한해서 상속을 받을 수 있도록 규정하였다.

레오폴트 1세 황제는 1705년 사망했고, 그의 큰아들 요제프 1세가 레오폴트 1세를 계승했다. 즉위 6년 만에 미성년의 딸 두 명을 남긴 채 요제프 1세가 1711년 돌연히 사망했을 때, 그의 동생 카를(스페인 대립국왕 카를로스 3세)이 상호계승약관에 의거 형 요제프 1세를 승계하여, 카를 6세 황제가 되었다. 요제프 1세의 장녀 마리아 요제파(1699-1757)는 1719년 작센 공국의 선제후 후계자 프리드리히 아우구스트 2세(1696-1763. 1733년 이후 작센 선제후 겸 폴란드 국왕)와 결혼했고, 차녀 마리아 아말리아(1701-1756)는 1722년 바이에른 공국의 선제후 후계자 카를 알브레히트(1697-1745. 1726년 이후 선제후, 1742년 이후 독일제국 황제)와 결혼하였다. 1740년 카를 6세가 사망한 후 마리아 테레지아가 1713년 제정된 국본조칙에 근거하여 합스부르크 제국을 상속받았을 때, 1711년에 사망한 마리아 테레지아의 백부 요제프 1세의 둘째 사위 카를 알브레히트 바이에른 선제후는 처사촌 마리아 테레지아의 계승을 저지하기 위해 자신의 손위동서이며 요제프 1세의 둘째 사위인 프리드리히 아우구스트 2세 작센 선제후(폴란드 국왕으로서는 아우구스트 3세)를 선동하여 계승전쟁을 유발시켰다.

카를 6세는 즉위 2년 후인 1713년 4월 19일 상호계승약관의 상속 순위를 조정한 국본조칙을 제정함으로써 합스부르크가의 계승 규정을 완성했다. 국본조칙은 합스부르크 제국의 불가분성과 불분리성을 규정하고, 이 목적을 위해 단일한 계승질서를 확정한 합스부르크 왕가의 가헌이며, 합스부르크 제국의 헌법이었다.

상호계승약관(1703)과 국본조칙(1713)은 여계의 상속권은 모든 남계가 단절된 후에 비로소 인정된다는 점에서는 그 내용이 일치했다. 그러나 상호계승약관과 국본조칙의 차이점, 상호계승약관은 남계가 단절된 후 발생하는 여계의 상속 순위를 열어놓은 반면에, 국본조칙은 이 경우 마지막 남계 왕위 소지자(직전 국왕)의 후손에게 계승권이 귀속되도록 조정한 조항에 있었다. 장남에게 주어진 우선상속권이 장남이 사망한 경우 장남의 가계, 장남의 가계가 단절된 경우 차남 및 차남의 가계로 이전되는 것은 상호계승약관과 국본조칙의 공통점이었다. 그러나 가계의 남계가 완전히 단절된 경우 마지막 국왕의 장녀와 장녀의 자손들이 계승권을 가지도록 국본조칙은 규정했다. 카를 6세가 후사 없이 사망할 경우, 카를 6세의 형 요제프 1세의 아들이 상속권을 가지지만, 후자 역시 두 명의 딸만 두었기 때문에, 1711년에 사망한 요제프 1세의 장녀가 아닌, 1740년에 사망한 카를 6세의 장녀가 상속권을 확보하도록 여계의 순위를 확정한 것이 상호계승약관과 국본조칙의 근본적인 차이점이었다.

카를 6세가 장녀 마리아 테레지아를 위해 국본조칙을 제정했다는 주장은 논리적 모순을 내포한다. 마리아 테레지아는 국본조칙이 제정된 4년 후인 1717년에 출생했기 때문이다. 그 뿐 아니라, 카를 6세에게는 마리아 테레지아에 1년 앞선 1716년에 출생하여 그 해에 사망한 아들(레오폴트 요한)도 있었다. 국본조칙을 따르면 카를 6세에 앞서 사망한 요제프 1세의 두 딸이 제기한 상속권은 효력을 가질 수 없었다. 상호계승약관과 국본조칙의 형식상의 차이는 전자는 단지 합스부르크가 내부규정이었기 때문에, 비밀에 부쳐졌지만, 국본조칙은 제정과 동시에 국내외적으로 반포되었다는 점이었다. 국본조칙은 오스트리아의 모든 지역의회와 헝가리 및 뵈멘 왕국의 의회에 제출되어, 1720년과 1723년 사이에 승인을 받음으로써 합스부르크 다민족 제국의 공식적인 헌법이 되었다.

카를 6세 황제는 요제프 1세 황제의 딸들과 그들의 배우자들이 상속권을 제기할 수 있음을 우려하여 생전에 국본조칙을 유럽의 모든 국가들로부터 승인받으려 노력했다. 그는 최측근 조언자이며 외무장관인 요한 크리스토프 폰 바르텐슈타인(1687-1767) 남작의 지원을 받아 유럽의 강국들로부터 국본조칙에 대한 사전 승인을 이끌어내는 데 성공했다. 부르봉가가 장악한 스페인은 오스트리아와 체결한 1725년의 <빈 동맹조약>에서 국본조칙을 승인하였고, 그에 대한 반대급부로 오스트리아는 스페인을 최종적으로 포기했다. 오스트리아와 스페인이 1725년 4월 25일 빈 동맹조약을 체결했을 때, 프로이센은 빈 동맹조약에 대응해 1725년 9월 3일 하노버에서 <헤렌하우젠 조약>을 체결하여 프랑스, 영국 및 하노버와 동맹을 체결했다. 그러나 러시아가 빈 동맹조약(스페인-오스트리아 동맹)에 가입했을 때, 강대국들과의 대결이 부담스러워진 브란덴부르크 선제후 - 프리드리히 2세의 선군 - 프리드리히 빌헬름 1세(1688-1740, 재위: 1713-1740)는 1726년 10월 12일 브란덴부르크의 부스터하우젠에서 체결한 비밀조약(부스터하우젠 비밀조약)에서 러시아 및 오스트리아와 비밀동맹을 체결하여 오스트리아의 국본조칙을 승인했다. 이로써 15년 기한으로 체결된 헤렌하우젠 조약은 원인무효가 되어버렸다. 부스터하우젠 비밀조약이 체결된 지 2년 후인 1728년 12월 23일 오스트리아의 카를 6세와 체결한 <베를린 조약>에서 프리드리히 빌헬름 1세는 다시 한 번 국본조칙을 승인하고, 대공녀 마리아 테레지아와 그녀의 약혼자 프란츠 슈테판 로트링엔 공작의 결혼이 실현될 경우, 카를 6세의 후임 독일황제 선출 시 브란덴부르크 선제후로서 프란츠 슈테판을 지지할 것임을 약속했다. 그러니까 브란덴부르크 선제후 겸 동프로이센 국왕 프리드리히 빌헬름 1세는 1726과 1728년 두 차례에 걸쳐 국본조칙을 승인한 것이었다. 영국은 1731년 3월 16일자로 오스트리아와 체결한 <빈 조약>에서 카를 6세의 장녀 마리아 테레지아가 유럽의 힘의 균형을 위해할 혼인, 즉 현직 유럽 국가원수와는 결혼을 피해야 한다는 조건 하에 국본조칙을 승인했다. 프랑스는 폴란드 왕위계승전쟁의 종식을 최종적으로 확인하기 위해 1738년 11월 18일 빈에서 체결된 <빈 평화조약>에서 국본조칙을 보장했다.

그러나 이와 같은 카를 6세의 생전의 노력은 제한적인 성과에 불과했다. 그럴 것이 1740년 10월 20일 카를 6세가 사망한 후 상황이 돌변했기 때문이었다. 1711년 사망한 요제프 1세(카를 6세 황제의 형)의 사위로서 서로 동서지간인 바이에른 선제후 카를 알브레히트 공작과 작센 선제후 프리드리히 아우구스트 2세 공작은 - 후자는 동시에 폴란드 국왕 아우구스트 3세이었다 - 국본조칙의 적법성과 마리아 테레지아의 상속권 행사에 이의를 제기하고, 그들의 배우자들, 즉 요제프 1세의 두 여식들의 이름으로 합스부르크 세습지에 대한 상속권을 제기했다. 요제프 1세의 차녀(마리아 아말리아)의 남편인 바이에른 선제후 카를 알브레히트는 뵈멘 왕국과 오버외스터라이히 대공국을, 요제프 1세의 장녀(마리아 요제파)와 결혼한 작센 선제후 프리드리히 아우구스트 2세는 메렌과 니더외스터라이히 대공국을 각각 요구했다.

카를 알브레히트 바이에른 선제후가 제기한 합스부르크가의 재산에 대한 상속권 주장은 1564년에 사망한 페르디난트 1세(재위: 1556-1564) 신성로마제국 황제의 유언장에도 그 근거가 있었다. 페르디난트 1세 황제의 장녀 엘리자베트(1526-1545)는 당시 폴란드 국왕 지기스문트 2세 아우구스트(1520-1572)와 결혼했고, 차녀 안나(1528-1590)는 - 카를 알브레히트의 5대조인 - 바이에른 공작 알브레히트 5세(1528-1579)와 혼인을 맺었었다. 페르디난트 1세의 유언장의 골자는 향후 합스부르크가의 남계의 대가 단절될 경우, 안나와 안나의 남계 후손들이 합스부르크가의 상속인이 된다는 내용이었다. 그로부터 176년이 지난 1740년 카를 6세 황제가 실제로 후사를 두지 못한 채 사망하자, 안나의 직계 후손인 카를 알브레히트 바이에른 선제후가 페르디난트 1세(카를 알브레히트의 5대 외조부)의 유언장에 근거하여 계승권을 주장하고 나선 것이었다. 페르디난트 1세의 유언장의 내용은 1546년 안나가 알브레히트 5세 바이에른 공작(1528-1579, 재위: 1550-1579)과 결혼할 당시 합스부르크 왕가와 비텔스바흐 왕가 간에 체결된 결혼계약의 구성요소이기도 했다. 오스트리아 합스부르크가의 남계가 단절될 경우 뵈멘과 슐레지엔과 메렌이, 그리고 스페인 합스부르크가의 남계가 단절될 경우에는 헝가리와 기타 세습지 역시 안나와 안나의 남계 후손에게 귀속된다는 것이 결혼계약서에 구체적으로 적시된 내용이었다. 카를 알브레히트 바이에른 선제후는 알브레히트 5세 공작(페르디난트 1세 황제의 사위)의 5대손이었다.

마리아 테레지아와 같은 해(1740)에 집권한 프리드리히 2세 브란덴부르크 선제후는 - 선왕 프리드리히 빌헬름 1세가 1726년 부스터하우젠 비밀조약과 1728년 베를린 조약에서 두 차례에 걸쳐 합스부르크가의 상속 규정 및 합스부르크가 세습지의 불가분성과 불분리성 선언(국본조칙)을 승인했음에도 불구하고 - 오스트리아가 계승분쟁에 휘말려 들어간 기회를 이용해 1686년에 이미 포기한 슐레지엔의 일부지역에 대한 영유권을 주장하면서 전쟁을 일으켰다. 프리드리히 2세의 슐레지엔 점령전쟁은 오스트리아의 계승분쟁이 계승전쟁으로 발전하기 전에 발생한 전쟁이었다. 같은 시기 바이에른 선제후(카를 알브레히트)는 합스부르크가의 일부(뵈멘 왕국과 오버외스터라이히 대공국)에 대한 상속권을 제기함과 동시에 카를 6세 사망 후 공석중인 신성로마제국 황제직을 자신이 승계받기 위해 쾰른 대주교 겸 선제후인 친동생 클레멘스 아우구스트, 그리고 오스트리아에 적대적인 프랑스의 루이 15세 국왕과 제휴하여 합스부르크가의 차기황제 후보인 카를 6세의 예서(마리아 테레지아의 부군 로트링엔 공작 프란츠 슈테판)의 황제선출을 막으려고 활발한 공작을 벌였다. 오스트리아와 바이에른 간의 계승전쟁은 이제 피할 수 없게 되었다. 그러나 전쟁은 괴이하게도 오스트리아도 바이에른도 아닌, 브란덴부르크 선제후(프리드리히 2세)에 의해서 시작되었으며, 그 전쟁은 선전포고도 없는 전격전(1차 슐레지엔 전쟁)이었다.

2) 1차 슐레지엔 전쟁(1740-1742)

1차 슐레지엔 전쟁의 원인

1526년 뵈멘 왕국이 합스부르크가에 상속된 후, 뵈멘의 국왕은 1742년까지 슐레지엔(수도: 브레슬라우/폴란드의 브로추아프)을 지배했다. 1537년 슐레지엔의 리그니츠-브리크-볼라우(폴란드의 레그니카·브제제크·보우우프) 공작 프리드리히 2세(1480-1547)가 브란덴부르크 선제후 요아힘 2세(1505-1571, 재위: 1535-1571)와 체결한 상호상속조약에서 합스부르크가의 허가를 받지 않고, 호엔촐레른가(브란덴부

르크 선제후 가문)를 상속자로 선임했을 때, 합스부르크가(페르디난트 1세 뵈멘 국왕)
는 리그니츠 공작과 브란덴부르크 선제후 간의 상호상속조약을 1546년
무효화시켰다. 한 세기가 지난 후 리그니츠의 마지막 공작 게오르크 빌
헬름 1세(1660-1675, 재위: 1672-1675)가 1675년 어린 나이에 사망한 후 가계가
단절되었을 때, 리그니츠-브리크-볼라우 공국은 제국공유지로 회수되었
고, 독일제국 황제 레오폴트 1세는 이 땅을 합스부르크가에 귀속시켰다.
이에 대해 브란덴부르크 대선제후 프리드리히 빌헬름(제위: 1640-1688)은 1537
년의 상호상속조약에 의거하여 리그니츠(레그니카)와 브리크(브제크)와 볼라우
(보우우프) 공국에 대한 상속권을 다시 제기했다. 1686년 프리드리히 빌헬름
대선제후는 슈비부스(폴란드의 스비보드진)의 일부 지역을 할양받는 조건으로
리그니츠-브리크-볼라우에 대한 상속권을 포기했지만, 이것은 후일(1740)
프리드리히 2세의 슐레지엔 침공에 동기를 제공한 역사적 사건이 되었
다. 1740년 마리아 테레지아보다 6개월 앞서 즉위한 프리드리히 2세는
마리아 테레지아가 즉위하자마자, 한술 더 떠서 슐레지엔 전체에 대한
영유권을 - 슐레지엔은 위의 3개 공국을 포함해 약 50개 공국으로 구성
되어 있었다 - 주장하고 나섰기 때문이었다. 직조 공업이 발달한 슐레지
엔은 합스부르크 제국에서 경제적 가치가 가장 높은 지역이었다. 오스트
리아 계승전쟁의 직접적인 당사국은 오스트리아와 바이에른이었고, 카를
알브레히트 바이에른 선제후가 카를 6세 사망 후 계승권을 주장함으로
써 촉발된 전쟁으로 역사는 기록하고 있지만, 바이에른과 오스트리아 간
의 전쟁이 발발하기 전에 프리드리히 2세 브란덴부르크 선제후 겸 동프
로이센 국왕이 슐레지엔에 대한 영유권을 주장하면서 전쟁은 시작되었
다. 프리드리히 2세가 1740년 12월 슐레지엔의 일부지역을 기습 점령하
면서 시작된 전쟁이 <1차 슐레지엔 전쟁>(1740-1742)이었다.

프리드리히 2세가 영유권을 주장한 슐레지엔에는 예게른도르프(현재 체
코의 크르노프)도 포함되어 있었다. 1523년 호엔촐레른가로 그 소유권이 넘어
왔던 슐레지엔의 예게른도르프가 브란덴부르크 선제후국의 영지가 된

것은 1603년이었다. 브란덴부르크 선제후 요아힘 프리드리히(1546-1608, 재위: 1598-1608)는 장남 요한 지기스문트(1572-1619, 제위: 1608-1619)를 자신의 후계자(선제후)로 삼고, 차남 요한 게오르크(1577-1624)에게는 예게른도르프를 상속했다. 요한 게오르크는 뵈멘의 '겨울왕' 프리드리히 5세(팔츠 선제후)의 추종자로서 뵈멘 봉기(1619)에 참가했고, 이듬해에는 후자의 군사령관으로서 <백산 전투>에 참가하여 황제군에 대항했다. 이로 인해 그는 황제(페르디난트 2세)에 의해 1621년 프리드리히 5세 팔츠 선제후와 더불어 독일제국에서 추방되었다. 1623년 페르디난트 2세 독일황제는 브란덴부르크의 영유권을 무시하고 예게른도르프를 압류 조치했고, 1619년 뵈멘 봉기 시 페르디난트 2세 황제를 크게 도왔으며, 백산 전투에서 신교도들을 제압한 후, 반란 세력들의 체포 및 처형을 황제로부터 위임받았을 정도로 황제의 신임이 두터웠던 메렌 귀족 출신의 카를 폰 리히텐슈타인(1559-1627, 여기서의 리히텐슈타인은 빈 남쪽 뫼들링의 성 이름) 후작에게 예게른도르프를 봉토로 수여해버렸다. 프리드리히 2세의 슐레지엔 침공은 부분적으로는 예게른도프 탈환전의 성격도 띠고 있었다.

프리드리히 2세의 슐레지엔 침공의 또 하나의 이유가 된 사건이 발생한 것은, 1686년 3월 22일 프랑스 국왕 루이 14세의 동진정책을 견제하기 위해 오스트리아(레오폴트 1세 황제)와 브란덴부르크(프리드리히 빌헬름 브란덴부르크 대선제후)가 빈에서 상호 방어동맹을 체결했을 때였다. 오스트리아-브란덴부르크 동맹조약에서 브란덴부르크 대선제후 프리드리히 빌헬름은 - 앞에서 잠시 언급했듯이 - 슐레지엔의 3개 공국(리그니츠/브리크/볼라우)에 대한 영유권을 포기하는 대신, 그 반대급부로 프랑스를 견제할 군사원조와 슐레지엔의 슈비부스를 할양받기를 원했다. 그런데 문제는 같은 시간에 베를린 주재 오스트리아 공사가, 오스트리아에 우호적이었던 선제후의 태자 프리드리히(후일의 프리드리히 3세 브란덴부르크 선제후 겸 프리드리히 1세 동프로이센 국왕)와 비밀협약을 체결한 데 있었다. 후자가 선제후에 즉위할 경우 슈비부스를 합스부르크 제국에 반환한다는 약속이 비밀협약에 포함되어 있었다.

프리드리히 빌헬름 대선제후가 1688년 사망한 후, 프리드리히 3세가 브란덴부르크 선제후에 즉위했을 때, 레오폴트 1세 황제는 프리드리히 3세 선제후에게 태자 시절의 약속을 상기시켰다. 1695년 슈비부스의 반환이 불가피해지자, 프리드리히 3세는 1686년의 베를린의 비밀협정은 없는 사실을 있는 것처럼 기만한 결과로 서명한 것이기 때문에, 원래의 슐레지엔 영토 청구권을 포기한 것은 무효이고, 따라서 리그니츠-브리크-볼라우에 대한 브란덴부르크의 영유권은 유효하다고 주장했다. 그 후 프리드리히 3세의 주장은 브란덴부르크-프로이센의 일관적인 견해로 굳어졌고, 이것 역시 프리드리히 2세의 슐레지엔 침공의 이유를 제공한 역사적 사실로 작용했다.

여기에다가 또 1731년에 발견된 대선제후 프리드리히 빌헬름의 유지가 담긴 문서도 슐레지엔 전쟁의 중요한 동인을 제공했던 것 같다. 프리드리히 빌헬름은 이 문서에서 후손들에게 오스트리아의 합스부르크 가계의 남계가 소멸할 경우, 작센의 슐레지엔 합병 가능성을 미연에 방지하고, 폴란드의 프로이센 종속을 강화시키기 위해 슐레지엔을 장악할 것을 지시했다. 독일제국의 서쪽 변방, 그러니까 프랑스와의 접경지역(라인강 하류)에 위치한 윌리히와 베르크에 대한 영유권 주장에만 지나치게 집착할 경우, 이에 필요한 (프랑스와의) 전쟁 비용이 그 결과를 정당화하지 못하리라는 인식이 청년 프리드리히 2세 국왕의 슐레지엔에 대한 영유권 야욕을 강화시켰다.

1차 슐레지엔 전쟁의 진행과정

프리드리히 2세는 1740년 12월 11일 슐레지엔을 프로이센에 양도하라는 내용의 최후통첩을 오스트리아에 보냈다. 슐레지엔을 양도하면, 국본조칙을 승인하고 마리아 테레지아의 부군을 카를 6세 황제의 후임황제로 지지하겠다는 내용도 포함된 최후통첩이었다. 국본조칙은 프로이센이 이미 세 차례나 - 부스터하우젠 비밀조약(1726년 10월 12일)과 베를린 조약(1728년 12월 23일), 그리고 빈 평화조약(1738년 11월 18일)에서 - 문서화하여 승인한 사안이었다. 프리드리히 2세는 최후통첩에 대한 답신을 기다리지도 않고, 12월 16일 27,000명의 군대를 동원하여 슐레지엔을 - 신교가 절대 다수인 슐레지엔 주민들의 열렬한 환영을 받으면서 - 기습 점령했다. 1740년 5월 31일 프리드리히 2세의 즉위 후 7개월만의 일이었으며, 마리아 테레지아 여제가 선왕(카를 6세)을 승계하고 2개월도 채 지나지 않은 시점이었다.

프리드리히 2세는 한편으로는 슐레지엔을 점령하고, 또 다른 한편으로는 빈으로 외교관들을 파견하여 슐레지엔의 양도를 설득했다. 국본조칙 승인과 마리아 테레지아의 부군(프란츠 슈테판 공작)의 차기황제 선출 건 이외에도, 슐레지엔 양도의 반대급부로 독일제국 여러 곳에 산재한 오스트리아의 고립영토(전부오스트리아)에 대한 영유권 보장 및 재정적 지원 약속 등의 '당근'이 제시되었다. 마리아 테레지아는 프로이센의 경제적 지원 제의 뿐 아니라, 슐레지엔의 일부 지역에 대한 양여 요구도 일축했다. 슐레지엔의 산업이 합스부르크 제국의 경제에 기여하는 비중을 고려하면, 오스트리아는 이 지역을 사수해야 했다.

마리아 테레지아와 프리드리히 2세 간의 첫 전투는 겨울이 지나간 1741년 봄 벌어졌다. 뵈멘 국경에서 가까운 슐레지엔의 몰비츠(폴란드의 마우요비체)에서 벌어진 전투에서 빌헬름 라인하르트 폰 나이페르크(1684-1774) 백작이 지휘한 오스트리아 기병이 프로이센의 기병을 격퇴하여 오스트리아군의 승리가 예상되었지만, 쿠르트 크리스토프 폰 슈베린(1684-1757) 백작이 지휘한 대규모 프로이센 보병의 개입으로 전세는 프로이센군의 승리로 역전되었다. <몰비츠 전투>(1741년 4월 10일)의 군사적 중요성은 미미했으나, 프리드리히 2세는 이 전투에서 승리함으로써 일약 유럽 정치의 중심인물로 부상하게 되었다.

몰비츠 전투에서 오스트리아가 패하자, 작센(프리드리히 아우구스트 2세 선제후)은 오스트리아와 대화를 단절하였고, 영국은 평화협상을 중재할 용의를 밝혔으며, 프랑스는 프리드리히 2세를 자기편으로 끌어들이려는 시도를 했다. 오스트리아는 영국 국왕 조지 2세(재위: 1727-1760. 브라운슈바이크·뤼네부르크 선제후로서는 게오르크 2세)의 중재 노력을 거부하고, 영국과 네덜란드로부터 군사 지원을 요청했다.

영국의 중재 노력이 오스트리아의 거부로 무산된 후, 루이 15세 프랑스 국왕은 오스트리아와 전쟁 중인 바이에른을 지원하기 위해 프리드리히 2세와 군사동맹을 체결했다. 1741년 6월 4일 슐레지엔의 수도 브레슬라우(폴란드의 브로추아프)에서 체결한 동맹조약에서 프로이센은 프랑스 접경 지역의 윌리히와 베르크 공국(윌리히·베르크는 1815년 빈 회의에서 프로이센에 편입됨)에 대한 영유권 주장을 포기하고, 카를 6세가 사망한 후 공위 상태에 있는 독일제국 황제를 선출할 때, 프랑스가 지지하는 비텔스바흐 왕가의 바이에른 선제후 카를 알브레히트 공작을 지지할 것임을 약속했다. 프랑스는 그 대가로 프로이센에게 니더슐레지엔과 브레슬라우 공국의 영유권을 보장했다. 프로이센이 프랑스와 <브레슬라우 조약>을 체결함으로써 프로이센은 2주 전에 체결된 프랑스-스페인-바이에른 군사동맹(님펜부르크 조약)에 자동으로 가입되는 결과를 가져왔다. 슐레지엔 전쟁의 유발자 프리드리히 2세 브란덴부르크 선제후와 오스트리아 계승전쟁의 유발자 카를 알브레히트 바이에른 선제후 간의 군사동맹이 결성된 것이었다. <님펜부르크 조약>(1741년 5월 18일 또는 22일)과 <브레슬라우 조약>(1741년 6월 4일)의 연결로 <1차 슐레지엔 전쟁>은 <오스트리아 계승전쟁>으로 연결, 확대되었다.

바이에른-작센-프랑스 동맹군이 오스트리아군에 연승을 거두자, 이들의 지나친 세력확대를 염려한 프리드리히 2세는 1741년 10월 9일 비밀리에 오스트리아와 휴전협정을 체결했다. 슐레지엔의 나이세(폴란드 오폴레 주의 니사) 인근 작은 마을(클라인슈넬렌도르프)에서 체결한 <클라인슈넬렌도르프

비밀휴전협정>에서 프로이센은 프랑스와 체결한 <브레슬라우 조약>을 폐기시켰다. 비밀휴전협정에서 오스트리아는 나이세를 포함한 니더슐레지엔을 - 지금은 모두 폴란드 영토에 속하지만, 오버슐레지엔의 크기보다 두 배가 넘는 니더슐레지엔은 지리적으로 프로이센에 인접한 지역이었다 - 프로이센에게 양도하기로 하고, 프리드리히 2세는 더 이상의 영토 요구는 하지 않기로 약속했다. 이로써 오스트리아는 슐레지엔을 방어하기 위해 투입한 병력을 계승전쟁에 투입하여 바이에른과 프랑스와 작센 동맹군과의 전투에 집중할 수 있었다. 프로이센이 오스트리아와 체결한 휴전협정은 자국(프로이센)의 동맹국들을 간접적으로 견제하기 위한 프리드리히 2세의 고도의 전략적 선택의 결과이었다. 그러나 이 비밀휴전협정은 체결된 지 한 달도 채 안 된 시점에 - 뵈멘의 수도 프라하가 바이에른-작센-프랑스 동맹군에 의해 점령된 후 - 파기되었다. 니더슐레지엔을 차지한 프로이센이 1741년 11월 오버슐레지엔을 공격함으로써 대오스트리아 전쟁(1차 슐레지엔 전쟁)을 재개했기 때문이었다. 지킬 의사가 없으면서도 오스트리아와 비밀휴전협정을 체결함으로써 프리드리히 2세는 두 마리 토끼를 동시에 포획하였다. 프로이센은 오스트리아 계승전쟁에 참전한 동맹국들, 특히 프랑스의 세력 확장을 견제할 수 있었고, 오스트리아는 프리드리히 2세의 속임수에 역이용되어 병력을 슐레지엔에서 철수시켰기 때문이었다.

프로이센은 공격을 재개하여 오버슐레지엔마저 점령한 후, 여세를 몰아 메렌으로 진격하였다. 1741년 12월 27일 메렌의 수도 올뮈츠(체코의 올로모우츠)를 점령하고, 1742년 2월에는 프랑스-프로이센-작센 동맹군과 함께 뵈멘의 경계선까지 진격하였다. 그러나 작센과의 마찰, 그리고 카를 알렉산더 - 마리아 테레지아의 남편 프란츠 슈테판 공작의 동생 - 로트링엔 공작을 선봉으로 한 오스트리아군의 공격으로 인해 프리드리히 2세는 메렌에서 병력을 철수시키고, 영국의 중재를 수용하여, 오스트리아와 평화협상을 시도하였지만, 협상은 무산되었다. 클라인슈넬렌도르프 비밀

휴전협정 체결 당시 니더슐레지엔을 양도받는 대신 더 이상의 요구를 포기했던 프리드리히 2세가 오버슐레지엔마저 점령하고, 이제 와서는 뵈멘의 쾨니히그레츠(체코의 흐라데츠크랄로베)와 파르두비츠(파르두비체)까지 요구하였기 때문이었다.

마리아 테레지아는 프리드리히 2세의 요구에 응하지 않았을 뿐 아니라, 프로이센의 동맹국들인 프랑스와 바이에른 군대를 물리치기 위한 병력 지원을 동맹국 영국에 요청했다. <코투지츠 전투>(1742년 5월 17일)에서 카를 알렉산더 로트링엔 공작(마리아 테레지아 여제의 시동생)이 지휘한 오스트리아군이 프로이센군에 패한 후, 마리아 테레지아는 바이에른과의 동시 전쟁(오스트리아 계승전쟁)에 대비하기 위해서 전력을 분산시킬 수가 없었다. 마리아 테레지아는 프리드리히 2세와의 평화조약 체결을 결심하지 않을 수 없었다. 프리드리히 2세와의 전쟁(슐레지엔 전쟁)과 바이에른-프랑스-작센 동맹과의 전쟁(오스트리아 계승전쟁)을 동시에 치르고 있는 마리아 테레지아로서는 운신의 폭이 넓지 않았다. 베를린 주재 영국 공사의 중재를 통해 성사된 <브레슬라우 예비평화조약>은 1742년 6월 11일에 체결되었다. 12개 항목을 포함한 브레슬라우 예비평화조약은 한 달 후 체결될 최종 평화조약(베를린 평화조약)을 위한 잠정조약이었다.

브레슬라우 예비평화조약과 베를린 평화조약 그리고 1차 슐레지엔 전쟁의 종식

프로이센을 대표한 국방장관 하인리히 폰 포데빌스 백작(1695-1760)과 오스트리아 측을 대표한 카를 요제프 폰 길레른(1691-1759) 추밀고문 간에 합의된 브레슬라우 예비평화조약에서 오스트리아는 테셴(폴란드의 치에신), 트로파우(체코의 오파바), 헨너스도르프 및 예게른도르프(체코의 크르노프)의 일부는 - 이들 지역은 후일 오스트리아-슐레지엔으로 명명되었다 - 제외하고, 나머지 니더슐레지엔과 오버슐레지엔 전체를 프로이센 측에게 양도하는 대신, 프로이센은 더 이상의 영토상의 요구를 포기하고, 오스트리아를 공격하기 위해 체결한 일체의 동맹에서 탈퇴하기로 약속했다. 프리드리히 2세가 집요하게 요구한 뵈멘의 백작령 글라츠(폴란드의 쿠오츠코)도 프로이센에 양도되었다. 프로이센은 오스트리아의 요구를 수용해 슐레지엔에 가톨릭교를 유지하고, 영국 무역상들이 슐레지엔에 든 보험액(170만굴덴) 상환 책임을 인수했다. 영국의 조지 2세 국왕(게오르크 2세 브라운슈바이크 뤼네부르크 공작)은 브레슬라우 예비 평화조약의 보증을 책임졌다. 이 조약에 가입한 국가는 영국과 오스트리아와 프로이센 이외에 기타 1차 슐레지엔 전쟁 관련국(덴마크, 네덜란드, 러시아, 작센, 브라운슈바이크-볼펜뷔텔) 및 하노버(브라운슈바이크 뤼네부르크) 공국 등이었다. 참고로 프로이센의 동맹국들은 바이에른, 프랑스, 작센, 쾰른 대주교구, 스페인 및 나폴리 왕국이었고, 오스트리아와 동맹을 맺은 국가는 영국과 하노버 공국, 사르데냐, 네덜란드 및 러시아였다.

브레슬라우 예비평화조약은 1742년 7월 28일에 체결된 베를린 평화조약의 기초가 되었고, 베를린 평화조약 체결로 제1차 슐레지엔 전쟁은 공식적으로 종료되었다. 베를린 평화조약은 브레슬라우 예비평화조약의 확인이었다. 베를린 평화조약에서 추가된 합의 중에 중요한 것은 마리아 테레지아는 프로이센 국왕 및 그의 후계자들에게 슐레지엔 공작 및 글라츠 백작의 칭호를 양도하되, 마리아 테레지아 여제와 여제의 후계자들도 이 칭호들을 계속해서 사용할 수 있다는 조건을 단 것뿐이었다. 실리는 프로이센이 가져간 대신, 오스트리아의 황실은 대외적인 명분에 집착했음을 알 수 있는 대목이었다.

슐레지엔을 자국 영토에 편입함으로써 프로이센은 국토의 면적과 인구를 크게 확대시킬 수 있었다. 슐레지엔에서 나오는 막대한 경제적 이득은 프로이센의 발전에 크게 기여할 것이었다. 슐레지엔의 점령으로 프로이센은 일약 유럽의 열강의 대열에 진입했지만, 1866년 <독일전쟁> 때까지 지속된 오스트리아와 프로이센 간의 역사적 갈등은 이때부터 고조되기 시작했다. 그것은 마리아 테레지아와 프리드리히 2세가 같은 해

집권할 때, 이미 예고된 갈등이었다. 베를린 평화조약은 2년 후 이미 효력을 상실했다. 프리드리히 2세가 1744년 8월 뵈멘을 침공하면서 전쟁을 재개했기 때문이었다.

3) 오스트리아 계승전쟁. 전반부(1740-1744)

바이에른 선제후 카를 알브레히트 공작은 오스트리아 계승전쟁에서 승리하기 위해 1741년 5월 (18일 또는 22일) 프랑스 국왕 루이 15세와 뮌헨의 님펜부르크(현재 뮌헨 9구) 성에서 프랑스-바이에른 군사동맹조약을 체결하여 합스부르크가의 숙적 부르봉가를 동맹 파트너로 끌어들이는데 성공했다. 프랑스와 바이에른 간의 조약으로 출발한 <님펜부르크 조약>은 이들 두 국가 이외에도 작센과 스페인, 그리고 프로이센이 추가로 가입한 대 오스트리아 5개국 군사동맹으로 확대되었다. 스페인이 바이에른과 프랑스 간의 군사동맹에 가입한 것은 바이에른에 전쟁지원금을 조달하는 조건으로 스페인 계승전쟁(1701-1714)에서 합스부르크 왕가에 빼앗긴 이탈리아의 영토를 회복하기 위함이었다. 님펜부르크 조약에서 프랑스는 바이에른 선제후 카를 알브레히트 공작의 독일황제 승계를 지지하고, 26,000명의 병력을 바이에른에 지원함과 동시에 그에 수반되는 비용 및 군수품 조달 일체를 책임지며, 유사시 병력을 60,000명까지 증강시키기로 약속하였다. 그 대가로 카를 알브레히트는 네덜란드를 비롯한 프랑스의 점령지역을 승인했다. 그리고 그는 자신이 상속권을 제기한 합스부르크 왕가의 재산(뵈멘, 오버외스터라이히, 티롤 및 브라이스가우)에 대한 소유권을 프랑스로부터 보장받았다. 그러나 바이에른-프랑스 동맹은 바이에른에게는 양날의 칼이었다. 프랑스는 합스부르크가가 지금까지 차지해 온 독일제국 황제 자리를 바이에른의 비텔스바흐 왕가가 차지하는 문제에 대해서는 관심이 없었기 때문이었다. 그럼에도 불구하고 님펜부르크 조약을 체결함으로써 바이에른으로서는 오스트리아 계승전쟁에 대비한 만반의 준비를 끝낸 셈이었다.

카를 알브레히트 바이에른 선제후는 님펜부르크 조약을 체결한 지 2개월 후인 1741년 7월 바이에른 군대를 동원하여 독립주교구인 파사우를 기습 공격하면서 오스트리아 계승전쟁에 시동을 걸었다. 8월에는 프랑스 및 작센 군대와 함께 오스트리아를 침공하여 오버외스터라이히 대공국의 수도 린츠를 점령한 후, 그곳에서 오버외스터라이히 대공 자격으로 충성 맹세를 받은 후, 10월 14일 빈 근교의 장크트 푈텐까지 진격하여, 오스트리아로 하여금 정부를 프레스부르크(슬로바키아의 브라티슬라바)로 피난하도록 만들었지만, 빈을 직접 위협하지는 못했다. 카를 알브레히트는 합스부르크 제국의 수도 빈을 점령하는 대신, 바이에른-프랑스-작센 동맹군의 공격목표를 뵈멘 점령으로 전환시켰다. 뵈멘의 국왕 자리를 확보하는 것이 황제 즉위를 위한 지름길이었고, 뵈멘을 확보하는 것은 뵈멘 국왕이 보유한 황제 선출권의 확보를 의미했기 때문이었다. 바이에른-프랑스-작센 동맹 군대는 1741년 11월 26일 뵈멘 왕국의 수도 프라하를 점령했다. 오스트리아의 나이페르크 원수는 프로이센과의 전쟁(1차 슐레지엔 전쟁)을 중단하고, 슐레지엔에서 급거 뵈멘으로 이동했지만, 바이에른-작센-프랑스 동맹군의 프라하 점령을 저지하지는 못했다.

카를 알브레히트 바이에른 선제후는 1741년 12월 19일 뵈멘 의회에 의해 - 1526년 이후 합스부르크가의 대공이 임명되거나, 독일제국 황제가 겸임했던 - 뵈멘 왕국의 국왕에 선출되었다. 그리고 다음 해인 1742년 1월 24일 프랑크푸르트에서 개최된 선제후 회의에서 독일인이 아닌, 프랑스(로트링엔/로렌) 출신의 프란츠 슈테판(마리아 테레지아의 부군)에 대해 거부감을 가진 선제후들에 의해 만장일치로 독일제국 황제(카를 7세)에 선출되었다. 카를 6세 황제가 1740년 10월 사망한 후 약 1년 6개월의 공위기를 뒤로 하고 실시된 1742년 1월의 독일제국 황제 선거는 1438년 이후 합스부르크 왕가 출신이 황제에 선출되지 않은 유일한 선거였다. 9명의 선제후 중 - 7인제 선제후회의는 1648년 이후 8인제, 1692년 이후 8인제 회의로 확대되었다 - 프랑스의 영향권에 놓인 4개 라인지역의 선제후(마인츠, 쾰른 및 트리어 대주교와 팔츠 궁중백), 바이에른의 동맹국인 브란덴부르크 선제후(프리드리히 2세)와 작센 선제후(프리드리히 아우구스트 2세), 그리고 바이에른 선제후(카를 알브레히트)와 뵈멘 국왕(카를 알브레히트) 등 8명의 선제후가 모두 카를 알브레히트 후보를 지지했다. 바이에른 선제후국과 뵈멘 선제후국의 표는 카를 알브레히트 자신이 행사한 표였다. 9번째 선제후인 게오르크 2세 하노버 공작(브라운슈바이크·뤼네부르크 선제후국)이 1742년 황제선거에 참여했는지 여부는 알려지지 않았다. 영국은 오스트리아의 동맹국이었다. 카를 6세(마리아 테레지아의 부친)를 승계하게 된 바이에른 선제후 카를 알브레히트는 대관식에 참석하기 위해 드레스덴과 뮌헨을 거쳐 프랑크푸르트로 향했다. 1742년 2월 12일 프랑크푸르트 대성당(성 바르톨로메오 카이저돔)에서 베네딕토 14세(재위: 1740-1758) 교황을 대리하여 클레멘스 아우구스트(카를 알브레히트의 친동생) 쾰른 대주교가 집전한 대관식에서 카를 알브레히트는 신성로마제국 황제(카를 7세)에 즉위했다. 루트비히 4세(재위: 1314-1347)와 루프레히트(재위: 1400-1410)에 이어 카를 7세(재위: 1742-1745)는 비텔스바흐 왕가 출신의 황제로서는 역대 세 번째이자, 마지막 신성로마제국 황제였다. 프라하 점령을 주도했던 프랑스군 사령관 푸케 드 벨릴(1684-1761) 원수는 카를 7세의 황제 선출을 위해 이미 1741년 프랑스 공사 자격으로 3인의 성직선제후들과 프로이센과 작센이 카를 7세(카를 알브레히트 바이에른 공작)를 위해 투표권을 행사하도록 사전 공작을 했으며, 프랑스 국왕을 대리해 카를 알브레히트 바이에른 선제후의 독일황제 대관식에 참가했다.

오스트리아는 그 사이에 이탈리아와 헝가리에 주둔한 병력을 불러들여 반격으로 전환했다. 도나우 지역 사령관 오스트리아군 원수 루트비히 안드레아스 폰 케벤휠러(1683-1744) 백작은 프랑스와 바이에른 군대를 국경 밖으로 몰아내고, 바이에른군이 점령했던 오버외스터라이히 대공국의 수도 린츠를 탈환했다. 린츠를 수복한 후, 케벤휠러 원수는 바이에른의 수

도 뮌헨으로 진격했다. 카를 7세(카를 알브레히트 바이에른 선제후) 황제의 대관식
이 거행된 지 이틀 만인 1742년 2월 14일 바이에른 공국은 오스트리아
군에 의해 점령되었다. <1차 슐레지엔 전쟁>에서 프리드리히 2세의 프
로이센군을 상대로 고전한 나이페르크 백작과는 반대로, 케벤휠러는
<오스트리아 계승전쟁>에서 큰 공을 세운 군인이었다. 카를 7세 황제는
1741년 8월에 점령한 오버외스터라이히와 뵈멘을 포기해야 했지만, 프랑
스와 프로이센으로부터의 지원은 기대할 수 없었다. 1차 슐레지엔 전쟁
을 끝내기 위해 1742년 7월 28일 오스트리아와 체결한 베를린 평화조약
으로 프로이센은 바이에른과 체결한 동맹에서 탈퇴해야 했고, 프랑스 역
시 바이에른이나 마찬가지로 오스트리아군에 의해 쫓기는 처지로 바뀌
었기 때문이다. 카를 7세는 바이에른이 오스트리아군에 의해 점령당한
후, 영토도, 실권도 없는 식물황제의 신세로 전락해 버렸지만, 그것은 카
를 7세가 자초한 결과이었다. 본국(바이에른)을 방어해야 할 군대가 대관식
행사에 동원되었기 때문이었다. 뮌헨으로 귀환하지 못한 카를 7세는 제
국직속도시 프랑크푸르트에서 일종의 망명생활을 이어가야 했다.

　　바이에른의 수도 뮌헨은 1742년 2월 중순 이후 오스트리아군에 의해 점
령 통치되었다. 그러나 그 해 여름 케벤휠러 원수는 병력 부족으로 뮌헨을
포기해야 했다. 오스트리아의 주력군은 뵈멘에서 프리드리히 2세 바이에른
선제후와의 전쟁(1차 슐레지엔 전쟁)을 동시에 치러야 했고, 프리드리히 하인리히
폰 제켄도르프(1673-1763) 원수 휘하의 바이에른군이 뮌헨을 위협했기 때문
이었다. 원래 황제군 원수로서 7차 터키전쟁(1736-1739)에 참전하여 큰 활약을
한 바 있는 제켄도르프는 베오그라드 평화조약(1739)이 체결된 후, 정적들의
모함을 받아 그라츠 요새에 투옥되었다. 1740년 마리아 테레지아에 의해
사면된 후, 그는 카를 알브레히트 선제후의 부름을 받아 바이에른군 총사
령관에 임명되었다. 제켄도르프 원수 역시 바이에른의 동맹국 프랑스의 지
원을 받지 못했다. 카를 알렉산더(터키전쟁의 영웅 카를 5세 로트링엔 공작의 손자) 공작
이 총지휘한 오스트리아군의 바이에른 원정에서 케벤휠러는 바이에른의

남부지역을 재점령하였다. 황제대관식을 치르고도 귀국하지 못한 채, 프랑크푸르트에서 망명 중인 카를 7세 황제는 오스트리아 계승전쟁에서 중립을 견지하라는 오스트리아 측의 요구를 수용하지 않을 수 없었다. 프랑스에 지원을 요청했지만, 루이 15세는 카를 7세 황제의 요청을 거부하고, 프랑스 군대를 독일에서 철수시켜 버렸다. 최소한의 유리한 조건이라도 확보하기 위해 카를 7세는 오스트리아의 협상제의를 수용해야 했다.

바이에른을 대표한 제켄도르프 원수와 오스트리아를 대표한 케벤휠러 원수 간에 체결된 <니더쇠넨펠트 중립협정>(1743년 6월 27일)에서 전자는 아직도 약 12,000여 명을 헤아리는 바이에른 군대의 중립화 요구를 수용하고, 브라우나우와 슈튜라우빙과 라이헨할 등의 바이에른 영토를 오스트리아에 양도해야 했다. 제켄도르프는 설명했듯이, 7차 터키전쟁이 끝난 후 투옥되었다가, 마리아 테레지아가 집권한 1740년 석방된 후, 바이에른 군대로 적을 옮겨 오스트리아 계승전쟁에서 오스트리아군과 싸웠지만, 1745년 카를 7세 황제가 사망한 후 오스트리아와 바이에른 간의 평화조약(퓌센 평화조약)을 주선하는데 기여한 인물이었다. 군대의 중립화와 영토할양 외에도 바이에른은 잉골슈타트와 도나우뵈르트에 주둔 중인 프랑스군 수비대를 자국 병력으로 교체하고, 오스트리아 군대의 바이에른 영토 무단통과를 보장하며, 프랑스와 체결한 동맹조약을 파기해야 했다. 그리고 바이에른 역내의 오스트리아군 작전지역 내에서는 바이에른 군대의 주둔이 허용되지 않았다.

니더쇠넨펠트 중립협정은 바이에른군의 무장해제 내지는 바이에른의 무조건항복을 강요한 조약이나 마찬가지였다. 오스트리아군 최고지휘관 카를 알렉산더 로트링엔 공작에 의해 독단적으로 체결된 이 협정은 마리아 테레지아에 의해서도, 카를 7세에 의해서도 사후 승인을 받지 못했다. 그러나 브라우나우의 양도는 이미 실행에 옮겨졌기 때문에, 그 문제만은 양 군주에 의해 수용되었다. 후일 <바이에른 계승전쟁>(1778-1779)을 끝낸 <테센 평화조약>(1779년 5월 13일)에서 오스트리아 영토(오버외스터라이히)에 최종적으로 편입된 브라우나우는 1889년 4월 20일 아돌프 히틀러가 태어난 도시로도 유명하다. 니더쇠넨펠트 중립협정을 체결하고 귀국한 케벤휠러 원수에게 마리아 테레지아는 오스트리아 최고훈장(금양피 훈장)을 수여했다.

오스트리아는 1742년 7월 28일 프로이센과 <베를린 평화조약>을 체결하여 1차 슐레지엔엔 전쟁을 종식시켰지만, 슐레지엔을 프로이센에 양도해야 했다. 그럼에도 불구하고 이중전쟁(계승전쟁과 슐레지엔 전쟁)의 부담을 덜고, 바이에른과 프랑스를 상대로 한 전쟁(오스트리아 계승전쟁)에만 전념할 수 있게 되었다는 점에서 오스트리아는 위안을 찾아야 했다.

오스트리아로부터 파병을 요청받은 영국은 프랑스와 스페인의 세력이 과도하게 확대되는 것을 저지하기 위해 1742년 5월 13일 이후 오스트리아 계승전쟁에 직접 개입했다. 오스트리아 계승전쟁 발발 직전(1739년 10월), 영국 국왕이며 동시에 하노버 선제후국(브라운슈바이크-뤼네부르크 선제후국)의 선제후인 조지(게오르크) 2세는 스페인에 전쟁("젱킨스의 귀" 전쟁)을 선포했었다. 영국이 스페인에 선전포고한 이유는 1738년 영국 상선 선장 로버트 젱킨스란 자가 스페인 해안경비대 군인에 의해 잘려나갔다는 자신의 귀를 가지고 영국 하원의 한 위원회에 출두하여 스페인 해군의 만행에 대해 보고한 것이 발단이 되었다고 한다. 영국이 대륙에서 발생한 오스트리아 계승전쟁에 개입함으로써 영국과 스페인 간의 기존전쟁은 자연히 오스트리아 계승전쟁의 일부가 되었다. 그럴 것이 영국은 오스트리아의 동맹국이었고, 스페인은 프랑스는 바이에른의 동맹국이었기 때문이다.

마리아 테레지아가 집권하기 이전부터 이미 영국은 마리아 테레지아가 카를 6세의 후계자가 되지 못하면, 프랑스의 세력이 크게 확대될 것을 염려했다. 조지 2세는 마리아 테레지아의 파병 요청에 따라 스페인과의 전쟁에 동원하려고 계획했던 것보다 훨씬 많은 병력을 오스트리아 계승전쟁에 투입시켰다. 조지 2세가 영국군을 라인 강 유역으로 파견하면서 전면에 내세운 파병의 명분은 카를 6세에 의해 선포된 국본조칙을 지지하고, 마리아 테레지아를 지원하는 것이었지만, 더 큰 이유는 영국과 군합국인 하노버 공국(브라운슈바이크-뤼네부르크 공국)이 프랑스와 바이에른 동맹군에 의해 점령될 가능성을 차단하는 데 있었다.

영국 국왕 겸 하노버 선제후인 조지 2세는 니더라인(라인 강 하류지역)에서 편성된 자국군대에 '국본조칙군'이라는 명칭을 부여했다. 이는 작고한 카를 6세 황제에 의해 제정된 국본조칙의 수호를 전면에 내세움으로써 대륙의 전쟁에 참전하는 영국 원정군에게 대외적인 명분을 실어주기 위함이었다. 그러나 영국의 관점에서 보면 독일제국 역내의 전장은 세계 주요 해양과 해외 식민지에서 동시에 진행되고 있는 영국과 프랑스 간의 전투 현장 중의 하나였다. 그럼에도 조지 2세가 영국 국왕으로서보다 하노버 선제후로서 하노버 공국의 이익을 우선시하여 오스트리아 계승전쟁에 참전하는 것이 아닌가라고 의심하는 영국인들의 수가 실제로 적지 않았기 때문에, 조지 2세는 복심을 드러내지 않기 위해 영국군을 '국본조칙군'이라 명명한 것이 분명했다.

하노버 공국을 우선 보호 조치한 후, 영국군은 프랑스군을 공격하기 위해 남독으로 진군한다. 오스트리아가 바이에른을 굴복시킨 니더쇤넨펠트 중립협정(1743년 6월 27일)을 체결한 바로 그 날, 남독의 데팅엔 마을에 당도한 영국군과 하노버군으로 편성된 '국본조칙군'은 아드리엥 모리스 드 노아유(1678-1766)공작 휘하의 프랑스군을 그곳에서 제압하여, 그들을 라인 강 서안으로 격퇴시킨다.

아샤펜부르크 인근 마인 강변 마을(데팅엔)의 이름을 딴 <데팅엔 전투>(1743년 6월 27일)는 병력의 수적 열세에도 불구하고 '국본조칙군', 즉 영국-하노버 연합군의 승리로 끝난 전투였다. 1743년 6월 27일 약 35,000명의 '국본조칙군'은 마인 강 유역의 아샤펜부르크 서쪽에서 프랑스군을 만났다. 조지 2세와 컴벌랜드 공작 윌리엄 어거스트(1721-1765, 조지 2세의 3남) 부자가 직접 전투를 지휘했다. 노아유 휘하의 약 70,000명의 프랑스군이 프랑크푸르트에서 동맹군의 보급선을 차단시켰기 때문에, 영국-하노버 연합군은 6월 27일로 예정된 날짜에 맞추어 오스트리아군 증원부대와 합류하기 위해 하나우 방향으로 이동했다. 영국-하노버 연합군이 데팅엔 마을에 접근했을 때, 이미 그 지역은 프랑스군이 점령하고 있었다. 하나우로 가는 도로가 프랑스군에 의해 봉쇄된 것이었다. 프랑스군 포대가 마인 강 건너편 언덕에 배치되어 있어서, 영국군이 공격을 감행할 경우, 영국군의 측면이 프랑스 포대의 사거리 내에 포함될 수 있었다. 같은 시점에 아샤펜부르크 방향으로 진군하여 마인 강 도하작전을 완료한 프랑스군 부대가 동맹군의 후미를 공격했다. 프랑스군 지휘관 루이 드 그라몽(1689-1745) 공작이 접근한 영국군을 후위부대로 착각하고, 공격으로 전환한 것이었다. 전투는 영국 기병대를 겨냥한 프랑스군의 포격과 함께 개시되었다. 결과적으로 그라몽 공작의 프랑스군은 프랑스군 포대와 영국군 사이에 끼게 되었다. 치열한 전투 끝에 영국군은 프랑스군의 보병 공격을 그들의 사선 후방으로 격퇴했다. 프랑스군은 부교를 이용하여 마인 강을 건넜다. 그들의 후퇴는 무질서했다. 부교 일부가 붕괴되어, 상당수의 프랑스 병사들은 마인 강에서 익사했다. 영국-하노버 연합군은 3,000명, 프랑스군은 4,000명의 전사자를 기록했다. 전투에 패한 프랑스군은 알자스 지방으로 철수했고, 영국-하노버 연합군은 하나우로 행군을 속행했다.

오스트리아 계승전쟁에서 발생한 전투 중에서 데팅엔 전투가 유독 유명세를 탄 이유는 군사적인 측면이 아니라, 영국 역사상 국왕이 직접 참전한 마지막 전투였다는 사실에 있었다. 1712년 이후 런던에서 활약한 - '음악의 어머니'로 불린 - 바로크 시대의 독일 작곡가 게오르크 프리드리히 헨델(1685-1759, 조지 프레드릭 헨델)이 작곡한 <데팅엔 테데움>은 <데팅엔 전투>의 승리에서 모티브를 취한 시편 형식의 찬미곡이다. 이 작품은 1743년 11월 27일 - 전투가 발생한 지 정확히 5개월 후 - 조지 2세 국왕과 궁정의 모든 조신들이 임석한 가운데 런던에서 초연되었다.

북이탈리아에서 전개된 오스트리아 계승전쟁은 오스트리아 및 오스트리아 동맹국과 스페인 및 스페인 동맹국 간의 전쟁이었다. 펠리페 5세 스페인 국왕은 그의 장남(카를로스 3세, 재위: 1735-1759)이 국왕인 나폴리로부터 북진하면서 오스트리아를 제물로 삼아 부르봉가의 영토 확대를 시도했다. 그러나 나폴리 왕국이 영국 함대의 위협으로 중립을 선언하고, 사르데냐가 오스트리아와 군사동맹조약을 체결했을 때, 상황은 일변했다. 1743년 9월 13일 오스트리아와 <보름스 조약>을 체결한 사르데냐는 프랑스와의 동맹을 파기하고, 마리아 테레지아 편으로 전향했다. 이탈리아 전선에서 주도권을 장악한 오스트리아-사르데냐 동맹군은 모데나와 미란돌라를 점령하고, 중부 이탈리아를 평정함으로써 북이탈리아 전선에서 싸우고 있는 오스트리아군의 부담을 크게 덜어주었다.

카를 6세 황제 재위기의 합스부르크 왕가(스페인 합스부르크가)는 북이탈리아 뿐 아니라, 지중해의 섬나라 사르데냐 왕국을 비롯해 중남부 이탈리아의 나폴리 왕국과 시칠리아 왕국의 통치권까지 장악했었다. 위트레흐트 평화조약(1713-1715) 이후 카를 6세 황제가 국왕을 겸했던 사르데냐는 1720년 시칠리아 왕국과의 교환조건으로 사부아 공작 빅토르 아메데우스(비토리오 아마데오) 2세에게 양도되었다. 나폴리 왕국은 스페인 계승전쟁을 끝낸 위트레흐트 평화조약에서 그 소유권이 부르봉가(스페인)에서 합스부르크가(오스트리아)로 이전되었다. 그러나 카를 6세 황제의 시칠리아-나폴리 지배의 역사는 오래가지 못했다. 시칠리아 왕국과 나폴리 왕국은 1735년 폴란드 왕위계승전쟁(1733-1738)에서 스페인 군대에 의해 점령되었다. 1735년 빈에서 체결된 예비평화조약(1738년 폴란드 왕위계승전쟁을 끝낸 빈 평화조약의 예비조약)에서 카를 6세 황제는 1713년에 획득한 나폴리 왕국과 1720년 사부아 공작으로부터 양도받은 시칠리아 왕국을 모두 부르봉가(스페인)에 재양도해야 했다.

1744년 봄 80,000명의 프랑스군이 영국-네덜란드 연합군을 공격하기 위해 브뤼셀로 진격했다. 그들은 므냉, 이프르, 퓌른, 크노크 등의 오스트리아령 네덜란드의 도시들을 차례로 점령했지만, 카를 알렉산더 로트링엔 공작이 지휘한 오스트리아 군대의 공격을 저지하기 위해 병력의 대부분을 알자스로 이동시켜야 했다. 오스트리아군이 알자스에서 라인강을 건넜기 때문이었다. 그러나 프랑스군과 오스트리아군 간의 전투는 발생하지 않았고, 카를 알렉산더는 급히 뵈멘으로 회군해 버렸다. 1744년 5월 프리드리히 2세 브란덴부르크 선제후가 오스트리아 계승전쟁을 일으킨 카를 7세 황제(바이에른 선제후)와 군사동맹을 체결한 후, 6월에는 바이에른의 동맹국 프랑스와도 군사동맹을 체결하여 슐레지엔 전쟁(2차 슐레지엔 전쟁)을 재개할 준비를 완료했기 때문이었다. 슐레지엔 전쟁을 유발한 프리드리히 2세가 오스트리아 계승전쟁을 유발한 바이에른 및 바이에른의 동맹국 프랑스와 군사동맹을 체결함으로써 슐레지엔 전쟁과 오스트리아 계승전쟁 간의 관계를 매우 복잡하게 만들었다. 두 전쟁에서 오스트리아를 공격한 국가들끼리 서로 군사동맹을 체결한 후, 슐레지엔 전쟁과 오스트리아 계승전쟁은 1744년 이후 오스트리아에게 매우 어려운 국면으로 전환되었다.

영국이 개입한 후, 오스트리아 계승전쟁이 오스트리아의 적국인 바이에른과 프랑스에게 불리하게 속개되자, 프리드리히 2세는 1742년에 획득한 슐레지엔의 영유권에 대해 염려하지 않을 수 없었다. 오스트리아가 계승전쟁에서 프랑스에 승리하면 슐레지엔을 다시 탈환하려 할 것이라고 생각했기 때문이었다. 러시아가 1744년 영국-네덜란드 동맹에 가입했고, 카를 알브레히트 바이에른 선제후(카를 7세 황제)를 도와서 함께 오스트리아 계승전쟁을 유발한 작센 공작 프리드리히 아우구스트 2세 선제후(아우구스트 3세 폴란드 국왕)가 마리아 테레지아 편으로 돌아 선데다, 카를 7세 황제의 동생 클레멘스 아우구스트 쾰른 대주교도 대세가 오스트리아 쪽으로 기울자, 오스트리아와 동맹을 체결했다. 특히 1741년 동서인 카를 알브레히트 바이에른 선제후와 동맹을 맺어 계승전쟁을 일으킨 작센 선제후(프리드리히 아우구스트 2세)와 오스트리아 간에 체결된 비밀조약은 오스트리아에 대한 프리드리히 2세 브란덴부르크 선제후의 두려움과 불신을 증폭시켰다.

그 뿐 아니라, 지금까지 프랑스와 스페인의 동맹국이었던 사르데냐(카를로 엠마누엘레 3세)가 영국의 중재로 프랑스와의 동맹을 깨고, 보름스 조약(1743년 9월 13일)을 체결하여 적국이었던 오스트리아와 동맹을 체결했지만, 프랑스는 보름스 조약 체결을 사전에 인지하지 못했었다. 마리아 테레지아는 사르데냐의 전향에 대한 보답으로 보름스 조약에서 북이탈리아의 티치노 강 서쪽과 포 강 남쪽의 모든 영지와 파비아와 피아첸차의 일부, 그리고 피날레 리구레에 대한 오스트리아의 영유권을 사르데냐에게 양도할 용의를 밝혔다. 그 대가로 사르데냐는 오스트리아의 국본조칙을 승인하고, 밀라노에 대한 영유권 주장을 포기하며, 영국의 전비 지원으로 오스트리아군의 이탈리아 전투에 4,000명의 병력을 지원할 것임을 약속했다. 프랑스는 직전까지 동맹국이었던 사르데냐에 전쟁을 선포했다.

보름스 조약에 자극을 받은 프리드리히 2세는 <프랑크푸르트 동맹>(1744년 5월 22일)을 체결하고, 1742년 1월 대관식을 가진 이후 귀국하지 못한 채, 프랑크푸르트에 체류 중인 카를 7세 독일황제(바이에른 선제후 카를 알브레히트)를 바이에른으로 복귀시키기 위해 카를 7세 및 그의 추종세력들과 접촉을 시도했다. 프랑크푸르트 동맹 조약은 3개의 독립된 조약으로 구성된 조약이었다. 첫 번째 조약은 독일황제인 바이에른의 카를 7세, 브란덴부르크-프로이센, 헤센-카셀 및 팔츠 간에 체결된 동맹조약이었고, 두 번째 조약은 바이에른과 브란덴부르크-프로이센 간의 동맹조약으로서 뵈멘에 대한 브란덴부르크-프로이센의 영유권을 바이에른이 인정한다는 조약이었다. 세 번째 조약은 프랑스와 브란덴부르크-프로이센 간에 체결된 공격동맹 조약이었다. 첫 번째 조약과 두 번째 조약은 추가 가입의 기회를 열어두도록 했다. 첫 번째 조약은 1744년 5월 22일 바이에른(카를 7세)의 재촉으로 체결되었다. 카를 7세 독일제국 황제, 프리드리히 2세 브란덴부르크 선제후, 카를 테오도르(1724-1799) 팔츠 선제후, 1730년 이후 헤센-카셀의 방백을 겸임한 스웨덴 국왕 프리드리히(1676-1751, 재위: 1720-1751)가 서명한 6개 항목의 프랑크푸르트 동맹의 - 합스부르크가의 새로운 헌법인 국본조칙을 인정하지 않으려는 카를 7세의 의지의 표현이기도 했던 - 첫 번째 조약은 국본조칙(1713) 이전의 장자상속법 보장과 독일제국의 평화복원이 주 내용이었다. 오스트리아로 하여금 카를 7세 황제의 체제를 승인하게 하고, 제국의회의 판단으로 오스트리아의 계승분쟁을 조정하게 한다는 내용도 포함되었다. 프랑크푸르트 동맹조약은 슐레지엔에 이어 뵈멘 왕국까지 차지하겠다는 프리드리히 2세에게 뵈멘에 대한 영유권을 주장할 수 있는 근거를 제공해 주었다.

4) 2차 슐레지엔 전쟁(1744-1745)

영국의 오스트리아 계승전쟁 개입은 1742년 프로이센이 오스트리아와 <베를린 평화조약>을 체결한 이후 동맹관계를 청산한 프랑스와 프로이센의 관계개선을 야기했다. 프랑스는 제해권 장악과 식민지 확보 경쟁에서 헤게모니를 장악하기 위해서는 반드시 영국을 제압해야 했고, 프로이센은 슐레지엔을 지키고, 오스트리아의 전의를 꺾기 위해서 프랑스의 지원을 필요로 했다. <2차 슐레지엔 전쟁> 발발 5개월 전인, 1744년 3월 프랑스는 오스트리아를 지원하기 위해 대규모 병력을 오스트리아 계승전쟁에 투입한 영국과 오스트리아에 각각 전쟁을 선포했다. 프리드리히 2세 브란덴부르크 선제후는 루이 15세 프랑스 국왕과 합세하여 오스트리아를 제압하기 위해 - 프로이센을 지지하는 독일제국 제후국들과 프랑크푸르트 동맹(1744년 5월 22일)을 체결한 직후 - 1744년 6월 5일 베르사유 궁에서 프랑스와 공격동맹을 체결했다. 동일한 전쟁에 개입했지만, 프랑스와 프로이센의 주공격 대상은 달랐다. 2차 슐레지엔 전쟁에서의 프랑스의 주적은 오스트리아와 영국이었고, 프로이센의 주적은 오스트리아였다. 프로이센과 공격동맹 체결을 위한 선결조건으로 프랑스가 요구한 프로이센과 러시아, 그리고 프로이센과 스웨덴의 동맹은 성사되지 않았다.

2차 슐레지엔 전쟁은 1744년 8월 프리드리히 2세의 뵈멘 침공과 더불어 발발했지만, 오스트리아와 프랑스 간의 전쟁은 그보다 먼저 라인 지역에서 시작되었다. 1744년 여름 오스트리아군 총사령관 카를 알렉산더 로트링엔 공작과 북이탈리아 주둔 오스트리아군 사령관 오토 페르디난트 폰 트라운(1677-1748) 백작이 공동 지휘한 오스트리아 군대는 선전포고한 프랑스군을 공격하기 위해 알자스를 침공하여, 여러 지역을 점령했다. 프랑스와 체결한 공격동맹을 이행하기 위해 프리드리히 2세는 지체하지 않고 80,000명의 대군을 동원하여 뵈멘 왕국 정벌에 나섰다. 합스부르크 제국의 가장 중요한 구성요소인 뵈멘 왕국이 브란덴부르크-프로이센이 점령한 슐레지엔과 경계를 공유하고 있기 때문에, 슐레지엔을 영구히 차지하기 위해서는 뵈멘을 점령해야한다는 것이 프리드리히 2세의 전략적 판단이었다. 프리드리히 2세는 2주간의 공성 끝에 1744년 9월 16일 뵈멘의 수도 프라하를 점령한 후, 부트바이스(부데요비체)와 타보르를 점령할 준비에 들어갔다. 그 사이에 프리드리히 2세의 뵈멘 침공 소식을 접한 카를 알렉산더 공작과 트라운 백작은 프라하를 구원하기 위해 프랑스군과의 전투를 중단하고 알자스를 떠나 작센 군대와 합류하기 위해 바이에른과 오버팔츠를 경유하여 뵈멘으로 회군했다. 때마침 루이 15세의 갑작스러운 와병 소식으로 프랑스군은 지리멸렬한 상태였기 때문에, 오스트리아군은 도중에 아무런 저항도 받지 않은 채, 작센 군대와 합류할 수 있었다. 오스트리아 계승전쟁을 일으킨 '종범'이었던 작센 공국은 바이에른이 오스트리아에 의해 점령당한 후, 바이에른과 맺은 동맹을 파기하고 전통적인 우방국 오스트리아와 다시 손을 잡았다. 작센 선제후 프리드리히 아우구스트 2세가 아우구스트 3세로서 폴란드 왕위를 온전히 유지할 수 있던 것도 폴란드 왕위계승전쟁에서 도움을 받은 오스트리아의 덕분이었다. 프리드리히 아우구스트 2세 작센 선제후가 요제프 1

세(마리아 테레지아의 백부)의 맏사위였음에도, 아랫동서인 바이에른 선제후(카를 알브레히트)가 국본조칙을 무시하고 합스부르크가에 대한 상속권을 제기하여, 계승전쟁을 주도한 것은 그들이 주장한 잘리 법전(렉스 잘리카)의 상속법에도 위배된 것이었다.

프라하를 점령한 프로이센군은 길어진 보급로 때문에 베를린으로부터의 병참지원이 용이하지 않았다. 오스트리아군은 프로이센군의 현 상황을 역이용하여 전투에는 나서지 않고, 지연전술을 택했다. 이질과 장티푸스의 창궐, 오스트리아군에 의한 프로이센군의 보급선 차단, 그리고 그에 따른 급양부족과 탈주병의 증가 등으로 인해 프로이센군은 1744년 11월 9일 점령 2개월 만에 프라하를 포기하고, 엘베 강을 건너 그들이 1742년 이후 점령하고 있는 슐레지엔으로 철수했다.

프라하 전투에서 프리드리히 2세에 승리한 빈의 중앙정부는 슐레지엔 탈환의 기회가 온 것으로 간주했다. 2차 슐레지엔 전쟁을 조기에 끝내기 위해 오스트리아는 1745년 1월 8일 폴란드의 수도 바르샤바에서 작센, 영국 및 네덜란드와 새로운 동맹체를 결성했다. 1년 전 마리아 테레지아와 비밀협약을 체결한 바 있는 아우구스트 3세 폴란드 국왕(작센 선제후 프리드리히 아우구스트 2세, 마리아 테레지아의 종형부)은 영국의 주선으로 바르샤바에서 체결된 4국 동맹조약에 공식적으로 서명함으로써 1743년까지 동맹국이었던 브란덴부르크-프로이센과의 전쟁에 개입하기로 결정했다. <바르샤바 4국 동맹조약>에서 영국과 네덜란드는 전투병력을 파병하는 대신 전비지원을 보장했다. 아우구스트 3세 폴란드 국왕은 국본조칙을 승인하고, 30,000명의 병력으로 뵈멘의 방어를 책임지기로 했다. 오스트리아는 4국 동맹이 승리할 경우, 브란덴부르크-프로이센에 빼앗긴 슐레지엔을 회복하기로 했다. 오스트리아 계승전쟁에서 자진 하차한데 대한 반대급부를 기대했었으나, 소득이 없었던 폴란드 국왕 아우구스트 3세는 상황개선에 기대를 걸고, 1745년 1월 8일에 합의된 바르샤바 4국 동맹조약의 비준을 지연시키려 시도했다. 계승전쟁을 일으키면서 합스부르크가의 사위 아우구스트 3세가 요구했던 것은 니더외스터라이히와 메렌(뵈멘 왕국 관할)의 양도였으나, 브란덴부르크-프로이센 및 바이에른과의 결별에 대한 반대급부로 마리아 테레지아가 비밀협약에서 제시한 보상의 수준은 매우 불만족스러운 것이기 때문이었다. 마리아 테레지아는 1745년 5월 18일 라이프치히에서 작센과 체결한 별도의 비밀조약에서 전쟁(오스트리아 계승전쟁)에서 승리할 경우 슐레지엔의 일부를 떼어주거나, 기타 방법으로 아우구스트 3세에게 보상을 하기로 약속했다. 그러나 아우구스트 3세는 1745년 3월 2일 영국의 중재로 지금까지 제기한 보상 요구를 모두 철회했다. <바르샤바 4국 동맹조약>에 서명함으로써 아우구스트 3세는 국제조약을 통해 공식적으로 오스트리아 계승전쟁에서 발을 뺀 것이었다.

바르샤바 4국 동맹이 체결된 직후 바이에른은 오스트리아와 계승전쟁을 수행하기 위해 체결한 일체의 동맹을 파기해야 했다. 계승전쟁을 지휘한 카를 알브레히트 바이에른 선제후, 즉 독일제국 황제 카를 7세가 1745년 1월 20일 뮌헨에서 갑작스레 통풍에 걸려 사망했기 때문이었다. 오스트리아가 2차 슐레지엔 전쟁에 발이 묶여 있는 동안, 바이에른군 사령관 제켄도르프는 오스트리아군이 점령한 뮌헨을 해방시켰고, 카를 7세는 2년 이상의 망명생활을 청산한 후, 1744년 10월 23일 마침내 프랑크푸르트에서 뮌헨으로 귀환할 수 있었다. 그러나 불행하게도 그는 귀국한 지 3개월 만에 사망한 것이었다. 그가 사망한 후, 뮌헨과 바이에른은 다시 오스트리아의 점령통치 체제로 들어갔다.

카를 7세(재위: 1742-1745째) 황제가 소유했던 선제후의 지위를 승계한 그의 장자 막시밀리안 3세 요제프(1727-1777, 재위: 1745-1777) 공작은 마리아 테레지아로부터 평화조약 체결을 강요받았다. 1745년 4월 22일 체결된 <퓌센 평화조약>의 가장 중요한 내용은, 바이에른 선제후 막시밀리안 3세는 국본조칙을 승인하고, 독일제국 내에서의 오스트리아의 수위권을 인정함과 동시에 독일제국 황제계승후보 자격을 포기하며, 차기 독일제국 황제선출 시 선제후국 바이에른을 대표하여 마리아 테레지아의 부군 프란츠 슈테판을 지지하겠다는 서약이었다. 퓌센 평화조약은 오스트리아 계승전쟁의 사실상의 종식을 의미했다.

카를 7세의 사망으로 인해 1742년에 이어 오스트리아 계승전쟁 도중에 또 한 번의 독일제국 황제선거가 치러지게 되었다. 1745년 9월 13일 프랑크푸르트에서 실시된 황제선거에서 마리아 테레지아의 남편 프란츠 슈테판은 9명의 선제후 중, 선거에 참가한 7명의 선제후 전원의 지지를 받아 황제에 선출됨으로써 합스부르크-로트링엔가의 첫 신성로마제국 황제가 탄생하였다. 1745년은, 순혈 합스부르크가의 마지막 황제 카를 6세가 사망한 후, 거의 5년의 공백기(공위기 2년과 카를 7세 재위기 3년)를 거친 후, 로트링엔가와 결합한, 합스부르크 왕가가 다시 독일제국(신성로마제국)의 정상의 위치를 회복한 해였다. 황제선거에 불참한 선제후는 프리드리히 2세 브란덴부르크 선제후와 팔츠 선제후 카를 테오도르(재위: 1742-1777) 궁중백이었다. 전자는 슐레지엔 전쟁을 일으킨 장본인이었고, 후자는 프랑크푸르트 동맹(1744년 5월 22일)에서 프리드리히 2세의 제2차 슐레지엔 전쟁을 지지한 제후이었다. 합스부르크가의 황제후보 프란츠 슈테판 로트링엔 공작에게 찬표를 행사한 선제후는 마인츠 대주교 요한 프리드리히 카를 폰 오슈타인(1689-1763, 재위: 1743-1763), 트리어 대주교 프란츠 게오르크 폰 쉰보른-부흐하임(1682-1756, 재위: 1729-1756), 쾰른 대주교 클레멘스 아우구스트 1세, 바이에른 선제후 막시밀리안 3세, 뵈멘 국왕 마리아 테레지아, 작센 선제후 프리드리히 아우구스트 2세, 하노버(브라운슈바이크-뤼네부르크) 선제후 자격의 게오르크 2세 영국 국왕 등 7인이었다. 막시밀리안 3세 바이에른 선제후는 1745년 작고한 카를 7세 독일제국 황제의 장남이었고, 클레멘스 아우구스트 쾰른 선제후는 카를 7세의 동생으로서 막시밀리안 3세 바이에른 공작의 숙부이었으며, 프리드리히 아우구스트 2세 작센 공작은 아우구스트 3세 폴란드 국왕이었다.

1745년 1월 20일 카를 7세가 사망한 후, 오스트리아 계승전쟁은 전장을 바이에른에서 오스트리아령 네덜란드로 옮겨, 프랑스군과 '국본조칙군'(영국·하노버·네덜란드·오스트리아 동맹군) 간의 전쟁으로 진행되었다. 오스트리아 계승전쟁과 병행하여 치러진 2차 슐레지엔 전쟁은 합스부르크 제국 산하 뵈멘 왕국 역내에서 브란덴부르크-프로이센군과 오스트리아-작센 동맹군 사이에서 치열하게 전개되었다. 1745년 초 슐레지엔의 하벨슈베르트(폴란드의 비스차카 쿠오츠카)와 란데스후트(폴란드의 카미엔나 구라)에서 소규모 접전이 있은 후, 1745년 6월 4일 호엔프리데베르크(폴란드의 도브로미에츠)에서 연중 최대 규모의 격전이 벌어졌다. <호엔프리데베르크 전투>에서 프리드리히 2세는 실지 회복을 위해 슐레지엔으로 진격해 들어온 카를 알렉산더 공작 휘하의 오스트리아-작센 동맹군에게 대승을 거두고, 그들을 뵈멘까지 추격했다. 이 전투에서 오스트리아군과 브렌덴부르크-프로이센군의 전사자는 각각 14,000명과 5,000명에 달했다. 호엔프리데베르크 전투와 조르 전투(1745년 9월 30일)에서 오스트리아-작센 동맹군에 연달아 승리함으로써 프리드리히 2세는 1740년 이후 점령하고 있는 슐레지엔을 수호하는데 성공했다. 그러나 호엔프리데베르크 전투에서 거둔 프리드리히 2세의 군사적 성공은 기대했던 정치적 결과는 가져오지 않았다. 마리아 테레지아 여제가 평화회담에 응하지 않았기 때문이었다. 조르(체코의 트루트노브) 전투 이후의 전투는 오스트리아-작센 동맹군의 주력부대들이 집결한 작센 역내에 집중되었다. 작센에서 벌어진 두 번의 전투(헨너스도르프 전투와 케셀스도르프 전투)에서도 오스트리아-작센 동맹군은 프로이센에 연패를 당했다.

계승전쟁의 주역이었던 카를 7세가 이미 사망했음에도 불구하고 1745년 한 해 동안 마리아 테레지아는 프랑스와는 오스트리아 계승전쟁을, 브란덴부르크-프로이센과는 제2차 슐레지엔 전쟁을 동시에 수행해야 했다. 하노버 선제후국이 프랑스의 침공 위협에 직면한 것을 감지한 게오르크 2세 하노버 선제후(조지 2세 영국 국왕)는 두 전쟁을 동시에 벌여야 하는 오스트리아의 전선을 단순화시키는 전략을 세웠다. 오스트리아와 브란덴부르크-프로이센 간의 전쟁(2차 슐레지엔 전쟁)을 먼저 종식시켜야 오스트리아의 지원을 기대할 수 있었기 때문이었다. 그래서 영국은 우선 브란덴부르크-프로이센과 조약을 체결했다. 1745년 8월 26일 영국 국왕과 브란덴부르크 선제후 간에 체결된 <하노버 조약>에서 프리드리히 2세는, 영국이 슐레지엔의 브란덴부르크-프로이센 소유를 보장한다면, 오스트리아와 평화조약을 체결하고, 마리아 테레지아의 부군인 로트링엔 공작 프란츠 슈테판을 차기 독일황제로 인정할 것임을 확약했다.

조지 2세 영국 국왕은 브란덴부르크-프로이센이 승리하든, 오스트리아가 승리하든, 2차 슐레지엔 전쟁의 결과에 대해서는 관심이 없었다. 하노버를 효과적으로 방어하기 위해서는 그러나 슐레지엔 전쟁이 먼저 끝나는 것이 중요했다. 영국 국왕이 오스트리아와 브란덴부르크-프로이센 간의 평화조약 체결을 중재하고 나선 또 다른 이유는, 오스트리아령 네덜란드(벨기에)에서 벌어진 <퐁트누아 전투>(1745년 5월 11일)에서 영국-네덜란드 연합군으로 편성된 이른바 '국본조칙군'이 프랑스군에 패한 후, 영국과 군합국인 하노버뿐 아니라, 네덜란드에서도 - 프로이센과의 전쟁(2차 슐레지엔 전쟁)에 집중하느라, 오스트리아 계승전쟁에 참전한 영국군과 네덜란드군을 지원할 여력을 상실한 - 오스트리아에 대한 비판적 여론이 형성되기 시작했기 때문이었다. 그러나 영국의 종용도, 호엔프리데베르크(1745년 6월 4일) 전투에 이어 조르 전투(1745년 9월 30일)에서 거둔 프리드리히 2세의 또 한 번의 승리도, 마리아 테레지아를 평화협상 테이블로 이끌어내지 못했다.

퐁트누아 전투에서 영국-네덜란드 연합군(국본조칙군)의 패배로 헨트, 브뤼헤, 투르네 등의 오스트리아령 네덜란드의 도시들이 차례로 프랑스의 수중에 들어갔다. 1745년 말까지 니외포르, 덴더몬데, 아트, 오스탕드 등이 또 연달아 프랑스 의해 점령되었다. 그 사이에 작센 선제후, 즉 폴란드 국왕의 중재와 프랑스 측의 제의로 오스트리아와 프랑스 간의 대화는 시작되었지만, 마리아 테레지아와 프리드리히 2세 간의 평화협상을 유도하기 위해서는 어느 일방의 압도적 승리 혹은 패배가 불가피했다. 1745년 11월 23일 브란덴부르크-프로이센군은 작센의 헨너스도르프 전투에서 작센군을 기습 공격하여 오스트리아 군대와 작센 군대의 합류를 사전에 저지했다. 그리고 3주가 지난 1745년 12월 15일 작센의 케셀스 도르프 전투에서 프로이센군 총사령관 레오폴트 1세(안할트-데사우의 후작, 1676-1747)가 오스트리아-작센 동맹군에 거둔 압승으로, 작센의 수도 드레스 덴이 항복하자, 합스부르크가는 결국 평화회담에 응하지 않을 수 없었 다. 영국과 브란덴부르크-프로이센 간에 체결된 <하노버 조약>(1745년 8월 26일)을 근간으로 하여 작센의 수도 드레스덴에서 평화조약이 체결되었다. 오스트리아와 브란덴부르크-프로이센 간에, 그리고 작센과 브란덴부르크-프로이센 간에 각각 체결된 <드레스덴 평화조약>은 프리드리히 2세 브란덴부르크 선제후에게 슐레지엔의 영유권을 영구히 보장해 주었다. 드레스덴 평화조약 체결과 더불어 <2차 슐레지엔 전쟁>은 2년 만에 끝났고, 슐레지엔의 양도를 재확인 받음으로써 브란덴부르크-프로이센은 합스부르크 제국에 버금가는 대국으로 부상할 수 있었다.

드레스덴 평화조약

1744년 8월 프리드리히 2세의 뵈멘 침공과 더불어 시작된 <제2차 슐레지엔 전쟁>은 1745년 12월 25일 성탄일에 체결된 드레스덴 평화조약으로 종식되었다. 오스트리아와 브란덴부르크-프로이센 간에 체결된 드레스덴 평화조약은 <1차 슐레지엔 전쟁>을 종식시킨 양대 평화조약이었던 <브레슬라우 예비평화조약>(1742년 6월 11일)과 <베를린 평화조약>(1742년 7월 28일)에서 합의한 내용을 재확인했다. 오스트리아는 브란덴부르크-프로이센의 슐레지엔 보유를 인정하고, 브란덴부르크 선제후는 1745년 9월 13일 독일황제에 선출된 마리아 테레지아의 부군 프란츠 슈테판 로트링엔 공작을 독일황제로 인정함과 동시에, 향후 독일황제 선거 시 뵈멘 왕국(국왕: 마리아 테레지아)의 투표권을 인정했다. 오스트리아와 브란덴부르크-프로이센, 양측은 - 독일제국의 영역을 벗어난 지역의 합스부르크가의 소유지는 제외하고 - 양국의 영토를 상호 보장하기로 합의했다. 폴란드 국왕 아우구스트 3세(작센 선제후 프리드리히 아우구스트 2세), 영국 국왕 조지 2세(하노버 선제후 게오르크 2세), 헤센-카셀 방백 프리드리히 1세(스웨덴 국왕), 그리고 팔츠 선제후 카를 테오도르도 오스트리아와 브란덴부르크-프로이센 간에 체결된 드레스덴 평화조약에 가입하였다.

작센과 브란덴부르크-프로이센 간에 체결된 드레스덴 평화조약에서 후자는 1746년 부활절 때까지 작센으로부터 현금으로 1백만탈러를 전쟁 배상금으로 수령하고, 드레스덴과 작센에서 군대를 철수시키기로 합의했다. 작센은 슐레지엔에 대한 영유권 주장 일체를 포기하며, 브란덴부르크-프로이센에게 오데르 강 세관을 포함하여 퓌르스텐베르크와 쉴도를 양도하고, 자국 내 신교도들에게 베스트팔렌 평화조약(1648)에서 합의한 종교적 관용을 약속했다.

5) 오스트리아 계승전쟁. 후반부(1745-1748)

1745년 한 해는 오스트리아와 합스부르크 왕가에게는 영욕이 교차한 해였다. 슐레지엔을 영구히 상실한 해가 1745년이었고, 바이에른의 비텔스바흐 왕가(카를 7세)에게 빼앗겼던 신성로마제국 황제의 지위를 합스부르크가의 오스트리아가 다시 찾아온 해가 1745년이었다. 1745년 9월 13일 프랑크푸르트에서 개최된 선제후 회의에서 독일황제에 선출된 프란츠 1세(프란츠 슈테판 로트링엔 공작)의 대관식은 1745년 10월 4일 그곳의 성 바르톨로메우스 교회에서 거행되었다. 바르톨로메우스 교회는 막시밀리안 2세의 대관식(1562) 이후 역대 신성로마제국 황제 대관식이 거행된 교회라 하여 '카이저돔'이라 불렸다. 그러나 프란츠 1세의 즉위에도 불구하고 오스트리아 계승전쟁은 프랑스를 상대로 계속되었다.

독일제국 역내에서 진행된 오스트리아 계승전쟁의 마지막 전투는

1745년 4월 15일 오버바이에른에서 일어난 <파펜호펜 전투>였다. 이 전투는 바이에른, 바이에른을 도와 계승전쟁에 참전한 프랑스, 프랑스를 도와 계승전쟁에 뛰어든 팔츠 3국과 오스트리아 간의 전투였다. 파펜호펜에서 결정적인 패배를 당한 프랑스군은 라인 강 좌안으로 밀려났다. 파펜호펜 전투 이후의 오스트리아 계승전쟁의 무대는 라인 강 왼쪽의 오스트리아령 네덜란드로 옮겨졌다. 파펜호펜 전투 일주일 후 체결된 퓌센 평화조약(1745년 4월 22일)으로 오스트리아와 바이에른 간의 계승전쟁은 종결되었고, 드레스덴 평화조약(1745년 12월 25일)으로 오스트리아와 브란덴부르크-프로이센 간의 전쟁(2차 슐레지엔 전쟁)도 종지부를 찍음으로써 슐레지엔 문제가 일단락되었다. 그러나 오스트리아령 네덜란드에서는 바이에른의 동맹국인 프랑스와 오스트리아의 동맹국인 영국이 <아헨 평화조약>(1748)이 체결될 때까지 전쟁(오스트리아 계승전쟁)을 멈추지 않았다. 주객이 전도된 전쟁이었다. 오스트리아와 바이에른 간에 발생한 계승전쟁이 오스트리아의 동맹국인 영국과 바이에른의 동맹국인 프랑스 간의 전쟁으로 변질되었고, 전쟁의 무대 역시 중부유럽에서 서부유럽과 북이탈리아로 옮겨졌다. 북이탈리아에서 수행된 오스트리아 계승전쟁은 오스트리아-사르데냐 동맹군과 프랑스-스페인 동맹군 간의 전쟁이었다. 전쟁을 일으킨 당사국들인 바이에른과 작센이 오스트리아 계승전쟁에서 하차한 후, 오스트리아 계승전쟁 참전국들의 조합이 복잡해진 이유는 사르데냐가 오스트리아를, 스페인이 프랑스를 지원하고 나선데다, 영국과 프랑스 간의 역사적인 적대감정이 양국 간의 해외 식민지 주도권 장악 전쟁으로 발전했기 때문이었다.

스튜어트 왕조의 부활을 노린 자코바이트(제임스 2세의 추종자들)의 반란이 1745년 스코틀랜드에서 발생했기 때문에, 오스트리아 계승전쟁에 참전한 대부분의 영국군이 본국으로 철수해야 했다. 영국군의 전력이 현저히 약화된 후, 1746년 모리스 드 삭스(독일이름: 모리츠 폰 작센, 1696-1750. 프리드리히 아우구스트 2세 작센 선제후의 서자로서 스페인 계승전쟁과 6차 터키전쟁에서 오스트리아를 위해 프랑스와 오스만 제국을 상대로 싸운 후, 1720년 프랑스군으로 이적하여 폴란드 왕위계승전쟁과 오스트리아 계승전쟁 때는 오스트리아와 전쟁을 치른 프랑스군 대원수. 아우구스트 3세 폴란드 국왕의 동갑나기 이복동생)

대원수 휘하의 프랑스군은 플랑드르(오스트리아령 네덜란드) 침공을 속개하여 브뤼셀, 메헬렌, 안트베르펜, 샤를루아 및 몽스를 연달아 점령한 후, 루쿠(리에주 인근)를 위협했다. 카를 알렉산더 로트링엔 공작이 지휘한 '국본조칙군'(오스트리아-영국-하노버-네덜란드 동맹군)은 마스 강 서안에서 전열을 정비했다. 동맹군의 왼쪽 날개(네덜란드 군)는 리에주(독일지명: 뤼티히)에 포진했고, 영국-하노버 연합군은 중앙군을, 오른쪽 날개는 오스트리아군이 맡았다. 모리스 프랑스군 사령관은 압도적으로 우세한 전력을 동원하여 왼쪽 날개의 네덜란드군을 공격했다. 네덜란드군은 격렬히 저항했지만, 중앙군을 형성한 영국-하노버 연합군의 후미 쪽으로 후퇴하지 않을 수 없었다. 영국 기병대 및 2개 보병대대는 마스 강을 건너 후퇴하는 동맹군을 엄호하는 과정에서 큰 손실을 입었다. 동맹군(40,000)은 5,000명의 사상자를 기록했고, 전투에 승리한 프랑스군(60,000)의 사상자 수는 10,000명에 달했다고 한다. <루쿠 전투>(1746년 10월 11일)는 프랑스군과 '국본조칙군' 간에 벌어진 전투 중 가장 치열한 전투였으며, 루쿠 전투 후 리에주는 프랑스 군에 점령되었다. 동절기가 다가왔기 때문에, 1746년의 전투는 루쿠 전투와 더불어 모두 끝이 났고, 오스트리아령 네덜란드와 룩셈부르크는 프랑스가 차지하게 되었다.

오스트리아령 네덜란드에서와는 반대로, 북이탈리아 전투에서는 오스트리아-사르데냐 동맹군이 프랑스-스페인 동맹군에 연승을 거두었다. 구아스탈라, 피아첸차 및 로토프레노에서 벌어진 전투에서 오스트리아-사르데냐 동맹군은 프랑스-스페인 동맹군에 모두 승리하여 롬바르디아와 피에몬테와 사부아를 탈환했다. 마리아 테레지아는 브란덴부르크-프로이센에 점령당한 땅(슐레지엔)을 북이탈리아에서 만회하기 위해 <드레스덴 평화조약> 체결 후, 더욱 더 공세적으로 북이탈리아 전투에 개입했다. 북이탈리아의 헤게모니를 장악하기 위한 오스트리아-사르데냐 동맹군과 프랑스-스페인 동맹군 간의 전투는 1746년 3월 이후 한층 더 치열해졌다. 포 강 북쪽의 전략적 요충지인 피아첸차에 포진한 스페인-프랑스 동맹군은 평화협상이 중단된 후, 스페인 국왕(펠리페 5세)의 공격 요청으로 1746년 6월 15일에서 16일로 가는 밤 오스트리아군에 대한 총공격을 개시했다. 양측이 각각 비슷한 규모의 전력(40,000)을 투입한 <피아첸차 전투>에서는 오스트리아 측이 승리를 챙겼다. 막대한 병력 손실을 초래한 스페인-프랑스 동맹군은 포 강 우안으로 물러났다. 스페인군은 제노아를 거쳐 본국으로 후퇴했고, 영국 함대의 지원을 받은 오스트리아군은 기회를 놓치지 않고 프랑스 본토 공격을 시도하여, 프로방스의 요새 앙티브를 공성했다.

프로방스로 진격한 오스트리아군과 사르데냐군은 군량 조달의 어려움으로 인해 1747년 1월에 이미 다시 철수해야 했다. 프로방스에서 철수한 오스트리아-사르데냐 동맹군은 제노바 공성에 돌입했지만, 푸케 드 벨릴 원수의 프랑스 군이 제노바를 구원하기 위해 진격해오자, 오스트리아군은 롬바르디아로 철수했고, 벨릴 원수는 오스트리아군의 추격을 포기하고, 동계 숙영에 들어가기 위해 니스로 회군했다. 북이탈리아에서 벌어진 오스트리아 계승전쟁의 마지막 전투는 프랑스군의 공격으로 촉발된 <아시에타 전투>(1747년 7월 19일)였다. 그러나 벨릴 원수는 이 전투에서 오스트리아-사르데냐 동맹군에 대패했다.

오스트리아령 네덜란드를 점령한 프랑스는 홀란드주(네덜란드) 공격을 계획했다. 서부전선(오스트리아령 네덜란드)에서 벌어진 오스트리아 계승전쟁의 마지막 대규모 전투는 프랑스군과 '국본조칙군'(오스트리아-네덜란드-영국-하노버 동맹군)이 충돌한 <라우펠트 전투>(1747년 7월 2일. 라우펠트는 마스트리흐트 서쪽 림스트의 마을)이었다. 루쿠 전투에서처럼 라우펠트 전투에서도, 승리한 프랑스군의 사상자 수가 동맹군의 그것보다 훨씬 많았지만, 라우펠트 전투는 동맹군이 후퇴함으로써 프랑스군의 승리로 기록된 전투이었다. 라우펠트 전투에서 승리한 프랑스군은 3개월의 공성 끝에 베르헨 오프 좀 요새를 점령했다.

모리스 원수 휘하의 프랑스군은 마스트리흐트 요새를 공성했지만, 영국-네덜란드-오스트리아 동맹군은 러시아로부터 지원군이 도착하기를 기다렸기 때문에, 마스트리흐트에 원군을 보내지 않았다. 1748년 5월 마스트리흐트는 프랑스군에 항복했고, 일반휴전협정이 체결되었다. 1747년 11월 30일 오스트리아와 러시아 간에 체결된 동맹조약에 의해 37,000명의 러시아군이 마리아 테레지아를 지원하기 위해 라인 강 전선에 투입된 것은 마스트리흐트가 프랑스군의 수중에 들어간 후였다.

오스트리아-러시아 동맹조약 체결과 러시아군의 오스트리아 계승전쟁 개입은 평화회담의 속도를 높였다. 1748년 10월 18일 아헨에서 평화조약이 체결되었다. <아헨 평화조약>과 더불어 1740년 12월 프리드리히 2세의 슐레지엔 침공과 더불어 시작된 오스트리아 계승전쟁은 8년 만에 대단원의 막을 내렸다. 오스트리아 계승전쟁은 1차 슐레지엔 전쟁 (1740-1742)과 2차 슐레지엔 전쟁(1744-1745) 기간을 포함함으로써 두 전쟁은 서로 깊이 관련되지 않을 수 없었다. 아헨 평화조약은 드레스덴 평화조약 (1745) 체결 이후에도 - 다시 말해 2차 슐레지엔 전쟁이 끝난 후에도 - 계속된 오스트리아 계승전쟁을 종결시킨 평화조약이었다.

아헨 평화조약과 그 결과

아헨 평화조약이 조인되기 6개월 전인 1748년 4월 30일 예비평화조약이 체결되었다. 아헨 예비평화조약은 영국 및 네덜란드가 - 오스트리아는 배제시킨 채 - 일방적으로 프랑스(루이 15세)와 이루어 낸 잠정조약이었다. 벤첼 안톤 카우니츠(1711-1794) 수상의 - 합스부르크 제국에서 수상(슈타츠칸츨러)이라는 칭호를 공식적으로 사용한 정치가는 카우니츠(수상: 1753-1792) 백작과 메테르니히(수상: 1821-1848) 백작 두 사람이었다 - 이의 제기에도 불구하고 아헨 예비평화조약은 오스트리아 계승전쟁의 당사국이며 피해국인 오스트리아의 의견은 무시된 채 체결되었고, 오스트리아는 동년 5월

25일 이 잠정평화조약에 가입해야 했다. 1748년 4월 24일부터 제국직속 도시 아헨에서 시작된 평화협상에 오스트리아의 전권대표로 참석한 카우니츠 수상은 오스트리아의 동맹국인 영국과 네덜란드가 마리아 테레지아의 염원인 슐레지엔의 회수 문제에는 전혀 관심을 보이지 않은 사실에 분노했다. 그래서 그는 슐레지엔을 브란덴부르크-프로이센으로부터 되찾을 수만 있다면, 프랑스 지원도 불사하려 했다. 프랑스가 슐레지엔의 반환에 동의하면, 그 반대급부로 1745년 프랑스에 의해 점령된 오스트리아령 네덜란드를 프랑스에 정식으로 할양하는 문제를 내부적으로 검토한 적이 있었기 때문이다. 예비조약을 확인하는 형식의 아헨 평화조약이 1748년 10월 18일 최종조약으로 조인되었다.

22개 조항으로 구성된 <아헨 평화조약> 규정 중 가장 중요한 것은, 마리아 테레지아가 북이탈리아의 파르마와 피아첸차와 구아스탈라 공국을 1731년 사망한 파르네세가(파르마의 공작가문)의 마지막 공작(안토니오 파르네세, 1679-1731)의 외손자인 - 펠리페 5세 스페인 국왕과 그의 재혼한 왕비 엘리자베타 파르네세(1692-1766)의 장자로서 펠리페 5세를 계승한 - 카를로스 3세(1716-1788, 재위: 1759-1788) 스페인 국왕에게 양도한다는 조항이었다. 카를로스 3세는 마리아 테레지아로부터 할양받은 3개 공국(파르마, 피아첸차, 구아스탈라)을 다시 그의 동생 펠리페(1720-1765)에게 양도했다. 마리아 테레지아는 또 서부 롬바르디아의 일부 지역을 동맹국인 사르데냐의 국왕 카를 엠마누엘 3세 사부아 공작에게 할양해야 했다. 그 대가로 마리아 테레지아가 얻은 것은 국본조칙에 대한 일반승인 뿐이었다.

프랑스에 의해 3년 간(1745-1748) 점령되었던 오스트리아령 네덜란드는 아헨 평화조약 체결로 다시 오스트리아에 반환되었다. 영국 국왕 조지 2세에게는 하노버 공국의 계승권이 보장되었다. 그리고 프리드리히 2세가 점령한 슐레지엔과 뵈멘의 백작령 글라츠에 대한 브란덴부르크-프로이센의 영유권이 아헨 평화조약에서 다시 한 번 확인되었다. 영국과 프랑스도 점령지역을 상호 반환했다. 프랑스는 인도의 마드라스를 영국에 반환했고, 영국 측은 캐나다의 케이프 브레튼 섬에 소재한 프랑스의 요새 도시 루이스버그를 프랑스에게 반환했다. 아헨 평화조약으로 오스트리아는 밀라노와 만토바를 보유할 수 있게 되었기 때문에, 슐레지엔의 상실을 이탈리아에서 일정 정도 보상받을 수 있게 되었다.

서인도 제도, 아프리카 및 인도에서 발생한 영국과 프랑스 간의 통상전쟁 때문에, 아헨 평화조약은 오래 지속되지 못했다. 영국과 프랑스의 갈등은 계속되었고, 오스트리아와 브란덴부르크-프로이센의 대립구조는 더욱 첨예화되었다. 아헨 평화조약의 내용에 만족하지 못한 조약 당사국은 오스트리아만은 아니었다. 조약 체결 후 프랑스에서도 아헨 평화조약에 대한 광범위한 불만이 표출되었다. 모리스 드 삭스(모리츠 폰 작센) 원수의 탁월한 전략에 의해 점령했다고 생각한 오스트리아령 네덜란드를 프랑스가 다시 포기했기 때문이었다. 그러나 이탈리아는 아헨 평화조약 덕분에 비교적 장기간의 안정을 얻었다. 그리고 스페인 국왕 카를로스 3세와 그의 동생 펠리페 공작은 북이탈리아 내의 영토(파르마, 피아첸차 및 구아스탈라 공국)를 획득한 첫 번째 스페인-부르봉 왕가의 군주가 될 수 있었다.

1731년 파르마와 피아첸차 공국의 마지막 공작인 파르네세가의 안토니오가 1731년 후사 없이 사망한 후, 두 공국은 1714년 스페인 국왕 펠리페 5세와 결혼한 안토니오의 질녀이며 파르네세가의 법적 상속인인 엘리자베타에게 자동적으로 상속되었다. 1714년 부르봉가 출신의 첫 번째 스페인 국왕 펠리페 5세(루이 14세의 손자)와 결혼함으로써 스페인 부르봉가의 여시조가 된 엘리자베타는 부르봉가의 권력 수단을 이용하여 이탈리아에 그녀의 왕조를 설립하려 했다. 1714년 스페인 계승전쟁 이후 스페인 합스부르크가의 옛 이탈리아 영지들이 속속 스페인 왕국에서 분리되어, 오스트리아 합스부르크가의 소유가 되어버렸기 때문에, 스페인으로서는 이탈리아 땅에 부르봉가의 보호령을 확보하는 것이 초미의 관심사였다.

오스트리아 계승전쟁이 발발하기 직전 끝난 폴란드 왕위계승전쟁

(1733-1738)에서 - 스페인 계승전쟁에 이어 - 거둔 또 한 번의 프랑스-스페인 동맹의 승리는 오스트리아로 하여금 지금까지 합스부르크가가 지배했던 나폴리 왕국과 시칠리아 왕국을 부르봉가의 스페인(카를로스 3세, 펠리페 5세의 장남, 루이 14세의 증손자)에게 양도하게 만들었다. 나폴리와 시칠리아를 양도받는 조건으로 스페인은 파르마를 1735년 합스부르크가의 카를 6세 황제(재위: 1711-1740)와 그의 딸 마리아 테레지아(재위: 1740-1780)에게 넘겨주었었다. 마리아 테레지아의 상속을 두고 발생한 오스트리아 계승전쟁은 파르마를 다시 스페인 부르봉가에 반환하면서 종식된 것이었다.

펠리페 5세의 이탈리아 출신(파르네세가) 재혼왕비 엘리자베타는 1748년 아헨 평화조약을 통해 파르마와 피아첸차와 구아스탈라를 최종적으로 획득했고, 1748년 엘리자베타의 둘째 아들(카를로스 3세의 스페인 국왕의 동생) 펠리페가 파르마-피아첸차-구아스탈라 3개 공국의 공작에 오르면서 엘리자베타의 이탈리아 내 왕조 설립 계획이 실현되었다. 그 후 합스부르크가(오스트리아)와 부르봉가(프랑스와 스페인)는 1769년 엘리자베타의 손자이며 펠리페의 독자 페르디난도(1751-1802, 파르마-피아첸차-구아스탈라 공작)와 마리아 테레지아의 딸 마리아 아말리아(1746-1804), 1770년 마리아 테레지아의 딸 마리아 카롤리나(1752-1814)와 카를로스 3세의 3남 페르디난도 1세(1751-1825, 엘리자베타의 손자) 나폴리 및 시칠리아 국왕을 연이어 결혼시켰고, 그리고 또 같은 해(1770)에 또 루이 15세 프랑스 국왕의 장손이며 그의 계승자인 이제 겨우 열다섯 살의 루이 16세(1774년 이후 프랑스 국왕)와 루이 16세보다 한 살 어린 마리아 테레지아의 막내딸 마리 앙투아네트를 결혼시킴으로써 합스부르크가와 부르봉가 간의 유대가 강화되는 듯이 보였다.

□ 3

7년 전쟁 또는 3차 슐레지엔 전쟁(1756-1763)

1) 아헨 평화조약 이후 유럽의 정세와 3차 슐레지엔 전쟁의
배경

<드레스덴 평화조약>(1745)과 <아헨 평화조약>(1748)은 <2차 슐레지엔 전쟁>과 <오스트리아 계승전쟁>에 종지부를 찍고, 마리아 테레지아 여제를 합스부르크가의 상속자로 공인했지만, 프로이센의 슐레지엔 합병을 재확인함으로써 향후 100년 이상 지속될 '두 독일'(오스트리아와 프로이센)의 대결 체제에 불을 지폈다. 북아메리카와 인도의 식민지에서 벌어진 영국과 프랑스 간의 전쟁도 아헨 평화조약으로 일단락되었지만, 양국 간의 대결 구도를 장기적으로 완화시킬 해결책은 제시되지 않았다. 평화조약 체결에도 불구하고 오스트리아와 브란덴부르크-프로이센, 영국과 프랑스, 그리고 그들의 동맹국들 간에 잠재한 충돌 가능성은 1748년 이후의 유럽의 동맹체제를 근본적으로 바꾸어 놓기 시작했다.

프리드리히 2세 치하의 브란덴부르크-프로이센은 1740년에 점령한 오스트리아의 슐레지엔을 지속적으로 보유하는 정책을 추구한 반면, 마리아 테레지아의 오스트리아는 새로운 동맹시스템을 가동하여 슐레지엔의 재탈환을 합스부르크 제국 외교정책의 지상목표로 삼았다. 마리아 테레지아는 슐레지엔 탈환의 목표를 실현하기 위해 벤첼 안톤 폰 카우니츠 백작을 수상에 기용했고, 카우니츠 수상은 우선 브란덴부르크 선제후이며 동프로이센의 국왕인 프리드리히 2세를 외교적으로 고립시키려 시도했다. 서진정책을 추구한 옐리자베타(1709-1762, 제위: 1741-1762) 여제 치하의 러시아는 폴란드 영토인 젬갈렌(라트비아의 젬갈레)과 쿠를란트(라트비아의 쿠르제메)에 관심을 집중시키고 있었다. 옐리자베타는 젬갈렌과 쿠를란트를 양도받는

대신 브란덴부르크-프로이센의 영토인 동프로이센(1525년 이후 프로이센 공국, 1701년 이후 프로이센 왕국)을 회수하여 폴란드에게 대토로 보상하려 했다. 러시아의 서진정책은 결국 러시아와 브란덴부르크-프로이센 간의 전쟁을 의미했다. 이와 같은 얽히고설킨 강대국들 간의 이해관계 속에서 슐레지엔을 프로이센에 빼앗긴 오스트리아는 실지를 회복하기 위해 러시아와 군사동맹을 체결했다. 1745년 오스트리아 계승전쟁 때, 러시아가 오스트리아를 위해 파병한 근거가 거기에 있었다. 영국은 프랑스의 역사적 경쟁국으로서 특히 해외 식민지에서 프랑스의 위세를 약화시키려 했다. 조지 2세는 영국 국왕이며, 동시에 영국의 군합국인 하노버의 선제후였기 때문에, 유사시 프랑스의 공격으로부터 하노버를 지켜야 했다. 프랑스의 침략으로부터 하노버 선제후국(브라운슈바이크-뤼네부르크 공국)을 보호해야 하는 영국은 하노버 선제후국과 국경을 공유한 브란덴부르크-프로이센의 지원을 필요로 했다.

1754년 북아메리카 주둔 영국 군대와 프랑스 군대 간의 분쟁이 심화되어, 오하이오 계곡에서 전투가 벌어졌다. 영국 정부는 1755년 1월 에드워드 브레도크(1695-1755) 장군을 지휘관으로 하는 큰 규모의 병력을 북아메리카 식민지로 파병했고, 3월에는 프랑스 함대도 그곳으로 출발했다. 그 해 여름 북아메리카에서는 프랑스와 영국 간의 무력충돌이 끊이지 않았다. 8월에 영국은 프랑스 상선을 압류하기 시작했다. 이제 전쟁은 피할 수 없게 된 것처럼 보였기 때문에, 프랑스 정부는 물론, 영국 정부도 유럽에서 동맹국을 찾아 나섰다. 프랑스는 영국과의 전쟁에만 집중할 수 있기 위해 유럽에서의 전쟁은 내심 피하고 싶었다. 1741년 브란덴부르크-프로이센과 체결한 방어동맹(님펜부르크 조약)의 유효기간이 아직 끝나지 않았음에도 불구하고, 프랑스는 1755년 8월 오스트리아와 동맹을 체결하기 위한 협상을 시도했다. 오스트리아와 프랑스의 접근은 카우니츠 수상의 외교적 노력의 결실이었다. 철저한 반 프로이센주의자이었던 카우니츠의 목표는 프랑스를 기존 프랑스-프로이센 동맹에서 분리시키는 것이었다. 영국은 필요시 하노버 선제후국을 지키기 위해 러시아 군대를 이용할 수 있도록 1755년 9월 30일 러시아와 전비지원 조약을 체결했다. 동시에 영국은 러시아의 적대국인 브란덴부르크-프로이센과도 협상을 시작했다. 1756년 1월 16일 영국과 브란덴부르크-프로이센은 웨스트민스터에서 조약을 체결했다. <웨스트민스터 조약>에서 영국과 브란덴부르크-프로이센은 외침(프랑스의 침략)으로부터의 북독일 수호를 상호 보증했다. 조지 2세 영국 국왕(게오르크 2세 하노버 선제후)은 웨스트민스터 조약을 통해 그의 모국 하노버 선제후국을 수호하고, 프랑스의 주력군의 발을 유럽의 전쟁에 묶어두려 했다.

　프리드리히 2세는 프랑스의 주적이 여전히 오스트리아라고 생각했기 때문에, 웨스트민스터 조약이 프랑스에 대한 도전이라고는 미처 생각하지 못했다. 동시에 프리드리히 2세는 웨스트민스터 조약을 통해서 러시아가 프로이센에 적대적인 행위를 할 수 없도록 만들었다고 생각했다. 베를린의 판단과는 반대로 루이 15세의 궁정에서는 영국-프로이센 조약(웨스트민스터 조약)의 문제점을 논의하였다. 영국-프로이센 동맹이 프랑스의 하노버 점령의 걸림돌이 될 수 있기 때문이었다. 유럽대륙의 전쟁에서 영국에 승리하기 위해서는 하노버 선제후국의 확보는 프랑스에게 하나의 필수조건이었다. 그것은 대륙의 전쟁에서도 영국을 압박할 수 있는 수단이며, 영국군의 발을 대륙의 전쟁에 묶어둘 수 있는 유효한 방법이기도 했다. 이와 같은 복잡한 경쟁국가 간 이해관계에서 프랑스와 오스트리아는 오랜 비밀협상 끝에 - 오스트리아와 브란덴부르크-프로이센 간에 전쟁이 재발할 경우에 대비하여 - 양국 간 방어동맹 체결에 마침내 합의했다. 1756년 5월 1일 오스트리아는 프랑스와 <제1차 베르사유 조약>을 체결했다. 수세기에 걸친 적대관계를 뒤로 하고 오스트리아와 프랑스 간에 군사동맹이 체결됨으로써 유럽 외교정치사의 일대 혁명이라 할 '동맹의 역전' 현상이 발생한 것이었다.

　영국과 브란덴부르크-프로이센을 동맹관계로 전환시킨 웨스트민스터

조약의 핵심은, 영국은 프로이센에 무상차관을 제공하고, 프로이센은 그 대가로 브라운슈바이크-뤼네부르크 공국(하노버 선제후국)을 군사적으로 보호할 의무를 가진다는 조항이었다. 이 조항은 영국과 프랑스 간의 전쟁에 브란덴부르크-프로이센이 개입할 수 있는 근거가 되었다. 프랑스의 대영국 전쟁의 전략은 하노버 선제후국을 일단 점령한 후, 평화협상에서 하노버와 영국 소유의 해외식민지를 교환하는 것이었다.

웨스트민스터 조약은 루이 15세의 프랑스로 하여금 베스트팔렌 평화조약(1648) 이후 유지된 프랑스의 동맹정책을 재고하게 만든 계기를 제공했다. 그간 프랑스는 프랑스의 전통적 우방국인 오스만 제국, 폴란드, 스웨덴 및 브란덴부르크-프로이센과 동맹을 체결해 오스트리아와 영국과 러시아를 견제해 왔었다. 프랑스는 프랑스의 전통적 동맹국 브란덴부르크-프로이센이 프랑스의 역사적인 적대국 영국과 체결한 동맹(웨스트민스터 조약)을 아헨 평화조약(1748)의 훼손으로 간주했다. 반대로 오스트리아는 동맹국 영국이 하노버를 보호하기 위해 오스트리아로 하여금 오스트리아령 네덜란드 주둔 군대를 증강시킬 것을 요구했을 때, 프랑스와의 관계 악화를 우려해 영국의 요구를 거부했다. 1742년 5월에 체결한 영국과 오스트리아의 군사동맹은 결국 1755년 8월 파기되었다.

베르사유 조약과 웨스트민스터 조약은 국가 간 협력관계에 일대 변혁을 초래했다. 두 조약은 모두 과거의 적국들끼리 체결한 조약이었기 때문이다. 8개항과 1개 비밀 조항으로 성문화된 <1차 베르사유 조약>에서 오스트리아와 프랑스는 유럽의 영토를 - 해외식민지 전쟁은 제외하고 - 침범당하면, 24,000명의 병력을 동원하여 상호지원하기로 합의했다. 1648년(베스트팔렌 평화조약) 이후 체결된 양국 간 조약들이 재확인되었고, 프랑스는 오스트리아의 국본조칙을 다시 한 번 승인했다. 비밀조항은 이 조약을 곧 체결될 오스트리아-프랑스 공격동맹(2차 베르사유 조약)의 전 단계로 특징지었다. 이로써 오스트리아는 브란덴부르크-프로이센의 재침을 받을 경우, 슐레지엔의 회복에 필요한 군사적 지원을 프랑스로부터 기대할 수 있게 되었고, 그 대가로 오스트리아는 - 목표가 달성될 경우 - 오스트리아령 네덜란드를 프랑스에 양도한다는 약속을 했다. 프랑스는 - 전쟁에서 승리할 경우 - 오스트리아가 브란덴부르크-프로이센 왕국을 해체하는데 반대하지 않을 것이며, 오스트리아에게 원조를 제공하기로 약속했다. 1756년의 5월 1일자로 체결된 <1차 베르사유 조약>은 정확히 1년 후인 1757년 5월 1일 조인된 <2차 베르사유 조약>에서 종전의 방어동맹 조약이 공격동맹 조약으로 확대 강화되었다. 프리드리히 2세가 1756년 8월 작센을 침공하여 3차 슐레지엔 전쟁을 일으켰을 때, 그 기회를 전략적으로 이용한 오스트리아가 프랑스와의 방어동맹(1차 베르사유 조약)을 1년 만에 공격동맹(2차 베르사유 조약)으로 전환시킨 것이었다.

러시아도 오스트리아와 프랑스 간에 체결된 공격동맹(2차 베르사유 조약)에 가입했다. 2차 베르사유 조약에 가입하면서 러시아가 지게 된 의무사항은 유사시 최소병력 80,000명, 15척 내지 20척의 전함 및 40척의 갤리선을 동원할 수 있는 준비를 완료하는 일이었고, 그 대가로 오스트리아는 백만 루블을 러시아에 지원하기로 했다. 프랑스와 오스트리아는 폴란드령 젬갈렌과 쿠를란트를 러시아의 관할로 인정하고, 그 대신 - 브란덴부르크-프로이센이 패전국이 될 경우 - 동프로이센을 폴란드 영토로 인정하기로 합의했다. 작센과 스웨덴도 2차 베르사유 조약에 가입했고, 독일제국도 가입했다. 1개 비밀조항은 전쟁에서 승리할 경우 브란덴부르크-프로이센의 영토를 남김없이 분할한다는 내용이었다. 오스트리아는 오스트리아령 네덜란드를 루이 15세의 맏사위 필리프(1720-1765, 파르마 공작)에게 양도하는 대신, 피아첸차와 파르마를 회수하기로 했다. 프랑스는 오스트리아령 네덜란드의 항구도시 니외포르와 오스탕드를 획득하는 조건으로 15,000명의 병력을 서북독일로 파병하고, 오스트리아에게 연 1,200만 리브르를 지원하기로 했다. 1차 베르사유 조약의 내용을 - 예컨대 오스트리아령 네덜란드의 양도에 관한 절차 등을 - 구체화한 2차 베르사유 조약은 2년 기한으로 체결되었다. 브라운슈바이크, 고타, 하노버, 헤센-카셀은 브란덴부르크-프로이센과 동맹관계를 유지했으나, 이들을 제외한 대부분의 독일제국 제후국들이 2차 베르사유 조약에 가입함으로써 독일제국 내에서도 반 브란덴부르크-프로이센 전선이 강화되었다.

베르사유 조약으로 인해 브란덴부르크-프로이센은 남쪽의 오스트리아와 북쪽의 스웨덴, 그리고 서쪽의 프랑스와 동쪽의 러시아에 의해, 다시 말해 유럽의 4대 열강 중 영국을 제외한 3대 열강과 그들의 동맹국들에 의해 사방으로부터 포위를 당하는 위기를 맞게 되었다. 해외식민지 확장과 해상주도권을 놓고 프랑스와 갈등을 빚어 온 영국과 유럽대륙의 외톨이 신세가 된 브란덴부르크-프로이센이 손을 잡은 것은 어떻게 보면 당연한 귀결이었다. 국제관계는 영원한 적도, 영원한 동지도 인정하지 않았다. 오스트리아 계승전쟁(1740-1748) 당시까지만 해도 오스트리아를 도와 브란덴부르크-프로이센군과 전쟁을 벌였던 영국은 이제 유럽에서 프리드리히 2세를 지원하는 유일한 열강으로 남게 되었다. 오스트리아 계승전쟁 때나, 아헨 평화조약이 체결된 이후나, 한 가지 변하지 않은 사실이 있다면, 그것은 영국과 프랑스 간의 적대관계였다. <7년 전쟁>으로 불리는 이 전쟁은 두 갈래의 양상으로 전개되었다. 하나는 오스트리아와 프로이센 간의 영토전쟁인 <3차 슐레지엔 전쟁>이었고, 다른 하나는 프랑스와 영국 간의 해외식민지 쟁탈전이었다.

2) 3차 슐레지엔 전쟁. 전반부(1756-1759)

프랑스와 오스트리아, 러시아, 그리고 스웨덴의 포위로 위기의식에 사로잡힌 프리드리히 2세의 위기탈출 수단은 군사적 선제공격뿐이었다. 1차 베르사유 조약이 체결된 지 약 4개월 후인, 1756년 8월 29일 프리드리히 2세는 합스부르크 제국을 공격하기 위한 거점을 확보하기 위해 66,000명의 병력을 3개 군단으로 편성하여 우선 인접한 작센 선제후국(오스트리아의 동맹국)을 침공했다. 프로이센의 좌익군은 아우구스트 빌헬름(1722-1758, 프리드리히 2세의 동생) 공이, 우익군은 브라운슈바이크-베베른의 공작으로서 프리드리히 2세의 손아래 처남인 페르디난트(1721-1792, 프리드리히 2세의 왕비 엘리자베트 크리스티네의 동생)가 맡았고, 주력군인 중앙군은 프리드리히 2세가 직접 지휘했다. 브란덴부르크-프로이센의 입장에서 보면, 3차 슐레지엔 전쟁은 외교적 고립을 극복하기 위한, 생존을 위한 전쟁이었다. 주민의 수로 환산해 20배나 인구가 더 많은 적국들을 상대로 한 전쟁이었다. 작센 선제후 프리드리히 아우구스트 2세(폴란드 국왕 아우구스트 3세)의 이복동생 프리드리히 아우구스트 루토프스키(1702-1764) 백작 휘하의 작센 군대는 프로이센군의 기습을 받아, 피르나(브란덴부르크와 작센의 국경)로 후퇴했지만, 9월 10일 브란덴부르크-프로이센군에 의해 포위되었다. 9월 9일에 이미 작센 공국의 수도 드레스덴을 무혈점령한 브란덴부르크-프로이센군은 며칠 안 되어 작센 전체를 점령한 후, 작센 군대를 피르나에서 포위한 것이었다.

브란덴부르크-프로이센군에 의해 점령당한 작센을 구원하기 위해 오스트리아는 막시밀리안 율리시스 브라운(1705-1757) 원수 휘하의 뵈멘 주둔군을 피르나로 급파했다. 오스트리아군이 실제로 9월 말 루토프스키를 구하러 작센으로 출발했을 때는, 프리드리히 2세는 예하부대 병력의 절반을 동원하여 - 나머지 절반의 병력은 피르나의 작센군 진영을 통제했다 - 이미 합스부르크 제국(뵈멘)의 국경을 넘었을 때였다. 프리드리히 2세가 직접 지휘한 브란덴부르크-프로이센의 주력군(29,000명)은 1756년 10월 1일 엘베 강변의 로보지츠 근교에서 브라운 원수 휘하의 오스트리아 원정군(34,000명)과 조우했다. 크로아티아 병력으로 구성된 오스트리아군 기병연대가 2회에 걸친 브란덴부르크-프로이센 기병의 공격을 막아내고, 역공을 가해 프리드리히 2세를 거의 항복의 지경으로 몰고 갔으나, 브란덴부르크-프로이센 보병의 역습으로 로보지츠가 브란덴부르크-프로이센군에 의해 점령되었다. 피르나로 가는 길목을 차단당한 오스트리아 군대는 피르나에서 포위된 작센 군대에 더 이상의 접근이 불가능해졌다. 로보지츠는 브란덴부르크-프로이센군에 의해 크게 파괴되었고, 브란덴부르크-프로이센군과 오스트리아군은 각각 2,900여 명과 2800여 명의 인명손실을 입었다. 비슷한 수의 인명손실을 초래한 전투이었지만, 오스트리아군이 패한 전투이었다. 브란덴부르크-프로이센군에 의해 피르나에서 포위된 루토프스키 휘하의 작센 군대는 결국 1756년 10월 16일 항복하지 않을 수 없었다. 아우구스트 3세 폴란드 국왕(작센 선제후 프리드리히 아우구스트 2세)은 작센을 떠나 폴란드로 피신했고, 작센은 브란덴부르크-프로이센의 점령 하에서 전시동원과 군세납부 등으로 철저히 수탈당했다. 항복한 작센 군대는 브란덴부르크-프로이센군에 강제 편입되었지만, 다음 해 봄 그들 대부분은 탈주했다. 이로써 브란덴부르크-프로이센군의 작센 점령은 성공했지만, 오스트리아를 타격한다는 프리드리히 2세의 구상은 동절기를 앞두고 다음 해로 연기되었다.

1757년 초의 상황은 프리드리히 2세에게 불리했다. 1월 17일 프란츠 1세(프란츠 슈테판) 신성로마제국 황제는 독일제국 의회의 결의를 통해 브란덴부르크-프로이센을 상대로 제국전쟁을 선포했다. 프리드리히 2세 브란덴부르크 선제후가 작센 선제후국을 침공함으로써 평화유지명령을 위반했기 때문이었다. 이로 인해 황제군(오스트리아 군대)에 더해 독일제국군이 프리드리히 2세의 또 하나의 다른 적으로 등장하게 되었다. 대 브란덴부르크-프로이센 제국전쟁이 결의된 지 닷새 후인 1757년 1월 22일 러시아와 오스트리아가 별도의 동맹조약을 체결했고, 1756년 체결된 오스트리아-프랑스 방어동맹(1차 베르사유 조약)은 1757년 5월 1일 공격동맹(2차 베르사유 조약)으로 격상되었다. 이미 오래전부터 예견되었던 러시아군의 공격에 이어, 베스트팔렌 평화조약의 보증국인 프랑스 군대도 브란덴부르크-프로이센을 응징하고, 하노버를 점령하기 위해 독일로 진격해 들어올 참이었다. 영국군은 북아메리카와 인도에서 프랑스군에 의해 압박을 받고 있었기 때문에, 대륙의 전쟁에서 하노버 선제후국을 효과적으로 지키는 일이 쉽지 않았다.

프리드리히 2세는 우선 프라하를 점령한 후, 오스트리아를 타격한다는 지난해(1756)의 전략을 재시도하기로 했다. 오스트리아군이 프랑스와 러시아로부터 지원을 받을 틈을 허용하지 않기 위해서 프리드리히 2세는 뵈멘 주둔 오스트리아군을 신속히 제압해야 했다. 1757년 4월 브란덴부르크-프로이센군은 여러 방향에서 뵈멘으로 침투하여, 5월 6일 황제군(오스트리아군)과 프라하에서 전투를 벌였다. 브란덴부르크-프로이센군이 승리는 했지만, 오스트리아군 대부분은 프라하 요새로 철수하는데 성공했다. 프리드리히 2세가 프라하 요새 공성에 돌입하는 동안, 오스트리아로부터 레오폴트 요제프 폰 다운(1705-1766) 원수 휘하의 원군이 진격해 왔다. 프리드리히 2세는 전력의 절반을 투입하여 - 나머지 절반의 병력은 프라하 요새 공성에 투입되었다 - 1757년 6월 18일 엘베 강변의 콜린에서 다운 원수와 대결했지만, 오스트리아군에 크게 패했다. 프리드리히 2세는 <콜린 전투>에서 약 14,000명에 달하는 사상자를 감수해야 했는데, 이는 투입한 병력(35,000명)의 삼분의 일을 초과하는 규모의 인명손실이었다. 브란덴부르크-프로이센군은 프라하 요새공성을 중단하고, 작센으로 후퇴했다. 그 후 독일제국군이 작센으로 진격하자, 프리드리히 2세는 다시 튀링엔으로 물러나야 했다. 콜린 전투의 승리를 기념하기 위해 마리아 테레지아는 <마리아 테레지아 무공훈장> 제도를 제정하였으며, 그 첫 수훈자 두 명은 콜린 전투의 영웅 레오폴트 요제프 폰 다운 원수와 헝가리 출신의 프란츠 레오폴트 폰 나도지(1708-1783) 장군이었다. 콜린 전투는 프리드리히 2세가 직접 지휘한 첫 전투였으며, '프리드리히 불패'의 신화가 깨어진 전투이었다.

이제 대 브란덴부르크-프로이센 전선에서 우위를 점한 오스트리아군은 콜린 전투에 이어 <모이스 전투>(1757년 9월 7일)에서도 프로이센 군대에 승리를 거두었다. 나이세 강 우안의 마을 모이스(폴란드의 우야스트)는 괴를리츠(현 폴란드의 즈고젤레츠)의 일부로서, 슐레지엔과 작센 간의 연결을 위해 한스 카를 폰 빈터펠트(1707-1757, 프리드리히 2세의 절친한 친구) 장군이 미리 확보한

지역이었다. 아우구스트 빌헬름(1715-1781) 브라운슈바이크-베베른 공작이 -
그는 1758년 사망한 프리드리히 2세의 동생 아우구스트 빌헬름과 동명
임 - 지휘한 프로이센군의 주력군은 괴를리츠의 란데스크로네(높이 420미터의
괴를리츠의 최고봉) 산 옆에 진지를 구축했다. 모이스 전투는 카우니츠 오스트
리아 수상이 향후의 작전계획을 논의하고, 야전사령관들을 독려하기 위
해 마커스도르프(작센과 폴란드의 국경 마을)에 자리 잡은 오스트리아군 사령부
에 도착한 사건이 발단이 되어 발생한 전투이었다. 오스트리아군은 마리
아 테레지아 여제의 특명으로 전선을 방문한 카우니츠 수상의 면전에서
확실한 전과를 올리려 했던 것 같다.

　1757년 9월 7일 <콜린 전투>(1757년 6월 18일)의 영웅 프란츠 레오폴트
폰 나도지 장군은 20,000명의 병력과 24문의 중포를 지휘하여 모이스에
진을 친 브란덴부르크-프로이센군의 전초부대를 공격했다. 나도지 장군
은 적장 빈터펠트 장군이 이 시간에 반마일 떨어진 괴를리츠의 프로이
센군 본영에 머물고 있는 상황을 이용했다. 오스트리아군의 공격 소식을
접한 빈터펠트 장군은 5개 대대를 이끌고 모이스의 전투현장으로 급히
출발했다. 그러나 아우구스트 빌헬름 공작의 프로이센군 증원부대가 아
직 도착하지 않았기 때문에, 나도지 장군은 우회하여 빈터펠트의 배후를
공격할 수 있었다. 빈터펠트 장군은 이 전투에서 치명상을 입고 하루 뒤
사망했다. 후일 프리드리히 2세는 모이스의 전투현장과 괴를리츠에 빈터
펠트의 추모비를 건립케 했다. 베를린의 빌헬름 광장에 세워진 빈터펠트
의 대리석 추모비는 현재 베를린의 보데 박물관(보데 박물관은 즉위 99일 만에 사
망한 비운의 황제 프리드리히 3세(1831-1888)를 추모하기 위해 예술사학자 빌헬름 폰 보데(1845-1929)에
의해 건립되었음)에 옮겨져 있다. 베를린의 '빈터펠트 슈트라세'와 '빈터펠트
광장'도 그를 추모해 명명되었다.

　1757년 프리드리히 2세는 아직 작센 지역에 머물고 있었고, 슐레지엔
주둔 브란덴부르크-프로이센군 사령관 아우구스트 빌헬름 브라운슈바이
크-베베른 공작은 32,000명의 병력으로 슐레지엔의 탈환을 전쟁의 지상

목표로 삼고 있는 수적 우위의 오스트리아군에 맞서 슐레지엔을 지켜야 하는 어려운 임무를 수행해야 했다. 마리아 테레지아 여제의 시동생인 카를 알렉산더 로트링엔 공작과 콜린 전투의 영웅 다운 백작이 지휘한 오스트리아 주력군의 규모는 54,000명이었고, 나도지 휘하의 오스트리아 군단 28,000명도 합류가 가능했다. 카를 알렉산더 원수는 수적 우위의 전력을 장악했음에도 불구하고 전투를 피하려 했다. 그것은 나도지 장군이 슈바이드니츠(폴란드의 스비드니차) 요새를 점령할 때까지 슐레지엔의 수도 브레슬라우(폴란드의 브로추아프)에 브란덴부르크-프로이센군의 발을 묶어두려 했기 때문이었다. 슈바이드니츠는 뵈멘에서 슐레지엔으로 연결하는 보급로를 확보하기 위해 브란덴부르크-프로이센군에게나 오스트리아군에게나 반드시 확보해야 할 전략적 요충지로서 7년 전쟁에서 여러 차례 주인이 바뀐 요새였다.

43,000명으로 병력이 증강된 나도지의 군단은 공성 개시 한 달 만인 1757년 11월 13일 슈바이드니츠 요새의 항복을 받았다. 그 시점까지 오스트리아군 주력은 아우구스트 빌헬름 공작 휘하의 브란덴부르크-프로이센군을 철저히 통제했다. 나도지의 군단과 합류한 오스트리아군 지휘부는 지금까지 취했던 방어적 자세에서 공격으로 전환했다. 오스트리아군은 브란덴부르크-프로이센군이 그들의 동계 숙영지를 슐레지엔 역내에 설영할 수 없도록 적의 주력군이 당도하기 전에 슐레지엔의 수도 브레슬라우를 점령해야 했다. 브란덴부르크-프로이센군은 보병과 기병을 포함해 28,400명의 병력을 동원한 반면, 오스트리아군이 투입한 병력총수는 228문의 대포를 포함해 83,600명에 달했다. 오스트리아군 최고지휘관 카를 알렉산더 로트링엔 공작은 11월 22일 포격과 함께 전투개시 명령을 내린 후, 브란덴부르크-프로이센군에 대대적인 공격을 가했다. 다음 날 아우구스트 빌헬름 공작은 브레슬라우를 포기하고, 글로가우(폴란드의 구오구프)로 후퇴했다. 하루 종일 계속된 전투에서 오스트리아군은 5,000여 명을, 프로이센군은 6,000명을 잃었다. 아우구스트 빌헬름 공작이 전투를

포기한 이유와 돌연한 후퇴가 프리드리히 2세의 명령에 의한 것이었는 지는 밝혀지지 않았다.

슐레지엔 주둔 브란덴부르크-프로이센군 주력부대가 철수한 후, 요한 게오르크 폰 레스트비츠(1688-1767) 중장 휘하의 프로이센군 브레슬라우 요새 수비대는 고립되었다. 나도지 장군은 즉각 브레슬라우 요새 공성에 돌입했다. 친 오스트리아 성향의 브레슬라우 주민들은 브란덴부르크-프로이센군 수비대의 요새방어를 방해했다. 주민들은 레스트비츠의 철수를 압박하고, 수비군의 탈영을 방조했다. 주력부대의 후퇴로 브레슬라우 요새 수비대의 사기는 떨어졌고, 군기도 문란해졌다. 레스트비츠는 11월 25일로 가는 밤에 철수를 보장받고, 항복했다. 그러나 4,000여 명의 브란덴부르크-프로이센군 병력 중 글로가우로 철수한 인원은 6,00명을 넘지 않았다. 나머지는 모두 탈주병들이었다. 1758년 레스트비츠는 브레슬라우 요새를 오스트리아군에 넘긴 죄로 프리드리히 2세의 분노를 사 2년간 옥고를 치러야 했다. 프리드리히 2세는 이 사건을 계기로 하여 작전계획을 완전히 변경해야 했지만, 슐레지엔을 탈환한다는 그의 결심에는 변화가 없었다. 경제적 효용가치와 징집에 필요한 잠재인력을 보유한 슐레지엔은 오스트리아에게나, 브란덴부르크-프로이센에게나 결코 포기할 수 없는 전략적 가치를 지닌 지역이었다. <브레슬라우 전투>(1757년 11월 22일)에서 승리하고, 슈바이드니츠 요새와 브레슬라우 요새를 점령한 오스트리아군은 1757년 11월 말 브란덴부르크-프로이센에 빼앗겼던 슐레지엔의 대부분을 회복할 수 있었다.

모이스 전투와 브레슬라우 전투 사이에 비록 일일점령으로 끝나긴 했지만, 베를린이 오스트리아군에 의해 점령된 사건이 발생했다. 베를린 점령의 주인공은 후일 레오폴트 요제프 폰 다운(1762-1766)과 프란츠 모리츠 폰 라시(1766-1774)에 이어 1774년부터 1790년까지 빈 궁정국방회의 의장을 지낸 안드레아스 하디크 폰 푸타크(1711-1790) 백작이었다. 나도지 장군과 함께 모이스 전투 승리에 크게 기여한 하디크 폰 푸타크 당시 중장은 -

나도지와 하디크 폰 푸타크는 두 사람 다 헝가리 출신이었다 - 헝가리와 크로아티아 출신 경기병 5,000여 명을 지휘하여 1757년 10월 16일 베를린 주둔 프로이센군 사령관 모리츠(1712-1760, 안할트-데사우 후작) 원수를 베를린에서 몰아낸 후, 수도 베를린을 점령했다. 이 과정에서 800여 명의 브란덴부르크-프로이센 수도 방위군이 황제군에 의해 제거되었고, 400여 명은 황제군의 포로가 되었다. 하디크 폰 푸타크는 배상금조로 200,000 탈러 이상의 군세까지 받아낸 후, 안전하게 카를 알렉산더 공작의 주력군과 합류했다. 하디크 폰 푸타크 백작은 7년 전쟁에서 세운 공적을 인정받아 전쟁이 끝난 후, 부다페스트 총독(1763), 지벤뷔르겐 총독(1764)을 거쳐 1774년 원수 승진과 동시에 마리아 테레지아 여제에 의해 궁정국방회의 의장에 임명되었다.

1757년 1월 17일자 독일제국 의회의 결의에 의해 동원된 제국군이 그 해 8월 프리드리히 2세 브란덴부르크 선제후를 응징하기 위해 작전을 개시한 지역은 후자가 점령한 작센의 튀링엔이었다. 작센-힐트부르크하우젠 공국의 요제프 프리드리히(1702-1787) 공작을 사령관으로 하는 독일제국군은 2차 베르사유 조약에 따라 독일제국 황제(프란츠 1세)를 지원하기 위해 파병된 샤를 드 로앙 수비즈(1715-1787) 휘하의 프랑스군 1개 군단의 지원을 받았다. 프랑스군과 합류한 독일제국군은 1757년 11월 5일 <로스바흐 전투>에서 프리드리히 2세가 직접 지휘한 브란덴부르크-프로이센군에 괴멸적 패배를 당했다. 22,000명의 브란덴부르크-프로이센군은 불과 548명의 사상자를 낸 반면에, 프랑스군 24,000명을 포함한 약 41,000명의 독일제국과 프랑스 연합군은 10,000여 명의 인명손실을 기록했는데, 그 중 사상자가 3,000여 명은 전사자이었고, 브란덴부르크-프로이센군의 포로가 7,000여 명이었다. 독일제국군은 첫 전투에서 대패한 후 작센에서 철수했고, 프리드리히 2세는 오스트리아군이 점령한 슐레지엔을 수복하기 위해 브란덴부르크-프로이센군의 주력을 작센에서 슐레지엔으로 이동시켰다.

로스바흐 전투는 초기에 발생한 전투이지만, 7년 전쟁의 전환점을 가져온 전투였다. 로스바흐 전투 이후의 프랑스와 브란덴부르크-프로이센 간의 전투, 또는 프랑스가 브란덴부르크-프로이센 및 브란덴부르크-프로이센과 동맹을 체결한 일부 독일제국 영방들과 벌인 전투는 모두 서부 독일에 국한되었다. 프랑스 군대가 독일 땅 전체를 그들의 작전지역에 포함시킬 수 있었던 것은 그로부터 50년 후인 나폴레옹 전쟁 때이었다. 로스바흐 전투(1757년 11월 5일)와 브레슬라우 전투(1757년 11월 22일) 이후 브란덴부르크-프로이센군과 오스트리아군이 격돌한 전투는 1757년 12월 5일 슐레지엔의 로이텐(폴란드의 루티니아)에서 벌어진 전투였다.

로스바흐에서 대승을 거둔 프리드리히 2세는 여세를 몰아 뵈멘을 거쳐 슐레지엔으로 진격하던 도중 - 브레슬라우 전투에서 참패하여 브레슬라우를 오스트리아군에 넘겨준 후 슐레지엔에서 철수한 - 아우구스트 빌헬름 브라운슈바이크-베베른 공작 휘하의 슐레지엔군과 합류했다. 프리드리히 2세의 시급한 목표는 슐레지엔을, 특히 수도 브레슬라우를 되찾는 것이었다. 슐레지엔 탈환의 중요성은 프리드리히 2세가 전투 직전 로이텐 인근 파르히비츠(폴란드의 프로호비체)의 브란덴부르크-프로이센군 진영에서 행한 훈시에서도 강조되었다. 그 내용은 오스트리아군(사령관 카를 알렉산더 공작)에게 브레슬라우에서의 월동을 결코 허용하지 않겠다는 의지의 표현이었다.

<로이텐 전투>(1757년 12월 5일)의 현장은 서쪽의 언덕만 제외하면 사방이 트인 평원이었기 때문에, 오스트리아군은 9킬로미터에 이르는 광폭의 2열 횡대의 전투대형을 유지하고, 프로이센군의 접근을 기다렸다. 프리드리히 2세는 좌익군의 위장공격을 명령했다. 브란덴부르크-프로이센군의 양동작전에 말려든 카를 알렉산더 오스트리아군 사령관이 예비대를 투입했을 때, 프리드리히 2세는 언덕 뒤에 은폐되어 적의 정찰대에 의해 전혀 인지되지 않은 브란덴부르크-프로이센군의 우익군을 주력으로 하여 남쪽으로 진군했다. 오스트리아군 좌익군의 남쪽, 즉 로이텐 남서

쪽에서 브란덴부르크-프로이센군은 사선형 전투대열로 선회했다. 그 과정에서 우익군을 공격군으로 앞세운 프리드리히 2세는 프로이센 역사에서 가장 유명한 기병장군 중 한 사람인 한스 요아힘 폰 치텐(1699-1786) 휘하의 기병대를 투입했고, 12파운드 대포가 기병대를 엄호했다. 보병부대는 좌익군을 형성하여 오스트리아의 우익군의 반격을 막는 임무를 부여받았다. 프리드리히 2세는 당시로서는 새로운 전술인 사선형 전투대열 덕분으로 수적 열세에도 불구하고, 오스트리아의 좌익군을 제압하는데 성공했다. 더욱이 프리드리히 2세는 은폐시켰던 부대의 이동을 통해 기습의 장점을 살렸고, 당시만 해도 생소한 전술인, 기동포격 전술을 운용하여 혁혁한 전과를 올렸다.

오스트리아의 좌익군에 대한 기습공격이 시작되었을 때, 콜린 전투의 영웅 프란츠 레오폴트 폰 나도지 장군 휘하의 기병대조차 브란덴부르크-프로이센군 우익군의 집중적인 기습공격을 저지할 수 없을 정도로 오스트리아군의 전선은 와해되었다. 오스트리아군은 요새를 버리고, 로이텐 시내로까지 철수하여, 새로운 전선을 구축하려고 시도했다. 뵈멘 국경까지 밀려난 오스트리아군은 직선 전투대열을 형성하여 프로이센군의 사선 공격에 대응했지만, 결국 카를 알렉산더 로트링엔 공작은 전투를 포기하고 철수해야 했다. 후퇴 시 오스트리아군은 다시 한 번 큰 인명 손실을 입었는데, 프리드리히 2세가 철저한 추격전을 펼쳤기 때문이었다. 로이텐 전투에서 승리한 브란덴부르크-프로이센군은 6,400명의 사상자를 낸 반면, 전투에 패한 오스트리아군은 무려 22,000명의 인명손실을 보았는데, 그 중 12,000명은 포로로 잡힌 자들이었다. 프리드리히 2세와 함께 브란덴부르크-프로이센군을 지휘한 안할트-데사우 후작 모리츠는 전투가 끝난 당일 저녁 전투현장에서 브란덴부르크-프로이센군 원수에 임명되었다. 프리드리히 2세는 로이텐 전투에서 승리한 후 1758년 4월까지 오스트리아군에 의해 점령된 슐레지엔의 요새를 모두 탈환했다. 오스트리아군은 뵈멘으로 철수했다.

프랑스군의 하노버 점령

오스트리아와 프랑스가 1757년 5월 1일 2차 베르사유 조약에서 공격 동맹을 체결한 후, 프랑스 군대가 7년 전쟁에 개입하여 첫 공격을 개시한 것은 1757년 6월이었다. 독일제국을 침공한 프랑스군은 라인 강 하류의 브란덴부르크-프로이센 영토를 점령한 후, 브란덴부르크-프로이센과 동맹을 체결한 하노버 공국을 공격했다. 서부독일의 브란덴부르크-프로이센 영토(클레베, 마르크, 라벤스베르크, 라벤슈타인)와 영국령 하노버를 보호하기 위해 브란덴부르크-프로이센과 영국, 그리고 브란덴부르크-프로이센과 동맹을 체결한 독일제후국들(하노버, 헤센-카셀, 브라운슈바이크-볼펜뷔텔, 작센-고타, 샤움부르크-리페)은 조지 2세 영국 국왕 겸 하노버 선제후의 아들 윌리엄 어거스트(빌헬름 아우구스트) 컴벌랜드 공작을 사령관으로 하는 이른바 <하노버 감시군>을 편성했다. 그러나 하노버 감시군은 1757년 7월 26일 하스텐베크에서 벌어진 단 한 차례의 전투에서 프랑스군에 의해 제압되었다. 전투에 패한 하노버 감시군은 북해 쪽으로 후퇴했지만, 그들을 추격한 프랑스군에 의해 슈타데에서 완전히 포위되었다. 하노버 감시군 사령관 컴벌랜드 공작은 덴마크 외교관이며 올덴부르크와 델멘호르스트의 총독인 로후스 추 리나르(1708-1781) 백작의 중재로 1757년 9월 10일 브레멘 인근의 체벤 수도원에서 프랑스군 사령관 리슐리외(1696-1788, 루이 13세 치하의 프랑스 수상 리슐리외 추기경의 종손(從孫)) 공작과 체결한 항복조약(체벤 수도원 항복조약)에 서명해야 했다.

하노버 선제후국은 프랑스군에 의해 점령되었고, 컴벌랜드 공작은 하노버 감시군의 중립을 선언해야 했다. 그러나 <체벤 수도원 항복조약>은 영국정부에 의해 인정되지 않았다. 하노버 감시군의 중립선언으로 프랑스군에게는 베를린으로 가는 길이 열렸지만, 유럽의 힘의 균형을 고려한 프랑스는 브란덴부르크-프로이센을 지나치게 압박하여 오스트리아의 국력이 과도하게 커지는 것을 우려한 나머지 미래의 프랑스의 국익에 유리하도록 하노버 선제후국의 점령으로 만족했다.

컴벌랜드 공작이 하스텐베크 전투에서 패한 후유증을 극복하지 못해, 프랑스군에 항복하고, 하노버 선제후국이 프랑스군에 의해 점령된 후, 조지 2세 영국 국왕(게오르크 2세 하노버 선제후)은 아들로부터 회수한 하노버 감시군의 지휘권을 브라운슈바이크-베베른 공작 페르디난트에게 이양했다. 브라운슈바이크-볼펜뷔텔-베베른 공작이지만 줄여서, 브라운슈바이크-볼펜뷔텔 혹은 브라운슈바이크-베베른 공작이라고도 불리는 페르디난트는 - 이미 언급했듯이 - 프리드리히 2세 프로이센 국왕의 왕비 엘리자베트 크리스티네의 친동생이었다. 페르디난트 공작은 1차 및 2차 슐레지엔 전쟁과 7년 전쟁(3차 슐레지엔 전쟁)에서 프리드리히 2세의 측근으로서 프리드리히 2세를 위해 싸운 하노버 선제후국 및 브란덴부르크-프로이센 군대의 원수였다. 1757년 가을 이후 1762년 9월 21일(브뤼커뮐레 전투)까지 중서부 독일을 침공한 프랑스군은 페르디난트 공작이 지휘한 영국과 브란덴부르크-프로이센 동맹군을 상대해야 했다.

러시아의 7년 전쟁 개입과 오스트리아-러시아 동맹군의 활약

2차 베르사유 조약 가맹국이며 오스트리아와 군사동맹을 체결한 러시아는 1757년 6월 말 프로이센 왕국, 즉 동프로이센을 침공함으로써 7년 전쟁에 개입했다. 동프로이센의 메멜(리투아니아의 클라이페다) 요새가 7월 5일 가장 먼저 러시아군에 의해 함락되었다. 3개 방면에서 밀고 들어온 러시아군은 8월 13일 동프로이센의 인스터부르크(러시아의 체르냐홉스크)에서 합류했지만, 보급선이 길어지면서 급양과 병참지원의 어려움을 겪게 되었다. 러시아군 총사령관 스테판 표도로비치 아프락신(1702-1758) 원수는 육로 대신 해로를 통해 보급을 안정화시키기는 것이 급선무였기 때문에, 동프로이센의 최대 항도이며 수도인 쾨니히스베르크(러시아의 칼리닌그라드)의 점령이 무엇보다도 중요했다.

(동)프로이센군은 쾨니히스베르크가 러시아군의 수중에 들어가지 않도

록 총력을 기울였다. 프리드리히 2세는 러시아의 공격에 대비해 동프로이센 방어 임무를 현지 출신의 요한 폰 레발트(1685-1768) 원수에게 위임했다. 레발트 원수가 장악한 병력은 30,000명에도 미치지 못했다. 아프락신 원수는 수적 우위의 전력(54,000명)을 이용하여 프로이센군을 압박하려 했지만, 레발트 원수는 러시아군의 작전계획에 말려들지 않았다. 보급선이 길어질수록 더욱더 어려워진 러시아군의 병참지원 문제가 레발트 원수를 도와주었다. 쾨니히스베르크를 수호하기 위해 레발트 원수는 프리드리히 2세의 지시에 따라 인스터부르크를 떠나 쾨니히스베르크를 향해 북진 중인 러시아군을 저지하기 위해 1757년 8월 30일 체르냐홉스크(칼리닌그라드 동쪽 약 90km)에서 공격을 감행했다. 프로이센군은 용감하게 싸웠고, 약간의 성과도 있었지만, 거의 두 배에 가까운 수적 우위의 러시아군에 굴복하지 않을 수 없었다.

그러나 러시아군이 그들의 승리를 철저히 이용하지 못한 것은 보급 문제가 해결되지 않은 이유도 있었지만, 러시아 황제 옐리자베타(1709-1762, 재위: 1741-1762)의 와병설을 접했기 ㄲ때문이었다. 아프락신 원수는 쿠를란트(라트비아의 쿠르제메)로 회군하지 않을 수 없었다. 브란덴부르크 선제후이며 동프로이센의 국왕 프리드리히 2세를 숭배하는 표트르 3세(1728-1762, 홀슈타인-고토르프 공작: 1739-1762, 러시아 황제: 1762년 1월 5일-1762년 7월 9일)가 그의 숙모 옐리자베타(1709-1762, 재위: 1741-1762) 여제를 승계할 경우에 대비해 표트르 3세의 뜻에 반한 군사작전을 수행하기가 어려웠기 때문이었다. 러시아 군대가 쾨니히스베르크 점령을 포기하고 조기 철수함에 따라, 레발트 원수는 동프로이센 방어임무를 무사히 수행할 수 있었다. 러시아 군대가 동프로이센을 재침한 것은 1758년 1월이었다.

1757년 6월 말부터 8월 말까지 아프락신 원수에 의해 동프로이센이 유린당한 후, 1758년 1월 빌헬름 폰 페르모르(1702-1771) 백작이 지휘한 러시아군이 다시 동프로이센을 침공하여, 이번에는 쾨니히스베르크를 포함해 동프로이센 전역을 점령했다. 동프로이센은 1758년 1월 러시아군에 의해 점령된 후, 1763년 7년 전쟁이 끝날 때까지 러시아의 지배를 받았다. 동프로이센을 점령한 러시아군은 프로이센령 폼메른으로 침입하여 퀴스트린(오데르 강변의 브란덴부르크 요새로서 지금은 폴란드의 코스친 나드 오드라) 요새를 공성하였다. 러시아군은 오트리아군과의 합류를 시도했기 때문에, 브란덴부르크-프로이센의 미래는 매우 불확실해 보였다. 남쪽으로부터는 레오폴트 요제프 폰 다운 원수 휘하의 오스트리아군이, 동쪽으로부터는 러시아군이 진격해 오고 있었기 때문에, 수도 베를린의 운명은 이제 경각에 달린 듯 했다. 퀴스트린 요새를 포위한 러시아군이 포격을 개시했을 때, 프리드리히 2세는 절체절명의 위기를 맞았다. 퀴스트린과 베를린의 거리는 100km에 불과했고, 프리드리히 2세는 아직 슐레지엔에 머물고 있었다.

1758년 8월 15일부터 18일까지 계속된 러시아군의 포격으로 목조건물이 대부분인 퀴스트린 시는 불타버렸지만, 요새는 점령되지 않았다. 러시아군과 오스트리아군이 합류하면 베를린의 함락이 현실화될 것이기 때문에, 양군의 합류는 반드시 저지되어야 했다. 프리드리히 2세가 주력군을 지휘하여 슐레지엔으로부터 급거 베를린으로 진격해 오자, 러시아군은 퀴스트린 요새를 포기하고, 퀴스트린에서 동남쪽으로 10km 떨어진 초른도르프(폴란드의 사르비노보)를 점령한 후, 브란덴부르크-프로이센군과의 일전을 기다렸다. 두 차례에 걸친 프리드리히 빌헬름 폰 자이들리츠 (1721-1773) 기병장군의 활약으로 브란덴부르크-프로이센군은 수적 열세(36,800명 대 44,300명)를 극복하고 러시아군을 제압할 수 있었다. 양쪽 군대는 피해의 규모가 너무 커서, 전투 재개는 불가능했다. <초른도르프 전투>(1758년 8월 25일)에서 브란덴부르크-프로이센군은 12,000명, 러시아군은 18,000명을 잃었다. 러시아군은 또 3,000여 명이 브란덴부르크-프로이센군의 포로로 잡혔다. 러시아군 사령관 페르모르 원수는 1758년 8월 27일 바르테(바르타) 강변의 도시 란츠베르크(폴란드의 고주프비엘코폴스키)로 철수했고, 프리드리히 2세는 러시아군의 철수 덕분으로 오스트리아군과의 전쟁에 전력을 집중시킬 수 있게 되었다.

슐레지엔에서 철수한 브란덴부르크-프로이센의 주력군이 동부전선에서 러시아군과 전투를 벌인 사이, 오스트리아군은 거의 전체 슐레지엔을 장악하는데 성공했다. 다운 백작은 남부 작센으로 침투하여, 프리드리히 2세와의 다음 전투에 대비했다. 초른도르프 전투에서 승리한 프리드리히 2세는 작센에서 고전하고 있는 하인리히(1726-1802, 프리드리히 2세의 끝에서 두 번째 동생) 공의 부담을 덜어주기 위해 직접 약 30,000명의 병력을 지휘하여 호흐키르히로 이동했다. 호흐키르히는 오스트리아군의 공격에 매우 취약한 지역이었기 때문에, 그곳에서의 전투는 브란덴부르크-프로이센군에게는 일대 모험이었다. 78,000명의 수적으로 우세한 다운 백작 휘하의 오스트리아군은 1758년 10월 14일 새벽 브란덴부르크-프로이센군 진지를 기습 공격하였다. 불시에 공격을 당한 브란덴부르크-프로이센 군대는 전열을 정비하기도 전에, 기데온 에른스트 폰 라우돈(1717-1790) 남작의 배면 공격을 당했다. 호흐키르히는 오스트리아군에 의해 점령되었고, 프로이센 군대는 북쪽으로 퇴각하였다. 불과 몇 시간밖에 지속되지 않은 전투에서 브란덴부르크-프로이센군은 9,000명의 병력, 대포 100문 및 전체 병참부대를 잃었다. 오스트리아의 병력 손실도 약 7,500명에 달했다.

프리드리히 2세는 슐레지엔 방향으로 철수했고, 오스트리아군은 공세적인 추격전은 벌이지 않았다. 브란덴부르크-프로이센의 주력군은 여전히 전투능력을 갖춘 대규모 병력이었기 때문이었다. <호흐키르히 전투>(1758년 10월 14일)가 프로이센군의 존립을 직접적으로 위협하지는 않았지만, 그럼에도 불구하고 이후 전쟁 진행과정에서 하나의 전환점이 되었다. 북쪽의 러시아군과 남쪽의 오스트리아군에 의해 브란덴부르크-프로이센군이 포위될 가능성은 상존했다. 호흐키르히 전투에서 프로이센군은 두 명의 중요한 지휘관을 잃었다. 스코틀랜드 이민자 출신의 프리드리히 2세의 측근 제임스 키드(독일이름: 야코프 폰 카이트, 1696-1758)는 1758년 10월 14일 호흐키르히 전투 현장에서 전사했고, 안할트-데사우 후작 모리츠 원수는 중상을 입고, 오스트리아군의 포로가 되었다. 다음 해 그는 석방되었지만, 호흐키르히 전투에서 입은 전상이 원인이 되어 2년 후인 1760년에 사망했다. 제임스 키드는 1747년 9월 18일 프리드리히 2세에 의해 브란덴부르크-프로이센군 원수에 임명된 이후 피르나 전투에 참가했고, 프라하 전투에서 브란덴부르크-프로이센군 단위부대를 지휘했었다. 호흐키르히 전투 직전 키드는 모리츠를 포함한 지휘관들과 함께 전술적으로 오스트리아군의 공격에 취약한 지역(호흐키르히)에 브란덴부르크-프로이센군 주력부대의 진지를 설치하려고 한 프리드리히 2세를 만류하는데 실패했고, 브란덴부르크-프로이센군은 결국 오스트리아의 공격에 무릎을 꿇어야 했다.

호흐키르히 전투에서 브란덴부르크-프로이센군을 격퇴한 오스트리아군은 작센의 수도(드레스덴)를 탈환하려 시도했지만, 성공하지는 못했다. 1758년 11월 말 오스트리아군은 작센에서 뵈멘으로 철수했다. 브란덴부르크-프로이센군은 역습에서 메렌의 수도 올뮈츠(올로모우츠)를 공성했다. 올뮈츠 요새는 - 오스트리아 계승전쟁 이후 방어 시설이 강화되었기 때문에 - 1741년 당시와는 달리 이번에는 브란덴부르크-프로이센군의 공격을 견뎌내고, 함락되지 않았다.

1757년 콜린 전투에 이어 1758년 호흐키르히 전투에서 오스트리아군에 대패한 후, 프리드리히 2세는 더 이상 공세적인 작전을 이어가지 못하고, 브란덴부르크-프로이센의 핵심 영토(브란덴부르크) 방어에 대비하지 않으면 안 되었다. 아프락신 원수(1757)와 페르모르 원수(1758)에 이어 1759년 러시아군의 최고지휘권을 인수한 표트르 세미오노비치 살티코프(1700-1772) 원수는 동프로이센으로부터, 오스트리아군 사령관 라우돈 남작은 슐레지엔으로부터 진격하여 오데르 강변의 프랑크푸르트에서 가까운 쿠너스도르프(폴란드의 쿠노비체)에서 합류를 시도했다. 베를린을 직접 공격하여 프리드리히 2세를 제압하기 위한 연합작전을 펴기 위해서였다.

프리드리히 2세는 러시아군과 오스트리아군의 합류를 저지하기 위해 브란덴부르크의 췰리하우(폴란드의 술레후프)에서 멀지 않은 마을 카이에서 카를 하인리히 폰 베델(1712-1782) 중장 휘하의 브란덴부르크-프로이센군(27,400명)으로 하여금 포젠(포즈나인)으로부터 남하한 살티코프의 러시아 군대(52,000명)를 공격하게 했다. 그러나 베델이 중상을 입는 등, 브란덴부르크-프로이센 의 패배로 프리드리히 2세는 러시아군과 오스트리아군의 합류를 저지하는데 실패했다. 브란덴부르크-프로이센군이 패한 원인은 기병과 보병의 간격을 효율적으로 유지하지 못한 전술적인 오류로 인해 보병이 집중적으로 투입되지 못했고, 포병도 역할을 하지 못한 때문이었다. 브란덴부르크-프로이센군은 사상자 및 포로 합쳐 6,800명을 잃었고, 러시아군도 4,800명의 인명 손실을 기록했다.

<카이 전투>(1759년 7월 23일) 패배 소식을 접한 프리드리히 2세는 - 드레스덴, 라이프치히, 비텐베르크 및 토르가우 요새의 수비대 병력을 제외한 - 전군을 작센에서 철수시켜, 베델의 군단과 합류시킨 후, 8월 11일 프랑크푸르트에서 오데르 강을 건넜다. 프랑크푸르트와 쿠너스도르프(쿠노비체) 마을 사이에는 살티코프 휘하의 러시아 군대와 라우돈 남작이 지휘한 오스트리아군 연합군이 브란덴부르크-프로이센군의 접근을 기다리고 있었다. 프리드리히 2세는 쿠너스도르프에서 합류한 오스트리아-러시아 동맹군을 공격했다가, 치명적인 패배를 당했고, 그 결과 브란덴부르크-프로이센군은 해체되었다. 프리드리히 2세는 브란덴부르크를 지키기 위해 새로운 군대를 편성해야 했다.

<쿠너스도르프 전투>(1759년 8월 12일)에서 러시아-오스트리아 동맹군은 총병력 70,000명 중 16,500여 명의 사상자를 내었고, 50,000명의 브란덴부르크-프로이센군은 전사자 6,000명 이상, 전상자 11,000여 명, 포로 1,300여 명 등의 인명손실을 입은 데다, 178문의 대포도 오스트리아-러시아 동맹군에 빼앗겼다. 쿠너스도르프 전투에서 러시아군과 오스트리아군이 승리한 후 러시아와 오스트리아 동맹군에게는 사실상 베를린 진격의 기회가 열려 있었다. 그러나 러시아와 오스트리아와 프랑스의 정치적

이해관계가 일치하지 않았기 때문에, 동맹군은 베를린 진격의 기회를 전략적으로 이용하지 못했다. 프랑스와 러시아는 오스트리아의 동맹국이었지만, 프랑스는 프로이센이 오스트리아에 의해 점령되어, 오스트리아가 유럽의 초강대국으로는 부상하는 것을 원치 않았고, 살티코프 원수는 건강이 악화된 러시아 황제 옐리자베타의 후계자이며 프리드리히 2세의 총애를 받고 있는 러시아의 차기황제 계승후보자 표트르 3세를 의식하지 않을 수 없었다. 쿠너스도르프 전투 직후 러시아 군대가 베를린을 공격하지 않고, 코트부스 방향으로 철수했다는 소식을 접한 프리드리히 2세는 동생 하인리히 공에게 보낸, 1759년 9월 1일자 서한에서 베를린이 최후의 순간에 오스트리아-러시아 동맹군의 침공을 면한 것을 가리켜 <브란덴부르크가의 기적>이란 말로 표현했다. 여기서 브란덴부르크가는 물론 호엔촐레른가를 지칭한 표현이었다. 1759년 10월 12일 폼메른(지금은 멕클렌부르크-포르폼메른)의 뷔토에서 러시아와 프로이센 간의 전쟁포로 교환에 관한 협약이 체결되었다.

브란덴부르크-프로이센군이 그들의 핵심영토인 브란덴부르크를 지키는데 급급한 틈을 놓치지 않은 독일제국군은 1759년 여름 드레스덴을 포함하여 거의 작센 전체를 점령했다. 제국군과 오스트리아군이 합류한 후, 1759년 11월 20일 작센의 막센에서 브란덴부르크-프로이센군과 오스트리아군 간에 벌어진 전투에서 프리드리히 아우구스트 폰 핑크(1718-1766) 소장 휘하의 브란덴부르크-프로이센군(15,000명)은 다운 원수가 지휘한 오스트리아군에 포위된 지 하루 만에 부대 전체가 오스트리아군에 항복했다. 브란덴부르크-프로이센군 보병과 기병 14,000여 명이 오스트리아군의 포로가 되었다. <막센 전투> 패배로 인해 중부유럽 전선의 브란덴부르크-프로이센의 기병 전력이 와해되었기 때문에, 프리드리히 2세는 서부전선에 배속된 기병연대를 중부독일 전선으로 이동시켜야 했다.

중부독일 전선에서 오스트리아와 오스트리아의 동맹국이 브란덴부르크-프로이센군에 연승을 거둔 것과는 달리, 독일의 서북부전선에서 발생한 브란덴부르크-프로이센 동맹군과 프랑스군 간의 1759년의 전투는 어느 한 쪽에 특별히 유리하게 진행되지는 않았다. 브라운슈바이크-볼펜뷔텔 공작 페르디난트가 지휘한 브라운슈바이크-뤼네부르크, 브라운슈바이크-볼펜뷔텔, 영국 및 헤센-카셀 군대로 구성된 브란덴부르크-프로이센 동맹군의 공격으로 시작된 헤센의 <베르겐-엥크하임 전투>(1759년 4월 13일)는 프랑스군 4,000명, 브란덴부르크-프로이센 동맹군 2,400명의 희생으로 끝났다. 프랑스군의 희생이 더 컸지만, 브란덴부르크-프로이센 동맹군이 패한 전투이었다. 프랑스군 사령관 빅토르 프랑수아 드 브로이(1718-1804) 원수는 이 전투에서 승리한 후, 독일제국 황제(프란츠 1세)로부터 제국제후의 지위를 부여받았다. 베르겐-엥크하임 전투는 베저 강 방향으로 전개된 대규모의 프랑스군 공격의 신호탄이었다.

베르겐-엥크하임(현재 프랑크푸르트 제16구) 전투에서 승리한 후, 프랑스군은 1759년 7월 8일 베저 강변의 요새 민덴을 점령했다. 브라운슈바이크-베베른 공작 페르디난트가 지휘한 브란덴부르크-프로이센의 동맹군 40,000명은 루이 조르쥬 에라스메 드 콩타데(1704-1793) 원수와 빅토르 프랑수아 데 브로이(1718-1804) 원수가 지휘한 55,000명의 프랑스-작센 동맹군의 후방 교통로를 위협하여, 그들을 베저 강 너머로 몰아냈다. 브란덴부르크-프로이센 동맹군은 2,800명을 잃었고, 프랑스군은 8,000명 이상의 병력과 대포 30문을 잃었다. 브란덴부르크-프로이센 동맹군의 <민덴 전투>(1759년 8월 1일) 승리는 프랑스군을 다시 라인 강 너머로 철수하게 만들었고, 카이 전투, 쿠너스도르프 전투, 막센 전투에서 잇단 패배를 감수해야 했던 프리드리히 2세 국왕의 심적 부담을 크게 경감시켜 주었다.

3) 3차 슐레지엔 전쟁. 후반부(1760-1763)

러시아의 동맹 이탈

오스트리아의 전쟁목표는 우선 슐레지엔을 온전히 되찾은 후, 러시아와 연합하여 브란덴부르크-프로이센군의 전력을 무력화시키는 것이었다. 라우돈 남작 휘하의 오스트리아군은 슐레지엔을 침공하여, 중요한 요새들을 차례로 탈환한 후, <란데스후트 전투>(1760년 6월 23일)에서 프로이센군을 완벽하게 제압했다. 란데스후트(폴란드의 카미엔나 구라) 전투에서 오스트리아군은 <막센 전투>(1759년 11월 20일)에 이어 두 번째로 많은 수(10,000여 명)의 브란덴부르크-프로이센군을 포로로 잡았는데, 그 중에는 브란덴부르크-프로이센군 사령관 하인리히 아우스트 데 라 모테 푸케(1698-1774) 장군도 끼어 있었다. 막센 전투의 패장 프리드리히 아우구스트 폰 핑크 소장과는 달리 프리드리히 2세는 란데스후트 전투에서 패한 푸케는 - 그는 프리드리히 2세의 측근이었다 - 전후 법정에 세우지 않았다. 그는 프리드리히 2세의 측근에 속한 사람이었다. 전략적 요충지인 란데스후트를 빼앗긴 후, 슐레지엔에 남은 프로이센의 요새는 몇 군데 되지 않았다.

란데스후트 전투에서 브란덴부르크-프로이센군을 완전히 제압한 오스트리아군은 여세를 몰아 - 슐레지엔 전쟁에서 슐레지엔과 함께 프리드리히 2세에게 빼앗긴 - 뵈멘의 글라츠 요새를 탈환했다. 1760년의 슐레지엔 주둔 프로이센군 사령관은 프리드리히 2세의 동생 하인리히 공이었다. 프리드리히 2세는 동생을 지원하여 오스트리아군의 기세를 꺾어놓기 위해 작센에서 급히 슐레지엔으로 이동했다. 이 과정에서 프리드리히 2세의 동선이 드러나, 다운 백작이 지휘한 오스트리아 주력군과 프란츠 모리츠 폰 라시(1725-1801) 백작이 지휘한 군단이 프리드리히 2세의 뒤를 밟았다. 마침내 오데르 강 지류인 카츠바흐(카차바) 강변의 리그니츠(폴란드의 레그니차)에 이른 브란덴부르크-프로이센군(24,000명)은 그곳에서 합류한 오스트리아군의 다운 백작의 주력군과 라시 백작과 라우돈 남작의 군단에 의해 진로를 차단당했다. 그러나 하인리히 공 휘하의 브란덴부르크-프로이센 군단은 러시아군에 의해 브레슬라우에 발이 묶여 있었기 때문에, 프리드리히 2세는 수적 열세를 극복하기 위해 야간에 작전을 개시했다. 그는 진영을 출발하면서 곳곳에 화톳불을 그대로 남겨두어, 총병력 90,000명의 오스트리아군을 기만하는 전술을 시도했다. 동이 틀 무렵 약 30,000명 규모의 라우돈 남작의 군단을 기습 공격하면서 벌어진 전투(리그니츠 전투)에서 돌파를 감행함으로써 프리드리히 2세는 하인리히 공과 합류하는데 성공했다. 라우돈 남작의 오스트리아군은 전사, 전상, 포로 합쳐서 8,500명의 인명 손실을 가져온 반면, 프로이센군의 손실은 3,400명에 불과했다.

<리그니츠 전투>(1760년 8월 15일) 후 1760년 9월 말 오스트리아-러시아 동맹군의 베를린 공격 정보가 입수될 때까지, 프리드리히 2세는 슐레지엔에서 작전을 벌였다. 1758년 호흐키르히 전투 이후 잇단 패전 끝에 리그니츠 전투에서 거둔 승리가 프로이센군의 사기에 미친 영향은 매우 중요했다. 그러나 리그니츠 전투의 승리의 의미는 제한적이었다. 그럴 것이 독일제국군은 작센을 점령했고, 오스트리아군과 러시아군은 연합하여 베를린을 점령하고, 약탈했기 때문이었다.

오스트리아군 지휘관 프란츠 모리츠 폰 라시 백작은 1760년 10월 9일 작센 출신의 러시아군 소장 고틀로프 하인리히 폰 토틀레벤(1715-1773)과 연합작전을 수행하여 브란덴부르크-프로이센의 수도 베를린을 점령했다. 이로써 베를린은 7년 전쟁 혹은 3차 슐레지엔 전쟁에서 1757년에 이어 두 번째로 오스트리아군에 의해 점령되었다. 그러나 10월 12일 프리드리히 2세가 지휘한 브란덴부르크-프로이센 주력군의 베를린 진격이 임박했을 때, 오스트리아군은 3일 만에 점령을 풀고 베를린에서 철수했다.

슐레지엔을 떠나, 러시아군에 의해 일시적으로 점령된 수도 베를린을 해방시킨 프리드리히 2세는 작센의 토르가우에서 숙영중인 다운 원수 휘하의 오스트리아 주력군을 공격하여 그들을 작센에서 몰아내려고 하였다.

프리드리히 2세는 반달 모양으로 전개한 오스트리아군의 양익을 공격할 계획을 세웠다. 그는 한스 요아힘 폰 치텐의 기병 군단으로 하여금 쥐프티츠 언덕을 공략하게 하여 라시 백작의 오스트리아 군단의 발을 묶어둠과 동시에 주력군으로 하여금 오스트리아군의 배후를 기습하게 하였다. 그러나 다운 원수는 프리드리히 2세의 의도를 간파하고, 전열을 재편성함으로써 브란덴부르크-프로이센군의 기습을 무자비한 포격과 기병공격을 통해 방어할 수 있었다. 그러나 치텐 장군이 쥐프티츠를 장악한 것이 결국 브란덴부르크-프로이센군의 승리를 도왔다. 중상을 당한 다운 사령관이 한밤중에 엘베 강을 건너 퇴각했기 때문에, 프리드리히 2세의 승리는 다음 날 아침에 가서야 비로소 확인되었다. 오스트리아군은 총병력 52,000명 중 15,200명을 잃은데 반해, 승리한 브란덴부르크-프로이센군은 48,500명 중 16,750명을 잃었다. <토르가우 전투>(1760년 11월 3일)는 18세기에 발생한 가장 참혹한 전투였다. 전력이 크게 약화된 브란덴부르크-프로이센군은 토르가우 전투의 승리를 전략적으로 이용하지 못했다.

오스트리아군과 독일제국군은 작센에서 월동하면서, 드레스덴을 점령했다. 프리드리히 2세는 드레스덴을 탈환하기 위해 전력을 집중 투입했으나, 실패했다. 공성 과정에서 브란덴부르크-프로이센군의 포격으로 드레스덴의 도심이 크게 파괴되었다. 7년 전쟁의 마지막 대규모 전투이었던 토르가우 전투 이후, 프리드리히 2세는 공격전을 피하고, 방어전에 치중했다. 토르가우 전투 승리에도 불구하고 브란덴부르크-프로이센의 상황은 개선된 것이 없었다. 동프로이센(프로이센 왕국)은 여전히 러시아군이 장악하고 있었고, 작센과 슐레지엔 역시 독일제국군과 오스트리아군이, 프로이센령 폼메른은 스웨덴군이 점령하고 있었다. 1760년 10월 15일 라인 강 하류 베젤 요새 인근에서 벌어진 소규모 전투(캄펜 수도원 전투)에서도 브라운슈바이크-볼펜뷔텔 공작 페르디난트가 지휘한 브란덴부르크-프로이센 동맹군이 샤를 외젠 가브리엘 드 라 크루아(1727-1801) 장군이 지휘한 프랑스군에 완패했다.

슐레지엔이 다시 7년 전쟁의 무대로 등장한 것은 1761년이었다. 오스트리아군과 러시아군의 합류를 저지하기 위해 브란덴부르크-프로이센 군대는 슐레지엔의 분첼비츠(폴란드의 볼레수아비체)에 진지를 구축한 후, 여름 내내 보급상의 어려움을 극복하지 못한 오스트리아-러시아 동맹군에 맞섰다. 보급품 부족에 시달린 러시아군은 결국 1761년 9월 철수했고, 브란덴부르크-프로이센군도 철수함으로써 전략적으로 중요한 슈바이드니츠(스비드니차, 브레슬라우 남서쪽 50km) 요새와 오버슐레지엔(글리비체, 오폴레 등의 도시가 속해 있는 동부슐레지엔. 슐레지엔의 수도 브레슬라우/브로추아프는 서부슐레지엔에 속했음)은 오스트리아군의 수중에 들어갔다. 프리드리히 2세 스스로 슐레지엔의 수호 의지를 과시하기 위해 1761년 8월 20일부터 25일, 그리고 9월 10일부터 25일까지 분첼비츠의 한 농가와 인근 페터비츠의 숲가에 친 천막에서 기거했다. 1843년 브레슬라우(브로추아프)에서 프라이부르크(스비보드지체)를 연결하는 철도구간이 건설되었을 때, 프리드리히 2세가 머물렀던 천막 근처에 화물을 옮겨 싣는 간이역이 설치되었고, 간이역 이름은 쾨니히스첼트('국왕의 천막, 폴란드의 야보지나 슬로스카)라 명명되었다. 프리드리히 2세는 분첼비츠에 설영된 브란덴부르크-프로이센군 진영에서 오스만 제국 공사를 접견하고, 러시아와 오스트리아의 공격에 공동 대응하기 위해 오스만 제국과 군사동맹 체결에 합의했으나, 이 합의는 곧 자동 폐기되었다. 1762년 1월 5일 반 프로이센 성향의 옐리자베타 러시아 여제가 사망하고, 여제의 조카인 친 프로이센 성향의 표트르 3세가 옐리자베타를 승계한 후, 오스트리아와 체결한 동맹을 즉시 해지하고, 프리드리히 2세와 평화조약(상트페테르부르크 평화조약, 1762년 5월 5일)을 체결했기 때문이었다.

쿠너스도르프 전투(1759년 8월 12일)에서 오스트리아-러시아 동맹군에 패한 프리드리히 2세는 심각한 정신적, 육체적 위기를 맞았었다. 설상가상으로 1760년 프리드리히 2세의 영국 측 동맹파트너인 윌리엄 피트(1708-1778) 수상이 실각함으로써 영국으로부터 전쟁지원금의 유입이 중단되었다. 이로 인해 리그니츠 전투(1760년 8월 15일)와 토르가우 전투(1760년 11월 3일)의 승리에도 불구하고 브란덴부르크-프로이센의 입지는 크게 악화되어, 거의 전쟁을 포기해야 하는 상태로까지 내몰리게 되었다. 위기에 봉착한 프리드리히 2세에게 1762년 새해 벽두부터 러시아로부터 낭보가 날아들었다. 그것은 2년 전 쿠너스도르프 전투 후 체험한 '브란덴부르크가의 기적'을 재현시킬 수 있는 소식이었다. 오스트리아의 동부전선을 굳건히 지켜준 - 프리드리히 2세의 숙적 - 러시아의 여제 옐리자베타가 사망하고, 여제의 조카 표트르 3세가 그녀를 승계했다는 소식이 그것이었다.

표트르 3세(독일 이름: 카를 페터 울리히)는 홀슈타인-고토르프의 공작 카를 프리드리히(1700-1739)와 러시아의 표트르 대제(1672-1725, 재위: 1682-1725)의 장녀 안나 페트로브나(1708-1728) 사이에 태어난 독자로서 1739년 부친을 승계하여 1762년까지 홀슈타인-고토르프 공국을 통치했었다. 카를 페터 울리히(후일의 표트르 3세) 홀슈타인-고토르프 공작은 1742년 이모인 옐리자베타(표트르 대제의 차녀) 여제의 계승후보 자격으로 외할아버지 표트르 대제의 나라 러시아로 소환되었다. 표트르 3세는 홀슈타인-고토르프 공국을 통치하던 시절부터 프리드리히 2세의 강력한 지원을 받았었다. 브란덴부르크-프로이센의 최고훈장인 <검정 독수리 대훈장>을 - 이 훈장은 프리드리히 3세(동프로이센 국왕으로서는 프리드리히 1세) 브란덴부르크 선제후의 동프로이센 국왕 즉위를 기념하여 대관식 바로 전날(1701년 1월 17일) 프리드리히 3세에 의해 제정되었다 - 프리드리히 2세로부터 수여받을 정도로 프리드리히 2세와 홀슈타인-고토르프 공작의 관계는 돈독했었다. 옐리자베타를 승계하여 러시아 황제에 즉위한 표트르 3세는 1762년 5월 5일 상트페테르부르크에서 브란덴부르크-프로이센과 평화조약 겸 군사동맹조약을 체결하여, 기존 오스트리아-러시아 동맹을 무효화시켰을 뿐 아니라, 3차 슐레지엔 전쟁을 계속하고 있는 프리드리히 2세에게 군대를 지원했다. 러시아에 종속되어 있던 스웨덴도 러시아를 따라 1762년 5월 22일 프리드리히 2세와 평화조약(함부르크 평화조약)을 체결한 후, 오스트리아와의 동맹관계를 일방적으로 파기했다. 이로써 러시아와 스웨덴은 7년 전쟁의 부담을 다른 국가들보다 1년 먼저 떨게 되었다.

표트르 3세가 차르에 즉위한 후 처리한 첫 외교적 조치가 브란덴부르크-프로이센과 체결한 평화조약이었고, 국내적으로 취한 조치는 광범위한 개혁 프로그램의 도입이었다. 이로 인해 그는 러시아 국내 보수정파의 공적이 되었다. 표트르 3세의 아내 예카테리나(표트르 3세의 후임황제)와 그녀의 측근들은 쿠데타를 계획했다. 안할트-체르프스트의 후작 크리스티안 아우구스트(1690-1747)의 장녀로서 슈테틴(폴란드의 슈체친)에서 태어난 예카테리나의 독일이름은 조피 아우구스테 프리데리케(1729-1796)이었다. 예카테리나는 오를로프 형제가 - 예카테리나 여제의 연인으로 알려진 그리고리 그레고리예비치 오를로프(1734-1783)와 그의 동생이며 표트르 3세의 살해범으로 의심받은 알렉세이 그리고리예비치 오를로프(1737-1808) 형제 - 근무한 러시아 친위연대의 지지를 확인한 후, 1762년 7월 9일 남편인 표트르 3세의 폐위를 일방적으로 선언하고, 스스로 러시아 황제(예카테리나 2세)임을 선포했다. 체포된 표트르 3세는 1762년 7월 17일 의문의 주검으로 발견되었다. 표트르 3세가 사망하고, 러시아의 국내 정치상황이 안정된 후, 예카테리나 2세는 1762년 10월 3일 모스크바 크렘린 궁의 성모승천 대성당에서 황제대관식을 거행한 후, 34년간 러시아를 통치했다. 예카테리나 2세 여제는 표트르 3세가 브란덴부르크-프로이센과 체결한 군사동맹조약을 취소했지만, 평화조약은 존치시켰다.

표트르 3세와 군사동맹을 체결한 프리드리히 2세는 차제에 황제군과 제국군을 슐레지엔과 작센에서 완전히 몰아내려고 했다. 프리드리히 2세는 러시아 군대와 함께 슐레지엔의 수도 브레슬라우(브로추아프)로 진격하였다. 지금까지 오스트리아의 동맹 파트너이었던 옐리자베타 여제가 사망하고, 표트르 3세가 즉위하자마자, 기존의 오스트리아-러시아 동맹이 프로이센-러시아 동맹으로 역전된 것이었다. 표트르 3세가 지원한 러시아 군의 지원을 받아 프리드리히 2세가 브레슬라우에 주둔한 다운 원수 휘하의 황제군(오스트리아군)을 공격하려고 했을 때, 갑자기 러시아 정부로부터 러시아군의 본국 소환명령이 전해졌다. 표트르 3세가 쿠데타로 실각하여 살해된 후, 러시아 황제에 즉위한 예카테리나 2세가 2개월 전 표트르 3세와 프리드리히 2세 간에 체결된 러시아와 브란덴부르크-프로이센 간의 군사동맹을 무효화시켰기 때문이었다. 프리드리히 2세는 예카테리나 2세에 의해 소환명령이 떨어진 20,000명의 러시아군의 철수를 교묘히 지연시킨 후, 오스트리아군을 뵈멘 국경까지 격퇴하는데 성공했다. 브레슬라우 남서쪽 약 50km 떨어진 국경마을 부르커스도르프(부르카투프)에서 벌어진 전투에서 오스트리아는 2,000명 내지 3,000명을, 프로이센은 1,600명의 병력을 잃었다.

<부르커스도르프 전투>(1762년 7월 21일)를 승리로 장식한 브란덴부르크-프로이센군은 그곳에서 5km 떨어진 슈바이드니츠(스비드니차) 요새를 공성했다. 포위된 요새를 구원하기 위해 합류한 프란츠 모리츠 폰 라시 백작과 에른스트 기데온 폰 라우돈 남작의 오스트리아 군대는 1762년 8월 16일 새벽 슈바이드니츠에서 수 킬로미터 떨어진 라이헨바흐(드제르조뉴프)에서 브라운슈바이크-볼펜뷔텔 공작 페르디난트(프리드리히 2세의 처남)가 지휘한 프로이센 군대를 공격하였다. 전투가 수 시간 동안 공격군에게 유리하게 진행되었지만, 가까운 페터스발다우(피에시체)로부터 프리드리히 2세가 감행한 구원공격을 오스트리아 기병이 감당하지 못했을 때, 근처에 머물고 있던 다운 원수는 오스트리아군의 퇴각을 명령했다. 8월 18일로 가는 밤에 오스트리아군은 진영을 해체하고 바르타 강 쪽으로 철수했다. 브란덴부르크-프로이센군이 승리한 <라이헨바흐 전투>는 양쪽 군대 합쳐서 약 1,000여 명의 희생자를 기록했다. 슈바이드니츠 요새는 오스트리아군의 철수에도 불구하고 1762년 10월 초까지 버티다가 결국 브란덴부르크-프로이센군에 항복했다.

3차 슐레지엔 전쟁의 마지막 전투는 1762년 10월 29일 작센의 프라이베르크(드레스덴 서남쪽 30km)에서 발생한 브란덴부르크-프로이센군과 독일제국군 간의 전투였다. 1756년 8월 프리드리히 2세의 작센 침공으로 시작

된 3차 슐레지엔 전쟁은 공교롭게도 그 마지막 전투를 작센에서 치르게 된 셈이 되었다. 1762년의 경우 브란덴부르크-프로이센군의 슐레지엔 수호 전투는 프리드리히 2세가 직접 지휘권을 발동한 반면, 작센에서 벌어진 제국군과 프로이센군 간의 전투는 그의 동생 하인리히 공이 지휘했다. 브란덴부르크-프로이센군은 보병 15,000명과 기병 7,000명으로 편성된 총 22,000명의 전력으로 27,000여 명의 병력을 운용한 제국군을 <프라이베르크 전투>에서 완전히 제압했다. 브란덴부르크-프로이센군의 인명손실은 약 1,400명이었지만, 제국군의 그것은 7,400명에 달했다. 그 중 4,000명은 브란덴부르크-프로이센군의 포로였다. 프라이베르크 전투와 더불어 브란덴부르크-프로이센군의 작센 원정은 종료되었다. 양국 간의 휴전협정은 1762년 11월 24일 체결되었다.

라이헨바흐 전투(1762년 8월 16일)가 7년 전쟁 중 슐레지엔 땅에서 벌어진 브란덴부르크-프로이센군과 오스트리아군 간의 마지막 전투였다면, 독일제국군과 브란덴부르크-프로이센군 간의 프라이베르크 전투(1762년 10월 29일)는 작센에서 벌어진 7년 전쟁의 마지막 전투였다. 이러한 점에서 두 전투는 7년 전쟁에서 역사적인 의의를 공유했다. 독일제국 내의 분쟁을 해결하기 위해, 다시 말해 작센을 침공하여 독일제국의 평화를 깨뜨린 프리드리히 2세의 평화유지명령 위반죄에 대한 제국집행권을 행사하기 위해 7년 전쟁에 개입한 독일제국군이 평화유지명령을 위반하고, 전쟁을 일으킨 제후국(브란덴부르크-프로이센)에 의해 제압당함으로써 독일제국 황제(마리아 테레지아의 부군 프란츠 1세)의 권위는 크게 훼손되었다.

브란덴부르크-프로이센군과 독일제국군 간에 벌어진 7년 전쟁의 마지막 전투인 <프라이베르크 전투>가 있은 지 한 달도 채 지나지 않은 1762년 11월 24일 브란덴부르크-프로이센과 오스트리아는 휴전협정을 체결했다.

후베르투스부르크 평화조약 체결과 3차 슐레지엔 전쟁의 종식

7년 전쟁을 종식시킨 평화조약은 1763년 2월 15일 북작센의 베름스도르프에 소재한 작센 최대의 성 후베르투스부르크에서 브란덴부르크-프로이센, 오스트리아 및 작센 선제후국 간에 체결되었다. 오스트리아는 1762년 후반기에 이르러 국가재정과 군사력이 한계에 도달했고, 러시아와 스웨덴과 프랑스가 오스트리아와 체결한 동맹에서 이탈했기 때문에, 브란덴부르크-프로이센의 평화협상 제의를 수용하지 않을 수 없었다. 러시아는 브란덴부르크-프로이센과 <상트페테르부르크 평화조약>(1762년 5월 5일)을 체결한 후, 오스트리아와의 동맹을 파기했고, 스웨덴은 러시아와 브란덴부르크-프로이센 간의 평화조약에 자극을 받아 브란덴부르크-프로이센과 <함부르크 평화조약>(1762년 5월 22일)을 체결함으로써 오스트리아와의 동맹에서 이탈했다. 그리고 프랑스는 오스트리아의 동의 없이 1763년 2월 10일 파리에서 체결된 평화조약(영국·포르투갈과 프랑스·스페인 간에 체결된 파리 평화조약)의 예비조약을 1762년 후반기에 영국과 체결했기 때문에, 오스트리아·프랑스 동맹(1, 2차 베르사유 동맹)은 자동파기 되었다.

후베르투스부르크 평화조약 체결을 위한 공식적인 평화협상은 스웨덴의 중재 하에 3차 슐레지엔 전쟁(7년 전쟁)의 당사국들(브란덴부르크·프로이센, 오스트리아, 작센)에 의해 중립적인 장소라고 인정된 북 작센의 베름스도르프(후베르투스부르크 성)에서 1762년 12월 30일부터 개최되었다. 작센 선제후 프리드리히 아우구스트 1세(1670-1733, 아우구스트 2세 폴란드 국왕)가 사망한 해인 1733년에 완공된 후베르투스부르크 성은 작센 건축가 요한 크리스토프 폰 나우만(1664-1742)의 작품이다. 작센에서 단일 건물로는 가장 규모가 큰 후베르투스부르크 성은 7년 전쟁 시 브란덴부르크-프로이센군에 의해 약탈당해, 지금은 그 시대의 설비와 가구가 전무하며, 피해를 모면한 부속 가톨릭교회만이 당시의 모습을 보존하고 있다. 약탈로 인해 성 내부가 완전히 비어 있었기 때문에, 평화협상은 후베르투스부르크 성의 본관이 아닌 익사에서 진행되었다. 레겐스부르크의 제국의회는 평화회담 개막 수일 전에 이미 독일제국의 중립을 선언했다. 협상 3국의 대표로는 장관이나 특사가 아닌, 경험이 있는 실무관리들이 전권을 위임받아 평화조약의 조항들을 초안했다. 후베르투스부르크 평화조약의 핵심조항은 - 제1차 슐레지엔 전쟁을 종식시킨 1742년의 베를린 평화조약과 오스트리아 계승전쟁을 끝낸 1748년 10월 18일의 아헨 평화조약을 근거로 하여 - 점령지역을 점령국에 배상금 요구 없이 양도한다는 규정이었다.

1763년 2월 15일 공식 발표된 브란덴부르크-프로이센과 오스트리아 간의 후베르투스부르크 평화조약의 유일한 쟁점은 뵈멘의 백작령 글라츠(폴란드의 쿠오츠코)의 처리 문제였다. 오스트리아 측은 어떤 경우에도 요새 도시 글라츠의 보유 의지를 굽히지 않았다. 오스트리아는 글라츠를 보유하기 위해 심지어 브란덴부르크-프로이센이 인수하기로 한 슐레지엔의 채무를 오스트리아가 변제하고, 슐레지엔의 공작 칭호 사용권도 포기하겠다는 제안을 했다. 그러나 브란덴부르크-프로이센은 양보하지 않았다. 1742년 이후 브란덴부르크-프로이센이 점령한 글라츠 요새와 그곳의 모든 군사시설은 결국 브란덴부르크-프로이센에게 되돌아갔다.

브란덴부르크-프로이센과 오스트리아 간의 후베르투스부르크 평화조약은 1763년 2월 21일 브란덴부르크-프로이센, 2월 24일 오스트리아에 의해 각각 비준되었다. 21개 조항과 2개 비밀조항으로 구성된 평화조약에서 마리아 테레지아와 그의 후계자들 및 상속인들은 1차 슐레지엔 전쟁을 끝낸 1742년의 브레슬라우 예비평화조약(6월 11일)과 베를린 평화조약(7월 28일)에서 오스트리아가 브란덴부르크-프로이센에 양도한 지역에 대한 일체의 영유권 주장을 포기했다. 즉각적인 적대행위 중지 및 양측 군대의 철수가 합의되었다. 오스트리아는 점령 중인 글라츠에서 철수하고, 글라츠 시와 요새는 브란덴부르크-프로이센에 반환되었다. 브란덴부르크-프로이센은 글라츠의 주민들에게 이주를 허용하고, 작센 선제후국에서 군대를 철수시켰다. 전쟁포로와 인질들은 즉각 석방되고, 강제 징집된 점령지 주민들은 귀향 조치되었다. 오스트리아에 의해 압류 조치된 브란덴부르크-프로이센의 기록보존소들은 브란덴부르크-프로이센에 반환되었다. 브란덴부르크-프로이센은 슐레지엔의 주민들에게 신앙의 자유를 허용하고, 그들의 기득권을 인정했다. 브란덴부르크-프로이센과 오스트리아는 양국 간의 통상 촉진을 상호 확약하고, 통상조약 체결을 약속했다. 비밀 추가 조항에서 브란덴부르크-프로이센 군주는 차기 독일제국 황제 선출 시, 브란덴부르크 선제후의 선거권을 마리아 테레지아의 장남(요제프 2세)을 위해 행사하고, 합스부르크가의 모데나 공국 계승을 지지했다. 요제프 2세를 선출한 선제후회의는 1764년 3월 27일 개최되었다.

브란덴부르크-프로이센과 작센 간에 체결된 후베르투스부르크 평화조약은 11개 일반조항 및 3개 별도조항으로 구성되었다. 전투행위 즉각 중지 및 휴전이 합의되었고, 브란덴부르크-프로이센은 향후 3주일 내에 군대를 철수시킬 것을 약속했다. 일반사면이 공포되고, 제2차 슐레지엔 전쟁을 종식시킨 1745년의 드레스덴 평화조약을 기초로 하여 전전 상태로의 원상회복에 양국은 합의했다. 오데르 강변의 쉴도와 퓌르스텐베르크를 브란덴부르크-프로이센에 양도한다는 조항이 다시 한 번 명문화되었다. 브란덴부르크-프로이센은 작센 군대에게도 슐레지엔을 통과하여 폴란드에 도달할 수 있는 자유통행을 허용했다. 양국은 조약의 준수와 비준을 상호 보증했다.

7년 전쟁은 오스트리아와 브란덴부르크-프로이센 사이에 영토상의 변경을 초래하지는 않았지만, 유럽사에서 몇 가지 중대한 결과를 가져왔다. 첫째, 이 전쟁은 유럽의 힘의 균형을 바꾸어, 종전의 프랑스, 영국, 오스트리아, 러시아의 4강 체제를 브란덴부르크-프로이센을 포함하는 5강 체제로 만들었다. 프리드리히 2세의 꿈이 실현되어 브란덴부르크-프로이센이 드디어 자타가 인정하는 유럽의 열강으로 부상한 것이었다. 브란덴부르크-프로이센의 강국화로 오스트리아와 프로이센의 경쟁체제가 조성되었다. 후베르투스부르크 평화조약 체결로 7년 전쟁 발발 이전 상태가 회복되었다. 슐레지엔과 글라츠에 대한 브란덴부르크-프로이센의 영유권이 1742년 베를린 평화조약과 1745년 드레스덴 평화조약, 그리고 1748년의 아헨 평화조약에 이어 네 번째로 확인됨으로써 두 지역은 영원히 브란덴부르크-프로이센 영토가 되어 버렸다. 슐레지엔에 대한 영유권을 최종적으로 포기한 마리아 테레지아는 장자 요제프 2세의 신성로마제국 황제 선출에 대한 동의를 브란덴부르크-프로이센으로부터 받아낸 외교적 성과만으로 만족해야 했다.

둘째, 슐레지엔 전쟁과 더불어 조성되기 시작한 오스트리아와 프로이센 간의 반목은 - 대 프랑스 동맹전쟁을 거치면서 나폴레옹에 공동으로 대응한 기간(1792-1815)을 제외하면 - 1866년의 <독일전쟁>(오스트리아-프로이센 전쟁)이 끝날 때까지 지속되었다. 오스트리아와 프로이센의 충돌은 7년 전쟁이 끝난 15년 후, 바이에른 계승전쟁에서 다시 가시화되었다.

셋째, 독일인들의 민족감정과 정치적 자의식이 프리드리히 2세라는 인물과 그의 업적을 통해 불붙기 시작했고, 독일의 통일정책의 방향이 이미 이때 결정되었다. 장래의 독일통일에 있어 오스트리아를 배제한 프로이센 주도의 통일을 지칭하는 소위 <소독일주의>의 개념이 이때부터 형성되기 시작하여, 1866년 비스마르크에 의해 최종적으로 실행(북독일 동맹 참조)에 옮겨졌다.

4) 영국-프랑스 7년 전쟁의 결과

영국과 프랑스 간의 7년 전쟁도 브란덴부르크-프로이센의 동맹국인 영국의 승리로 끝났다. 영국과 프랑스는 브란덴부르크-프로이센과 오스트리아 간의 전쟁(3차 슐레지엔 전쟁)에 개입한 것 외에, 유럽대륙이 아닌 북아메리카와 인도 등지에서도 7년 동안 해외식민지 쟁탈전쟁을 벌였다. 양국의 전쟁은 프랑스 함대를 영국 해군이 제압한 후, 해상보급로가 영국의 통제 속으로 들어오면서 결판이 났다. 리처드 크롬웰(1626-1712)과 윌리엄 3세(1650-1702) 이후 가장 위대한 영국의 정치가로 평가받은 윌리엄 피트(1708-1778)는 프랑스를 견제하고, 프랑스가 장악한 해상주도권을 되찾아 오기 위해 정권을 장악하자마자, 1757년 1월 16일 10년 전까지만 해도 전쟁 상대국이었던 브란덴부르크-프로이센과 군사동맹(웨스트민스터 조약)을 체결했다. 웨스트민스터 조약은 프랑스와 오스트리아가 체결한 방어동맹(1차 베르사유 조약)에 대한 대응이었지만, 웨스트민스터 조약을 체결하고, 몇 달이 지난 후 프랑스와 오스트리아가 방어동맹을 공격동맹(2차 베르사유 조약)으로 전환시켰을 때, 영국은 하노버(브라운슈바이크-뤼네부르크) 선제후국을 지키기 위한 군사동맹조약을 프로이센과 체결함과 동시에 프랑스 함대와의 대회전에 나섰다. 1759년 9월에 캐나다의 퀘벡을, 이듬해 9월에는 몬트리올을 각각 함락시킨 영국은 1762년까지 카리브 해역의 프랑스 식민지도 빼앗아 버렸다. 1761년 스페인이 프랑스 편을 들어 7년 전쟁에 참전하자, 영국은 스페인이 지배한 쿠바와 필리핀까지 점령했다. 프랑스의 식민지였던 아프리카의 세네갈과 벵골 만의 프랑스 기지도 영국 해군에 의해 점령되었다. 패색이 완연해 지자, 프랑스는 영국과 평화조약을 체결하지 않을 수 없었다. 1762년 11월 퐁텐블로에서 예비평화회담이 개최되었다.

프랑스는 북아메리카 개입을 포기해야 했고, 프랑스와 스페인을 제압한 영국은 해상 주도권을 장악했다. 패전으로 인해 프랑스는 오스트리아의 슐레지엔 탈환을 지원하는 대가로 오스트리아로부터 약속받은 오스트리아령 네덜란드의 획득에 실패했다. 프랑스는 특히 영국과의 전쟁으로 인해 국가채무가 천문학적인 수치로 늘어났고, 오스트리아와 브란덴부르크-프로이센 간의 전쟁에서도 얻은 것이 없었다. 프랑스에게 7년 전쟁은 장기간 회복이 불가능한 정치적, 재정적, 영토적 재앙이 되어버렸다. 후베르투스부르크 평화조약 체결 5일 전인 1763년 2월 10일 영국/포르투갈과 프랑스/스페인 간에 체결된 <파리 평화조약>으로 프랑스는 해외 식민지 대부분을 영국에 양도해야 했다. 북아메리카에 또 하나의 제국을 건설하려 한 프랑스의 꿈은 산산조각 나버렸고, 북아메리카 대륙의 식민지 쟁탈 경쟁은 영국의 완승으로 일단락되었다. 이로 인해 생성된 영국에 대한 프랑스의 적대감정은 미국독립전쟁 시 식민지 반란 지원을 통해 표출되었다. 7년 전쟁 이후 현실적으로 더 이상 극복이 불가능했던 프랑스의 국가채무는 프랑스 혁명 발발의 원인으로 작용했다. 오스트리아와 프랑스의 불안한 동맹관계는 7년 전쟁이 끝난 후에도 당분간 유지되었다. 빈과 파리는 양국의 동맹관계를 과시하기라도 하듯이, 루이 16세(프랑스 황태자)와 마리 앙투아네트(오스트리아 대공녀)의 결혼을 계획하고 있었다.

후베르투스부르크 평화조약이 체결된 해인 1763년 10월 5일 프리드리히 아우구스트 2세 작센 선제후는 사망했고, 그를 승계한 프리드리히 크리스티안(1722-1763)도 선제후에 즉위한지 두 달 만인 그 해 12월 17일 사망했다. 프리드리히 크리스티안 선제후는 1711년에 사망한 요제프 1세 황제(마리아 테레지아의 백부)의 외손자이었다. 작센 선제후 부자가 1763년 한 해에 모두 사망한 후 즉위한 프리드리히 아우구스트 2세의 손자는 1763년부터 1827년까지 프리드리히 아우구스트 3세로 불린 작센 선제후였고, 작센이 공국에서 왕국으로 승격된 1806년부터 1827년까지는 프리드리히 아우구스트 1세로서 작센 왕국의 초대 국왕이었다. 참고로 아우구스트 3세를 승계한 포니아토프스키 왕가 출신의 스타니수아프 2세(1732-1798, 재위: 1764-1795)는 폴란드의 마지막 국왕이었다. 그의 재위기간 중 폴란드는 3차에 걸쳐 러시아와 프로이센과 오스트리아에 의해 분할 점령되었다. 폴란드가 주권국가로 다시 독립한 것은 1차 대전이 끝났을 때이었다.

5) 7년 전쟁의 예술적 수용

　동시대의 작센 출신의 극작가 고트홀트 에프라임 레싱(1729-1781)은 그의 대표작 <민나 폰 바른헬름 혹은 군인의 행복>을 7년 전쟁이 끝난 1763년에 쓰기 시작했다. 1767년 출판과 동시에 공연된 <민나 폰 바른헬름>은 7년 전쟁에 참전했던 텔하임 소령에게 닥친 황당한 사건을 희화화한 작품이다. 브란덴부르크-프로이센 군대에 복무하다가 전상을 입고 불명예 제대한 텔하임 소령은 그의 하인 유스트와 베를린의 한 여관에 머물면서 그의 소송이 끝나기를 기다린다. 그가 법정에 서게 된 것은 패전국의 주민들에게 부과한 프리드리히 2세의 군세 징수 명령을 어겼다는 고발 때문이다. 텔하임은 당시 선제후국 작센을 침공한 브란덴부르크-프로이센 군대에 소속되어 튀링엔에 주둔 중이었다. 그는 그곳 신분대표들과의 협상에서 가능한 한 최소 액수의 군세를 징수하기로 합의하고, 그 돈마저도 차용증서를 받고, 자기 호주머니를 털어 선납했었다. 전쟁이 끝나고, 이 차용증서를 베를린에서 현금으로 교환하려 했을 때, 그에게 이 증서를 발행해 준 튀링엔 신분대표들에 의해 오히려 뇌물수수죄로 고발당한다. 이 작품은 5막 희극으로서 7년 전쟁이 끝난 지 4년 지난 1767년에 탈고되었지만, 레싱은 작품의 표지에 밝힌 작품 완성 날짜를 1763년이라 기재했다. 아마도 작품의 시대적 배경이 된 7년 전쟁과의 연관성을 강조하기 위함이었던 것으로 추측된다. 7년 전쟁을 소재로 삼은 이 작품은 독일문학에서 가장 중요한 희극작품 중의 하나로 평가 받고 있다.

　찰스 디킨슨, 조지 엘리엇과 더불어 빅토리아 여왕 시대의 3대 영국 소설가로 간주되는 윌리엄 메이크피스 세커리(1811-1863)의 1844년 작 소설 <귀공자 베리 린든의 회상록>은 일종의 모험소설로서 영국이 7년 전쟁에 참전하기 위해 동원령을 내린 시기와 7년 전쟁 기간 동안의 영국 사회의 구조를 조명한 작품이다. 데커리의 <귀공자 베리 린든의 회상록>

은 1975년 미국 영화감독 스탠리 큐브릭(1928-1999)에 의해 <베리 린든>이
라는 제목으로 영화화되었다. 데커리의 소설을 연출한 스탠리 큐브릭의
영화 <베리 린든>은 상업적인 성공은 거두진 못했지만, 1976년 각본상
과 감독상 등 3개 부문에 걸쳐 오스카상 후보에 오른 작품이었다. 소설
(귀공자 베리 린든의 회상록)과 영화(베리 린든)는 7년 전쟁을 시대적 배경으로 하여
어느 아일랜드 지방귀족가문 출신 청년(레드먼드 베리)의 파란만장한 인생을
그린 작품이다. 우여곡절을 겪은 끝에 무일푼의 신세로 전락한 레드먼드
베리는 7년 전쟁이 벌어졌을 때 영국군에 자원입대한 후, 영국의 동맹국
인 브란덴부르크-프로이센을 위해 오스트리아의 동맹국인 프랑스군 군대
와 전투를 벌인다. 그러나 브라운슈바이크-뤼네부르크, 브라운슈바이크-
볼펜뷔텔, 헤센-카셀 및 영국 군대로 편성된 동맹군이 바르부르크 전투
(1760년 7월 31일)에서 프랑스군에 패했을 때, 레드먼드 베리는 전쟁에 대한
흥미를 잃는다. 그는 탈영하여 영국군 장교로 위장하여 새로운 나라 네
덜란드로 도망치려 한다. 그러나 브란덴부르크-프로이센 장교에 의해 정
체가 발각되어, 영국의 동맹국인 브란덴부르크-프로이센 군대에 강제 편
입된다. 그러나 레드먼드 베리는 아일랜드 출신의 사기 도박사를 만나,
그와 함께 브란덴부르크-프로이센 군대에서 다시 도망친다. 두 사람은
사기 도박사로 이 나라, 저 나라 궁정으로 편력하던 중, 부유한 백작부
인 린든과 결혼한다. 레드먼드 베리는 베리 린든이라는 이름으로 귀족사
회의 일원이 되려하지만, 신분의 벽을 넘지 못해 결국 몰락한다.

　7년 전쟁은 회화 장르에서도 중요한 묘사 대상이었다. 특히 프리드리
히 2세를 그린 화가로 유명한 19세기 독일사실주의 회화를 대표하는 아
돌프 멘첼(1815-1905)은 동시대의 다른 역사화 작가들과는 대조적으로, 프리
드리히 2세를 존경과 찬미의 대상으로, 영웅적인 군주의 모습으로 그리
기보다는 자연인 프리드리히 혹은 민중과 친근한 군주의 모습으로 묘사
했다. 7년 전쟁을 소재로 한 멘첼의 두 작품 중 하나("호흐키르히 전투에 임한 프
리드리히와 그의 수하들)는 오스트리아군 최고지휘관 레오폴트 요제프 폰 다운

백작의 기습공격으로 작센의 호흐키르히가 오스트리아군에 의해 점령된 후, 9,000명의 병사와 수백문의 대포와 보급품 일체를 잃고, 북쪽으로 후퇴한 프리드리히 2세의 호흐키르히 전투(1758년 10월 14일) 현장을 표현한 그림이고, 다른 하나('로이텐 전투 전 수하 장군들에게 훈시하는 프리드리히 대왕')는 프리드리히 2세가 진두지휘한 브란덴부르크-프로이센 군대가 카를 알렉산더(마리아 테레지아의 시동생 겸 제부) 로트링엔 공작과 레오폴트 요제프 폰 다운 백작 휘하의 오스트리아군에 승리한 로이텐 전투(1757년 12월 5일) 직전의 광경을 묘사한 역사화이다.

멘첼은 일련의 시신 초상화를 연필화로 남긴 화가로도 유명하다. 7년 전쟁이 끝나고, 한 세기가 더 지난 후 프로이센은 오스트리아를 따돌리고 독일을 통일했다. 통일된 독일제국의 초대 황제 빌헬름 1세의 후계자 프리드리히 빌헬름(1831-1888)은 베를린 위수교회(가르니손키르헤)의 지하납골당에 안치된 후 훼손된 555개의 관을 1700년대 초 이후 전사한 프로이센군 장교와 그들의 가족을 위해 베를린의 뮐러가(街)에 새로이 조성된 위수묘지로 이장시켰다. 프리드리히 빌헬름은 1888년 3월 9일부터 6월 15일까지 - 빌헬름 1세와 빌헬름 2세 사이에 99일 간 - 재위한 독일제국 황제 프리드리히 3세이었다. 이장 과정에서 아돌프 멘첼은 7년 전쟁에서 브란덴부르크-프로이센군이 작센을 침공하여 오스트리아군과 벌인 <호흐키르히 전투>에서 전사한 스코틀랜드 출신의 프로이센군 원수 제임스 키드(야코프 폰 카이트, 1696-1758)의 시신을 확인하고, 두발과 군복에 달린 독수리 훈장이 선명한 그의 모습을 연필로 스케치한 작품을 후세에 남겼다. 1873년에 그린 멘첼의 시신 초상화의 정확한 수는 지금까지 알려지지 않았다. 호흐키르히 전투에서 전사한 제임스 키드는 전투현장에 가매장되었다가, 베를린의 위수교회 지하납골당으로 이장되었다. 호흐키르히에는 키드의 묘비가 남아있다. 제임스 키드가 전사한 후 프리드리히 2세는 베를린의 빌헬름 광장에 그를 기리는 추모비를 세우게 했다. 그의 이름에 따라 명명된 베를린-쇠네베르크의 거리 카이트슈트라세는 테오도르

폰타네(1819-1898)의 소설 <에피 브리스트>의 스토리가 진행되는 장소로도
유명하다.

❏ 4
바이에른 계승전쟁(1778-1779)과 오스트리아의 영토 확대 시도

7년 전쟁이 끝난 후 마리아 테레지아 오스트리아 대공은 합스부르크
다민족 제국 내의 국가들을 결속시키고, 합스부르크 왕가의 세습지를 수
호하는 정책에 온 국력을 쏟았다. 그러나 재위기간 동안 또 한 차례 프
로이센과의 전쟁을 치러야했으니, 그 전쟁은 <바이에른 계승전쟁>이었
다. 바이에른 계승전쟁은 프로이센과 작센의 뵈멘 침공과 더불어 시작되
었지만, 그 원인 제공국은 오스트리아였다. 1777년 12월 30일 막시밀리
안 3세(1727-1777, 재위: 1745-1777) 바이에른 선제후의 죽음과 더불어 비텔스바흐
가의 바이에른 가계가 소멸된 후, 요제프 2세(마리아 테레지아의 장남) 황제의
반대에도 불구하고, 바이에른 선제후국이 비텔스바흐가의 팔츠 가계(팔츠
선제후 카를 테오도르)에 흡수되어, 바이에른 가계와 팔츠 가계가 통합되었을
때, 비텔스바흐가의 대국화를 염려한 오스트리아가 - 란츠후트, 파사우,
슈트라우빙 등의 도시가 포함된 - 니더바이에른과 - 레겐스부르크, 암베
르크, 바이덴 등의 도시를 포함한 - 오버팔츠에 대한 상속권을 제기했기
때문이었다. 바이에른의 일부지역(니더바이에른과 오버팔츠)에 대한 상속권 주장
의 근거는 카를 7세(바이에른 선제후 카를 알브레히트) 황제의 외아들로서 1777년
후사 없이 사망한 막시밀리안 3세는 마리아 테레지아 여제의 사촌여동
생(마리아 테레지아의 백부 요제프 1세 황제의 장녀 마리아 요제파)의 외아들(요제프 2세 황제의
외재종형)이라는, 합스부르크가와 비텔스바흐가 간의 혈연관계에 있었다.
1777년은 바이에른 선제후국의 소유권이 448년 동안 바이에른을 지
배한 바이에른-비텔스바흐가에서 팔츠-비텔스바흐가로 넘어간 해였고, 동

시에 양 비텔스바흐 가문이 통합된 해였다. 바이에른과 팔츠의 통합을 허용할 경우, 프로이센에 이어 - 1772년 서프로이센이 브란덴부르크에 편입된 이후 브란덴부르크-프로이센은 프로이센으로 통칭된다 - 이번에는 오스트리아와 국경을 공유하는, 또 하나의 독일 강국이 출현할 것을 염려한 당시 합스부르크 제국의 군주이며 독일제국 황제 요제프 2세는 바이에른의 일부를 오스트리아 영토에 병합함으로써 슐레지엔을 상실한 이후 추락한 오스트리아의 국제적 위상을 회복하고, 독일제국 내에서의 오스트리아의 위치를 강화하려 했다. 폴란드의 1차 분할에 관여하여 1772년 서프로이센을 획득함으로써 엘베 강에서 동프로이센의 메멜(네만) 강까지 국토를 넓힌 후에도 바이에른의 일부지역(안스바흐와 바이로이트) 합병에 대한 야욕을 가지고 있던 프리드리히 2세 프로이센 국왕이 니더바이에른과 오버팔츠에 대한 오스트리아의 영유권 주장을 인정할 리가 없었다. 바이에른 계승전쟁은 세 차례의 슐레지엔 전쟁을 거치면서 점점 가열되고 있는 프로이센과 오스트리아 간의 대립과 반목의 골을 더욱 깊게 만들었다.

비텔스바흐가의 바이에른 지배역사는 벨페가 출신의 바이에른 공작 하인리히 12세('사자공' 하인리히. 재위: 1156-1180)가 1180년 '붉은 수염'(바르바로사) 황제 프리드리히 1세에 의해 파문을 당해, 바이에른 땅과 바이에른 공작의 지위가 벨페가에서 비텔스바흐가의 오토 1세(재위: 1180-1183)에게로 이양되었을 때 시작되었다. 그 후 바이에른 공국은 1329년 루트비히 4세 신성로마제국 황제(재위: 1314-1347)의 아들(4명)과 황제의 형 루돌프 1세(1274-1319)의 아들(2명) 간에 체결된 <파비아 가권계약>에서 분할 상속되었다. 루트비히 4세 신성로마제국 황제와 그의 아들 네 명은 - 브란덴부르크 선제후를 겸한 루트비히 6세(1328-1365)와 오토 5세(1340-1379), 빌헬름 1세(1330-1388)와 알브레히트 1세(1336-1404) - 오버바이에른과 레겐스부르크 이북지역을 상속받았고, 1319년에 사망한 루트비히 4세 황제의 형 루돌프 1세의 두 아들, 루돌프 2세(1306-1353)와 루프레히트 1세(1309-1390)는 라인팔츠와 오버팔츠를 상속받았다. 그 후부터 큰집은 비텔스바흐가의 바이에른파, 작은집은 비텔스바흐가의 팔츠파라 불렸다. 1329년 비텔스바흐가가 바이에른 파와 팔츠 파로 분리된 후, 바이에른파는 1777년 막시밀리안 3세가 사망하면서 남계가 단절되어 버렸다.

역사적으로 1329년의 파비아 가권 계약 이후 지속되어온 바이에른-비텔스바흐가와 팔츠-비텔스바흐가 간의 가권경쟁에 종지부를 찍은 인물은 팔츠 선제후 카를 필립(카를 3세. 1661-1742, 제위: 1716-1742)이었다. 비텔스바흐가의 팔츠파 대표인 카를 필립 선제후와 그의 종제 프란츠 루트비히(1664-1732, 트리어 대주교: 1716-1729, 마인츠 대주교: 1729-1732) 트리어 대주교는 1724년 5월 15일 비텔스바흐가의 바이에른파를 대표한 막시밀리안 2세(막시밀리안 엠마누엘. 재위: 1679-1726) 바이에른 선제후 및 그의 아들 클레멘스 아우구스트(재위: 1723-1761) 쾰른 대주교와 함께 <비텔스바흐가 가문동맹>을 체결하여, 양대 비텔스바흐가(바이에른 비텔스바흐가와 팔츠 비텔스바흐가) 간의 상호계승 문제와 제국섭정 직의 공동 운영 - 제국섭정은 독일황제 유고 시, 차기 황제를 선출할 때까지의 제국행정의 공백을 메웠으며, 작센 선제후와 팔츠 선제후 중 1인이 맡도록 금인칙서는 규정했다 - 등에 관한 합의를 했다. 쾰른 선제후국과 트리어 선제후국의 대주교 직을 장악한 양대 비텔스바흐가, 즉 바이에른 선제후국과 팔츠 선제후국은 독일황제 선출권을 가진 선제후 회의에서 - 금인칙서가 규정한 7인의 선제후의 수는 1648년 8인, 1692년 9인으로 확대되었다 - 4표의 선제후 투표권을 장악함으로써 남독일에서 합스부르크가와 팽팽한 힘의 균형을 유지할 수 있었다. 1329년 8월 4일 파비아 가권계약 체결과 더불어 비텔스바흐가가 바이에른 가계와 팔츠 가계로 양부된 이래, 바이에른 가계가 바이에른을 448년 가까이 경영하면서, 바이에른은 독일제국의 가장 큰 제후국으로 발전했다.

앞에서 이미 서술했지만, 1618년 뵈멘 귀족 봉기 시 뵈멘의 '겨울왕' 프리드리히 5세 팔츠 선제후가 지휘한 신교 동맹군이 구교 동맹군에 의해 프라하 근교의 백산 전투(1620)에서 제압된 후, 그는 황제(페르디난트 2세)

에 의해 파문을 당해 뵈멘의 국왕직은 물론이고, 팔츠의 선제후 지위도 잃었다. 당시 비텔스바흐가의 팔츠 파(팔츠 선제후국)는 오버팔츠와 선제후 지위를 바이에른 가계에 양도해야 했다. 1766년 9월 22일 카를 테오도르 팔츠 선제후와 막시밀리안 3세 바이에른 선제후는 1724년의 비텔스바흐가 가문동맹에 기초하여 바이에른과 팔츠의 분할 불가를 다룬 상호 상속 계약을 체결했다. 그리고 11년 후인 1777년 12월 30일 막시밀리안 3세 바이에른 선제후가 후사 없이 사망하고, 비텔스바흐가의 바이에른 가계는 단절되어 버렸다. 1724년의 비텔스바흐가 가문동맹에 의거해 바이에른 선제후국은 이제 팔츠 가계의 카를 테오도르 팔츠 선제후에게 귀속되었다. 카를 테오도르 팔츠 선제후는 막시밀리안 3세를 승계해 바이에른과 바이에른 선제후 지위를 동시에 상속받았다. 카를 테오도르는 선제후의 주거궁도 만하임에서 뮌헨으로 옮기고, 바이에른의 사정에 어두운 팔츠의 관리들을 모두 뮌헨으로 데려갔다. 이 새로운 이중 선제후국은 팔츠-바이에른이라 통칭되었다.

10년 이상 프로이센과 벌인, 3차에 걸친 슐레지엔 전쟁의 경험에서 오스트리아의 합스부르크가는 비텔스바흐가의 양대 가계(바이에른과 팔츠)의 통합으로 인해 독일어권역에서 또 하나의 강대국이 출현하는 것을 두려워했다. 슐레지엔을 프로이센에 빼앗김으로써 합스부르크 왕가의 세력이 약화되었기 때문에, 요제프 2세 황제는 바이에른-비텔스바흐가의 남계의 단절을 오스트리아의 영토를 확대시키고, 제국 내에서의 오스트리아의 위상을 강화시킬 수 있는 계기로 받아들였다. 요제프 2세는 막시밀리안 3세 바이에른 선제후가 1777년 12월 30일 사망하자마자 오스트리아와 국경을 공유한 니더바이에른과 오버팔츠에 대한 상속권을 제기했다. 어떠한 재정적 반대급부를 치르고서라도, 프라이부르크에서 콘스탄츠에 이르는 합스부르크가의 고립영토, 즉 전부오스트리아(포르데르외스터라이히) 지역을 바이에른의 일부지역(니더바이에른과 오버팔츠)과 교환하는 계획을 관철시키려면, 카를 테오도르 선제후의 양해가 필수적이었다. 요제프 2세 황제는 바이에른의 대국화와 비텔스바흐가의 세력 확대를 막고, 동시에 합스부르크 제국의 영토를 확장시키기 위한 목적으로 바이에른 선제후에 즉위한 지 나흘밖에 되지 않은 팔츠 선제후 카를 테오도르를 빈으로 불러들여 양해 협약을 체결하였다. <빈 협약>(1778년 1월 3일)에서 요제프 2세 황제는 적법한 후사가 없었던 카를 테오도르 선제후가 그의 서출 아들을 위한 제후국을 독일제국 내에 별도로 창설할 경우 협조하겠다는 약속을 해주고, 그에 대한 반대급부로서 니더바이에른과 오버팔츠를 할양 받는 데 성공하였다.

니더바이에른과 오버팔츠를 확보하기 위해서 요제프 2세 황제가 내세운 법적인 근거는 논란의 여지가 많았다. 빈 협약 체결 직후 요제프 2세 황제는 즉각 군대를 동원하여 카를 테오도르 선제후로부터 약속받은 지역(니더바이에른과 오버팔츠)을 점령해 버렸다. 오스트리아의 이 신속한 조치에 저항한 나라는 비단 영토 침탈의 피해를 본 바이에른 공국의 주민만은 아니었다. 요제프 2세 황제의 제국 내에서의 영향력 약화를 끊임없이 시도했던 프리드리히 2세 프로이센 국왕이 바이에른을 선동하여 반대의 선봉에 나섰다.

참고로, 카를 테오도르 팔츠 선제후는 1742년 팔츠-줄츠바흐 가의 엘리자베트 아우구스테(1721-1794)와, 1795년 합스부르크가의 마리아 레오폴디네(1776-1848, 마리아 테레지아의 3남 페르디난트 3세 대공의 딸)와 각각 결혼했지만, 초혼에 이어 재혼에서도 후사를 두지 못했다. 만하임 극장 여배우 겸 무용수였던 마리아 요제파 자이페르트(1748-1771)와 카를 테오도르 사이에 태어난 아들 카를 아우구스트(1768-1823)는 요제프 2세 황제에 의해 1789년 제국직속 영지인 브레첸하임의 후작에 임명된 후, 1차 대프랑스 동맹전쟁 때인 1795년 브레첸하임이 프랑스군에 의해 점령되었을 때, 황제로부터 그에 대한 보상으로 제국직속도시 린다우를 대토로 받았다. 그러나 카를 아우구스트는 린다우를 1804년 오스트리아에 매각함으로써 나폴레옹 1세를 크게 자극했다. 1806년 신성로마제국이 수명을 다한 후 린다우는 바이에른 왕국에 반환되었다.

오스트리아의 바이에른 영토(니더바이에른과 오버팔츠) 무력 점령은 강한 거부감을 야기했다. 프리드리히 2세 프로이센 국왕은 1778년 7월 3일 오스트리아에 전쟁을 선포한 후, 작센 선제후국과 연합하여 1778년 7월 5일 뵈멘을 침공했다. 바야흐로 <바이에른 계승전쟁>이 시작되려고 한 것이었다. 그러나 곧 프로이센-작센 연합군은 물론이고, 오스트리아군에게도 보급상의 문제가 발생하였기 때문에, 양측은 모두 군사적 충돌을 피해갔다. 급양 사정이 매우 나빴기 때문에, 병사들은 주로 감자만 먹어야 했다. 식량(감자)을 구하기 위해 병사들이 농경지를 황폐화시켰기 때문에, 농부들의 원성이 극에 달했다. 전투는 없이 감자 쟁탈전만 벌였다 하여, 바이에른 계승전쟁을 사람들은 '감자 전쟁'이라 풍자했다. 감자는 7년 전쟁을 거치는 동안 중부 유럽까지 전파되어 빵을 대체할 수 있는 새로운 주식으로 잡기 시작한 식재료였다.

마리아 테레지아는 프로이센과의 일전을 불사하려는 아들 요제프 2세의 의지를 꺾어보려 노력했으나 소용없었다. 전쟁을 방지하기 위해 마리아 테레지아는 프리드리히 2세와 독자적인 회담도 수차례 가졌지만, 1778년 8월 회담은 성과 없이 중단되어 버렸다. 바이에른 계승전쟁이 오스트리아와 프로이센 간의 전면전으로 발전하지 않은 이유는 무력충돌을 가급적 피했으면 좋겠다는 마리아 테레지아의 제의에 프리드리히 2세가 동의했기 때문이었다. 겨울이 다가오면 상황이 악화될 것을 염려하여, 프로이센과 작센은 군대를 철수시키지 않을 수 없었다. 프로이센이 점령한 땅은 뵈멘의 트로파우(체코의 오파바)와 예게른도르프(크르노브)에 불과했다.

프로이센의 동맹국 러시아의 개입을 우려한 마리아 테레지아는 프랑스에게 평화회담 중재를 요청했다. 러시아가 프로이센이 기대한 지원을 거부했기 때문에, 프리드리히 2세는 프랑스의 평화회담 주선에 동의하였다. 프로이센의 요청으로 러시아도 평화회담의 중재자로 거들게 되었다.

이런 점에서 바이에른 계승전쟁은 유럽 역사에서 그 유례를 찾을 수 없는 총성 없는 전쟁이었다. 양국(오스트리아와 프로이센) 군주들의 암묵적인 합의에 의해 실제로 큰 규모의 전투가 발생하지 않았던 이 전쟁은 1779년 5월 13일 슐레지엔의 테셴(치에신)에서 체결된 평화조약을 통해 공식적으로 끝이 났다.

1) 테셴 평화조약

바이에른 계승전쟁 기간 중 요제프 2세 황제는 니더슐레지엔과 오버팔츠를 무력 점령한 강수를 둔 반면에, 마리아 테레지아는 전쟁을 피하기 위해 아들에게 공개하지 않고, 은밀히 프리드리히 2세 프로이센 국왕과 평화협상을 벌였다. 프랑스와 러시아의 중재 하에 1779년 3월에 평화회담이 시작되어 5월 오스트리아령 슐레지엔의 테셴(폴란드의 치에신)에서 평화조약이 체결되었다. <테셴 평화조약>은 17개 조항, 1개 별도조항, 6개 협약으로 구성되었다. 오스트리아(베를린 주재 오스트리아 공사 요한 필립 폰 코벤츨 백작, 1742-1810)와 프로이센(빈 주재 프로이센 공사 요한 헤르만 리데젤 남작, 1740-1785)은 팔츠 선제후 겸 바이에른 선제후 카를 테오도르와 카를 테오도르의 후계자 팔츠-츠바이브뤼켄가의 공작 카를 2세 아우구스트(1746-1795)를 참석시킨 가운데 점령지역 철수에 합의하고, 1766년과 1771년, 그리고 1774년에 체결된 바이에른 비텔스바흐가와 팔츠 비텔스바흐가 간의 상호계승조약의 준수를 프랑스 및 러시아와 연대하여 보증했다. 마리아 테레지아 여제와 여제의 계승자들은 바이에른의 안스바흐와 바이로이트가 프로이센에 합병될 경우, 이 지역에 대한 영유권 주장을 포기하기로 했다. 1648년 베스트팔렌 평화조약 이후 오스트리아와 프로이센 간에 체결된 모든 조약을 양국은 재확인했다. 막시밀리안 3세 바이에른 선제후가 사망한 후 제국공유지로 회수된 바이에른과 슈바벤 소재 제국봉토는 막시밀리안 3세의 승계자인 카를 테오도르 팔츠-바이에른 선제후에게 반환하기로 합의되었다. 별도조항은 작센을 테셴 평화조약에 포함시켰다. 참고로 비텔스바흐가의 팔츠 가계는 여러 방계를 두고 있었다. 팔츠 가계의 줄츠바흐파(팔츠-줄츠바흐)인 카를 테오도르 선제후는 적출자가 없었기 때문에, 츠바이브뤼켄파(팔츠-츠바이브뤼켄)의 카를 2세 아우구스트 공작을 후계자로 지명한 것이었다.

마리아 테레지아와 팔츠-바이에른 선제후 카를 테오도르 간의 협약에서 마리아 테레지아는 민델하임(바이에른), 글라우하우(작센), 발덴부르크(작센), 그리고 리히텐슈타인(작센)에 대한 뵈멘 왕국의 영유권과 오버팔츠에 소재한 뵈멘 왕국의 역외영토를 포기하고, 독일제국 황제(마리아 테레지아의 장남 요제프 2세)를 설득하여 바이에른과 슈바벤에 소재한 제국봉토를 바이에른에 반환하도록 노력할 것을 약속했다. 카를 테오도르 선제후는 마리아 테레지아를 위해 바이에른 영토 인피어텔(도나우 강과 인 강과 잘차흐 강과 하우스루크 산 사이)을 영구히 포기했고, 경계하천들(도나우 강과 인 강과 잘차흐 강)은 바이에른과 오스트리아가 공유하기로 합의했다. 선제후 계승 예정자인 카를 2세 아우구스트 공작도 이 협약에 가입했다.

팔츠-바이에른 선제후 카를 테오도르와 작센 선제후 프리드리히 아우구스트 3세(1750-1827: 1806년 이후 초대 작센 국왕 프리드리히 아우구스트 1세) 간에 체결된 협약에서 작센 선제후는 6백만 굴덴의 현금을 포함하여 작센 공국의 글라우하우, 발덴부르크 및 리히텐슈타인을 양도받는 조건으로 막시밀리안 3세 바이에른 선제후의 처조카 자격으로서 제기한 바이에른에 대한 상속권을 - 막시밀리안 3세의 부인 마리아 안나(1728-1797)는 프리드리히 아우구스트 3세의 고모였다 - 포기했다. 팔츠-츠바이브뤼켄 공작 카를 2세 아우구스트는 마리아 테레지아와 작센 선제후 간의 협약에 동의했다. 카를 2세 아우구스트 공작과 카를 테오도르 선제후는 바이에른과 팔츠 간의 가권조약(1766년의 상호계승조약)을 수용했다.

요제프 2세 황제가 합스부르크 제국의 공동통치자 겸 마리아 테레지아의 후계자 자격으로 테셴 평화조약에 동의한다는 사실을 프리드리히 2세 프로이센 국왕은 특별 선언문을 채택하여 확인했다. 카를 테오도르 선제후의 계승자 자격으로 테셴 평화회담에 참여한 카를 2세 아우구스트 팔츠-츠바이브뤼켄 공작은 1795년에 이미 사망하고, 후자의 동생 막시밀리안 4세(1756-1825)가 1799년 카를 테오도르를 승계하여 팔츠-바이에른 선제후에 즉위했다. 그 후 1806년 바이에른이 왕국으로 승격했을 때, 막시밀리안 4세 공작은 막시밀리안 1세로서 초대 바이에른 왕국의 국왕에 즉위했다.

테셴 평화조약에서 카를 테오도르 팔츠 선제후는 바이에른의 영토인 인피어텔(인 강 유역의 브라우나우, 리트, 세르딩 포함)을 오스트리아에 양도하고, 안스바흐와 바이로이트를 프로이센에 할양하는 대가로 요제프 2세 독일제국 황제와 프리드리히 2세 프로이센 국왕으로부터 팔츠 선제후국이 1777년 바이에른 선제후국을 상속받은 사실(팔츠와 바이에른의 통합)에 대한 사후승인을 얻어냈다. 테셴 평화조약은 1780년 3월 8일 신성로마제국 황제 요제프 2세에 의해 재가되었다.

오스트리아가 바이에른으로부터 양도받은, 파사우에서 잘츠부르크 대주교구의 북쪽 경계선에 이르는 지역은 인피어텔이라는 지역 명칭 하에 <엔스 강 위의 외스터라이히> 대공공국, 즉 오늘날의 오버외스터라이히에 편입되었다. 훗날 나폴레옹 1세 때 또 한 번의 국경 변경이 있지만, 인피어텔은 1814/1815년 <빈 회의> 후 잘츠부르크 대주교구와 함께 최종적으로 오스트리아 제국에 편입되었다.

안스바흐와 바이로이트는 브란덴부르크와 마찬가지로 호엔촐레른가가 지배한 지역이었다. 테셴 평화조약에서 프리드리히 2세 프로이센 국왕은 안스바흐와 바이로이트를 바이에른으로부터 양도받기로 했지만, 이 두 지역이 실제로 프로이센 왕국에 편입된 것은 1791년이었다. 1495년부터 1515년, 1557년부터 1603년, 그리고 마지막으로 1769년부터 1791년까지 세 차례 브란덴부르크-프로이센과 군합국 형식으로 호엔촐레른가의 지배를 받은 바이로이트와 안스바흐는 마지막 안스바흐 변경백(재위: 1757-1791) 겸 바이로이트 변경백(재위: 1769-1791)을 역임한 카를 알렉산더(1736-1806)에 의해 - 프로이센 왕국으로부터 종신연금(매년 30만굴덴)을 지불받는 조건으로 - 1791년 12월 프로이센 왕국에 양도되었다. 안스바흐와 바이로이트가 브란덴부르크-프로이센 왕국에 병합된 후, 이들 두 지역은 브란덴부르크-안스바흐 및 브란덴부르크-바이로이트라 불렸다.

2) 오스트리아령 네덜란드와 바이에른의 영토 교환 계획

바이에른 계승전쟁이 끝난 지 6년 만인 1785년 오스트리아와 바이에른 간의 영토교환 시도를 둘러싸고 오스트리아와 프로이센 간에 또 한 차례의 전쟁이 발발할 수 있는 위기 상황이 발생했다. 니더바이에른과 오버팔츠를 전부오스트리아(포르데르외스터라이히) 지역과 교환하려 했던, 그리하여 바이에른 계승전쟁의 원인이 되었던 요제프 2세 황제의 영토교환 시도가 불발에 그친 후, 이번에는 바이에른의 일부가 아니라, 바이에른 선제후국 영토 전체를 오스트리아령 네덜란드와 맞교환하기 위한 협상이 빈(요제프 2세 황제)과 뮌헨(카를 테오도르 팔츠-바이에른 선제후) 사이에 시작되었기 때문이었다.

팔츠 선제후국의 영토에 속한 라인 강 하류 지역의 윌리히 공국과 베르크 공국은 라인 강 중류 지역에 위치한 팔츠 선제후국의 핵심영토인 라인팔츠와 멀리 떨어진, 이른바 팔츠 선제후국의 고립영토이었다. 그러나 이 두 공국은 오스트리아 령 네덜란드와는 인접해 있어서, 팔츠 선제후국이 오스트리아령 네덜란드를 획득할 경우, 라인 강을 따라 팔츠 선제후국의 영토가 - 서프로이센을 합병함으로써 서프로이센을 사이에 두고 호엔촐레른가의 영토가 서(브란덴부르크)에서 동(동프로이센)으로 연결되었듯이 - 중간에 단절되지 않고 한 덩어리로 이어질 수 있는 장점이 있었다.

오스트리아령 네덜란드와 바이에른을 맞바꾸자는 요제프 2세 황제의 제안은 팔츠를 왕국으로 격상시킬 계획을 하고 있는 초대 팔츠-바이에른 통합 선제후 카를 테오도르 궁중백에게는 뿌리칠 수 없는 유혹이었다. 요제프 2세 역시 합스부르크령(오스트리아령) 네덜란드 대신 바이에른을 획득한다면, 바이에른의 대국화도 예방하고, 합스부르크가의 세습지와 인접한 지역에 추가 영토를 확보함으로써 오스트리아의 국력을 극대화시킬 수 있었다. 면적으로도 바이에른은 오스트리아령 네덜란드와는 비교할 수 없을 정도의 크기이었다. 슐레지엔을 프로이센에 빼앗긴 오스트리아는 슐레지엔의 상실을 바이에른의 합병을 통해 보상받을 수 있었다.

라인 강 중하류 지역에 건설될 미래의 새로운 국가(라인팔츠, 윌리히, 베르크, 오스트리아령 네덜란드를 합친 지역)를 왕국으로 승격시켜 줄 것을 강하게 희망한 팔츠-바이에른 선제후(카를 테오도르)에게 빈 당국은 독일제국 황제(요제프 2세)의 이름으로 팔츠의 왕국 승격을 약속했다. 프리드리히 2세 프로이센 국왕은 빈(요제프 2세 황제)과 뮌헨(카를 테오도르 선제후) 간에 이미 구체화되어 가고 있는 영토교환 협상에 신속한 제동을 걸어야 했다. 독일제국 내의 최대 경쟁국인 오스트리아도 견제해야 했지만, 라인 강 하류지역에 역외영토(클레베 공국과 마르크 공국)를 소유한 프로이센으로서는 '팔츠 왕국'의 출현도 반드시 저지해야 했다.

프리드리히 2세는 1777년 12월 30일 막시밀리안 3세 바이에른 선제후가 사망한 후 바이에른이 팔츠 선제후국에 상속된 사실에 불만을 품고 있는 고인(막시밀리안 3세)의 친척들과 카를 테오도르 선제후의 미래의 상속자(계승예정자) 등을 동원하여 카를 테오도르의 영토교환 시도에 제동을 걸려고 했다. 프리드리히 2세와 제휴한 독일제국 제후들은 1777년 막시밀리안 3세가 후사 없이 사망한 후, 바이에른의 상속을 요구한 작센 선제후 프리드리히 아우구스트 3세(막시밀리안 3세의 처조카)와 오버팔츠의 로이히텐베르크를 노렸던 멕클렌부르크-슈베린 공국의 프리드리히 프란츠 1세(1756-1837) 공작, 그리고 특히 카를 테오도르의 계승 예정자였던 팔츠-츠바이브뤼켄 가의 공작 카를 2세 아우구스트(1746-1795)였다. 그러나 카를 2세 아우구스트는 카를 테오도르 선제후보다 4년 앞서 사망했기 때문에, 후 자를 승계한 사람은 전자의 동생 막시밀리안 4세(1756-1825, 1806년 이후 바이에른 왕국 초대 국왕)였다.

막시밀리안 3세 바이에른 선제후가 사망한 후, 카를 테오도르 팔츠 선제후가 바이에른의 선제후직을 계승했을 때, 막시밀리안 3세의 아내 마리아 안나(1728-1797)는 카를 테오도르를 배척하고, 그녀의 장조카인 작센 선제후 프리드리히 아우구스트 3세를 바이에른의 상속자로 만들기 위해 프로이센 국왕 프리드리히 2세에게 지원을 요청했었다. 프리드리히 2세 가 1778년 7월 초 뵈멘을 침공함으로써 바이에른 계승전쟁이 시작되었 을 때, 프리드리히 아우구스트 3세의 작센 군대를 동원할 수 있었던 이 유가 거기에 있었던 것이었다. 마리아 안나는 작센 선제후 프리드리히 아우구스트 2세(폴란드 국왕 아우구스트 3세)와 오스트리아의 대공녀 마리아 요제 파(요제프 1세 황제의 장녀) 간의 딸이었고, 조카인 프리드리히 아우구스트 3세 는 마리아 안나의 오빠 프리드리히 크리스티안(재위: 1763-1763) 작센 선제후 와 막시밀리안 3세의 바이에른 선제후의 여형 마리아 안토니아(1724-1780)의 장남이었다.

프리드리히 2세의 조종을 받은 카를 2세 아우구스트(카를 테오도르의 후계자 이며 막시밀리안 4세의 형) 팔츠-츠바이브뤼켄 공작은 레겐스부르크에서 열린 독 일제국의회에 등원하여, 향후 자신이 상속받을 영지(팔츠 선제후국과 바이에른 선 제후국)가 축소되는데 대해 강력히 항의함으로써 제국제후들의 지지를 얻 었을 뿐 아니라, 바이에른의 전통적 동맹국이며 오스트리아령 네덜란드 에 대한 영토야욕을 포기하지 않은 프랑스로 하여금 요제프 2세 황제의 영토교환 시도에 제동을 걸고, 이 문제를 둘러싸고 오스트리아와 프로이 센 사이에 전쟁이 발발할 경우, 오스트리아와의 동맹(1756년과 1757년의 1, 2차 베르사유 조약)을 없었던 것으로 간주하겠다는 발언을 이끌어내는데 성공했 다. 오스트리아령 네덜란드와 바이에른의 맞교환을 저지할 수 있었던 것은 제국의회 석상에서 행한 카를 2세 아우구스트의 반대 발언과 막시밀리안 3세의 아내 마리아 안나와 프리드리히 2세의 공조 덕분이었다.

카를 2세 아우구스트(팔츠-츠바이브뤼켄 공작)의 제국의회 발언 후, 프리드리히 2세의 주도로 1785년에 결성된 <독일 제후동맹>(1785년 7월 23일)도 요제프 2세 황제에 대항하여 오스트리아와 바이에른 간의 영토교환 계획을 무산시키는데 기여했다. 프리드리히 2세는 작센-바이마르의 카를 아우구스트(1757-1828) 공작, 자신의 친동생인 하인리히 공 등을 내세워 이미 1783년부터 합스부르크가의 영토 확대계획을 저지하기 위해 제후동맹 결성을 준비시켰다. 그러던 차에 오스트리아와 바이에른 간의 영토교환 계획이 공개되자, 1785년 프리드리히 2세의 주도로 베를린에서 프로이센 왕국과 하노버 선제후국과 작센 선제후국에 의해 독일제후 동맹조약이 체결되었고, 곧 14개 군소 제후국들이 제후동맹에 가입했다.

프로이센과 오스트리아라는 양강 체제하의 독일제국에서 제3의 세력을 지향한 독일제후 동맹은 제국의 개혁과 헌법수호를 동맹의 목표로 내세웠지만, 7년 전쟁 후 독일제국 내에서 제고된 프로이센 국왕의 위상을 이용하여 프리드리히 2세는 제후동맹을 합스부르크가를 견제하는 수단으로 삼았다. 그들은 독일제국의 현 상황을 유지하기로 약속하고, 오스트리아령 네덜란드와 바이에른의 교환은 국제법 위반이라는 사실에 합의했다. 영토교환이라든가, 교회재산의 세속화 따위와 같이 독일제국의 질서를 침해하는 여하한 변화도 거부한다는 내용이 제후동맹의 이름으로 결의되었다.

1787년까지 독일 제후동맹에 가입한 제후국은 마인츠 대주교구를 비롯하여 팔츠-츠바이브뤼켄, 헤센-카셀, 브라운슈바이크, 작센-고타, 작센-바이마르, 멕클렌부르크와 오스나브뤼크 대주교구, 그리고 안할트, 바덴, 안스바흐 등이었다. 당시 독일제국 내에서 정치적인 영향력이 적지 않았던 독일 제후동맹은 1790년 2월 20일 요제프 2세 황제가 사망하고, 1789년 발발한 프랑스 혁명에 공동대처하기 위해 프로이센 국왕 프리드리히 빌헬름 2세(1744-1797, 재위: 1786-1797)와 합스부르크 제국의 레오폴트 2세 황제 간에 <라이헨바흐 협정>(1790년 7월 27일)이 체결되면서 프로이센과 오스트리아의 관계가 긴밀해지자, 공식적인 동맹철회 선언도 없이 해체되었다.

　<테센 평화조약>(1779)과 <라이헨바흐 협약>(1790) 체결에도 불구하고 프로이센-오스트리아, 오스트리아-프로이센의 대립 구도는 - 1866년 독일전쟁에서 프로이센이 오스트리아에 승리하면서 마침내 청산될 때까지 - 지속되었다. 프랑스 혁명전쟁(1차 동맹전쟁) 기간 중인 1793년 프로이센은 오스트리아의 영토교환 계획(오스트리아령 네덜란드와 바이에른의 교환 계획)에 동의를 표한 적이 있었다. 러시아와 프로이센 간에 합의된 폴란드 2차 분할(1792)에 대한 오스트리아의 동의를 이끌어내기 위함이었다. 그러나 그 계획은 실현이 불가능했다. 1789년 10월 24일 브라반트(벨기에 중부 지역)에서 의회가 중심이 되어 발생한 반 합스부르크 민중반란으로 인해 그곳(오스트리아령 네덜란드)에 주둔한 오스트리아 군대가 룩셈부르크 요새로 철수했다가, 1790년 12월 말 다시 브뤼셀을 탈환함으로써 브라반트의 반란은 진정되었지만, 1792년 프랑스 혁명군에 의해 오스트리아령 네덜란드가 1차 점령되었기 때문이었다. 이듬해인 1793년 오스트리아군에 의해 다시 회복되었지만, 1794년 프랑스군에 의해 2차 점령된 후, 1795년 10월 1일 오스트리아령 네덜란드는 프랑스에 병합되었다. 이로써 바이에른과 오스트리아령 네덜란드의 교환계획은 프로이센의 동의에도 불구하고 영구히 원인무효가 되어버렸다.

□ 5
폴란드 분할

1) 18세기 폴란드의 국내 사정

　17세기와 18세기의 군합국 폴란드-리투아니아(폴란드 왕국과 리투아니아 대공국)
는 영토 확장정책을 추구한 이웃나라들과의 전쟁에서 여러 차례 패배를
당했다. 그 과정에서 국토는 황폐화되었고, 정파들 간의 이권경쟁은 국
내정치를 혼돈 상태로 몰아넣었다. <북방전쟁>의 일환으로 스웨덴과 치
른 두 차례의 큰 전쟁(1655-1661, 1700-1721), 러시아와 5차례의 전쟁(1609-1618, 1632-1634,
1654-1667, 1792, 1794), 오스만 제국과 4차례 전쟁(1620-1621, 1633-1634, 1672-1676, 1683-1699), 폴
란드 왕위계승전쟁(1733-1735) 및 7년 전쟁(1756-1763)에 더해 수차례에 걸친 카자
흐족의 반란, 크림타타르족의 침입, 그리고 국내 반대 세력들 간의 충돌
등이 폴란드의 몰락에 기여한 일련의 사건들이었다. 중부 유럽에서 누렸
던 지배적 위상을 상실한 폴란드는 1768년 이후 완전히 러시아의 종속
국으로 전락했다. 이 지역의 주도권은 로마노프 왕조 치하의 러시아와
호엔촐레른 왕조가 지배한 브란덴부르크-프로이센 왕국으로 넘어가 버렸
다.

　1572년 7월 7일 지기스문트 2세(1520-1572, 재위: 1545-1572) 폴란드 국왕이 후
사를 두지 못하고 사망함으로써 1386년부터 1572년까지 폴란드를 통치
한 야기에우오 세습왕조의 대가 끊긴 후, 폴란드는 1573년부터 1795년
까지 귀족들에 의해 선출된 국왕이 세습군주를 대신하는 귀족공화정(선거
제왕정) 형식의 정체를 유지했다. 그러나 선출된 국왕은 실권이 없었고, 국
왕선거권을 가진 귀족들은 정치적 이해관계에 따라 사분오열되어 상호
반목했다. 특히 1704년부터 1709년까지, 그리고 1733년부터 1736년 사이
에 폴란드 국왕을 역임한 스타니수아프 1세(루이 15세의 장인 스타니수아프 레슈친스
키)를 선출하는 과정에서 발생한 귀족 파벌 간의 불화는 폴란드의 공공

부문을 마비시킬 정도였다. 폴란드는 1764년부터 1795년까지 통치한 마지막 선출국왕 스타니수아프 2세(스타니수아프 아우구스트 포니아토프스키)의 재위기간 동안 국가개혁을 위한 마지막 기회가 있었지만, 실기하여 외세의 개입에 굴복당하고 말았다. 세 번에 걸친 폴란드의 분할은 모두 스타니수아프 2세의 재위기간에 발생한 불행한 사건이었다.

17세기 이후 심화된 타종교(가톨릭 이외의 종교) 배척주의는 국경을 공유하고 있는 이웃 강대국들에게 폴란드의 영토를 침탈할 수 있는 계기를 제공했다. 폴란드 귀족 이익집단들의 정치적, 군사적 투쟁 단체인 '콘페데라치아', 즉 '동맹' 간의 대립은 18세기의 폴란드 사회를 마비시켰다. 개혁 저지와 기득권(황금의 자유) 수호를 목표로 1767년과 1792년에 각각 결성된 친로파 <라돔 동맹>과 <타르고비차 동맹>, 그리고 1768년 이후 폴란드의 독립을 위해 투쟁한 반로파 <바르 동맹>이 18세기 후반에 등장한 중요한 귀족 동맹이었다. 이들 정치집단(동맹/콘페데라치아)들은 서로 반목하고 대립했기 때문에, 만장일치제를 채택한 한 폴란드 의회(세임)는 의결방식의 변경 없이 개혁안을 통과시키는 것은 불가능했다. '황금의 자유'(절대자유)의 대표적 특권인 자유거부권(리베룸 베토: 입법을 거부 할 수 있는 권한)은 이미 합의한 절충안도 부결시킬 수 있었다.

인접 국가들의 영향력 행사를 통해 폴란드의 국내 분열은 더욱 심화되어, 예컨대 아우구스트 3세 국왕의 재위기간(폴란드 왕위계승전쟁 기간 포함)인 1736년부터 1763년 사이에 4년 임기를 완전히 마친 세임(폴란드 의회)이 한 차례도 없었다. 그리고 이 기간 중 단 한 건의 법률도 가결되지 못했다. 1763년 아우구스트 3세가 사망한 후 차기 국왕 선출 문제를 둘러싸고 특히 양대 폴란드 귀족 가문인 차르토리스키가와 포토츠키가가 권력투쟁을 벌였다. 1733년의 왕정 공백기에 이미 나타났던 것처럼 - 아우구스트 2세가 1733년 2월 1일 사망한 후, 두 명의 국왕시대(1733-1736)가 3년 동안 지속되었는데, 스타니수아프 1세(스타니수아프 레슈친스키)는 1733년 9월 10일, 그리고 아우구스트 3세(프리드리히 아우구스트 2세 작센 선제후)는 1733년 10월 5일 각각 국왕에 선출되었다 - 1764년에도 폴란드의 왕위계승 문제가 폴란드의 국내문제가 아닌, 유럽 차원의 문제로 다시 대두되었다. 왕위계승자를 결정하는 주체인 폴란드 귀족들의 정치적 이해가 일치하지 않았기 때문이었다.

아우구스트 3세가 사망한 다음 해인 1764년에 실시된 신임 국왕 선거는 완전히 러시아의 뜻대로 귀착되었다. 여기에는 프로이센도 결정적인 역할을 했다. 브란덴부르크 선제후이며 동프로이센의 국왕 프리드리히 2세는 - 프리드리히 2세가 호엔촐레른가의 지배지역 전체를 통칭하는 국가 명칭으로서의 프로이센의 국왕이라 불린 것은 1772년 서프로이센을 폴란드로부터 양도 받은 이후였다 - 오스트리아로부터 슐레지엔을 양도받은 후, 폴란드 영토인 서프로이센을 획득하여, 폼메른과 동프로이센 사이를 육지로 연결할 수 있는 환경을 재위 기간 내에 조성하려고 부단히 노력했다. 프로이센의 동진정책과 러시아의 서진정책이 충돌하는 것을 피하기 위해 러시아와 동맹을 체결할 기회를 엿보고 있던 프리드리히 2세는 1764년 러시아가 폴란드의 신임 국왕(스타니수아프 2세)을 지명한 사건을 러시아와 프로이센 간의 동맹을 체결할 수 있는 첫 기회로 삼았다. 프로이센은 러시아가 지명한 폴란드 국왕의 선출을 적극적으로 수용했다. 오스트리아는 아우구스트 3세 국왕의 후계자를 결정하는 문제에 개입할 수 없었기 때문에, 러시아는 프로이센의 지지를 배경으로 사실상 단독으로 폴란드의 왕위계승 문제를 결정했다.

러시아의 예카테리나 2세 여제가 1752년 이후 폴란드 제국의회 의원으로 활약한 스타니수아프 아우구스트 포니아토프스키(1732-1798, 재위: 1764-1795)를 폴란드의 차기국왕(스타니수아프 2세)으로 지명하고, 폴란드의 최대 귀족 가문인 차르토리스키가의 지지를 이끌어 낸 것은 아우구스트 3세가 생존해 있을 때인 1762년 8월의 일이었다. 친로파인 차르토리스키가는 차기국왕 스타니수아프 2세가 명문귀족 가문이 아닌, 정치적 영향력이 미미한 포니아토프스키가 출신이었기 때문에, 자기 가문 출신 후보(아담 카지미에슈 차르토리스키, 1734-1823)를 사퇴시킨 후, 러시아의 결정을 따른 것이었다. 아우구스트 3세가 사망하고, 약 11개월이 지난 1764년 9월 7일 - 의회 주변에 배치된 2만 명의 러시아 군대가 무력시위를 벌이는 삼엄한 분위기가 연출되는 가운데 - 사전 매수된 선거인단에 의해 일사불란하게 실시된 국왕선거에서 선출된 스타니수아프 2세는 1764년 11월 25일 폴란드의 마지막 국왕에 즉위했다.

외교 야와 국가이론에 관한 광범위한 지식을 소유한 폴란드의 신임 국왕은 예카테리나 2세의 연인이었다고 알려진 32세의 청년이었다. 상트페테르부르크(러시아의 수도, 1713-1918)의 지시에 바르샤바의 궁정을 종속시킬 수 있는 최적임자로 간주되었지만, 스타니수아프 2세는 예카테리나 2세가 기대한 것처럼 러시아에 충성한 국왕은 아니었다. 즉위 직후부터 그는 근본적인 국가개혁에 착수했다. 신임 국왕을 선출한 후, 국왕의 권리 행사 능력을 보장하기 위해 의회는 1764년 12월 20일 만장일치제 의결 시스템을 유보하고 - 1733년의 왕정공백기 때 한시적으로 도입되었던 - 다수결원칙으로의 전환을 결의했다. 이것은 자유거부권 행사의 유보를 의미했다. 상이한 이익집단으로 나뉘어 대립하지 않는다면, 폴란드 의회의 기능은 정상화될 것이었다. 문제는 종주국을 자처하는 러시아의 대응이었다.

러시아 정부는 무정부 상태의 폴란드 정국의 장점을 살리고, 스타니수아프 2세의 개혁의지를 약화시키기 위해 다수결원칙으로 전환하려고 하는 폴란드 의회의 시도를 막아야 했다. 예카테리나 2세는 친로파 폴란드 귀족들을 동원하여 16세기 반종교개혁 이후 가톨릭국가 폴란드에서 차별대우를 받아온 신교 및 정교 신자와 동맹을 체결하여, 친로파의 세력을 강화시켰다. 이들은 1767년 6월 23일 - 바르샤바 주재 러시아 대사 니콜라이 바실예비치 레프닌(1734-1801)의 배후조종으로 - <라돔 동맹>을 반정부 투쟁조직으로 결성했다. 레프닌 대사의 지시로 라돔 동맹은 스타니수아프 2세 폴란드 국왕과 평화조약을 체결하고, 폴란드의 자유와 주권을 보장받기 위해 예카테리나 2세에게 사절단을 파견했다. 러시아의 황제와 폴란드의 신임국왕 간의 갈등을 봉합한다는 명목으로 러시아와 폴란드 간에 새로운 조약이 1768년 2월에 체결되었다. 1768년 3월 5일 발언권이 없는 이른바 '벙어리 의회'에 비준된, '영구동맹조약'이라 불린 이 조약의 핵심적인 내용은 만장일치제 의결방식의 부활, 폴란드의 국가 통합 및 주권보장에 대한 러시아의 보증, 그리고 비국교도에 대한 관용과 동등한 대우 보장 등이었다.

2) 폴란드 1차 분할(1772)

러시아의 보호통치에 대한 반러시아 파 폴란드 귀족들의 불만 증대, 이에 따른 폴란드의 정정 불안 등으로 인해 러시아는 프로이센과의 동맹을 강화시켜야 했다. 언급한 러시아-폴란드 영구동맹조약이 체결되고 불과 며칠 후인 1768년 2월 29일 반러시아 정치군사동맹인 <바르 동맹>이 포돌리아의 바르에서 결성되었다. <라돔 동맹>의 대응동맹으로 결성된 바르 동맹은 오스트리아와 프랑스의 지원을 받았다. 무력행사를 통해서라도 영구동맹조약의 철회를 압박하고, 러시아의 폴란드 지배에 대항하기 위해 가톨릭 및 폴란드 공화주의자들은 신앙과 자유의 수호라는 구호 하에 결속했다. 그러자 러시아 군대가 다시 폴란드에 진주했다.

러시아군이 폴란드에 진주한 1768년 가을 오스만 제국이 러시아에 전쟁을 선포했다. 6차 러시아-오스만 제국 전쟁(1768-1774)이 발발한 것이었다. 러시아-오스만 제국 전쟁의 원인(遠因)은 폴란드의 정정 불안이었다. 폴란드 귀족들이 스타니수아프 2세에 대항하여 반란을 일으켰고, 스타니수아프 2세는 반란을 진압하기 위해 러시아 군대에 의존했다. 폴란드에 대한 러시아의 영향력 행사는 이미 오래 전부터 눈엣가시였기 때문에, 오스만 제국은 봉기를 일으킨 폴란드인들을 지원하려 했다. 그러나 오스만 제국이 러시아에 선전포고를 한 직접적인 원인은 러시아군 소속 카자흐 연대가 폴란드 군대를 추격하던 중, 오스만 제국령인 우크라이나의 발타를 침범하여 주민들을 학살한 사건에 놓여 있었다. 러시아의 6차 터키전쟁은 카자흐 연대의 발타 주민학살사건을 문제 삼아 무스타파 3세(재위: 1757-1774) 술탄이 1768년 9월 25일 러시아에 선포한 전쟁이었다.

오스만 제국 측은 폴란드 내의 반러시아 세력인 <바르 동맹>과 동맹을 체결했고, 러시아는 러시아 해군에 고문관을 파견한 영국의 지원을 받았다. 오스트리아는 폴란드의 바르 동맹 및 오스만 제국과의 동맹을 고려했지만, 프로이센의 폴란드 분할 제의를 받아들임으로써 러시아와의 전쟁은 포기해야 했다. 러시아는 결국 폴란드 내의 반러시아 세력(바르 동맹)과 오스만 제국이라는 이중의 적과 전쟁을 수행해야 했다.

서프로이센(수도: 단치히/그다인스크)의 합병을 용이하게 하기 위해 러시아와 동맹을 체결한 프리드리히 2세 (동)프로이센 국왕의 산법(算法)은 주효했다. 오스만 제국과 전쟁을 치르게 된 러시아를 지원할 기회가 프로이센에게 제공되었기 때문이었다. 프리드리히 2세는 서프로이센의 자국 병합에 대한 예카테리나 2세 러시아 황제의 반응을 타진했다. 예카테리나 2세는 처음에는 폴란드 영토의 불가침성을 보장한 1768년에 체결된 폴란드-러시아 영구동맹조약을 고려하여 처음에는 폴란드 왕국의 분할을 원칙적으로 반대했다. 그러나 바르 동맹의 군사적 압박이 점점 커지자, 러시아의 여제는 마침내 프로이센의 제의를 받아들였다. 폴란드 분할로 가는 길은 그렇게 시작되었고, 그들은 중부유럽의 균형을 확립한다는 명분하에 폴란드 내 귀족들의 대립을 조장하고, 무정부 상태를 유지시키려 했다. 6차 러시아-오스만 제국 전쟁이 발발한 4년 후인 1772년 공격으로 전환한 러시아가 육전(남동부 유럽)과 해전(지중해)에서 모두 오스만 제국군에 승리했을 때, 호엔촐레른 왕가(프로이센)뿐 아니라, 합스부르크 왕가(오스트리아)도 러시아의 세력신장을 큰 위협으로 받아들였다. 러시아의 일방적인 영토확장에 대한 프로이센과 오스트리아의 우려는 러시아로 하여금 다

방면의 영토보상 계획을 세우게 만들었다. 프리드리히 2세는 서프로이센 합병 계획을 실현시킬 기회가 온 것으로 판단하고, 외교적인 노력을 강화했다. 그는 폴란드 분할에서 세력균형을 유지하기 위한 이상적인 탈출구를 찾았다. 프로이센의 계획은 우선 러시아로 하여금 오스만 제국과의 전쟁에서 점령한 몰도바와 왈라키아를 - 이 지역은 특히 오스트리아의 관심지역이었다 - 포기시키는 것이었다. 러시아는 합당한 반대급부 없이 점령지역 포기에 동의하지 않을 것이기 때문에, 절충안으로서 러시아와 접경을 이루고 있는 폴란드 왕국의 동부지역을 러시아에게 제공한다는 것이 프로이센 측의 복안이었다. 러시아에 제시한 프리드리히 2세의 절충안은 실상은 동해(발트해) 연안의 폴란드 영토(서프로이센)를 합병한다는 프로이센의 숙원을 실현시키기 위한 구실이었다. 오스트리아도 프로이센의 계획에 동의하도록, 프리드리히 2세는 폴란드의 갈리치아는 합스부르크가에 귀속시키도록 계획했다. 그렇게 되면 오스트리아에게는 프로이센에 빼앗긴 슐레지엔에 대한 보상의 기회가 제공되는 셈이었다.

마리아 테레지아는 제3국(폴란드)을 희생시켜 슐레지엔의 상실을 보상받는 데 대한 도덕적인 우려를 표명했고, 폴란드 분할점령에 반대했다. 그러나 마리아 테레지아 여제가 합스부르크 제국을 지배하던 시기의 오스트리아는 1769년에 이미 폴란드 영토인 칩스(스피스) 지방(스피스카노바베스, 레보카 등을 포함한 현재의 슬로바키아 북동부)을 분할 점령한 선례가 있었다. 요제프 2세 황제가 어머니 마리아 테레지아의 의도와는 무관하게 칩스를 점령함으로써 폴란드의 분할은 이미 3년 전에 오스트리아에 의해 유발된 것이나 다름없었다. 부연 설명하면, 바르 귀족동맹이 1768년 오스만 제국과 동맹을 체결한 후, 예카테리나 2세 러시아 황제와 스타니수아프 2세 폴란드 국왕에게 저항했을 때, 후자의 요청으로 요제프 2세 황제는 1769년 폴란드 귀족의 봉기를 진압하기 위해 군대를 칩스로 파견하여, 1412년 이후 합스부르크 제국의 헝가리가 가톨릭 세력의 동진을 지원하기 위해 폴란드에게 담보로 맡긴 13개 도시를 점령한 바 있었다. 폴란드 1차 분할을 통해 이들 칩스 지역의 도시들은 1772년 합스부르크 제국(헝가리 왕국)에 합병되었다. 칩스 지방은 1919년 체코슬로바키아에 양도될 때까지 오스트리아에 의해 통치되었다. 그리고 또 7년 전쟁 기간인 1760년 말에도 오스트리아는 카우니츠 수상이 주도하여 프로이센으로부터 슐레지엔을 반환받는 조건으로 프로이센의 폴란드 서부지역(서프로이센) 합병을 지지한다는 영토교환 협정을 체결하려는 시도를 한 적이 있었다,

합스부르크가의 수장인 마리아 테레지아는 폴란드 분할에 오스트리아가 관여할 것인지에 대해 결단을 내리지 못했다. 폴란드 분할 점령에 적극적이었던 여제의 아들 요제프 2세 황제가 카우니츠 수상과 폴란드 문제에 대해 협의를 진행하는 동안, 프로이센과 러시아는 1772년 2월 17일 양국 간 폴란드 분할협정을 미리 체결하여, 망설이고 있는 오스트리아를 압박했다. 중부유럽에서 행사했던 오스트리아의 권력과 영향력이 프로이센과 러시아 쪽으로 이동하거나, 완전히 상실될지도 모른다는 마리아 테레지아의 걱정, 그 뿐 아니라 폴란드의 분할에 반대함으로써 조성될 수 있는 양대 강국(프로이센과 러시아)과의 적대관계에 대한 우려가 마침내 마리아 테레지아의 결단을 강요했다. 러시아와 프로이센이라는 양대 열강을 견제하여 중부 유럽의 힘의 균형을 유지하기 위하여 폴란드의 1차 분할에 참여했다는 오스트리아의 주장은 구차한 변명에 불과했다. 폴란드 1차 분할의 주도권은 프리드리히 2세가 행사했지만, 결과적으로는 오스트리아와 프로이센 양국이 모두 적극적으로 폴란드 분할에 참여한 셈이었다.

1772년 8월 5일 러시아의 수도 상트페테르부르크에서 프로이센, 러시아 그리고 오스트리아 사이에 분할조약이 공식적으로 서명되었다. <페테르부르크 조약>은 폴란드의 '평화회복'을 위한 조처라는 선언으로 포장되었다. 1차 분할을 통해 폴란드는 주민의 삼분의 일 이상과 국토의 약 사분의 일을 잃었다. 그 중 경제적으로 매우 중요한, 내륙에서 동해(발트 해)로 접근할 수 있는 바익셀(비수아) 강의 하구지역이 - 토른(토루인)과 단치히(그다인스

크)는 제외하고 - 실지에 포함됨으로써 폴란드는 발트해로의 접근로를 상실하게 되었다. 프로이센은 단치히와 토른을 제외한 서프로이센(폴란드-프로이센)과 주교구 에름란트(바르미아), 그리고 네츠(노테츠) 강 유역의 356,000여 명의 주민과 34,900㎢에 해당하는 폴란드 영토를 자국 영토에 편입시켰다. 러시아는 몰도바와 왈라키아를 포기하는 대신, 폴란드령 리플란트(리보니아)와 백러시아(벨라루스), 폴라츠크 및 민스크의 일부, 비테프스크와 므스티슬라프 등을 포함하는 84,000㎢의 면적에 해당하는 새로운 영토를 획득했다. 러시아인, 루테니아인(우크라이나인)으로 구성된 약 1,256,000명에 달한 이 지역의 주민들은 폴란드 국적을 상실했다. 오스트리아는 동 갈리치아와 로도메리아를 획득하고, 1769년에 점령한 칩스 지방을 오스트리아 영토에 최종 편입시켰다. 오스트리아는 1차 분할에서 83,900㎢에 달하는 폴란드 영토와 266,900명의 주민을 획득했다.

1차 분할에서 프로이센은 3국 중 가장 작은 면적(34,900㎢)과 356,000명의 주민을 획득했지만, 전략적으로 판단할 때, 가장 중요한 지역을 차지함으로써 1차 폴란드 분할의 이익을 사실상 가장 크게 보았다고 해도 과언이 아니었다. 브란덴부르크-프로이센이라는 국호는 - 이때의 프로이센은 동프로이센을 가리켰다 - 1772년 서프로이센을 획득한 후 프로이센으로 바뀌었다. 정확한 칭호가 브란덴부르크 선제후 겸 동프로이센의 국왕이었던 프리드리히 2세는 1772년 이후 공식적으로 프로이센(브란덴부르크, 서프로이센, 동프로이센)의 국왕이라 불리게 되었다. 엘베 강에서 메멜(네만) 강까지 국토를 연결시킨 과업을 달성한 프리드리히 2세는 프로이센의 역대 국왕 중 유일하게 '대왕'의 칭호를 얻게 되었다. 폴란드-프로이센, 즉 서프로이센을 사이에 두고 브란덴부르크(수도: 베를린)와 동프로이센(수도: 쾨니히스베르크)이 서로 멀리 떨어져 있던 브란덴부르크-프로이센 국토가 - 폴란드 1차 분할에서 서프로이센(폴란드-프로이센)을 획득한 후 - 서프로이센이 중간에서 교량 역할을 함으로써 서쪽의 엘베 강에서부터 동쪽 끝자락의 메멜(네만) 강에 이르기까지, 다시 말해 브란덴부르크와 서프로이센과 동프로이센이 한 덩어리의 육지로 연결되어, 프로이센은 이제 러시아와 직접 국경을 공유하게 되었다. 러시아 다음으로 큰 국토를 소유했던 폴란드는 인접 국가들에 의해 강제로 1차 분할된 후, 국가의 운명이 향후 또 언제, 어떻게 변할 지 알 수 없는, 세 마리 검정 독수리(러시아, 프로이센 및 오스트리아의 국기에 등장하는 독수리)의 먹잇감으로 전락해 버렸다.

3) 1차 분할 이후의 폴란드

1차 분할로 영토상의 이득을 크게 보았음에도 불구하고 프로이센은 만족할 수 없었다. 협상대표들이 심도 있게 노력했지만, 서프로이센의 단치히와 토른을 병합지역(서프로이센)에 포함시키는데 실패했기 때문이었다. 호엔촐레른가의 프로이센 왕국은 또 한 차례의 영토확대의 기회를 노렸다. 한 세기 전(1683) 빈을 오스만 제국의 침략으로부터 구해준 폴란드 왕국의 분할을 앞두고 감정적으로 크게 동요했던 마리아 테레지아 여제도 폴란드의 남은 국토에 대해 관심을 가지기 시작했다. 1차 분할을 통해서 오스트리아가 취한 지역(갈리치아)이 상실한 슐레지엔 땅에 비하면, 그리고 전략적 의미가 훨씬 큰 프로이센이 획득한 지역(서프로이센)과 비교하면 불충분하다는 것이 마리아 테레지아의 판단이었다.

1차 분할 이후에도 폴란드의 국내 상황은 스타니수아프 2세와 그를 추종하는 친로파 귀족들, 그리고 반러시아 성향의 국왕 반대파 귀족들 간의 대립으로 특징지어졌다. 러시아는 폴란드 귀족들의 대결구도를 이용해 종주국으로서의 러시아의 역할을 안정화시키려고 노력했다. 러시아의 폴란드 정국의 운용 목표는 대립하는 귀족정파 간의 세력균형을 유지시키면서도, 국왕지지세력, 특히 친로파 차르토리스키가가 일정 정도의 우위를 점하도록 조정하는 것이었다. 러시아는 폴란드 의회를 압박하여 1773년 9월 30일 - 폴란드의 국토 면적을 30%, 국민의 수를 39% 정도 감소시킨 - 페테르부르크 조약(1772년의 1차 분할조약)의 국제법적 효력을 발생시키고, 1776년에는 폴란드 국왕의 국정장악 능력을 강화시키기 위한 개혁안을 통과시켰다.

국왕 반대파 폴란드 귀족들의 가장 중요한 목표는 1773년과 1776년의 의결을 무효화시키는 것이었다. 그렇게 하려면 자유거부권이 통하지 않는 단순과반수 찬성으로 결의 할 수 있는 다수결 의회의 구성이 불가피했다. 그러나 그것은 종주국 러시아의 반대에 부딪혔고, 헌법의 변경은 따라서 불가능했다. 국왕 반대파 귀족들이 1773년과 1776년의 결의의 수정을 기약할 수 없었던 것처럼, 스타니수아프 2세 국왕 역시 자유거부권을 인정하는 의회에서는 더 이상의 개혁을 추진할 수 없었다.

예카테리나 2세의 지원을 받아 폴란드 국왕의 자리에 오르긴 했지만, 스타니수아프 2세는 개혁을 통해 폴란드를 안정시키려 했고, 그러기 위해서는 오히려 국왕 쪽에서 다수결 의회를 구성하려고 노력하지 않을 수 없게 되었다. 그 기회가 1788년 수타니수아프 2세에게 찾아왔다. 러시아가 스웨덴과의 전쟁(1788-1790)과 오스만 제국과의 전쟁(1787-1792, 7차 러시아-오스만 제국 전쟁)을 동시에 치러야 했기 때문에, 폴란드에 대한 러시아의 군사적 압력이 줄어들었던 것이었다. 러시아가 1788년 폴란드 의회의 소집을 허가한 것은 오스만 제국과의 전쟁에 폴란드 군대의 지원을 이끌어내기 위함이었다. 1788년 소집된 폴란드 의회(세임)는 처음으로 4년 임기를 채웠다 하여 '4년 세임'(1788-1792)으로 역사에 기록되었다.

스타니수아프 2세에 의해 소집된 의회는 강한 개혁정신을 보여주었다. 그것은 1차 분할에서 경험한 충격의 영향이었을 것이다. 행정과 정치 시스템의 개혁을 통해 폴란드의 정치적 마비상태를 지양하고, 폴란드를 변화시켜, 근대적인 국가로 발전시키는 것이 스타니수아프 2세 국왕의 목표였다. 그러나 러시아는 러시아의 지지를 받아 국왕에 선출되었으면서도, 러시아의 기대에 부응하지 않는 스타니수아프 2세를 불신의 눈으로 관찰하기 시작했다. 예카테리나 2세는 공개적으로 반국왕, 반개혁파 귀족들을 지원하기 시작했다.

프로이센은 폴란드의 개혁정책을 거부하면서도 이중적인 행동을 취했다. 1차 폴란드 분할에 프로이센이 주도적인 역할을 한 후, 폴란드 내의 친 프로이센적인 공감대가 급속히 줄어든 후에도, 양국관계는 오히려 개선되는 기현상이 나타났다. 1772년 이후 양국의 접근은 1790년 3월 29일 조인된 프로이센-폴란드 동맹으로까지 발전했다. 이상하게도 폴란드 인들은 프로이센을 믿을 수 있는 우방으로 생각했고, 프리드리히 2세의 장조카로서 1786년 그의 뒤를 이어 프로이센 국왕에 즉위한 프리드리히 빌헬름 2세(1744-1797, 재위: 1786-1797)를 - 프리드리히 빌헬름 2세는 프리드리히 2세의 열 살 아래 동생 아우구스트 빌헬름(1722-1758)의 장남이었다 - 1차 분할 후 난관에 봉착한 폴란드와 폴란드인들의 보호자로까지 생각했다. 그들은 프로이센-폴란드 동맹을 통해 프로이센이 폴란드의 개혁 노력을 지지해 줄 것으로 생각했다. 폴란드인들은 1차 분할을 사실상 주도한 프로이센(프리드리히 2세)의 역할을 이미 잊은 듯 했다. 그러나 프로이센의 외교정책은 폴란드인들이 바랐던 것처럼 순수한 것이 아니었다. 폴란드 귀족들의 무정부주의와 폴란드의 권력공백은 프로이센이 바라마지 않던 것이었다. 스타니수아프 2세의 개혁을 저지하는 것은 러시아는 물론이고, 프로이센의 이해관계에도 부합했다. 그러나 프로이센과 러시아의 개혁저지 시도는 성과가 없었다. 폴란드 의회가 통과시킨 개혁안 중에 가장 중요한 것은 면세특권이라는 귀족특권의 철폐와 십만 명 규모의 상비군 설립 안건이었다. 러시아의 내정개입이 가중되었기 때문에, 스타니수아프 2세 국왕은 언급한 개혁조치를 넘어선 개혁을 가능한 한 신속히 실현하지 않을 수 없음을 직시하게 되었다. 1791년 5월 3일의 역사적인 회의에서 스타니수아프 2세는 폴란드 신헌법 초안을 제출하여, 불과 7시간의 논의 끝에 의원들의 동의를 얻어냈다. '4년 세임'의 회기 말에 유럽 최초의 근대헌법이 폴란드에서 탄생한 것이었다.

폴란드 신헌법은 11개 조항으로만 구성되었지만, 그 내용은 괄목할 변화를 초래할 만큼 혁명적이었다. 주권재민, 권력의 분할 및 제한의 원칙들은 루소와 몽테스키외의 영향을 받아 확정된 것이었다. 신헌법은 자유거부권과 상반되는 다수결결의 원칙, 의원내각제, 국가의 집행권(국왕의 집행권)강화를 규정했다. 그 밖에도 지주의 전횡과 착취로부터 농노를 지켜줄 농민 보호조항이 신헌법에 명문화되었다. 도시주민들에게는 시민의 권리가 보장되었다. 가톨릭교가 지배적인 종교로 인정되었지만, 타 신앙의 자유로운 종교행사는 합법화되었다. 귀족공화국의 행위능력을 국왕의 사후에도 보증하고, 왕정공백기간을 없애기 위해 의원들은 선거군주제를 철폐하고 - 작센의 베틴가(작센 선제후국 가문)를 통치가문으로 하는 - 세습군주제의 도입을 결의했다. 신헌법과 더불어 폴란드는 입헌왕국으로 변경되었다. 그러나 초안에 포함되었던 농노제도 폐지와 개인의 기본권 도입 계획은 절충안을 찾지 못한 채, 보수파들의 반대로 무산되었다. 계몽주의와 계몽주의 담론, 프랑스 혁명의 영향을 받아 제정된 <5·3 헌법>(1791년 5월 3일 헌법)과 더불어 이제 폴란드는 1772년의 국토 분할의 악몽을 극복하고, 18세기 말의 가장 현대적인 유럽의 국가로 변모할 준비를 마쳤다.

4) 폴란드 2차 분할(1793)

폴란드의 <5·3 헌법>은 인접국들의 강한 반발을 야기했다. 특히 예카테리나 2세는 1791년 5월 3일 폴란드 의회가 통과시킨 신헌법을 가리켜 프랑스의 혁명의회가 생각해낼 수 있는 것 보다 더 악의적인 법이라고 비난했다. 러시아는 5·3 헌법에 반대하는 폴란드 내의 친로파 세력들은 물론이고, 1773년과 1776년의 의회 결의를 무산시키기 위해 스타니수아프 2세 국왕에게 대항했던 세력들도 지원하고 나섰다. 자유, 평등, 박애의 구호를 내세워 유럽의 왕정체제(앙시앵 레짐)를 위협한 프랑스 혁명과 그 영향을 크게 받은 폴란드의 신헌법은 왕정국가(오스트리아, 러시아, 프로이센)들 뿐 아니라, 폴란드의 보수파 귀족 일반의 저항을 촉발시켰다. 예카테리나 2세의 지원을 받아 1792년 4월 27일 결성된 <타르고비차 동맹>은 1770년대 이후 도입된 제반 개혁조치, 특히 5·3 헌법의 철폐를 위해 국왕과 국왕 지지 세력에 대항하여 격렬한 투쟁을 벌였다. 1792년 1월 러시아와 오스만 제국 간의 전쟁이 끝났기 때문에, 예카테리나 2세는 오스만 제국과의 전쟁에 동원되었던 군사력을 폴란드 사태 해결에 집중 투입할 수 있게 되었다. 러시아 군대의 폴란드 공격은 프랑스 국민의회가 1792년 4월 20일 오스트리아의 황제와 프로이센의 국왕에게 전쟁을 선포한 직후, 다시 말해 1차 동맹전쟁이 발발한 직후 시작되었다.

1792년 5월 러시아 군대는 20여 일 전에 결성된 <타르고비차 동맹>과 동맹을 체결하여 폴란드를 침공함으로써 <러시아-폴란드 전쟁>(1792)이 시작되었다. 러시아의 무력침공에 대비해 1790년 폴란드와 상호 방어 동맹을 체결했던 프로이센은 정작 러시아 군대가 바르샤바에 진주하자, 프로이센-폴란드 동맹조약을 일방적으로 포기해 버렸다. 그리고 프로이센과 러시아의 추천으로 리투아니아 군사령관 겸 바르샤바 총독에 임명된 뷔르템베르크의 루트비히 프리드리히 알렉산더(1756-1817) 공은 러시아군과의 전투를 거부함으로써 폴란드인들을 배반했다. 프리드리히 2세 프로이센 국왕의 외손(프리드리히 2세의 여동생 조피 도로테아(1719-1765)의 외손자)이며 예카테리나 2세 러시아 여제의 자부 마리아 페오도로브나(1756-1817, 독일명은 조피 도로테 아우구스테)의 오빠인 루트비히 프리드리히 알렉산더는 프로이센-폴란드 방어동맹이 체결된 후부터 폴란드와 군합국인 리투아니아 대공국 군사령관 겸 바르샤바 총독이었다. 루트비히 프리드리히 알렉산더 사령관의 배신은 결국 러시아-폴란드 전쟁에서 폴란드가 러시아군에 참패한 근본적인 원인이 되었다. 스타니수아프 2세는 예카테리나 2세에게 항복하지 않을 수 없었다. 폴란드의 신헌법(5·3 헌법)은 폐기되었고, 종주국으로서의 역할을 회복한 러시아(예카테리나 2세)는 폴란드 문제를 해결하기 위해 1772

년의 폴란드 1차 분할 이후 20여 년 만에 2차 분할이라는 칼을 다시 빼들었다.

프로이센(프리드리히 빌헬름 2세) 역시 1772년 서프로이센을 양도받았을 때 제외된 단치히(그다인스크)와 토른(토루인)을 차지할 기회가 온 것으로 판단했다. 그러나 프로이센의 도움 없이 러시아 군대 단독으로 폴란드의 개혁 노력을 저지해야 했던 예카테리나 2세는 프로이센의 폴란드 2차 분할 참여에 대해 호의적이지 않았다. 프로이센은 폴란드 문제를 프랑스 문제와 연계시켰다. 프로이센이 폴란드의 2차 분할에서 배제되어, 합당한 보상을 받지 못할 경우, 프랑스 혁명군을 저지하기 위해 연대한 유럽 국가들의 동맹전쟁에서 프로이센 군대를 철수시킬 것이라고 러시아를 위협했다. 선택의 기로에 서게 된 예카테리나 2세는 장고 끝에 프로이센과 체결한 동맹을 유지하기로 결정하고, 프로이센과 러시아 간의 폴란드 2차 분할에 동의했다. 1793년 1월 23일 체결된 폴란드 2차 분할 조약은 1차 분할 조약 체결 장소와 동일한 러시아의 수도 상트페테르부르크에서 조인되었다. 그러나 오스트리아는 폴란드 2차 분할 조약에서 배제되었다.

폴란드 1차 분할 이후 러시아에 편입된 백러시아의 그로드나(벨라루스의 흐로드나)에서 개최된 폴란드 의회가 1793년 1월 23일 상트페테르부르크에서 체결된 폴란드의 2차 분할조약의 비준을 거부했을 때, 러시아는 무력을 행사하여 1793년 9월 25일 의회의 승인을 강제로 받아냈다. 1793년 9월 25일 회의는 '4년 세임'(1788-1792년 의회의 별칭)의 임기가 만료된 이후 새로 선출된 폴란드 의회의 마지막 회의였다.

프로이센과 러시아 사이에 체결된 페테르부르크 조약은 - 2차 폴란드 분할에서 제외된 오스트리아에게는 혁명전쟁(1차 동맹전쟁, 1792-1797)에서 동맹군에 의해 점령될 프랑스 영토로 보상을 약속하였지만, 이는 지키기 어려운 약속이었다 - 러시아에게 리투아니아의 동부, 우크라이나의 일부 및 백러시아(벨라루스) 전체를 양도케 했는데, 모두 합하면 그 면적과 주민

수는 228,600㎢와 3,056,000명에 달했다. 이미 1차 분할(1772)이 있기 4년 전에 러시아와 체결해야 했던 영구동맹조약에 의거하여 폴란드는 러시아 군대의 주둔을 용인해야 했다. 그 외에도 러시아와 폴란드 간에 조인된 2차 분할 조약에 의해 선전포고권을 포함한 전쟁수행권리 일체와 조약체결권을 러시아에게 위임할 의무가 폴란드에 부과됨으로써 - 두 번에 걸친 분할과정에서 이미 국토의 삼분의 이를 잃은 - 폴란드는 국권을 송두리째 러시아에 빼앗긴 것이나 다름없었다.

프로이센은 단치히(그다인스크)와 토른(토루인) 외에도 포젠(포즈나인), 그네젠(그니에즈노), 도브지인, 칼리슈 등을 양도받았는데, 모두 합쳐 58,400㎢의 면적과 1,136,000명의 주민이 프로이센 왕국에 편입되었으며, 프로이센은 이 지역을 남프로이센으로 명명했다. 폴란드의 2차 분할은 프로이센과 오스트리아 간의 관계를 악화시켰다. 독자 생존 가능성이 없어진 폴란드에게 남은 땅은 겨우 240,000여 평방킬로미터에 불과했고, 보유 국민의 수도 이제 3,400,000여 명으로 축소되었다.

5) 코시치우슈코 반란(1794)과 폴란드 3차 분할(1795)

1772년 1차 폴란드 분할이 강행된 후만 해도, 분할에 참여한 당사국들(러시아, 프로이센, 오스트리아)은 허약한 '자투리 국가'로 전락한 폴란드를 - 무정부국가 상태로 유지되도록 조종하긴 했지만 - 안정화시키려는 노력을 완전히 포기하지는 않았었다. 2차 분할(1793) 때까지 걸린 20여 년의 세월이 그에 대한 단적인 증거일 것이다. 그러나 2차 분할 후의 사정은 달랐다. 수족이 모두 잘려나간 몸통국가에 불과한 폴란드의 생존가능성을 믿는 폴란드인은 없었다. 러시아는 물론 프로이센도, 2차 분할에는 참여하지 않은 오스트리아도 변경된 국경선을 공유하고 있는 폴란드 왕국의 지속적 존속에 대해서는 관심이 없었다. 2차 분할 후 폴란드 왕국 내에 활성화된 저항세력의 독립운동은 오히려 역작용을 야기하여 3차 분할로 가는 촉진제 역할을 하였다. 저항세력의 구성 요소는 귀족과 성직자들만이 아니었다. 시민계급의 지식인들과 농민계급의 사회혁명 세력 등 광범위한 주민 계층이 독립투쟁에 동참했다.

1793년 9월 25일 러시아의 압력에 의해 개최된 폴란드 의회가 2차 분할 조약을 승인한 후 몇 달 아니 지난 시점에 반러시아 폴란드 저항세력은 전국적인 지지를 확보하는데 성공했다. 폴란드 국민의 저항운동의 정점은 타데우슈 코시치우슈코(1746-1817)였다. 미국 독립전쟁에 여단장으로 참전하여 공로를 인정받았던 코시치우슈코 장군은 스타니수아프 2세에 의해 1789년 폴란드군 소장에 임명되었다. 그는 1792년의 러시아-폴란드 전쟁이 발발했을 때, 러시아군의 침공을 저지하기 위해 폴란드 군대를 동원했지만, 러시아 군대에 패하고 말았다. 러시아-폴란드 전쟁이 러시아의 일방적인 승리로 끝난 후, 러시아와 프로이센이 주도한 폴란드 2차 분할이 뒤따랐고, 코시치우슈코는 작센 선제후국으로 몸을 피해야 했다. 2년간의 도피생활을 청산하고 1794년 크라카우(크라쿠프)로 귀환한 후, 그는 러시아와 프로이센에 대항한 폴란드 민중봉기의 선봉장을 맡았다. 1794년 절정에 달한 폴란드인들의 애국적 민중봉기는 그의 이름을 따서 <코시치우슈코 봉기>라 역사에 기록되었다. 폴란드 저항군과 러시아-프로이센 동맹군 간의 무력충돌은 크라쿠프를 중심으로 몇 달 동안 계속되었다. 주로 농민들로 구성된 저항군이 초기에는 일정 정도 전과를 올릴 수 있었지만, 훈련된 러시아군의 조직적인 군사작전과 우수한 무기시스템을 극복할 수는 없었다. 1794년 10월 10일 바르샤바 동남쪽 마치에요비체에서 벌어진 전투에서 저항군은 마침내 항복했고, 코시치우슈코는 중상을 입은 채, 러시아 군의 포로로 잡혔다. <마치에요비체 전투>는 <라쿠아비체 전투>(1794년 4월 4일) 후 6개월 만에 벌어진 러시아 정규군과 코시치우슈코 휘하의 폴란드 반란군 간의 두 번째이자, 마지막 대규모 전투였다.

코시치우슈코 봉기 혹은 반란은 폴란드의 운명을 앞당겼다. 폴란드의 저항을 종식시킬 유일한 가능성은 폴란드의 완전 해체 밖에 없다는 인식에 도달한 러시아는 자투리 국가 폴란드를 최종적으로 분할하여 유럽의 정치 지도에서 그 흔적을 없애 버리기로 결정하고, 먼저 오스트리아와의 교감을 시도했다. 지금까지 폴란드 분할의 추진력을 제공한 국가가 프로이센이었다면, 이번에는 사정이 달랐다. 페테르부르크(러시아)는 물론이고, 빈(오스트리아) 역시 지금까지 폴란드 분할에서 가장 큰 이익을 취한 국가는 프로이센이었다는 견해를 공유했기 때문에, 2년 전과는 달리 3차 분할 계획은 프로이센이 배제된 채 수립되었다.

예카테리나 2세 러시아 여제와 1792년 즉위한 합스부르크가의 프란츠 2세 신성로마제국 황제(재위: 1792-1806)는 - 폴란드의 1차 분할에 참여한 요제프 2세 황제는 1790년에 사망하고, 그를 승계한 그의 동생 레오폴트 2세는 1792년에 사망했다 - 1795년 1월 3일 폴란드의 최종분할조약에 서명했다. 프로이센은 9개여 월이 지난, 1795년 10월 24일 이 조약에 가입했다. 러시아, 오스트리아 및 프로이센 3국은 나머지 폴란드 땅을 메멜(네멘) 강, 부크 강 및 필리차 강을 기준으로 하여 분할했다. 그에 따라 러시아는 훨씬 더 유럽 대륙의 서쪽으로 영토를 확대시켜, 부크 강과 메멜 강의 동쪽 지역 전체와 쿠를란트(쿠르제메)와 2차 분할 후 남은 리투아니아 땅 전체(146,000㎢의 영토와 1,338,000명의 주민)를 차지했다. 러시아는 1772년 (1차 분할) 이후 오스트리아 제국과, 1795년(3차 분할) 이후 프로이센 왕국과 국경을 공유하게 되었다. 그것은 서진정책에 성공한 러시아의 군사적, 외교적 승리였다.

오스트리아는 루블린, 라돔, 산도미에슈, 브제스코와 포들라스키에와 마조프세의 일부, 그리고 특히 크라쿠프를 획득함으로써 제국의 판도를 훨씬 북쪽으로 확장할 수 있게 되었다. 폴란드 3차 분할에서 오스트리아는 51,100㎢의 영토와 1,098,000명의 주민을 추가로 확보했다.

프로이센은 폴란드의 수도 바르샤바가 포함된 부크 강과 메멜 강의 서쪽 지역과 크라쿠프 서쪽에 위치한 슐레지엔의 일부지역(노이슐레지엔: 크라쿠프 북서쪽과 체스토호바 남동쪽)을 폴란드로부터 양도받았는데, 이 지역의 총면적은 43,000㎢였고, 주민 총수는 1,042,000명이었다. 3차 분할에서 프로이센 몫으로 편입된 지역은 <신 동프로이센>이라는 명칭으로 프로이센의 행정 체계에 통합되었다. 동프로이센(1618), 서프로이센(1772), 남프로이센(1793) 및 신 동프로이센(1795)은 - 1, 2차 대전 후, 그리고 소연방이 해체된 후 국경선이 완전히 달라지지만 - 역사적으로 모두 폴란드 영토였다. 원래 <마르크 브란덴부르크>(브란덴부르크 변경백령)였던 국호가 1618년 이후 브란덴부르크-프로이센, 1772년 이후 프로이센으로 변경된 이유가 프로이센 왕국의 영토발전사에서 설명될 수 있을 것이다.

3차에 걸친 폴란드 분할에서 러시아, 프로이센 및 오스트리아가 획득한 폴란드의 영토와 주민 수의 합계는 러시아가 458,600㎢와 5,650,000명, 프로이센이 136,300㎢와 2,534,000명, 오스트리아가 135,000㎢와 3,767,000명이었다. 폴란드 면적의 62.8%를 차지한 러시아는 프로이센이나 오스트리아에 비해 약 3배 더 큰 폴란드 영토를 획득했다. 폴란드 국민의 47.3%, 다시 말해 폴란드 국민 두 사람 중 한명은 폴란드가 유럽의 지도에서 사라진 후, 러시아 국민이 되었다. 오스트리아는 분할에 참여한 3국 중 가장 작은 18.5%의 폴란드 땅을 차지했지만, 이 지역은 폴란드의 최대 인구밀집지역(폴란드 인구의 31.5%)으로서 오스트리아에 편입된 후, 독립 크론란트(합스부르크 제국의 최대행정단위)로서 합스부르크 제국의 행정체계(크론란트 명: 갈리치아-로도메리아 왕국)에 통합되었다. 결과적으로 폴란드 인구의 삼분의 일은 이제 합스부르크 제국의 신민이 된 것이었다. 프로이센은 오스트리아와 비슷한 18.7%의 폴란드 땅을 차지했고, 프로이센에 통합된 폴란드 국민은 전체의 21.2%였다. 그러나 이미 지적했듯이 폴란드 분할을 통해 브란덴부르크-프로이센은 프로이센 왕국으로 통칭되면서 명실 공히 유럽에서 가장 강한 나라에 속할 수 있게 되었다.

폴란드 분할의 결과는 여러 가지 어려운 숙제를 후세에 남겼다. 국권

상실기(1795-1918)의 잔혹한 억압정책에도 불구하고 폴란드인들의 독립운동은 연면히 그 맥을 이어갔다. 그 과정에서 폴란드인들의 민족운동은 폴란드를 19세기 유럽의 불안의 진원지로 만들었다. 폴란드의 국가(國歌)가 국권상실기의 교훈을 상기시키는 구절로 시작되고 있다는 사실이 폴란드 민족의 독립 노력을 증언하고 있다. 프로이센은 폴란드 소수민족의 부담을 자초하여, 독일과 폴란드 간의 긴장관계를 조성하게 되었다. 그 폐해는 1차 대전 후 사라지는 듯 했으나, 나치 제국의 폴란드 유대인 말살 정책과 폴란드인들의 독일 증오에서 되살아났다.

오스트리아와 러시아 간에 체결된 3차 폴란드 분할조약의 비공개 조항은, 오스트리아가 터키와의 전쟁에서 승리할 경우, 몰도바와 왈라키아, 그리고 베사라비아(루마니아와 구소련 사이의 역사적 지명)를 하나로 묶어 주권국가로 독립시킨 후, 그 수반은 러시아의 왕자가 맡고, 오스트리아는 그 대신으로 오스만 제국령 점령지로 보상받는다는 - 1790년에 사망한 요제프 2세 황제의 제안을 따른 - 규정을 담았다. 요제프 2세 황제가 시도했던 오스트리아령 네덜란드와 바이에른의 교환 계획 및 오스트리아의 베네치아 합병(실제로 오스트리아는 1797년 베네치아를 합병했다) 계획에 대한 러시아 측의 동의 내용도 비공개 조항에 포함되었으며, 오스트리아와 러시아 양국이 향후 프로이센의 공격을 받을 경우 전군을 동원하여 상호 지원한다는 결의도 3차 분할 조약의 비밀조항에서 문서화되었다. 러시아의 동의까지 확보한 오스트리아의 영토교환 계획은 그러나 오스트리아령 네덜란드가 1794년 프랑스 혁명군에 의해 점령된 후 영구히 포기되었다. 오스트리아와 러시아 간에 체결된 폴란드 3차 분할조약의 서명 일자는 1795년 1월 3일이었고, 오스트리아령 네덜란드가 프랑스에 병합된 것은 1795년 10월 1일이었다.

폴란드의 3차 분할과 함께 유럽에서 가장 큰 나라 중의 하나였던 폴란드는 1795년 10월 24일자로 유럽의 정치지도에서 그 모습을 완전히 감추었다. 폴란드의 마지막 국왕 스타니수아프 2세는 1795년 11월 25일

하야한 후, 폴란드 분할조약 당사국들에 의해 승인된 연 200,00두카텐의 종신연금을 받았다. 예카테리나 2세가 사망하고, 그녀의 아들 파벨 1세(재위: 1796-1801)가 즉위한 후, 스타니수아프 2세는 상트페테르부르크로 이주하여 1798년 그곳에서 66세를 일기로 사망했다.

❑ 6
계몽절대군주 마리아 테레지아

헝가리 및 뵈멘 국왕, 크로아티아-슬라보니아 국왕, 밀라노 공작, 파르마 및 룩셈부르크 공작 등을 겸직한 마리아 테레지아 오스트리아의 대공은 계몽절대주의 시대의 특징적인 군주였다. 마리아 테레지아 대공은 - 1516년 카를 5세 황제가 스페인 국왕(카를로스 1세)에 즉위하고, 1526년 헝가리 왕국과 뵈멘 왕국이 오스트리아에 편입된 이후 오스트리아는 사실상의 제국(합스부르크 제국)이었기 때문에 - 합스부르크 제국 안팎에서 통칭 여제라 불렸다. 마리아 테레지아는 1740년부터 단독으로 통치해 오던 합스부르크 제국을 장남 요제프 2세가 1765년 8월 18일 독일제국 황제에 즉위한 이후부터 아들과 함께 공동으로 통치했다. 1790년 요제프 2세를 승계한 황제는 그의 동생 레오폴트 2세였다. 그러니까 마리아 테레지아는 남편(프란츠 1세)과 두 아들(요제프 2세와 레오폴트 2세)이 모두 신성로마제국 황제였다.

프란츠 슈테판 로트링엔 공작(1745년 이후 프란츠 1세)은 빈 평화조약(1738. 폴란드 왕위계승전쟁을 종식시킨 조약)에서 지안 가스토네(1671-1737: 메디치가의 마지막 토스카나 대공)가 사망하면, 토스카나 대공국을 양도받는 조건으로 선대로부터 상속받은 로트링엔 공국을 폴란드 왕위계승전쟁에서 패한 스타니수아프 1세에게 양도했고, 후자가 사망한 1766년 로트링엔 공국은 영구히 프랑스 영토에 귀속되어 버렸다. 따라서 1736년 마리아 테레지아와 결혼한 프란츠 슈테판 공작은 칭호상의 로트링엔 공작이었다. 독일제국의 최동단 변경지역의 공작가문 출신으로서 내세울만한 정치적 이력도, 군사적 경력도 없었던 프란츠 슈테판 공작은 1745년 신성로마제국 황제(프란츠 1세)가 된 후에도 마리아 테레지아가 주도한 오스트리아와 합스부르크 제국의 내정에는 일체 간여하지 않았다. 독일제국 황제로서 프란츠 1세가 합스부르크 제국의 내정에 유일하게 개입한 부분은 재정 영역이었다. 마리아 테레지아가 전쟁의 여파로 파산지경에 내몰린 황실의 재정을 조기에 안정화시킬 수 있었던 것은 프란츠 1세의 지원 덕분이었다.

1740년 10월 20일 집권하자마자 시작되어 8년간이나 지속된 전쟁(오스트리아 계승전쟁과 1, 2차 슐레지엔 전쟁)을 극복해야 했던 마리아 테레지아는 슐레지엔을 프로이센에 빼앗긴 것만 제외하면, 그런대로 합스부르크가의 상속재산을 지킬 수 있었다. 바이에른 및 프랑스와는 오스트리아 계승전쟁을, 프로이센과는 모두 세 차례의 슐레지엔 전쟁을 치르면서 얻은 교훈에서 마리아 테레지아 여제는 여러 분야에 걸쳐 포괄적인 개혁의 필요성을 절감하게 되었다. 특히 국가조직과 군대, 사법부문과 교육부문이 그 대상이었다. 개혁을 완수하기 위해 마리아 테레지아는 신분대표의회의 귀족들과 분권주의 세력들의 저항을 제어하고, 중앙집권주의 국가를 지향하는 정책을 추구해야 했다. 경제정책에서는 새로운 중상주의의 모델을, 외교정책에 있어서는 프랑스와의 화해를 추구했다. 1742년의 베를린 평화조약과 1745년의 드레스덴 평화조약에서 두 차례나 슐레지엔의 포기를 확인한 후에도 절치부심 실지 회복의 기회를 노렸지만, 3차 슐레지엔 전쟁(1756-1763, 7년 전쟁)이 끝난 후 마리아 테레지아는 슐레지엔의 원상회복의 꿈을 영구히 단념해야 했다.

1765년 프란츠 1세 황제가 사망한 후, 여제의 장남 요제프 2세가 오스트리아 제국의 공동통치자로 등장했다. 그러나 모자간의 정치적 견해가 일치하지 않았기 때문에, 마리아 테레지아와 요제프 2세 황제의 협력은 쉽지 않다. 1772년 폴란드의 1차 분할 시, 오스트리아는 갈리치아를 획득했지만, 폴란드 분할에 오스트리아가 개입하는 문제에서도 두 사람의 정치적 판단은 상이했다. 3차에 걸친 폴란드 분할과 오스트리아와의 관계에 대해서는 앞 장에서 설명하였다.

1) 마리아 테레지아의 개혁

마리아 테레지아가 부왕 카를 6세 황제로부터 상속 받은 합스부르크 제국은 공통의 언어도, 종교도, 일사불란한 체계를 갖춘 행정도 없는, 언어와 종교와 풍습이 서로 다른 여러 지역과 민족을 합쳐 놓은 다민족 다국가 체제였다. 마리아 테레지아가 즉위하여 취한 첫 조치는 법률과 법령을 정비하고, 획일적인 체제를 갖춘 중앙집권적 행정제도를 확립하는 일이었다. 그것은 합스부르크(-로트링엔) 왕가에 대한 - 마리아 테레지아와 프란츠 슈테판 로트링엔 공작의 결혼으로 합스부르크-로트링엔가의 시대가 시작되었지만, 1740년 이후의 오스트리아가도 종전처럼 합스부르크가로 통했다 - 확실치 않은 충성서약에 의존하는 대신, 확고한 국가조직과 중앙행정기구를 통해 제국통치를 제도적으로 가능케 하기 위함이었다. 마리아 테레지아는 우선 제국에 소속된 모든 공국과 왕국에 총독부를 설치하고, 그 밑에 지방행정 관서를 두었다. 뵈멘 왕국을 예로 들면 오스트리아의 대공이 겸직하는 국왕 밑에 행정책임자로 총독을 임명하는 제도였다. 마리아 테레지아 시대는 그러니까 귀족계급과 장원제도가 정부를 보호하는 봉건통치 형식을 벗어나, 행정에 근간을 두는 근대국가 구조로 바뀌어 가는 과도기였다.

오스트리아 계승전쟁(1740-1748) 도중에 이미 개혁의 필요성이 대두되었다. 마리아 테레지아 시대 초기의 개혁정책 입안자는 프리드리히 빌헬름 폰 하우크비츠(1702-1765)였고, 하우크비츠 이후의 개혁은 아헨 평화조약(1748)의 오스트리아 측 수석대표였던 벤첼 안톤 카우니츠가 진두지휘 했다.

마리아 테레지아는 집권 직후인 1742년 프로이센에 빼앗기고 남은 오스트리아령 슐레지엔(수도: 트로파우, 체코의 오파바)을 행정개혁의 시범지역으로 선정하여 하우크비츠를 총독에 임명한 후, 이 지역의 개혁을 그에게 일임했다. 하우크비츠는 프로이센의 개혁을 모범으로 삼아 행정과 재정 분야에서 신분제의회가 행사해온 과도한 권한을 제도적으로 제한하려고 시도했다. 슐레지엔에서 시험한 하우크비츠의 개혁 모델은 그 후 케른텐 공국과 크라인 공국에 적용되어 검증되었다.

1743년 하우크비츠는 오스트리아령 슐레지엔과 케른텐과 크라인(수도: 라이바흐, 슬로베니아의 류블랴나)에서 시험한 개혁안, 즉 신분제의회를 국가조직에서 배재하는 개혁안을 마리아 테레지아에게 제출했다. 하우크비츠의 개혁안은 봉건세력과의 극적인 우여곡절을 거친 후, 1748년 전체 오스트리아와 뵈멘 왕국에 확대 적용되었다. 1749년 하우크비츠가 제안한 국가기구 개혁안에 따라 종래의 <궁정사무국>(호프칸츨라이)을 대체하기 위해 설립된 <재무행정 및 정무행정 감독청>(디렉토리움 푸블리치스 에트 카메랄리부스)은 합스부르크 제국 최초의 중앙관청이었으며, 단순히 행정과 조세 분야를 동일 조직에 통합시킨 것만은 아니었다. 그것은 뵈멘 왕국 관할지역(뵈멘, 메렌 및 오스트리아령 슐레지엔) 신분대표들의 법률적 특수지위의 종말을 의미했다. 재무행정 및 정무행정 감독청의 초대 책임자는 하우크비츠였다.

그 외에도 행정과 사법을 분리시키고, 대법원을 설립한 하우크비츠의 개혁은 이미 7년 전쟁 중 가혹한 시험대에 올랐다. 많은 적을 주위에 가지게 된 하우크비츠는 1760년에 설립된 황실최고자문기구인 국가회의(슈타츠라트)의 위원으로 좌천되었다. 7년 전쟁 중인 1760년 오스트리아군은 전력이 쇠진하는 조짐이 나타나기 시작했고, 벤첼 안톤 카우니츠 수상은 그 이유를 하우크비츠에 의해 시도된 오스트리아의 행정개혁에서 찾았다. 메테르니히와 더불어 19세기 오스트리아 정치가 중 유일하게 수상(슈타츠칸츨러)으로 불린 두 명의 정치가 중의 한 사람인 카우니츠는 재무행정 및 정무행정 감독청의 해체와 하우크비츠의 해임을 촉구했다. 카우니츠는 신분제의회의 무력화와 새로운 질서를 원칙적으로 거부하지 않았지만, 자신의 영향력을 확대할 기회를 찾았다. 그는 국가회의(슈타츠라트)의 설립과 - 불완전하나마 - 주무장관 제도의 도입을 관철시켰다. 국가회의는 개별 관청의 모든 문제에 대해 협의했지만, 집행권은 없었다. 재무행정 및 정무행정 감독청은 1761년 폐지되고, 그 대신 <뵈멘-오스트리아 통합 궁정사무국>이 설립되었다. 이 기구는 오스트리아와 뵈멘의 내무부를 합친 성격의 중앙행정기구였고, 카우니츠는 수상으로서 오스트리아 제국의 대외정책을 총괄했다. 그러나 행정구조 개편이 오스트리아의 상황을 단기적으로 개선시키는 데는 도움이 되지 못했다. 그럼에도 불구하고 카우니츠에 의해 발의된 '시스템' 행정은 국가기구의 구성과 활동의 토대가 되었다.

빈 대학교 재정학 교수 요제프 폰 존넨펠스(1732-1817)와 마리아 테레지아의 주치의이며 최초의 빈 의학교 설립을 주도한 헤라르트 반 스비텐(1700-1772)도 마리아 테레지아의 국가개혁에 기여한 학자들이었다. 마리아 테레지아는 개인적으로는 프로이센 국왕 프리드리히 2세를 증오했지만, 프로이센으로부터 배우는 것을 피하지 않았다. 예컨대 신분제의회로부터 자유로운 행정체제, 군대의 개혁 또는 교육정책은 프로이센의 개혁에서 교훈을 얻은 것이었다. 마리아 테레지아의 개혁정책은 절대계몽주의의 정신을 담았다. 그 근본 특징은 신분제도에 의해 분산된 종래의 조직과 기구를 절대주의적 중앙집권주의 국가기구로 전환시키는 것이었다. 실제로 신분대표들의 중요성과 귀족의 참정권이 지속적으로 축소되었다. 1742년 초 특히 외교정책 수립 권한을 부여하여 창설된 수상청(슈타츠칸슐라이)은 합스부르크 제국 뿐 아니라, 신성로마제국의 외교정책을 다루기 위해 설립된 중앙관청이었다.

마리아 테레지아의 개혁정책은 오스트리아 계승전쟁이 끝난 후 속도를 높이기 시작했다. 천문학적인 전쟁비용을 조달한 후였기 때문에, 국가재정의 개혁은 화급을 요하는 국가적 과제였다. 마리아 테레지아는 정부와 군대를 유지하기 위해 추가 세금을 징수했다. 근본적으로 새로운 세제질서가 도입되었다. 신설된 일반조세 의무제도는 귀족과 성직자들에게도 적용되었다. 과세의 기초자료로 이용하기 위해 마리아 테레지아 시대에 처음으로 만들어진 일반징세대장은 합스부르크 제국의 재정정책과 경제정책의 핵심적 요소였다.

1746년 일반병참부를 설립하여 군대의 보급과 감독 업무를 관장케 했는데, 군사부문에서 이 기구는 궁정국방회의(호프크리크스라트)보다도 큰 권한을 가졌다. 1749년에 설립된 <재무행정 및 정무행정 감독청>은 직전까지 궁정사무국(호프칸츨라이)과 황실재산관리청(호프캄머)이 가졌던 정치 및 재정 부문의 권한을 행사했다. 오스트리아와 뵈멘의 궁정사무국은 이 신설 중앙관청에 흡수되어, 합스부르크 제국의 중앙집권화 정책에 기여했다. 재무행정 및 정무행정 감독청 산하에 예하 기관이 설립되었는데 - 종래의 신분제도를 그대로 존속시킨 오스트리아령 네덜란드와 헝가리를 제외한, 합스부르크 제국 소속 모든 국가에 편제된 행정단위인 - 크라이스(군 또는 현에 해당) 제도가 그것이었다. 크라이스에 설치된 재무행정 및 정무행정 감독청 예하 기관은 지주의 횡포로부터 농민들을 지켜준 보호막 역할도 했다. 재무행정 및 정무행정 감독청의 권한은 점점 확대되어, 1756년에는 일반병참부의 권한도 가지게 되었다.

조직의 비대가 초래한 비효율성을 지적한 카우니츠 수상의 개입으로 재무행정 및 정무행정 감독청은 1760년 폐지되었고, 1761년 재무행정 부문은 <오스트리아 및 뵈멘 통합 궁정사무국>으로 명칭이 바뀌었다. 재무행정 및 정무행정 감독기구는 명칭과 권능을 바꾸어 가면서 1848년까지 정치와 행정의 최고 중앙부서 역할을 수행했다. 카우니츠의 영향력 행사로 1760년에 설립된 국가회의(슈타츠라트)는 1848년까지 국가최고자문기구 역할을 했다. 3명의 국무위원(수상 포함)과 3명의 귀족대표가 국가회의의 구성원이었고, 국가회의 의장은 황제였다.

오스트리아 계승전쟁 과정에서 오스트리아군의 개혁의 불가피성이 증명되었다. 군대개혁안은 계승전쟁과 슐레지엔 전쟁을 직접 체험한 레오폴트 요제프 폰 다운 원수, 카를 알렉산더 로트링엔 공작 및 리히텐슈타인 후작 요제프 벤첼(1696-1772) 등에 의해 입안되었다. 개혁과정에서 모범으로 삼은 군대는 프로이센 군대였다. 유능한 야전지휘관을 양성하기 위해 마리아 테레지아는 1751년 12월 14일 비너노이슈타트(빈 남쪽 48km)에 - 현재에도 설립 당시의 명칭을 유지하고 있는 - <테레지아 사관학교>를 창설했다. 정규군은 병력을 배가시켜 108,000명의 정원을 유지토록 했다. 남동부 유럽의 군사경계선에 배치된 국경수비대 병력 4만 명은 정규군의 정원에 합산되지 않았다. 군제개혁의 결과 7년 전쟁에서 군대의 질이 현저하게 개선되었음이 입증되었다. 군제를 개혁하여 징병제도를 실시하였지만, 귀족과 성직자와 관료와 부유층 시민들은 여전히 징병대상에서 제외되었다. <콜린 전투>(1757년 6월 18일)에서 프로이센군에 거둔 대승을 기념하여 마리아 테레지아 여제는 전공을 세운 군인에게 수여하는 오스트리아의 최고훈장으로 <마리아 테레지아 무공훈장>을, 민간 최고훈장으로는 <성 슈테판 훈장>을 1764년 각각 제정했다.

　　마리아 테레지아는 대법원을 설립하여 오스트리아 제국의 법치를 확립하려고 노력했다. 1848년 8월 21일 설립된 현재의 오스트리아 대법원(OGH)은 1749년 사법개혁의 일환으로 마리아 테레지아에 의해 설립된 대법원의 후신이다. 대법원이 설립된 대신 명문귀족, 도시, 수도원 등에 허용되어 왔던 재판권 및 지주들이 운영한 영주 재판소는 크게 제한을 받았다. 마리아 테레지아는 각 지방의 법률을 1766년에 출판된 - 오늘날 오스트리아 일반민법의 전신으로 간주되고 있는 - <테레지아 법전>(코덱스 테레지아누스)을 통해 집대성했다. 이를 토대로 법률의 일원화가 시도되어, 1768년 <테레지아 형법전>이 출판됨으로써 처음으로 - 헝가리를 제외한 - 합스부르크 제국 전체에 통용되는 형법 및 형사소송법이 확립되었다. 테레지아 형법전은 형법의 통일 외에도 당시 통상적으로 행해진 고문의 방법들을 조정하고, 제한하려고 시도했다. 그러나 형사소송 절차에서 합법적으로 실시된 고문제도가 실제로 폐지된 것은 1776년 마리아 테레지아의 장남 요제프 2세 황제에 의해서였다.

　마리아 테레지아의 경제정책의 목표는 인구증식, 식량확보 및 소득창출이었다. 경제의 번영은 세수증대를 가져왔고, 대규모 군대의 유지에 기여했다. 경제개혁 목표 수립에 있어서도 프로이센과의 경쟁이 중요한 역할 요인이었다. 경제부양책과 더불어 다른 영역에서도 마리아 테레지아는 슐레지엔의 상실을 상쇄시키려고 노력했다. 농촌과 도시, 농민계급과 시민계급은 당시 분리되어 있었다. 도시와 농촌 간의 균형발전을 유지하기 위해 - 농촌이 꼭 필요로 하는 분야만 예외로 하고 - 수공업은 도시에 집중되었다. 그러나 공장제 수공업과 유사한 새로운 유형의 공장 유치는 농촌에도 허용되었다. 헝가리는 농경지역으로 선포되었기 때문에, 농업 이외의 헝가리의 산업발전의 기회는 차단되었다. 마리아 테레지아는 농민의 부담을 덜어주려고 노력했다. 부역이 제한되었고, 지주들에 의한 부역의 남용을 막기 위해 위원회가 설립되었다. 1775년, 1777년 및 1778년 강제노역을 제한하는 칙령이 연달아 공포되었다.

　집권 초기 독점기업을 허용했지만, 시간이 지나면서 마리아 테레지아는 이를 불허하는 방향으로 선회했다. 경제적 특권은 지속적으로는 경제발전에 유익하지 않았기 때문이었다. 그 결과 뵈멘과 메렌에서 섬유공업이 활발하게 일어났고, 기업에 대한 귀족계급의 관심이 긍정적으로 바뀌는 계기가 되었다. 그러나 독일어 사용권(오스트리아)에서는 공업에 대한 이해가 부족했다. 심지어 티롤에서는 주민들이 공장유치에 반대했기 때문에, 이 지역에서는 상업적 산업정책이 실패했다. 마리아 테레지아는 개혁의 차원에서 경제성장에 장애요인이라 판단한 길드(동업조합) 규약을 철폐했다.

　대외무역의 경우 수출은 촉진되었지만, 수입은 관세가 적용되어 제한되었다. 통일적인 경제공간을 창출하기 위해 세관과 톨게이트가 확대 설치되었다. 그 과정에서 1775년 제정된 관세법에 의거하여 니더외스터라이히 대공국과 오버외스터라이히 대공국, 그리고 뵈멘 왕국은 동일관세지역으로 통합되었다. 티롤, 포르아를베르크 및 포르데르외스터라이히(전부 오스트리아)는 관세통과지역으로 지정되었다. 헝가리, 바나트(1718년 이후 오스트리아 영토, 수도는 루마니아의 티미쇼아라) 및 지벤뷔르겐(트란실바니아)도 동일관세지역으로 묶였다. 동일관세지역 및 관세통과지역으로 지정된 지역을 제외한 여타 합스부르크제국 지역은 독립관세지역으로 남게 했다.

2) 마리아 테레지아 시대의 교육, 종교 및 주민 정책

마리아 테레지아 시대의 교육정책 수립에 기여한 사람은 - 1773년 마리아 테레지아에 의해 초빙된 - 프로이센 출신의 수도원장 요한 이그나츠 펠비거(1724-1788)였다. 슐레지엔의 자간(폴란드의 자간)에 소재한 아우구스티누스 파 성당참사회 수도원 원장이었던 펠비거는 자신이 경영한 수도원 내 가톨릭 학교가 신교에 의해 운영된 학교와의 경쟁에서 뒤졌기 때문에, 교육문제에 전념하게 된 성직자였다. 그는 교육학 서적을 탐독하고, 당대의 모범학교로 간주된 신교신학자 요한 율리우스 헤커(1707-1768)가 세운 베를린의 레알슐레(실업중등학교)를 찾아, 그 곳에서 적용되는 교육방법을 연구했다. 그는 마리아 테레지아의 교육개혁을 돕기 위해 시범학교, 중등학교 및 보통학교를 위한 일반학제를 완성하였다.

펠비거의 교육개혁의 본질적인 특징은 학제를 보통학교(트리비알슐레), 실업중학교(하우프트슐레), 시범학교(노르말슐레)로 구분한 것, 방법론상으로는 각 개인을 구두 테스트하는 대신에 학급수업을 도입한 것, 성경구절의 암기 대신 교리문답을 도입한 것 등이었다. 그리고 가장 중요한 것은 단일교과서를 학교수업에 사용한 점이었다. 보통학교, 즉 트리비알슐레는 중세 대학의 하위 3학인 문법, 수사, 논리를 가르친 '스콜라 트리비알리스'를 차용한 명칭이었다. 참고로 중세 대학의 자유학예(교양과목) 7과목은 기초 3학(문법, 수사, 논리)과 상급 4학(산술, 기하, 천문, 음악)으로 구성되었다. 요제프 2세 황제는 초등교육의 완성을 위한 자기 자신의 구상이 있었지만, 펠비거의 교육방법은 요제프 2세의 아이디어에도 결정적인 역할을 했다. 현재 빈 14구에는 오스트리아의 교육개혁에 공헌한 펠비거의 이름을 따 명명된 거리(1894년에 지정된 펠비거가세)가 있다.

1760년 <연구 및 서적 검열 왕실위원회>와 교육정책 수립을 위한 중앙관청 성격의 <장학위원회>가 설립되었다. 의무교육을 확산시키는 권한을 부여받은 장학위원회는 이를 통해 학교 경영을 조정했다. 농촌에는 6-12세 아동을 위한 의무제 초등교육기관으로 단일학급의 보통학교가 설립되었다. 마리아 테레지아가 사망했을 때, 이미 이 보통학교의 수가 500개에 달했다. 그러나 의무교육을 전면적으로 실시하는 데는 성공하지 못했다. 문맹자의 수가 상대적으로 많았다. 도시에는 초등교육(보통학교)을 이수한 학생들을 위한 3학급짜리 하우프트슐레(실업중학교)가 설립되었다. 시범학교(노르말슐레)는 초등학교 교사의 양성과 교육에 이용되었다. 펠비거가 1763년 니더슐레지엔의 자간에 설립한 최초의 시범학교는 교사의 연수 교육 기관이었던데 반해, 대부분의 시범학교는 교사 양성에 기여했다. 19세기에 들어와서는 대체로 시범학교(노르말슐레)는 레러제미나(초등교원 양성기관)로 대체되었다.

초중등교육에 이어 고등교육의 개혁도 실시되었다. 대학교육 영역에서는 빈 대학까지도 감독했던 예수회교단이 1773년 퇴출된 사건이 중요한 개혁의 계기가 되었다. 1773년 이후 대학은 종교(예수회)가 아닌 국가의 책임영역으로 넘어갔다. 빈 대학교 의학부의 시설이 개선되었고, 빈 대학에 대형 강의실이 설치되었다. 마리아 테레지아에 의해 귀족학교로 설립되어 빈 제4구(파보리텐슈트라세 15)에 사립 김나지움으로 현존하고 있는 <테레지아눔>(테레지아 아카데미)은 외국어 교육에 중점을 두고 있으며, 개교 당시에는 기사 및 귀족 자제들의 교육기관으로서 엘리트 관료와 외교관을 양성하는 것이 교육의 주목표였다.

　마리아 테레지아는 철저한 로마가톨릭 신자였지만, 아우구스티누스 파의 은총이론에 근거한 - 1713년 클레멘스 11세(제위: 1700-1721) 교황에 의해 이단 선고를 받은 바 있는 - 얀센주의(네덜란드 주교 코르넬리우스 얀센(1585-1638)이 주도한 로마가톨릭교회 개혁운동)의 영향을 크게 받았다. 여제는 비가톨릭교도에 대한 관용정책을 거부했는데, 이로 인해 공동 통치자인 장남 요제프 2세와 불화를 겪기도 했다. 1773년의 예수회교단의 폐지는 마리아 테레지아에게서 나온 정책이 아니라, 교황 클레멘스 14세(제위: 1769-1774)의 예수회 활동 금지령 교시를 마지못해 집행한 것이었다. 요제프 2세와는 달리 마리아 테레지아는 종교정책에 있어서는 계몽군주가 아니었다. 신교도들은 오스트리아에서 멀리 떨어진 인구밀도가 희박한 헝가리 왕국 지역, 예컨대 바나트(루마니아, 세르비아, 헝가리에 분포되어 있던 역사적 지명으로서 1718년 이후 합스부르크 제국령), 또는 바치카(헝가리와 세르비아에 걸친 지역으로 1699년 이후 합스부르크제국의 통치령. 현재 세르비아의 보이보디나)로 강제 이주되었다. 유대인에 대해서도 마리아 테레지아는 배척적인 정책을 폈다. 2차 슐레지엔 전쟁 때인 1744년 9월 16일 프라하가 프로이센군에 의해 점령되었을 때, 적군을 도왔다는 이유로 뵈멘 국왕 마리아 테레지아는 그 해 12월 프라하 유대인 약 2만 명을 프라하에서, 그리고 마침내 전체 뵈멘에서 일시 추방시킨 적이 있었다. 적어도 종교정책에 있어서만은 마리아 테레지아는 <관용칙령>(1781)을 발표한 요제프 2세 황제와는 다른 길을 걸었다.

　여러 차례의 오스만 제국과의 전쟁으로 인해 인구가 감소된 헝가리의 해당지역으로의 인구 유입을 장려한 이주정책 역시 경제 진흥정책의 일환이었다. 대부분의 이주민은 신성로마제국, 그러니까 독일제국 지역 출신이어야 했다. 이유는 여러 가지였다. 그 한 가지 이유는 전쟁에서 새로 획득했거나 수복한 지역은 오스만 제국의 재침으로부터 안전이 보장되어야 했기 때문이었다. 합스부르크가의 중앙집권화 정책과 종교정책에 저항하는 헝가리인들의 소요를 약화시키거나, 저지하기 위해서 독일인들을 이 지역으로 이주시켜야 할 필요가 있었다. 마리아 테레지아는 이주민 모집위원회를 만들어, 독일제국에서 인구 밀도가 높은 지역을 골라 이주민을 공모하도록 했다. 강제조치도 물론 행해졌다. 오스트리아 출신의 신교도들, 불만을 품은 농민들, 하류층 실향민들, 심지어는 프로이센 출신의 전쟁포로들을 합스부르크 제국령 남동부 유럽으로 강제 이주시켰다. 이들 이주민들은 정착지역의 농업경제를 개선시켰을 뿐 아니라, 슬로바키아와 지벤뷔르겐에서는 고수익을 내는 광업을 진흥시켰다. 예를 들어 테메슈바르(바나트의 수도 현재 루마니아의 티미쇼아라)의 인구는 1711년과 1780년 사이에 25,000명에서 3십만 명으로 증가했는데, 이는 마리아 테레지아 시대의 이주정책의 성공사례였다.

3) 마리아 테레지아의 외교정책

마리아 테레지아는 아헨 평화회담(1748)의 오스트리아 전권대표 카우니츠 백작을 1753년 슈타츠칸츨러(국가수상)에 임명했다. 오스트리아 역사에서 슈타츠칸츨러라는 직함을 가진 정치가는 왕정시대의 2명(카우니츠와 메테르니히)과 제1공화국 시대의 2명(카를 렌너와 미하엘 마이르), 그리고 제2공화국의 초대 수상(카를 렌너) 뿐이었다. 주무장관 제도가 확립되지 않았던 마리아 테레지아 시대의 슈타츠칸츨러는 오스트리아 제국의 외교정책과 황실업무를 총괄하는 자리로서 국무총리와 외무장관, 때로는 내무장관의 기능을 동시에 수행하는 직책이었다. 마리아 테레지아의 카우니츠 기용은 현명한 처사였다. 아헨 평화협상 때 동맹국 영국이 보인 배신행위를 직접 목도한 카우니츠 백작의 외교정책의 기저에는 영국에 대한 불신과 프로이센에 대한 원한이 동시에 자리 잡고 있었다. 파리 주재 오스트리아 대사를 역임한 당대의 대표적 프랑스 전문가로서의 오스트리아 정치가 카우니츠는 마리아 테레지아의 의중에 완벽하게 일치하는 정치가이었다. 마리아 테레지아의 국내외 정책은 모두 프로이센을 타도하고, 프로이센에 병합된 슐레지엔을 회복하는 데 초점이 맞추어져 있었다. 마리아 테레지아에게 프로이센의 국왕은 일생동안 적의 화신이었다.

그와 같은 배경에서 빈은 동맹 체제의 전환에 착수했다. 카를 6세(재위: 1711-1740) 때부터 합스부르크 제국의 외교정책을 관장했던 요한 크리스토프 바르텐슈타인(1689-1767) 남작을 1753년 카우니츠로 교체한 것도 프로이센과 프리드리히 2세를 견제한, 마리아 테레지아의 의중이 실린 인사였다. 카를 6세가 사망하기 전까지 외무장관으로서의 바르텐슈타인의 가장 중요한 임무는 국본조칙의 승인을 유럽의 열강들로부터 얻어내는 것이었다. 마리아 테레지아가 집권한 이후 바르텐슈타인의 정치인생에서 가장 중요한 시기는 슐레지엔 전쟁과 계승전쟁으로 합스부르크 제국이 존립의 위기에 봉착했던 시기였다. 바르텐슈타인은 그 어떤 영토의 할양도 거부하고, 합스부르크 제국의 불가분성을 주장한 20대의 대공녀 마리아 테레지아를 무조건 지지한 정치가이었다. 그럼에도 불구하고 마리아 테레지아가 카우니츠를 외무장관 겸 수상에 기용한 것은 프로이센에 맞서기 위해 프랑스와의 동맹 체결이 불가피함을 예상했기 때문이었다. 카우니츠는 수상에 취임하기 전까지 파리 주재 오스트리아 대사를 역임한 계몽절대주의 시대 오스트리아의 대표적 반 프로이센 파 정치인이었다.

프로이센과 영국이 실제로 웨스트민스터 조약(1756)을 통해 군사동맹을 체결했을 때, 오스트리아는 두 나라의 제휴를 자국 안보에 대한 심각한 위협으로 받아드렸다. 오스트리아 계승전쟁에서 오스트리아와 함께 프로이센과 싸웠던 영국이 오스트리아의 적으로 등장한 현실은 동맹 선택에 있어 오스트리아의 운신의 폭을 제한하지 않을 수 없었다. 프로이센에 빼앗긴 슐레지엔의 수복을 오스트리아 외교정책의 최우선 과제로 삼았던 마리아 테레지아로서는 숙적 프로이센을 이기기 위해서는 프로이센의 적과 동맹을 체결하는 것보다 더 효율적인 방안이 없었다. 수세기 동안 - 정확히 말하자면, 1477년 합스부르크가의 막시밀리안 1세 황제와 부르군트 공국 공주(마리아)의 결혼을 통해 네덜란드와 프랑스의 일부 지역이 합스부르크가에 귀속된 이후 - 지속된 오스트리아와 프랑스 간의 역사적 적대관계를 청산하고, 오스트리아는 영국과 프로이센이 군사동맹을 체결한 해와 같은 해에 프랑스와 방어동맹(1차 베르사유 조약)을 체결했다. 이로써 종래의 유럽의 동맹 시스템에 근본적인 변화가 발생하게 되었다. 1755년에 출생한 마리아 테레지아의 막내딸 마리 앙투아네트와 1754년생인 루이 15세의 증손자 루이(후일의 루이 16세) 간의 혼담이 1차 베르사유 조약이 체결된 1756년부터 이미 공론화되기 시작한 것은 양국 간의 관계개선에 대한 기대가 반영된 결과이었다고 하겠다. 카우니츠 수상을 통해 오스트리아는 프랑스 뿐 아니라, 러시아와도 1755년 군사동맹을 갱신할 수 있었다.

1756년 프리드리히 2세 브란덴부르크 선제후의 작센 선후국(오스트리아의 동맹국) 침공으로 시작된 7년 전쟁(3차 슐레지엔 전쟁)은 1763년 후베르투스부르크 평화조약 체결로 끝났지만, 마리아 테레지아의 슐레지엔 탈환의 꿈은 이루어지지 않았다. 슐레지엔의 상실을 부분적으로라도 만회하기 위해 마리아 테레지아는 1772년 폴란드의 1차 분할에 참여했다. 폴란드 1차 분할을 통해 오스트리아는 갈리치아와 로도메리아(우크라이나의 서부 지역)를 획득했다. 오스트리아의 공격적 영토정책은 마리아 테레지아에게는 어려운 결단이었다.

1765년부터 1780년 사망할 때까지 마리아 테레지아는 요제프 2세와 공동으로 합스부르크 제국을 통치했다. 외교정책에 있어서도 두 공동통치자의 견해가 일치하지 않을 때가 있었다. 1777년 막시밀리안 3세 바이에른 선제후가 사망한 후, 발생한 바이에른 계승전쟁에서 바이에른의 일부(니더바이에른과 오버팔츠)를 강점하려한 요제프 2세의 시도는 마리아 테레지아의 반대에 직면했지만, 요제프 2세는 인퍼어텔(오스트리아 국경의 바이에른 영토)을 오스트리아에 병합시켰다.

부코비나(수도: 체르노비츠) 역시 마리아 테레지아와 요제프 2세의 공동통치

시기인 1774년 오스트리아군에 의해 점령된 후, 1775년 공식적으로 오스트리아에 합병되었다. 요제프 2세는 - 프로이센의 프리드리히 2세가 폼메른과 동프로이센을 연결시키기 위해 서프로이센의 합병을 시도했듯이 - 합스부르크 제국의 최남단 지벤뷔르겐에서부터 시작하여 부코비나(지금은 우크라이나 땅)까지 제국의 영토를 연결시키는 노력을 기울였다. 1772년 갈리치아를 합병했을 때나, 1778년 바이에른(니더바이에른과 오버팔츠)을 점령했을 때와는 달리, 부코비나를 점령했을 때, 마리아 테레지아와 요제프 2세간의 이견은 발생하지 않았다. 10년간의 군정 끝에, 부코비나는 1786년 11월 1일부로 합스부르크 제국 산하의 갈리치아-로도메리아 왕국에 통합되었다. 1849년 부코비나는 공국으로 승격된 후, 오스트리아 제국의 크론란트(합스부르크 제국의 최대행정단위)로 선포되었으며, 1867년 오스트리아-헝가리 이중제국 출범 이후부터는 오스트리아 제국의회의 의석을 확보했다. 그러나 부코비나는 크론란트로 승격된 후에도 1년 동안 갈리치아의 수도 렘베르크(우크라이나의 리비우)에서 관리되었으며, 1850년에는 독립총독부가, 1861년 에는 의회가 체르노비츠(우크라이나의 체르노프치)에 설립되었다.

4) 마리아 테레지아의 혼인정책

마리아 테레지아는 프란츠 1세 황제(1736년 결혼 당시는 프란츠 슈테판 로트링엔 공작)와의 결혼에서 16명의 자녀를 생산하여, 신성로마제국 황제의 황비 중 최다산을 기록한 것으로도 유명하다. 마리아 테레지아와 카우니츠 수상은 황실 자녀들의 결혼을 외교정책으로 다루었다. 유럽 명문 왕가와의 결합을 통해 외교적 영향력을 확대함으로써 호엔촐레른가의 프로이센 왕국을 견제하고, 오스트리아의 위상을 제고시키는 것이 합스부르크 왕가의 혼인정책의 목표였다. 합스부르크가가 선택한 명문가는 1748년까지 오스트리아의 적국이었던 프랑스의 부르봉가였다. 결혼한 아들 3명 중 2

명, 그리고 결혼한 4명의 딸 중 3명이 모두 마리아 테레지아가 계획한 혼인정책에 따라 프랑스, 스페인, 나폴리-시칠리아 및 파르마를 통치한 부르봉가 출신의 배우자와 결합했다.

마리아 테레지아가 계획한 합스부르크가와 부르봉가 간의 결합의 첫 출발은 요제프 대공(요제프 2세 황제)과 파르마 공작의 딸 이사벨라(1741-1763)와의 결혼이었다. 이사벨라는 스페인 국왕 펠리페 5세의 아들로서 파르마의 공작을 역임한 펠리페(1720-1765)와 프랑스 국왕 루이 15세의 딸 루이즈 엘리자베트(1727-1759) 사이의 장녀였다. 토스카나 대공으로서 후일 형 요제프 2세 황제를 계승한 마리아 테레지아의 차남 레오폴트 2세는 어머니 마리아 테레지아의 계획에 따라 스페인 국왕 카를로스 3세(재위: 1759-1788)의 딸 마리아 루도비카(1745-1792) 공주와 결혼했다.

마리아 테레지아의 셋째 아들 페르디난트 카를(1754-1806) 대공은 이탈리아 명문 귀족 가문인 에스테가의 마리아 베아트리체(1750-1829)와 결혼하여 오스트리아-에스테 가문의 시조가 되었다. 베아트리체는 모데나 공국과 레지오 공국의 공작인 부친 에르콜레 3세(1727-1803)의 상속인으로서, 1803년 에르콜레 3세가 사망한 후 - 모친 마리아 테레사(1725-1790, 마사 공국 및 카라라 공국의 공주)는 1790년 사망 - 아버지로부터 모데나와 레지오를, 어머니로부터 마사 공국과 카라라 공국을 상속받음으로써 결혼을 통해 4개 공국을 합스부르크가에 증여했다. 4개 공국의 상속예정자로 유럽의 '결혼 시장'에 등장한 베아트리체는 마리아 테레지아에 의해 미래의 며느리 감으로 일찌감치 낙점 받아, 이미 어린 시절에 마리아 테레지아의 3남 페르디난트 카를 대공과 정혼하게 된 것이었다. 두 사람은 1771년 10월 밀라노에서 결혼식을 거행했다. 형 요제프 2세 황제에 의해 1780년 롬바르디아 총독에 임명된 페르디난트 카를 대공은 1796년 나폴레옹에 의해 점령될 때까지 롬바르디아의 수도 밀라노에서 총독직을 수행했다. 페르디난트 카를 대공의 결혼식을 위해 마리아 테레지아가 특별히 주문하여 제작된 볼프강 아마데우스 모차르트와 요한 아돌프 하세(1699-1783)의 오페라가 밀라노의 레지오 두칼레(라 스칼라의 전신) 극장에서 공연되었다. 15세의 모차르트가 작곡한 <알바의 아스카니오>는 1771년 10월 16일, 72세의 노대가 하세의 <루지에로>는 10월 17일 레지오 두칼레에서 각각 초연되었다.

아들들의 혼인계획을 마찰 없이 실현시킨 것에 비하면 딸들을 출가시킬 때, 마리아 테레지아는 이런저런 문제점들에 직면했다. 건강을 이유로 결혼을 하지 않은 큰딸 마리아 안나(1738-1789)는 후일 마리아 테레지아가 사망한 후, 클라겐푸르트의 수녀원 원장이 되었다. 마리아 테레지아의 다섯 번째 딸이며 미모가 가장 출중했다고 알려진 대공녀 마리아 엘리자베트(1743-1808)는 1768년에 루이 15세(1710-1774)와 - 그의 첫 왕비 마리아 레슈친스카(1703-1768)가 1768년 사망한 후 - 약속된 결혼 직전에 천연두에 감염됨으로써 마리아 테레지아의 계획이 무산되었다. 마리아 엘리자베트는 그 후 인스부르크의 수녀원 원장이 되었다. 마리아 레슈친스카는 폴란드 왕위계승전쟁에서 아우구스트 3세(프리드리히 아우구스트 2세 작센 선제후, 마리아 테레지아의 사촌형부)에 밀려나 폐위된 후, 1737년 마리아 테레지아의 부군 프란츠 슈테판 공작으로부터 로트링엔을 양도받은 스타니수아프 1세 레슈친스키의 차녀이었다.

마리아 테레지아의 딸들 중, 마리아 크리스티나(1742-1798) 대공녀는 유일하게 배우자를 자신이 직접 선택한 딸이었다. 그녀가 선택한 배우자는 프리드리히 아우구스트 2세 작센 선제후(아우구스트 3세 폴란드 국왕)의 여섯 번째 아들인 작센-테셴의 공작 알베르트 카지미르(1738-1822)였으며, 그녀의 결혼이 형제자매 중 가장 행복한 결혼으로 평가되었다. 알베르트 카지미르는 1780년에 사망한 오스트리아령 네덜란드의 총독 카를 알렉산더 로트링엔 공작의 뒤를 이어 1780년부터 1793년 나폴레옹에 의해 네덜란드가 점령될 때까지, 오스트리아령 네덜란드의 총독을 역임했다. 앞에서도 언급했지만, 카를 알렉산더 공작은 마리아 테레지아의 한살 아래 여동생 마리아 안나의 남편으로서 마리아 테레지아에게는 제부 겸 시동생(프란츠

^{슈테판의 동생)}이었다. 카를 알렉산더가 사용한 로트링엔 공작의 칭호는 명예 칭호였다.

마리아 크리스티나와는 반대로, 여섯 번째 딸 마리아 아말리아₍₁₇₄₆₋₁₈₀₄₎는 본인이 거부했음에도 불구하고 파르마 공국에 대한 오스트리아의 영향력을 확대하기 위해 마리아 테레지아와 카우니츠 수상에 의해 간택된 파르마 공작 필립₍₁₇₂₀₋₁₇₆₅₎의 아들 페르디난트₍₁₇₅₁₋₁₈₀₂₎ 공작_(루이 15세의 외손자)과 강제결혼을 당했다. 페르디난트는 1763년에 사망한 요제프 2세 황제의 첫 황비 이사벨라의 남동생이었다. 요한나 가브리엘레₍₁₇₅₀₋₁₇₆₂₎와 마리아 요제파₍₁₇₅₁₋₁₇₆₇₎는 천연두에 걸려 10대에 사망했기 때문에, 마리아 카롤리네₍₁₇₅₂₋₁₈₁₄₎ 대공녀가 카를로스 3세 스페인 국왕의 3남 페르디난트₍₁₇₅₁₋₁₈₂₅₎와 결혼을 해야 했다. 페르디난트는 1759년부터 1806년까지 나폴리 국왕_(페르디난도 4세), 1759년부터 1815년까지 시칠리아 국왕_(페르디난도 3세), 1815년부터 1825년까지 나폴리-시칠리아 국왕_(페르디난도 1세)이었다. 그들 사이에 출생한 장녀 마리아 테레사₍₁₇₇₂₋₁₈₀₇₎는 1790년 신성로마제국 마지막 황제 프란츠 2세_(프란츠 1세 초대 오스트리아 황제)와 결혼했다. 프란츠 2세와 마리아 테레사의 장녀는 1809년 빈을 점령한 나폴레옹 1세와 결혼한 마리 루이제₍₁₇₉₁₋₁₈₄₇₎이었다.

마리아 테레지아의 막내딸 마리아 안토니아₍₁₇₅₅₋₁₇₉₃₎와 후일의 루이 16세_(1754-1793, 재위: 1774-1792) 프랑스 국왕의 결혼₍₁₇₇₀₎은 마리아 테레지아의 혼인정책의 마지막 순서였다. 마리아 안토니아_(마리 앙투아네트)가 태어난 다음 해인 1756년 오스트리아는 프랑스와 방어동맹_(1차 베르사유 조약)을 체결하였다. 이 시점에 이미 공론화된 합스부르크가와 부르봉가 간의 혼담은 양국 간의 동맹을 재확인하기 위한 마리아 테레지아와 카우니츠 수상의 비장의 카드였다. 마리 앙투아네트와 루이 16세의 결혼식은 1770년 5월 16일 파리의 베르사유 궁에서 거행되었다. 1770년 4월 19일 빈의 아우구스티너키르헤에서 신랑이 참석하지 않은 '궐석예식'을 치른 이틀 후, "내가 그들에게 천사를 한 명 보냈다는 말을 들을 수 있도록 프랑스 국민에게 잘해야 한다."는 어머니 마리아 테레지아의 당부의 말을 뒤로 하고, 프랑스로 떠난 15세의 '천사'는 그러나 남편 루이 16세가 반혁명 죄로 처형된 지 9개월 후인 1793년 10월 16일 같은 죄목으로 38세의 나이에 파리에서 공개 처형되었다. 참고로 빈의 아우구스티너키르헤는 황족의 결혼식이 거행된 아우구스티누스 교단 소속의 교회이다. 마리아 테레지아와 프란츠 슈테판 공작(1736), 요제프 2세와 파르마의 공주 이사벨라(1763), 프란츠 요제프 1세와 바이에른 공주 엘리자베트의 결혼식(1854)이 그곳에서 거행되었다.

5) 영원한 '국모' 마리아 테레지아

마리아 테레지아는 결단력과 여성성을 겸비한, 의무이행과 성실성과 도덕성을 중요한 덕목으로 여긴 군주였다. 그녀는 로트링엔(로렌) 출신의 - 로트링엔은 1736년까지 독일제국의회에 의석을 보유한 공국이었고, 독일제국 제후 자격의 마지막 공작이 마리아 테레지아의 남편이었다 - 남편 프란츠 슈테판과는 달리 국민의 사랑과 존경을 한 몸에 받은 통치자였다. 1740년 10월 20일 23세의 나이에 즉위한 그 날부터 그녀는 합스부르크 제국이라는 거대한 수레바퀴의 중심축이었다. 즉위한 지 두 달도 채 지나지 않은 1740년 12월 11일 프리드리히 2세의 슐레지엔 점령으로 시작된 슐레지엔 전쟁은 도합 3차에 걸쳐 진행되었지만, 그녀는 결연한 의지를 가지고 침략자에 맞서 그녀가 상속받은 합스부르크가의 유산을 지키려고 노력했다. 마리아 테레지아의 집권 초기에 완공되었으며, 그녀가 즐겨 머물렀던 쇤브룬 궁전의 아름다운 내실과 정원은 독일어권을 대표하는 문화재로 남아 있다.

마리아 테레지아는 1780년 11월 29일 사망한 후에도 오스트리아인들의 영원한 '국모'였다. 오스트리아적 관습과 전통, 혹은 오스트리아적 삶

의 현실에서 가장 '오스트리아적인 것'을 대표하는 이미지를 가진 여인
으로 오스트리아인의 정서 속에 각인되어 있는 사람이 바로 마리아 테
레지아이다. 그녀가 얼마나 오스트리아 국민에게 가까이 다가가 있었던
군주인가는 '마리아 테레지아 노랑'이라 민간에 회자된 황색도료의 이름
에서도 알 수 있다. 1780년대 요제프 2세 황제는 황실의 재정을 아끼기
위한 방편의 하나로 남프랑스 산 수입도료 대신 뵈멘 산 진흙 종류에서
추출한, 쇤브룬 궁의 외벽 색깔과 같은 황색도료로 황실 소유의 건물과
관청 건물을 도장하게 하였는데, 마리아 테레지아를 숭앙한 귀족들과 국
민들이 황실의 방법을 앞 다투어 모방하면서 '쇤브룬 황색'을 '마리아 테
레지아 노랑'이라 불렀던 것이다. 오스트리아 곳곳에 산재해 있는 문화
재의 외벽은 예외 없이 이 '쇤브룬 황색'으로 도장되어 있다. 요제프 2세
황제가 추구한 중농주의와 중상주의의 전형적인 표현이라 할 쇤브룬 황
색의 도료 사용 권장으로 황실은 근검절약의 생활태도를 국민들에게 보
여주었고, 국민들은 황실을 따라하면서 정신적 보상을 얻었다.

　마리아 테레지아는 1740년부터 1780년까지 - 첫 25년은 단독으로, 나
머지 15년은 장남 요제프 2세 신성로마제국 황제와 함께 - 40년 동안
오스트리아와 합스부르크 제국을 통치했다. 여자였기 때문에 선제후들이
선출하는 독일황제, 즉 신성로마제국의 황제 자리에 오를 기회는 없었지
만, 합스부르크 제국의 수장으로서 유럽의 외교에서 황제에 버금가는 대
우를 받은 군주였다. 그녀 대신 그녀의 남편 프란츠 1세(프란츠 슈테판)가
1745년부터 독일황제의 자리를 지켰다. 그러나 프란츠 1세는 1765년 타
계하고, 장남 요제프 2세가 1765년 독일황제로 선출되었다. 사후 마리아
테레지아의 시신은 1780년 빈 제1구에 위치한 카푸치너키르헤(카프친 교단
교회)의 지하 황실묘지에 안장되었고, 전통에 따라 심장은 분리되어 아우
구스티너키르헤(아우구스티누스 파 교회로서 호프부르크의 일부임)의 심장묘지에 남편 프
란츠 1세의 심장과 나란히 봉안되어 있다. 이 교회는 마리아 테레지아와
프란츠 1세가 1736년 결혼식을 올렸던 장소이다.

7

요제프주의 – 절대계몽주의 개혁의 완성

  1765년 8월 18일 부왕 프란츠 1세가 사망한 날 신성로마제국 황제의 자리에 오른 마리아 테레지아의 장남 요제프 2세는 - 요제프 2세는 1764년 3월 27일에 이미 차기황제에 선출되었다 - 어머니를 도와 합스부르크 오스트리아 제국을 공동 통치하였다. 공동통치 기간(1765-1780) 중 그는 대외적으로는 독일제국(신성로마제국)의 황제였으며, 대내적으로는 어머니 마리아 테레지아와 함께 합스부르크 제국을 통치한 오스트리아 대공이었다. 공동통치 기간 중의 모자간의 관계는 갈등으로 점철되었다. 마리아 테레지아는 개혁의지로 충만 되어 있었지만, 요제프 2세와는 달리 로마가톨릭교회와 합스부르크가의 바로크적 전통에 경도된 여성이었다. 요제프 2세의 구상이 여러 차례 비가톨릭적이라 하여 마리아 테레지아에 의해 거부되었다. 요제프 2세는 제국운영의 주도권을 행사한 어머니의 의사에 반하여 자신의 목표를 관철시키는 데에는 어려움을 겪어야 했다. 통상적으로 황제가 되면 겸임하던 뵈멘과 헝가리의 왕위를 마리아 테레지아는 생전에 장남 요제프 2세 황제에게 양위하지 않았다. 1780년 어머니가 세상을 떠난 후, 그는 명실상부하게 일인통치의 길로 들어섰으나, 그의 황제로서의 단독 통치기간은 1780년부터 1790년까지 10년에 지나지 않았다.

  요제프 2세는 어머니 마리아 테레지아가 시작한 제반 개혁정책을 속행했고, 그 정책들을 헝가리에도 적용하는데 주저하지 않았다. 그는 넓은 시야를 소유한데다가, 품성이 선천적으로 청렴한 사람이었다. 그는 또 앞선 어느 황제보다도 쉽게 근접할 수 있는 인간성을 소유한 군주였다. 이러한 그의 면모를 잘 보여주는 일화가 있다. 그가 1766년 빈의 유원지 프라터를 일반 국민에게 개방하기로 결정했을 때, 귀족들로부터 황제가 서민들을 위한 정책에 지나치게 많은 노력을 쏟는다는 비판이 일자, 그는 만일 동등한 신분의 사람들하고만 교류를 해야 한다면, 나머지 인생을 가족묘지에서 보내야 할 것이라고 응수했다고 한다. 계몽군주로서의 확실한 면모를 보여 준 일화이기도 하다.

그가 계획했던 제국의 체제는 계몽된 관리들이 황제를 도와 제국운영의 최전방에서 제국행정의 능률화를 도모하는 체제였으며, 그 체제의 궁극적 목표는 이성에 기초한 복지국가의 실현이었다. 부역과 고문의 폐지, 사형제도 폐지, 프라터 공원과 아우가르텐 공원(빈 제2구)의 일반 공개, 스페인 식 궁중의식 제한, 보호관세 도입, 귀족계급에 대한 토지세 부과, 독일어의 공용어 지정, 학교 및 병원 건립, 고아 및 빈민 구호시설 건립, 시내공동묘지의 이전, 슈타이어마르크 민속박물관 건립, 미성년 노동자 생활환경 개선, 기초교구 신설, 수도원 해체, 교황의 영향력 축소, 가톨릭교회의 미신적 전통 금지, 장례식의 간소화 등, 요제프 2세 황제의 개혁은 광범위한 분야에서 매우 세밀하게 수행되었다.

요제프 2세의 사법개혁은 요제프 법전의 출판을 통해 달성되었다. 1768년의 <테레지아 형법전>을 보완하여 1787년에 제정된 <요제프 형법전>의 특징은 신체훼손형을 폐지하고, 전시 즉결재판을 제외한, 정상적인 형사소송 절차에서는 사형제도도 폐지했다는 점에 있었다. 요제프 2세는 징역형 대신 범법자들을 공공노역에 투입시켰다. 요제프 형법전을 통해 적법성의 원칙(기소법정주의)이 처음으로 도입되었다. 귀족에 대한 조항이 별도로 신설되지 않음으로써 법리적으로는 귀족의 특권이 인정되지 않았지만, 실제에 있어서 그들의 영향력은 여전했다. 같은 해 <요제프 민법전>도 도입되었다.

요제프 민법전은 1812년 1월 1일 일반민법전(ABGB)으로 대체될 때까지 유효했다. 1766년의 <테레지아 법전>과 더불어 요제프 민법전은 독일어권에서 가장 오래된 민법전으로서 1787년 1월 1일부터 1811년 12월 31일까지 유효했고, 1812년부터 발효된 일반민법전은 오늘날까지 유효한 오스트리아 민법의 가장 중요한 법전이다. 만인에게 동일한 구속력을 가

지게 한 요제프 민법전에 반영된 개혁조치는 봉건사회의 잔재를 청산하려 한 내용이어서 귀족계급의 저항을 야기하기에 충분할 정도로 혁명적이었다. 요제프 2세 재위기간 동안 중상주의 이념이 실현되었고, 주민들은 잠재적 노동력으로 간주되었다. 주민 수를 늘리기 위한 조치가 시행되었다. 1787년의 요제프 형법전이 사형제도를 폐지하고, 해당 범법자에게 강제노역을 부과하도록 한 것 역시 인구증대 정책의 일환에서 이해되어야 할 것이다.

요제프 2세가 구상한 통합국가는 국민의 복지와 번영을 배려하는 국가였다. 그는 민간부문의 개혁에 있어 지나칠 정도로 세밀한 부분에서까지 개선되어야 하거나, 간소화되어야 할 규정들을 만들려고 했기 때문에, 국민의 불만을 자초한 경우도 있었다. 요제프 2세는 1784년 8월 23일 국민들의 건강과 청결한 식수 공급을 보장하기 위해 시내의 공동묘지 폐쇄를 명령했다. 종교적인 허례허식을 철폐하기 위해 재사용이 가능한 하단 개폐식 목관을 사용하여 장례식을 치르도록 했다. 그 뿐 아니라 반종교개혁과 더불어 대두된, 상궤를 벗어난 허식을 추방하기 위해 장례식 때 사용하는 양초의 수와 길이, 설교와 기도의 종류에 이르기까지 지극히 세부적인 부분의 금지규정들이 공포되었다. 이런 규정들은 주민들의 강한 저항에 부딪혀 공포 직후 곧 철회되기도 했다. 건강에 유해하다는 이유로 후추과자의 유통을 막으려 한 조치도 주민생활을 지나치게 간섭하는 절대군주제 하의 통제국가의 좋은 사례였다. 동남아시아로부터 수입된 후추는 고가의 기호식품이었기 때문에, 후추과자의 유통금지는 수입을 억제하기 위한 경제정책의 일환이었을 것이다. 남프랑스산 수입도료 대신 '쇤브룬 황색'을 황실 건축물의 도장재로 사용하였던 것과 같은 맥락에서 이해되는 정책이었다.

요제프 2세의 개혁정책은 특히 복지정책에 크게 반영되었다. 현재 빈 의과대학 부속병원인 '알게마이네스 크랑켄하우스'(AKH, 일반병원)와 황제의 이름을 딴 외과의 양성기관 '요제피눔'의 설립은 요제프 2세의 국민건강

정책의 구체적 결과였다. 요제프 외과의 아카데미, 즉 요제피눔은 1784
년 요제프 2세 황제에 의해 군의관 양성기관으로 설립되어, 1785년 11
월 7일 개교했다. 요제피눔은 1764년 황태자 시절의 요제프 2세의 주치
의에 임명된 군의관 출신의 이탈리아 의사 지오반니 알레산드로 브람빌
라(1728-1800)에 의해 설립되었다. 요제프 외과의 아카데미(요제피눔)는 1786년
빈 대학교의 다른 학부들과 동등한 반열에 올랐고, 일반의학 및 외상의
학 박사 및 석사를 양성했다. 알게마이네스 크랑켄하우스는 요제프 2세
황제가 세부적으로 관여하여 설립되었는데, 대학병원 내 정신병동은 요
제프 2세가 특별한 애정을 기울인 프로젝트였다. 총안(銃眼)형 창문을
설치한 요새 모양의 5층 원통형 건물의 정신병동은 요제프 2세의 원래
의도와는 달리 사회적 통념에서 일탈한 격리기관이라는 비판에 직면했
다. 요제프 2세가 사망한 6년 후인 1796년 정신병동은 폐쇄되어 병리학
및 해부학 연구소로 그 용도가 변경되었고, 1974년 이후 병리학 및 해
부학 연방박물관으로 사용되고 있다. 요제프 2세의 개혁 작업은 전통적
엘리트 세력의 공개적인, 때로는 은밀한 저항에 부딪혀 좌초되기도 했
다. 그의 개혁정책이 사회적으로 숙성될 수 있기에는 10년(1780-1790)이라는
그의 단독통치기간이 너무 짧았으며, 그것이 개혁 실패의 가장 큰 원인
이었는지 모른다.

후일 <요제프주의>로 명명된 그의 포괄적 개혁의 중점은 마리아 테
레지아의 생존 시에는 착수가 불가능했던 새로운 종교정책에 놓여 있었
다. 가톨릭이 국교인 합스부르크 제국은 마리아 테레지아의 선대인 카를
6세 때까지만 해도 가톨릭을 제외한 기타 종교를 허용하지 않았기 때문
에, 이단은 곧 범죄였다. 마리아 테레지아는 반종교개혁을 추진한 마지
막 오스트리아 군주에 속했다. 그러나 요제프 2세는 제국을 구성하고 있
는 다민족 국가의 다양한 종교를 인정하는 쪽으로 선회하여, 심지어 유
대인에게까지 신앙의 자유를 허용하는 칙령을 반포했다. 정교분리정책을
도입하였을 뿐 아니라, 정치가 교회를 지배하는 제도적 장치를 마련하였

다. 다시 말해 무제한의 국가주권을 인정하는 정책을 실시하여 국익에 유익한 쪽으로 제반 정책의 방향을 결정하였으니, 종교도 예외가 아니었던 것이다. 교회와 관련된 분야치고 개혁으로부터 자유로운 것은 한 가지도 없을 만큼 국권을 교권보다 상위에 두기 위한 작업을 완성하였다. 요제프 2세의 종교정책이 교황청과의 마찰을 야기한 것은 당연한 결과였다.

요제프 2세가 개혁의 대상으로 삼은 교회는 마리아 테레지아가 수호하려 한 로마가톨릭교회였고, 요제프 시대의 개혁적 종교정책의 출발점은 - 로마가톨릭교회의 철저한 옹호자 마리아 테레지아가 사망한 다음 해인 - 1781년 10월 13일에 공포되어, 오스트리아의 반종교개혁을 공식적으로 종식시킨 <관용칙령>(톨레란츠파텐트)이었다. 1781년의 관용칙령은 먼저 그리스 정교와 프로테스탄트 교도들에게 - 한 시간 내에 도달할 수 있는 거리에 - 신도 100명 당 예배소 한 곳의 설립을 허용하고, 그곳에서는 자유로운 종교행사를 보장했다. 여기에 가해진 제한이라고는 교회건축과 관련한 사소한 - 예컨대 첨탑 설치와 출입구의 도로 변 설치 불허 등의 - 문제뿐이었다. 관용칙령에 의해 비가톨릭교도에게도 동등권이 부여되었다. 신교도에게 대학 진학의 자격이 허용된 것이 한 가지 예였다. 1782년 11월 2일 먼저 빈 거주 유대인을 대상으로 한 관용칙령이 별도로 공표된 후, 여타 지역 유대인들에게도 동일한 입법이 뒤따랐다. 유대인을 위한 요제프 2세의 관용칙령은 특히 합스부르크 제국의 동부 지역에 거주하는 유대인들에게 발전의 기회를 제공했고, 모제스 멘델스존(1729-1786년)의 주도로 같은 시기에 활발하게 진행된 동유럽 유대인 계몽주의 운동 '하스칼라'에서 생생한 호응을 얻었다.

요제프 2세가 펼친 교회정책의 목표는 경제적으로 중요한 주민집단의 사회적 통합이었고, 관용칙령은 그의 교회정책의 핵심이었다. 그러나 관용칙령과 더불어 신앙의 자유가 허용된 이후에도 가톨릭교의 우선권은 유지되었고, 가톨릭교에서 타종교로의 개종은 제한적으로 허용되었다.

1787년 이후 개종 희망자는 가톨릭교회를 탈퇴하기 전 6주간의 신앙교육을 받아야 했다.

요제프 2세는 교회(교권)가 국가(제권)의 권위에 종속되는 국가교회를 구현하려고 노력했다. 주교구와 교단, 그리고 수도회 중 상당수는 그 관할지역이 인접한 제후국과 중복된 상태에서 로마교황에 종속되어 있었다. 예컨대 주교구로 독립하기 전의 빈 교구는 파사우 주교구에 소속되어 있었다. 빈 교구가 주교구로 승격된 것은 1469년이었고, 파사우 주교구의 방해공작에도 불구하고 주교구에서 대주교구로 승격된 것은 1722년이었다. 국가교회주의를 지향한 요제프 2세는 교황을 비롯한 교회의 명령은 - 관혼상제에 관한 결정권은 주교의 의무로 남기고 - 모두 황제의 승인을 받도록 했다. 주교구와 교황 간의 소통, 그리고 교단과 외국(인접국) 거주 수도회 총장들과의 접촉은 억제되거나 금지되었다. 1783년 로마 방문 시, 요제프 2세는 독립적인 국가교회를 창설하여 교황의 권위로부터 독립할 것이라고 교황을 위협했다. 그리고 그는 주교들에게 선서를 강요해 그들을 국가의 권위에 종속시켰다.

요제프 2세는 1782년 수도원 철폐령을 공포하고, 교회의 세속재산을 종교기금에 통합하는 법령을 제정했다. 국민경제적 관점에서 비생산적인, 다시 말해 사회적 활동(예: 환자구호, 학교경영)에 기여하지 않는 종교기관은 폐쇄하고, 그 재산을 국유화시켜 종교기금을 조성하는 것이 수도원 철폐령의 종국적인 목표였다. 요제프 2세는 미신과 종교적 광신주의의 원천으로 간주된 수도원들에 대해 특히 강경한 조치를 취했다. 재산이 많은 고위 성직자에 의해 운영된 수도원이 수도원 철폐령의 주목표가 되었다. 1780년을 기준하여 뵈멘을 포함한 독일어권 오스트리아의 총 915개 수도원(남자 수도원 762개소, 수녀원 153개소) 중 388개소만 보존되었다. 폐쇄된 수도원 재산의 국유화를 통해 조성된 종교 기금은 35,000,000 굴덴으로 증액되었다. 교회재산의 절반은 교육적 목적으로 출연되었고, 또 절반은 교단의 성격과 자선기관의 성격을 동시에 가지는, 사회적 빈곤을 퇴치하는 기관에 맡겨졌다.

　불필요한, 국민경제에 기여하지 않는 교회의 재산을 환수한 대신, 지역기초교구는 오히려 신설되었다. 신설 지역교회는 해당지역 거주민이 한 시간 내에 도보로 도달할 수 있는 거리에 건립되도록 유도하고, 주민 700명 당 지역교회 한 곳을 설립하도록 했다. 그 밖에 사목활동과 사회복지사업을 보장하기 위해 필요한 성직자 및 지역교구에 투입될 예비신부를 양성하는 기관을 국가가 주관하도록 제도를 바꾸었다. 요제프 2세 황제는 은퇴한 성직자(수도원 철폐령에 의해 수도원 등을 떠난 성직자 포함)를 위한 연금과 신설 지역기초교구 담당 성직자들에게 지불할 성록의 액수를 고정급으로 확정케 했다. 사목활동을 하지 않는 종교재단과 대규모 교회에서 발생하는 수입, 특히 지역적으로 확정된 액수를 초과하는 주교좌성당 참사회원들의 수입은 종교기금에 귀속시킨 후, 지역기초교구 담당 성직자들에게 할당되었다. 주교구에 최고액의 부담금이 배당되었고, 잉여금은 종교기금으로 흡수되었다. 주교좌 공위기(주교 공석기간)에 발생하는 수입도 종교기금으로 전환되었다. 종교기금은 국가가 임명한 성직자, 국립일반신학교 및 이 학교를 졸업한 예비성직자, 은퇴한 신부들의 지원에 충당되도록 했다. 교회와 종교재단의 재산은 공개된 후, 국채로 전환되어 종교기금에 투자되도록 했다. 국유화 조치를 피해간 교회재산에 대해서는 세금이 부과되었다. 현존하고 있는 교단과 세속성직자들에게도 세금이 부과되었다. 그러나 교회의 재산을 하나의 기금으로 전환하는 것은 실제로는 쉬운 일이 아니었다. 요제프 2세 황제의 개혁이행과 수도원 철폐령은 압도적 다수가 가톨릭교도인 국민들의 저항을 피해 갈 수가 없었다.

　마리아 테레지아의 교육개혁은 요제프 2세에게 일반신학교 설립의 길을 열어 주었다. 빈, 그라츠, 올뮈츠(올로모우츠), 프레스부르크(브라티슬라바), 페스트, 인스부르크, 프라이부르크, 크라카우(크라쿠프), 렘베르크(우크라이나의 리비우), 뢰벤(오스트리아령 네덜란드의 루뱅), 파비아(북이탈리아) 등 합스부르크 제국의 11개 거점도시에 12개소의 국립일반신학교가 설립되었고, 렘베르크에는 지역주민 분포의 특수성을 감안해 두 개의 일반신학교(그리스어 신학교와 라틴어 신학교)가 설립되었다. 수도원 철폐령 공포 1년 후인 1783년 수도원 부속 신학교와 주교구 신학교는 모두 폐쇄 조치되었다. 12개 일반신학교는 위의 11개 도시의 대학에 부속되었지만, 주교구의 성직양성기관 혹은 수도원의 5년제 신학교가 개설했던 교과 및 수련 과정은 일반신학교 교과과정에 그대로 존치되었다. 교회재단과 수도원 측의 반발이 극심했기 때문에, 일반신학교에서 신학교육을 받은 예비성직자들은 교단의 초빙을 받지 못하는 경우가 허다했다. 몇몇 일반신학교는 내적 붕괴의 조짐을 보였다. 뢰벤 대학에 설립된 일반신학교는 브라반트(오스트리아령 네덜란드)에서 발생한 무장반란(1789-1790, 브라반트 혁명)의 원인을 제공했다. 프랑스 혁명과는 달리, <브라반트 혁명>은 요제프 2세 황제의 종교정책(요제프주의)에 대한 저항의 표출이었다.

1782년 수도원 철폐령이 공포되었을 때, 요제프 2세 황제의 교회정책을 우려한 교황 비오(피우스) 6세(재위: 1775-1799)가 요제프 2세와 가톨릭교회 간의 관계를 중재하기 위해 빈을 방문했지만, 요제프 2세는 사회적인 임무와 자선구호활동을 수행하지 않는 수도원과 교단의 폐쇄를 멈추지 않았다. 목적을 달성하지 못하고, 로마로 귀환한 비오 6세는 서면으로 요제프 2세에게 교회개혁 정책의 재고를 요청했으나, 뜻을 이루지 못했다. 교황에게 보낸 요제프 2세 황제의 답서에 고무된 신성로마제국의 대주교들은 1785년 뮌헨의 교황령 대사관 신설 문제를 두고 교황령과 독일제국 대주교단 간에 발생한 분쟁을 해결하기 위해 1786년 8월 25일 엠스(라인란트-팔츠의 바트 엠스)에서 회합하여, <엠스 협약>을 체결하였다. 엠스 협약에 서명한 대주교는 마인츠 대주교 프리드리히 카를 요제프 폰 에르탈(1719-1802, 재위: 1774-1802), 쾰른 대주교 겸 독일기사단 총단장 막시밀리안 프란츠(1756-1801, 재위: 1784-1801, 요제프 2세 황제의 동생, 마리아 테레지아의 막내아들), 트리어 대주교 클레멘스 벤체슬라우스(1739-1812, 재위: 1768-1801, 프리드리히 아우구스트 2세 작센 선제후 겸 아우구스트 3세 폴란드 국왕의 아들, 요제프 1세 황제의 외손자), 잘츠부르크 대주교 히에로니스무스 폰 콜로레도(1732-1812, 재위: 1772-1812) 등이었다.

엠스 협약 초안이라 명명된 신성로마제국 대주교 결의에서 요제프 2세 황제의 교회정책(요제프주의)과 뜻을 같이한 4인의 대주교들은 교구의 자율성(교황의 집행권 철폐, 주교권 제한 철폐), 성직록(綠) 제도의 개혁(성직록의 상속 금지 및 독일제국 내의 성직록 임명은 독일제국 출신의 성직자에 국한시킬 것), 소송제도의 개혁(대주교가 동의하지 않는 항소제도 폐지 및 주교회의 재판소 설립)을 요구했고, 특히 전년도에 개설된 뮌헨 주재 교황령 대사관의 폐쇄를 요구했다. 1785년 신설된 뮌헨 주재 교황령 대사가 주교와 대주교의 권리를 대행하려 했기 때문이었다. 대주교들은 교황이 엠스 결의를 승인하지 않을 경우, 독일제국 내의 종교회의를 통해 해결될 것임을 선언했다. 요제프 2세 황제에게 제출된 23개 조항으로 된 이 엠스 협약 초안은 그러나 대주교들의 권한 확대를 우려한 보좌주교들의 반대에 부딪혔다. 요제프주의의 철저한 옹호자들이었던 쾰른 대주교와 잘츠부르크 대주교의 개인적인 노력에도 불구하고 대주교들과 보좌주교들 사이에 발생한 이견으로 인해 황제의 재가를 얻지 못한 채, 엠스 협약은 조약으로서 효력을 발생하지 못하고, 1790년 요제프 2세 황제가 사망하고, 같은 해 트리어 대주교가 엠스협약에서 탈퇴했을 때 폐기되었다.

요제프 2세의 종교정책(요제프주의)의 근본사상은 - 13세기에 이미 정점에 도달한 교황권의 정치적 발전에 반발한 - 에피스코팔리즘(공의회 중심주의) 운동으로까지 거슬러 올라갈 수 있지만, 1763년 로마의 중앙집권주의(교황중심주의)로부터 주교단의 독립을 주장한 페브로니우스의 공의회중심주의적, 국가주의적 교회 원칙에서 직접적인 영향을 받았다. 트리어 대주교구의 보좌신부 요한 니콜라우스 폰 혼트하임(1701-1790)은 1763년 '유스티누스 페브로니우스'라는 필명으로 출간한 <교회의 상황과 로마교황의 적법한 권리에 관한 책 - 반대 의견을 가진 신자들을 일치시키기 위해>라는 제목의 라틴어 저서에서 주교중심주의적 교회개혁론(페브로니아니즘)을 주창했다. 페브로니우스(혼트하임)의 저서는 출판과 동시에 로마교회가 금서목록에 올렸을 정도로 엄청난 물의를 야기했다.

주교권의 강화를 위해 교황권의 대폭적인 제한을 설파한 <페브로니우스주의>는 갈리카니즘(프랑스의 에피스코팔리즘)처럼 18세기 후반 독일어권에 광범위하게 확산되었다. 페브로니우스의 사상은 요제프 2세 황제의 국가교회 이념과 종교정책에 직접적인 영향력을 행사했고, 1786년의 <엠스협약> 초안의 23개 조항은 페브로니우스주의의 구현으로 평가되었다. 합스부르크가의 마지막 반 종교개혁자 마리아 테레지아와 마리아 테레지아가 사망한 후 1년도 채 안 되어 관용칙령을 반포한 요제프 2세 모자는 계몽군주라는 공통점을 가졌음에도 불구하고, 종교정책에 있어서만은 서로 대척점에 서 있었다는 사실을 확인할 수 있다. 빈 대학교의 카를 안톤 폰 마르티니(1726-1800, 법철학) 교수와 요제프 폰 존넨펠스(1732-1817, 정치학) 교수, 그리고 인스부르크 대학의 파울 요제프 폰 리거(1705-1775, 국제법) 교수 등의 계몽주의자들은 요제프주의의 선구자들이었으며, 요제프주의의 국가교회 이념은 이미 그들에게서도 큰 영향을 받았다. 그러니까 요제프주의는 갈리카니즘(갈리아주의)과 페브로니아니즘의 전통을 잇는 - 종교의 국가주의를 대변한 - 요제프 2세의 통치철학의 요체였다.

19세기가 도래하기 전에 이미 오스트리아 제국은 복지국가를 지향하는 걸음마를 시작했다. 근대화된 복지국가 오스트리아의 초석이 된 황제가 바로 요제프 2세였다. 요제프 2세의 개혁정책은 그 당시로서는 유럽의 어느 군주도 생각할 수 없었던 선구적인 시도였다. 요제프주의는 유럽의 여타 국가에서는 한 세기 반이 지난 20세기 초 왕정이 공화정으로 바뀐 이후에야 비로소 논의의 대상이 될 수 있었던, 시대를 앞선 혁명적 시도였다. 그러나 요제프 2세의 통치철학을 구현하기 위해 수립된 각종 개혁정책은 정책의 시행과정에서 문제점을 만났다. 서거 직전, 그의 국가개혁 조치들은 다민족 국가의 신분대표의회와 민족주의의 압력에 의해 대부분 철회되지 않을 수 없었다. 그러나 1781/1782년의 관용칙령의 반포를 통해 신교도들을 위시해 가톨릭이 아닌 타종교 신자들에게 종교적 관용을 허용한 것과 부역제도를 완전히 폐지한 것은 요제프 2세가 성공한 대표적 개혁조치들이었다. 특히 국가적, 국민경제적 이해관계와 계몽주의 정신에 입각하여 종교의 자유를 허용한 관용칙령은 요제프 2세의 종교정책 혹은 요제프주의의 핵심적 요소이었다.

협의의 요제프주의가 요제프 2세 황제의 개혁적 종교정책을 의미했다면, 광의의 요제프 개혁 혹은 요제프주의는 종교정책 이외의 다양한 분야를 망라했다. 부분적인 표현의 자유 허용과 검열의 폐지는 비판적인 여론의 싹을 틔우게 했다. 요제프 2세는 귀족과 성직자들의 영향력을 억제하려고 시도했다. 예컨대 농민들의 부역제도는 관용칙령 공포 한 달 후인 1781년 11월 1일자 칙령을 통해 폐지되었다. 중앙관청 관리들의 권한을 안정화시키기 위해 귀족이 주도한 신분대표회의를 억제함으로써 요제프 황제의 중앙집권화 노력은 가속화되었다. 그는 오스트리아 다민족 제국을 독일어를 공용어로 사용하는 통합국가로 만들고, 지역특권을 없애려고 노력했다. 지역의 특권을 폐지하려한 시도는 오스트리아령 네덜란드와 헝가리에서 민중반란을 야기했다. 심지어 요제프 2세 황제는 개혁의 일환으로 지금까지 선임 황제들이 직접 대관식 거행 도시인 프라하와 프레스부르크(브라티슬라바)를 방문하여, 일정 기간 그곳에 체류하면서 뵈멘 국왕 및 헝가리 국왕 즉위식을 가졌던 전통을 포기했지만, 이것은 요제프 2세 황제의 의도와는 반대로 뵈멘과 헝가리인들의 자존심에 상처를 가한 결과를 초래했다. 부다페스트가 1686년 오스만 제국의 점령에서 해방되었음에도 불구하고, 프레스부르크는 1783년 이전까지 헝가리 왕국의 수도 역할을 했다.

요제프 2세의 외교정책은 팽창주의를 지향했지만, 대체로 그 목표는 매우 제한적으로 실현되었다. 1772년의 오스트리아의 폴란드 분할 점령은 요제프 2세의 외교정책과 일치했지만, 요제프 2세에 의해 주도된 것은 아니었다. 실패로 끝난 바이에른과 오스트리아령 네덜란드의 교환 시도도 요제프 2세의 영토 확대정책의 소산이었다. 요제프 2세는 1787년 예카테리나 2세의 동맹 파트너로서 러시아-오스만 제국 전쟁에 참전했지만, 그가 사망한 후 이 전쟁(8차 터키전쟁 참조)은 레오폴트 2세 황제가 체결한 <시스토바 평화조약>(1791)으로 종전되었다. 1771년의 폴란드의 칩스 지역 점령과 1775년의 부코비나 합병은 마리아 테레지아와 요제프 2세의 공동통치시대의 일이었다.

1848년 혁명의 예봉을 피해 올뮈츠(체코의 올로모우츠)로 파천한 피난정부 시기에 집권한 오스트리아의 신절대주의 정부(프란츠 요제프 1세)는 - 요제프주의와는 반대로 - 가톨릭교회 내에서 확고한 지지기반을 재확인하려고 노력했다. 빈 대주교 요제프 오트마르 폰 라우셔(1797-1875) 추기경은 가톨릭교회와 황실 간의 협약체결을 중재하였다. 1855년 8월 18일에 조인된 <오스트리아 정교협약>과 더불어 요제프주의는 수명을 다하는 듯 했다. 요제프 시대의 정교분리 정책을 극복하려 한 라우셔 대주교는 요제프 2세 시대 이후 행사하지 못한 교회의 영향력을 학교교육과 혼인법에 부활시켰다.

그러나 요제프주의의 정교분리 정책을 지지한 관료와 자유주의자들은 정교협약에 크게 반발했다. 그 결과 정치와 종교의 관계를 요제프시대 이전으로 환원시킨 1855년의 정교조약은 그 후 입법과정을 거쳐 - 예컨대 1861년 4월 8일의 <신교칙령>(프로테스탄텐파텐트)을 통해 - 중요 내용들이 삭제되었다. 관용칙령(1781)이 공포되고 80년이 지난 1861년 4월 8일 신교칙령이 반포되면서 종교행사가 완전한 자유를 얻었고, 종교의 평등화 조치가 법제화되었다. 요제프주의의 핵심적 개혁조치였던 <관용칙령>의 정신이 80년의 세월이 흐른 후 <신교칙령>의 반포로 완성되었다고 할 수 있을 것이다. 그리고 독일어를 합스부르크 제국의 공용어로 채택함으로써 독일어 언어권을 동유럽 깊숙한 지역으로까지 확대시킬 수 있었던 요제프 2세의 문화정책은 결과적으로 독일어권 문화의 동진 정책에도 크게 기여했다. 1875년 부코비나 합병 100주년을 기념하기 위해 부코비나의 수도 체르노비츠에 황제의 이름을 딴 <프란츠 요제프 대학>을 창립한 것도 요제프주의의 결실의 일례라고 할 수 있을 것이다. 체르노비츠 김나지움과 더불어 프란츠 요제프 대학은 독일어를 공용어로 사용한 교육기관이었다.

| 제 5 장 |

나폴레옹 전쟁(1792-1815)과
신성로마제국의 해체(1806)

나폴레옹 전쟁(1792-1815)과 신성로마제국의 해체(1806)

❑ 1
레오폴트 2세 황제

계몽절대주의 반세기를 거치면서 합스부르크 제국은 중앙집권화를 달성하고, 내정을 공고히 다지는데 성공했다. 그러나 3차에 걸친 프리드리히 2세 프로이센 국왕의 오스트리아 침략전쟁(슐레지엔 전쟁)과 오스트리아 계승전쟁을 거치면서 프로이센이 유럽의 새로운 강자로 부상했다. 이제 독일 땅에 오스트리아의 강력한 경쟁국가가 등장한 것이다. 중상주의를 확립하려는 온갖 노력에도 불구하고, 합스부르크 제국은 유럽의 서방국가들과 비교할 때 아직은 경제적 낙후를 면치 못하고 있었다. 귀족과 교회가 여전히 국가와 사회의 중심 기능을 장악하고, 근대적 의미에서의 시민계급은 이제 겨우 초기 발전단계에 있었다. 요제프 2세가 사망하기 1년 전 발생한 프랑스 혁명은 그 영향력을 전 유럽에 전파했다. 유럽 국가 중 프랑스 혁명과 그 후폭풍의 피해를 가장 많이 입은 국가는 오스트리아이었다.

요제프 2세가 1790년 2월 20일 폐결핵으로 돌연 사망했을 때, 1765년 이후 토스카나 대공으로서 피렌체에 머물고 있던, 그의 6살 아래 동생 레오폴트 2세는 토스카나 대공 직을 유지한 채, 요제프 2세를 승계하여 합스부르크 제국을 상속받았다. 그는 요제프 2세가 사망하고 7개월이 지난 1790년 9월 30일 프랑크푸르트에서 개최된 선제후 회의에서 신성로마제국 황제로 선출되어, 10월 9일 같은 장소에서 독일제국 황제에 즉위했다. 오스만 제국과의 전쟁 중에 합스부르크 제국을 상속받은 레오폴트 2세는 민생과 정국을 동시에 안정시키기 위해 우선 요제프 2세의 급진적 개혁을 중단시켰다. 그는 요제프 2세의 종교정책에 저항하여 일어난 헝가리와 벨기에의 반란(브라반트 반란)을 진정시키는 일에 2년이라는 짧은 재위기간의 대부분을 보내야 했다.

레오폴트 2세가 예기치 않은 시점에 합스부르크 제국을 상속받았을 때, 오스트리아는 그 2년 전부터 오스만 제국과 전쟁 중이었다. 오스트리아의 마지막 터키전쟁인 8차 오스트리아-오스만 제국 전쟁(1788-1792)은 오스만 제국이 1787년 러시아에 선전포고함으로써 시작된 러시아와 오스만 제국 간의 전쟁이었다. 러시아의 동맹국으로서 러시아보다 1년 늦게 전쟁에 개입한 오스트리아는 오스만 제국의 해체와 분할을 8차 터키전쟁의 공동 목표로 설정한 후, 1788년 요제프 2세가 직접 오스트리아군을 지휘하여 참전했다. 오스만 제국이 붕괴되어 요제프 2세와 예카테리나 2세의 팽창주의 외교가 성공할 경우 유럽의 세력균형이 깨질 것을 염려한 프로이센의 프리드리히 빌헬름 2세 국왕은 1790년 1월 오스만 제국의 술탄 셀림 3세와 공격동맹을 체결했다. 프로이센과 오스트리아 간에 형성된 새로운 대결 구도의 궁극적인 목표는 오스트리아-러시아 동맹을 약화시키기 위해 오스트리아를 양국(러시아와 오스트리아) 동맹에서 끌어내리는 것이었다.

위기 상황에서 요제프 2세 황제가 급서했고, 준비 없이 합스부르크 제국의 군주가 된 레오폴트 2세에게는 전임 황제 때 조성된 위기를 조기에 해소시키는 일이 급선무가 되었다. 신성로마제국 황제 선거를 목전에 둔 레오폴트 2세로서는 선제후 회의에서 막강한 권한을 행사할 수 있는 브란덴부르크 선제후 자격의 빌헬름 2세 프로이센 국왕을 적으로 방치해 둘 수는 없는 일이었다. 실제로 빌헬름 2세 프로이센 국왕은 오스만 제국과 동맹을 체결한 직후 레오폴트 2세에게 위협을 가하기 위해 프로이센 군대를 슐레지엔에 집결시켰다. 레오폴트 2세는 프로이센의 압력에 굴복했다. 그는 영국의 중재를 수용하는 형식을 빌려 프로이센 국왕과 슐레지엔의 라이헨바흐(폴란드의 드제르조니우프)에서 조약을 체결했다. 오스트리아는 프로이센 국왕의 요구를 받아들여 1788년 이후 지속된 오스만 제국과의 전쟁을 끝내고, 점령한 도나우 강 유역의 오스만 제국 영토를 포기하기로 했다. 요제프 2세의 팽창주의 외교정책이 초래한 8차 터키전쟁이 레오폴트 2세에 의해 종결된 것이었다.

1790년 7월 27일의 <라이헨바흐 협정>으로 오스트리아와 프로이센 간의 긴장관계는 해소되었다. 오스트리아는 라이헨바흐 협정에 따라 1791년 8월 4일 시스토바(불가리아의 스비슈토프)에서 오스만 제국과 단독 평화조약을 체결하여 오스만 제국과 전쟁을 - 러시아보다 1년 먼저 - 끝낼 수 있었다. <시스토바 평화조약>에서 오스트리아는 점령한 베오그라드를 오스만 제국에게 반환하고, 북 보스니아의 일부 지역만 보장받았다. 라이헨바흐 협약에서 오스트리아가 프리드리히 빌헬름 2세의 요구를 수용한데 대한 대가로 프로이센은 더 이상 동쪽으로 영토를 확대하지 않고, 헝가리와 오스트리아령 네덜란드에서 발생한 반 합스부르크 반란(브라반트 반란) 세력의 지원 중단을 약속했다. 그러나 프로이센은 1793년 2차 폴란드 분할시 서프로이센의 단치히(그다인스크)와 토른(토루인)을 합병함으로써 동진정책 포기 약속을 지키지 않았다.

1789년 10월 24일 오스트리아령 네덜란드에서 발생한 <브라반트 반란> 혹은 <브라반트 혁명>은 1790년 12월 말 오스트리아 군대가 브뤼셀에 진주함으로써 일단 진압되었다. 헝가리와 오스트리아령 네덜란드에서 발생한 민중봉기의 원인은 요제프 2세의 급진적 개혁정책(특히 종교정책)으로 인해 헝가리인들과 네덜란드인들이 그들의 이해관계와 지역적 특성이 침해되었다고 생각했기 때문이었다. 헝가리와 오스트리아령 네덜란드는 요제프주의가 실패한 지역이었다.

루이 16세의 왕비 마리 앙투아네트의 오빠인 레오폴트 2세 황제는 프랑스 혁명에 대해 처음에는 소극적인 태도를 견지했다. 루이 16세 부처가 체포된 후에야 비로소 그는 프리드리히 빌헬름 2세 프로이센 국왕과 공동으로 <필니츠 선언>(1791년 8월 27일)을 발표하고, 프로이센과 동맹을 체결하여 프랑스 문제를 해결하기 위한 공동의 대책을 강구했다. 그러나 레오폴트 2세는 프랑스와의 전쟁(1차 동맹전쟁)이 발발하기 전에 사망했다. 1791년 여름 레오폴트 2세는 프리드리히 빌헬름 2세 프로이센 국왕 및 프랑스의 망명 귀족들과 공동으로 프랑스 혁명세력들에게 사실상 선전포고나 다름없는 필니츠 선언을 발표했으나, 그것은 오히려 매제인 프랑스 국왕 루이 16세의 입장을 더욱 어렵게 만든 결과를 초래했다.

　필니츠 선언은 드레스덴 동쪽 엘베 강 유역의 필니츠에 막 완공된 필니츠 성에서 1791년 8월 25일부터 27일까지 사흘 동안 레오폴트 2세 신성로마제국 황제와 프리드리히 빌헬름 2세 프로이센 국왕 간에 진행된 회담의 결과물이었다. 오스트리아와 프로이센의 군주 간에 3일 동안 계속된 회담의 원래 의제는 3개월 전 폴란드 의회에 의해 제정된 신헌법(1791년 5월 3일 헌법)의 처리 문제이었다. 자코뱅파의 혁명이념을 수용한 폴란드 신헌법 때문에 유럽국가들, 특히 폴란드 분할(1772년 1차 분할)에 참여했던 러시아, 프로이센, 오스트리아 3국은 폴란드 사태에 민감한 반응을 보이면서 폴란드 정국을 예의 주시 중이었다. 레오폴트 2세와 프리드리히 빌헬름 2세는 혁명을 피해 망명한 루이 16세의 동생 아르투아 백작 샤를(후일의 샤를 10세 프랑스 국왕)과도 몇 차례 회담을 필니츠에서 가졌다. 회담 장소를 제공한 프리드리히 아우구스트 3세 작센 선제후는 회담에는 참가하지 않았다. 회담 최종일에 가서야 비로소 프랑스 망명 귀족들의 강한 요청으로 채택된 필니츠 선언의 목표는 프랑스의 왕정 회복, 다시 말해 프랑스 혁명을 분쇄하기 위한 유럽 군주들의 결속을 촉구한 내용이었다.

　프랑스 국내 과격파 혁명세력에게 필니츠 선언은 전쟁을 일으킬 수 있는 구실이 되었다. 오스트리아와 프로이센은 1792년 2월 7일 프랑스 혁명세력들을 제거하기 위해 <1차 동맹>을 체결했고, 프랑스 혁명의회 (국민의회)는 그 해 4월 20일 오스트리아, 프로이센 그리고 피에몬테-사르데 냐에게 전쟁을 선포했다. 그러나 <1차 동맹전쟁>은 레오폴트 2세 황제 가 세상을 떠난 후 시작되었다. 레오폴트 2세는 2년 전 요제프 2세 황 제가 그러했듯이, 1792년 3월 1일 갑자기 사망했다. 그의 장자 프란츠 2 세가 그를 승계하여 독일제국 황제에 선출되었다. 터키전쟁의 와중에 레 오폴트 2세가 즉위했듯이, 그의 후계자 프란츠 2세도 즉위하자마자 1차 동맹전쟁의 소용돌이 속에 휘말려 들어가게 되었다.

레오폴트 2세는 1765년 8월 5일 스페인 부르봉 왕가의 마리아 루도 비카(1745-1792)와 인스부르크에서 결혼했다. 그녀는 스페인 국왕 카를로스 3세와 작센 공주 마리아 아말리아(작센 선제후 프리드리히 아우구스트 2세의 장녀)의 딸이었다. 레오폴트 2세와 마리아 루도비카 사이에는 16명의 자녀가 태 어나 11명이 성년으로 성장했다. 장남 프란츠 2세는 합스부르크 제국을 상속하여 신성로마제국의 황제가 되었다. 그리고 차남 페르디난트 3세는 토스카나 대공국을 상속받았다. 이로써 토스카나는 제3대 대공(페르디난트 3 세)과 더불어 엄밀한 의미에서 합스부르크 왕가의 - 황제가 대공 직을 겸 하지 않은 - 독립적인 방계통치 국가가 되었다. 1737년 이후 합스부르크 -로트링엔가에 귀속된 토스카나의 초대 대공이며 레오폴트 2세의 부친인 프란츠 1세(프란츠 슈테판) 신성로마제국 황제는 1739년에 잠시 피렌체에 체 재한 것을 제외하면, 토스카나에 머문 적이 없었다. 그러나 1765년 프란 츠 1세를 승계한 그의 차남 레오폴트 2세는 1765년부터 1790년 초까지, 다시 말해 요제프 2세 황제가 사망한 1790년 2월 20일까지 이탈리아 이 름(피에트로 레오폴도 대공)으로 25년 동안 피렌체에 주재하면서 직접 토스카나 를 통치했으며, 1790년 2월 20일 요제프 2세 를 승계한 후 1792년 초 사망할 때까지 토스카나 대공의 칭호를 유지한 채, 합스부르크 제국과 신성로마제국을 통치했다.

1) 토스카나 대공으로서의 레오폴트 2세와 오스트리아의 토스카나 지배시대

피렌체의 명문 귀족 가문 메디치가 소유의 토스카나 대공국이 합스부르크 제국 영토에 편입된 것은 1737년의 일이었다. 1737년 7월 9일 메디치가의 마지막 대공 지안 가스토네(1671-1737)의 죽음과 더불어 가문에 소멸된 토스카나 대공국은 1736년 카를 6세 황제의 장녀 마리아 테레지아와 결혼한 로트링엔(로렌) 공작 프란츠 슈테판(1745년 이후 프란츠 1세 황제)에게 양도되었다. 폴란드 왕위계승전쟁을 끝낸 1735년 10월 3일자 빈 예비평화조약에 의거하여 로트링엔 공국을 루이 15세의 장인 스타니수아프 레슈친스키에게 넘기는 조건으로 프란츠 슈테판에게 양도된 토스카나 대공국은 그 후 - 나폴레옹에 의한 점령기간을 제외하면 - 1860년까지 합스부르크 제국의 통치지역에 속했다.

프란츠 1세(마리아 테레지아의 남편) 황제 생전에 다섯 아들 중 장남 요제프(후일의 요제프 2세 황제)는 프란츠 1세의 후계자에 지명되었고, 차남 카를 요제프(1745-1761)가 토스카나 대공 직을, 3남인 레오폴트는 밀라노 공국을 각각 상속받기로 상속의 순위가 결정되어 있었지만, 카를 요제프는 1761년 천연두에 감염되어 16세의 나이에 갑자기 사망했다. 1765년 프란츠 1세가 서거한 후, 요제프 2세는 독일제국 및 합스부르크 제국의 군주에 올랐고, 레오폴트(토스카나 대공으로서는 레오폴트 1세)는 토스카나 대공이 되어 1790년까지 토스카나의 수도 피렌체에 상주하면서 토스카나 대공국 통치에 전념했다.

오스트리아와 합스부르크 제국을 대상으로 하여 형 요제프 2세 황제가 급진적 개혁을 추진했던 것과는 달리, 동생 레오폴트 1세 토스카나 대공(1765-1790)은 토스카나 대공국의 개혁을 신중하고 중도적인 방향으로 주도하여, 18세기의 가장 유능한 개혁 군주 중의 한 사람으로 평가받았다. 프란츠 1세는 일생동안 빈에 체류하면서 총독을 내세워 토스카나 공국을 위임통치하게 한데 반해, 레오폴트 1세 대공(독일제국 황제로서는 레오폴트 2

세, 1790-1792)은 총독을 비롯하여 토스카나의 모든 관리들을 외국인(오스트리아인)에서 이탈리아인으로 교체함으로써 지역친화적인 국정운영을 도모했다. 그는 생필품과 직물의 자유거래제도를 도입했고, 농업을 장려하고, 집중적인 개간을 하기 위해 대규모의 습지를 매입하여 국유화했다. 그는 일반과세제도를 도입함으로써 귀족들의 비과세 특권을 폐지했고, 사법행정과 지방정부를 개혁하고, 예산을 줄이기 위해 상비군제도를 민병제로 대체했다. 1786년 사법개혁에 착수하여 - 요제프 2세 황제가 오스트리아에서 사형제도를 철폐한 것 보다 1년 먼저 - 사형제도와 고문제도를 폐지함으로써 토스카나를 유럽 최초의 사형이 없는 국가로 만들었다. 레오폴트 1세 대공은 미국 독립전쟁(1775-1783)과 프랑스 혁명(1789)의 영향을 받아 토스카나 대공국을 입헌군주국으로 전환하는 계획을 세웠었다. 그러나 성직자의 권리 제한, 일부 수도원의 폐지, 교황의 개입 거부 등, 교회문제와 관련한 레오폴트 1세 대공의 개혁조치는 큰 저항에 부딪혔다. 그리고 입헌군주국으로의 정체 전환 계획은 마지막 단계에서 형님인 요제프 2세 독일제국 황제의 반대 때문에 불발에 그쳤다. 요제프 2세의 급진적 개혁에 비하면 레오폴트 1세 대공의 그것은 유연하고 신중했지만, 외국인 출신 군주로서 토스카나에서 대중적인 지지를 얻는 데는 한계가 있었다. 그가 행한 개혁조치 중 많은 부분은 시대를 앞선 것이었고, 주민들 중 보수파들이 다수였기 때문에 합당한 평가를 받지 못했다.

1790년 2월 20일 요제프 2세가 급서했을 때, 그는 합스부르크 제국을 상속받기 위해 피렌체를 떠나야 했다. 그러나 그의 부왕 프란츠 1세가 1745년 독일황제에 선출된 이후에도 토스카나의 대공직을 유지했던 것과는 달리 레오폴트 1세는 토스카나를 떠나면서 토스카나 대공직에서 물러났다. 독일제국 황제(레오폴트 2세)가 된 후 그가 유지한 토스카나 대공의 칭호는 명예칭호였다. 1790년에 즉위한 합스부르크-로트링엔가 출신의 세 번째 토스카나 대공은 토스카나에서 태어나서, 그곳에서 성장한 레오폴트 2세 황제(레오폴트 1세 토스카나 대공)의 차남 페르디난트 3세(1769-1824, 재

위: 1790-1801, 1814-1824)였다. 토스카나 대공국은 나폴레옹의 등장으로 단절이 있었지만, 1860년까지 오스트리아의 방계통치 지역이었다. 4대 토스카나 대공은 페르디난트 3세 대공의 차남 레오폴트 2세(1797-1870, 재위: 1824-1859), 5대 대공은 레오폴트 2세 대공의 장남 페르디난트 4세(1835-1908, 재위: 1859-1860)였다.

리소르지멘토(이탈리아 통일운동)의 일환으로 발생한 1848년의 혁명은 레오폴트 2세 토스카나 대공(레오폴트 2세 황제의 손자)에게 헌법제정(1848년 2월 15일)을 강요했다. 그러나 헌법제정에도 만족하지 않은 과격한 세력들은 오스트리아의 토스카나 지배의 완전한 종식을 요구했다. 레오폴트 2세 대공은 1849년 2월 토스카나를 떠나야 했고, 토스카나에는 잠정적인 공화국 정부가 구성되어, 같은 시기 교황령 내에 약 5개월 동안 존속한 <로마 공화국>과 동맹을 체결했다. 그러나 1849년 4월에 이미 토스카나에 세워진 공화국 정부는 반혁명군(오스트리아 군대)에 의해 타도되고, 레오폴트 2세 대공은 토스카나로 귀국했다.

10년 세월이 지난 후, 1859년 4월 민중봉기가 재발하여, 레오폴트 2세 대공은 프랑스가 개입한 이탈리아 전쟁(오스트리아-사르데냐 전쟁)에서 사르데냐 편에 가담할 것을 강요받았지만, 중립을 지키지 않을 수 없었다. 이어 터진 혁명으로 그는 4월 27일 가족들을 데리고 토스카나를 떠나 볼로냐를 경유하여 빈으로 피난했다. 레오폴트 2세 대공의 장남 페르디난트 4세가 1859년 7월 21일 토스카나 대공에 즉위하긴 했지만, 토스카나 대공국은 1860년 - 이탈리아 통일의 전단계로 - 사르데냐 왕국에 합병되었다. 오스트리아에 의한 토스카나 대공국 지배시대(1737-1860)는 그리하여 123년 만에 막을 내리게 되었다.

□ 2

신성로마제국 최후의 황제 프란츠 2세 - 초대 오스트리아 황제 프란츠 1세

프란츠(1768-1835, 독일제국 황제: 1792-1806, 오스트리아 황제: 1804-1835) 대공은 레오폴트 1세 토스카나 대공(레오폴트 2세 독일제국 황제)과 스페인 공주 마리아 루도비카(카를로스 3세 스페인 국왕의 딸)의 장남으로 1768년 토스카나 대공국의 수도 피렌체에서 출생했다. 그는 16세 되던 1784년부터 피렌체를 떠나 빈에 체류하면서 백부 요제프 2세 황제의 보호 하에 후계자 훈련을 받았다. 프란츠 대공의 미래의 아내로 확정된 뷔르템베르크 공작(프리드리히 오이겐, 1732-1797, 재위: 1795-1797)의 딸 엘리자베트(1767-1790)도 같은 시기에 빈의 살레지오 수도원(빈 3구)에 머물면서 미래의 황비 수업을 받았다. 요제프 2세 황제는 두 번의 결혼에서 후사가 없었기 때문에, 그의 동생 - 토스카나 대공으로서는 레오폴트 1세(재위: 1765-1790)이고, 독일제국 황제로서는 레오폴트 2세(재위: 1790-1792)인 - 레오폴트와 레오폴트의 장남 프란츠 대공이 국본조직(1713년 제정된 합스부르크 제국 헌법)에 의거한 차기 상속자들이었다. 1767년 사망한, 요제프 2세의 두 번째 황비 마리아 요제파(1739-1765)는 - 오스트리아 계승전쟁을 유발한 바이에른 선제후 카를 알브레히트(카를 7세 황제, 재위: 1742-1745)의 막내딸로서 - 그의 6촌 여동생이었다.

1790년 요제프 2세, 1792년 그를 승계한 레오폴트 2세 황제가 2년 간격으로 연달아 사망함에 따라 프란츠 대공은 백부와 부친의 뒤를 이어 24세의 나이에 합스부르크 제국을 상속받았다. 프란츠 2세가 합스부르크 제국을 상속받은 지 50여 일이 지난 1792년 4월 20일 - 부왕 레오폴트 2세 황제와 프리드리히 빌헬름 2세 프로이센 국왕에 의해 발표된 - 필니츠 선언(1791년 8월 27일)에 자극을 받은 프랑스의 혁명정부가 오스트리아와 프로이센에 전쟁을 선포함으로써 - 8개월 전에 평화조약(시스토바 평화조약,

1791년 8월 4일)을 체결하여 오스만 제국과 전쟁을 끝낸 - 오스트리아는 새로운 전쟁에 직면하게 되었다. 프랑스의 선전포고로 1792년의 선제후 회의는 레오폴트 2세가 사망한 후 4개월 만에 신속히 - 레오폴트 2세는 요제프 2세가 사망하고 7개월이 지난 후에 황제에 선출되었다. - 개최되었다. 1792년 7월 5일에 개최된 선제후 회의에서 오스트리아의 프란츠 대공은 프란츠 2세 신성로마제국 황제에 선출되었고, 9일 후 프랑크푸르트에서 대관식을 가졌다. 당시만 해도 프란츠 2세를 위한 대관식이 신성로마제국 황제의 마지막 대관식이 될 것이라고 예감한 사람은 한 사람도 없었다.

1792년의 선제후 회의의 구성은 1790년 선거 때와 동일했다. 뵈멘 국왕(프란츠 2세 자신)을 포함한 8명으로 - 1777년 팔츠 선제후국과 바이에른 선제후국이 통합된 후 황제선출권을 가진 선제후의 수가 9명에서 8명으로 줄어들었다 - 구성된 선제후 회의는 신임 황제(프란츠 2세)가 선출되면 프랑스의 도발은 쉽게 극복될 수 있을 것으로 확신하는 낙관적인 분위기에 젖어 있었다. 어느 누구도 프랑스 혁명세력의 도전이 유럽을 위기로 몰아넣을 만큼 큰 전쟁으로 발전하리라고 생각하지 못했다. 프란츠 2세는 합스부르크 제국과 독일제국의 역대 황제 중 프랑스와 가장 오래동안 전쟁을 치른 황제였다. 1792년에 시작하여 1815년 6월에 끝난 6차에 걸친 대프랑스 동맹전쟁은 모두 프란츠 2세의 재위기간에 발생한 전쟁이었다. 심지어 이 기간 중 두 차례(1805년과 1809년)나 합스부르크 제국의 수도 빈은 나폴레옹에 의해 점령되었다.

프란츠 2세의 재위기간 동안 나폴레옹의 압력에 의해 3개 성직 선제후국(마인츠, 쾰른 및 트리어 대주교구)이 없어진 대신, 잘츠부르크 공국, 뷔르템베르크 공국, 바덴 변경백국 및 헤센-카셀 방백국이 새로운 선제후국이 되었다. 그러나 이들 신설 선제후국은 황제선거에 참여할 기회를 영원히 가지지 못했다. 신성로마제국 자체가 1806년 소멸되었기 때문이었다. 1792년의 황제선거는 독일제국의 마지막 황제 선거였다.

1797년까지 5년을 끈 1차 동맹전쟁(1792-1797)에서 오스트리아는 1477년 이후 보유해 온 네덜란드 역외영토(오스트리아령 네덜란드)를 상실하고, 베네치아를 획득했다. 2차 동맹전쟁(1799-1801)도 오스트리아에게 불리하게 진행되었고, 3차 동맹전쟁(1805)에서는 롬바르디아와 베네치아 왕국을 - 1815년 빈 회의에서 다시 오스트리아 제국에 반환될 때까지 - 프랑스에 빼앗겼다.

2차 동맹 전쟁 직후, 프랑스의 영향력 행사에 의해 강제적으로 채택된 <독일제국의회대표자회의결의>(1803)를 통해 성직 제후들의 소유지가 나폴레옹에 의해 점령되거나 세속화되었고, 주교구와 대주교구가 폐쇄됨으로써 독일제국의 결속력이 크게 훼손되고, 황제의 권한과 권위가 축소되고 추락했다. 나폴레옹이 주도하여 창립된 <라인 동맹> 소속 16개 제후국이 1806년 8월 1일 독일제국을 탈퇴했을 때, 프란츠 2세 치하의 독일제국은 이미 와해된 것이나 다름없었다. 1804년 5월 18일 프랑스를 왕국에서 제국으로 선포하고, 스스로 황제에 즉위한 나폴레옹은 이제 라인 동맹을 앞세워 프란츠 2세를 몰아내고, 신성로마제국을 접수할 준비를 했다. 선제후 회의의 구성도 나폴레옹에게 유리하도록 이미 구성되어 있었다. 위기에 몰린 프란츠 2세 황제는 나폴레옹의 야욕을 분쇄하기 위해서라도 신성로마제국의 소멸을 공식적으로 선언하지 않을 수 없게 되었다. 1806년 8월 6일자 신성로마제국 해체 선언으로 962년 오토 1세 황제와 더불어 출범한 신성로마제국은 프란츠 2세를 마지막 황제로 844년 만에 역사의 장에서 사라지게 되었다.

프란츠 2세의 신성로마제국 및 제국의회 해체 선언은 신성로마제국 황제직을 나폴레옹의 수중에 넘기는 결과를 초래하여, 오스트리아가 법률상 프랑스의 지배하에 놓일 수 있다는 우려를 낳기도 했다. 신성로마제국을 해체하기 2년 전인 1804년 8월 11일 프란츠 2세가 대공국 오스트리아를 제국으로 선포한 것은 3개월 전 자신을 프랑스의 황제로 선포한 나폴레옹 1세에 대적하기 위해서였다. 그것은 독일제국의회대표자회의결의의 결과로 나타난 선제후 회의의 구성원 변화로 프란츠 2세 황제 유고 시에 합스부르크 왕가의 후보가 차기 독일제국 황제에 선출될 가능성이 의문시되었기 때문에 취해진 극약처방이었다. 친 합스부르크 성직 선제후국들이 해체되고, 친 프랑스 제후국인 바덴, 뷔르템부르크 및 헤센-카셀이 새로운 선제후국에 추가됨으로써 선제후 회의의 구성 비율이 절대적으로 프랑스에 유리했기 때문이다. 따라서 프란츠 2세는 부르봉가 출신의 신성로마제국 황제의 탄생이 가시권에 들어온 것으로 판단하고, 신성로마제국 해체 카드를 미리 던진 것이었다.

오스트리아 대공국을 제국으로 격상시키고, 프란츠 2세가 오스트리아 제국의 황제에 즉위한 행위 자체가 절차상의 문제는 있었지만, 프랑스를 견제하는 분위기가 지배적이었기 때문에, 짧은 시간 내에 그는 프랑스를 제외한 유럽 국가들의 승인을 받을 수 있었다. 신성로마제국 해체를 선언한 날짜가 1806년 8월 6일이었기 때문에, 1804년 8월 11일부터 1806년 8월 6일까지 신성로마제국 황제 프란츠 2세와 오스트리아 황제 프란츠 1세는 유럽 역사상 초유의 이중 제관을 쓴 황제이었다.

□ 3
대 프랑스 동맹전쟁

계몽군주 요제프 2세(재위: 1765-1790)와 레오폴트 2세(재위: 1790-1792)는 - 그들은 마리아 테레지아와 프란츠 1세 신성로마제국 황제의 아들이었다 - 1789년 프랑스 혁명이 발발한 후 프랑스 사태에 대해 공감을 표시한 적도 있었다. 혁명에 대한 오스트리아 황실의 거부감이 노골화된 것은 마리아 테레지아 여제의 막내딸이자 요제프 2세와 레오폴트 2세의 막내여동생이며, 프란츠 2세 황제의 막내고모로서, 프랑스 국왕 루이 16세와 결혼한 마리 앙투아네트가 처형된 1793년 이후부터였다. 1792년부터

1815년 사이에 유럽의 반 나폴레옹 동맹국들이 프랑스와 치른 6차례의 동맹전쟁 중에서 오스트리아는 - 프로이센-러시아 동맹과 프랑스가 대결한 4차 동맹전쟁(1806-1807)을 제외한 - 나머지 5차례의 동맹전쟁에 모두 참가했다. 모두 합치면 오스트리아는 15년 동안이나 프랑스와 전쟁을 치러야 했으며, 이 기간은 프란츠 2세 황제의 제위기에 해당했다. 그리고

1차 동맹전쟁(1792-1797)과 2차 동맹전쟁(1798-1802), 3차 동맹전쟁(1805)과 5차 동맹전쟁(1809), 그리고 6차 동맹전쟁이라고도 부르는 해방전쟁(1813-1815)에서 오스트리아는 유럽의 동맹국들과 힘을 합쳐 프랑스와 대결했고, 1809년에는 오스트리아 단독으로 프랑스와 전쟁을 치렀다. 1809년의 오스트리아-프랑스 전쟁은 5차 동맹전쟁이라고도 불린다. 오스트리아는 유럽에서 영국 다음으로 나폴레옹과 전쟁을 오래 치른 나라였다. 프랑스 혁명군대의 광기를 처음으로 감지하기 시작한 국가 역시 오스트리아였다. 명목상의 국왕직을 유지하던 루이 16세가 1792년 4월 20일 지롱드파의 강압에 못 이겨, 아내의 나라 오스트리아에 선전포고함으로써 시작된 유럽의 전쟁은 - 간헐적인 휴지기를 무시한다면 - 해방전쟁에서 오스트리아-러시아-프로이센 동맹군(6차 동맹군)에 의해 나폴레옹 군대가 라인 강 너머로 격퇴될 때까지 무려 20여 년 동안이나 독일과 오스트리아를 포함한 유럽 전역에서 진행되었다. 유럽의 최대 군사강국으로 부상한 프랑스를 견제하기 위해 오스트리아, 프로이센, 러시아, 영국 등은 국가 간의 현안과 국익을 고려하여, 파트너를 바꾸어가며 군사동맹을 결성하여 프랑스에 대항했다.

이들 동맹국들이 수행한 대 프랑스 전쟁을 가리켜 동맹전쟁(코알리치온스크리크)이라고 부른다. 그중 나폴레옹이 집권하기 이전에 발생한 1차 동맹전쟁(1792-1797)과 2차 동맹전쟁(1798-1802)은 <혁명전쟁>, 나폴레옹이 황제에 즉위한 후 발생한 3차 동맹전쟁(1805)과 4차 동맹전쟁(1806-1807)은 <나폴레옹전쟁>이라고도 부른다. 1800년 6월 14일 북이탈리아(피에에몬테 왕국)의 마렝고에서 벌어진 오스트리아군과 프랑스 간의 전투는 나폴레옹이 직접 지

휘했지만, 나폴레옹 보나파르트의 제1집정관 시기(1799-1803)에 일어난 전투였기 때문에, 혁명전쟁의 카테고리로 분류된다. 그러니까 <나폴레옹 전쟁>은 동맹군과 나폴레옹 1세 황제 간의 전쟁을 지칭한다. 오스트리아 단독으로 프랑스와 치른 전쟁이지만, 1809년의 <오스트리아-프랑스 전쟁>도 나폴레옹 1세와 치른 전쟁이기 때문에 동맹전쟁(5차)에 포함시키며, <나폴레옹의 러시아 원정>(1812)과 <해방전쟁>(1813-1815)은 6차 동맹전쟁으로 분류된다. 오스트리아는 1809년부터 1812년까지, 프로이센은 1806년부터 1812년까지 나폴레옹의 지배를 받았다. 1812년의 전쟁(나폴레옹의 러시아 원정)은 그러니까 오스트리아와 프로이센의 군대가 나폴레옹의 러시아 침략전쟁에 동원된 전쟁이었다.

1) 1차 동맹전쟁(1792-1797)과 캄포포르미오 평화조약

프로이센 국왕 프리드리히 빌헬름 2세 뿐 아니라, 독일제국 황제 레오폴트 2세도 1789년의 프랑스 혁명에 대해 처음에는 부정적인 입장을 취하지 않았었다. 그러나 아비뇽을 비롯해 교황령 브내생이 프랑스에 합병되고, 1789년 8월 4일 프랑스 국민의회가 결의한 특권철폐 조치가 적용되어 알자스 지방의 독일제국 영토의 소유권이 프랑스에 귀속되자, 프랑스와 독일제국 간에 외교적 갈등이 첨예화하기 시작했다. 프랑스가 취한 조처들은 베스트팔렌 평화조약(1648) 이후 유효한 국제법적 합의들을 무시한 것이었다. 프랑스는 자국이 병합한 지역에 대한 보상책임을 독일제국에 전가시켰을 뿐 아니라, 독일제국으로 망명한 프랑스인들의 반혁명 행위를 독일제국 황제가 막아줄 것을 요구했다. 이 요구는 물론 독일제국에 의해 거부되었다.

유럽 국가들의 공동개입을 요청하기 위해 오스트리아와 프로이센의 정상은 <필니츠 선언>(1791년 8월 27일)을 채택했다. 루이 16세의 동생으로서 후일 프랑스 국왕에 즉위한 샤를 10세(1757-1836, 재위: 1824-1830)의 요청으로 1791년 8월 25일부터 27일까지 작센의 필니츠 성에서 프로이센 국왕 프리드리히 빌헬름 2세와 레오폴트 2세 독일제국 황제가 프랑스의 왕정을 지지하기 위한 방안에 대해 협의했다. 필니츠 협약에서 양 정상은 현금의 프랑스 국왕(루이 16세)이 처한 엄중한 상황이 유럽의 군주들의 일반적인 이해관계와 상통함을 확인하고, 유럽의 모든 군주들과 제휴하여, 프랑스 민족의 번영을 위해 왕정의 토대에 근거한 행동의 자유를 프랑스 국민에게 되찾아 주는데 필요한 모든 조처를 취할 것임을 선언했다. 그 뿐 아니라, 그들은 목적을 달성하기 위해 무력행사도 불사할 것임을 천명했다. 필니츠 협약체결과 더불어 프랑스를 견제하기 위한 1차 동맹의 토대가 구축된 것이었다.

코블렌츠가 왕당파 프랑스 망명귀족들의 근거지로 변했을 때, 지롱드파는 클레멘스 벤체슬라우스(1739-1812, 선제후: 1768-1801) 트리어 대주교에게 프랑스 망명정치인들의 회합을 저지시키라는 압력을 가했다. 독일제국 황제와 프랑스 혁명정부 간의 갈등은 새로운 국면으로 치닫게 되었다. 1791년 12월 21일 레오폴트 2세 황제는 혁명운동이 확대된다면 유럽의 방어동맹으로 대응할 것임을 프랑스 혁명정부에게 경고했다. 일체의 개입을 포기하라는 오스트리아에 보낸 프랑스의 최후통첩(1792년 1월 25일)에 대한 대응으로 레오폴트 2세 황제는 1792년 2월 7일 프로이센과 방어동맹을 체결했다. 오스트리아-프로이센 방어동맹에서 양국은 현재 수준의 영토를 상호 보장했다. 오스트리아의 무장해제와 오스트리아-프로이센 동맹의 해체를 요구한 1792년 3월 18일자의 두 번째 프랑스의 최후통첩도 레오폴트 2세를 승계한 합스부르크가의 오스트리아 대공이며 차기 독일제국 황제 - 프란츠 2세가 독일제국 황제에 즉위한 날짜는 1792년 7월 9일이었다 - 프란츠 2세에 의해 거부되었다. 1792년 4월 20일 프랑스 혁명정부는 루이 16세의 이름으로 오스트리아와 프로이센에 전쟁을 선포했다. 그것은 유럽 동맹국들의 1차 동맹전쟁의 시작임과 동시에 프랑스의 혁명전쟁의 시작을 알리는 선전포고이었다.

오스트리아와 프로이센이 체결한 방어동맹에 러시아와 헤센-카셀, 그리고 바덴이 우선 가입했지만 - 러시아는 가장 먼저 1차 동맹에 가입했으나, 러시아의 병력지원은 소극적이었다 - 1차 동맹군의 병력 총수(오스트리아군 400,000, 프로이센군 250,000, 헤센군 6,000, 프랑스 망명군 8,000)는 프랑스의 병력 3십만 명을 훨씬 능가했다. 독일제국 군대가 라인 강 좌안지역에 처음으로 모습을 나타낸 것은 1792년 7월 말이었다. 1792년 7월 25일에 채택된 <1차 코블렌츠 선언>에서 프랑스에 대한 강력한 대응조치가 고지된 직후였다. 마리 앙투아네트의 요청으로 프랑스 망명세력에 의해 입안된 코블렌츠 선언의 목표, 다시 말해 1차 동맹전쟁의 목표는 프랑스 내의 무정부 상태를 제거하고, 프랑스의 왕정을 복원하는 것이었다. 동맹군의 프랑스 원정은 점령전쟁이 아니다, 합법적 정부의 복원을 요구한다, 프랑스의 내정간섭은 거부한다, 왕당파 시민들은 보호되어야 한다, 국민군은 프랑스 국왕에게 복종해야 한다, 동맹군에 저항하는 자는 전시국제법에 의해 처리된다, 국민의회와 파리 시의회와 국민군은 루이 16세의 안전을 책임져야 한다, 국왕과 왕비, 그리고 기타 왕실 구성원이 상해, 위협, 모욕에 노출될 경우 수도 파리는 완전히 파괴된다, 등의 경고가 코블렌츠 선언의 내용이었다. 코블렌츠 선언은 프랑스 국민들이 동맹군에게 저항하지 말 것을 요청했다. 1792년 7월 27일의 제2차 코블렌츠 선언에서 프랑스 왕실의 안위에 대한 파리 주민들의 책임이 재차 강조되었다. 그러나 코블렌츠 선언으로 파리 주민들을 위협하려 한 시도는 실패했고, 그 후 곧 왕족들은 체포, 폐위, 처형으로 이어질 운명을 만나게 되었다.

바이에른 출신의 니콜라우스 폰 루크너(1722-1794, 니콜라 뤼크네르) 원수 휘하의 프랑스군이 오스트리아령 네덜란드(벨기에)를 공격하면서 1차 동맹전쟁은 시작되었다. 프랑스와 국경을 공유한 오스트리아령 네덜란드의 총독 알베르트 카지미르(1738-1822, 총독: 178-1793) 공작이 프랑스군의 공격을 방어하

는 동안, 브라운슈바이크 공작 카를 빌헬름 페르디난트(1735-1806) 휘하의 1
차 동맹 주력군은 <베르됭 전투>(1792년 8월 29일)와 <발미 포격전>(1792년 9월
20일)에서 프랑스군에 패했다. 알베르트 카지미르 공작은 1792년 사망한
레오폴트 2세의 누나 마리아 크리스티나(1742-1798)의 남편이며, 폴란드 국
왕 아우구스트 3세(작센 선제후 프리드리히 아우구스트 2세)의 아들로서 프란츠 2세
황제에게는 고모부였다. 프랑스군은 오스트리아령 네덜란드를 재차 공격
했다. 브라운슈바이크 공작은 프리드리히 빌헬름 2세 프로이센 국왕의
고종사촌으로서 코블렌츠 선언을 발표한 장본인이었다. <제마프 전
투>(1792년 11월 6일)에서 샤를 프랑수아 뒤무리에(1739-1823) 장군 휘하의 프랑
스군에 패한 알베르트 카지미르 공작은 결국 오스트리아령 네덜란드를
프랑스군의 수중에 넘겨야 했다. 주교구 슈파이어와 보름스, 팔츠, 그리
고 독일제국 요새 마인츠도 아당 필리프 드 퀴스틴(1740-1793)이 지휘한 프
랑스군에 의해 연달아 점령되었다.

　오스트리아령 네덜란드를 점령한 후, 코블렌츠 선언에 대한 보복을
겸해 파리의 혁명세력은 프랑스 군대의 승리를 철저히 이용했다. 그들은
왕족을 체포하고(1792년 8월 10일), 공화정을 선포했으며(1792년 9월 21일), 루이 16
세 국왕과 마리 앙투아네트 왕비를 공개 처형했다(1793년 1월 21일 및 10월 16
일). 그 후 1793년 3월 18일 마인츠의 자코뱅 추종자 요한 게오르크 포르
스터(1754-1794)를 앞세워 <마인츠 공화국>(라인 공화국) 수립을 선포하고, 마인
츠 대주교구를 1793년 3월 21일 신생 프랑스 공화국에 합병시켰다. 마
인츠 공화국은 점령지에 세운 프랑스의 첫 위성 공화국이었으나, 1793년
3월 31일 이미 소멸했다. 1차 동맹을 체결할 때부터 1792년도 수준의
영토 상태를 상호 보장한다는 조항을 조약의 중요한 규정으로 삽입한
오스트리아와 프로이센은 대 프랑스 동맹전쟁이라는 동일한 목표를 수
행하는 과정에서도 고질적인 영토상의 이해관계 때문에 동맹전쟁 수행
에 차질이 불가피해 졌다. 영국, 네덜란드, 스페인, 포르투갈, 사르데냐,
나폴리, 그리고 독일제국 등이 추가로 가입한 <1차 동맹>은 동맹의 두

핵심국가인 프로이센과 오스트리아 사이의 불협화음으로 인해 출발할 때부터 이미 험난한 미래를 예고했다.

확대된 1차 동맹 군대는 1793년 3월 18일 <네르빈덴 전투>를 승리로 이끎으로써, 오스트리아령 네덜란드와 라인지방을 신속히 탈환했다. 그러나 프랑스 본토 진격은 1793년 10월 15/16일 릴 인근 마을에서 벌어진 전투에서 프리드리히 요지아스(1737-1815) 원수가 지휘한 오스트리아군이 장 바티스트 주르당(1762-1833)의 프랑스군에 패배함으로써 좌절되었다. 동맹군은 1793년 7월 21일 마인츠 탈환, 1793년 9월 14일 피르마젠스 전투 승리, 1793년 10월 13일 바이센부르크(알자스의 비상부르) 전선 탈환, 1793년 11월 30일 카이저스라우테른 전투를 승리로 장식했다. 그러나 1794년 초 프로이센 국왕 프리드리히 빌헬름 2세가 프란츠 2세 독일제국 황제에게 프로이센군의 팔츠 주둔 비용 전액을 부담하라는 무리한 요구를 하고 나서면서, 2만 명의 병력만 라인 강 전선에 잔류시키고, 나머지 프로이센 군대 전체를 폴란드 국경으로 이동시키겠다고 - 2차 폴란드 분할 1년 후인 1794년 3월에 발생한 코시치우슈코의 반란을 진압하기 위해 실제로 프로이센과 러시아의 군대가 진압군으로 투입되었다 - 위협함에 따라 1차 동맹은 심각한 위기에 빠지게 되었다. 오스트리아와 독일제국 의회가 프로이센 군대의 팔츠 주둔 비용의 부담을 거부하자, 프로이센군 총사령관 비하르트 요아힘 하인리히 폰 묄렌도르프(1724-1816) 원수는 방어조약(오스트리아-프로이센 방어조약)이 규정한 최소병력 규모(20,000명)만 팔츠에 주둔시키고, 나머지 병력은 베스트팔렌으로 철수시키라는 명령(1794년 3월 11일)을 본국으로부터 받았다.

동맹의 강화가 중요한 시점이었기 때문에, 프로이센의 1차 동맹전쟁 이탈을 예방하고, 프랑스를 견제하기 위해 해양대국들이 나섰다. 영국과 네덜란드는 1794년 4월 19일 <덴하흐 조약>(헤이그 조약)을 체결하여 프로이센에게 고액의 전쟁지원금 제공을 제의했다. 영국과 네덜란드는 영화 300,000파운드를 출연하여 프로이센이 동맹의 역할을 이행할 수 있게 하고, 프로이센의 최고지휘권 하에 62,400명의 육군을 - 이전 합의의 분담 병력들도 포함하여 - 편성하는데 합의했다. 프로이센은 전비 지원으로 편성된 군대가 획득하는 점령지에 대해서는 영유권을 주장하지 않을 것임을 약속했다. 그러나 양 해양대국과 프로이센군 사령관 묄렌도르프 간에 발생한 프로이센군의 투입에 관한 이견으로 인해 덴하흐 조약은 사실상 효력을 상실했다. 프로이센은 1794년에도 5월 23일과 9월 18/20일 두 차례 벌어진 <카이저스라우테른 전투>에서 묄렌도르프 원수와 프리드리히 루트비히 추 호엔로에-잉엘핑엔(1746-1818) 장군이 지휘한 프로이센 군대가 프랑스군에 각각 승리했음에도 불구하고, 라인 강 후방으로 퇴각함으로써 1년 전 탈환했던 팔츠를 송두리째 다시 프랑스 군에게 내주게 만들었다.

오스트리아 군대는 투르크왱 전투(1794년 5월 17-18일), 플뢰뤼스 전투(1794년 6월 26일) 등, 여러 차례 전투에 패한 후, 오스트리아령 네덜란드를 프랑스 군에 다시 내어 주고, 쾰른, 본, 코블렌츠도 포기해야 했다. 오스트리아 군의 잇단 패배로 장 샤를 피슈그뤼(1761-1804) 휘하의 프랑스군이 네덜란드를 점령했고, 쾰른 선제후국도 프랑스가 점령했다. 오라녜(네덜란드 왕가) 왕가를 국외로 추방한 프랑스군은 이듬해인 1795년 1월 26일 네덜란드에 <바타비아 공화국>(1795-1806)을 위성국으로 수립하였다. 바타비아 공화국 수립의 공로자 피슈그뤼는 반혁명에 가담한 죄로 투옥되어 1804년 옥중에서 의문의 주검으로 발견되었다.

1794년의 덴하흐 조약에서 보장받은 영국의 전쟁지원금에도 불구하고 프로이센 정부는 1794년 동서 양쪽에서 - 1차 동맹전쟁과 1793년 2차 폴란드 분할 이후의 폴란드 사태(코시치우슈코 반란 진압)로 인해 - 들어가고 있는 전쟁비용과 재정비용으로 국력이 고갈될 것을 염려했다. 오스트리아의 눈을 피해 프로이센은 프랑스와 비밀협상을 벌인 끝에, 1795년 4월 5일 바젤에서 프랑스와 단독평화조약을 체결하고, 오스트리아만 남겨 놓은 채, 제1차 동맹전쟁에서 일방적으로 발을 빼버렸다.

<바젤 평화조약>에서 스위스 주재 프랑스 공사 프랑수아 마르케 드 바르텔미(1747-1830)와 프로이센의 국방장관 카를 아우구스트 폰 하르덴베르크(1750-1822)는 - 평화협상을 시작한 빌헬름 베른하르트 폰 데어 골츠(1730-1795) 소장은 협상 도중에 사망했다 - 양국 간 전쟁상태를 종식시키는 데 합의했다. 바젤 평화조약의 주요 내용은 프랑스군은 14일 이내에 라인 강 우안의 프로이센 소유 영토에서 철수한다, 점령지 주민을 대상으로 징수하는 군세의 부과를 중단한다, 라인 강 좌안의 프로이센 영토는 프랑스와 독일제국 간 평화조약이 체결될 때까지 프랑스군이 점령한다, 프로이센은 라인 강 좌안의 실지에 대한 보상을 독일제국 내에서 해결한다, 양국 간의 무역관계는 추후 통상조약 체결 후 재개한다, 전체 북독일 지역에 대한 통상의 중립과 자유는 별도 조약(바젤 조약, 1795년 5월 17일)에서 정한 군사분계선을 통해서 보장한다, 등이었다. 프로이센은 바젤 평화조약을 독일제국 전체에 확대 적용하려 했지만, 프랑스의 거부로 좌절되었다. 프랑스는 바젤 평화조약 체결 이후의 프로이센의 역할을 프랑스와 평화조약 체결을 개별적으로 희망하는 전쟁 상대국을 중재하는 일에만 국한시키려 했다. 프로이센의 국내여론은 대체로 바젤 평화조약을 긍정적으로 받아들였지만, 독일제국의 분열을 염려한 민족주의 세력들은 프로이센의 1차 동맹 이탈을 비난했다.

　　북독일의 자유무역을 회복시키고, 독일제국에 포함된 지역 중 북독일 지역만은 전쟁지역에서 제외시키기로 합의한 바젤평화 조약이 체결되고 한 달이 지난 후, 바르텔미와 하르덴베르크는 다시 바젤에서 조약을 체결하여 군사분계선을 획정하고, 프랑스는 군사분계선 이동(以東)에서의 군사작전을 중지키로 했다. <바젤평화 조약>(1795년 4월 5일)에 이어 1795년 5월 17일 조인된 <바젤 조약>에서 - 바젤 평화조약과 바젤 조약은 별개의 조약이다 - 획정된 프랑스와 독일제국 간의 군사분계선은 후일 오스트리아와 프로이센이라는 두 독일 체제의 정치적 대립의 상징적 경계선이 되었다. 이 군사분계선은 동 프리슬란트를 출발하여, 뮌스터, 보훔

트, 뒤스부르크, 림부르크를 거쳐 라인 강의 회히슈테트까지, 팔츠의 국경을 따라 다름슈타트까지, 에버스바흐의 네카 강까지, 강을 따라 뷈펜까지 이동하여, 그곳에서 뇌르들링엔을 지나 백작령 파펜하임을 거쳐 슐레지엔의 경계선에 이르기까지 프랑켄, 오버작센, 오버팔츠를 불가침 지역으로 포함했다. 바젤 조약의 불가침 경계선과 더불어 <마인선>(마인리니에)의 개념이 처음으로 등장한 것이었다. 1815년 6차에 걸친 동맹전쟁이 모두 끝나고 <독일연방>(1815-1866)이 결성된 후 본격적으로 대립하기 시작한 독일제국의 양강체제는 마인 강을 기준으로 하여 북쪽의 프로이센의 영향권과 남쪽의 오스트리아의 영향권으로 나뉘게 되었다. 마인선(마인 강)은 결국 1866/1867년 창건된 <북독일연방>의 남방경계선 역할을 했다.

프랑스는 바젤 조약에서 획정된 군사분계선을 중심으로 분계선 동쪽에 위치한 모든 독일제국 소속 국가들에게 이들이 제국군에 동원된 자국병력을 철수시키고, 프랑스에 대적하기 위한 어떤 새로운 임무를 독일제국으로부터 부여 받지 않는 한, 중립을 보장한다고 약속했다. 프랑스는 프로이센 국왕을 중립 보장의 보증인으로 특정했다. 많은 애국자들은 바젤 조약 체결을 프로이센의 반 합스부르크 정책으로의 회귀라고 해석했지만, 프로이센에게는 경제회복을 통해 절박한 재정위기를 개선시킬 수 있는 계기가 제공되었다.

바젤 평화조약 체결로 프랑스는 라인 강을 - 그들의 염원이었던 - <자연국경선>으로 인정받음으로서 라인 강 좌안의 독일제국 영토를 모두 자국 영토에 편입시켰다. 프로이센은 라인 강 좌측의 독일제국 영토가 프랑스에 편입되는 것을 묵인해 주는 대가로 <마인선> 이북의 독일제국 영토를 독일제국으로부터 - 더 정확히 표현하자면, 합스부르크 왕가 출신 독일제국 황제의 영향으로부터 - 중립화시키는데 성공했다. 두 말할 나위 없이 그것은 후일의 두 독일 문제를 극복하기 위한 프로이센의 정치적 사전 포석이었다. 그도 그럴 것이 라인 강 좌안의 프랑스 국경 쪽 영토는 대부분 프로이센이 아닌, 합스부르크 제국의 역외영토(오스트

^{리아의 고립영토, 즉 전부오스트리아)}이거나 합스부르크 제국의 영향권 안에 있었기 때문이다. 그리고 또 역사적으로 <마인선>은 북독과 남독을 구분하는 경계선의 역할을 했으며, 1806년까지는 오스트리아의 대공이 독일제국 황제를 겸하고 있었기 때문에, 이 경계선_(마인선) 이북지역을 오스트리아의 영향권으로부터 자유롭게 하는 것은 프로이센으로서는 중대한 정치적 의미를 지닌 조치였다.

1867년 <마인 선> 이북의 22개 군소 제후국과 자유시를 엮어서 통일독일의 전단계인 <북독일연방>을 창설한 것은 독일 통일의 주도권을 행사하기 위한 프로이센의 정치적 승부수였다. 북독일연방의 남쪽 경계를 마인 선으로 결정한 것은 오스트리아를 의식한, 즉 양독체제를 고려한 때문만은 아니었다. 그것은 대외적으로는 북독일연방의 확대를 염려하여 '남독일연방' 결성을 강력하게 요구하고 나선 프랑스의 나폴레옹 3세_(재위: 1848-1870)에 대한 일종의 정치적 양보였고, 대내적으로는 여전히 반프로이센 정서가 강한 남독일의 분립주의에 대한 고려였다. 그러나 마인선은 - 프로이센의 관점에서 판단하면 - 경제 분야에서는 <독일관세동맹>의 개혁을 통해, 군사 분야에서는 남독일 국가들과 체결한 <공수동맹>을 통해 극복될 수 있었다. <독일 전쟁>₍₁₈₆₆₎이 끝난 후 남독일 정부들과 개별적으로 벌인 협상에서 프로이센은 1866년 8월 13일 뷔르템베르크, 8월 17일 바덴, 8월 22일 바이에른, 9월 3일 헤센-다름슈타트와 비밀공수동맹을 체결하는데 성공했다. 공수동맹 체결로 비스마르크는 같은 시기에 체결된 <프라하 평화조약>_(1866년 8월 23일)과 <베를린 평화조약>_(1866년 8월 22일)에서 북독일연방의 남방경계선으로 규정한 마인 선을 월선할 수 있었기 때문이었다. 그 후 1870년 12월 독일-프랑스 전쟁이 시작되었을 때, 오스트리아의 직접적 영향권이었던 마인 강 이남의 남독일 국가들까지 북독연방에 합류했다. 남독일 국가들의 북독일연방 가입은 수개월 후로 박두한 독일통일의 예고편이었다.

프로이센이 1차 동맹전쟁에서 이탈한 후, 그 뒤를 이어 북독일과 중부독일의 모든 제후국과 스페인이 - 1795년 7월 22읽까지 - 모두 1차 동맹에서 이탈했다. 라자르 카르노(1753-1823) 국민의회 의원의 아이디어(국민총동원령)에 의해 1793년 창설된 85만 명의 혁명군에 의지하여 설립된 프랑스 집정내각은 점령지 군세와 전리품을 통해 프랑스의 재정을 회생시키고자 했다, 그래서 대 영국, 대 오스트리아 혁명전쟁을 속행시키고, 합스부르크 제국령 북이탈리아 정복에 나선 나폴레옹 보나파르트 장군에게 장 바티스트 주르당(1762-1833) 장군 및 장 빅토르 모로(1763-1813) 장군과 오스트리아의 수도 빈에서 합류할 것을 명령했다. 프랑스는 이미 1차 동맹전쟁에서 빈을 점령하기 위한 계획을 수립한 것이었다.

프로이센이 1차 동맹전쟁을 포기한 후, 오스트리아군을 지휘한 카를(1771-1847, 프란츠 2세 황제의 동생) 대공은 헤센의 베츨라르(베츨라르 전투, 1796년 6월 15일)와 뷔르템베르크의 말쉬(말쉬 전투, 1796년 7월 9일)에서 벌어진 전투에서 프랑스군에 승리했다. 그러나 뷔르템베르크(1796년 8월 7일)와 바덴(1796년 8월 22일)이 프랑스와 단독강화조약을 체결하여 1차 동맹을 이탈한 후, 오스트리아군에게 프랑스의 우세한 군사력은 한층 더 큰 부담이 되었다. 바이에른을 침공하여 뮌헨을 위협한 주르당과 모로의 프랑스군은 카를 테오도르 팔츠-바이에른 선제후의 휴전 제의를 수용하는 조건으로 - 프랑스군의 바이에른 무단통행권, 프랑스군의 급양 보장, 4개월 이내에 은화 1백만 리브르의 배상금 지불, 15,000필의 군마 제공, 고액의 물납세 납부 등의 - 가혹한 요구사항들을 <파펜호펜 휴전협정>에서 제시했지만, 뷔르츠부르크 전투(1796년 9월 3일)에서 오스트리아군에 패한 후 전력이 크게 약화되었기 때문에, 라인 강 후방으로 철수하지 않을 수 없었다. 모로의 철수로 <파펜호펜 휴전협정>(1796년 9월 7일)은 그 후 원인무효가 되어버렸다. 파펜호펜 휴전협정 체결과 더불어 - 뷔르템베르크와 바덴에 이어 - 바이에른도 1차 동맹을 탈퇴했지만, 1차 동맹전쟁이 끝날 때까지 오스트리아와 프랑스 사이에서 중립적 입장을 견지했다. 프로이센에 이어 1796년 1차 동맹전쟁에서 이탈한 뷔템베르크와 바덴, 그리고 바이에른은 2차 동맹전쟁(1799-1802)에서는 다시 오스트리아군을 지원했다.

1차 동맹전쟁의 향방에 결정적인 영향력을 행사한 것은 보나파르트 나폴레옹 장군이 이탈리아 전선에서 거둔 승전들이었다. 두 독일(프로이센과 오스트리아)이 나누어 가졌던 전쟁의 부담을 이제 혼자 떠맡게 된 오스트리아는 군사적 천재 청년 나폴레옹 장군의 적수가 되지 못했다. <밀레시모 전투>(1796년 4월 13-14일)에서 오스트리아-사르데냐 동맹군에 승리를 거둔 나폴레옹은 사르데냐군과 오스트리아군을 분리시키는데 성공했다. 일주일 후 <몬도비 전투>(1796년 4월 22일)에서 사르데냐군에 다시 한 번 승리를 거둔 프랑스군은 사르데냐 왕국에 휴전을 제의하여, 평화조약을 체결하는데 성공함으로써 오스트리아를 더욱 더 고립시켰다. 1796년 5월 10일 나폴레옹은 <로디 전투>에서 오스트리아군에 승리하여 밀라노를 점령하고, 파르마와 모데나의 공작을 굴복시켰다. 로마냐와 토스카나를 점령한 나폴레옹은 나폴리 왕국과도 평화조약을 체결했다. 카스티오네 전투(1796년 8월 5일), 바사노 전투(1796년 9월 8일), 아르콜레 전투(1796년 11월 15-17일), 리볼리 전투(1797년 1월 14-15일)에서 연승한 후, 나폴레옹은 만토바 요새 수비대를 구원하기 위해 출동한 오스트리아군의 공격시도를 네 차례나 무산시켰다. 오스트리아의 만토바 요새는 1797년 2월 3일 프랑스군에 항복했고, 만토바 공국의 항복으로 나폴레옹은 교황령(비오 6세)과도 평화조약(톨렌티노 조약, 1797년 2월 19일) 체결하여, 사실상 이탈리아 전선을 평정했다.

주르당 및 모로 장군과 오스트리아에서 합류하는 것은 아직은 시기상조라 판단한 나폴레옹은 단독으로 슈타이어마르크 공국 깊숙한 지역까지 오스트리아를 침공했다. 이로써 1차 동맹전쟁의 양상은 급격히 프랑스 편으로 기울기 시작했다. 나폴레옹은 오스트리아군 최고지휘관 카를 대공에게 휴전협정(유덴부르크 휴전협정, 1797년 4월 7일) 체결을 강요한 후, 슈타이어마르크의 광업도시 레오벤에서 예비평화조약을 조인하여, 최종평화조약을 6개월 후 체결키로 합의했다. 프랑스와 오스트리아 간의 1차 동맹전쟁은 레오벤 예비평화조약을 토대로 하여 1797년 10월 17일 체결된

<캄포포르미오 평화조약>을 통해서 공식적으로 종결되었다. 그러나 해양주도권을 둘러싼 영국과 프랑스의 전쟁은 지속되었다.

<레오벤 평화조약>(예비조약, (1797년 4월 18일)과 <캄포포르미오 평화조약> (최종조약, 1797년 10월 17일)에서 오스트리아는 오스트리아령 네덜란드를 프랑스에 양도해야 했다. 그러나 합스부르크 제국의 안전은 보장되었다. 오스트리아는 밀라노를 포기하고, 그 대신 아드리아 해 연안의 달마티아와 이스트리아(이스트라)를 포함하여, 베네치아 왕국(수도: 베네치아)을 획득했다. 오스트리아령 롬바르디아와 새로이 수립된 프랑스의 위성국 <알프스이남 공화국>(레푸블리카 치스알피나)에 편입된 지역에 대한 영토권을 포기해야 했기 때문에, 베네치아를 획득했음에도 불구하고 알프스이남 지역, 즉 북이탈리아에 대한 오스트리아의 영향력은 크게 약화되었다. 오스트리아는 바젤에서 안더나흐 부근의 네테 강(베저 강의 지류)에 이르는, 만하임 근교의 교두보와 마인츠 요새를 포함하는 라인 강 좌안의 독일제국 영토를 - 프로이센 관할지역을 예외로 하고 - 프랑스에 양도되도록 노력할 것을 약속해야 했다. 안더나흐는 <빈 회의>의 결과로 1815년 다시 독일제국의 영토로 환원될 때까지 프랑스의 지배를 받았다. 라인 강 좌안의 영토를 상실하게 되는 모든 독일제국 제후들에 대해서는 독일제국 내에서 별도의 보상대책이 강구되어야 한다는 캄포포르미오 평화조약의 규정은 1803년 <독일제국의회대표자회의결의>를 통해 이행되었다.

참고로 <알프스이남 공화국>은 1714년 이후 합스부르크가의 지배지역이었던 롬바르디아와 에밀리아-로마냐(파르마, 피아첸차, 구아스탈라는 제외)를 포함하는 지역에 세워진 프랑스의 위성공화국으로서, 수도는 밀라노였다. 1797년 7월 프랑스의 속국으로 수립되었지만, 1799년 2차 동맹전쟁 시 러시아-오스트리아 동맹군의 북이탈리아 원정으로 해체되었다가, 1800년 나폴레옹에 의해 재건되었다. 1801/1802년 <이탈리아 공화국>으로 개칭되었고, 1805년 <이탈리아 왕국>으로 명칭이 바뀌었다가, 1814/1815년 빈회의 때 최종적으로 해체된 후, 이 지역은 베네치아 왕국과 함께 다시

합스부르크 제국에 귀속되었다.

2) 2차 동맹전쟁(1798-1802)과 뤼네빌 평화조약

라인 강을 독일제국과 프랑스 간의 자연국경선으로 인정한 바젤 평화
조약(1795, 프랑스와 프로이센 간 조약)과 캄포르미오 평화조약(1797, 프랑스와 독일제국
간 조약)의 이행을 - 프랑스에 양도된 라인 강 좌안의 독일제국 영토에
대한 보상 문제는 독일제국 내에서 그 해결책을 찾아야 한다는 합의의
이행을 - 논의하기 위해 1차 동맹전쟁이 끝난 1797년 12월 9일부터
1799년 4월 23일까지 뷔르템베르크 공국의 라슈타트에서 - <라슈타트
평화회의>라 명명된 - 독일제국 제후회의가 개최되었다. 1795년에 이미
구성된 독일제국의회 대표단은 라슈타트 평화회의에서 각기 그들의 특
수 이해관계를 대변했다. 바젤 평화회담과 캄포르미오 평화회담의 후
속회의의 성격을 띤 라슈타트 평화회의는 프랑스의 대 오스트리아 선전
포고(1799년 3월 1일)와 더불어 시작된 2차 동맹전쟁이 발발함으로써 중단되
었다. 라슈타트 평화회의의 유일한 성과라면 독일제국이 라인 강 좌안
지역을 프랑스에 양도함으로써 야기된, 이 지역 독일제국 소속 제후들의
영토 상실을 보상해 주기 위해, 성직 제후국의 영토를 세속화한다는 결
정이었다. 그 결정은 프리드리히 빌헬름 2세 프로이센 국왕과 독일제국
황제 프란츠 2세가 이미 1795년과 1797년 프랑스와 합의한 내용(바젤 평화
조약과 캄포르미오 평화조약)에 대한 독일제국의회 대표단의 추인에 다름 아니
었다.

오스트리아가 대 프랑스 2차 동맹을 결성한 시점은 프랑스의 세력이
급격히 확대되어, 이탈리아와 스위스에 위성공화국을 설립하고, 영국을
제압하기 위해 나폴레옹이 이집트 원정까지 감행한 1798년이었다. 2차
동맹은 오스트리아, 영국, 러시아, 포르투갈, 나폴리 왕국, 교황령 및 오

스만 제국 등으로 구성되었고, 프로이센은 2차 동맹전쟁에서 중립을 지켰다. 1차 동맹전쟁과 마찬가지로 2차 동맹전쟁도 프랑스의 대 오스트리아 선전포고로 시작되었다. 남부독일과 스위스에서 벌어진 2차 동맹전쟁 개전 초기 전투에서는 오스트리아군이 전세를 유리하게 이끌어, 프랑스군을 성공적으로 저지했다. <오스트라흐 전투>(1799년 3월 21일), <펠트키르히 전투>(3월 22-23일)와 <슈토카흐 전투>(3월 25일)에서 각각 승리한 오스트리아군이 주르당 휘하의 프랑스 군대를 라인 강 너머로 몰아낸 후, <취리히 전투>(1차 취리히 전투, 1799년 6월 4-7일)에서도 승리를 거두었다. 연승을 거둔 카를 대공은 북이탈리아에서 작전 중인 러시아군 사령관 알렉산드르 바실예비치 수보로프(1730-1800)가 지휘한 오스트리아-러시아 동맹군과의 연결선을 확보했다. 수보로프 휘하의 오스트리아-러시아 동맹군은 <트레비아 강 전투>(1799년 6월 17-20일)와 <노비리구레 전투>(1799년 8월 15일)에서 프랑스군에 크게 이긴 후, 1797년 1차 동맹전쟁에서 승리한 나폴레옹에 의해 설립된 <알프스이남 공화국>을 해체시키고, 롬바르디아와 피에몬테를 포함한 북이탈리아를 프랑스의 수중에서 해방시키는데 성공했다.

2차 동맹전쟁이 시작된 첫 해인 1799년 3월부터 8월 사이에 카를 대공 휘하의 오스트리아군은 오스트라흐, 펠트키르히, 슈토카흐, 취리히 전투 등에서 연승을 거두었고, 수보로프가 지휘한 오스트리아-러시아 동맹군 역시 파스트랭고, 마냐노, 카사노, 트레비아(강), 노비리구레 전투 등 북이탈리아 전선에서 승리를 거두었다. 그러나 이들 전투는 모두, 나폴레옹이 영국과 오스만 제국을 상대로 이집트에서 전쟁을 벌이고 있을 때, 벌어진 전투들이었다. 이 일련의 승리를 제외한다면, 오스트리아와 러시아 동맹군은 2차 동맹전쟁에서 나폴레옹의 적수가 되지 못했다. 동맹국들 간의 전쟁 수행의 목표 설정이 다르기도 했지만, 특히 1799년 9월 26과 27일 양일간 벌어진 두 번째 취리히 전투에서 패함으로써 스위스 해방에 실패하자, 러시아는 기다렸다는 듯 일방적으로 2차 동맹 탈퇴를 선언해버렸다. 당시 스위스는 프랑스군 점령 하의 <헬베티아 공화

국>이었으며, 1799년 6월의 1차 취리히 전투에서 프랑스군이 패배했음에도 여전히 프랑스군 치하에 머물러 있었다.

나폴레옹이 이집트 원정에서 귀환한 1799년 11월 이후부터는 프랑스군이 승승장구 했다. 1800년 6월 14일 - 나폴레옹이 지휘한 첫 전투인 - <마렝고 전투>에서 오스트리아군이 나폴레옹의 군대에 대패함으로써 오스트리아-러시아 동맹군이 탈환했던 북이탈리아는 다시 프랑스 치하로 넘어갔다. 마렝고 전투 닷새 뒤인 1800년 6월 19일 바이에른의 회히슈테트에서도 바이에른과 뷔르템베르크의 지원을 받은 오스트리아군은 모로가 지휘한 프랑스군에 패했다. <회히슈테트 전투>에서 프랑스 군이 승리한 후, 그 해 12월 남독일로 진격한 나폴레옹에 의해 뮌헨이 점령되었다. 뮌헨이 나폴레옹 군대의 수중에 들어가고 난 후에야 비로소 오스트리아는 프랑스와 평화협상의 테이블에 앉았다. 북이탈리아(마렝고)와 바이에른(회히슈테트)에서 5일 간격으로 프랑스군에 패한 오스트리아군은 요한 루트비히 폰 코벤츨(1753-1809, 외무장관: 1801-1805) 백작을 파리에 파견하여 양국 간 예비평화조약 체결을 위한 협상을 개최하기로 프랑스와 합의를 이루어내었다. 그러나 이 합의는 오스트리아의 외무장관 요한 아마데우스 프란츠 폰 투구트(1736-1828) 남작에 의해 거부되었다. 예비평화협상이 오스트리아 외무장관에 의해 거부된 지 하루 후인 1800년 9월 8일 프랑스군 총사령관 모로는 두 달 전 프랑스군과 오스트리아군 간에 체결된 휴전조약, 즉 오버바이에른의 에버스베르크 인근 마을에서 체결된 <파르스도르프 휴전조약>(1800년 7월 9일)의 무효를 선언했다.

당시 프랑스와 평화조약 체결의 기회를 놓친 것은 투구트 외무장관이 프랑스에 대해 가지고 있던 개인적 원한과 - 프랑스 국민의회의 1789년 8월 4일자 귀족 및 성직자 특권 철폐 결의로 프랑스 영토 내에 소재한 투구트 외무장관의 개인 영지를 상실한 사건이 그를 프랑스의 적으로 만들었다 - 오스트리아와 맺은 1차 동맹을 1795년 일방적으로 탈퇴한 프로이센에 대한 그의 적개심 때문이었다. 외무장관으로서 프로이센과 프랑스를 배척하는 대외정책을 시종일관 강행한 것도, 라슈타트 평화회의(1797-1799)를 방해한 것도, 코벤츨이 성사시킨 파리 예비평화회담 개최 합의를 거부한 것도 모두 프랑스와 프로이센에 대한 그의 개인적 감정 때문이었다.

회히슈테트 전투(1800년 6월 19일)의 패장인 슬로바키아 출신의 파울 크라이 폰 크라요바(1735-1804) 오스트리아군 사령관은 파르스도르프 휴전조약(1800년 7월 9일)이 체결된 직후 프란츠 2세 황제의 동생 요한(1782-1859) 대공으로 교체되었다. 크라요바는 1796년부터 1800년까지 오스트리아군 최고지휘관이었던 카를 대공의 후임 사령관이었지만, 회히슈테트 전투 패전으로 임명된 지 수 개월 만에 교체되었다. 카를 대공은 1801년부터 1804년까지 오스트리아 궁정국방회의 의장으로서 합스부르크 제국의 군사업무를 총괄하면서 군 개혁에 전념했다.

이제 겨우 18세의 나이에 오스트리아군 최고지휘관에 임명된 요한 대공은 프랑스군에 포괄적인 승리를 거두어 전세를 역전시킨 다음에 오스트리아의 협상력을 강화하려고 시도했다. 필립스부르크와 울름과 잉골슈타트 요새의 바이에른군 수비대 병력을 61,000명으로 증강시킨 후, 오스트리아 군대는 12월 3일 뮌헨 근교의 호엔린덴(오버바이에른)에서 프랑스 군대와 조우했다. 그런데 - 적장 모로가 선택한 - 뮌헨 동쪽의 에버스베르크 숲을 통과하는 좁은 길은 우세한 병력을 유효하게 운용할 수가 없는 지형이었다. 3면에서 동시 공격을 받게 되자, 수적 우위의 오스트리아군의 전열은 순식간에 와해되어 버렸다. 요한 대공은 사상자 및 포로를 포함하여 15,000명을 잃었고, 거기에다가 80문의 대포도 프랑스군의 수중에 넘겨야 했다. 더 이상의 군사작전이 불가능해진 오스트리아군은 1800년 12월 25일 프랑스의 휴전협정 체결 제의에 응하지 않을 수 없었다.

요한 대공이 <호엔린덴 전투>에서 수적으로 열세한 프랑스군에 참패하자, 황제 프란츠 2세는 그 해 성탄절에 투구트 외무장관을 전격 해임했다. 1799년 10월 러시아의 2차 동맹 탈퇴를 막지 못했고, 마렝고 전투와 회히슈테트 전투와 호엔린덴 전투에서 연패한 책임을 수석장관에게 물은 것이었다. 투구트는 오스만 제국 주재 교황령 대사로 재임하던 시기인 1775년 외교력을 발휘하여 오스만 제국령 부코비나를 오스트리아에 합병시킨, 오스트리아 제국의 영토 확장 정책에 크게 기여한 인물이었다.

호엔린덴 전투(1800년 12월 3일)에서 프랑스군에 참패한 요한 대공은 잘츠부르크 인근의 <발저펠트 전투>(1800년 12월 12-14일)에서 다시 한 번 패하여 12,000명의 병력을 잃고, 엔스 강 전선을 프랑스군에 빼앗겼다. 3일 후 오스트리아군 총사령관이 교체되었다. 1800년 12월 17일 동생 요한 대공으로부터 최고지휘권을 다시 넘겨받은 카를 대공도 무너진 전열을 재정비할 수가 없었고, 수도 빈이 위협받게 되었다. 이 위중한 순간을 극복하기 위해 카를 대공은 1800년 12월 25일 슈타이르에서 현 상황을 기초로 하여 모로와 휴전협정을 체결하지 않을 수 없었다. 엔스 강 전선 뒤로 - 엔스 강은 오버외스터라이히와 니더외스터라이히의 경계를 구분하는 기준선이었다 - 철수한 오스트리아군의 작전반경은 크게 제한받게 되었다. <슈타이르 휴전협정>(1800년 12월 25일)은 <뤼네빌 평화조약>(1801년 2월 9일) 체결을 위한 예비조약이었다.

투구트가 물러나고, 코벤츨이 외무장관에 기용된 후, 오스트리아와 프랑스는 슈타이르 휴전협정에 의거하여 평화협상을 시작했다. 캄포포르미오 평화조약(1797)을 재확인한 <뤼네빌 평화조약>은 프랑스와 오스트리아 간의 2차 동맹전쟁을 종식시킨 조약이었다. 뤼네빌 평화조약은 합스부르크 제국 뿐 아니라, 독일제국에도 구속력을 지니는 조약이었다. 뤼네빌 평화조약은 베네치아, 이스트리아, 달마티아가 오스트리아의 관할임을 재확인했다. 이미 1796년 프랑스에 합병된 모데나의 공작에게는 오스트리아가 브라이스가우를 대토로 보상하고, 토스카나 대공(페르디난트 3세, 프란츠 2세 황제의 첫째 동생)을 위해서는 독일제국 내에서 적절한 보상책이 강구되도록 조정되었다. 1801년 프랑스에 양도한 토스카나 대공국에 대한 보상으로 페르디난트 3세(1769-1824. 토스카나 대공: 1790-1801, 잘츠부르크 선제후: 1803-1805, 뷔르츠부르크 선제후: 1806-1814, 토스카나 대공: 1814-1824) 토스카나 대공은 <독일제국의회대표자회의결의>(1803)를 통해 1803년 잘츠부르크 선제후국을 획득했다. 캄포포르미오 평화조약에 연계하여 독일황제와 독일제국은 스위스에서 네덜란드에 이르는 라인 강 좌안 지역을 프랑스에 양도했다. 그 대신 프랑스는 라인 강 우안의 모든 점령지역을 포기하고, 라인 강 연변 도로를 프랑스와 독일제국 간의 국경으로 인정받았다.

라인 강 좌안 지역의 영토를 상실한 독일제국 제후들을 위해서는 독일제국이 별도의 보상규정을 만들어야 한다는 조항이 뤼네빌 평화조약에 다시 한 번 명문화되었다. 이 조항은 이미 캄포포르미오 평화조약에도 포함되어 있었다. 이 문제의 해결을 위해 1803년 독일제국의회대표자회의결의를 통해 라인 강 좌안의 영지를 프랑스에게 빼앗긴 독일제국 제후들을 보상하기 위해 성직제후 재산의 세속화 조치가 결정되었다. 해당 제후들에게 대토를 제공하는 과정에서도 프랑스는 영향력을 행사했다. 캄포포르미오 평화조약에서 합의된 규정들이 뤼네빌 평화조약의 체결을 통해 이행단계로 넘어가게 된 것이었다. 그에 따라 오스트리아 군대는 오스트리아로 철수하고, 프랑스 군대도 독일제국 땅을 떠났다. 그러나 프랑스는 1795년 이후 점령한 라인 강 좌안 지역의 독일제국 영토는 그대로 유지했다.

뤼네빌 평화조약에 이어 프랑스는 2차 동맹전쟁에 참여한 나폴리, 포르투갈, 러시아 및 오스만 제국과도 별도의 평화조약을 체결했다. 뤼네빌 평화조약의 골자는 캄포포르미오 평화조약의 재확인 이외에, 나폴레옹이 프랑스 공화정의 형식을 모방해 점령지에 세운 위성공화국(바타비아/네덜란드 공화국, 헬베티아/스위스 공화국, 로마 공화국, 리구리아 공화국 등)에 대한 독일제국 황제의 승인을 얻어낸 것이었다. 라인 강 좌안 지역을 점령한 후 독일제국과 체결한 첫 평화조약인 캄포포르미오 평화조약(1797)에서 프랑스가 바젤과 안더나흐를 연결하는 지역을 자국 영토로 인정받은 이후, 라슈타트 평화회의(1797-1799)와 뤼네빌 평화조약(1801)에서도 이 지역의 영유권 문제가 계속해서 주요 의제로 오른 것을 보면, 프랑스가 라인 강 좌안 지역에 대한 주권 행사에 - 다시 말해 라인 강을 국경선으로 인정받기 위해 - 국가적 명운을 걸고 있었던 것을 알 수 있다.

라인 강 좌안 지역에서 상실한 영토의 보상에 대한 구체적인 합의를 끌어내기 위해 프랑스는 1802년 12월 26일 오스트리아와 <파리 조약>을 체결했다. 합스부르크 제국의 방계통치지역인 토스카나가 1799년 프랑스에 의해 점령된 후, 프랑스는 뤼네빌 평화조약에서 독일제국 황제로 하여금 토스카나 대공 페르디난트 3세에게 독일제국 내의 다른 지역을 보상하도록 요구했었다. 이 문제에 대한 구체적인 해결책이 파리 조약에서 제시되어, 페르디난트 3세는 토스카나 대신 잘츠부르크 대주교구를 보상받았다. 그 후 잘츠부르크 대주교구는 독일제국대표자회의결의를 통해 세속 선제후국으로 전환되었고, 잘츠부르크 선제후국은 아이히슈테트, 베르히테스가덴 및 파사우의 일부와 함께 페르디난트 3세 전 토스카나 대공에게 토스카나의 대토 형식으로 양도된 것이었다.

현재의 오스트리아 영토를 구성하고 있는 9개 연방주 중 잘츠부르크는 부르겐란트 다음으로 역사가 일천하다. 1803년 2월 11일 잘츠부르크 대주교 히에로니무스 콜로레도(1732-1812) 백작이 사퇴하고, 프란츠 2세의 동생인 전 토스카나 대공 페르디난트 3세가 1803년 2월 25일 잘츠부르크의 선제후 지위를 획득했다. 그러나 잘츠부르크는 1805년 <프레스부르크 평화조약>(3차 동맹전쟁을 끝낸 평화조약)에서 오스트리아 제국에 편입되었고, 페르디난트 3세 선제후는 잘츠부르크를 오스트리아에 양도하는 대신 뷔르츠부르크 대공국을 대토로 보상받았다. 그 과정에서 아이히슈테트와 파사우는 잘츠부르크 선제후국에서 분리되어, 바이에른 영토에 편입되었다. 1806년 신성로마제국이 해체된 후, 신성로마제국 황제선거를 주관한 선제후 회의도 해산되었기 때문에, 잘츠부르크 대주교구는 세속 공국으로 전환되어, 오스트리아 황제가 잘츠부르크 공작을 겸했다. 단, 1809년 부터 1810년까지는 프랑스 점령 기간이었고, 1810년 2월부터 1816년 4월까지는 막시밀리안 1세 바이에른 국왕이 잘츠부르크 공작이었다. 1809년 <쇤브룬 평화조약>(혹은 빈 평화조약, 1809년 10월 14일)에서 잘츠부르크는 프랑스령이 된 후, 1810년 바이에른 왕국에 양도된 것이다. 1816년 5월 1일부로 잘츠부르크가 다시 오스트리아 영토로 인정된 것은 1816년 4월 14일 오스트리아가 바이에른과 체결한 <뮌헨 조약>을 통해서이었다. 그 과정에서 베르히테스가덴과 잘차흐 강 좌안의 잘츠부르크 땅 일부 및 루페르티빙켈은 오스트리아에 편입되지 않고, 바이에른 영토로 남았다. 1809년부터 1816년까지의 기간을 제외하면, 오스트리아 황제가 1805년 이후 1918년까지 잘츠부르크 공작을 겸임했다.

3) 독일제국의회대표자회의결의(1803)

신성로마제국(독일제국) 의회에서 처리된 마지막 중요법안이었던 <독일제국의회대표자회의결의>는 1803년 2월 25일 레겐스부르크에서 개최된 상시제국의회의 마지막 회의에서 통과되었고, 1803년 4월 27일 황제의 재가를 받아 발효되었다. 1802년 6월 프랑스와 오스트리아 간에 - 1801년에 체결된 뤼네빌 평화조약(제7조)에 의거하여 - 합의된 라인 강 좌안지역의 실지보상안이 독일제국의회대표자회의결의의 근간을 이루었다.

1795년 바젤 평화조약 제5조에서 프로이센의 국왕(프리드리히 빌헬름 2세)은 프랑스가 점령한 라인 강 좌안의 프로이센 영토에 대한 프랑스의 영유권을 승인하고, 실지에 대한 보상 문제는 독일제국 내에서 해결한다는 합의를 문서화했다. 그리고 2년 후 프랑스와 합스부르크 제국 간에 체결된 캄포포르미오 평화조약에서 오스트리아는 바젤에서부터 안더나흐 인근의 네테 강에 이르는 라인 강 좌안 지역이 프랑스에 할양되도록 노력한다는 약속을 했다. 프리드리히 빌헬름 2세 프로이센 국왕과 프란츠 2세 황제가 프랑스에게 합의해 준 바젤 평화조약과 캄포포르미오 평화조약의 영토할양 조항은 - 독일제국의회대표자회의결의를 통해 프로이센은 물론 큰 이익을 취했지만 - 독일제국에게는 매우 불리한 불평등 조약이었다. 1차 동맹전쟁(1792-1797)이 끝나기 전인 1795년과 1797년에 이미 독일제국의회대표자회의결의의 내용이 사전 확정된 것이나 다름없었다.

2차 동맹전쟁(1798-1801/1802)의 - 독일제국 역내에서 벌어진 - 마지막 전투인 호엔린덴 전투(1800년 12월 3일)에서 오스트리아와 바이에른의 동맹군이 프랑스군에 패한 후 프랑스와 체결한 뤼네빌 평화조약(1801)에서 프란츠 2세 황제는 캄포포르미오 평화조약(1797)을 체결했을 때와 똑같이 오스트리아와 독일제국을 대표해서 평화조약에 서명할 것을 강요받았다. 뤼네빌 평화조약 6조는 라인 강 좌안 지역을 프랑스에 할양한다는, 캄포포르미오 평화조약의 해당 규정의 반복이었다. 라인 강 좌안의 영지를 상실하는 독일 제후들에 대한 보상책은 독일제국 내에서 논의되어야 한다는 7조의 내용도 마찬가지였다. 그러니까 뤼네빌 평화조약은 프란츠 2세가 독일제국 황제의 신분으로서 바젤 평화조약(1795. 프랑스와 프로이센 간의 조약)과 캄포포르미오 평화조약의 해당 조항을 나폴레옹에게 재확인해준 외교문서였다.

뤼네빌 평화조약은 1801년 3월 9일자 황제 훈령을 통해 비준되었고, 1801년 3월 16일 비준서 교환으로 발효되었다. 그러나 프랑스는 이미 1797년 캄포포르미오 평화조약 체결 이전부터 점령한 라인 강 좌안 지역을 - 영토획득을 기정사실화하기 위해 - 정치적, 행정적으로 재편하기 시작했기 때문에, 해당지역의 독일제국 세속 제후들은 1797년 이후 그들의 영지에 대한 주권 행사를 할 수 없었다. 그와는 달리 라인 강 좌안 지역의 가톨릭교회 사정은 1801년 중반까지는 변함이 없었다. 독일제국 성직 제후들이 소유한, 라인 강 좌안 지역의 가톨릭교회 영지는 프랑스와 교황청 간의 1801년 7월 16일 자 종교협약(콘코르다트)을 통해 비로소 프랑스의 교구시스템에 편입되었기 때문이었다. 라인 강 좌안지역의 양도로 인해 독일제후 상당수가 일부 또는 전체 영지를 상실했다. 쾰른 대주교구와 트리어 대주교구, 팔츠 선제후국, 나사우-우징엔 및 나사우-바일부르크 후작국(양 나사우가는 1806년 8월 30일 통합되어, 나사우 공국으로 승격되었음) 등은 라인 강 좌안 지역에 소유한 영토를 상실함으로써 1803년에 이미 독일제국에서 제외된 대표적인 경우였다. 라인 강 우측에 소재한 쾰른 대주교구의 영지는 1803년 세속화 되어, 나사우 공국과 헤센-다름슈타트 방백령(1806년 이후 헤센 대공국) 등에 편입됨으로써, 쾰른 선제후국은 신성로마제국이 해체되기 3년 전 독일제국의회대표자회의결의를 통해 이미 소멸되었다. 선제후국 팔츠도 쾰른 선제후국과 동일한 운명의 길을 걸었다. 팔츠 선제후국 소유의 라인 강 좌안지역은 프랑스에 편입되었고, 라인 강 우측의 팔츠 선제후국의 영토(하이델베르크, 만하임, 슈베칭엔, 바인하임 따위)는 독일제국의회대표자회의결의에 따라 바덴 대공국에, 오덴발트에 소재한 팔츠의 영토(네카슈타이나흐, 피른하임, 헤펜하임 따위)는 1806년 헤센 대공국에 각각 흡수되어버렸다. 라인 강 좌측의 제국직속 영지와 제국직속 기사령도 모두 프랑스 영토에 편입되었다. 제국직속 기사령의 소유주는 뤼네빌 평화조약 제7조, 즉 독일제국 내에서 보상을 받도록 한 규정의 보호를 받지 못했다.

혁명전쟁(1차 및 2차 동맹전쟁)으로 인해 라인 강 좌안의 영토를 잃은 세속 제후들에 대한 보상 결정이 독일제국의회대표자회의결의의 내용이었다. 보상은 교회 소유지의 세속화 또는 1803년 독일제국의회대표자회의결의 이전 제국직속 영지의 소유권 이전을 통해 이루어졌다. 어느 지역을 어느 제후에게 보상하느냐의 결정권은 공식적으로는 제국의회대표자회의 결의에 종속되는 것처럼 보였지만, 실제에 있어 프랑스의 영향력 행사에 의해 좌우되었다. 라인 강 좌안 지역 소재 성직 제후의 영지(주교구 및 대주교구)는 마인츠 대주교구의 경우만 예외로 하고, 모두 프랑스 영토가 되어버렸다. 라인 강 오른쪽에 영토를 소유하지 않았거나, 그 정도가 미미했던 다른 두 대주교구, 즉 트리어 대주교구와 쾰른 대주교구는 독일제국의회대표자회의결의의 이행을 통해 1803년 해체되어 버렸다. 잘츠부르크 대주교구가 세속화되어 토스카나 대공국을 프랑스에 빼앗긴 프란츠 1세 황제의 동생 페르디난트 3세 토스카나 대공에게 양도된 것도 독일제국의회대표자회의결의에 법적인 근거를 둔 조치의 결과였다.

마인츠 대주교구 역시 해체되었지만, 마인츠 대주교구의 라인 강 우측 영토는 세속화 조치를 통해 아샤펜부르크 후작국(레겐스부르크와 베슬라르를 포함하는 지역으로서 수도는 아샤펜부르크)으로 변경되었다. 1803년의 독일제국의회대표자회의결의를 통해 쾰른 대주교구와 트리어 대주교구는 소멸되고, 대주교들이 가지고 있던 선제후의 지위도 소멸되었다. 그러나 마인츠 대주교의 선제후 지위는 아샤펜부르크 후작에게 승계되었다. 아샤펜부르크 후작국은 1803년 독일제국의회대표자회의결의와 더불어 프랑스에 편입되고 남은 마인츠 선제후국의 라인 강 우측 영토로 설립되었으며, 1806년부터 1813/1814년까지 존립한 <라인 동맹> 내의 주권 국가였다. 아샤펜부르크는 마인츠 대주교구의 마지막 대주교로서 신성로마제국의 마지막 마인츠 선제후로 역사에 이름을 올린 카를 테오도르 폰 달베르크(1774-1817, 마인츠 대주교: 1802-1803)에 의해 통치되었다. 1806년 <라인 동맹>이 결성된 후, 달베르크 남작은 나폴레옹에 의해 라인동맹의 수석제후에 임명되었으며, 아샤펜부르크 후작국은 1810년 하나우 후작국과 제국직속 수도원 풀다 등과 합쳐져, <프랑크푸르트 대공국>(수도: 아샤펜부르크)으로 명칭이 변경되었다. 대부분의 제국직속 도시들은 인접 제후국들에 편입되었지만, 아우크스부르크, 뤼베크, 뉘른베르크, 프랑크푸르트 암 마인, 브레멘 및 함부르크는 예외였다. 독일기사단과 몰타기사단도 1803년의 세속화 조치에서는 일단 제외되었다. 2개 성직 선제후(쾰른 대주교와 트리어 대주교)의 지위가 소멸된 대신, 4개 제후국(잘츠부르크 대주교, 뷔르템베르크 공작, 바덴 변경백 및 헤센-카셀 방백)이 신설 선제후 지위를 획득했다. 원래 7명으로 출발한 독일제국의 선제후 회의(황제선거위원회)의 구성원은 1648년 이후 8명, 1692년 이후 9명, 1777년 바이에른 선제후국과 팔츠 선제후국의 통합으로 선제후 수가 다시 8명으로 환원된 후, 1803년 독일제국대표자회의의결의를 통해 독일제국의 판도가 재편되면서 10명으로 그 수가 늘어났다. 그러나 1803년에 신설된 선제후 지위는 명예 칭호로 남게 되었다. 선제후 회의(1792)에서 선출된 마지막 신성로마제국 황제는 프란츠 2세였고, 신성로마제국은 1806년 프란츠 2세의 선언에 의해 법적으로 소멸되었다.

독일제국의회대표자회의의결의는 1803년 3월 독일제국의회에 의해 만장일치의 형식으로 채택되었다. 그러나 이미 1802년 말 대부분의 성직 제후들은 그들이 소유한 영지의 소유권을 포기해야 했고, 그들이 점유한 제국의회의 의석과 투표권도 동시에 박탈되었다. 성직 선제후 3인(마인츠 대주교, 트리어 대주교, 쾰른 대주교) 및 잘츠부르크 대주교와 파사우, 프라이징, 트리엔트 및 브릭센(브레사노네)의 주교, 베르히테스가덴의 제국직속수도원장 및 슈바벤의 제국직속 고위성직자들은 독일제국의회대표자회의의결의를 통과시킨 제국의회의 마지막 회의(1803년 3월 24일)에 불참했다. 그들은 그들의 운명과 그들의 영지 몰수가 그들이 참여한 제국의회에서 표결로 처리되는 것을 피하고 싶었던 것이었다. 독일제국의회대표자회의의결의가 마지막 제국의회에서 전원일치에 의해 가결되었지만, 모든 제국의회 의원들의 찬성을 얻은 것은 아니었던 것이다. 유보적 태도를 보였던 프란츠 2세 황제 역시 1803년 4월 27일 형식상 합법적인 3월 24일자 제국의회 표결을 재가하지 않을 수 없었다.

독일제국의회대표자회의의결의에 의한 교회 및 성직 제후 소유 영지의 세속화와 제국직속 통치령의 소유권 몰수를 통해 라인 강 좌안 지역에서 상실한 영토를 세속 군주들에게 보상하는 과정에서 가장 큰 수혜를 입은 국가는 - 프로이센을 제외하면 - 모두 프랑스와 긴밀한 관계를 유지한 나라들, 즉 <라인 동맹>을 주도한 국가들인 바이에른, 바덴, 뷔르템베르크였다. 프로이센 왕국이 라인 강 좌안 지역에서 상실한 영토 약 2,000km²(주민: 140,000명)에 대해 보상받은 영토는 상실분의 6배에 달하는

12,000㎢(주민: 600,000명)이었다. 바이에른은 10,000㎢(주민: 600,000명), 바덴은 450㎢ (주민: 30,000명), 뷔르템베르크는 400㎢(주민: 30,000명)를 각각 상실한 반면에, 14,000 ㎢(주민: 850,000명), 2,000㎢(주민: 240,000명) 및 1,500㎢(주민: 120,000명)를 각각 보상받았다. 프로이센이 독일제국의회대표자회의결의의 이행을 통해 가장 큰 이익을 취할 수 있었던 것은 1795년 바젤 평화조약 체결을 통해 프랑스의 전쟁 부담을 조기에 경감시켜 주었을 뿐 아니라, 프랑스가 점령한 라인 강 좌 안의 독일제국 영토에 대한 프랑스의 영유권을 가장 먼저 인정해준 데 대한 보답이었을 것이다.

　독일제국의회대표자회의결의를 따른 교회 재산 및 성직 제후 재산 세 속화 및 제국직속영토(제국직속도시, 제국직속기사단 영토 등)의 관할권 이전 조치는 독일제국의 판도를 근본적으로 변화시켰다. 독일제국은 전통적으로 황제 에 충성한 성직 제후국과 제국직속 영토를 잃게 됨으로써 제국의 결속 력은 가장 중요한 지주를 상실하게 되었다. 성직 제후국과 제국직속 교 회의 존재가 없어진 것은 사실상 지금까지 제국의 존립 기반으로 작용 한 제국의 특수성이 사라졌다는 의미였다. 제국직속 교회의 몰락에 본질 적인 기여를 한 것은 프랑스의 반교권주의적 입장이었다. 제국직속 교회 의 폐지와 더불어 독일제국 황제는 중요한 권력의 기반을 박탈당한 것 이었다. 제국의회 내의 가톨릭 제후들은 이제 각자 그들의 이익을 관철 시키기에 급급했다. 그리하여 가톨릭이 지배했던 제국제후 회의는 - 독 일 제국의회를 구성한 3대 회의체는 제국제후 회의, 선제후 회의 및 제 국직속도시 회의였다 - 종교개혁 과정에서 이미 다수가 신교로 개종했 고, 선제후 회의도 - 성직 선제후국(라인 지역 대주교구)의 해체로 - 사정이 다 르지 않았으며, 제국직속도시 회의는 이미 존재의 의미를 잃었다.

　제국직속기사단 영지와 소규모 제후국들이 독립성을 상실한 후, 수백 개에 달했던 제국직속 영지의 수효는 1803년 이후 30여 개로 축소되었 다. 독일제국의회대표자회의결의를 통해 수많은 군소 제후국 영지가 인 접 제후국에 병합되어, 한 눈에 알 수 있는 몇몇 중대형국가들이 등장하

게 되었다. 바덴, 바이에른 및 뷔르템베르크 같은 제후국들이 독일제국
의회대표자회의결의를 통해 획득한 영토 중에서 실제로 상실한 영지에
대한 보상으로, 다시 말해 실손 보상으로 간주될 수 있는 영지는 극히
일부분에 지나지 않았다. 예를 들자면 비텔스바흐가의 바이에른이 상실
한 영지는 윌리히 공국과 베르크 공국, 그리고 팔츠 선제후국과 비텔스
바흐가에 의해 통치된 쾰른 대주교구 등 도합 2,000㎢에 지나지 않았지
만, 독일제국의회대표자회의결의를 통해 대토로 보상받은 면적은 12,000
㎢였다. 팔츠 선제후국의 라인 강 좌안지역 영토는 뤼네빌 평화조약 이
후 프랑스에 편입되었고, 라인 강 우안 지역의 팔츠 선제후국 영토는 독
일제국의회대표자회의결의 이후 분할되었다. 하이델베르크, 만하임, 슈베
칭엔 및 바인하임 등의 도시를 포함한 라인 강 우측의 팔츠 영토는 주
로 1806년 대공국으로 승격한 바덴에 편입되었다. 바덴의 변경백은 -
1803년 대공국으로 승격되기 전 - 독일제국의회대표자회의결의를 통해
라인 강 좌안 지역에서 상실한 것보다 여덟 배나 많은 주민을 얻었다.
뷔르템베르크는 라인 강 좌안의 묌펠가르트(프랑스의 몽벨리아르)와 라이헨바이
어(알자스의 리크위르)를 상실한 대신, 두 배나 큰 라인 강 우측 지역을 획득
했다. 특히 구 오스트리아의 역외 영토(전부오스트리아)와 수도원의 영지에 속
했던 오버슈바벤은 뷔르템베르크에 편입되었다. 독일제국의회대표자회의
결의를 막후에서 조종한 나폴레옹은 일련의 위성국가를 만드는데 성공
했다. 프로이센은 프랑스에 양도한 라인 강 좌측 영토에 대한 보상으로
독일제국의회대표자회의결의를 통해 제후주교구(세속영지를 소유한 주교구) 힐데
스하임과 파더보른, 제후주교구 뮌스터의 일부, 튀링엔 소재 마인츠 대
주교구의 재산, 제국직속도시 뮐하우젠, 노르트하우젠 및 고슬라르, 제국
직속수도회 크베들린부르크, 엘텐, 에센, 베르덴 및 카펜베르크를 획득했
다.
　1806년 7월 12일 나폴레옹의 주도로 제국대재상 카를 테오도르 폰
달베르크가 주동이 되어 바이에른, 뷔르템베르크, 바덴, 헤센-카셀, 나사

우 등의 독일제국 제후국들과 파리에서 라인 동맹 규약에 서명함으로써
<라인 동맹>이 창립되었다. 라인 동맹 가입국들은 1806년 8월 1일 독일
제국 탈퇴를 선언했다. 3차 동맹전쟁을 끝낸 <프레스부르크 평화조
약>(1805년 12월 26일)에서 이미 프란츠 2세 황제는 바이에른, 뷔르템베르크
및 바덴에게 오스트리아의 역외영토 중 일부를 양도하고, 바이에른과 뷔
르템베르크의 공작을 국왕으로 인정함으로써 그들 국가들에게 오스트리
아 및 프로이센과 동등한 지위를 인정해야 했다. 바이에른, 뷔르템베르
크 및 바덴 3국은 그 후 사실상 독일제국 헌법의 제약을 받지 않았다.

　1806년 8월 6일 프란츠 2세는 신성로마제국 황제직을 포기하고, 제국
의 해체를 선언했다. 이미 2년 전 오스트리아를 황제국으로 선포할 때부
터 계획된 조치였지만, 1806년 8월 10일까지 프란츠 2세 황제가 스스로
퇴위하지 않으면, 프랑스 군대가 오스트리아를 공격한다는 나폴레옹의
최후통첩이 결정적이었다. 나폴레옹의 마지막 경고는 1806년 7월 22일
프란츠 2세 황제에게 통고되었다. 예견된 황제 지위 상실을 미연에 방지
하기 위해, 프란츠 2세는 1804년 8월 11일 오스트리아를 제국으로 선포
했다. 프란츠 1세 오스트리아 황제는 1804년 이전까지는 오스트리아의
대공 신분이었다. 다시 말해 1804년까지 대공국이었던 오스트리아가
1804년 이후부터 황제국으로 승격한 것이었다. 합스부르크 제국은 다민
족 국가였고, 오스트리아 대공국이 합스부르크 제국을 지배했기 때문에,
합스부르크 제국은 사실상 이미 1804년 이전에도 오스트리아 제국과 동
일한 개념으로 통했지만, 엄격히 정의할 때 오스트리아는 1804년 이후부
터 제국으로 불러야 정확하다.

4) 3차 동맹전쟁(1805)

　1805년 9월 8일 오스트리아군의 바이에른 침공으로 시작된 3차 동맹

전쟁은 같은 해 12월 26일 프랑스와 오스트리아 사이에 채결된 프레스부르크 평화조약으로 끝났다. 3차 동맹전쟁은 영국이 동맹의 핵이 되어 나폴레옹의 패권주의를 저지할 목적으로 수행된 전쟁이었지만, 오스트리아에게는 영토상의 변화를 가져다 준 전쟁이어서 그 의미가 매우 중차대하다. 3차 동맹은 오스트리아, 영국, 러시아, 스웨덴 및 1792년 프랑스군의 사부아의 점령으로 영토가 크게 축소된 피에몬테-사르데냐 왕국 등 5개국으로 구성되었다. 2차에 걸친 혁명전쟁(1차 동맹전쟁과 2차 동맹전쟁)에서 프랑스가 승리함에 따라 유럽대륙의 힘의 균형이 프랑스 쪽으로 크게 기울어졌기 때문에, 유럽의 균형을 회복하기 위해 영국은 1805년 4월 11일 상트페테르부르크에서 러시아와 군사동맹을 결성했고, 오스트리아는 약 4개월 후인 8월 9일 영국-러시아 동맹에 가입하는 형식으로 3차 동맹이 완성되었다. 스웨덴은 이미 1804년 12월에 영국과, 1805년 1월에는 러시아와 동맹조약을 체결했다. 그러나 프로이센은 3차 동맹을 외면했다. 프로이센은 1795년(바젤 평화조약) 이후 중립을 견지한 대가로, 1803년 프랑스가 점령한 하노버 선제후국을 프랑스로부터 1년간(1805-1806) 임대형식으로 양여 받았다. 독일 통일 이후의 시각에서 판단해 보면, 바젤 평화조약(1795) 이후 프랑스와 오스트리아 사이에서 프로이센이 취한 기회주의적 태도는 마치 60여 년 후의 <북독일연방>(1866/1867)의 결성을 염두에 둔 외교적 장기 포석이었던 것처럼 보인다.

1805년 나폴레옹은 3차 동맹에 대항하기 위해 바이에른, 바덴, 뷔르템베르크 등의 남독일 제후국들과 <보겐하우젠 조약>, <바덴바덴 조약> 및 <루트비히스부르크 조약>을 각각 체결해, 강력한 군사동맹 체제를 출범시켰다. 1차 동맹전쟁 당시 프로이센이 오스트리아를 배신하여 1795년 4월 5일 프랑스와 바젤 평화조약을 일방적으로 체결하여 동맹을 이탈한 후, 1796년 8월 7일에는 뷔르템베르크가, 또 1796년 8월 22일에는 바덴이 프랑스와 단독평화조약을 체결하여 프로이센의 뒤를 이어 1차 동맹을 떠났다. 그러나 2차 동맹전쟁(1798-1802)에서는 다시 오스트리아군을 지원했던 이들 남독일 제후국들이 3차 동맹전쟁에서 오스트리아의 적대국으로 변신한 것은 1차 동맹전쟁과 2차 동맹전쟁의 전승국 프랑스가 막후에서 조종한 독일제국의회대표자회의결의(1803) 덕분으로 영토상의 이익을 크게 취했기 때문이었다.

남독일 3국 중 프랑스와 가장 먼저 군사동맹 조약을 체결한 제후국은 바이에른이었다. 나폴레옹 1세 황제는 - 1804년 5월 18일부터 황제칭호를 사용한 제1집정관 나폴레옹 보나파르트 장군이 공식적으로 황제대관식을 가진 것은 1804년 12월 2일이었다 - 막시밀리안 4세(1756-1825, 1799-1805: 팔츠-바이에른 선제후, 1806-1825: 바이에른 초대 국왕 막시밀리안 1세) 팔츠-바이에른 선제후와 4개월에 걸친 협상 끝에 1805년 8월 25일 보겐하우젠(현재 뮌헨 13구)에서 프랑스-바이에른 비밀군사동맹을 체결했다. 9개 조항과 1개 별도 조항으로 구성된 보겐하우젠 조약에서 나폴레옹은 3차 동맹전쟁에서 승리할 경우 1803년의 영토를 기준으로 하여, 바이에른의 영토 확대에 기여할 것을 약속했다. 그리고 전쟁이 끝난 후에도 프랑스는 라인 강 우측의 바이에른 땅을 건드리지 않을 것임을 약속하여 바이에른을 안심시켰다. 그 대가로 바이에른은 보병 18,000명, 기병 및 포병 2,000명으로 편성된 군단을 - 독일제국 역내에서 벌어지는 전투에 국한해 투입된다는 조건 하에 - 프랑스군의 지휘에 예속시켰다. 막시밀리안 4세가 전쟁에서 나라(팔츠와 바이에른)를 상실할 경우, 나폴레옹이 바이에른-팔츠 군대를 유지할 충분한 경비를 전자에게 보장하기로 약속했다.

팔츠-바이에른 선제후국과 보겐하우젠 조약을 성사시킨 지 2주일 후인 1805년 9월 5일 나폴레옹 1세는 바덴의 카를 프리드리히(1728-1811) 변경백과 <바덴바덴 조약>을 체결했다. 5개 조항으로 구성된 조약에서 바덴은 프랑스군에 3,000명의 병력을 제공함과 동시에 전쟁필수물자를 프랑스의 적국에게 판매하지 않는 대가로, 전쟁에 승리할 경우 자국영토의 확대가능성을 프랑스로부터 보장받았다.

바이에른, 바덴 및 뷔르템베르크에서 동원될 병력을 통해 프랑스군의 전력을 강화시키려고 한 나폴레옹의 노력을 가장 오래 외면한 남독 제후국은 뷔르템베르크였다. 오스트리아와 프랑스의 군대가 뷔르템베르크 공국 역내에 나타났을 때, 비로소 프리드리히 2세(1754-1816) 뷔르템베르크 공작은 루트비히스부르크에서 나폴레옹과 독대한 후, 뷔르템베르크의 중립을 포기했다. 프랑스-뷔르템베르크 군사동맹 조약에서 뷔르템베르크는 프랑스군에 9,000명의 보병과 1,000명의 기병을 제공해야 했다. 그 대가로 나폴레옹은 뷔르템베르크 공작에게 뷔르템베르크 공국의 독립과 불가침성, 그리고 완전한 주권을 보장하고, 공작 궁 소재지인 슈투트가르트와 루비히스부르크를 존중할 것을 약속했다. 나폴레옹은 뷔르템베르크 공국의 군사지원에 대한 대가로 보젠하우젠 조약과 바덴바덴 조약에서 바이에른 선제후와 바덴 변경백에게 약속한 것과 같은 규모의 영토를 뷔르템베르크 공작에게도 보상한다는 약속을 <루트비히스부르크 조약>에 명시했다.

실제로 나폴레옹은 이들 남독일 3국에게 약속한 영토를 <아우스터리츠 전투>(1805년 12월 2일)의 패전국인 오스트리아의 땅으로 보상해 주었으며, 그 분배 규정은 1805년 12월 26일 승전국 프랑스와 패전국 오스트리아 간에 체결된 <프레스부르크 평화조약>의 주요 구성요소가 되었다. 그 대가로 남독일 3국은 프랑스에 제공한 전시공급물자에 대한 보상 일체를 포기했다. 바덴은 그뿐 아니라, 프랑스에 의해 점령된 자국 소유의 라인 강의 섬들과 라인 강 요새 켈(슈트라스부르크의 맞은편 도시)을 포기했다. 나폴레옹의 영향력 행사로 바이에른과 뷔르템베르크는 1806년 1월 1일부로 각각 공국에서 왕국으로 승격되었다. 빈사상태에 이른 독일제국과 제국의회는 이제 나폴레옹에 대항할 능력이 없었다. 1803년 독일제국의회대표자회의결의를 통해서 선제후국이 된 바덴 변경백국은 1806년 <라인 동맹> 가입으로 프랑스의 위성국이 되면서 대공국으로 국격이 격상되었다. 독일제국의회대표자회의결의에 의해 바이에른과 뷔르템베르크가 공국에서 왕국으로, 바덴이 변경백국에서 대공국으로 격상된 것은 프랑스의 압력이 작용한 때문이었다. 그 과정에서 독일제국의 주권은 침해되고, 식물 황제가 된 프란츠 2세의 권위는 바닥으로 추락했다.

3차 동맹전쟁은 1805년 9월 8일 오스트리아군의 바이에른 공격으로 시작되었다. 바덴, 뷔르템베르크, 바이에른 등 남독일 3국의 지원을 얻은 나폴레옹은 1805년 9월 23일 오스트리아에 전쟁을 선포하고, 이틀 후 주력군을 직접 지휘하여 라인 강을 건넜다. 카를 마크 폰 라이버리히 (1752-1828) 중장 휘하의 오스트리아군은 바이에른의 울름을 점령하여 그곳에 진을 친 후, 3차 동맹 가입국 러시아 군대와의 합류를 기다리고 있었다. 오스트리아·러시아 연합군을 편성하여 전선을 이탈리아로 옮겨가기 위해서였다. 일반적인 예상을 뒤집고, 나폴레옹은 도나우 강 북쪽으로 접근하여 울름에서 대기 중인 오스트리아 군대를 포위하는데 성공했다. 오스트리아군에게 치명적인 결과를 초래한 <울름 전투>는 1805년 10월 16일부터 19일까지 나흘 간 계속되었다. 12,000명의 병력과 더불어 울름을 탈출한 프란츠 폰 베르네크(1748-1806) 장군은 10월 17일 네레스하임 전투에서 패했고, 하루 뒤 트로흐텔핑엔 전투에서 프랑스군에 항복했다. 36,000명의 주력부대와 함께 울름에 갇힌 라이버리히는 프랑스군에 대패하여, 10월 19일 나폴레옹에게 항복해야 했다. 라이버리히를 비롯해 모두 15명의 오스트리아 장군이 울름에서 나폴레옹의 포로가 되었다. 울름 원정에 동행했던 프란츠 2세 황제의 한 살 아래 동생 페르디난트 3세(1790-1801: 토스카나 대공) 대공만이 유일하게 울름을 탈출했다. 오스트리아군이 울름 전투에서 나폴레옹에게 무릎을 꿇은 근본적인 이유는 오스트리아군 참모부가 자국군보다 두 배가 넘는 프랑스군의 전력 규모를 과소 평가한데다가, 오스트리아군과 러시아군이 울름에서 합류하는 데 실패했기 때문이었다. 그 까닭은 그레고리력을 사용하는 오스트리아와 율리우스력을 사용하는 러시아가 울름에서의 합류 날짜를 사전에 서로 확인하지 못한 때문으로 밝혀졌다. 오스트리아군에 의해 점령된 뮌헨은 울름 전투에서 오스트리아군이 항복한 후 프랑스군에 의해 해방되었다. 울름 전투 패배는 곧 벌어질 <아우스터리츠 전투>(1805년 12월 2일)의 예고편이었다. 라이버리히 중장은 후일 울름 전투에서 항복한 죄로 사형선고를 받았다가, 사면되었다. 베르네크 역시 군사재판에 회부되었지만, 1806년 뇌졸중으로 사망했다. 오스트리아 주력군의 울름 전투 패배는 나폴레옹에게 빈으로 가는 길을 열어주었고, 나폴레옹은 1805년 11월 13일 빈을 무혈점령할 수 있었다.

빈을 점령한 나폴레옹은 1795년(바젤 평화조약) 이후 중립을 지켰던 프로이센 왕국이 1805년 11월 3일 러시아와 군사동맹조약을 체결하자, 긴장하기 시작했다. 바젤 평화조약 체결 2년 후 사망한 프리드리히 빌헬름 2세를 계승한 프리드리히 빌헬름 3세(1770-1840, 재위: 1797-1840)가 알렉산드르 1세(1777-1825, 재위: 1801-1825) 러시아 황제와 포츠담에서 직접 만나 <포츠담 동맹조약>을 체결한 후, 군비 증강에 착수했기 때문이었다. 나폴레옹은 프로이센의 3차 동맹전쟁 참전 가능성에 대비하지 않을 수 없었다. 더욱이 빈을 탈환하기 위해 - 프란츠 2세 황제의 둘째 동생 - 카를 대공이 9만 명의 병력과 함께 북이탈리아로부터 접근하고 있는 중이었다. 나폴레옹은 그들보다 한 발 앞서 신속한 결단을 내리는 것이 상책이라고 생각하고, 카를 대공이 합류하기 전에 오스트리아-러시아 동맹군을 와해시키려 했다. 나폴레옹은 예하 사단을 모두 브륀(체코의 브르노) 인근에 집결시켰다. 프랑스군(75,000명)과 오스트리아-러시아 동맹군(85,000명)과의 전투 현장은 브륀과 아우스터리츠(체코의 슬라브코프) 사이였지만, 이 전투는 <아우스터리츠 전투>라 명명되었다. 알렉산드르 1세가 직접 참전한 러시아군의 지휘관은 미하일 일라리오노비치 쿠투조프(1745-1813)이었고, 오스트리아군은 요한 요제프 폰 리히텐슈타인(1760-1836) 원수의 지휘를 받았다. 나폴레옹 1세의 황제 즉위 1주년 되는 날(1805년 12월 2일) 벌어진 <아우스터리츠 전투>는 세 명의 황제가 벌인 전투라 하여 일명 <삼황제전>이라고도 불렸지만, 프란츠 2세 독일제국 황제(프란츠 1세 오스트리아 황제)는 전투현장에 없었다. 프랑스군의 포병공격으로 인해 오스트리아군과 러시아군은 나폴레옹 1세에게 대패를 당했다. 동맹군의 사상자 총수는 27,000명에 달했고, 프랑스의 병력 손실은 반대로 전사자 2,000명을 포함해 7,000명에 불과했다. 쿠투조프(러시아군)와 요한 요제프 원수(오스트리아군)는 올뮈츠(올로모우츠)까지 후퇴했다. 프랑스와 러시아의 친위기병대가 격돌한 전투현장인 프라체베르크(체코의 블라조비체)에 세워진 삼황제전 기념비의 비명이 1805년 12월 2일의 참혹한 전투를 증언하고 있다.

아우스터리츠 전투에서 패한 오스트리아는 4일 후 휴전협정 체결을 제의했고, 프랑스는 오스트리아의 제의에 응하는 조건으로 러시아 군대의 철수를 관철시켰다. 오스트리아 황제 프란츠 1세(독일제국 황제로서는 프란츠 2세)는 나폴레옹 1세가 오스트리아와 휴전을 체결하는 전제조건으로 내건 가혹한 요구를 모두 수용해야 했다. 1,000㎢ 면적의 영토(주민 3,000,000)를 프랑스에 할양하라는 조건이 나폴레옹의 요구에 포함되었다. 1805년 12월 26일 프레스부르크(슬로바키아의 브라티슬라바)에서 오스트리아를 대표한 요한 요제프 폰 리히텐슈타인 원수와 샤를 모리스 드 탈레랑(1754-1838) 프랑스 전권대표는 24개 조항을 포함하는 <프레스부르크 평화조약>에 서명했다. 프랑스는 이미 점령한 알프스 남서쪽의 오스트리아 고립영토(포르데르외스터라이히, 즉 전부오스트리아)의 양도를 관철시켰다. 프랑스는 오스트리아로부터 양도받은 지역을 바이에른과 뷔르템베르크와 바덴에게 분할 분배했다. 오스트리아는 캄포포르미오 평화조약(1797)으로 획득했던 베네치아와 이스트리아와 달마티아를 북이탈리아에 세워진 프랑스의 위성국 <이탈리아 왕국>(수도: 밀라노, 국왕: 나폴레옹)에 넘겨주고, 프랑스의 황제를 이탈리아 왕국의 국왕으로 인정해야 했다. 그리고 또 오스트리아(프란츠 2세)는 나폴레옹이 추진한 바이에른 공국과 뷔르템베르크 공국의 왕국 승격을 승인해야 했다.

바이에른은 전부오스트리아(포르데르외스터라이히)의 변경백령 부르가우, 후작령 아이히슈테트, 파사우의 일부 지역, 후작령 브릭센(북이탈리아의 브레사노네)과 트리엔트(북이탈리아의 트렌토)를 포함하는 백작령 티롤, 포르아를베르크, 백작령 호에넴스와 쾨니히스에크-로텐펠스, 그 외에도 테트낭, 랑엔아르겐과 린다우를 오스트리아로부터 양도받았다. 전부오스트리아의 5개 도나우 강역 도시(에잉엔, 문더킹엔, 리트링엔, 멩엔과 자울가우), 백작령 호엔베르크, 방백령 넬렌부르크, 알트도르프, 브라이스가우의 일부 지역 및 빌링엔과 브로인링엔 등은 뷔르템베르크에 양도되었다. 바덴은 브라이스가우의 나머지 지역, 오르텐가우, 콘스탄츠, 마이나우(보덴호수의 섬)를 획득했다. 이로써 나폴레옹은 보겐하우젠 조약, 바덴바덴 조약 및 루트비히스부르크 조약에서 바이에른, 바덴 및 뷔르템베르크에게 약속했던 영토 할양 약속을 모두 이행했고, 패전국 오스트리아는 슈바르츠발트 남쪽을 위시하여 바이에른과 뷔르템베르크에 가지고 있던 역외영토(포르데르외스터라이히)를 모두 상실하게 되었다.

1805년은 합스부르크 왕가가 - 특히 14세기 이후 독일제국의 남서쪽 변방에 형성해 놓았던 - 역외영토를 모두 상실한 해였다. 그 대신 오스트리아가 합스부르크가의 세습지에 새로이 편입한 지역은 잘츠부르크 공국(이전 잘츠부르크 대주교구)과 베르히테스가덴 뿐이었다. 이 지역(잘츠부르크 대주교구와 베르히테스가덴)의 소유자였던 페르디난트 3세 오스트리아 대공 겸 토스카나 대공은 - 페르디난트 대공은 1801년 토스카나를 포기한 대가로 독일제국의회대표자회의의결의(1803)에서 선제후국으로 세속화된 잘츠부르크를 획득했다 - 잘츠부르크를 프란츠 2세 황제에게 양도한 대신 뷔르츠부르크 후작령(1806년 대공국으로 격상)을 대토로 보상받았다. 프레스부르크 평화조약으로 오스트리아는 남서부 독일과 남티롤에 가지고 있던 영토적 기반을 상실했다.

쇤브룬 조약과 파리 조약

1차 동맹전쟁이 한창 진행 중이었던 1795년 4월 5일 프로이센은 - 앞에서도 지적했듯이 - 동맹국 오스트리아에 사전 통보 없이 프랑스와 비밀리에 단독평화조약(바젤 평화조약)을 체결한 후 1805년까지 10년 동안이나 대프랑스 동맹전쟁에서 중립을 표방해 왔지만, 1805년 10월 프랑스와 프랑스의 동맹국 바이에른 군대가 빈을 점령하기 위해 울름에서 빈으로 향하던 중, 1791년 이후 프로이센의 영토인 안스바흐를 무단 통과함으로써 프로이센의 주권을 침해한 사건이 발생 했을 때, 종래의 프랑스에 대한 우호적 중립정책을 유지하기가 어렵게 되었다. 프리드리히 빌헬름 3세(재위: 1797-1840) - 그는 바젤 평화조약을 체결한 프리드리히 빌헬름 2세(재위: 1786-1797)의 장남이었다 - 프로이센 국왕은 바로 그 시점에 베를린을 방문한 러시아 황제 알렉산드르 1세(재위: 1801-1825)로부터 3차 동맹전쟁을 중단시킬 중재자 역할을 강요받았다. 1805년 11월 3일 프로이센의 궁정(포츠담의 산수시)에서 체결된 <포츠담 조약>에서 프로이센 국왕 프리드리히 빌헬름 3세는 러시아의 요구를 수용하여, 프랑스와 3차 동맹(오스트리아·러시아·영국·스웨덴 동맹) 간의 중재 역할을 수락했다. 뤼네빌 평화조약(1801)의 수준으로 프랑스의 세력권을 제한할 수 있는 휴전회담을 나폴레옹에게 제의하여, 3차 동맹전쟁을 종식시키는 것이 러시아 황제가 요구한 프로이센 국왕의 역할이었다. 프로이센은 휴전 협상을 4주 내에 - 그러니까 1805년 12월 초까지 - 성공시키지 못할 경우, 중립을 포기하고 18,000명의 병력으로 프로이센의 동맹국(작센과 헤센)과 함께 3차 동맹에 가입할 의무를 지게 되었다. 1개 비밀조항은 프로이센에게 하노버를 할양하거나, 다른 땅과의 교환이 가능하도록 영국 측에 영향력을 행사해주겠다는 러시아의 약속을 담았다.

3차 동맹과 프랑스 간의 휴전을 중재할 프리드리히 빌헬름 3세의 전권사절로 임명된 외교관은 빈 주재 프로이센 공사를 역임한 바 있는 프로이센 왕국의 정무장관 크리스티안 폰 하우크비츠(1752-1832) 백작이었다. 그러나 하우크비츠가 나폴레옹을 만나기 위해 빈에 도착했을 때, 상황은 일변해 있었다. <아우스터리츠 전투>(1805년 12월 2일)에서 오스트리아·러시아 동맹군이 나폴레옹에 참패당해, 3차 동맹전쟁이 프랑스의 승리로 이미 끝났기 때문이었다. 러시아와 체결한 군사조약(포츠담 조약)으로 말미암아

유럽대륙에서 완전히 고립될지도 모른다는 위기감을 느낀 프리드리히 빌헬름 3세 프로이센 국왕은 - 러시아의 휴전요구 전달 임무를 수행하기 위해 - 빈으로 떠난 하우크비츠 장관에게 프랑스와 프로이센 간의 동맹조약 체결을 지시했다.

1805년 11월 13일 빈을 점령한 이후 나폴레옹은 프란츠 2세 신성로마제국 황제(프란츠 1세 오스트리아 황제)의 하절기 궁으로 사용된 쇤브룬 궁을 프랑스 점령군 사령부 겸 자신의 거소로 사용했다. 쇤브룬 궁에서 나폴레옹을 독대한 하우크비츠 백작은 나폴레옹 1세 황제의 카리스마에 압도되어, 나폴레옹이 직접 구술한 프랑스-프로이센 비밀조약 초안에 서명하지 않을 수 없었다.

<쇤브룬 조약>(1805년 12월 15일)은 오스트리아 제국 황제의 집무실에서 제3국(프랑스와 프로이센)끼리 체결한 국제조약이었다. 쇤브룬 조약은, 자국에 불리한 조건들을 강요받은 프로이센 국왕에게는 굴욕이었으며, 조약체결의 장소를 제3국들에게 내맡긴 오스트리아 황제에게는 치욕이었다. 쇤브룬 비밀조약에서 프랑스는 1803년 이후 점령하고 있던 하노버 공국을 프로이센에게 양도했다. 1년 후 프랑스는 하노버를 다시 환수했기 때문에, 하노버의 양도는 프로이센의 영토를 빼앗기 위한 나폴레옹의 계략이었다. 프로이센은 - 하노버를 1년 간 양도받은 대가로 - 나폴레옹이 요구한 바이에른 공국의 왕국 승격을 승인하고, 바이에른 국왕에게 바이로이트의 경계선을 조정하는 조건으로 변경백령 안스바흐를 양도하고, 나폴레옹이 지정하는 독일제국 제후에게 클레베 공국을, 그리고 나폴레옹에게는 노이엔부르크(스위스의 뇌샤텔)을 양여해야 했다. 클레베는 1614년 이후, 바이에른에 소재한 바이로이트와 안스바흐는 1791년 이후 프로이센의 영토였다. 쇤브룬 조약은 나폴레옹의 일방적인 요구사항을 프로이센 왕국이 모두 수용한 조약이었다. 조약의 형식과 내용을 문제 삼은 카를 아우구스트 폰 하르덴베르크(1750-1822) 프로이센 외무장관의 품의에 근거하여 프리드리히 빌헬름 3세는 쇤브룬 조약의 원안 내용을 재가하지 않았

다. 그럼에도 불구하고 쇤브룬 조약의 규정들은 2개월 후 체결된 - 쇤브룬 조약의 연장 조약인 - <파리 조약>(1806년 2월 15일)을 통해 프로이센에게는 그 내용이 오히려 개악되었다.

프리드리히 빌헬름 3세는 하르덴베르크 장관의 조언을 수용하여, 그 내용을 현격히 수정한 후, 쇤브룬 조약을 승인했다. 이에 격분한 나폴레옹은 쇤브룬 조약의 체결을 없었던 일로 선언하고, 하우크비츠 백작과 파리 주재 프로이센 공사 지롤라모 루케지니(1751-1825)에게 쇤브룬 조약보다 훨씬 가혹한 <파리 조약>의 서명을 강요했다. 하우크비츠 백작(프로이센 대표)과 나폴레옹의 부관 출신 외교관이며 아우스터리츠 전투에서 사단 지휘관으로 활약했던 제로 크리스토프 미셸 뒤로크(1772-1813) 장군(프랑스 대표)에 의해 조인된 10개 조항의 <파리 조약>은 쇤브룬 조약의 영토할양 조항을 그대로 반복했다. 그러나 파리 조약에서는 바이로이트의 경계선 조정 조항이 삭제되어, 바이로이트와 안스바흐를 모두 바이에른에 양도하고, 클레베의 양도에 관한 조항에서는 '독일제국 제후' 대신 '제후'라는 용어가 채택 되었으며, 영토 교환은 즉시 이행되도록 규정했다. '독일제국 제후'(쇤브룬 조약)에서 '독일제국'을 제외한 이유는 클레베를 나폴레옹이 1806년에 설립한 프랑스의 위성국 <베르크 대공국>에 편입시키려 했기 때문이었다. 베르크 대공국은 1813년까지 프랑스에 의해 점령되었다. 프로이센은 프랑스가 1년 기한으로 양도한 영국의 군합국 - 영국 국왕 조지 3세(1738-1820)는 동시에 하노버 선제후이었음 - 하노버 선제후국(브라운슈바이크-뤼네부르크 공국)을 점령하고, 프랑스의 대 영국 대륙봉쇄정책 수용을 선언해야 했다(파리 조약 4조). 이에 반발한 영국은 - 파리 조약이 알려진 후 - 즉각적으로 프로이센에게 전쟁을 선포했다. 포츠담 조약 이후 프로이센이 취한 애매모호한 외교정책이 영국을 적대국으로 만든 결과를 초래한 것이었다. 이제 프로이센은 한편으로는 프랑스와, 또 다른 한편으로는 영국을 상대로 하여 전쟁을 벌여야 할 상황을 만나게 되었다. 역사적인 적대관계의 두 해양대국(프랑스와 영국)이 프로이센을 상대로 하여 동시에 전선을 형성한 기묘한 현상이 발생한 것이었다.

5) 4차 동맹전쟁(1806-1807)

3차 동맹전쟁이 끝난 바로 다음 해에 발생한 4차 대프랑스 동맹전쟁은 프로이센과 러시아가 한 편이 되어 프랑스와 치른 전쟁이었으며, 전쟁의 원인은 프로이센과 프랑스 간의 영토분쟁에 있었다. 예의 굴욕적인 영토 할양 조항을 담은 <파리 조약>에 서명을 강요받았다는 소식이 프로이센 국내에 전해졌을 때, 민족주의 세력들 사이에서 뿐만 아니라, 궁정에서도 비난 여론이 고조되기 시작했다. 프로이센은 쇤브룬 조약(1805)과 파리 조약(1806)을 통해 안스바흐와 바이로이트, 그리고 클레베 공국을 상실했다. 안스바흐와 바이로이트는 1791년 이후 프로이센 왕국의 영토이었고, 라인 강 좌안 네덜란드 국경 가까이 위치한 클레베는 이미 1614년 이후부터 프로이센의 통치령이었다. 라인 강 하류의 3개 공국, 즉 윌리히 공국, 클레베 공국 및 베르크 공국의 마지막 공작 요한 빌헬름(1562-1609)이 후사를 두지 못한 채 병사한 후 발생한 상속분쟁(윌리히-클레베 상속분쟁, 1609-1672)으로 인해 클레베 공국의 소유권은 당시 브란덴부르크 선제후 요한 지기스문트(1572-1620)에게 귀속되었고, 그 후부터 클레베는 프로이센 왕국의 영토가 되었다. 독일제국의 서단, 프랑스와의 경계지역에 위치한 클레베 공국은 독일제국의 동단에 위치한 브란덴부르크가 점령전쟁이 아닌, 상속을 통해 합법적으로 획득한 영토였다.

나폴레옹이 프로이센에게 임대한 하노버 선후제국(브라운슈바이크-뤼네부르크)의 통치권을 회수하고, - 하노버 선제후국은 1807년 나폴레옹에 의해 프랑스의 위성국으로 설립된 베스트팔렌 왕국(국왕은 나폴레옹의 동생 제롬)에 흡수되었다 - 안스바흐와 바이로이트를 강점했을 때, 프로이센은 1795년 이후 견지해온 프랑스에 대한 우호적 중립을 포기하고, 남독에 주둔 중인 프랑스군에게 본국으로 철수하라는 최후통첩을 전달했다. 아우스터리츠 전투(1805년 12월 2일) 이후 본국으로 철수하지 않고, 동맹국 팔츠-바이에른에 주둔한 프랑스 군대의 철수를 요구한 것이었다. 프로이센이 프랑스에게 최후통첩을 보낸 것은 하노버의 통치권을 일시적으로 프로이센에게 양도한지 1년이 될까 말까한, 1806년 9월 26일의 일이었다.

1806년 7월 12일 나폴레옹이 파리에서 라인 동맹 규약을 통과시켜 <라인 동맹>을 서둘러 결성하는 동안, 프로이센과 러시아 간에 접근이 이루어졌다. 프로이센은 서둘러 동원령(8월 9일)을 내린 후, 프랑스군의 철수를 요구하는 최후통첩(9월 26일)을 나폴레옹 1세에게 전달했다. 양측의 전쟁준비는 일촉즉발의 순간을 향해 치달았다. 작센, 브라운슈바이크, 그리고 바이마르는 프로이센의 동맹국이 되었다. 프리드리히 빌헬름 3세 프로이센 국왕은 프로이센의 최후통첩에 프랑스 측이 반응을 보이지 않자, 1806년 10월 9일 프랑스에 전쟁을 선포했다. 나폴레옹은 지난 해 철수시키지 않고, 파사우와 프랑크푸르트 사이에 주둔시킨 6개 군단 병력을 독일제국 역내에 장악하고 있었기 때문에, 분산 배치되어 있는 프로이센의 단위 부대들의 전력에 비하면, 애초부터 프랑스군이 전략상으로나, 전력의 규모로나 결정적인 우위를 점하고 있었다.

프로이센의 최후통첩을 무시하고 프랑스군이 튀링엔으로 진격함으로써 4차 동맹전쟁은 시작되었다. 프로이센군 최고지휘관 카를 빌헬름 페르디난트(1735-1806) 브라운슈바이크-볼펜뷔텔 공작이 지휘한 프로이센 왕국의 주력군과 호엔로에-잉엘핑엔(1746-1818) 장군 휘하 군단의 합류를 저지하는 것이 나폴레옹의 전략적 목표였다. 1797년에 사망한 프리드리히 빌헬름 2세 국왕의 고종사촌인 카를 빌헬름 페르디난트 공작은 현직 프로이센 국왕 프리드리히 빌헬름 3세에게는 고종당숙(프리드리히 빌헬름 2세의 고종형)으로서 7년 전쟁 때에도 외백부인 프리드리히 2세 국왕을 위해 프랑스군과 싸운 역전의 지휘관이었다.

4차 동맹전쟁에서 프로이센군과 프랑스군이 처음으로 접전한 전투는 튀링엔의 슐라이츠(1806년 10월 9일)와 자알펠트(10월 10일)에서 벌어진 소규모 교전이었다. 조아셍 뮈라(1767-1815) 원수 휘하의 프랑스 군은 <슐라이츠 전투>에서 보기슬라프 프리드리히 엠마누엘 폰 타우엔친(1760-1824) 백작의 프로이센 군단을 격파했다. 첫 교전에서 입은 프로이센의 피해는 12명의 장교를 포함한 전사자 566명이었다. 하루 뒤 벌어진 <자알펠트 전투>에서 프로이센이 입은 피해는 슐라이츠 전투에 비해 그 규모가 훨씬 컸다. 호엔로에-잉엘핑엔 사령관은 전위대장 루이 페르디난트(1772-1806) 공을 잃었다. 전쟁경험이 일천한 루이 페르디난트는 나폴레옹의 친구인 장 란(1769-1809) 장군의 기습으로 28명의 장교와 1,800여 명의 병력을 잃고 전사했다. 루이 페르디난트는 프리드리히 빌헬름 3세의 종숙부(프리드리히 빌헬름 2세의 종제)였다. 자알펠트 전투 패배 4일 후 프로이센 왕국의 향후 운명을 결정지을 예의 <예나 전투>와 <아우어슈테트 전투>가 프로이센군을 기다리고 있었다.

자알펠트 전투를 승리로 장식한 후 예나로 진격한 장 란 휘하의 프랑스군이 카를 빌헬름 페르디난트 공작과 호엔로에-잉엘핑엔 장군의 합류를 저지하는 사이에, 뮈라 원수의 기병이 나움부르크에서 프로이센군의 배후를 치고 들어갔다. 호엔로에-잉엘핑엔과 그의 선임부관 크리스티안 폰 마센바흐(1758-1827) 남작은 전략적으로 중요한 예나의 북쪽 고지(란트그라펜베르크)는 확보하지 못한 채, 36,000명의 병력과 함께 카펠렌도르프(바이마르 동쪽)로 후퇴했다. 란트그라펜베르크 고지(280m)는 1806년 10월 14일로 가는 밤, 포병공격을 집중시킨 장 란에 의해 점령되었다. 10월 14일 아침 안개 속에서 보기슬라프 프리드리히 엠마누엘 폰 타우엔친(1760-1824) 장군은 - 그는 7년 전쟁의 영웅 프리드리히 보기슬라프 폰 타우엔친(1710-1790) 장군의 장남이었다 - 장 란의 군단을 공격했으나, 뤼체로다와 클로제비츠에서 벌어진 전투에서 수적 우위의 프랑스군에 의해 3시간 만에 격퇴되었다. 카를 프리드리히 폰 홀첸도르프(1764-1828) 장군의 견제 공격 역시 무위로 끝났다. 반대로 중앙군을 지휘한 호엔로에-잉엘핑엔은 피어첸하일

리겐 전투에서 - 뤼체로다와 클로제비츠와 피어첸하일리겐은 현재 예나 시의 일부이다 - 장 란 장군에 승리했음에도 프랑스군을 추격하지 않은 것은, 바이마르를 출발한 에른스트 폰 뤼헬(1754-1823) 장군의 원군을 기다려야 했기 때문이었다. 프로이센군이 추격을 중단하자, 나폴레옹은 그 틈을 이용해 병력을 54,000명으로 증강시켜 상황을 완전히 역전시킬 수 있었다. 17,000여 명의 원군을 이끌고 뒤늦게 나타난 뤼헬 장군은 예나의 전투현장에 도착하자마자 바이마르 쪽으로 후퇴하는 프로이센군의 철수대열에 휩쓸려 들어가게 되었다. <예나 전투>에서 가장 오래 버틴 체슈비츠 사단은 - 프로이센을 지원하여 참전한 작센의 기병장군 한스 고틀로프 폰 체슈비츠(1736-1818)가 지휘한 사단 - 전멸을 면치 못했다. 예나 전투에서 입은 프로이센-작센 동맹군의 막대한 인명피해에 대한 기록은 확인이 불가능했다. 그럴 것이 잔존병력들이 프랑스군의 추격을 피해 황급히 후퇴해야 했기 때문이었다. 전투에 승리한 프랑스군은 6,000명의 사상자를 기록했다.

예나 전투와 동시 발생한 <아우어슈테트 전투>에서 - 아우어슈테트는 예나와 바이마르로부터 각각 30km 떨어진 작은 마을이다 - 프로이센 주력군 50,000명을 지휘한 카를 빌헬름 페르디난트 공작은 프랑스군의 포위망을 돌파하는 과정에서 1806년 10월 14일 새벽 루이 니콜라 다부(1770-1823)가 지휘한 프랑스군 전위부대의 기습공격을 받았다. 카를 빌헬름 페르디난트 공작은 전투 개시 후 얼마 아니 되어 벌써 중상을 입었기 때문에, 프로이센군의 전력은 그의 선임 부관 게르하르트 폰 샤른호르스트(1755-1813) 대령이 지휘한 좌익군에 국한되었다. 아우어슈테트 전투를 참관한 프리드리히 빌헬름 3세 프로이센 국왕 역시 자국군 총사령관의 중상으로 인해 전황을 개관할 수 없었기 때문에, 프로이센군은 - 치명적인 패인으로 작용한 - 전력의 분산을 피하지 못했다. 프로이센군은 블뤼허(게프하르트 레베레히트 폰 블뤼허, 1742-1819) 사단, 슈메타우 사단, 바르텐스레벤 사단을 차례로 투입하고, 또 예비대의 일부까지 투입했다. 그럼에도 불구하고 26,300명에 불과한 프랑스군보다 두 배가 넘는 우세한 전력을 적시적소에 전개시키지 못했다. 특히 8,800필 대 1,300필이라는 압도적인 수적 우위의 군마를 보유한 기병도 적절히 이용하지 못했다. 다부 장군은 프랑스군의 예비대를 모두 투입하여 프로이센군을 압도했다. 처음에는 질서정연했던 후퇴대열이 곧 광란의 탈출로 변했다. 아우어슈테트 전투에서도 - 예나 전투에서처럼 - 프로이센 측의 정확한 피해에 대해서는 알려진 것이 없다. 반면에 프랑스군의 인명손실이 7,052명임을 감안하면, 프로이센군의 손실은 이보다 몇 배 더 컸을 것으로 추정될 뿐이다. 슈메타우 사단의 지휘관 프리드리히 빌헬름 슈메타우(1743-1806)는 아우어슈테트 전투에서 중상을 입었고, 바르텐스레벤 사단의 사단장 레오폴트 알렉산더 폰 바르텐스레벤(1745-1822)도 경상을 입었다. 전자는 아우어슈테트 전투 4일 후 사망했다. 프랑스군 최고지휘관 다부는 아우어슈테트 전투에서 세운 공로를 인정받아, 나폴레옹에 의해 전투현장에서 아우어슈테트 공작에 임명되어, 아우어슈테트를 영지로 수여받았다.

예나와 아우어슈테트 전투에서 참패한 후 13일 만인 1806년 10월 27일 베를린이 프랑스군에 의해 점령되었다. 프리드리히 빌헬름 3세 국왕과 루이제(1776-1810) 왕비를 비롯해 프로이센의 왕실과 정부는 베를린을 적의 수중에 넘긴 채, 동프로이센의 메멜(리투아니아의 클라이페다)로 피난했다. 메멜은 동프로이센의 수도 쾨니히스베르크(러시아의 칼리닌그라드)로부터도 북동쪽으로 120킬로미터 더 떨어진 동프로이센과 러시아의 경계지역에 위치한 국경도시였다. 프로이센의 국왕은 프랑스군의 추격이 어려운, 유사시 러시아로부터 신속한 지원을 기대할 수 있는 지역으로 일단 파천한 것이었다. 프로이센군은 예나 전투 및 아우어슈테트 전투 이후 벌어진 거의 모든 전투에서 프랑스군에 연전연패 했다. 수도 베를린 외에도 브란덴부르크와 프로이센령 폴란드의 대부분이 프랑스군에 점령되어 착취당했다.

1806년 10월 14일 같은 날 동시에 발생한 예나 전투와 아우어슈테트 전투에서 모두 패한 프로이센군은 후일을 도모하기 위해 베를린을 포기하고 동프로이센을 최종목적지로 삼아 후퇴하기 시작했다. 독일 땅을 벗어나기 전 치른 두 차례의 전투, 즉 프렌츨라우 전투(1806년 10월 28일)와 라테카우 전투(1806년 11월 6-7일 뤼베크와 뤼베크 근교에서 벌어진 전투)는 모두 프로이센군이 프랑스군에 항복한 전투이었다.

예나 전투에서 패배한 후, 호엔로에-잉엘핑엔 장군과 중상을 입은 카를 빌헬름 페르디난트(1806년 11월 4일 함부르크에서 사망) 공작 휘하의 프로이센 주력군의 잔존 병력은 사기가 땅에 떨어진데다가, 북독을 가로질러 막데부르크를 경유하여 슈테틴(폴란드의 슈체친) 방향으로 300km를 강행군으로 퇴각하는 동안 6만 명의 병력이 1만 명으로 줄어들었다. 오데르 강에 도달하기 직전 프렌츨라우에서 장 란 휘하의 프랑스군 전위부대와 조아생 뮈라가 지휘한 2개 기병사단에 의해 발목이 잡힌 호엔로에-잉엘핑엔 후작은 수적 우위에도 불구하고 상황을 오판한 나머지 프랑스군에 항복을 하였다. <프렌츠라우 전투>에서 항복함으로 해서 프로이센 왕국의 요새들이 - 슈테틴(10월 29/30일), 퀴스트린(11월 1일), 막데부르크(11월 8일), 하멜른(11월 20일), 닌부르크(11월 26일) - 줄을 이어 프랑스군에 투항했다.

아우어슈테트 전투 패배 후 프로이센 군대의 후위를 북으로 퇴각시켜, 호엔로에-잉엘핑엔 휘하의 군대와 1806년 10월 29일 프렌츨라우에서 합류하려고 계획한 블뤼허 장군은 호엔로에-잉엘핑엔이 이미 항복했다는 비보를 접하고 서쪽으로 방향을 틀어, 22,000명의 병사들을 데리고 서부전선에 전쟁을 다시 활성화시키겠다는 대담한 의도를 가지고 뤼베크로 향했다. 그러나 11월 6일 그는 배후에서 밀어닥친, 장 바티스트 베르나도트(1763-1844, 후일의 스웨덴 국왕 카를 14세, 재위: 1818-1844) 원수 휘하의 프랑스군에 의해 뤼베크 북쪽으로 격퇴되었다. 뤼베크 방어 실패는 프리드리히 빌헬름 브라운슈바이크(1806년 11월 4일 사망한 카를 빌헬름 페르디난트 공작의 후계자) 공작의 중대한 실수 때문이었다. 중상을 입은 요한 다비트 루트비히 요르크(1759-1830) 장군과 게르하르트 요한 폰 샤른호르스트(1755-1813) 장군은 프랑스군의 포로가 되었다. 탄약과 식량이 고갈된 블뤼허 장군은 11월 7일 라테카우에서 남은 9천여 명의 병력과 함께 조아생 뮈라에게 항복해야 했다. 프렌츨라우와 라테카우에서의 전투행위는 <프렌츨라우 항복> 및 <라테카우 항복>으로 역사에 기록되었다. 루트비히 요르크와 샤른호르스트와 블뤼허는 1807년 7월 평화조약(틸지트 평화조약) 체결과 더불어 석방되었다. 샤른호르스트는 1807년 프로이센 왕국의 국방장관에 임명되어 프로이센군의 개혁을 주도했고, 루트비히 요르크(1814년 이후 루트비히 요르크 폰 바르텐부르크 백작이라 불림)와 블뤼허는 해방전쟁(1813-1815)에서 혁혁한 공을 세운 프로이센의 전쟁영웅들이었다. 1806년 11월 6일 뤼베크 전투 패배, 그리고 11월 7일 라테카우 항복 이후의 전투는 모두 독일 땅을 벗어나 프로이센 령 폴란드에서 벌어진 전투이었다. 블뤼허 사단마저 항복한 후, 프로이센 왕국은 나폴레옹과의 전쟁을 독자적으로 수행할 수 있는 전투능력을 더 이상 유지하지 못했다.

베를린이 나폴레옹에 의해 점령된 후, 동프로이센으로 피난한 빌헬름 3세 프로이센 국왕은 그 곳에서 정전협상을 시도했지만, 협상은 나폴레옹이 제시한 가혹한 요구로 인해 무산되었다. 러시아 황제의 지원약속에 고무된 프리드리히 빌헬름 3세는 나폴레옹이 강제한 휴전협정 조건들을 1806년 11월 21일 동프로이센의 오스테로데(폴란드의 오스트루다)에서 거부하고, 전투속행 명령을 프로이센군에 하달했다. 나폴레옹이 제시한 휴전의 전제조건은 4차 동맹전쟁에서 유일하게 프로이센을 지원한 러시아와 결별하라는 요구였다.

프로이센 왕국의 핵심영토 브란덴부르크와 수도 베를린을 점령한 프랑스군의 다음 목표는 서프로이센(수도 단치히/그다인스크)과 동프로이센(수도: 쾨니히스베르크/칼리닌그라드)이었다. 프랑스군은 1806년 12월 25일 졸다우(폴란드의 드자우도보) 전투에서 프로이센 군대를, 12월 26일 풀투스크(폴란드의 푸우투스크) 전투에서는 러시아 군대를 각각 동프로이센으로 격퇴했다. 안톤 빌헬름 폰 레스토크(1738-1815) 장군은 동진 중인 프랑스군을 만나 퇴각하던 중, 알렌슈타인(폴란드의 올슈틴) 남쪽 60km 떨어진 졸다우에서 미셸 네(1769-1815) 원수의 프랑스군의 기습을 받아 졸다우를 프랑스군에 넘겨 주어야했다.

동프로이센의 프로이시쉬아일라우(러시아의 바그라티오눕스크) 방향으로 퇴각한 레스토크는 그곳에서 나폴레옹과의 일전을 앞 둔 러시아군을 구원하려 했다. 6천 명의 병사를 투입한 레스토크 장군의 지원작전으로 러시아-프로이센 동맹군은 거의 확실해 보였던 나폴레옹의 승리를 무산시키는데 성공했다. 대 프랑스 동맹 전쟁사에서 가장 처절한 혈전으로 꼽힌 <프로이시쉬아일라우 전투>에서 1807년 2월 7, 8일 양일간 프로이센-러시아 동맹군 측은 26,000명, 프랑스는 약 3만 명의 인명피해를 기록했다. 전투가 끝난 후 양쪽 군대는 동계 숙영에 들어갔다. 1807년 6월 14일 동프로이센의 프리틀란트(러시아의 프라브딘스크)에서 러시아군과 프랑스군이 전투를 재개할 때까지, 4개 여월 간 전투가 중지되었다. 이 기간 동안 프로이센과 러시아는 새로운 군사동맹을 체결하여 양국 관계를 강화시키는데 주력했고, 나폴레옹은 점령지의 청년들을 징발하여 결손 병력을 보충했다.

프로이센과 러시아가 마지막으로 체결한 조약은 1805년 11월 3일 포츠담에서 체결한 비밀조약이었다. 프로이센 국왕(프리드리히 빌헬름 3세)의 전권 사절(하우크비츠)이 <포츠담 조약>을 이행하기 위해 빈에서 나폴레옹을 만났을 때는 이미, 아우스터리츠 전투(1805년 12월 2일)에서 러시아-오스트리아 동맹군이 나폴레옹에 패한 후, 러시아의 위상이 급전직하하고, 나폴레옹의 기세가 충천하던 시점이었다. 러시아의 최후통첩을 나폴레옹에게 통고할 임무를 부여받았던 프로이센의 외무장관 하우크비츠 백작은, 나폴레옹이 강요한 <쇤브룬 조약>(1805)과 <파리 조약>(1806)에 서명함으로써 거꾸로 프로이센과 프랑스 간의 비밀동맹을 체결했었다. 프로이센은 포츠담 조약을 준수하지 못했고, 그 후 조약은 유명무실해 졌지만, 법적으로 파기된 것은 아니었다. 동프로이센으로 피난 온 프리드리히 빌헬름 3세 프로이센 국왕은 러시아의 지원 없이는 4차 동맹전쟁 승리는 물론이고, 본토(브란덴부르크) 수복도 실현하기 어렵다고 판단했다. 프로이시쉬아일라우 전투 이후 전쟁이 잠시 숨을 고르는 동안, 프로이센과 러시아는 포츠담 조약을 대체할 <바르텐슈타인 조약>을 체결했다.

1807년 4월 26일 동프로이센의 도시 바르텐슈타인(폴란드의 바르토시체)의 동맹군 사령부에서 - 나폴레옹이 두 나라의 접근을 막기 위해 온갖 노력을 했음에도 - 알렉산드르 1세 러시아 황제와 프로이센 국왕 프리드리히 빌헬름 3세는 포츠담 조약을 바르텐슈타인 조약으로 대체하는데 합의했다. 17개 조항으로 구성된 <바르텐슈타인 조약>의 근본 목표는 동프로이센을 제외한 모든 국토를 프랑스군에게 점령당한 프로이센 왕국의 원상회복이었다. 두 정상은 프랑스의 내정 불개입을 선언하면서도, 나폴레옹 1세의 팽창주의에 대한 제동의 불가피성을 바르텐슈타인 조약에서 문서화 했다. 러시아는 프로이센을 1805년 기준의 영토수준으로 - 그러니까 하노버는 제외하고 - 원상회복시키는데 필요한 모든 조치를 취할 책임을 졌다. 프랑스가 라인 강을 지배하는 한, 독일의 독립은 불가능하고, 유럽의 독립은 독일의 독립에 기초하기 때문에, 양 정상은 오스트리아와 협동하여 '입헌독일연방의 창설에 기여하기로 약속하고, 오스트리아를 비롯한 다른 유럽 국가들이 바르텐슈타인 조약에 가입할 것을 요청하기로 했다. 러시아와 프로이센은 유럽의 지속적인 평화를 위해 점령지에 대한 영유권은 포기하기로 합의했다.

1807년 6월 14일 프리틀란트(프라브딘스크) 전투에서 프랑스군에 패해 46,000명 중 15,000명의 병력을 잃고, 전의를 상실한 러시아는 1807년 7월 7일 틸지트(러시아의 소베트스크)에서 프랑스와 평화조약을 체결했다. 이틀 뒤인 7월 9일에는 프랑스와 프로이센 간에도 동일 장소에서 평화조약이 체결됨으로써 바르텐슈타인 조약은 효력을 잃었고, 프로이센의 운명은 이제 프랑스의 판단에 맡겨졌다.

여기서 한 가지 흥미로운 사실은 러시아와 프로이센 간에 체결된 바르텐슈타인 조약에 사용된 언어가 독일어도, 러시아어도 아닌, 적대국의 국어인 프랑스어였다는 사실이다. 유럽에서 국가 간 조약 체결 시 라틴어 대신에 프랑스어가 처음으로 조약의 공용어로 사용된 것은 <스페인 계승전쟁>을 종식시킨 <위트레흐트 조약>의 부분조약으로서 오스트리아와 프랑스 간에 체결된 <라슈타트 조약>(1714년 3월 6일)이었다. 심지어 라슈타트 조약의 별항은 라슈타트 조약을 작성할 때 사용된 언어가 프랑스어라 하여 향후 국제조약을 작성할 때 프랑스어를 사용해야 한다는 주장을 불허한다는 규정을 포함했었다. 또 한 가지 흥미로운 사실은 1815년 빈 회의에서 결성된 <독일연방>의 개념이 러시아와 프로이센 간의 논의(바르텐슈타인 조약)에서 처음으로 수면으로 떠올랐다는 점이다.

틸지트 평화조약

바르텐슈타인 조약이 체결되기 3개월 전, 프로이센은 영국과 <메멜 평화조약>(1807년 1월 28일)을 - 동프로이센과 러시아 사이의 국경도시 메멜(지금은 리투아니아의 클라이페다)은 프로이센 국왕의 피난지였다 - 체결하여 양국 간의 전시상태를 종결지었다. 프로이센은 - 프랑스의 압력을 이기지 못하고 - 영국 상선에 대해 자국 항구를 폐쇄하는 조항을 <파리 조약>(1806)에 포함시키지 않을 수 없었기 때문에, 파리 조약 체결 소식이 전해지자마자, 영국이 프로이센에게 전쟁을 선포했다는 사실을 이미 앞에서 지적한 바 있다. 프로이센은 영국을 위해 하노버를 포기하고, 영국에게 동프로이센의 항구를 개방했다. 이에 대한 대가로 영국은 영국 내에 압류된 프로이센의 상선과 재산을 반환하고, 러시아 황제(알렉산드르 1세)로 하여금 프로이센의 하노버 포기를 보증토록 한 것 등이 메멜 조약의 내용이었다. 그러나 이 조약은 비준되지 않았다. 4차 동맹전쟁을 종식시킨 <틸지트 평화조약>을 통해서 조성된 제반 상황이 프로이센과 영국을 다시 갈라놓았기 때문이었다.

1805년 이전 수준으로 프로이센의 국토를 원상회복시키는 일이 러시아의 지원만으로는 실현될 가능성이 크지 않았음에도 불구하고, 프로이시쉬아일라우 전투 후 계절적 요인 등으로 발생한 전투중지 기간 동안 프로이센은 자국군의 군비 강화에 주력하는 대신, 바르텐슈타인 조약 체결을 통해 러시아와의 군사동맹을 강화시키는 일에 집중했다. 고립무원의 처지에 있던 프로이센으로서는 러시아의 도움이 그만큼 절실했던 것이었다.

1807년 5월 말 서프로이센의 수도 단치히(그다인스크)의 항복을 받은 후, 야전군 병력을 210,000명으로 증강시킨 나폴레옹은 1807년 6월 마침내 공격을 재개했다. 1793년 폴란드 2차 분할 때 프로이센에 병합된 단치히는 4차 동맹전쟁에서 프랑스군에 의해 점령된 후, 자유시(단치히 공화국, 1807-1814)로 선포되었지만, 실상은 나폴레옹이 임명한 프랑스인 총독에 의해 관리되었다. 1807년 프리틀란트 전투에서 러시아군에게 나폴레옹이 거둔 승리는 프로이센의 운명을 결정지었다. 러시아의 중재 하에 전승국 프랑스가 요구한 강화조건으로 1807년 7월 9일 동프로이센의 메멜(네만)강 하구의 항구도시 틸지트(러시아의 소베트스크)에서 프랑스와 프로이센 간의 평화조약이 되었기 때문이었다.

프리틀란트 전투에 패한 러시아의 알렉산드르 1세 황제는 프로이센의 지원을 중단하라는 군부 내의 민족주의 세력의 압력을 받아, 대 나폴레옹 4차 동맹전쟁을 포기하기로 결정하고, 전투에 패한 지 일주일 만인 1807년 6월 21일 전격적으로 프랑스에 휴전을 제의했다. 영국을 견제하기 위해 취해진 대륙봉쇄령의 효과를 배가시키기 위해서도 러시아의 협조가 필요했던 프랑스는 러시아의 휴전협정 제의에 화답했다.

러시아의 지원에 의존해 4차 동맹전쟁을 계속해 온 프로이센에게는 러시아의 결정을 따르는 것 말고는 선택의 여지가 없었다. 러시아가 프랑스와 일방적으로 체결한 휴전협정은 1807년 6월 25일 프로이센군과 프랑스군 간에도 확대 적용되었다. 틸지트의 메멜 강 뗏목 위에서 진행된 회담에서 알렉산드르 1세와 나폴레옹 1세는 유럽을 공동으로 지배하는데 합의했다. 틸지트 평화조약 주선으로 러시아는 프로이센의 생존을 유지시켜 준 반면, 프로이센은 프랑스가 영국 상품의 대륙진출을 막기 위해 내린 대륙 봉쇄정책에 동참해야 했고, 프랑스와 영국 간의 평화회담을 중재해야 할 의무를 지게 되었다. 틸지트 평화조약은 이중평화조약이었다. 7월 7일에 조인된 조약은 프랑스와 러시아 간에, 7월 9일 조인된 그것은 프랑스와 프로이센 간에 체결된 평화조약이었다. 그러나 프로이센이 체결한 조약은 강제평화조약이었다. 29개 항목으로 구성된 러시아와 프랑스 간의 틸지트 평화조약에서 프로이센은 폴란드 분할에서 획득한 지역의 대부분을 프랑스에 양도해야 했다.

나폴레옹은 프로이센으로부터 양도받은 폴란드 땅(남프로이센과 신동프로이센)에 1807년 <바르샤바 공국>을 신설하여 프랑스의 종속국으로 만들었다. 바르샤바를 중심으로 하여 북쪽의 토른(토루인), 동쪽의 포젠(포즈나인), 남서쪽의 크라카우(크라쿠프), 남동쪽의 루블린 등이 바르샤바 공국의 주요 도시들이었다. 1809년 바르샤바 공국에 편입된 크라카우와 루블린은 폴란드 2차 분할 시 오스트리아가 차지한 지역으로서, 5차 동맹 전쟁(1809)에서 패한 오스트리아가 <쇤브룬 평화조약>(1809년 10월 14일)에서 프랑스에 양도한 도시들이었다. 동프로이센을 관통하여 발트 해로 유입되는 바익셀(비수아) 강 하구에 위치한 전략적 요충지 단치히(그다인스크)는 바르샤바 공국의 역외영토로서 공화국으로 선포되어, 나폴레옹이 임명한 프랑스인 총독에 의해 관리되었다. 그리고 나폴레옹 1세는 알렉산드르 1세 황제의 요청을 받아드려 프랑스군이 점령한 작센-코부르크 공국과 올덴부르크 공국, 그리고 멕클렌부르크-슈베린 공국을 해당 공작들에게 반환했다. 세 공작가문은 모두 러시아의 황실과 가계가 연결되어 있었다. 페터 프리드리히 루트비히(1755-1829) 올덴부르크 공작은 8세의 나이에 부모를 한꺼번에 잃은 후 예카테리나 2세(재위: 1762-1796)의 후견을 받았다. 그가 예카테리나 2세의 후견을 받게 된 동기는 확인할 수 없으나, 1763년에 사망한 그의 부친 게오르크 루트비히(1719-1763, 슐레스비히-홀슈타인-고토로프 공작)는 러시아 황실과 인연이 있었다. 프로이센군의 영관급 장교였을 때인 1745년 게오르크 루트비히는 프리드리히 2세 브란덴부르크 선제후를 통해 옐리자베타(재위: 1741-1762) 러시아 황제가 수여한 훈장을 받았으며, 1761년 러시아군 원수에 임명되어 러시아군 현대화에 기여하던 중, 1762년에 발생한 정변으로 표트르 3세(옐리자베타 여제와 예카테리나 2세 여제 사이의 황제)가 실각한 후 귀국한 이력이 있었다. 페터 프리드리히 루트비히와 예카테리나 2세 간의 인연이 이어진 것은 그가 예카테리나 2세의 자부(파벨 1세의 부인)가 된 뷔르템베르크 공주 조피 도로테(러시아 이름: 마리아 표도로브나, 1759-1828)의 여동생 프리데리케와 결혼한 1781년이었다. 이 결혼을 통해 그는 알렉산드르 1세(파벨 1세의 장남)와 니콜라이 1세(파벨 1세의 3남) 러시아 황제 형제의 이모부가 되었다. 멕클렌부르크-슈베린 공작 가문도 러시아 황실과 연결된 과거가 있었다. 멕클렌부르크-슈베린 공작 카를 레오폴트(1678-1728, 재위: 1713-1728)의 아내 예카테리나 이바노프나(1691-1733)는 러시아 황제 이반 5세(1666-1696, 재위: 1682-1696)의 셋째 딸이었고, 그들 사이에 태어난 무남독녀가 바로 1740년에 태어나서 1741년까지 명목상의 황제를 역임한 비운의 이반 6세(1740-1764)를 대신해 섭정한 안나 레오폴도브나(1718-1746, 독일 이름: 엘리자베트 카타리나 크리스티네)였다. 작센-코부르크의 공작 에른스트 1세(1784-1844)는 자형(에른스트 1세의 누나 율리아네/안나 표도로브나의 남편) 콘스탄틴 파블로비치(1779-1831) 대공이 알렉산드르 1세의 두 살 아래 동생(파벨 1세의 차남)이었다.

나폴레옹의 호의에 대한 보답으로 알렉산드르 1세는 나폴레옹 1세 황제의 동생들인 조제프 보나파르트(1768-1844, 나폴리 국왕: 1806-1808)와 루이 보나파르트(1778-1846, 네덜란드 국왕: 1806-1810), 그리고 제롬 보나파르트(1784-1860, 베스트팔렌 국왕: 1807-1813)를 각각 나폴리 왕국과 바타비아 공화국(네덜란드)과 베스트팔렌 왕국의 국왕으로 인정하고, 라인 동맹을 승인했다. 그리고 그는 예퍼(올덴부르크 공국령)를 프랑스의 점령국 네덜란드(바타비아 공화국)에 할양하는데 동의했다. 예퍼는 안할트-체르프스트가에 귀속되었다가, 안할트-체르프스트가의 공주 조피 아우구스테(1729-1796)가 1745년 표트르 3세 러시아 황제(재위: 1762년 1월 5일-7월 18일)와 1745년 결혼할 때, 혼수로 가져간 이후 러시아의 소유가 된 땅이었다. 참고로 표트르 3세는 1742년 황태자 자격으로 외조부(표트르 1세)의 나라 러시아로 귀환할 때까지, 홀슈타인-고토로프의 공작(카를 페터 울리히) 이었으며, 조피 아우구스테는 1762년 표트르 3세가 사망한 후 러시아의 여제가 된 예카테리나 2세였다.

1807년 7월 9일 프랑스 외무장관 탈레랑(샤를모리스 드 탈레랑-페리고르, 1754-1838)과 프로이센군 원수 프리드리히 아돌프 폰 칼크로이트(1737-1818) 백작 및 상트페테르부르크 공사를 역임한 프로이센 왕국 외무장관 아우구스트 프리드리히 페르디난트 폰 골츠(1765-1832)가 공동으로 서명한, 30개 조항을 포함하는 프랑스와 프로이센 간의 <틸지트 평화조약>에서 프로이센은 189,000㎢의 영토와 5백만 명의 주민을 프랑스에 양도함으로써 전체 국토의 절반 이상을 상실하게 되었다. 오데르 강 오른쪽의 프로이센 왕국의 영토, 즉 옛 폴란드 땅인 남프로이센과 신동프로이센, 그리고 서프로이센의 일부 뿐 아니라, 엘베 강 좌측의 영토, 즉 엘베 강과 라인 강 사이의 영토 일체를 프랑스에 할양함으로써, 오데르 강 서쪽에 남은 영토는 브란덴부르크 변경백령 뿐이었지만, 이 역시 프랑스에 의해 점령된 상태에 있었다. 프랑스에 양도한 엘베 강 좌측의 프로이센 왕국의 영토는 나폴레옹에 의해 1807년 프랑스의 위성국으로 건립된 <베스트팔렌 왕국>의 영토로 사용되었다.

프리드리히 아우구스트 1세(1750-1827, 1805년까지는 프리드리히 아우구스트 3세 공작) 작센 국왕에게도 프로이센은 코트부스를 양도해야 했다. 프로이센의 동맹국으로서 프로이센과 함께 4차 동맹전쟁에 참전하여 예나 및 아우어슈테트 전투(1806년 10월 14일)에서 나폴레옹 군대에 참패당한 후, 작센은 나폴레옹의 진영으로 전향하여, <라인 동맹>에 가입했다. 그 대가로 나폴레옹은 작센과 체결한 <포젠 평화조약>(1806년 12월 11일)에서 작센을 공국에서 왕국으로 격상시키고, 작센 선제후(프리드리히 아우구스트 3세)에게 국왕(프리드리히 아우구스트 1세)의 칭호를 부여함과 동시에, <바르샤바 공국>의 통치를 위임함으로써 작센과 폴란드 간의 역사적 군합국 관계를 복원시켜 주었다. 그러나 작센 국왕은 형식상 바르샤바 공국의 공작 칭호를 사용했을 뿐이었고, 실질적인 통치권은 - 프랑스인 총독을 앞세워 - 나폴레옹이 행사했다. 해방전쟁(6차 동맹전쟁, 1813-1815) 기간 중에도 프랑스와의 동맹을 확고히 지켰던 프리드리히 아우구스트 1세는 1813년 라이프치히 전투 때 6차 동맹군(오스트리아·프로이센·러시아 동맹군)의 포로가 된 후, 1815년 <빈 회의>에서 석방되어, 복위되었다. 그는 3차 슐레지엔 전쟁(7년 전쟁)을 끝낸 후 베르투스베르크 평화조약(1763)을 막후에서 주선한 프리드리히 크리스티안 작센 선제후의 아들이었다.

틸지트 평화조약 체결을 중재한데 대한 대가로 러시아는 프랑스를 통해 1795년(폴란드 3차 분할) 이후 프로이센 왕국이 지배한 비아우이스토크(현 폴란드 북동부주)를 양도받았다. 프로이센은 나폴레옹의 세 동생들을 각각 나폴리(조제프 보나파르트)와 네덜란드(루이 보나파르트)와 베스트팔렌(제롬 보나파르트)의 국왕으로 인정하고, 라인 동맹을 승인해야 했다. 그리고 프로이센은 프랑스의 대 영국 대륙봉쇄정책에 동참해야 했다. 프랑스 군대의 프로이센 철수 시점은 쾨니히스베르크(동프로이센의 수도)에서 체결된 추가 협약에서 확정되었다.

<쾨니히스베르크 협약>은 틸지트 평화조약이 체결되고 3일이 지난 1807년 7월 12일에 조인되었다. 프랑스를 대표한 루이 알렉상드르 베르티에(1753-1815) 원수와 프로이센을 대표한 프리드리히 아돌프 폰 칼크로이트(1737-1818) 원수가 서명한 쾨니히스베르크 협약은 프랑스군의 단계적 철수 시점을 확정한 조약이었다. 프랑스군의 철수는 늦어도 1807년 10월 1일까지는 종료되어야 했다. 그러나 프랑스 군의 완전 철수는 - 엘베 강 서쪽, 즉 베스트팔렌 왕국(프랑스의 위성국)으로의 철수는 - 전쟁배상금의 완불 시점에 맞추어졌다. 프랑스의 요구액인 5억 13,000,000 프랑에 대한

합의가 1년 이상 지연되었기 때문에, 마지막 프랑스 군대가 프로이센을 떠난 시점은 1808년 9월 8일 <파리 협정>에서 배상금의 규모가 조정되고, <에르푸르트 제후회의>(1808년 9-10월)에서 그 액수가 최종적으로 확정된 후인 1808년 12월 5일이었다.

틸지트 평화조약에 이어 체결된 쾨니히스베르크 협약은 프랑스군의 프로이센 철수시점을 배상금의 변제 시점과 연관지은 조약이었고, 프랑스가 요구한 배상금의 액수에 대한 협상은 1년 후 <파리 협정>을 거쳐 에르푸르트 제후회의에서 종결되었다. 프랑스를 대표한 농페르 드 샹파니(1756-1834) 외무장관과 프로이센을 대표한 빌헬름(1783-1851, 프리드리히 빌헬름 3세 국왕의 동생) 공 및 빌헬름 폰 브로크하우젠(1773-1858) 장군이 서명한, 17개 조항을 포함한 파리 협정은 프랑스가 애초 요구한 배상금(5억 1,300만 프랑)의 총액을 대폭 감액하여, 1억 4,000만 프랑으로 조정했고(1조), 나폴레옹 군대의 프로이센 철수는 조약비준서 교환 30일 내지 40일 후로 예정했다(5조). 그러나 글로가우(현재 폴란드의 구오구프), 슈테틴(슈체친), 퀴스트린(코스친 나드 오드라) 등 3개 요새는 프랑스군 수비대 병력의 주둔이 허용되었다. 막데부르크의 경계선(프로이센 왕국과 베스트팔렌 왕국의 경계선)은 프랑스의 요구대로 정정되었다(14조). 프랑스는 프로이센의 영토를 보장하고(15조), 프로이센은 나폴레옹의 동생 조제프 보나파르트를 스페인의 국왕으로, 그의 매제 조아생 뮈라(1767-1815, 나폴레옹의 막내 여동생 카롤린(1782-1839)의 남편) 장군을 조제프 보나파르트의 후임 나폴리 국왕으로 승인해야 했다(16조). 조제프 보나파르트는 1806년부터 1808년까지는 나폴리 국왕, 1808년부터 1813년까지 스페인의 국왕이었다. 하인리히 프리드리히 카를 폼 운트 춤 슈타인(1757-1831) 남작의 조언을 받아 파리 협정을 비준한 프리드리히 빌헬름 3세 프로이센 국왕은 한 달 후 개최된 에르푸르트 제후회의(1808년 9월 27일-10월 14일)에서 알렉산드르 1세 러시아 황제의 중재 하에 나폴레옹을 설득하는데 성공함으로써 프로이센의 4차 동맹전쟁 배상금 총액은 1억 2,000만 프랑으로 낮추어졌다.

틸지트 평화조약에서 나폴레옹이 요구한 배상조건들을 완화시키기 위해 쾨니히스베르크 협약 체결 3일 전인 1807년 7월 9일 프리드리히 빌헬름 3세의 왕비 루이제(1776-1810)가 직접 나폴레옹 1세를 면담했지만, 왕비의 사적인 외교도 나폴레옹이 제시한 가혹한 요구 조건을 완화시킬수 없었다. 틸지트 평화조약은 프로이센 왕국을 유럽 열강의 대열에서 제외시켰다. 프로이센이 다시 제자리를 찾을 수 있었던 것은 <해방전쟁>과 <빈 회의>의 덕분이었다. 틸지트 평화조약으로 프로이센은 폴란드의 분할로 획득한 남프로이센과 신동프로이센, 그리고 엘베 강 서쪽 지역을 모두 잃었다. 국가의 존립을 보장받는 조건으로 치른 프로이센 왕국의 희생은 그러나 향후 착수될 철저한 개혁에 박차를 가할 수 있는 동기로 작용했다. 프로이센 왕국이 엘베 강 서쪽에 가지고 있던 영토는 모두 <베스트팔렌 왕국>에 흡수되었고, 옛 폴란드 왕국(남프로이센과 신동프로이센) 땅에는 프랑스의 보호령 <바르샤바 공국>이 설립되었다. 베스트팔렌 왕국은 1813년까지, 바르샤바 공국은 공식적으로는 1815년까지 프랑스의 지배하에 있었다.

❏ 4
라인 동맹(1806)

1806년 7월 12일 나폴레옹의 주도로 파리에서 회동한 16명의 독일제국 제후는 라인 동맹 규약에 서명하여, 프랑스와 군사동맹을 체결한 후, 독일제국 탈퇴를 예고했다. 프랑스는 <라인 동맹> 소속이 아닌, 라인 동맹의 동맹국이었다. 16개 라인 동맹 가입국이 공식적으로 독일제국 탈퇴를 선언한 것은 1806년 8월 1일이었다. 프란츠 2세 황제는 그들의 제국탈퇴 선언을 무기력하게 지켜보아야 했다. 신성로마제국의 종말이 눈

앞으로 다가왔고, 황제직 포기가 불가피해졌다. 나폴레옹의 최후통첩에 대한 대응으로서 프란츠 2세는 1806년 8월 6일 황제직을 사임하고 제국 의회 구성원(제국제후)들의 제국에 대한 의무를 해제한 후, 신성로마제국의 해체를 공식적으로 선언했다.

레오폴트 2세의 뒤를 이어 1792년 신성로마제국의 황제에 선출된 프란츠 2세는 1800년 이후부터 나폴레옹 1세가 신성로마제국을 와해시키고, 그 자리에 자신의 제국을 설립하려는 음모를 공공연히 꾀하고 있음을 인지했다. 나폴레옹에 의해 신성로마제국의 황제직을 찬탈당할지도 모른다는 프란츠 2세의 두려움은 두 가지 반응으로 나타났다. 1804년 7월 국민투표에서 프랑스 국민들이 제정(帝政)을 선택한 직후인 1804년 8월 11일 오스트리아의 세습황제 직을 수락하고, 대공국 오스트리아를 제국으로 선포한 것이 프란츠 2세의 첫 번째 반응이었다. 그의 두 번째 반응은, 라인 동맹의 결성과 더불어 나폴레옹의 압력이 커졌을 때, 신성로마제국의 제관(帝冠)을 과감히 벗어던지고, 제국의 해체를 선언한 것이었다. 프랑스의 황제국 선포에는 오스트리아의 황제국 선포로, 나폴레옹의 라인 동맹 결성에 대해서는 신성로마제국의 해체로 맞선 것이었다.

프란츠 2세가 신성로마제국, 즉 독일제국의 황제에 등극한 해는 1792년이었으며, 대 프랑스 1차 동맹전쟁(프랑스의 혁명전쟁)이 시작된 해도 1792년이었다. 그가 지금까지 대공국이었던 오스트리아를 제국으로 선포하고, 초대 오스트리아 황제에 즉위하여 프란츠 1세라 불린 해는 1804년이었으며, 2년 후 신성로마제국은 해체되었다. 나폴레옹이 최종적으로 유럽의 정치무대에서 사라진 해가 1815년이었으니까, 프란츠 2세는 신성로마제국 황제에 즉위한 이후 23년의 세월을 나폴레옹과 전쟁을 치르는데 허송했다고 해도 과장된 표현이 아닐 것이다. 1806년 프란츠 2세가 신성로마제국의 황제직을 포기함으로써, 1438년 이후 - 1742년부터 1745년까지의 3년은 제외하고 - 예외 없이 합스부르크가에서 황제가 배출된 신성로마제국은 역사의 현장에서 영원히 사라지게 되었다. 1438년 이전에도 합스부르크가 출신의 신성로마제국 황제가 두 명 더 있었다. 그들은 루돌프 1세(재위: 1273-1291)와 알브레히트 1세(1298-1308)였다. 1273년 아헨에서 대관식을 가진 루돌프 1세는 동시에 오스트리아 합스부르크 왕조의 시조였다.

1806년 10월 14일 예나와 아우어슈테트에서 동시 발생한 전투에서 프로이센이 프랑스에 패한 후, 중부독일 및 북독일의 소규모 제후국들은 라인 동맹에 가입해야 했다. 4차 동맹전쟁이 끝난 이듬해(1808) 20여 개 독일제국 제후국들이 라인동맹에 추가로 가입했다. 나폴레옹은 막내 동생 제롬 보나파르트(1784-1860, 재위: 1807-1813)를 내세워 1807년 베스트팔렌 왕국을 세웠다. 외연을 최대로 확대시킨 1808년의 라인 동맹은 4개 왕국, 5개 대공국, 13개 공국 및 18개 후작국을 포함했다. 구독일제국의 영토 중에 라인 동맹에 가입하지 않은 지역은 오스트리아와 프로이센의 통치 지역, 그리고 덴마크 국왕과 스웨덴 국왕이 각각 공작을 겸한 홀슈타인 공국과 스웨덴령 폼메른 뿐이었다. 프랑스의 군정 하에 있다가, 1811년 프랑스에 합병된 한자 도시(함부르크, 뤼베크 및 브레멘)는 라인 동맹에 소속될 필요가 없었다. 영국의 군합국이었던 하노버 선제후국(브라운슈바이크-뤼네부르크 공국)은 틸지트 평화조약이 체결된 지 한 달 후 프랑스의 위성국으로 설립된 베스트팔렌 왕국(수도: 카셀)에 편입되었다. 베스트팔렌 왕국은 현재의 독일연방공화국 16개 연방주 중 서부지역의 6개 연방주(노르트라인-베스트팔렌, 헤센, 튀링엔, 작센-안할트, 니더작센, 브레멘 및 함부르크 연방주)에 걸친 지역으로서 엘베 강과 라인 강 사이의 독일 영토의 대부분분을 관할했다. 현재 튀링엔 연방주의 수도인 에르푸르트 후작국은 - 베스트팔렌 왕국 관할이 아닌 - 프랑스 황제의 직할통치지역으로서 1806년부터 1814년까지 라인 동맹 지역 내의 프랑스의 역외영토였다. 나폴레옹은 영국에 대한 대륙봉쇄를 효과적으로 감시하기 위해 1810년 엠스 강, 베저 강 및 엘베 강의 하구를 프랑스 영토에 편입시켰다. 1987년부터 2008년까지 5권으로 출간된 한스 울리히 벨러 교수의 <독일사회사>(1권, 368쪽)에 의하면, 1811년을 기준하여 라인 동맹은 총면적 325,752㎢와 총주민수 14,608,877명을 포함했고, 유사시 이 지역(개별 라인 동맹 가입국)에서 동원될 수 있는 최소분담병력의 합계는 119,180명에 달했다.

1806년 16개 제후국으로 출범한 라인 동맹은 창립 2년 만에 외연이 최대로 확대되어 40개 제후국을 회원국으로 확보했다. 1808년 당시의 라인 동맹의 범위는 1803년 독일제국의회대표자회의결의에 따라 재편된 독일제국의 제후국 중 오스트리아 제국과 프로이센 왕국만 빠진 규모이었다. 40개 회원국은 4개 왕국(바이에른, 작센, 뷔르템베르크, 베스트팔렌), 5개 대공국(바덴, 베르크, 헤센-다름슈타트, 프랑크푸르트, 뷔르츠부르크), 13개 공국(아렌베르크-메펜, 안할트-베른부르크, 안할트-데사우, 안할트-쾨텐, 멕클렌부르크-슈베린, 멕클렌부르크-슈트렐리츠, 나사우, 올덴부르크, 작센-코부르크-자알펠트, 작센-힐트부르크하우젠, 작센-고타, 작센-마이닝엔, 작센-바이마르-아이제나흐) 및 18개 후작국(아샤펜부르크, 게롤체크, 호엔촐레른-헤힝엔, 호엔촐레른-지크마링엔, 이젠부르크-비르슈타인, 리히텐슈타인, 리페, 레겐스부르크, 잘름-잘름, 잘름-퀴부르크, 샤움부르크-리페, 로이스-그라이츠, 로이스-에버스도르프, 로이스-로벤슈타인, 로이스-슐라이츠, 슈바르츠부르크-루돌슈타트, 슈바르츠부르크-존더스하우젠, 발데크)으로 구성되었다. 1806년 7월 12일 라인 동맹 창립에 참여한 독일제국 소속 제후국은 바이에른, 뷔르템베르크, 바덴, 베르크, 헤센-다름슈타트, 아샤펜부르크, 나사우-우징엔, 나사우-바일부르크, 호엔촐레른-헤힝엔, 호엔촐레른-지크마링엔, 잘름-잘름, 잘름-퀴부르크, 이젠부르크-비르슈타인, 아렌베르크, 리히텐슈타인, 게롤체크 등 16개 제후국이었다. 나사우-우징엔과 나사우-바일부르크는 라인 동맹 창립 직후(1806년 8월 30일) 나사우 공국으로 통합되었다.

마지막 마인츠 대주교 겸 선제후였던 카를 테오도르 폰 달베르크가 나폴레옹에 의해 라인 동맹의 수석제후에 임명되었다. 달베르크의 보좌역에는 나폴레옹의 외삼촌 조제프 페슈(1763~1839) 추기경이 임명되었다. 조제프 페슈는 나폴레옹의 어머니 레티치아 라몰리노(1750~1836)와 이복 남매간이었다. 달베르크는 나폴레옹의 엄호 하에 그가 오래 전부터 꿈꾸어

온 구 독일제국의 개혁을 실천에 옮기려 했다. 카롤링 왕조 출신의 초대 프랑크 제국 황제인 카를 대제(재위: 768-814) 시대의 제국을 부활시키려 한 나폴레옹의 포부가 달베르크의 구 독일제국 개혁 의지와 일치하는 듯했다. 달베르크는 두 독일 강국 오스트리아와 프로이센에 대한 균형으로서 제3의 독일 연대(라인 동맹)를 긍정적인 역사발전으로 생각한 인물이었다. 달베르크는 라인 동맹 규약에 따라 나폴레옹에게 병력을 동원할 수 있는 근거를 제공한 공수동맹체로서의 라인 동맹을 국가연합의 형식으로 전환시킬 계획을 했다. 국가연합으로 발전시키기 위해 라인 동맹은 공동헌법을 보유해야 했다.

달베르크는 파리에서 두 개의 헌법초안을 라인 동맹에 제출했지만, 두 안 모두 부적합한 것으로 거부되었다. 국가연합의 실현에 대한 달베르크의 희망은 양대 라인 동맹 회원국인 바이에른 왕국과 뷔르템베르크 왕국의 반대에 부딪혀 좌절되었다. 바이에른과 뷔르템베르크는 여하한 상황 하에서도 독립주권국가로서의 위상을 수호하려고 했다. 그들은 그들의 자유재량권이 구 독일제국 시대의 황제를 통해서보다, 라인 동맹에 의해 더 크게 제한될 것을 염려했다. 1806년 달베르크가 라인 동맹 의회를 소집했을 때, 주요 회원국들은 그 때문에 참석을 거부했다. 나폴레옹은 1807년 바이에른을 설득하여 라인 동맹의 헌법을 제정하려고 노력했다. 그리고 1808년에는 <에르푸르트 제후회의>에서 나머지 회원국들의 생각을 바꾸어 놓으려고 시도했지만, 결국 나폴레옹은 공동헌법의 관철을 포기해야 했다.

라인 동맹 회원국들은 나폴레옹에 대한 의존도가 높았고, 라인 동맹은 일괄적으로 프랑스에 예속된 군사동맹이었다. 라인 동맹 보호국으로서의 프랑스의 위상에 대한 조항은 동맹규약에 매우 모호하게 표현되어 있었다. 그럼에도 불구하고 나폴레옹은 동맹의 운명을 광범위하게 결정했다. 예컨대 라인 동맹 규약은 라인 동맹이 동맹의 이름으로 군사동맹을 체결할 경우 그 결정권을 나폴레옹에게 위임하도록 규정했다. 오스트리아와 프랑스, 프로이센과 프랑스 사이에 <코르동 사니테르>(차단벽)의 역할을 할 수 있는 친 프랑스 국가를 만드는 것이 나폴레옹에게는 중요한 과제였다. 나폴레옹은 이러한 역할을 바이에른 왕국, 작센 왕국, 뷔르템베르크 왕국 및 베스트팔렌 왕국과 같은 라인 동맹 가입국 중 규모가 큰 국가들에게서 찾으려 했다.

1805년 12월 26일 체결된 <프레스부르크 평화조약>(3차 동맹전쟁을 끝낸 프랑스와 오스트리아 간의 조약)에서 프란츠 2세 당시 신성로마제국 황제를 압박하여, 바이에른 공국과 뷔르템베르크 공국의 정체를 공국에서 왕국으로 격상시킨 나폴레옹 1세 황제는 정당성과 정통성 확립을 도와주는 차원에서 그들 신생 왕국과 친척관계를 맺었다. 프레스부르크 평화조약 조인 5일 만인 1806년 1월 1일부로 바이에른 공국과 뷔르템베르크 공국은 왕국으로 국격이 격상되었다. 이들 국가 외에도 라인 동맹 회원국들은 나폴레옹에 의해 공국은 왕국 또는 대공국으로, 후작국은 공국으로 변경되었다. 나폴레옹의 목적은 동맹국들의 환심을 사, 라인 동맹과 프랑스 간의 동맹관계를 심화시키는데 있었다. 나폴레옹은 베스트팔렌 왕국의 국왕에 임명된 막내 동생 제롬 보나파르트를 1807년 뷔르템베르크 초대 국왕 프리드리히 1세(1754-1816, 재위: 1806-1816)의 장녀 카타리나(1783-1835)와 결혼시켰고, 의붓아들 외젠 보아르네(1781-1824, 나폴레옹의 첫 아내 조세핀의 장남)는 1806년 막시밀리안 1세 바이에른 초대 국왕의 딸 아우구스테(1788-1851)와 결혼시켰다. 그리고 또 그는 그의 수양딸 스테파니 보아르네(1789-1860)를 1806년 초대 바덴 대공 카를 프리드리히(1728-1811, 대공: 1806-1811)의 손자이며 후계자인 카를 루트비히 프리드리히(1786-1818, 대공: 1811-1818)와 결혼시켰다. 프리드리히 1세와 막시밀리안 1세, 그리고 카를 프리드리히는 모두 나폴레옹에 의해 공작에서 국왕으로, 변경백에서 대공으로 신분상승한 제후들이었다.

나폴레옹은 라인 동맹 창설 1년 후 베스트팔렌 왕국을 설립하고, 프로이센과 국경을 공유한 작센 왕국과도 동맹을 체결하여, 프로이센 왕국을 동쪽(바르샤바 공국)과 서쪽(베스트팔렌 왕국)과 남쪽(작센 왕국)에서 포위했다. 프로이센과 국경을 공유한 베스트팔렌 왕국과 작센 왕국과 바르샤바 공국은 나폴레옹이 구상한 대 프로이센 차단벽(코르동 사니테르)이었던 것이다. 오스트리아 제국과 국경을 나누고 있는 국가들, 즉 바이에른 왕국, 뷔르템베르크 왕국, 작센 왕국 등의 라인 동맹 가입국과 북이탈리아에 건설된 프랑스의 위성국 이탈리아 왕국의 세력을 확대시킨 것도 프랑스와 프로이센, 프랑스와 오스트리아 사이에 확실한 완충지대를 확보하기 위한 나폴레옹의 전략이었다. 바르샤바 공국은 1806년 12월 11일부로 왕국으로 격상된 작센의 초대국왕 프리드리히 아우구스트 1세에 의해 대리 통치되었고, 이탈리아 왕국(수도: 밀라노)의 국왕은 나폴레옹 1세 자신이었다. 베스트팔렌 왕국(국왕: 제롬 보나파르트)과 바르샤바 공국은 1807년 프랑스의 위성국으로 설립되었고, 작센 선제후국은 원래 프로이센의 동맹국이었지만, 1806년 10월 14일 예나 및 아우어슈테트 전투에서 프랑스군에 패한 후 체결된 <포젠 평화조약>(1806년 12월 11일)에서 프랑스의 강요로 동맹을 전환하여, 라인 동맹에 가입했다. 그 대가로 나폴레옹은 작센을 공국에서 왕국으로 승격시켜 주었다. 1807년 7월 9일의 틸지트 강제평화조약에서 프랑스는 프로이센의 영토의 절반을 강제로 양도받아, 그 중 엘베 강 서쪽 지역은 신설 왕국 베스트팔렌에 편입시키고, 오데르 강 동쪽의 옛 폴란드 땅은 바르샤바 공국에 흡수시켰으며, 코트부스는 작센 왕국에 할양하여 작센의 몸집을 불려주었다. 북이탈리아의 프랑스 위성국은 라인 동맹의 출현보다 훨씬 앞선 시점인 1797년에 설립되었다. 1차 동맹전쟁에서 패한 오스트리아는 1797년 캄포포르미오 평화조약에서 프랑스가 북이탈리아에 세운 알프스이남 공화국(레푸블리카 치스알피나, 1805년 이탈리아 왕국으로 국명 변경)과 리구레 공화국(1805년 프랑스에 병합)을 승인해야 했다. 1805년 3월 17일 나폴레옹이 이탈리아 왕국(레푸블리카 치스알피나의 후신)의 국왕에 즉위함으로써 북이탈리아의 프랑스 점령지는 라인 동맹 창립 1년 전 프랑스에 병합되었다.

라인 동맹은 유럽을 지배하기 위한 나폴레옹의 군사적 수단이었다는 주장은 라인 동맹 창설 5년 후 감행된 나폴레옹의 러시아 원정에서 이미 사실대로 입증되었다. 동맹규약에 의거 라인 동맹 가입국들은 동맹의 이익을 보호하기 위해 유사시 동맹군 병력 분담 의무를 이행해야 했다. 바이에른 왕국은 30,000명, 뷔르템베르크 왕국은 12,000명, 바덴 대공국은 8,000명, 베르크 대공국은 5,000명, 헤센-다름슈타트 대공국은 4,000명, 그리고 그 외의 - 1806년 7월 12일 창립 당시의 16개 라인 동맹 가입국 중 - 나머지 11개 소규모 제후국은 모두 합쳐서 4,000명의 병력을 분담해야 했다. 라인 동맹이 확대 된 후, 작센 왕국은 20,000명, 베스트팔렌 왕국은 25,000명을 동원해야 했다. 라인 동맹의 규모가 절정에 달했을 때, 라인동맹 소속 독일 제후국들의 분담병력 총수는 119,180명에 달했다. 이에 비해 프랑스는 200,000명의 병력을 라인 동맹에 제공할 의무를 가졌다. 외형적으로는 유사 시 프랑스가 제공하는 병력이 라인 동맹 전체 분담병력의 두 배에 육박했음을 알 수 있다. 그러나 라인 동맹에 의해 제공된 병력은 라인 동맹의 이익이 아니라, 실제로는 프랑스의 이익을 위해 동원되어, 여러 전투현장에 투입되었다. 그 과정에서 동맹국들은 막대한 피해를 입어야 했다. 예를 들어, 1812년 나폴레옹의 러시아 원정에 동원된 베스트팔렌 왕국의 분담병력 25,000명 중 살아서 귀한한 자는 700여 명에 불과했다.

라인 동맹은 통상정책에서도 - 예를 들어 영국과 아일랜드를 겨냥한 대륙 봉쇄정책에서 보듯이 - 나폴레옹의 독단적인 결정을 방관하는 수밖에 없었다. 프랑스의 이익을 관철시키기 위해 나폴레옹이 라인 동맹 규약을 위반한 것은 통상정책에만 국한되지 않았다. 국제조약인 라인 동맹 규약을 통해 프랑스를 동등한 라인 동맹의 파트너로 확보했던 라인 동맹 국가들의 주권이 나폴레옹에 의해 침해된 예는 대륙봉쇄령을 구실로 삼아 1810년 올덴부르크 공국과 잘름 후작국과 잘름-퀴부르크 후작국을, 그리고 1811년에는 아렌베르크 공국을 프랑스에 합병한 사건에서 찾을 수 있다. 라인 동맹 창립 멤버였던 양 잘름 후작국(잘름-잘름 및 잘름-퀴르크)은 라인 동맹 규약에 의거하여 보장된 주권국가임에도 불구하고 1811년 2월 28일 프랑스에 강제 합병되었다. 라인 동맹 규약은 해당 회원국의 동의가 있을 때, 그리고 그것도 라인 동맹 내에서만 영토 양도가 가능도록 규정했다. 그럼에도 불구하고 라인 동맹의 회원국이 아니라, 라인 동맹의 동맹국인 프랑스가 라인 동맹의 일원을 합병한 것은 라인 동맹에 가입한 개별국가의 주권을 침해한 행위였으며, 명백한 라인 동맹 규약 위반이었다. 이 사건으로 인해 라인 동맹 국가들의 내부에서 민족주의가 고개를 내밀기 시작했다. 베스트팔렌 왕국의 최서단에 위치한 잘름 후작국은 프랑스와 국경을 공유했으며, 수도 보홀트는 현재 라인란트-베스트팔렌 주에 속한다.

　1813년 4월경부터 시작된 <해방전쟁>(6차 동맹전쟁)과 더불어 라인 동맹은 점차적으로 와해되기 시작했다. 프로이센과 러시아 동맹군 진영으로 전향한 첫 라인 동맹 회원국은 멕클렌부르크-슈트렐리츠 공국 및 멕클렌부르크-슈베린 공국이었다. 나머지 라인 동맹 가입국 제후들은 프랑스와 체결한 공수동맹을 고수하고, 나폴레옹이 새로이 요구한 전력의 공급을 승인했다. 1813년 9월 9일 오스트리아는 프로이센 및 러시아 대표와 테플리츠(체코의 테플리체)에서 회동하여 해방전쟁의 목표를 프로이센 영토와 오스트리아 영토의 원상복원 뿐 아니라, 라인 동맹의 분쇄에 두기로 결의했다. 3차 동맹전쟁(1805)과 5차 동맹전쟁(1809)에서 연달아 프랑스에 패한 후, 나폴레옹 군대에 의해 점령되었던 오스트리아가 나폴레옹 1세에게 선전포고하여, 해방전쟁에 뛰어든 것은 1813년 8월 11일이었다. 그 결과 국내 민족주의 세력의 압력을 견디지 못한 라인 동맹의 주도국 바이에른 왕국은 오스트리아와 체결한 <리트 조약>(1813년 10월 8일)에서 반 나폴레옹 동맹 진영으로 전향하여 남독일 국가 중 제일 먼저 라인 동맹을 탈퇴했다. 바이에른은 라인 동맹을 탈퇴함으로써 주권을 지켰고, 티롤을 오스트리아에 반환한 것만 제외하면 영토를 온전히 보전할 수 있었다.

1813년 10월 16일부터 19일까지 4일 동안 계속된 <라이프치히 전투>가 6차 동맹군(오스트리아·프로이센·러시아·스웨덴)과 프랑스와 라인 동맹 연합군 사이에서 치열하게 벌어지고 있었을 때, 작센 왕국과 뷔르템베르크 왕국 군대가 동맹군에 집단 투항한 사건은 나폴레옹의 헤게모니 붕괴와 라인 동맹의 결속력 약화를 단적으로 대변해 준 사례였다. 라이프치히 전투에서 6차 동맹군이 프랑스-라인 동맹 연합군에 승리할 때까지, 끝까지 나폴레옹에게 충성한 작센 국왕 프리드리히 아우구스트 1세는 동맹군의 포로가 되었고, 전후 작센 왕국은 동맹군의 군정에 예속되었다. 프랑스군의 철수와 더불어 나폴레옹의 위성국가들인 베르크 대공국과 베스트팔렌 왕국과 프랑크푸르트 대공국은 해체되었다. 일부 라인 동맹 국가들은 이전 제후들에 의해 통치권 반환을 요구받았고, 또 일부 국가는 프랑스의 위성국과 점령지역을 관리하기 위해 동맹국(프로이센·러시아·오스트리아)에 의해 설립된 위원회에 의해 위탁 관리되었다. 일종의 신탁통치기구인 이 위위회의 책임자에 임명된 사람은 - 프로이센의 개혁적 정치인으로서 프로이센 외무장관(1806-1807) 및 알렉산드르 1세 러시아 황제의 정치고문(1812-1813) 등을 역임한 - 하인리히 프리드리히 카를 폼 운트 춤 슈타인(1757-1831)이었다.

❏ 5
5차 동맹전쟁(1809)

1) 티롤 해방전쟁(1809)과 오스트리아 민족영웅 안드레아스 호퍼

프레스부르크 평화조약(1805)에서 티롤과 오스트리아의 역외영토(전부오스트리아)를 프랑스에 빼앗긴 프란츠 1세 오스트리아 황제(신성로마제국 황제로서는 프란츠 2세)는 둘째 동생이며 궁정국방회의 의장인 카를 대공으로 하여금 프랑스식 군제를 벤치마킹하여 오스트리아 육군을 체계적으로 개혁할 것을 주문했다. 프랑스를 극복하기 위해서였다. 1809년의 오스트리아-프랑스 전쟁(5차 동맹전쟁)은 전혀 엉뚱한 방향에서 시작되었다. 3차 동맹전쟁을 종식시킨 프레스부르크 평화조약의 내용 중에서 오스트리아로서는 감내하기 어려운 조항이 포함되어 있었다. 그것은 티롤을 오스트리아 영토에서 분리시켜, 프랑스의 동맹국 바이에른에게 양도한 조항이었다. 티롤은 1363년 이후 오스트리아 영토였다. 지정학적으로 유럽의 서(프랑스), 남(이탈리아), 북(독일)을 연결하는 교점 역할을 한 티롤은 오스트리아 제국의 군사적, 경제적 거점 지역이었으며, 동시에 전통적으로 합스부르크 왕가에 충성한 지역이었다.

1795년 프랑스와 일방적으로 바젤 평화조약을 체결하여 1차 동맹전쟁(1792-1797)에서 이탈한 프로이센은 2차 동맹전쟁(1799-1802)과 3차 동맹전쟁(1805)에서는 프랑스와 오스트리아 사이에서 중립을 지켰다. 프로이센의 뒤를 이어 바이에른도 1796년 프랑스와 휴전협정(파펜호펜 휴전협정)을 체결한 후 1차 동맹을 탈퇴했다. 바이에른은 2차 동맹전쟁에서는 자국 영토를 지키기 위해 다시 오스트리아를 지원하여 - 회히슈테트 전투(1800년 6월 19일)와 호엔린덴 전투(1800년 12월 3일)에서 - 프랑스와 싸웠다. 그러나 바이에른은 1805년 나폴레옹과 공수동맹(보겐하우젠 조약)을 체결함으로써 3차 동맹전쟁에서는 오스트리아의 적이 되었다. 바이에른의 동맹전환은 티롤에게는 치명적인 결과를 가져왔다. 바이에른과 티롤 간 경계지역의 오스트리아 요새도시 샤르니츠와 로이타슈가 프랑스군의 공격을 받아 함락된 후, 티롤은 무방비 상태가 되었다. 오스트리아 정규군은 티롤에서 철수했고, 티롤의 엽사군단은 해체되었다. 국경수비 요새를 함락시킨 프랑스군은 미셸 네(1769-1815) 원수를 앞세워 1805년 11월 5일 티롤의 수도 인스브루크에 진주했다. 아우스터리츠 전투(1805년 12월 2일)에서 나폴레옹에게 참패한 오스트리아는 프레스부르크 평화조약(1805년 12월 26일)에서 티롤과 포르아를베르크, 그리고 포르데르외스터라이히(전부오스트리아)와 오스트리아 제국령 북이탈리아에 대한 영유권을 프랑스 측에 양도해야 했다. 티롤은 프랑스를 거쳐 프랑스의 동맹국 바이에른 왕국에 편입되어버렸다.

바이에른이 티롤을 점령한 후, 티롤의 주민대표단이 뮌헨의 막시밀리안 1세 국왕(1806년 1월 1일부터 국왕, 그 전까지는 막시밀리안 4세 공작)에게 충성맹세를 해야 했지만, 이는 티롤 주민의 다수견해가 반영된 것이 아니었다. 티롤인들은 바이에른과 오스트리아 사이의 역사적인 갈등관계 때문에 티롤의 바이에른 편입에 대해 처음부터 거부반응을 나타냈다. 1363년 티롤이 오스트리아에 귀속되었을 때, 이미 양국(오스트리아와 바이에른) 간에는 전쟁이 발발했었다. 막시밀리안 1세 바이에른 국왕 역시 이 점을 의식했기 때문에, 일련의 조치를 통해 티롤의 환심을 사기 위해 노력했다. 바이에른 국왕의 가장 큰 양보는 티롤 헌법의 불가침성과 지금까지 유지되어 온 오스트리아 내에서의 티롤의 특수지위를 문서로 확인한 것이었다. 그것은 1511년 막시밀리안 1세 황제 재위기에 승인된 - 티롤의 지역방위에만 국한시킨 - 티롤의 병역법이었다.

신생 왕국 바이에른이 추구한 신질서 확립 노력과 점령지 티롤의 특수성 인정은 그 자체가 이미 이율배반적인 논리였다. 티롤 주민들은 바이에른 점령정부 치하에서 전보다 몇 배 더 많은 세금을 납부해야 했다. 한편으로는 나폴레옹의 대륙봉쇄정책 때문에, 다른 한편으로는 티롤의 대 바이에른 수출금지(특히 가축수출금지) 조치에 그 원인이 있는 불황이 티롤의 민생과 경제를 파탄의 위기로 몰아갔다. 통상, 생산 및 교통 부문의 지원도 군정체제하에서는 이루어지지 않았다. 티롤의 불만은 고조되기 시작했다.

개혁의 차원에서 바이에른 정부는 교회문제에도 개입했다. 1806년 성탄자정미사를 금지했을 때 보인 주민들의 반발에 바이에른 당국은 긴장했지만, 교회에 대한 점령정부의 간섭은 중단되지 않았다. 교회의 휴일제도는 폐지되고, 각종 종교행사는 - 예컨대 풍작을 염원하는 기원행렬과 축제행진 따위 - 금지되었으며, 심지어 저녁기도 시각을 알리는 전통적 타종 행사에도 벌금형이 부과되었다. 대부분의 성직자들은 처음에는 인내했다. 바이에른의 조치가 일면 실용적이고, 신앙의 본질은 건드리지 않았기 때문이었다. 그러나 성직자들에게도 무리한 요구사항들이 제시되기 시작한 후, 가톨릭교회의 투쟁은 본격적으로 시작되었다. 점령정부에 저항한 주교들은 추방되고, 신부들은 수도원을 떠나야 했다. 티롤의 수도원이 완전히 폐쇄되었고, 수도원 소유재산은 바이에른 정부에 의해 압류되었다.

1808년 5월 1일 나폴레옹 법전을 모방한 바이에른 왕국의 신헌법이 공표되었고, 백작령 티롤은 이제 프랑스식 행정체계에 따라 역내 3대 하천인 에츄 강(아디제 강)과 아이자크 강(이사르코 강)과 인 강의 명칭을 딴 3개 크라이스(군 또는 현에 해당)로 분할되었다. 행정구조 개편과 동시에 구 티롤 헌법은 폐기되었다. 신헌법 도입과 더불어 바이에른 정부는 티롤 주민들을 병역에 동원할 수 있게 되었는데, 이는 점령초기 바이에른 국왕이 티롤 주민들의 반발을 무마하기 위해 구 티롤 헌법(병역법)을 문서로 보장했던 것과 배치되는 조치였다. 바이에른에 점령되기 전에 이미 티롤은 오스트리아 황제로부터 광범위한 자율권, 특히 병역에 대한 자유결정권을 약속받았고, 1806년 바이에른 국왕도 티롤의 권리를 존중한다는 약속을 문서화했기 때문에, 1808년 바이에른 당국의 티롤 헌법 폐기는 고유의 권리를 지키려는 티롤인들의 봉기에 도덕적, 법률적 명분을 제공했다.

바이에른 당국이 1809년 3월 12일과 13일 악삼스(인스부르크 교외)에서 실제로 신병을 징집하려고 했을 때, 청년들은 몸을 피했고, 무장농민들이 모병관들을 포로로 잡아, 무장 해제시킨 후, 인스부르크로 돌려보낸 사건이 발생했다. 티롤 청년들의 강제징집은 1809년 4월 9일 티롤의 수도 인스부르크에서 시작된 민중봉기의 결정적인 동인이 되었다. 외세의 지배에 항거한 티롤 민중봉기의 배후 추진력은 프란츠 1세 오스트리아 황제의 동생 요한(1782-1859) 대공이었다. 레오폴트 2세 황제의 16자녀(12남 4녀) 중 9남으로 태어난 요한 대공은 <뤼네빌 평화조약>(1801) 체결 직후 티롤의 총독으로 임명되어 발표한 일련의 개혁조치(주민개병제도 따위)를 통해 티롤 수호 의지를 대내외에 천명했지만, 3차 동맹전쟁에서 오스트리아가 프랑스에 패해, 티롤이 바이에른에 편입되자, 티롤을 떠나야 했다.

티롤 민중봉기가 발발한 1809년 4월 9일은 오스트리아가 프랑스와 그 동맹국들에게 전쟁을 선포하여 5차 동맹전쟁이 시작된 날과 일치했다. 요한 가브리엘 폰 하스텔러(1763-1825) 장군은 프랑스가 점령한 티롤의 리엔츠를 탈환하기 위해 드라우(드라바) 강을 건넜고, 카를(프란츠 1세 황제의 둘째 동생) 대공은 인 강을 건너 바이에른의 수도 뮌헨으로 진격했다. 필라흐에 도착한 요한 대공은 티롤은 명백한 오스트리아 영토이며 티롤 민중봉기 참가자는 반도가 아닌, 동원된 오스트리아군의 일원임을 선언한 문서에 서명하여, 티롤인들의 봉기를 합법화했다. 요한 대공은 외젠 드 보아르네(1781-1824)를 공격하여, 1809년 4월 16일 <사칠레 전투>(사칠레는 베네치아 북쪽 60km)를 승리로 장식했다. 보아르네는 나폴레옹의 첫 부인 조세핀(1763-1814)이 나폴레옹 보나파르트와 결혼할 때 데리고 온, 전 남편과의 사이에서 출생한 아들로서, 출중한 군사지휘관이었다. 보아르네는 프랑스의 위성국으로 오스트리아 제국령 북이탈리아에 세워진 이탈리아 왕국(1805-1814, 국왕: 나폴레옹 1세)의 부왕이었다.

5차 동맹전쟁 발발 소식을 접한 티롤의 농민들은 도처에서 봉기하여, 바이에른 관리들을 추방하고, 수적 열세의 바이에른군 단위부대들을 제압했다. 티롤 민중봉기를 주도한 인물은 1767년 남티롤의 장크트 레온하르트(북이탈리아의 산 레오나르도)의 작은 마을 잔트호프 출신으로서 그곳에서 동네식당을 경영한 평범한 시민 안드레아스 호퍼(1767-1810)였다. 안드레아스 호퍼는 1808년 말에 이미 민중봉기를 계획하여 빈의 중앙정부(요한 대공)로부터 지원을 약속받았다. 안드레아스 호퍼가 티롤 해방전쟁의 일환으로 프랑스-바이에른 동맹군과 치른 전투 중 가장 유명한 전투는 <베르크이젤산 전투>였다. 1809년 4월부터 11월 사이 모두 네 차례 벌어진 베르크이젤 산 전투 가운데 4월 12일에 발생한 첫 전투를 제외하면, 세 차례 전투는 모두 안드레아스 호퍼가 지휘한 전투였다.

1809년 4월 9일 농민들과 엽사들로 구성된 민간무장조직이 티롤 전역에서 일제히 봉기했다. 바이에른군이 점령한 인스브루크를 해방시킨 1809년 4월 12일의 1차 베르크이젤 산 전투는 남티롤 출신의 마르틴 타이머(1778-1838)에 의해 주도되었다. 저항세력이 점령한 인스부르크를 탈환하고, 저항군을 진압하기 위해 바티스트 피에르 비송(1767-1811) 장군이 바이에른군과 프랑스군으로 편성된 8천 명의 진압군을 대동하고 브렌너 재(현재 오스트리아와 이탈리아의 국경)를 넘어 티롤로 진입했지만, 오스트리아군 참모부 장교로 위장한 마르틴 타이머의 기만전술에 넘어가게 되었다. 타이머는 저항군의 항복을 제의한 후, 항복협정체결 시점을 택해 방심하고 있는 진압군에 치명적인 공격을 가했고, 기습공격을 받은 진압군은 4월 9일 프랑스에 선전포고한 오스트리아의 정규군이 이미 인스부르크를 장악하고 있는 것으로 오판한 끝에, 저항군에 무조건 항복했다. 실제로 오스트리아 정규군이 60여 킬로미터 떨어진 쿠프슈타인의 북쪽 경계선에 도달했을 때였다. 항복조약을 확실하게 체결하기 위해 타이머는 프란츠 1세 황제에 의해 오스트리아 정규군 소령에 소급 임명되었다. 타이머는 바이에른-프랑스 동맹군을 포로로 잡은 공로를 인정받아 1810년 오스트리아 최고 무공훈장인 <테레지아 훈장>과 남작의 작위를 동시에 수여받았다. 인스부르크를 위시하여 여러 지역이 프랑스와 바이에른의 점령으로부터 회복되었다. 수복지역의 군사지휘권은 하스텔러 장군에게 위임되었고, 요한 대공의 측근 요제프 폰 호르마이어(1782-1848) 남작이 민간부문의 대표에 임명되었다. 인스부르크 태생의 호르마이어는 요한 대공의 명을 받아 티롤 봉기를 배후에서 기획한 역사학자로서 그 후 요한 대공과 안드레아스 호퍼 간의 가교 역할을 했다.

1809년 4월 22일 레겐스부르크 근교의 <에크뮐 전투>에서 프랑스-바이에른 동맹군을 직접 지휘한 나폴레옹은 카를 대공 휘하의 오스트리아-뵈멘 연합군에 대승을 거둔 후, 빈으로 진격했다. 1809년 5월 13일 빈은 또 다시 나폴레옹에 의해 점령되었다. 합스부르크 제국의 수도 빈은 1805년 11월 13일에 이어 두 번째로 프랑스군에 의해 점령되는 수모를 겪어야 했다. 다시 쇤브룬 궁을 차지한 나폴레옹이 프랑스군에 내린 첫 조치는 즉각적인 티롤 탈환 명령이었다.

프랑수아 조제프 르페브르(1755-1820) 프랑스군 원수는 2개 사단(20,000명) 규모의 바이에른군을 지휘하여 - 지금의 잘츠부르크 연방주와 티롤 연방주의 경계를 이루는 - 슈트루프 고개(675m)를 넘어 인스부르크를 향해 서진했다. 수적으로 열세한 하스텔러 장군 휘하의 오스트리아 군대는 뵈르글 전방에서 접전을 벌였으나, 바이에른군을 저지하기에는 역부족이었다. 칠러탈 입구에서 벌어진 전투에서도 오스트리아군은 참패했다. 슈바츠, 폼프 등, 거치는 지역마다 약탈과 방화로 일대를 초토화시키면서 바이에른군은 인스부르크를 다시 점령했다.

티롤의 수도 인스부르크가 재차 바이에른의 수중에 들어갔을 때, 안드레아스 호퍼는 인스부르크 남쪽 지역에 저항군을 집결시켰다. 1809년 5월 25일 아침 약 5,000명의 티롤 농민군이 마트라이에 도착하여, 인스부르크 남쪽 산(베르크이젤산) 허리를 장악하기 시작했다. 안드레아스 호퍼와 더불어 티롤 봉기를 주도한 독립투사 중의 한 사람인 요제프 스페크바허(1767-1820)는 1,000명의 엽사부대를 지휘하여 인 강 하류 계곡으로부터 접근하여 안드레아스 호퍼와 합류했다. 저항군은 이들 외에도 약 1,200명의 오스트리아 정규군 보병과 5문의 대포를 지원받았다. 전선이 넓게 형성되어 - 2차 동맹전쟁(호엔린덴 전투, 1800년 12월 3일)에서 오스트리아를 위해 프랑스군과 싸웠던 - 베른하르트 에라스무스 폰 데로이(1743-1812) 휘하의 바이에른군(5,000명)과 티롤 저항군 간의 전투가 시작되었다. 밤이 되고, 소나기가 내렸기 때문에, 전투는 소강상태에 들어간 채, 바이에른군은 계곡의 평지를, 저항군은 베르크이젤산 산허리를 장악했다. 안드레아스 호퍼, 요제프 스페크바허 및 요아힘 하스핑어(1876-1858) 등은 엽사부대를 베르크이젤산에 배치하는 데 어려움이 뒤따랐다. 농민들이 전투를 빨리 끝내고 귀가하려 했기 때문이었다. 그 때 나폴레옹의 군대가 빈 근교에서 벌어진 <아스페른 전투>(1809년 5월 21-22일)에서 오스트리아군에 의해 제압되었다는 소식이 티롤에 전해졌다. 오스트리아군의 승전보에 힘입은 티롤 농민군은 - 5차 동맹전쟁에서 나폴레옹이 패한 유일한 전투가 아스페른 전투였다 - 승리에 대한 확신을 가지고 5월 29일 아침 공격을 재개했다. 큰 피해를 입은 바이에른군은 다음 날 인 강 하류 계곡으로 철수해야 했다. 2차 베르크이젤산 전투는 안드레아스 호퍼의 완벽한 승리로 끝났다.

1809년 5월 13일 빈을 점령한 나폴레옹을 피해 5월 16일 이후 빈 교외의 볼커스도르프에 체류한 프란츠 1세 황제는 1809년 5월 29일 안드레아스 호퍼에게 메시지를 전달했다. 그것은 티롤을 합스부르크 제국에서 분리하는 조약, 다시 말해 여하한 경우에도 티롤을 포기하는 평화조약의 체결은 없을 것이라는 내용의, 안드레아스 호퍼에게 항전을 독려한 서한이었다. 그러나 황제의 약속은 - 아스페른 전투에서 대패하여, 절치부심하며 설욕의 기회를 노린 나폴레옹에게 - <바그람 전투>(1809년 7월 5-6일)를 내준 후 체결하지 않을 수 없었던 <츠나임 휴전조약>(1809년 7월 123일)에서 지켜지지 않았다. 츠나임 휴전조약 제4항은 오스트리아군이 티롤과 포르아를베르크로부터 철수할 것을 규정했기 때문이었다. 그럼에도 불구하고 빈 중앙정부는 이와 관련한 명확한 정보를 티롤로 내려 보내지 않았고, 황제의 독려에 고무된 티롤에서는 유혈전투가 계속되었다. 결국 츠나임 휴전협정 조인 3개월 후에 체결된 <쇤브룬 평화조약>(1809년 10월 14일)으로 오스트리아는 1805년에 이어 또 다시 프랑스군의 점령통치체제하로 들어가게 되었다.

츠나임 휴전협정 체결 후, 주로 바이에른 군대로 구성된 2만 명의 르페브르 휘하의 바이에른-프랑스 동맹군에 의해 대부분의 티롤은 재점령되었다. 아직 점령되지 않은 지역은 안드레아스 호퍼가 장악한 남티롤이 유일했기 때문에, 르페브르 원수의 당면 목표는 당연히 남티롤의 접수였다. 인스부르크에 사령부를 차린 르페브르 원수는 안드레아스 호퍼를 포위하기 위해 양방향으로부터 - 인 강 상류 계곡과 빈시가우를 통과하여 남티롤로, 그리고 브렌너 재를 경유하여 브릭센(브레사노네)으로 - 남티롤을 공략했다.

르페브르의 일차목표는 푸스터탈(남티롤과 동티롤 사이의 알프스 계곡)을 출발한 프랑스 군대와의 합류였다. 이들의 합류를 저지하기 위해 저항군은 동시 다발적인 공격을 가했다. 리엔츠 협로에서, 에렌부르크 협로(포르아를베르크의 로이테)에서, 폰트라츠 다리(티롤의 란데크)로 이어지는 협로에서, 그리고 브릭센과 슈테르칭 사이의 아이자크 강(이사르코 강, 아디제 강의 지류) 협곡에서, 바이에른군과 프랑스군은 안드레아스 호퍼의 공격을 받아 격퇴되었다. 아이자크 강 골짜기의 좁은 고갯길에서 포위된 - 프랑스를 지원하여 참전한 - 작센 왕국 부대는 호퍼와 함께 티롤 봉기를 주도한 요아힘 하스핑어, 요제프 슈페크바허, 페터 마이르(1767-1810) 등이 지휘한 티롤 저항군에 의해 괴멸되었다. 티롤 독립전쟁사는 1809년 8월 4일과 5일 양일간 작센 부대를 섬멸한 아이자크 계곡 전투를 기념하기 위해 전투현장의 지명을 <작센클램메>(작센인들의 진퇴양난이라는 뜻)라 명명했다. 그러나 1809년 여름 의 결전은 8월 13일 다시 베르크이젤산에서 벌어졌다. 르페브르 원수가 지휘한 바이에른, 작센 및 프랑스 연합군 15,000명과 안드레아스 호퍼가 지휘한 비슷한 수의 티롤 저항군단이 대결한 3차 베르크이젤산 전투는 프랑스-바이에른-작센 연합군의 후퇴로 끝이 났다. 8월 15일 르페브르는 인스부르크를 다시 안드레아스 호퍼에게 내주고, 인 강 하류 계곡으로 철수했다.

세 번째 베르크이젤산 전투에서 승리한 후, 인스부르크를 재탈환한 안드레아스 호퍼는 이제 티롤 해방군 총사령관의 직책을 공식적으로 인정받아, 막시밀리안 1세 황제가 그의 두 번째 왕궁으로 사용했던 인스부르크의 호프부르크에서 직무를 수행하게 되었다. 소시민 계급의 직업에 종사하던 그로서는 공식적인 행정업무를 수행하는 데에는 어려움이 있었다. 그는 오직 황제에 대한 충성심 하나로 지금까지 민중봉기를 지휘해왔기 때문에, 오스트리아로부터 티롤을 분리시키기 위한 목적의 여하한 평화협상 제의에도 응해서는 안 된다는 황제의 명령을 신봉했다. 빈의 쇤브룬 궁에서는 나폴레옹과 평화조약을 체결하기 위한 협상이 이미 진행되고 있었다. 그러나 티롤이 오스트리아로부터 떨어져 나가게 될 것이라는 소문을 안드레아스 호퍼는 믿지 않았다. 그는 전비를 조달하기 위해 자체적으로 주조한 화폐의 유통을 시도하기도 했지만, 가장 중요한 임무는 티롤의 방어와 국경수비의 강화였다. 바이에른 군대의 재침을 저지하기 위해 그는 북티롤로 통하는 모든 산악협로와 프랑스군의 공격 위험에 노출된 동티롤과 북동티롤 국경지역에 배치한 전초 부대를 강화시켰다.

바이에른으로부터의 공격을 저지하기 위해 안드레아스 호퍼는 잘츠부르크 공국 내의 저항세력과 제휴하여 잘츠부르크와 바이에른을 연결하는 양대 알프스 고지인 슈타인 재(615미터)와 루에크 재(552미터)를 장악하는 데 성공했다. 안드레아스 호퍼에 동조하여 잘츠부르크 민중봉기를 주도한 사람은 - 안드레아스 호퍼처럼 - 식당 소유주이며 잘츠부르크 엽사군단 지휘자 요제프 슈트루버(1773-1845)였다. 그는 1809년 9월 25일 프랑스-바이에른 동맹군을 상대로 루에크 재를 방어한 인물이었다. 루에크 재 영마루에 세워진 슈트루버 기념비는 1898년 <슈트루버 추모협회>에 의해 건립되었다. 잘츠부르크는 티롤과 연대하여 프랑스-바이에른 점령군과 싸웠지만, 1809년 10월 프랑스군에 점령되었다. 잘츠부르크가 다시 오스트리아에 귀속된 해는 1816년이었다.

티롤을 포기하는 평화조약 체결은 없을 것이라 공언한 1809년 5월 29일의 약속에도 불구하고 프란츠 1세 황제는 1809년 10월 14일 나폴레옹과 <쇤브룬 평화조약>을 체결하고, 티롤을 프랑스에 양도했다. 평화조약을 체결한 바로 그 날 나폴레옹은 티롤 탈환명령을 내렸고, 장 바티스트 드루에 데를롱(1765-1844) 원수는 3개 바이에른군 사단을 동원하여 요제프 슈페크바허가 지휘한 티롤 저항군을 10월 17일 <멜레크 전투>에서 제압했다. 멜레크 전투의 승리로 슈트루프 재(잘츠부르크와 티롤의 경계)를 넘을 수 있는 접근로를 확보한 바이에른군은 쿠프슈타인과 쾨셴을 경유하여 티롤로 침투했다. 멜레크는 현재 바이에른의 슈나이츨로이트(베르히테스가덴)의 일부이다.

쇤브룬 평화조약이 체결되고 만 열흘 째 된 날인 1809년 10월 24일 바이에른-프랑스 동맹군은 안드레아스 호퍼가 3일 전에 철수한 인스부르크를 다시 점령했다. 그러나 바이에른군은 1809년 5월의 재점령 시도 때와는 달리 무력으로 반란군을 제압하려 하지 않고, 평화와 사면을 제의하는 한 편, 티롤에 우호적인 - 반 나폴레옹 성향의 - 바이에른 국왕 후계자 루트비히(후일의 바이에른 국왕 루트비히 1세, 재위: 1825-1848)에게 점령군의 공동지휘권을 부여하는 등, 이전보다 훨씬 유화적인 정책으로 나왔다. 그 것은 저항세력을 와해시키기 위한 고도의 전략이었다. 바이에른의 선무공작과 그들의 압도적 군사력 앞에서 저항세력은 항전 의지를 상실했고, 귀향하는 농민들의 수가 급증했다.

총체적인 악조건 하에서도 저항군 지도자들은 최후의 항전을 준비했다. 1809년 11월 1일의 4차 베르크이젤산 전투는 인스부르크가 바이에른 군대에 의해 점령되고, 쇤브룬 평화조약이 체결되어 오스트리아 정규군이 모두 철수한 후 벌어진 전투였다. 인스부르크를 포기하고 베르크이젤산에 집결한 안드레아스 호퍼의 저항군은 11월 1일 새벽 기습 공격한 바이에른군에 의해 두 시간 가량의 전투 끝에 간단히 제압되었다. 그 후에도 저항군은 몇 차례 - 예컨대 메란(메라노)과 안드레아스 호퍼의 고향(북이탈리아의 산 레오나르도)에서 벌어진 접전에서 - 소규모의 승리를 거두었지만, 프랑스-바이에른 동맹군의 티롤 점령을 되돌릴 수는 없었다.

민중봉기를 최종적으로 진압한 침략자들은 점령지에 가혹한 형벌을 내렸다. 민중봉기가 끝나갈 무렵 바이에른군의 선무에도 불구하고 일부 잔여 저항세력들이 끝까지 평화 제의를 거부했기 때문이었다. 최후의 순간까지 저항한 안드레아스 호퍼는 가족을 데리고 고향인 남티롤의 파시리아 계곡에서 은신처를 옮겨 다녔지만, 1810년 1월 28일 그의 도피는 끝이 났다. 티롤의 '유다'로 불린 프란츠 라플(1775-1830)이란 자의 밀고에 의해 체포된 호퍼는 북이탈리아의 만토바로 이송되었다. 이탈리아 왕국(프랑스의 위성국, 수도 밀라노)의 부왕이며 북이탈리아 주둔 프랑스군 사령관 외젠 드 보아르네는 호퍼의 목숨만은 구해주려 했지만, 그의 계부이며 이탈리아 왕국의 국왕인 나폴레옹 1세는 안드레아스 호퍼를 사면하지 않았다. 나폴레옹은 호퍼의 심판을 직접 명령했고, 프랑스 군법회의는 형식적인 짧은 심리 끝에 1810년 2월 19일 호퍼에게 사형을 선고했다. 1810년 2월 20일 안드레아스 호퍼는 처형되어, 만토바에 매장되었다. 티롤이 다시 오스트리아 제국에 귀속된 것은 1814년 나폴레옹이 몰락한 후였다.

소시민계급 출신의 안드레아스 호퍼가 주도한 티롤 민중봉기 혹은 민중반란은 대 나폴레옹 전쟁사에서 큰 의미를 가진다. 6차 동맹전쟁(1813-1815)으로서의 해방전쟁은 나폴레옹 1세의 러시아 원정이 실패로 돌아간 후 1813년 봄부터 본격적으로 진행되었지만, 1809년 4월부터 11월까지 오스트리아의 티롤에서 약 8개월 간 지속된 <티롤 해방전쟁>은 5차 동맹전쟁과 동시에 진행되었다. 6차 동맹전쟁으로서의 해방전쟁은 패주 중인 프랑스군과 6차 동맹(프로이센-오스트리아-러시아) 간의 정규전이었던 반면, 5차 동맹전쟁과 궤를 같이 한 티롤 해방전쟁은 승승장구중인 프랑스-바이에른 동맹군에 대항한 티롤 민중의 항쟁이었다. 티롤 민중항쟁은 - 특히 안드레아스 호퍼의 비극적인 최후는 - 나폴레옹의 지배체제를 벗어나려는 유럽 여러 나라의 민족적 저항운동에 상징적인 영향력을 행사했다. 그러나 안드레아스 호퍼는 결코 혁명가는 아니었다. 오늘날 안드레아스 호퍼는 민족영웅으로 추앙받고 있지만, 자유와 민족 같은 거대이념이 그를 일어서게 한 동인이 아니었다. 그를 움직인 것은 그와는 반대로 고향 티롤에 대한 애정과 가톨릭교회와 빈 중앙정부와 오스트리아의 황실에 대한 절대적인 충성심이었다. 오스트리아 국민은 안드레아스 호퍼를 정치적 순교자로, 티롤 독립의 아버지로 숭모한다. 안드레아스 호퍼의 희생정신을 둘러싸고 숱한 전설이 회자되었고, 그의 신화는 오늘날까지 존속하고 있다.

안드레아스 호퍼의 예술적 수용

안드레아스 호퍼는 오스트리아의 민족영웅으로 숭앙되고 있다. 그를 추모하는 기념비는 티롤을 위시하여 여러 지역에 세워져 있다. 전국적인 추모제가 매년 2월 20일 그가 북이탈리아의 만토바에서 순교한 날 개최된다. 해마다 티롤에서 거행되는 예수성심대축일은 나폴레옹 시대의 티롤 민중봉기와 깊은 관계가 있다. 1796년 티롤이 프랑스군의 위협에 직면했을 때, 티롤 의회는 매년 성심대축일을 엄숙하게 거행할 것을 서약했고, 오늘날까지도 예배와 축제행렬과 봉화 등으로 이 날을 기념하고 있다.

안드레아스 호퍼의 영웅적인 죽음을 찬미한 <적의 패거리에 끌려 만토바로 간>으로 시작되는 노래의 가사는 작센 출신의 시인 율리우스 모젠(1803-1867)이 1831년에 쓴 동명의 시이다. 이 노래는 1844년 클로스터노이부르크 출신의 오스트리아 작곡가 레오폴트 크네벨스베르거(1814-1869)가 곡을 부친 후, 안드레아스 호퍼의 찬가로 불렸다. <안드레아스 호퍼의 노래>로 더 잘 알려진 모젠의 시는 2차 대전 직후 1948년 6월 2일 오스트리아 연방주 티롤의 주가(州歌)로 지정되었다. 모두 6절로 된 <안드레아스 호퍼의 노래>의 1절의 가사는 다음과 같다.

"적의 패거리에 끌려 만토바로 간/ 의리의 호퍼/ 만토바에서 죽음으로 몰아넣었네/ 적의 무리가 그를/ 형제들의 심장이 피를 흘리도다/ 온 독일이, 아, 수치와 고통 속에 있도다/그와 함께 가노라 티롤은/그와 함께 가노라 티롤은>.

여기서의 독일은 물론 통일 이전의 독일을 가리킨다.

작센 출신의 시인 율리우스 모젠과는 달리, 티롤에서 태어나 티롤에서 사망한 티롤 토박이 극작가 프란츠 크라네비터(1860-1938)는 티롤의 역사에서 소재를 취한 희곡을 여러 편 쓴 것으로 유명하다. 16세기 독일 농민전쟁 당시 티롤과 잘츠부르크에서 농민봉기를 주도한 역사적 인물 미하엘 가이스마이어(1490-1532)를 등장시킨 동명의 희곡 <미헬 가이스마이어>(1899)와 안드레아스 호퍼의 일대기를 다룬 <안드레아스 호퍼>(1902년 독일 튀링엔의 마이닝엔에서 초연)가 크라네비터의 초기 희곡들이다. <안드레아스 호퍼>는 매년 7월과 8월에 걸쳐 티롤의 텔프스에서 개최되는 티롤 민중극 연극제에서 오스트리아의 배우 겸 연출가 클라우스 로르모저(1953-)의 연출로 1984년 초연된 바 있다.

20세기 말까지 간헐적으로 보고된 안드레아스 호퍼의 수용은 21세기에 들어와서는 활발해진 편이다. 2000년 <호퍼의 새 옷 - 국가를 지탱하는 신화의 기능에 관하여>라는 제목의 포괄적인 안드레아스 호퍼의 수용사가 지크프리트 슈타인레히너에 의해 인스브루크에서 출간되었다. 슈타인레히너는 그의 저서에서 안드레아스 호퍼가 민족적 저항의 인물로 변용된 것은 20세기 초 독일과 오스트리아의 합병을 주장한 독일민족주의자들의 부상과 유관하다는 주장을 한다. 독일민족주의의 부상과 관계가 있다는 증거로 그는 안드레아스 호퍼의 죽음을 찬미한 <안드레아스 호퍼의 노래>의 1절 6행 ("온 독일이, 아, 수치와 고통 속에 있도다")의 표현 중 '온 독일'을 주목했다.

2002년 안드레아스 호퍼의 일대기가 <안드레아스 호퍼 - 독수리의 자유>라는 제목으로 - 1983년 베를린 영화제에서 은곰상을 수상한 것을 비롯해, 수많은 국제영화제에서 수상한 경력이 있는 - 오스트리아 영화 감독 크사버 슈바르첸베르거(1946-)에 의해 영화화되었다. 안드레아스 호퍼 역은 오스트리아 여배우 로미 슈나이더를 추모하는 영화상인 '황금 로미슈나이더 상'을 6회 수상한 경력의 오스트리아 배우 토비아스 모레티(1959-)가, 호퍼의 동지 요아힘 하스핑어 역은 '베르톨트 브레히트 상'(1995)을 수상한 작가, 감독 겸 배우인 오스트리아의 프란츠 크사버 크뢰츠(1946-)가, 호퍼의 아내 마리안들 역은 <타인의 삶>을 통해 한국에도 알려진 독일 여배우 마르티나 게데크(1961-)가 각각 맡았다. 그 밖에 2009년 안드레아스 호퍼의 저항운동을 다룬 - 베른하르트 그라프(1962-) 작 - 다큐멘터리가 오스트리아 국영방송(ORF)에 의해 방영되었고, 안드레아스 호퍼와 동향 출신의 이탈리아 청년감독 필립 요제프 파머(1985-)에 의해 제작된 <티롤 민중봉기 시기의 드라마>라는 부제가 붙은 극영화 <산의 피>는 2010년 뮌헨 영화제에서 관객상을 수상했다.

티롤 해방전쟁의 역사를 상기시키는 기념비적인 건축물(박물관)과 동상(안드레아스 호퍼)이 19세기 말 베르크이젤산 전투현장에 건립되었다. 18세기 초부터 지역방어군 역할을 한 티롤 엽사부대의 발전사를 보여주는 자료가 소장된 국립엽사박물관은 1880년 건립되어 오늘에 이르고 있다. 엽사부대가 오스트리아 제국 정규군으로 창설 된 해는 1816년 1월이었다. 5,000명 규모의 1개 연대로 출발한 황제직할엽사연대(카이저예거레기멘트)는 1895년까지 모두 4개 연대로 확대 편성되어, 특히 1차 대전 시 북이탈리아의 산악전에서 명성을 떨쳤다. 국립엽사박물관은 안드레아스 호퍼 전시관을 운영하고 있다. 그곳에는 안드레아스 호퍼가 사용한 지도를 비롯해 티롤 해방군의 깃발, 군복, 무기와 1809년의 전투장면을 묘사한 전쟁화가 전시되고 있다. 나폴레옹에 의해 처형된 후, 북이탈리아의 만토바에 가매장된 안드레아스 호퍼의 유해를 1823년 인스브루크로 봉환한 사람도 엽사연대 소속 장교였다. 인스부르크 시를 내려다보는 746미터 높이의 베르크이젤산 전투현장에 호퍼의 동상이 세워진 것은 1893년이었다. <빈 군사(軍史)박물관>이 소장한 카라라 대리석으로 제작된 안드레아스 호퍼의 실물크기의 대리석상은 당대의 조각가 요한 프레로이트너(1807-1897)에 의해 1873년 완성되었고, 석상제막식은 요제프 프란츠 1세 황제가 직접 주관하여 거행되었다.

만토바에 매장된 안드레아스 호퍼의 유해는 롬바르디아 주둔 오스트리아 엽사연대 소속 게오르크 하우거(1792-1859) 소위에 의해 인스부르크로 봉환되었다. 안드레아스 호퍼의 유해는 원래 막시밀리안 1세 신성로마제국 황제를 위해 성묘교회로 건립된 인스부르크의 호프키르헤(궁정교회)에 안장되었다. 하우거는 소속부대가 철수명령을 받고 티롤로 이동하던 중, 만토바에서 부대를 이탈하여 호퍼의 유해를 수습해 귀국했기 때문에, 귀국 후 부대이탈죄가 적용되어 체포되었다가 석방되었다. 1859년 빈에서 사망한 게오르크 하우거의 유해도 1935년 빈에서 인스부르크로 옮겨져, 안드레아스 호퍼의 묘 옆에 안장되었다. 빈 11구(짐머링)에는 하우거의 이름 딴 도로(하우거슈트라세)도 있다.

1964년 동계올림픽을 위해 설치되었다가, 2002년 현대식 시설로 교체된 스키점프대를 통해 베르크이젤산은 우리들에게도 알려진 곳이다. 뮌헨에서 인스부르크를 경유하여 이탈리아의 모데나로 연결되는 브렌너 고속도로와 인스부르크와 베로나를 연결하는 브렌너 철도는 베르크이젤산을 관통하는 터널을 통과해야 한다.

2) 오스트리아—프랑스 전쟁 또는 5차 동맹전쟁

바이에른의 압제에 항거하여 일어난 티롤의 민중봉기와 동시에 발생한 오스트리아-프랑스 전쟁은 오스트리아의 선전포고로 시작된 전쟁이었다. 이 전쟁은 오스트리아가 단독으로 나폴레옹과 그의 동맹국(라인 동맹) 군대를 상대로 벌인 전쟁이지만, 대 나폴레옹 동맹전쟁의 연속선상에서 발생한 전쟁이라 하여 5차 동맹전쟁이라고도 칭한다. 3차 동맹전쟁을 패전으로 가져간 아우스터리츠 전투(1805년 12월 2일)와 프레스부르크 평화조약(1805년 12월 26일)에서 오스트리아는 티롤을 비롯해 남서부 독일에 보유한 역외영토(전부오스트리아)를 모두 잃었다. 4차 동맹전쟁(1806-1807)을 건너뛰면서 프랑스와의 일전을 준비한 프란츠 1세 오스트리아 황제는 실지 회복전쟁에 대한 내부적 지지와 필요한 전력을 확보한 것으로 판단한 후, 티롤 민중봉기와 때를 같이하여 프랑스에 전쟁을 선포한 것이었다.

요한 대공(빈)과 안드레아스 호퍼(티롤) 사이를 연결하는 고리 역할을 한 역사학자 요제프 폰 호르마이어 외에도 티롤 민중봉기를 배후에서 지지한 세력이 존재했다. 프리드리히 겐츠(1764-1832)와 필립 폰 슈타디온(1763-1824) 등이 그들이었다. 그들은 철저한 반 나폴레옹주의자들로서 민중봉기를 공개적으로 지지한 대표적 주전파 정치인들이었다. 후일의 메테르니히 수상의 연설문 작성을 전담한 한 프로이센 출신의 정치평론가 프리드리히 겐츠는 1795년 일방적으로 프랑스와 평화조약을 체결하여 1차 동맹전쟁에서 하차한 후, 2차 및 3차 동맹전쟁에서 오스트리아를 지원하지 않고 중립을 고수한 프리드리히 빌헬름 2세 국왕에게 실망해 베를린을 떠나 1802년 빈으로 이주한 프로이센 출신 정치인이었다. 그리고 요한 필립 폰 슈타디온은 5차 동맹전쟁에서 오스트리아가 패한 후, 프랑스의 압력에 의해 메테르니히로 교체되기 전까지 오스트리아의 외무장관을 지낸 정치인이었다. 오스트리아 정부는 그들의 목소리에 주목했다. 1805년 패전 후, 카를 대공이 주도한 포괄적 군사개혁을 통해 나폴레옹에 설욕할 군사적 전제조건들이 충족된 것으로 오스트리아의 군사력을 과대평가하는 분위기가 조성되고 있었기 때문이었다. 당시 파리 주재 오스트리아 대사 메테르니히도 오스트리아 정부의 대 프랑스 선전포고에 결정적인 역할을 했다. 나폴레옹은 이베리아 반도에서 벌어지고 있는 스페인 독립전쟁(1807-1814)에 출정중이고, 프랑스 국민은 혁명 이후 지속된 정정불안과 전쟁에 지쳐 있다는 메테르니히 대사의 비밀보고는 오스트리아 정부 내 매파의 입지를 굳힌 결정적인 논거로 작용했다. 5차 동맹전쟁 발발 직후 귀국한 메테르니히 대사는 6개월 후 - 오스트리아가 전쟁에 패한 후 - 슈타디온의 후임으로 오스트리아 제국의 외무장관에 기용되었다.

1809년 4월 9일 티롤 봉기와 때를 같이하여 프란츠 1세 황제가 선전포고한 오스트리아-프랑스 전쟁(5차 동맹전쟁)은 오스트리아군의 선제공격으로 남독일(바이에른)과 북이탈리아(이탈리아 왕국), 그리고 폴란드(바르샤바 공국)에서 동시다발적으로 진행되었다. 프랑스와 그 동맹국들(라인 동맹)에게 전쟁을 선포한 다음 날(4월 10일) 새벽 카를 대공(프란츠 1세 황제의 둘째 동생) 휘하의 오스트리아 주력군(117,300명)과 하인리히 폰 벨레가르데(1756-1845) 원수가 지휘한 뵈멘 군대(49,400명)는 니더바이에른과 오버팔츠로 동시에 진격하였고, 프란츠 1세 황제의 8번째 동생인 요한 대공은 이탈리아 왕국(수도: 밀라노)의 부왕이며 나폴레옹 1세 황제의 의붓아들인 외젠 드 보아르네를 공격했으며, 프란츠 1세의 종제인 페르디난트 대공(1781-1850, 마리아 테레지아의 손자)은 프랑스의 위성국 바르샤바 공국의 수도 바르샤바로 각각 진격했다. 프랑스의 주력군이 이베리아 반도에서 전투를 벌이고 있는 동안, 바이에른 왕국과 이탈리아 왕국의 군대를 제압하고, 바르샤바 공국을 점령하여, 전쟁을 속전속결로 끝내겠다는 것이 오스트리아의 목표였다. 영국과의 통상단절(나폴레옹의 대륙봉쇄정책)을 강요하기 위해 감행된 나폴레옹의 포르투갈 원정(1807)으로 터진 이베리아 반도 전쟁은 조제프 보나파르트(1768-1844)의 스페인 국왕 즉위를 반대하는 민중반란과 게릴라 전쟁으로 불붙기 시작하여 해방전쟁이 끝날 때까지 지속된, 스페인에게는 독립전쟁이었다. 나폴레옹 1세의 한 살 위의 형인 조제프 보나파르트는 나폴리 국왕(1806-1808)을 거쳐 1808년 6월 6일부터 1813년 12월 11일까지 스페인의 국왕직을 유지했다. 1813년 6월 21일 <비토리아 전투>에서 프랑스군이 영국-포르투갈-스페인 동맹군에 패했을 때, 이미 나폴레옹은 스페인의 왕위를 페르난도 7세(1784-1833, 재위: 1808/1814-1833)에게 반환할 준비를 했다.

오스트리아의 선전포고를 예측하지 못해 초기 대응이 늦어진 프랑스군이 오스트리아의 대공 형제(카를과 요한)의 기습작전에 고전을 면치 못하자, 스페인에서 급거 귀국한 나폴레옹은 라인 동맹 회원국 군대의 동원을 루이-알렉상드르 베르티에(1753-1815) 원수에게 명령했다. 1809년 4월 17일 나폴레옹은 도나우뵈르트(슈바벤)에서 베르티에 원수로부터 프랑스군 최고지휘권을 직접 인수했다. 오스트리아군은 그 때 이미 전선을 넓게 형성하여 이자르 강까지 도달해 있었다. 나폴레옹이 가세하기 전의 바이에른군은 오스트리아군의 적수가 아니었다. 란츠후트에서 벌어진 첫 전투(1809년 4월 16일)에서 오스트리아군은 베른하르트 에라스무스 폰 데로이 장군이 지휘한 바이에른군을 간단히 제압했다.

그러나 나폴레옹이 개입한 후의 상황은 달라졌다. 그는 서로 멀리 벌어져 있는 루이-니콜라 다부(1770-1823)와 앙드레 마세나(1758-1817) 휘하의 프랑스군 우익군과 좌익군을 바이에른군을 주축으로 하는 라인 동맹군(중앙군)과 합류시키는데 성공했다. 나폴레옹은 도나우 강 남쪽에 위치한 다부의 군단에 집중된 카를 대공의 공격을 니더바이에른의 하우젠에서 격퇴한 후, 4월 19일부터 20일까지 이틀 동안 오스트리아군이 장악한 파펜호펜, 아벤스베르크, 키르히도르프, 지겐부르크 및 페펜하우젠을 차례로 평정한 다음, 란츠후트에 대한 공격을 성공적으로 유도하여, 4월 21일 란츠후트를 닷새 만에 오스트리아군의 점령에서 해방시켰다. 그 후 나폴레옹은 북쪽으로 방향을 틀어 4월 22일 <에크뮐 전투>에서 승리하면서, 레겐스부르크가 프랑스군의 수중에 들어갔다. 이로써 카를 대공의 바이에른 원정은 실패로 끝났다. 4월 19일부터 4월 23일까지 5일 동안 계속된 전투 중 가장 치열했던 전투는 아벤스베르크 전투(1809년 4월 20일)와 에크뮐 전투(1809년 4월 22일) 전투였다. 오버팔츠의 에크뮐 전투에서 나폴레옹군은 3,100명을, 오스트리아군은 10,700명의 인명 손실을 입었다. 에크뮐 전투 다음 날 나폴레옹은 레겐스부르크로 물러난 카를 대공을 도나우 강 남쪽(오스트리아)으로 격퇴하고, 레겐스부르크를 점령했다.

　5차 동맹전쟁 발발 후 2주일 동안 오스트리아군이 입은 인명 피해 총수(44,700명)는 프랑스군과 라인 동맹군의 피해 규모를 합친 것(16,300명)보다도 두 배가 더 많았다. 프랑스를 위해 참전한 라인 동맹 군대는 3개 바이에른 사단 및 1개 뷔르템베르크 군단으로 구성되었다. 바이에른군 지휘자는 티롤 민중봉기를 진압한 프랑수아 조제프 르페브르 프랑스군 원수였고, 뷔르템베르크군은 도미니크 조제프 방담 프랑스 장군의 지휘를 받았다. 프랑스에 선전포고한 후 일주일 만인 1809년 4월 16일 <란츠후트 전투>에서 프랑스군에게 한 차례 승리한 후, 4월 23일 레겐스부르크를 나폴레옹에게 빼앗길 때까지, 니더바이에른과 슈바벤, 그리고 오버팔츠에서 발생한 오스트리아군과 프랑스·바이에른·뷔르템베르크 동맹군 간의 일련의 전투를 가리켜 독일사는 오스트리아군의 <레겐스부르크 원정>이라 부른다.

　바이에른을 점령함으로써 5차 동맹전쟁을 승리로 가져가려 한 카를 대공의 <레겐스부르크 원정>은 바이에른과 뷔르템베르크의 지원을 이끌어 낸 나폴레옹에게 완패함으로써 허무하게 끝나버렸다. 바이에른 원정에 동원된 오스트리아 주력군과 카를 대공은 나폴레옹에게 패함으로써 바이에른을 점령하기는커녕 이제 오스트리아의 수도를 프랑스군에 내어줄 판이었다. 카를 대공은 빈을 방어하기 위해 화급히 철수해야 했다. 그는 나폴레옹의 추격을 피하기 위해 뵈멘을 경유하여 빈으로 가는 우회로를 택했고, 나폴레옹은 도나우 강을 건너 노이마르크트(오버팔츠)와 에벨스베르크(린츠)를 경유하는 지름길을 택해 빈으로 직행했다. 오스트리아군의 레겐스부르크 원정, 즉 바이에른 원정의 실패는 나폴레옹에게 빈으로 들어가는 대문을 열어준 것이나 마찬가지였다. 나폴레옹은 빈에 당도할 때까지 단 한 차례도 오스트리아군과 전투를 치르지 않았다.

1809년 5월 13일 빈은 - 1805년 11월 13일에 이어 - 다시 한 번 나폴레옹의 군대에 의해 점령당했다. 1805년 10월 19일 <울름 전투>에서 오스트리아군이 프랑스군에 항복한 후, 24일 만에 빈이 프랑스군에 의해 점령당되었지만, 이번에는 바이에른을 출발한 지 21일 만에 나폴레옹은 두 번째로 빈에 진주했다. 합스부르크 황실은 하절기 궁전으로 사용한 쇤브룬 궁을 나폴레옹 1세 황제에게 빼앗기고, 프란츠 1세 황제는 빈 교외의 볼커스도르프로 피난해야 했다. 쇤브룬 궁은 또 다시 나폴레옹의 점령지 왕궁 겸 군사령부로 이용되었다.

카를 대공이 빈을 점령한 나폴레옹의 군대와 전투를 벌인 날짜와 장소는 1809년 5월 21일과 22일 빈 동쪽 도나우 강변이었다. 현재 빈 시 22구에 속하는 아스페른과 에슬링에서 벌어진 전투에서 그때까지 무패를 자랑하던 나폴레옹 1세의 군대는 카를 대공이 진두지휘한 오스트리아군에게 크게 패했다. <아스페른 전투>는 나폴레옹이 직접 지휘했지만, 프랑스군은 오스트리아군이 입은 인명손실(23,340명)의 두 배에 육박하는 44,373명의 병력을 잃었다. 그리고 나폴레옹은 최측근 지휘관 장 란 장군을 아스페른 전투에서 잃었다. 그러나 오스트리아군의 승전은 단발에 그치고 말았다. <아스페른 전투>는 오스트리아군이 나폴레옹의 군대에 처음이자 마지막으로 대승을 거둔 전투였지만, 카를 대공은 아스페른 전투의 승리를 전략적, 군사적으로 이용하는 데는 실패했다. 그는 빈에서 멀지 않은 곳에 설영한 후, 빈 탈환의 기회를 기다렸다.

아스페른 전투에서 치욕의 일격을 당한 나폴레옹은 카를 대공을 최종적으로 제압하기 위해 동원 가능한 모든 전력을 니더외스트라이히의 바그람(빈 동쪽의 도이치 바그람)에 집결시켰다. 만토바에서 출동한 외젠 드 보아르네와 오귀스트 프레데릭 루이 비스 드 마르몽(1774-1852)이 지휘한 북이탈리아 주둔 프랑스 군단과 합류한 후, 총 150,000명의 병력을 장악하게 된 나폴레옹은 카를 필립 폰 브레데(1767-1838) 원수 휘하의 바이에른군의 지원을 받아 카를 대공이 지휘한 135,000명의 오스트리아군을 니더외스터라이히의 바그람에서 제압했다. <바그람 전투>(1809년 7월 5-6일)에서 오스트리아군은 37,000명을 잃었고, 프랑스군은 27,800명을 잃었다. 오스트리아와의 전쟁에서 나폴레옹이 직접 지휘하여 승리한 전투에서 이렇게 큰 희생을 치른 전투는 바그람 전투가 유일했다. 7월 10일 카를 대공의 후위부대마저 츠나임(오스트리아 국경에서 멀지 않은 체코의 즈노이모)에서 마르몽 장군의 프랑스군에 제압당한 후, 카를 대공은 프랑스가 제의한 휴전조약 체결에 응하지 않을 수 없었다. <츠나임 휴전협정>(1809년 7월 12일)은 원래 1개월 시한부의 조약이었다. 뵈멘의 츠나임에서 이탈리아의 피우메(현재 크로아티아의 리예카)를 잇는 군사분계선을 확정하고, 브륀(체코의 브르노) 요새와 그라츠 요새를 즉각 프랑스에 양도하며, 오스트리아 군대의 티롤 철수 등을 확인한 것이 츠나임 휴전협정의 주요 내용이었다.

5차 동맹전쟁에서 북이탈리아 원정을 담당했던 요한 대공은 이미 첫 전투에서 - 베네치아 북방 60km 지점에서 치른 <자칠레 전투> - 외젠 드 보아르네에게 참패한 후, 전의를 상실했다. 헝가리로 후퇴한 요한 대공은 라프(헝가리의 죄르)에서 추격해 온 프랑스군에 다시 한 번 제압당한 후, 남은 병력을 이끌고 형님(카를 대공)을 지원하기 위해 본국(오스트리아)으로 향했지만, 도이치-바그람에 도착한 것은 오스트리아군이 대패하고, 프랑스군과 오스트리아군이 모두 전투현장을 떠난 1809년 7월 6일이었다.

츠나임 휴전협정을 평화조약(쇤브룬 평화조약)으로 진전시키기 위해 시작된 오스트리아와 프랑스 간의 비공개 협상은 협상에 임한 양국 대표 간의 이해 충돌로 3개월이 지난 후에야 정식 조약으로 조인되었다. 그것도 프리드리히 슈타프스(1792-1809)라는 청년의 나폴레옹 암살 기도사건이 발생하지 않았다면, 평화조약 체결은 더욱 지연되었을 것이다. 빈의 프랑스 점령군 사령부가 꾸려진 쇤브룬 궁에서 1809년 10월 14일(나폴레옹 암살 기도 당

_{일)} 조인된, 전문 18조로 구성된 <쇤브룬 평화조약>에서 프란츠 1세 황제는 2,000평방마일과 3,500,000 명을 상회하는 오스트리아 제국 영토와 주민을 프랑스 측에 넘겨주어야 했다. 나폴레옹은 오스트리아가 내놓은 땅을 프랑스의 위성국과 라인 동맹 회원국들에게 분할 양도했다. 결과적으로 오스트리아는 잘츠부르크와 베르히테스가덴과 인피어텔(인 강 유역의 알프스 인접지역과 하우스루크의 삼림지역)을 바이에른 왕국에게 넘겨주어야 했다. 인피어텔은 1779년 테셴 평화조약(바이에른 계승전쟁을 끝낸 평화조약)에서 마리아 테레지아가 바이에른으로부터 양도받은 지역이었다. 괴르츠(이탈리아 고리치아), 몬팔코네와 트리에스테, 크라인(현재 슬로베니아) 및 필라흐, 그리고 자베(사바) 강 우안 지역과 레첸스(현재 스위스의 그라우뷘덴 주에 속함)는 이탈리아 왕국(프랑스의 위성국)에 편입되었다. 작센 왕국의 프리드리히 아우구스트 1세에게는 뵈멘 소재 오스트리아 역외영토를, 신생 바르샤바 공국(프랑스의 위성국)에게는 1772년 폴란드 1차 분할 이후 오스트리아 영토에 편입된 서갈리치아와 크라카우(크라쿠프)와 자모시치 등을 할양해야 했다. 러시아 황제에게도 오스트리아는 동갈리치아의 일부지역(주민 400,000명)을 양도했는데, 5차 동맹전쟁과 무관한 알렉산드르 1세에게까지 나폴레옹이 갈리치아 땅을 할애한 이유는 영국을 겨냥한 대륙 봉쇄정책에 러시아가 참여한 데 대한 나폴레옹의 보답이었을 것으로 추정된다. 그 밖에도 오스트리아 황제는 라인 동맹 소속 국가 역내에 소재한 독일기사단의 해산을 승인해야 했다. 오스트리아의 영토할양에 대한 반대급부로 나폴레옹은 티롤 봉기에 연루되어 유죄판결을 받은 티롤과 포르아를베르크 주민들에게 일반사면을 약속하고, 1809년도 기준의 - 다시 말해 쇤브룬 평화조약에 의해 확정된 - 오스트리아 영토의 불가침성을 보장했다. 그 대가로 오스트리아는 프랑스의 대륙봉쇄정책 수용을 약속해야 했다. 1개 비밀 조항은 오스트리아에게 85,000,000 프랑의 전쟁배상금을 부과하고, 오스트리아군의 병력 총수를 150,000명으로 제한했다. 쇤브룬 평화조약으로 인해 오스트리아 제국은 정치적, 군사적으로 유럽의 1급 열강의 대열에서 제외되게 되었

다. 빈과 오스트리아는 1809년 5월 13일 이후부터 1813년 8월 초순까지 무려 4년이란 긴 세월 동안 프랑스에 의해 점령되었다. 이 굴욕적인 쇤브룬 평화조약이 효력을 잃은 것은 1813년 8월 12일 오스트리아가 나폴레옹에게 전쟁을 선포하고, 해방전쟁에 참전한 후의 일이었다.

3) 5차 동맹전쟁과 오스트리아의 바르샤바 원정

1809년 5차 동맹전쟁의 일환으로 감행된 오스트리아군의 바르샤바 공국 원정은 1809년 4월 15일부터 1809년 7월 12일 <츠나임 휴전협정>이 체결될 때까지 약 3개월 동안 진행되었다. 바르샤바 공국은 <틸지트 평화조약>(1807)에서 프로이센이 프랑스에 양도한 폴란드(남프로이센과 신동프로이센와 서프로이센의 일부) 땅에 나폴레옹이 설립한 프랑스의 위성국이었다. 바르샤바 공국의 출현으로 폴란드는 3국(프로이센, 러시아, 오스트리아) 분할에서 프랑스가 추가된 4국 분할 점령시대를 맞게 되었다. 그러나 나폴레옹은 폴란드 땅을 점령한 침략자가 아니라, 3국 점령 치하의 폴란드를 해방시켜 줄 구세주로 환영받았다. 1809년 4월 오스트리아의 침공을 받은 바르샤바 공국에서는 프랑스의 힘을 빌려 폴란드 땅(갈리치아)에서 오스트리아의 점령통치를 종식시킬 수 있는 기회가 왔다는 여론이 형성되었다. 바르샤바 침공군 사령관 페르디난트(프란츠 1세의 사촌동생) 대공은 1809년 4월 15일 바르샤바 공국을 침공하면서 한편으로는 반 나폴레옹 민중봉기를 촉구하는 내용의 호소문을 현지 언론을 통해, 그리고 방문(榜文)의 형식을 빌려 민간에 확산시키고, 다른 한 편으로는 프리드리히 아우구스트 1세(작센 국왕) 바르샤바 공작의 항복을 유도했다. 페르디난트 대공의 선무작전은 폴란드 국민의 여론을 읽지 못한 무지의 소치였고, 폴란드인의 독립 의지와 민족감정을 오판한 자기모순이었기 때문에, 그의 전략은 처음부터 통하지 않았다.

빼앗긴 국권을 회복하려는 폴란드인들의 셈법은 복잡했지만, 전 프로이센령 폴란드 땅에 바르샤바 공국이 설립된 후, 그들은 전적으로 나폴레옹에 의존해서 폴란드의 독립을 쟁취하려고 시도했다. 십만 명의 폴란드인들이 나폴레옹의 러시아 원정에서, 그리고 이어진 해방전쟁에서 나폴레옹과 폴란드의 독립을 위해 목숨을 바쳤다. 나폴레옹이 러시아 원정에 실패하고, 폴란드 땅에서 완전히 철수한 후에야 비로소 폴란드인들은 그들이 나폴레옹에 걸었던 기대가 애초부터 실현 불가능한 꿈이었다는 사실을 깨달을 수 있었다. 남프로이센(수도: 포젠/포즈나인)과 신동프로이센(수도: 바르샤바) 등, 프로이센 령 폴란드 땅으로 구성된 바르샤바 공국은 1815년 <빈 회의>에서 그 주인이 프랑스에서 러시아로 바뀌었다. 결과적으로 보면 나폴레옹의 폴란드 개입으로 영토상의 이득을 본 국가는 러시아뿐이었다. 폴란드의 입장에서는 나폴레옹의 개입으로 폴란드의 상황이 개악된 셈이 되었다. 페르디난트 대공의 대 폴란드 국민 선무작전이 실패한 이유 중의 하나는 틸지트 평화조약(1807)에서 프랑스와 군사동맹을 체결한 러시아가 나서서 - 나폴레옹을 대신하여 - 오스트리아의 침략을 막아 줄 것이라고 잘못 생각한 폴란드인들이 많았기 때문이었다. 페르디난트 대공의 바르샤바 원정은 오스트리아-프랑스 전쟁(5차 동맹전쟁)의 일환이었지만, 러시아는 세 번에 걸친 폴란드 분할의 주역이었다.

페르디난트 대공의 목표는 바르샤바 공국의 점령이었다. 점령에 성공하면, 러시아와 프로이센의 역학관계에 따라 두 나라 중 어느 한 나라를 동맹으로 끌어들이기 위해 바르샤바 공국을 정치적 담보로 이용할 생각이었다. 바르샤바 공국의 수도 바르샤바를 점령한 페르디난트 대공은 프리드리히 빌헬름 3세 프로이센 국왕에게 보낸 1809년 4월 22일자 서한에서 프로이센과 오스트리아가 동맹을 체결할 경우, 그 대가로 바르샤바 공국을 프로이센에 반환할 것임을 제의하면서, 프로이센에게 구애작전을 시도했다. 그러나 프로이센 국왕은 오스트리아 황제의 제의에 응할 수 있는 입장에 있지 않았다. 틸지트 평화조약(1807) 이후 프로이센 왕국은 -

서프로이센의 일부와 동프로이센만 제외하고 - 프랑스에 의해 점령되었고, 프리드리히 빌헬름 3세는 동프로이센의 최동단 도시 메멜(리투아니아의 클라이페다)에 파천해 있었다. 5차 동맹전쟁에서 오스트리아는 외로운 전쟁을 벌여야 했다. 프랑스와 프랑스의 동맹국들, 즉 라인 동맹 국가와 프랑스 연합군은 오스트리아 단독으로서는 이길 수 있는 상대가 아니었다. 카를 대공의 바이에른 원정/레겐스부르크 원정도, 요한 대공의 북이탈리아 원정도 결국에 가서는 실패로 끝났고, 수도 빈은 나폴레옹이 점령하고 있었다. 영국, 스페인, 포르투갈 및 시칠리아 왕국이 오스트리아의 동맹국이었지만, 오스트리아는 그들로부터 군사적 지원을 기대할 수는 없었다.

5차 동맹 발발 전, 나폴레옹은 오스트리아의 전쟁의지를 과소평가했었다. 프랑스의 주력군은 이베리아 반도에 주둔하고 있거나, 그곳으로 향하고 있었다. 나폴레옹이 5차 동맹전쟁의 주전장인 남독일(바이에른)에 나타난 것은 오스트리아군이 바이에른 왕국의 여러 지역(니더바이에른과 오버팔츠)을 점령했을 때였다. 나폴레옹은 남독에서는 동맹국(라인 동맹)의 지원을 받을 수 있었지만, 바르샤바 공국의 경우는 그 반대였다. 동맹국 러시아의 개입을 기대할 수 없었던 것은, 당시 러시아의 주력군은 서로 멀리 떨어진 두 개의 전장, 즉 핀란드와 도나우 강 하구에서 스웨덴(러시아-스웨덴 전쟁, 1808-1809) 및 오스만 제국(러시아의 8차 터키전쟁, 1806-1812)과 이중의 전쟁을 벌이고 있었기 때문이다. 러시아가 개입한 것은 페르디난트 대공의 바르샤바 원정이 이미 실패로 끝났을 무렵이었다. 그것도 프랑스를 돕기 위해서가 아니라, 바르샤바 공국 군대가 점령한 폴란드 내 오스트리아 영토를 분할점령하기 위해서였다.

5차 동맹전쟁에서 오스트리아는 9개 군단을 편성했다. 1-6군단은 오스트리아의 주력군으로서 카를 대공 지휘 하에 바이에른/레겐스부르크 원정에 투입되었고, 요한 대공이 지휘한 8군단과 9군단은 나폴레옹이 국왕인 이탈리아 왕국 원정에, 그리고 7군단은 페르디난트 대공의 바르샤바 공국 원정에 각각 투입되었다. 페르디난트 대공이 장악한 바르샤바 원정군의 병력 총수는 - 기병 5천 명과 야포 70문이 포함된 - 약 36,000명이었다. 참모진에 포함된 장군들은 아담 알베르트 폰 나이페르크(1775-1829), 요한 프리드리히 폰 모르(1765-1847), 카를 아우구스트 폰 샤우로트(1755-1810), 루이 페르디난트 폰 몬데트(1748-1819) 및 레오폴트 폰 트라우텐베르크(1861-1814) 등이었고, 원정군의 삼분의 일은 현지(오스트리아령 폴란드)에서 편성된 폴란드나 우크라이나 출신 병력이었다.

바르샤바 공국은 오스트리아군의 침공에 대한 준비가 없었다. 폴란드인들은 오스트리아와 프랑스 간의 전쟁을 기다렸지만, 나폴레옹은 오스트리아의 바르샤바 침공 가능성은 전혀 염두에 두지 않았다. 나폴레옹의 지시와 판단에 종속된 프리드리히 아우구스트 1세(작센 국왕 겸 바르샤바 공작)에게 바르샤바 방어문제는 현안이 아니었다. 바르샤바 공국 국방상 겸 군사령관 요제프 안토니 포니아토프스키(1763-1813, 폴란드의 마지막 국왕 스타니수아프 2세의 조카) 역시 전시에 대비한 조치는 하지 않았다. 오스트리아의 군사력에 대한 나폴레옹의 과소평가는 바르샤바 공국의 병력 중 전투유경험자 18,000여 명을 모두 스페인 민중반란 진압에 투입한 조치에서 이미 증명되었다. 바르샤바 공국에 남아 있는 병력의 수는 제한적이었고, 그것도 여러 지역에 분산 배치되어 있었다. 수도 바르샤바와 단치히(그다인스크) 요새 방위군 약 1만 명과 30문 이하의 야포, 포젠(포즈나인)에서 편성 중인 얀 헨리크 돔브로프스키(1755-1818) 장군 휘하의 소수 병력, 모들린(노비드부르마조비에츠키) 요새와 토른(토루인) 요새에 배치된 수비대 병력 등이 바르샤바 공국이 보유한 총병력이었다. 1809년 4월 초 오스트리아의 공격 의도가 분명해졌을 때, 포니아토프스키는 단치히 수비대는 제외하고 모든 병력을 바르샤바에 집결시켰다. 포니아토프스키 휘하의 장군들은 유능한 지휘관들이었고, 용맹심이 넘치는 군인들이었다.

페르디난트 대공은 1809년 4월 15일 노베미아스토(필리차 강과 비수아 강의 합류지점)에서 바르샤바 공국의 수도 바르샤바로 진격했다. 포니아토프스키는 뒤늦게 총동원령을 내렸다. 포니아토프스키의 주민총동원령은, 폴란드의 점령국으로서의 오스트리아의 입장에 대해서는 일언반구도 포함되지 않은, 페르디난트 대공의 반 나폴레옹 민중봉기 호소문과는 정반대의 반향을 야기했다. 포니아토프스키는 12,500명의 병력을 동원하여 바르샤바 남쪽 8km 지점의 라신에 방어선을 구축했다. <라신 전투>(1809년 4월 19일)는 오스트리아군의 주력군과 바르샤바 공국의 주력군이 서로 맞닥뜨린 처음이자, 마지막 대규모 회전이었다.

    1,000명 이상의 사상자를 낸 포니아토프스키는 라신을 포기하고, 자정을 넘긴 4월 20일 밤 바르샤바 시내로 후퇴했다. 페르디난트 대공은 포니아토프스키에게 바르샤바의 양도를 요구했다. 페르디난트 대공과의 협상에서 포니아토프스키는 바르샤바를 오스트리아군에 내어주고, 바익셀(이하 비수아) 강 동쪽으로 철군하겠다고 약속했다. 반대급부로 페르디난트 대공은 포니아토프스키에게 이틀간의 철수기간을 허용했다. 포니아토프스키는 무기, 탄약, 전쟁비축물자, 현금, 기록물 등과 정부 요원들을 일단 오스트리아 주력군이 주둔할 비수아 강 좌안(서안) 지역을 피해 비수아 강 우안의 프라가(바르샤바 시의 프라가 구는 현재 북프라가구와와 남프라가구로 나뉘어 있음) 지역으로 철수시킨 후, 모들린 요새(비수아 강과 부크 강의 합류지점)로 철군했다. 포니아토프스키가 바르샤바를 포기했을 때, 페르디난트 대공에게 매수당한 것으로 오해한 바르샤바 시민들은 포니아토프스키를 비난하고 저주했다. 페르디난트 대공은 프로이센 국왕에게 보낸 예의 4월 22일자 서한에서 프로이센이 오스트리아를 지원할 경우 바르샤바와 바르샤바 공국을 그 대가로 양도하겠다는 제의를 한 후, 4월 23일 적대적 침묵 속에 사로잡힌 바르샤바 시내에 진주했다. 요한 프리드리히 폰 모르 소장이 지휘한 오스트리아군 1개 연대는 프라가 수비대의 항복을 요구했다. 프라가 수비대의 지원요청을 받은 포니아토프스키는 바르샤바 시민들이 지켜보는 가운데 4월 25일 모르의 연대를 비수아 강 좌안으로 몰아냈다. 이제 비수아 강 우안에는 오스트리아군이 없었다. 포니아토프스키는 이

점을 이용했다. 오스트리아 주력군이 비수아 강 좌안의 바르샤바에 주둔한 동안, 포니아토프스키는 페르디난트 대공의 의표를 찔러, 바르샤바 탈환작전 대신에 오스트리아령 서갈리치아 침공작전을 선택했다. 페르디난트 대공은 카를 아우구스트 폰 샤우로트 중장에 의해 구축된 비수아 강의 교두보(바르샤바 동남쪽)를 거점으로 하여 포니아토프스키를 추격하려 했지만, 5월 3일 바르샤바군의 기습공격을 받아 큰 피해를 입고, 바르샤바 시내로 다시 물러나야 했다. 페르디난트 대공은 바르샤바를 점령했지만, 점령지역 내에 발이 묶여 있어야 했다. 이로써 서갈리치아는 포니아토프스키의 공격에 무방비 상태가 되었다.

이즈음 아벤스베르크 전투, 에크뮐 전투, 레겐스부르크 전투 등, 남독일(바이에른) 일원에서 오스트리아군(카를 대공)에 거둔 프랑스군(나폴레옹)의 승전보가 폴란드 땅까지 전해졌고, 이에 고무된 포니아토프스키는 갈리치아를 오스트리아의 속박으로부터 해방시키기 위해 주민총궐기를 유도하여, 그들을 무장시켰다. 포니아토프스키는 5월 14일 서갈리치아의 수도 루블린에 도달한 후, 공격방향을 동갈리치아로 바꾸어, 5월 20일 오스트리아군의 요새 자모시치, 5월 24일 야로슬라프 요새를 차례로 점령한 후, 5월 28일 동갈리치아의 수도 렘베르크(우크라이나의 리비우)에 진주했다.

바르샤바를 점령한 오스트리아군은 진퇴양난의 처지에 빠지게 되었다. 전선을 확대하여 포니아토프스키를 제압할 만큼 충분한 전력을 보유하지 못한데다, 철수 시를 고려하여 퇴각로의 거점 지역에 잔류시킨 초소들은 바르샤바군의 공격을 받아, 크고 작은 피해가 속출했다. 오스트리아군의 일부는 갈리치아 전선에, 또 다른 일부는 무장민간인들로 구성된 바르샤바 공국의 비정규군과의 전투에 투입되었고, 그리고 또 점령중인 바르샤바도 방어해야 했기 때문에, 전력이 크게 분산될 수밖에 없었다. 이미 빈은 나폴레옹에 의해 점령되었기 때문에, 본국으로부터의 지원은 기대할 수 없었다. 점령지 주민들(작센인들과 폴란드인들)로 의용단을 편성하려 한 계획도 진전이 없었다. 점령지의 죄수들을 오스트리아군 산하

의용단에 편입시켰기 때문에, 그들은 주민들의 환영을 받지 못했다. 탈영과 명령 불복종 사례가 증가하면서, 오스트리아군은 계속해서 전투력을 상실했다. 폴란드 출신의 오스트리아 병사들은 전투가 발생해도 싸우기를 거부하는 자들이 많았고, 부대 단위로 적군에 투항하기도 했다. 식량 사정이 악화되고, 보급로가 길어졌기 때문에, 현지 조달을 통한 병참지원 확보 등, 전투외적 악재도 오스트리아군의 전투력을 약화시킨 요인이었다.

반면에 포젠(포즈나인)에 주둔한 돔브로프스키의 군단은 정규군 3,000명과 수천 명의 지원병으로 늘어났다. 돔브로프스키는 푸오츠크에서부터 체스토호바에 이르기까지 페르디난트 대공의 전진초소들을 측면으로 공격하여 점령하기 시작했다. 1809년 5월 30일 브주라 강을 건너 부오니(바르샤바 서쪽 25km)까지 진격한 후, 포니아토프스키는 바르샤바 남쪽의 빌라노프(비수아 강 좌안)에 또 하나의 교두보를 구축하는데 성공했다. 포니아스토프키에 의해 포위당할 것을 우려한 페르디난트는 6월 2일로 가는 밤에 바르샤바를 비우고, 급히 남쪽으로 회군했다. 6월 5일과 7일 두 차례 그는 갈리치아를 탈환하기 위해 산도미에시 요새를 점령하려 했으나 실패했다. 오스트리아군이 바르샤바에서 철수한 후, 프랑스인 총독을 비롯하여 바르샤바 공국의 관리들이 시민들의 환영을 받으며 바르샤바로 귀환했다. 바르샤바 거주 독일계 주민에 대한 폴란드 시민들의 분노가 폭발했고, 국가가 개입된 인권침해 사례가 속출했다.

러시아가 개입한 시점은 - 포니아토프스키가 오스트리아군을 격퇴하면서 - 폴란드의 국권회복 주장이 여론을 형성하기 시작했을 때였다. 알렉산드르 1세 러시아 황제는 1809년 4월 초 프랑스의 동맹국으로서 - 프랑스에 대한 군사지원은 유보한 채 - 유럽의 평화를 교란하는 행위를 묵인하지 않을 것임을 구두로 경고한 바 있었다. 러시아 황제는 - 페르디난트 대공의 바르샤바 원정이 사실상 실패로 끝난 시점을 택해 - 백러시아(벨라루스)의 비아우이스토크(현재 폴란드 북동부 포들라스키에 주의 수도)와 브레스트에 디미트리 블라디미로비치 골리친(1771-1844) 장군 휘하의 러시아군 48,000명을 집결시켰다. 6월 초 그들은 부크 강을 건너 서갈리치아로 진입했지만, 바르샤바 공국 군대와 합류하지는 않았다. 오히려 러시아군은 오스트리아군과의 적대적 접촉을 회피했다. 1809년 6월 중순 페르디난트 대공은 치열한 전투 끝에 마침내 산도미에시를 점령하는데 성공했다. 골리친 장군의 행동에 실망한 포니아토프스키는 러시아군과 결별하고, 주력부대를 7월 초 푸우아비(루블린 주의 도시)에 집결시키고, 돔브로프스키와 라돔(바르샤바 남쪽 100km)에서 합류하기 위해 비수아 강 가교를 부설했다.

그 사이에 오스트리아군과 바르샤바 공국군의 전력 규모가 역전되었다. 바르샤바군은 24,000명의 정규군과 약 30,000명의 지원병으로 구성된 비정규군을 보유한 반면, 페르디난트 대공이 장악한 병력은 - 초기병력(36,000명)의 거의 절반이 전력에서 제외된 - 20,000명 선을 넘지 못했다. 산도미에시 요새 파괴를 명령한 후, 지휘권을 루이 페르디난트 폰 몬데트 장군과 모르 장군에게 위임한 페르디난트 대공은 프랑스군과 힘겨운 대결을 벌이고 있는 카를 대공을 지원하기 위해 크라쿠프를 경유하는 후퇴로를 택해 메렌의 츠나임(즈노이모)으로 이동했다. 그러나 페르디난트 대공이 도착하기 전에 이미 오스트리아는 프랑스와 휴전협상에 들어갔다. <바그람 전투>(7월 5-6일)에서 나폴레옹에 참패한 오스트리아군이 니더외스터라이히마저 나폴레옹에게 내어주고 메렌으로 철수한 후 벌어진 츠나임 전투(7월 10일)는 오스트리아군과 프랑스군이 5차 동맹전쟁에서 벌인 마지막 전투였다. 츠나임 휴전협정은 7월 12일 체결되었다. 포니아토프스키는 7월 8일 경 비수아 강을 건넜지만, 페르디난트 대공을 추격하는 데는 실패했다. 포니아토프스키의 전력을 분산시키기 위해 페르디난트 대공은 샤우로트 장군 휘하의 4,000명 규모의 군단을 갈리치아로 전선으로 이동시켰다. 6월 말 샤우로트 장군은 포니아토프스키가 점령한 렘베르크(리비우/동갈리치아의 수도)를 탈환했지만, 렘베르크는 츠나임 휴전협정 체결 3개월 후 조인된 쇤브룬 평화조약에서 동갈리치아의 일부지역과 함께 러시아에 양도되었다.

1809년 7월 11일 발생한 소규모 접전에서 모르와 몬데트 장군 휘하의 오스트리아군이 바르샤바군에 패한 후, 유혈전을 피하기 위해 개최된 협상에서 포니아토프스키는 크라쿠프를 오스트리아군으로부터 양도받기로 합의했다. 7월 15일 아침 크라쿠프에 진입하려고 했을 때, 포니아토프스키는 크라쿠프가 이미 러시아군의 수중에 들어간 사실을 뒤늦게 알게 되었다. 전날 밤 카를 구스타브 폰 지버스(1772-1856) 장군 휘하의 러시아군 기병전위부대가 오스트리아군이 철수하는 동안 이미 크라쿠프를 점령해 버렸기 때문이었다. 동맹국 간 충돌을 피하기 위해 포니아토프스키와 지버스는 차선책으로 크라쿠프를 공동으로 점령하는데 합의했다. 그 때는 이미 프랑스군과 오스트리아군 사이에 체결된 츠나임 휴전협정(1809년 7월 12일)이 발효된 후였다. 크라쿠프는 2개 지구로 분할되어, 15,000명의 바르샤바 공국 군대와 4,000명의 러시아군에 의해 분할 점령되었다. 그 밖에 비수아 강과 두나예츠 강은 츠나임 휴전협정이 평화조약(쉰브룬 평화조약)으로 전환될 때까지 향후 3개월 동안 러시아와 바르샤바 공국 간의 군사분계선(갈리치아 내의 분계선)이 되었다. 베스키디 산맥과 카르파티 산맥의 전방지역은 여전히 오스트리아령으로 남았다.

츠나임 휴전협정이 조인된 후 운가리시알텐부르크(헝가리와 오스트리아 국경의 모숀모조로바르)에서 시작된 오스트리아와 프랑스 간의 평화협상은 1809년 10월 14일 빈에서 조인된 <쉰브룬 평화조약>으로 종결되었다. 나폴레옹의 전권사절과 오스트리아 외무장관 간에 배타적으로 진행된 협상에서 갈리치아의 영유권 문제가 포함되었다. 이 문제는 러시아에 유리한 방향으로 해결되었다. 러시아는 프랑스와 오스트리아 간에 진행된 평화협상의 테이블에는 앉지 않았지만, 협상 양측(프랑스와 오스트리아)이 모두 배려한, 눈에 보이지 않은 협상참가국이었다. 러시아는 쉰브룬 평화조약에서 오스트리아로부터 동갈리치아의 타르노폴과 초르트코프를 양도받음으로써 폴란드 땅을 추가로 획득했지만, 1814년 <파리 평화조약>에서 두 지역을 다시 오스트리아에게 반환해야 했다. 크라쿠프와 루블린이 포함된 서갈리치아 전체와 동갈리치아의 자모시치 및 그 주변지역이 바르샤바 공국에 편입되었다. 오스트리아는 자모시치와 서갈리치아를 잃은 것을 제외하면, 1차 폴란드 분할에서 획득한 폴란드 땅의 영유권을 1918년 1차 대전이 끝날 때까지 보유할 수 있었다. 페르디난트 대공의 바르샤바 원정은 1772년 이후 오스트리아가 영유권을 행사한 폴란드 내 영토를 일정 부분 잃어버리는 것으로 끝이 났다. 크라쿠프는 1809년부터 1815년까지 프랑스의 위성국 바르샤바 공국에 귀속되었다가, 1815년부터 1846년까지 오스트리아, 프로이센 및 러시아의 공동통치를 받은 후, 1846년 오스트리아 영토에 다시 편입되었다. 페르디난트 대공의 바르샤바 원정은 마치 나폴레옹의 러시아 원정(1812)의 축소판을 미리 보여주는 듯 했다.

1812년 러시아와의 전쟁(러시아 원정)에서 - 바르샤바 공국의 정치적, 경제적 잠재력이 완전히 파괴될 때까지 - 나폴레옹은 폴란드(바르샤바 공국)를 철저히 이용했다. 나폴레옹의 힘을 빌려 폴란드의 국권회복의 꿈을 실현시키려 했던 바르샤바 공국과 폴란드인들은 나폴레옹의 러시아 원정을 적극적으로 지원했을 뿐 아니라, 1813년 라이프치히 전투에서도 나폴레옹에게 충성을 다했다. 러시아 원정군의 제8 군단장으로 활약한 포니아토프스키는 라이프치히 전투에서 나폴레옹을 위해 싸우다가 전사했다.

라인 동맹을 주도한 바이에른 왕국은 라이프치히 전투(1813년 10월 16-19일) 직전에 이미 오스트리아와 조약(리트 조약, 1813년 10월 8일)을 체결하여 라인 동맹을 이탈한 것과는 달리, 작센 왕국 군대는 바르샤바 공국 군대와 함께 라이프치히 전투에서 끝까지 나폴레옹 편에 서서 동맹국들과 전투를 벌였다. 나폴레옹은 작센의 옛 동맹국인 러시아 및 프로이센과 작센 간의 갈등을 조장하고, 전통적인 작센의 우방국인 오스트리아로부터 작센을 철저히 고립시킴으로써 나폴레옹에 대한 작센의 의존도를 심화시키는 전략을 구사하였기 때문에, 작센은 정치적, 군사적, 경제적으로 나폴레옹에 의해 철저히 종속되고, 이용당했다. 작센 왕국의 국왕이며 바르샤바 공국의 공작이었던 프리드리히 아우구스트 1세는 라이프치히 전투에서 결국 동맹국의 포로가 되었으며, <빈 회의>(1814/1815)에서 작센 왕국의 영토는 그 크기가 대폭으로 축소되었다.

4) 5차 동맹전쟁과 독일의 무장봉기

티롤 민중봉기와 더불어 - 프리드리히 빌헬름 3세 프로이센 국왕의 저지에도 불구하고 - 나폴레옹에 대항한 산발적인 무장봉기가 북독일과 중부독일에서도 발생했다. 그 중 '흑의의 공작'이라 불린 브라운슈바이크-볼펜뷔텔 공작 프리드리히 빌헬름(1771-1815)의 의용단은 오스트리아의 지원을 받았다. 프로이센군 장교 출신의 페르디난트 폰 쉴(1776-1809)이 조직한 의용단은 북독일에서 봉기했고, 빌헬름 폰 되른베르크(1768-1850)는 헤센-카셀(헤센 선제후국)에서, 프리드리히 폰 카테(1770-1836)는 막데부르크에서 각각 프랑스의 위성국인 베스트팔렌 왕국 군대에 대항하여 무장반란을 시도했다.

프로이센-러시아 동맹과 프랑스 간에 벌어진 4차 동맹전쟁(1806-1807)의 초기 전투에 속하는 예나-아우어슈테트 전투(1806년 10월 14일)에서 치명상을 입고, 한 달 후에 사망한 프로이센군 최고지휘관 카를 빌헬름 페르디난트(1735-1806: 프리드리히 빌헬름 3세 프로이센 국왕의 고종당숙. 프리드리히 2세의 여동생 필리피네 샤를로테의 아들) 브라운슈바이크-볼펜뷔텔 공작의 넷째 아들 프리드리히 빌헬름(프리드리히 빌헬름 3세의 고종 6촌)은 부친을 승계하여 브라운슈바이크-볼펜뷔텔 공국을 상속받았지만, 브라운슈바이크-볼펜뷔텔 공국은 나폴레옹에 의해 해체되어, 프랑스의 위성국인 <베스트팔렌 왕국>에 흡수 합병되었다. 예나 및 아우어슈테트 전투에서 프로이센군이 참패한 후 2주일 만에 - 1806년 10월 27일 - 나폴레옹에 의해 수도 베를린을 점령당한 프로이센은 5차 동맹전쟁, 즉 1809년의 프랑스-오스트리아 전쟁 기간 내내 중립을 지켜야 했기 때문에, 프리드리히 빌헬름 공작은 프란츠 1세 오스트리아 황제에게 지원을 요청하여 의용단을 조직했다. 프리드리히 빌헬름은 - 티롤봉기가 일어나기 40여 일 전인 - 1809년 2월 25일 오스트리아 황제의 동생 카를 대공과 빈에서 체결한 협약을 통해 2,000명의 의용단을 편성하기로 하고, 오스트리아의 지원을 약속받았다.

서프로이센의 일부지역과 동프로이센을 제외한, 프로이센 왕국의 영토 거의 전체를 점령한 프랑스 군대는 파리 협정(1808년 9월 8일)에 의해 1808년 12월 5일자로 프로이센 왕국의 핵심영토인 브란덴부르크에서 철군하여, 엘베 강 서쪽(베스트팔렌 왕국)으로 철수했지만, 프로이센 왕국의 3개 요새(글로가우, 슈테틴, 퀴스트린)에는 여전히 프랑스군 수비대가 주둔한 상황에서 프랑스의 영향력으로부터 완전히 자유로울 수 없었던 프리드리히 빌헬름 3세 프로이센 국왕은 프리드리히 빌헬름 공작 소유의 슐레지엔 소재 재산을 동결하여 후자의 의용단 편성을 저지하려고 노력했다. 그러나 프리드리히 빌헬름 공작은 - 그의 외종 6촌이기도 한 프리드리히 빌헬름 3세 프로이센 국왕의 제지에도 불구하고 - 슐레지엔에 소유한 그의 두 공국 욀스(폴란드의 올레스니차)와 베른슈타트(폴란드의 비에루투프)를 저당 잡혀 마련한 경비로 의용단 병력을 무장시켰다. 전투복의 색깔 때문에 '흑의의 군단'이라 불린 프리드리히 빌헬름 공작의 군단은 1809년 6월 카를 대공을 지원하여 작센과 프랑켄(바이에른) 등지에서 프랑스군과 전투를 벌였다.

그러나 오스트리아가 바그람 전투(1809년 7월 5/6일)에서 나폴레옹에 패해, 휴전협정(1809년 7월 12일, 츠나임 휴전협정)을 체결한 후 나폴레옹과 평화협상(쇤브룬 평화조약 협상)을 시작했을 때, 독일 땅에서 더 이상의 저항이 불가능함을 판단한 프리드리히 빌헬름 공작은 '흑의의 군단'과 함께 북독일로 이동하여 영국으로 건너갔다. 영국에서 결성된 <독일용병대>(영어 명칭: 킹즈 저먼 리전)에 배속된 '흑의의 공작'은 반나폴레옹 전쟁이 해방전쟁(1813-1815)의 양상으로 그 성격이 전환되었을 때, 웰링턴 장군 휘하의 영국군에 배속되어 나폴레옹과 싸우다가 전사했다. 영국과 군합국인 하노버 선제후국(1814 년 이후 왕국) 출신 군인들로 구성된 독일용병대(1803-1816)는 보병, 포병 및 기병을 포함하는 정규군과 같은 전력으로 편성되어 있었다. 1816년 독일용병대는 해체되어, 대부분 새로 설립된 하노버 왕국(1814-1866) 군대에 흡수되었고, 영국에서 귀환한 하노버 출신 용병대원들은 엘리트 군인으로 평가받았다. 프리드리히 빌헬름은 1813년 12월 22일 프로이센 왕국에 의해 해방된 브라운슈바이크로 귀환했다. 엘바 섬을 탈출한 나폴레옹을 공격하기 위해 프리드리히 빌헬름 공작은 새로 편성된 의용단을 동원하여 영국군과 프로이센군을 지원했다. 그는 <워털루 전투> 이틀 전인 1815년 6월 16일 벨기에의 카트르브라에서 전사했다. <카트르브라 전투>는 웰링턴 장군이 지휘한 동맹군과 미셸 네 장군이 지휘한 프랑스 군 간의 전투였다.

페르디난트 폰 쉴은 1806년 프로이센군 경기병연대 장교로 아우어슈테트 전투(1806년 10월 14일)에 참전하여 부상당한 적이 있으며, 1807년 전략적 요충지인 콜베르크 요새 방어에 큰 공을 세운 프로이센군 현역장교였다. 1806년 10월 27일 베를린이 프랑스군에 의해 점령된 지 하루 만인 10월 28일 동프로이센으로 후퇴하던 프로이센군이 <프렌츨라우 전투>에서 프랑스군에 항복한 후, 10월 30일 슈테틴(폴란드의 슈체첸), 11월 1일 퀴스트린(폴란드의 코스친 나드 오드라), 11월 8일 막데부르크(작센-안할트), 11월 20일 하멜른(니더작센), 11월 26일 닌부르크(니더작센) 등, 거의 모든 프로이센 왕국 요새들이 잇달아 프랑스군에 의해 함락되었다. 그 뿐 아니라 블뤼허 장군도 1806년 11월 7일 <라테카우 전투>에서 - 라테카우는 뤼베크 북쪽 10km 지점의 소도시이다 - 프랑스군에 항복한 후, 프로이센군은 독자적인 전투수행 능력과 의지를 상실해 버렸다. 그러나 콜베르크(현재 폴란드의 코우오브제크) 요새만은 1807년 <틸지트 평화조약>이 체결 될 까지 프랑스군에 투항하지 않았던 요새로 유명했다. 쉴은 프리드리히 빌헬름 3세 프로이센 국왕의 윤허를 받아 1807년 몸값을 치르고 교환된 포로 출신으로 편성된 1,000여 명의 의용단을 조직했다. 쉴의 의용단은 특히 콜베르크 요새 방어전에서 당시 요새수비대장 아우구스트 나이트하르트 폰 그나이제나우(1761-1831)를 지원한 전투에서 큰 공을 세웠다. 1809년 4월 오스트리아가 동맹의 지원을 받지 못한 채, 프랑스와 5차 동맹전쟁에 돌입했을 때, 쉴과 그나이제나우(당시의 계급은 중령)를 위시한 일련의 민족주의 성향의 애국인사들은 프리드리히 빌헬름 3세의 참전을 촉구했지만, 프로이센의 국왕은 5차 동맹전쟁을 수수방관했다.

1809년 4월 하순 티롤 민중봉기 소식을 접한 쉴 대령은 - 1809년 초 그는 브란덴부르크 경기병 연대장에 임명되었다 - 지휘계통의 명령을 어기고, 그 해 4월 28일 작전지역(베를린)을 무단이탈하여 의용단을 조직했다. 오스트리아가 단독으로 벌이고 있는 나폴레옹과의 전쟁(5차 동맹전쟁)에 개입하여 오스트리아를 지원해야 한다는 민족주의 진영의 진언에 불구하고 프로이센 국왕(프리드리히 빌헬름 3세)이 결단을 내리지 않았을 때, 프리드리히 빌헬름 공작처럼 쉴 대령도 자력으로 조직한 의용단을 동원하여 5차 동맹전쟁에 뛰어 들었다. 그는 엘베 강을 건너, 특히 베스트팔렌 왕국 역내에서 프랑스군을 괴롭혔다. 1809년 5월 2일 데사우를 점령한 쉴은 독일인들에게 고하는 격문을 내걸고, 의용단 참여를 촉구했다. 베스트팔렌 국왕 제롬 보나파르트(나폴레옹의 막내아우)는 같은 날 쉴의 체포에 100,000프랑의 현상금을 걸었다. 프리드리히 빌헬름 3세 프로이센 국왕의 귀환 명령을 어긴 쉴은 반역죄로 기소되었다. 쉴은 막데부르크 남쪽 도덴도르프 전투(1809년 5월 5일)와 동해(발트해)의 항구도시 담가르텐 전투에서 전과를 올렸지만, 수적 열세로 인해 슈트랄준트로 철수해야 했다. 그곳에서 그는 영국 함선에 몸을 피하라는 충고에도 불구하고, 5,000명의 - 프랑스와 동맹을 체결한 - 덴마크 및 홀란드 연합군에 대항하여 슈트랄준트 사수를 고집하다가, 그들과 벌인 시가전에서 전사했다. 쉴 휘하의 장교 11명이 프랑스군에 의해 1809년 9월 16일 뒤셀도르프 인근의 베젤에서 처형되었다. 참수된 쉴의 두부는 1837년 브라운슈바이크로 봉환되어, 레온하르트 광장에 봉안되었다. 도덴도르프 전투와 담가르텐 전투의 군사적 중요성은 미미했지만, 쉴과 그의 의용단이 벌인 대나폴레옹 무력항쟁이 5차 동맹전쟁(1809)과 독일 해방전쟁(1813-1815)에 끼친 상징적인 영향력은 매우 컸다.

1806년 10월 14일 예나 전투 사령관 호엔로에-잉엘핑엔 장군의 명령에 따라 원군을 이끌고 바이마르에서 출발했으나, 그 사이에 전투는 프로이센군의 패배로 이미 종료되었기 때문에, 예나의 전투현장에 도착하자마자 다시 후퇴한 사건으로 비난을 면치 못했던 에른스트 폰 뤼헬 퇴역장군도 대나폴레옹 민중봉기를 계획했었다. 나폴레옹의 압력에 의해 전역 처리된 에른스트 폰 뤼헬은 1809년 대 나폴레옹 민중봉기를 위한 자금지원을 요청하기 위해 나폴레옹에 의해 축출된 헤센-카셀 방백(1803년 이후 선제후) 빌헬름 1세(1743-1821)를 그의 망명지 프라하에서 만났다. 빌헬름 1세는 1806년 라인 동맹 가입을 거부했기 때문에, 나폴레옹에 의해 축출되었고, 헤센-카셀 선제후국은 1807년 설립된 베스트팔렌 왕국(수도: 카셀)에 흡수되었다. 뤼헬의 봉기계획은 그러나 빌헬름 1세로부터 자금지원을 받지 못해 성공하지 못했다. 뤼헬은 게르하르트 폰 샤른호르스트(1755-1813), 헤르만 폰 보옌(1771-1840), 카를 폰 클라우제비츠(1780-1831) 등과 더불어 프로이센의 군제를 개혁하여, 프로이센 육군을 대규모 근대전의 수행에 적합한 군대로 육성하는데 기여한 프로이센군 군사개혁가 중의 한 사람이었다. 특히 그는 샤른호르스트에 의해 1801년 창립된 <프로이센 군사협회>의 회장이었다. 1805년 3차 동맹전쟁으로 인해 활동이 중단되었다가 (마지막 회의 1805년 4월 24일), 1842년 국방장관 보옌에 의해 부활된 프로이센 군사협회는 병과를 초월한 고급장교들의 군사문제 토론장이었으며, 적어도 군사학 논문 1편 이상 발표한 장교에게만 회원자격이 주어졌다. 참고로 에른스트 폰 뤼헬의 딸 엘리자베트(1789-1816)는 1809년 5월 31일 슈트랄준트 시가전에서 전사한 페르디난트 폰 쉴의 약혼녀였다.

헤센의 토착 귀족가문(되른베르크가) 출신의 빌헬름 폰 되른베르크(1768-1850)

남작은 게프하르트 레베레히트 폰 블뤼허(1742-1819) 원수의 예하 전위부대의 일원으로서 예나 및 아우어슈테트 전투(1806년 10월 14일)에 참전했고, 이어서 벌어진 뤼베크 전투에서 패한 후 항복(라테카우 항복, 1807년 11월 7일)한 블뤼허 사단(참모장: 샤른호르스트)과 함께 프랑스군의 포로가 되었다가, 1807년 7월 평화조약(틸지트 평화조약)이 체결된 후 석방된 적이 있었다. 그는 헤센(선제후국 헤센-카셀)을 무단 점령하여 그곳에 베스트팔렌 왕국을 세운 프랑스에 대한 무장봉기를 조직하기 위한 목적을 가지고 영국으로 건너갔다가 귀국한 후, 베스트팔렌 왕국 군대에 위장 입대했다. 제롬 보나파르트 국왕의 신임을 확보하여 1808년 친위저격연대장에 임명된 되른베르크는 샤른호르스트, 그나이제나우, 페르디난트 폰 쉴 및 브란덴부르크 출신의 프리드리히 폰 카테(1770-1836) 등과 비밀접촉을 하여, 오스트리아-프랑스 전쟁(5차 동맹전쟁)이 발발한 직후, 북독일의 봉기를 계획했다. 1809년 4월 22일 헤센의 홈부르크에서 시작된 되른베르크의 대프랑스 무장봉기는 카셀(베스트팔렌 왕국의 수도) 남쪽에서 벌어진 전투에서 베스트팔렌 왕국 정부군에 의해 진압 당했다. 되른베르크는 프로이센 수상(1807-1808)을 지낸 개혁파 정치인 하인리히 프리드리히 카를 폼 운트 춤 슈타인(1757-1831) 남작의 여형이며 홈부르크의 발렌슈타인 수도회 소속 수녀원장인 마리안네 폼 운트 춤 슈타인(1753-1831) 및 베르너 폰 학스트하우젠(1780-1842, 여류시인 아네테 폰 드로스테-휠스호프(1797-1848)의 삼촌) 등의 지원을 받았다. 뵈멘으로 피신한 되른베르크는 '흑의의 공작' 프리드리히 빌헬름(브라운슈바이크-볼펜비텔 공작)을 따라 영국으로 건너가, '흑의의 군단' 대령으로 활약하다가, 1812년 영국에서 결성된 <독일용병대>의 소장에 임명되었다. 해방전쟁의 첫 전투인 니더작센의 한자 도시 뤼네부르크 전투(1813년 4월 2일)에서 조제프 모랑(1757-1813)의 프랑스군 사단을 섬멸한 공로로 그는 푸르르메리트(1740년 프리드리히 2세가 제정한 무공훈장) 훈장을 받았다. 1차 파리 평화조약(1814년 5월 30일)이 체결된 후, 그는 벨기에의 몽스에 주둔한 프로이센군 기병여단을 지휘했다. 여단장으로서 그는 1815년 6월 16일 카트르브라 전투와 6월 18일 워털루 전투에서 활약했으나, 워털루에서 중상을 입었다.

1806년 11월 6일 뤼베크 전투 하루 후 블뤼허 휘하의 프로이센 사단(9,000여 명) 전체가 항복했을 때, 프리드리히 폰 카테 중장도 프랑스군의 포로가 되었지만, 1807년 7월 프랑스와 프로이센 간에 틸지트 평화조약이 체결된 후 석방되었다. 그는 프랑스와 오스트리아 간에 새로운 전쟁(5차 동맹전쟁)이 발발할 경우, 베스트팔렌 왕국의 제롬 보나파르트의 정부를 타도하기 위한 봉기를 일으키기 위해 애국인사들과 접촉을 하기 시작했다. 튀링엔과 할버슈타트는 프로이센군 경기병 장교 출신의 오이겐 폰 히르쉬펠트(1784-1811)가, 막데부르크는 카테가, 그리고 헤센은 빌헬름 폰 되른베르크가 맡아 일제봉기를 준비했다. 1809년 4월 5일 저녁 막데부르크(1807-1814년까지 베스트팔렌 왕국 관할)를 공격할 준비를 끝냈을 때, 거사계획이 노출되어 히르쉬펠트가 베스트팔렌 정부군에 체포되었다는 소식이 접수되었다. 카테는 막데부르크 공격을 유보하고, 후일을 도모하기 위해 다음 날 의용단을 전격 해체했지만, 다수의 단원들이 베스트팔렌군의 포로가 되었고, 그 중 적어도 14명은 사살되었다. 제롬 보나파르트의 압력을 받은 프리드리히 빌헬름 3세 프로이센 국왕은 카테에게 추방령을 내렸다. 현상금이 걸린 카테는 뵈멘으로 도피하여, 프리드리히 빌헬름 공작의 '흑의의 군단'에 합류한 후, 작센을 관통하여 오스트리아군 최고지휘관 카를 대공(프란츠 1세 황제의 동생)과 합류했다. 카테는 카를 대공 휘하에서 아스페른 전투(1809년 5월 21-22일)와 바그람 전투(1809년 7월 5-6일)에 참가했다. 그러나 바그람 전투에서 오스트리아군이 나폴레옹 군에 크게 패한 후, 그는 프리드리히 빌헬름 공작과 함께 영국으로 건너갔지만, 곧 귀환하여 오스트리아군을 거쳐 1813년 프로이센군에 복귀했다.

5차 동맹전쟁 기간 동안 오스트리아(티롤) 뿐 아니라, 북독일과 중부독일에서도 반나폴레옹 무력항쟁이 산발적으로 발생했거나 계획되었지만, 독일에서 일어난 무력항쟁은 오스트리아(티롤)의 그것과는 큰 차이가 있었음을 알 수 있다. 티롤의 저항은 1809년 4월부터 11월까지 약 8개월 동안 안드레아스 호퍼라는 지휘자가 중심이 되어 티롤의 해방이라는 명확한 전략적 목표를 가지고, 오스트리아 정부의 지원 하에 바이에른과 프랑스의 정규군을 상대로 한 '전쟁'이었다면, 독일에서 발생한 저항운동은 아쉽게도 광범위한 민중의 지지를 이끌어내지 못한, 산발적인 '반란'으로 끝나버렸다. 황제의 지지와 지원을 받은 티롤의 저항운동과는 달리, 프로이센에서는 저항운동이 반역행위로 심판받았다. 1809년 4월 9일 오스트리아의 선전포고로 시작된 오스트리아-프랑스 전쟁(5차 동맹전쟁)은 5월 13일 프랑스군의 빈 점령, 7월 12일 츠나임 휴전협정, 10월 14일 쇤브룬 평화조약 체결로 종결되었지만, 티롤 해방군은 쇤브룬 평화조약이 조인된 후에도 프랑스-바이에른 동맹군과의 전투를 중단하지 않았다. 티롤 민중봉기 혹은 민중반란을 티롤 독립운동 또는 티롤 해방전쟁으로, 그리고 안드레아스 호퍼를 오스트리아의 민족영웅으로 변용시키려 한 후세의 시도가 정당성을 인정받은 이유가 거기에 있었다.

❏ 6
나폴레옹의 러시아 원정(1812년 6월 24일-12월 16일)

1) 프랑스-러시아 전쟁의 배경과 원인

3차 동맹전쟁(1805)과 4차 동맹전쟁(1806-1807)에서 서로 전쟁상대국이었던 프랑스와 러시아의 관계는 4차 동맹전쟁을 종식시키기 위해 체결된 평화조약(틸지트 평화조약, 1807년 7월 7일)에서 동맹관계로 반전되었다. 영국 다음으로 상대하기가 어려웠던 대륙의 경쟁국 러시아의 암묵적인 승인을 얻어 스페인의 부르봉 왕조를 - 카를로스 4세(재위: 1788-1808)와 그의 5남 페르난도 7세(1808년 3월 19일 카를로스 4세를 승계한 후 5월 6일 폐위됨) -

붕괴시킨 나폴레옹은 1808년 자신의 한 살 위 형 조제프 보나파르트를 스페인의 왕위에 앉히는데 성공했다. 그러나 1808년 7월 프랑스군은 스페인에서 예기치 못한 패배를 당했다. 피에르 뒤퐁(1765-1840) 장군이 지휘한 18,000명의 프랑스군이 스페인군에 항복한 것이었다. 나폴레옹 1세가 스페인의 독립을 저지하기 위해 국력을 집중시키고 있는 동안, 오스트리아는 프랑스와의 전쟁(5차 동맹전쟁)을 준비하고 있었다. 나폴레옹으로서는 자국의 군사적 부담을 경감시키고, 오스트리아를 통제하기 위해서는 러시아로부터의 지원을 확보하는 것이 불가피했다.

틸지트 평화조약 체결 이후 회복된 러시아 황제 알렉산드르 1세와 나폴레옹 1세의 관계는 겉으로 드러난 것처럼 완벽한 것은 아니었다. 틸지트 평화조약 체결 1년 전부터 오스만 제국과 전쟁(러시아의 8차 터키전쟁, 1806-1812)을 치르고 있던 알렉산드르 1세가 - 평화조약 체결 후 - 프랑스의 지원을 기대했던 것은, 나폴레옹 1세가 오스트리아와의 전쟁에 러시아의 지원을 기대한 것과 마찬가지였다. 더구나 러시아는 프랑스와 평화조약을 체결한 다음 해부터 스웨덴과도 전쟁(3차 러시아-스웨덴 전쟁, 1808-1809)을 해야 했기 때문에, 프랑스의 지원이 그만큼 더 절실했다. 알렉산드르 1세의 나폴레옹 1세에 대한, 그리고 나폴레옹 1세의 알렉산드르 1세에 대한 실망과 불신은 동상이몽에서 나온 것이었다. 설상가상으로 프랑스의 대영국 대륙봉쇄정책은 러시아 경제에 매우 불리하게 작용했기 때문에, 나폴레옹에 대한 러시아 황제의 불만은 고조되지 않을 수 없었다. 양국 관계가 경색되기 시작했을 때인 1808년 가을 나폴레옹 1세가 튀링엔의 프랑스 역외영토 에르푸르트에서 개최된 독일 제후회의(에르푸르트 제후회의, 1808년 9월 27일 - 10월 14일)에 러시아 황제를 초청했다. 예나-아우어슈테트 전투(1806년 10월 14일)에서 프로이센군이 프랑스군에 패한 후, 에르푸르트는 프랑스 영토에 편입되었고, 에르푸르트 주위의 제후국들은 라인 동맹에 가입해야 했다. 1814년 6차 동맹군(오스트리아-프로이센-러시아 동맹군)에 의해 탈환된 후, <빈 회의>에서 최종적으로 프로이센 왕국에 반환될 때까지, 에르푸르트는 프랑스 황제의 직할통치를 받은 도시였다.

나폴레옹은 라인 동맹 회원국 정상들을 전원 참석시킨 <에르푸르트 제후회의>에 들러리 격으로 초청한 알렉산드르 1세와 군사동맹 조약을 체결하여 프랑스와 러시아의 우호관계를 확인하고, 프랑스의 황제가 유럽의 지배자임을 과시하려 했다. 에르푸르트 제후회의에서 양국 황제 간 체결된 프랑스-러시아 동맹조약에서 나폴레옹은 스페인의 합병을 기정사실화하고, 오스트리아가 프랑스를 침공할 경우 러시아의 군사원조를 보장받는 조건으로 러시아 황제에게 - 오스만 제국과의 전쟁에서 러시아에 의해 점령된 - 몰도바와 왈라키아와 베사라비아, 그리고 스웨덴령 핀란드의 합병을 승인했다. 러시아의 팽창주의적 야욕을 일정 부분 충족시켜준 것이었다. 이에 화답하여 러시아 황제는 영국이 프랑스의 평화제의를 수용하도록 공동으로 노력할 것을 약속했다. 에르푸르트 제후회의는 명목상으로는 유럽 대륙의 정상회의였다. 그러나 그 실제 목표는 나폴레옹이 프랑스의 외교 및 군사 정책 현안을 조율하기 위해 라인 동맹 제후들의 동의를 구하는 것과, 특히 프랑스와 러시아 간의 장기 군사동맹 조약을 체결하는 것이었다. 1808년 10월 12일 양국 간 군사동맹조약이 체결되었지만, 나폴레옹 1세와 알렉산드르 1세의 관계는 오래 지속되지 않았다.

4차 동맹전쟁(1806-1807)의 패전국(프로이센)으로부터 양도받은 폴란드 땅(신동프로이센과 남동프로이센)에 프랑스의 위성국 바르샤바 공국이 설립되었을 때, 폴란드인들은 - 알렉산드르 1세 러시아 황제와 프리드리히 3세 프로이센 국왕과 프란츠 1세 오스트리아 황제에 이어 또 한 명의 침략자에 불과한 - 나폴레옹 1세에게 열광적 지지를 보냈다. 역사적으로 폴란드는 프랑스의 우방국이었다. 폴란드인들은 러시아와 오스트리아가 나폴레옹을 통해 극복되어야 할 폴란드의 주적으로 간주했다. 1812년 나폴레옹이 모스크바 원정을 감행했을 때, 폴란드인들이 십만 명의 병력으로 나폴레옹의 러시아 침공을 지원한 것은 나폴레옹의 힘을 빌려 러시아를 굴복시킨 후, 여세를 몰아 상실한 폴란드의 주권을 회복하겠다는 폴란드인들의 염원이 작용했기 때문이었다. 프랑스-러시아 관계는 폴란드 문제에서뿐 아니라, 러시아가 요청한 대 터키전쟁 지원을 프랑스가 거부한 데서도 냉각되기 시작했다. 오스트리아가 과거 수차례 오스만 제국과의 전쟁에 국력을 집중시켰을 때, 프랑스는 술탄을 지원하여 오스트리아를 견제하려 했었다. 알렉산드르 1세가 오스만 제국과의 전쟁에 프랑스의 지원을 요청했을 때, 나폴레옹 1세가 러시아의 요구에 응하지 않은 이유 역시 오스만 제국은 전통적인 프랑스의 우방국이었기 때문이었다.

긴장국면으로 돌아선 프랑스와 러시아의 관계는 1810년 결정적인 위기를 맞게 되었다. 에르푸르트 제후회의 석상에서 러시아 황제와 군사동맹 조약을 체결한 지 2년이 채 안 된 시점인 1810년 7월 9일 나폴레옹은 러시아의 우방국 네덜란드를 강제 병합했다. 네덜란드는 1차 동맹전쟁 (1792-1797) 때인 1795년 프랑스에 점령된 후 1806년까지 바타비아 공화국, 1808년부터 프랑스 영토에 편입되기 전까지 네덜란드 왕국으로 불렸다. 네덜란드를 병합한 나폴레옹은 여세를 몰아 한자동맹 도시들을 - 함부르크, 브레멘 및 뤼베크를 - 잇달아 프랑스 영토에 편입시키고, 러시아 황실과 직접 연결된 가계의 공작이 통치한 올덴부르크를 1810년 12월 13일 합병했다. 1807년 틸지트 평화조약을 체결할 때 알렉산드르 1세 러시아 황제의 요청을 받아드려, 그의 이모부 페터 프리드리히 루트비히에게 반환한 올덴부르크 공국을 3년 만에 다시 회수하여 프랑스에 합병시켜버린 것이었다. 러시아와 올덴부르크 공국 간의 관계는 1809년 8월 3일 알렉산드르 1세의 여동생 예카테리나 파블로브나(1788-1819)와 페터 프리드리히 루트비히의 아들 페터 프리드리히 게오르크(1784-1812)가 결혼함으로써 한층 더 밀착된 상태에 있었다. 나폴레옹 1세의 팽창정책을 견제하기 위해 러시아 황제는 1810년 12월 31일 마지막 카드를 던졌다. 영국과의 통상재개를 선언하고, 한 걸음 더 나아가 프랑스 산 수입 제품에 대한 고율의 관세부과를 선언했다. 이로써 알렉산드르 1세는 나폴레옹 1세의 유일한 대 영국 압박 수단인 대륙봉쇄령을 무력화시킨 것이었다.

프랑스의 대러시아 관계가 전쟁으로 이어질 만큼 악화된 원인 중에는 알렉산드르 1세에 대한 나폴레옹 1세의 사감도 개입된 것이 분명했다. 틸지트 평화조약(1807)과 에르푸르트 제후회의(1808)를 통해 나폴레옹 1세와 러시아 황제 알렉산드르 1세는 동맹관계가 되었지만, 러시아와 보다 긴밀한 관계를 원했던 나폴레옹은 러시아 황실과의 결속을 강화하기 위해 알렉산드르 1세의 넷째 누이동생 예카테리나 파블로프나에게 청혼을 했다. 그러나 알렉산드르 1세는 나폴레옹의 청혼을 거절하기 위해 예카테리나를 자신의 이종사촌인 올덴부르크 공국의 왕자 페터 프리드리히 게오르크와 1809년 8월 3일 전격적으로 결혼시켜버렸다. 알렉산드르 1세가 예카테리나 대신, 예카테리나보다 나이가 7살이나 어린 막내 여동생 안나(1795-1865, 네덜란드 국왕 빌렘 2세와 결혼)와의 결혼을 권유한 것은 나폴레옹의 청혼을 무산시키기 위한 구실에 지나지 않았다. 이 소식이 나폴레옹에게 전해졌을 때, 나폴레옹은 오스트리아 황제 프란츠 1세의 장녀 마리 루이제와 정혼을 한 후였다. 나폴레옹이 마리 루이제 오스트리아 대공녀와 결혼한 것은 1810년 4월 1일이었다. 14세의 미성년 여동생(안나)이 성년이 될 때까지 기다렸다 결혼하라는 알렉산드르 1세의 제의가 러시아 침공을 최종적으로 결심하게 만든 요인이 아니었을까 하는 상상이 가능할 정도로 유럽의 지배자를 자처한 나폴레옹이 당한 모욕감은 컸을 것이다.

러시아의 알렉산드르 1세와 프랑스의 나폴레옹 1세는 1811년부터 군비증강에 전념했다. 프로이센의 프리드리히 빌헬름 3세 국왕은 러시아와 프랑스 양쪽으로부터 군사동맹을 체결하자는 압력에 노출되었다. 러시아는 프랑스를 견제하기 위해, 프랑스는 러시아 원정을 앞두고 프로이센의 군사지원을 끌어내기 위해, 다시 말해 양국은 상반된 목적을 달성하기 위해 프로이센을 필요로 했던 것이다. 점령국 프랑스와 동맹국 러시아 사이에서 프리드리히 빌헬름 3세 프로이센 국왕의 운신의 폭은 크지 않았다. 당시 프로이센의 군사개혁을 주도한 게르하르트 요한 폰 샤른호르스트와 아우구스트 나이트하르트 폰 그나이제나우를 중심으로 한 민족주의자들은 프랑스를 응징하기 위해 러시아와의 군사동맹 체결을 적극적으로 지지하고 나섰다. 프리드리히 빌헬름 3세는 프랑스의 요구도, 러시아의 요청도, 그리고 또 군부의 목소리도 외면할 수 없었다. 러시아와 프로이센 간의 군사동맹조약인 <페테르부르크 조약>(1811년 10월 17일)을 프랑스와 프로이센 간의 <파리 조약>(1812년 2월 24일)보다 4개월 앞선 시점에 체결한 것이 동맹국 러시아와 프로이센의 군부세력, 그리고 1806년 10월 27일 이후 베를린을 점령하고 있는 프랑스 사이에서 프로이센 국왕이 현실적으로 취할 수 있는 유일한 현안타개책이었는지 모른다.

샤른호르스트는 이미 1809년 4월 오스트리아의 티롤에서 민중봉기가 발생하고, 오스트리아 정규군이 5차 동맹전쟁으로도 불린 대프랑스 전쟁을 - 실제로는 동맹 없는 동맹전쟁을 - 치르고 있을 때부터 오스트리아를 도와서 프로이센도 나폴레옹과의 전쟁을 재개해야 한다고 프리드리히 빌헬름 3세 국왕을 설득하려 했다. 페테르부르크 조약 체결을 위해 샤른호르스트를 러시아 황제에게 보낸 것도 샤른호르스트를 중심으로 한 애국적 군부세력(샤른호르스트, 클라우제비츠, 그나이제나우, 보옌 등)의 명분이 있는 요청을 프로이센의 국왕이 거부할 수 없었기 때문이었다. "프랑스가 프로이센을 침공할 경우에 한해서"라고 침략국을 특정한 <페테르부르크 조약>에서 러시아 황제는 1개 군단(17개 사단)을 제공하여 러시아-프로이센 동맹군을 창설하고, 그 지휘권은 프로이센의 왕실을 대표하는 왕족에게 위임함과 동시에 발트해(독일의 동해)에 전함을 지원키로 했고, 프로이센은 8만 명의 병력을 분담키로 했다. 그러나 나폴레옹의 보복이 두려웠던 프리드리히 빌헬름 3세 국왕은 오스트리아가 프랑스와 관계를 단절할 경우에 한해, 다시 말해 오스트리아도 대나폴레옹 전쟁에 참전할 때, 페테르부르크 조약을 인준하겠다고 버티었다. 프로이센 군부세력의 주장을 묵살할 수 없었기 때문에, 프리드리히 빌헬름 3세는 러시아와 군사조약은 체결했지만, 조약의 비준을 두고 재차 제동을 건 형국이었다. 5차 동맹전쟁(1809)에서 패해 수도 빈을 점령당하고 있는 오스트리아가 페테르부르크 조약에 고무되어 프로이센과 공동 보조를 취해 줄 수 있기를 바란 프리드리히 빌헬름 3세의 기대는 물론 충족되지 않았다. 상황을 뒤집어 해석하면, 오스트리아가 페테르부르크 조약에 가입할 입장이 아님을 누구보다도 프로이센 국왕이 더 잘 알고 있었던 것이었다.

쇤브룬 평화조약(1809년 10월 14일) 체결 1주일 전인 1809년 10월 8일 파리 주재 오스트리아 대사에서 오스트리아의 신임 외무장관에 기용된 메테르니히의 외교정책의 목표는 나폴레옹의 파멸 시점을 예견할 수 없기 때문에, 기다리면서 점령국 황제 나폴레옹으로부터 가능한 한 자유로운 정치적 활동공간을 확보하는 것이었다. 프란츠 1세 황제의 장녀 마리 루이제와 나폴레옹의 결혼을 성사시킨 것, 프랑스와 프로이센 간 군사동맹조약(페테르부르크 조약)이 체결되고 20일이 지난 후, 프랑스가 요구한 군사동맹조약(1812년 3월 14일) 체결에 응한 것은 이와 같은 메테르니히의 정책적 판단의 결과였다. 그는 나폴레옹의 유럽지배는 결국은 좌초할 과도적 현상으로 보았다. 나폴레옹의 러시아 원정군에 오스트리아 보조군단이 예속된 시기, 다시 말해 나폴레옹의 러시아 원정기간이 오히려 오스트리아에게는 나폴레옹의 직접적인 공격으로부터 가장 안전한 시기였다. 샤른호르스트는 국왕의 명령을 수행하기 위해, 다시 말해 나폴레옹과의 전쟁을 수용할 의사가 있는지를 타진하기 위해 빈을 방문했지만, 프랑스와의 관계 단절에 대한 오스트리아의 답변은 얻어 낼 수가 없었다. 샤른호르스트가 오스트리아로부터 명확한 답변을 얻어오기 전에 이미 프리드리히 빌헬름 3세는 나폴레옹이 강요한 파리 조약(1812년 2월 24일)을 체결하지 않을 수가 없었다.

프로이센이 프랑스와 체결한 군사동맹조약(파리 조약)이 불평등 조약이었다면, 오스트리아가 프랑스와 체결한 군사동맹조약은 프란츠 1세 황제와 나폴레옹 1세 황제 간에 체결된 외형상으로는 동등한 조약이었다. 프로이센 군단은 나폴레옹의 러시아 원정군, 이른바 <그랑 아르메> 제 10군단에 배속되어 군단장인 자크 막도날드(1765-1840) 프랑스군 원수의 지휘에 예속되었지만, 오스트리아 군단은 총 11개 군단으로 편성된 나폴레옹의 러시아 원정군으로부터 독립한 군단으로 기능했다. 러시아 원정군에 배속된 오스트리아 보조군단의 지휘자는 - 1년 후 해방전쟁 총사령관에 부임할 - 카를 필립 추 슈바르첸베르크(1771-1820) 원수였다. 러시아 원정 초기에만 해도 오스트리아 외무장관 메테르니히는 러시아가 프랑스에게 패할 것으로 추정했다. 전쟁으로 인해 러시아와 프랑스의 국력이 소진되면, 오스트리아의 입지가 자동적으로 강화될 것이라고 그는 생각했다. 오스트리아가 나폴레옹의 러시아 원정 참전을 완전히 피할 수는 없었지만, 오스트리아군이 독립군단으로 작전할 수 있었던 것은 외무장관 메테르니히의 외교적 노력 덕분이었다.

메테르니히의 뒤를 이어 주 파리 오스트리아 대사를 역임한 바 있는 슈바르첸베르크 원수가 지휘한 오스트리아 군단은 - 1812년 12월 30일 <타우로겐 협정>에서 프로이센군이 중립을 선언했듯이 - 1813년 1월 30일 러시아와 무기한 정전협정을 체결하여, 나폴레옹의 러시아 원정군 지원 역할을 사실상 포기했다. 러시아와 프랑스를 중재하여 정전협정을 체결하려 한 시도가 불발에 그친 후, 슈바르첸베르크 원수는 1813년 러시아, 프로이센 및 오스트리아 군대로 구성된 6차 동맹군의 최고지휘권을 인수하여, 1813년 10월 라이프치히 전투에서 6차 동맹(오스트리아·프로이센·러시아 동맹)의 주력군을 지휘했고, 1814년 파리에 입성했다. 그 후 그는 1814년 오스트리아 궁정국방회의 의장에 임명되었다.

1812년 2월 24일 체결된 <파리 조약>에 의해 프로이센군은 나폴레옹의 러시아 원정군 제10군단에 배속되어 막도날드 원수의 지휘를 받았다. 프로이센은 14,000명의 보병과 4,000명의 기병, 그리고 2,000명의 포병과 60문의 대포를 프랑스군에 제공해야 했으며, 프랑스군의 프로이센 영토 무단통과를 허용하고, 징집권마저 나폴레옹에게 양도해야 했다. 프리드리히 빌헬름 3세 프로이센 국왕이 파리 조약에서 나폴레옹 1세에게 완전히 종속되어 버린 후, 나폴레옹과의 전쟁을 헛되이 외쳤던 - 특히 군부 내의 - 많은 애국자들은 조국 프로이센을 등지고, 러시아로 망명했다. 대표적 망명인사는 수상을 지낸 하인리히 프리드리히 카를 폼 운트 춤 슈타인 남작, 카를 폰 클라우제비츠, 헤르만 폰 보옌(1771-1848, 프로이센 국방장관: 1814-1819, 1841-1847) 등이었다. 그들은 러시아로 망명하여 러시아 황제의 고문이 되거나, 장교로 러시아군에 합류하거나, 러시아-독일 용병단을 조직하여 나폴레옹의 러시아 원정군에 맞서 싸웠다. 당시 영관급 장교였던 클라우제비츠는 - 그는 군사학의 고전으로 평가받는 <전쟁론>의 저자였다 - 나폴레옹의 러시아 원정군에 동원된 프로이센 군단 복무를 거부하고, 러시아군에 입대했다. 후일 프리드리히 빌헬름 3세 프로이센 국왕이 탈영자를 프로이센군에 다시 받아들일 수 없다고 거부했기 때문에, 클라우제비츠는 1814년 4월 프로이센군에 귀환할 때까지, 러시아군 참모장으로서 해방전쟁에 참가했다. 프로이센군을 이탈하여 러시아 군대로 들어가기 전에 그의 동료 그나이제나우에게 남겼던 수필 형식의 애국적 회고문은 1930년대에 발견되어 <1812년의 고백>이라는 제목으로 여러 차례 소개되었다.

나폴레옹의 러시아 원정에 참전한 오스트리아군과 프로이센군은 모스크바 원정에는 참여하지 않았다. 프로이센 군단은 발트해 연안(쿠를란트)에, 오스트리아 군단은 백러시아(벨라루스)에 배치되었으며, 그들의 지원 작전은 소극적이었다.

2) 메멜(네만) 강에서 모스크바까지

나폴레옹은 1812년 6월 24일 러시아령 폴란드의 코브노(리투아니아의 카우나스)에서 메멜(네만) 강을 건너면서 러시아 원정을 개시했다. 5년 전인 1807년 7월 초 나폴레옹 1세와 알렉산드르 1세, 그리고 프리드리히 빌헬름 3세가 4차 동맹전쟁을 끝내기 위해 뗏목위에서 틸지트 평화조약을 조인한, 바로 그 메멜 강이었다. 나폴레옹의 러시아 원정군에 동원된 병력총수와 러시아군의 동원병력총수에 대해서는 견해가 분분하지만, 마리 폰 클라우제비츠(1779-1836)에 의해 1830년대 베를린에서 출간된 그녀의 남편 카를 폰 클라우제비츠의 유고집(10권 중 제7권: 러시아 원정과 해방전쟁을 다룬 부분)에 의하면, 프랑스는 610,000명이나 되는 거대 전력을 동원하였으며, 러시아군이 장악한 병력 총수는 그보다 수적으로 현저히 열세한 370,000명이었다. 나폴레옹과 그의 참모장 루이-알렉상드르 베르티에(1753-1815) 원수가 지휘한 프랑스군 주력군의 규모는 610,000명 중 232,000명이었다. 러시아군은 나폴레옹 군대와의 직접적인 대결을 가급적 피하면서, 러시아 영토 깊숙한 지역까지 프랑스군을 끌어드리는 후퇴작전으로 일관했다. 러시아군의 후퇴작전은 결과론적으로 보면 프랑스군의 보급선을 연장시킨 고도의 전략으로 평가될 수 있었다.

나폴레옹의 러시아 원정군은 11개 군단으로 편성되었다. 군단규모의 병력을 장악한 나폴레옹의 친위대는 1812년 여름 56,000명을 상회했으며, 그 중 47,000명이 러시아 원정군에 소속되어 출정했다. 장 루이 레니에(1771-1814) 원수 휘하의 7군단은 주로 작센 왕국 병력으로 편성되었으며, 후일 라이프치히 전투(1813년 10월)에서 패한 후 슈바르첸베르크 원수가 지휘한 오스트리아군에 통합되었다. 폴란드(바르샤바 공국) 출신으로 편성된 프랑스군 제5군단의 지휘자 포니아토프스키는 라이프치히 전투에서 전사했고, 7군단장 레니에르는 동맹군의 포로가 되었다. 11군단은 예비군단으로서 나폴레옹의 원정군이 모스크바로 출발한 후, 1812년 7월 4일에 공식적으로 편성되었다. 11군단의 일부는 빌니우스(빌나)와 민스크 기지까지의 보급선 확보에 투입되었고, 또 일부는 영국군과 스웨덴군의 상륙을 막기 위해 폼메른과 프로이센의 동해(발트해) 연안 방어를 맡았다. 11개 군단(34개 사단 및 22개 경기병 여단), 친위대 및 기병예비대(11개 기병사단)에 포병단,

병참단 및 공병단 병력을 모두 합치면 나폴레옹의 러시아 원정군은 610,000명에 달했다. 이 중 422,000명이 1812년 6월 24일 러시아 국경을 넘었으며, 나폴레옹이 직접 지휘한 주력군의 규모는 232,000명이었다.

나폴레옹의 러시아 원정군에 포함된 독일어권 국가들의 병력 총수는 제10군단(군단장: 자크 막도날드)에 배속된 프로이센 병력 20,000명과 라인 동맹국이 제공한 병력 약 130,000명 등, 총 150,000명으로서 나폴레옹의 러시아 원정군의 사분의 일에 달했다. 여기에다가 독립군단으로 기능한 오스트리아 보조군단 병력(33,000명)을 합치면 도합 183,000명이 독일어권에서 동원된 병력이었다. 라인 동맹 국가들의 분담병력 수를 살펴보면, 바이에른 왕국이 30,000명, 베스트팔렌 왕국 25,000명, 작센 왕국 20,000명, 뷔르템베르크 왕국 12,000명, 바덴 대공국 8,900명, 베르크 대공국 5,000명, 헤센-다름슈타트 대공국 4,000명, 나사우 공국 3,800명, 프랑크푸르트 대공국 2,800명, (작센 왕국을 제외한) 작센의 기타 공국 2,800명, 뷔르츠부르크 대공국 2,000명, 멕클렌부르크-슈베린 공국 1,900명, 그리고 최소 병력을 제공한 리히텐슈타인은 40명이었다. 라인 동맹 국가들의 분담병력의 규모는 1806년 7월 12일 파리에서 체결된 라인 동맹 규약에 법적 근거를 두었다.

나폴레옹은 속전속결을 기대했다. 그의 전략적 목표는 러시아의 주력군을 가능한 한 이른 시점에 전멸시키는 것이었기 때문에, 나폴레옹의 군대는 처음부터 모스크바 점령을 목표로 강행군을 벌였고, 그것이 치명적인 결과를 초래했다. 강행군이 시작된 후, 연일 내린 폭우는 광활한 러시아 땅을 수렁으로 만들어 버렸다. 불어난 빌리아 강(리투아니아의 네리스 강)을 건너다가, 폴란드 기병대 소속 병사들 대부분이 익사했다. 마차가 진창에 빠져 보급부대와 전투부대 간의 보급선은 점점 길어졌다. 작센군 사단장 카를 빌헬름 페르디난트 폰 풍크(1761-1828)가 남긴 기록에 의하면 전투부대가 나서서 민간에서 징발된 마차를 이용해 식량을 힘겹게 날라다 주어야 했다. 풍크는 작센 국왕 프리드리히 아우구스트 1세의 부관 겸 작센군 사단장으로 참전하여 사건별로 나폴레옹의 러시아 원정사를 기록으로 남겼는데, 그의 유고에서 발견된 전투일지는 1877년 이후 작센 국립기록보존소에 보관되어 있다.

전투사단이 식량배급에 개입했음에도 불구하고 아사자가 속출했다. 각개 병사는 비상용으로 건조된 식빵 한 덩이씩을 휴대했지만, 비상식량의 소비는 엄격히 제한되어 있었다. 프랑스군의 모스크바 침공루트는 인구밀도가 매우 낮은 지역이어서 식량의 현지조달이 원천적으로 어려운 데다가, 이미 러시아군이 후퇴하면서 그 지역을 한 차례 샅샅이 훑고 지나간 후였다. 하천과 늪에서 구한 청결하지 않은 물을 음용수로 공급받은 군인들은 이질에 걸려 죽어갔다. 식수로 만들기 위해 사용한 화주는 바닥이 났다. 원정 첫 몇 주 동안 수천 명의 군인들이 병사하거나, 아사했으며, 탈주병들이 줄을 이었고, 절망하여 자살하는 병사들도 있었다. 체포된 탈주병들은 대부분 총살되었다. 크고 작은 무리를 지어 러시아 땅을 유랑하면서 주민들을 괴롭힌 탈주자들도 있었다. 군마의 손실도 매우 컸다. 메멜 강을 건넌 지 며칠 안 되어 20,000마리 이상의 군마가 이미 굶어죽었다. 초가의 지붕을 뜯어 사료로 제공하는 등, 엄청난 수의 마필용 사료를 공급하기 위한 시도는 가히 극적이었다. 건초와 귀리는 구할 수가 없었고, 부적절한 사료를 먹고 병을 얻은 말들의 수가 증가한데다, 쉼 없는 강행군으로 군마들이 지쳐버렸기 때문에, 속전속결을 원했던 나폴레옹의 계획은 처음부터 차질을 빚기 시작했다. 첫 2주 동안 나폴레옹의 러시아 원정군은 큰 전투도 없이 이미 135,000명의 병력을 잃었다. 구급약품 수송마차들 역시 전투부대로부터 뒤처졌기 때문에, 의료지원이 가동되지 않았다. 소독에 필요한 식초, 의약품, 붕대도 부족했을 뿐 아니라, 약품과 식초를 대체할 대용품도 없었다. '야전병원'의 개념을 처음으로 실천에 옮긴 러시아 원정군 군의관 도미니크 장 라레(1766-1842)는 붕대 대신 속옷을, 나중에는 종이나 시트 천, 또는 짚을 이용하여 부상자들을 감아 주었다고 회고했다.

이런 사정들은 독일어권에서 참전한 군인들이 고향의 가족에게 보낸 편지를 통해서 독일 전역에 급속히 유포되어 불안을 야기했다. 이미 1812년 8월 2일 뷔르템베르크 국왕 프리드리히 1세(1754-1816, 선제후: 1803-1805, 국왕: 1806-1816)는 러시아 원정에 참가한 자국군 병사들이 전장의 상세한 소식을 고향에 보내는 것을 금지했다. 참전한 12,000명의 뷔르템베르크 병사 중 전후 생환한 사람은 수백 명에 지나지 않았다.

3) 스몰렌스크 전투(1812년 8월 17/18일)

나폴레옹의 러시아 원정군은 모스크바를 향해 진격하는 동안 후퇴하는 러시아군과 여러 차례 접전이 있었지만, 그 중 <스몰렌스크 전투>(1812년 8월 17-18일)와 <보로디노 전투>(1812년 9월 7일)가 양국 군대의 주력군 간에 벌어진 가장 중요한 전투였다.

나폴레옹 군대가 러시아 땅으로 진입한 후, 수적으로 열세한 러시아군은 후퇴하지 않을 수 없었다. 그러나 나폴레옹은 첫 몇 주 동안 전투 외적인 요인으로 삼분의 일에 육박하는 병력손실을 입었기 때문에, 스몰렌스크 전투 직전 그의 주력군의 규모는 175,000명에 불과했다. 러시아 군대 역시 스몰렌스크로 후퇴하는 과정에서 탈주자의 증가로 병력 손실을 크게 입었다. 러시아군 탈주병은 주로 러시아령 폴란드 출신 병사였다. 거기에다가 러시아군도 피해 갈 수 없었던 질병 발생으로 인해 인명손실이 크게 발생했다.

러시아군 최고지휘관(참모총장)으로서 러시아 제1 서군을 지휘한 바르클라이 드 톨리(1761-1818) 원수는 원래 비테프스크(벨라루스와 라트비아의 경계 지역)에서 나폴레옹 군대를 저지하려 했었다. 그러나 표트르 이바노비치 바그라치온(1765-1812) 장군 휘하의 제2 서군이 모길리오프(드니에르프 강 유역) 전투에서 프랑스군에 패하고, 북쪽 비테프스크로 가는 도로가 차단되었기 때문에, 바르클라이 드 톨리는 동쪽으로 이동하여 바그라치온의 제2 서군과 스몰렌스크에서 합류했다. 백러시아(벨라루스) 국경에 인접한 스몰렌스크는 러시아군의 보급기지로서 뿐 아니라, 서유럽과 모스크바를 이어주는 거점도시로서 전략적 요충지였다. 뷔르템베르크 왕국 군대가 배속된 프랑스 3군단의 선두부대를 지휘한 군단장 미셸 네 원수는 스몰렌스크 외곽에 도착했지만, 공성용 대포를 보유하지 않았기 때문에, 첫 공격에서 목표를 달성할 수 없었다. 바그라치온은 도로고부시(스몰렌스크 북동쪽 113km) 방향으로 철수했다. 바르클라이 드 톨리는 철수부대를 엄호함과 동시에 스몰렌스크를 방어해야 했다. 주력군 예하부대들이 모두 도착한 후, 나폴레옹은 - 스몰렌스크 전투에 참가한 병력은 대부분 라인 동맹 출신의 독일인, 이탈리아인, 포르투갈인, 폴란드인이었다 - 8월 17일 스몰렌스크를 포위하고, 치열한 교전 끝에, 스몰렌스크의 교외지역을 점령했다. 스몰렌스크는 프랑스군의 포격으로 파괴되었고, 러시아 병사들은 후퇴로 확보를 위해, 프랑스 병사들은 러시아군의 공격을 저지하기 위해 경쟁적으로 도시에 방화했고, 바르클라이 드 톨리는 러시아군의 기지창 파괴를 명령했다. 인명 피해는 비교적 적었지만(양측 합해서 20,000명 이하), 목조건물이 대부분이었던 스몰렌스크는 포격과 방화로 인해 도시 전체가 폐허로 변해버렸다. 1812년 8월 18일 프랑스군은 스몰렌스크 시내를 기습 공격했지만, 대부분의 러시아군은 이미 도시를 떠난 후였다. 도시는 파괴되었고, 러시아군의 병참기지 역시 러시아군의 방화로 인해 소실되었다. 스몰렌스크에서 러시아의 주력군을 섬멸하려 한 나폴레옹의 계획은 실현되지 않았다. 그는 스몰렌스크를 점령했지만, 필요한 보급품을 구하지 못했기 때문에, 스몰렌스크는 이용가치가 없었다.

러시아군은 계속해서 내륙으로 후퇴하여, 모스크바 방향으로 철수함으로써 프랑스군의 보급선을 점점 길게 만들었다. 바르클라이 드 톨리는 나폴레옹을 내륙 깊숙이 유인한 후, 매복공격을 가하는 전술을 시도했지만, 그와 경쟁관계에 있던 군부 내의 민족주의자들은 - 리플란트 출신의 바르클라이 드 톨리는 그들 눈에는 러시아인이 아닌, 독일인이었다 - 스몰렌스크 전투 패배 후, 이 도시가 파괴된데 대한 책임을 물어 1812년 8월 20일 알렉산드르 1세 황제로 하여금 러시아군 최고지휘관을 미하일 일라리오노비치 쿠투조프(1745-1813)로 교체하게 만들었다. 바르클라이 드 톨리의 후퇴전술에 불만을 품은 러시아 장군 중, 그의 직위(러시아군 총사령관)를 노린 사람은 뷔르템베르크 공작의 아들인 오이겐(1788-1857) 장군과 아우스터리츠 전투(1805)에도 참가했던 카를 빌헬름 폰 톨(1777-1842) 소장 등이 지지한 바그라치온과 레빈 아우구스트 폰 베니히센(1745-1826) 장군이었다. 나폴레옹도 인정한, '군신(軍神)'이란 별명을 가진 바그라치온 원수는 야전지휘관의 자리를 지켜야 했고, 베니히센은 바르클라이 드 톨리와 마찬가지로 독일인(브라운슈바이크 출신)이었기 때문에, 알렉산드르 1세 황제는 제3의 인물로서 자신과 동향인 상트페테르부르크 출신의 - 3차 동맹전쟁(1805)에서 오스트리아를 지원한 러시아군 사령관 출신의 - 미하일 일라리오노비치 쿠투조프(1745-1813)를 러시아군 최고지휘관에 임명했다.

러시아어보다 독일어를 더 잘 구사한 바르클라이 드 톨리는 러시아 장교보다는 독일 출신 장교들을 사령부의 주요 보직에 기용했었다. 그는 참모장인 알렉세이 페트로비치 예르몰로프(1777-1861) 장군과 상의하지도 않고, 튀링엔 출신의 루트비히 폰 볼초겐(1773-1845) 대령이 추천한 카를 폰 클라우제비츠를 참모에 임명했고, 오스트리아와 스페인 군대를 거쳐 러시아군으로 이적해 온 프로이센 출신의 레오폴트 폰 뤼초(1786-1844) 중령을 중용했다. 클라우제비츠는 1813년 러시아군 총사령관에 재임명되어, 라이프치히 전투를 지휘한 바르클라이 드 톨리 원수의 참모장으로서 해방전쟁의 여러 전투에 참전했다. 뤼초는 1815년 프로이센군으로 귀환해 블뤼허 장군 휘하의 참모부 장교로서 리니 전투(1815년 6월 16일) 및 워털루 전투(1815년 6월 18일)에 참가했고, 볼초겐은 1815년 프리드리히 빌헬름 3세 프로이센 국왕에 의해 프로이센군 소장에 임명되었다.

4) 보로디노 전투(1812년 9월 7일)

알렉산드르 1세는 후퇴작전을 중단하고, 모스크바 방어에 총력을 경주하라는 명령과 함께 67세의 쿠투조프를 러시아군 총사령관에 기용했다. 쿠투조프는 1805년 아우스터리츠 전투에서 러시아-오스트리아 동맹군을 지휘했고, 나폴레옹의 러시아 침공 직전까지 오스만 제국과의 전쟁에서 러시아군을 지휘했었다. 그는 128,000명의 병력과 640문의 대포를 울창한 삼림지역을 이용하여 보로디노(모스크바 서쪽 100km) 남쪽과 북동쪽에 배치하여 모스크바를 위협하는 나폴레옹의 공격을 방어하려 했다. 75,000명의 우익군을 지휘한 바르클라이 드 톨리 원수는 보로디노 북쪽의 야산에 진을 쳤다. 그 뒤쪽에 분지가 있었고, 분지와 연결되어 러시아군 보루가 연이어 구축되어 있었다. 이들 보루는 바그라치온 장군 휘하의 1개 사단이 지키고 있었다.

나폴레옹은, 모스크바로 연결되는 도로 북쪽에 배치된 그의 계자 외젠 드 보아르네의 우익군으로 하여금 유도공격을 시도케 하여, 보아르네의 공격을 러시아군의 우익군을 포위하기 위한 프랑스군 주력부대의 공격으로 러시아군이 착각하게 만든 후, 실제로는 중앙군을 지휘한 다부 원수가 바그라치온을 공격하고, 포니아토프스키(바르샤바 공국의 국방장관 겸 프랑스군 원수로서 나폴레옹의 러시아 원정군 5군단장) 후작의 기병이 러시아군의 좌익군을 우회하여 바그라치온의 배후를 공격하는 작전을 펼쳤다. 프랑스군은 대부분 폴란드, 뷔르템베르크, 베스트팔렌, 작센, 크로아티아 및 바이에른 출신 병사들로 편성되어 있었다.

1812년 9월 7일 새벽 5시 30분 나폴레옹은 예하 포병대에 포격개시 명령을 내렸다. 보아르네는 즉시 보로디노를 공격했고, 루이 니콜라 다부와 미셸 네 원수는 프랑스군 전열을 향해 산탄총 사격을 개시한 러시아군 보루를 향해 보병공격을 감행했다. 다부 원수가 탄 말이 사살되고, 다부는 낙마하여 의식을 잃었다. 나폴레옹은 다부 원수를 장 라프

(1771-1821) 장군으로 교체했다. 미셸 네 원수는 러시아군의 역공으로부터 포진지를 지켰다. 나폴레옹은 미셸 네 원수에게 조아생 뮈라(1767-1815, 나폴레옹의 막내여동생 카롤린의 남편) 원수의 기병부대를 지원케 했다. 나폴레옹은 절망적인 상황에서도 포기하지 않는 러시아군의 완강한 저항에 놀랐다. 3차 동맹전쟁에서 상대한 프로이센군이나 5차 동맹전쟁에서 오스트리아군은 그와 같은 상황에서는 항복하거나 후퇴했었다. 러시아군의 투지는 오스만 제국군과의 오랜 전쟁경험에서 터득한 학습의 효과였다. 후일 나폴레옹은 러시아 보병부대는 대포로 파괴해야 할 요새였다고, 그들의 투혼에 대해 언급했다.

10시 경 나폴레옹의 계획보다 전황이 더 진전되었다. 보아르네는 보로디노를 점령하여, 그곳으로부터 러시아군의 보루를 포격했고, 포니아토프스키는 러시아군의 왼쪽 날개를 분쇄했지만, 언덕위의 울창한 관목 숲으로부터 러시아군의 집중포격을 받았기 때문에, 언덕 뒤의 분지를 우회하는 것이 불가능했다. 전투는 포격과 정면공격을 통해서만 계속될 수 있었고, 실제로 전투는 그렇게 진행되었다. 10시 직후 나폴레옹은 러시아군의 중앙을 돌파하기 위해서는 예비대(친위대)의 투입이 불가피하다는 미셸 네의 보고를 받았다. 미셸 네 원수와 조아생 뮈라 원수는 발군의 전투력을 과시했지만, 탈진하여 원군이 필요했고, 남은 병력은 친위대 병력뿐이었다.

친위대를 전투에 투입해야 할 것인지에 대해 숙고하고 있는 동안, 나폴레옹은 우익군(보아르네)으로부터 보고를 받았다. 그것은 쿠투조프 러시아군 총사령관이 표도르 페트로비치 우바로프(1773-1824) 장군의 기병예비대와 마트베이 이바노비치 플라토프(1751-1818) 장군의 카자흐 기병대를 투입하여 보아르네가 수세에 몰렸다는 보고였다. 친위대 사령관 장 바티스트 베시에르(1768-1813) 원수는 프랑스로부터 2,600km나 떨어진 러시아 땅에서 프랑스군에게 남은 마지막 예비부대(친위대)를 투입하는 문제에 대해 신중을 기해 줄 것을 나폴레옹에게 요청했다. 나폴레옹은 친위대가 보유한 대포를 지원하는 것으로 미셸 네 원수를 제한적으로 지원했다. 그 밖에 나폴레옹은 미셸 네 원수에게 루이 드 프리앙(1758-1829) 장군 휘하의 1개 사단을 지원했지만, 기대했던 전과는 올리지 못했다. 스몰렌스크 전투에서 한 차례 부상당한 프리앙이 다시 전상을 입었다.

전투현장에는 겹겹이 쌓여 작은 산을 이룬 전사자들과 중상자들 때문에 사거리 조정이 어려워 러시아군은 포사격이 불가능할 정도였다. 러시아군 보루 근처에서 루이-피에르 몽브룅(1770-1812) 장군이 치명상을 입었고, 나폴레옹은 그를 오귀스트 드 콜렝쿠르(1763-1813) 장군으로 교체했다. 여러 차례의 기병공격 끝에 러시아군 보루는 프랑스군에 의해 점령되었지만, 러시아군의 역공으로 프랑스군은 다시 퇴각해야 했다. 오후에 러시아군 보루는 미셸 네 원수와 보아르네 원수의 기병과 보병에 의해 완전히 점령되고, 러시아군은 격퇴되었지만, 그 과정에서 콜렝쿠르 장군이 치명상을 입었다.

보로디노 전투의 사상자는 러시아 측의 경우 58,000명으로 추산되었다. 적어도 6명의 러시아군 장군들이 전사하거나, 치명상을 입었다. 표트르 이바노비치 바그라치온은 이 전투에 입은 부상으로 사망했다. 러시아군의 일원으로 나폴레옹과 싸운 고위 장교들 중에는 독일, 스웨덴, 오스트리아, 심지어는 프랑스 출신도 있었다. 러시아군 중장이며 멕클렌부르크 공작 카를 아우구스트 크리스티안(1782-1833)은 보로디노 전투에서 부상당했다. 프랑스군의 사상자 수도 5만 명 이상으로서, 그 중 베스트팔렌 왕국 병력이 3천 명가량이었다. 장 빅토르 타로(1767-1812) 소장과 헬무트 폰 레펠(1773-1812, 베스트팔렌 왕국 군마관리청장) 준장은 보로디노에서 전사했고, 뷔르템베르크군을 지휘한 한스 게오르크 폰 함머슈타인(1771-1841) 장군은 전상을 입었다. 부상당한 뷔르템베르크 장군 2명과 바이에른 장군 1명을 포함해 프랑스 측에서는 총 11명의 장군이 전사하고, 18명이 전상을 입었다. 요한 아돌프 폰 틸만(1765-1824) 중장 휘하의 작센군 기병여단은 러시아군의 공격을 받아 거의 전멸했다. 전투가 끝난 후 58,521명의 전사자와 35,478필의 군마의 사체가 발견되었다. 군마의 사체 수가 많았던 것은 보로디노 전투가 기병전이었음을 방증한 결과였다.

사상자의 수(러시아군 58,000명, 프랑스군 50,000)와 보로디노 전투 후 모스크바가 점령되었다는 사실을 고려하여 사가들은 보로디노 전투를 프랑스군의 승리로 평가했다. 그러나 나폴레옹의 의도대로 러시아를 평화협상 테이블로 이끌어 낼 수 있을 만큼 압도적인 승리는 아니었다. 나폴레옹에게 보로디노 전투는 그가 지금까지 러시아군에게 승리한 전투 중에 희생이 가장 컸던 전투였고, 러시아 측에서 보면 보로디노 전투는 가장 유능한 장군 중의 한 사람인 바그라치온이 치명상을 입은 전투였다. 그러나 상황을 잘못 보고받은 러시아군 참모총장 쿠투조프는 보로디노 전투 직후 상트페테르부르크에 보로디노 전투를 러시아군의 승리로 보고했고, 러시아 전역에서는 승전에 대한 감사기도회가 개최되었다. 보로디노 전투를 지휘한 러시아군 지휘관은 - 스몰렌스크 전투 후 러시아군 총사령관 직에서 물러난 - 바르클라이 드 톨리와 바그라치온 두 사람이었다. 좌익군을 지휘한 바그라치온은 보로디노 전투에서 경골에 맹관총상을 입고, 17일 후 사망했다. 황제에게 올린 보고가 사실과 달랐던 것은 고르키(지금의 니즈니 노프고로드)의 군사령부에 머문 쿠투조프가 보로디노의 전황을 정확하게 확인하지 못했기 때문이었다. 오늘날까지도 보로디노 전투는 적어도 무승부로 끝난 전투라는 주장도 있지만, 그것은 사실에 반한 주장임이 분명하다. 보로디노 전투 일주일 후 모스크바는 프랑스군에 의해 점령되었다.

나폴레옹이 모스크바를 무혈점령했을 때, 그에게 남은 병력은 십만여 명에 불과했다. 초기 전력과 비교하면 나폴레옹은 모스크바에 도착하기도 전에 이미 주력군의 삼분의 이 이상을 잃은 것이었다. 모스크바 주민들은 프랑스군의 진입 소식에 경악했다. 수도 상트페테르부르크에서 승전 축하파티가 열리고 있을 때, 프랑스군이 모스크바에 진주한 것이었다. 나폴레옹은 모스크바 점령을 위해 보로디노 전투에서 대가를 치렀지만, 모스크바에서 한 달 이상을 허송한 후 빈손으로 다시 모스크바에서 철수해야 했다. 나폴레옹은 전투에서 승리하고, 전쟁에서 패한 것이었다.

바이에른 출신의 전쟁화가 알브레히트 아담(1786-1862)은 외젠 드 보아르네를 따라 러시아 원정에 종군한 화가였다. 보로디노 전투를 직접 목격한 그는 1840년에 발표한 <전투 후>란 제목의 유화에서 당시의 인상을 압축적으로 표현한 작품을 남겼다. 전사자 옆에서 주인을 잃고 죽어가는 말과 부상당한 전우들을 돌보는 두 명의 병사를 캔버스 위에 형상화한 <전투 후>는 바이에른의 슈바인푸르트 시 소재 게오르크 셰퍼(1896-1975, 기업인)의 개인 박물관이 소장하고 있다. 알브레히트 아담은 1809년의 아스페른 전투와 바그람 전투에도 종군하여 여러 장의 스케치 화를 남겼으며, 이 작품들은 현재 빈의 군사박물관에 소장되어 있다. 보로디노 전투와 베레지나 강 전투(모스크바에서 철수한 이후의 전투)는 톨스토이의 소설 <전쟁과 평화>에 사실적으로 재현되어 있으며, 차이콥스키와 푸시킨도 보로디노 전투를 다루었다. 독일 작가 테오도르 폰타네의 1878년 작 소설 <폭풍 앞에서>에서 묘사된 보로디노 전투는 요한 아돌프 폰 틸만(1765-1824) 작센군 장군이 지휘한 기병여단 소속 병사의 시각에서 묘사되었다.

5) 모스크바 점령

보로디노 전투의 결과가 황제에게 잘못 보고되었기 때문에, 모스크바 방어군은 보로디노 전투가 자국군의 패배로 끝난 지 닷새가 지나도록 모스크바 포기 명령을 하달받지 못했다. 모스크바 철수 결정은 1812년 9월 13일 오후에 가서야 비로소 내려졌다. 조아생 뮈라 프랑스군 원수가 전위부대를 지휘하여 9월 14일 모스크바에 진입했을 때, 모스크바 시는 아직 완전히 소개되지 않았으며, 모스크바 시민들과 러시아군 병사들 상당수가 시내에 남아 있었다. 러시아군은 거의 1만 명에 육박하는 부상자와 환자들을 모스크바에 방치한 채 철수했다. 수천 명의 러시아군 낙오병들은 체포되었다. 낙오병들 중에는 약탈에 가담하여 본대와 연결이 단절된 자들도 포함되어 있었다. 9월 14일 저녁 발생한 첫 번째 화재는 다음 날 아침 대체로 통제되었으나, 그날 밤 모스크바 시내 여러 곳에서 동시다발적으로 다시 화재가 발생했다. 모스크바 대화재라 부르는 1812년 9월 15일의 화재사건은 군사작전의 일환으로 저질러진 러시아군에 의한 방화의 결과였다. 9월 16일 발생한 폭풍으로 인해 화재는 급속히 확산되었다.

9월 15일 아침 '라 마르세예즈'(프랑스 국가)가 연주되는 가운데 친위대와 함께 나폴레옹이 크렘린 궁에 도착했다. 화재가 크렘린 궁 인근에까지 확산되자, 16일 아침 나폴레옹은 크렘린 궁을 떠나 거소를 옮겼다. 삼분의 이 이상이 목조건물인 모스크바 시의 사분의 삼이 러시아군의 방화로 인해 폐허가 되어버렸다. 18일 화재는 대부분 진압되었고, 나폴레옹은 크렘린 궁으로 귀환했다. 많은 사람들이 불에 타죽었고, 그 중에는 러시아군 부상자와 환자들도 끼어 있었다. 화재와 더불어 공식적으로 금지되어 있던 프랑스군의 약탈이 자행되었다.

9월 20일 러시아 황제에게 보낸 서한에서 나폴레옹은 모스크바 총독(시장) 표도르 바실리예비치 로스토프친(1763-1826) - 그는 1812년 전쟁 발발 직전에 모스크바 주둔 러시아군 사령관 겸 모스크바 총독에 임명된 인물이었다 - 백작에게 화재의 책임을 돌렸다. 9월 15일의 모스크바 대화재는 프랑스군에게 보급품의 현지조달과 군대와 군마의 숙영을 불가능하게 만들려고 한 전략적 방화에 의해 발생한 것이었다. 현장에서 체포되어 로스토프친을 방화 교사자로 지목한 한 400여 명의 방화자들은 전원 프랑스군에 의해 처형되었다. 모스크바시의 소방펌프는 로스토프친의 지시에 의해 모두 시 외곽으로 옮겨졌거나, 파괴되었다. 화재 후 11,959명의 사망자와 12,456필의 군마의 사체가 발견되었다. 9,158채의 건물 중 6,532채가 파괴되었고, 290개의 교회 중 127곳이 파괴되었다.

나폴레옹은 모스크바 대화재에도 불구하고 훼손되지 않은 크렘린 궁에 체재했고, 군대는 대부분 시 외곽에 주둔했다. 나폴레옹은 알렉산드르 1세 황제 측으로부터 휴전회담과 평화회담의 제의를 기다렸다. 몇 차례 쿠투조프에게 군사(軍使)를 보내 회담개최 의사를 타진했지만, 협상에 응할 용의가 없었던 러시아 황제는 쿠투조프 사령관에게 나폴레옹과의 접촉을 금지하는 명령을 내렸다. 쿠투조프를 러시아군 총사령관에 임명할 당시(1812년 8월 20일) 이미 평화조약으로 이어질 수 있는 일체의 협상을 피할 것을 명령했음에도 불구하고, 나폴레옹과의 접촉에 분노한 알렉산드르 1세는 쿠투조프에게 견책성 서한을 보내 황제의 원칙을 지켜줄 것을 강조했다.

전초부대 간의 소규모 접전을 제외하면, 알렉산드르 1세가 쿠투조프에게 일체의 협상 금지를 지시할 때까지, 침묵의 휴전상태가 모스크바를 지배했다. 그럴 것이, 처음에는 나폴레옹이 러시아 황제 측의 회담 제의를 기다렸고, 그것이 불발로 끝나자, 회담을 유도하려고 했기 때문이었다. 프로이센 수상 출신의 슈타인 남작으로부터 정치적 자문을 받은 알렉산드르 1세는 나폴레옹에게 평화회담 제의를 하지 않았을 뿐 아니라, 모스크바에서 상트페테르부르크로 보내온 나폴레옹의 평화협상 제의도 일절 수용하지 않았다. 알렉산드르 1세 황제의 모후(마리아 표도로브나, 뷔르템베르크 공주 조피 도로테아)와 황제의 동생 콘스탄틴(1779-1831) 대공을 포함해 군부 내에서도 평화조약 체결을 주장한 사람들이 있었지만, 알렉산드르 1세는 나폴레옹의 기대에 일체 부응하지 않았다.

화재로 폐허가 된 도시에서, 그것도 곧 다가올 혹한의 겨울을 목전에 두고, 러시아 황제의 무시작전을 만나게 된 나폴레옹은 모스크바의 점령이 무의미함을 인식하게 되었다. 러시아 제일의 도시를 함락시켰는데, 러시아의 황제는 상트페테르부르크에서 베를린 함락을 체험한 베를린 출신의 정치가와 전략을 논의하고 있었던 것이었다. 베를린 함락으로 프리드리히 빌헬름 3세는 동프로이센으로 피난해야 했지만, 러시아는 우선 국토의 크기가 프로이센과는 달랐고, 황제는 모스크바가 아닌 상트페테르부르크에 있었다. 나폴레옹은 대군을 동원하여 러시아 원정을 감행했지만, 몇 차례 전투를 치르는 과정에서 병력이 크게 감소된 데다가, 대화재로 폐허화한 겨울도시에서 전쟁에 이기면서, 살아남을 확률은 높아 보이지 않았다. 나폴레옹을 마치 '외딴섬'에 가두어놓은 것이나 마찬가지인 알렉산드르 1세는 나폴레옹의 모스크바 점령기간을 러시아군의 전력증강에 이용했다. 오히려 나폴레옹 측에서 협상을 제의하기 위해 라브 드 로리스통(1768-1828) 장군이 두 차례나 쿠투조프에게 파견되었다. 로리스통은 1812년 11월 9일 스몰렌스크에서 프랑스군에 합류하기 전까지 페테르부르크 주재 프랑스 공사였다. 로리스통이 10월 13일 소득 없이 돌아 왔을 때, 나폴레옹은 마침내 모스크바 철수를 결정했다. 그 사이에 6차 동맹전쟁의 동맹국 중 영국이 제일 먼저 - 파병 대신 전비지원과 무기공급에 제한되긴 했지만 - 전쟁에 개입했다. 유일하게 참전한 영국 군인은 러시아군 사령부에 옵서버로 파견된 로버트 토머스 윌슨(1777-1849) 장군이었다.

6) 모스크바에서 메멜(네만) 강까지

1812년 10월 18일 타루티노(모스크바 남서쪽 190km) 전투에서 조아생 뮈라(나폴리 국왕) 원수가 러시아군에 의해 제압된 지 하루 만에 나폴레옹은 모스크바에서 철수했다. 군마의 부족에도 불구하고 모스크바에서 노획한 전리품을 수송하기 위해 많은 수의 마차가 동원되었다. 부상자와 환자는 걸어서 철수해야 했고, 보행이 불가능한 사람들은 모스크바에 그대로 방치되었다. 프랑스 출신의 모스크바 주민들은 러시아군이 철수하고 난 후의 보복을 우려하여 프랑스군을 따라 모스크바를 떠났다.

프랑스군이 모스크바를 점령한 날 모스크바 시장에 임명된 에뒤아르 아돌프 모르티에(1768-1835) 원수 휘하의 친위대 병력은 10월 23일까지 후위부대로 남아, 모스크바에서 철수하는 나폴레옹의 주력군의 퇴로를 엄호해야 했다. 모르티에 원수의 친위부대가 모스크바에서 철수할 때, 크렘린 궁 일부가 화염에 싸여 폭파되었다. 그곳에서 다량의 무기와 탄약과 화약이 발견되었다. 때마침 내린 큰비가 대참사를 막아주었고, 크렘린 궁은 보존되었다.

모스크바가 러시아군에 의해 수복되었을 때, 카자흐인들과 모스크바 주민들과 무장농민들은 프랑스군 낙오병들과 부상자 및 환자들을 상대로 대학살을 자행했다. 그들의 눈에 비친 프랑스인들은 모두 모스크바 대화재를 일으킨 방화범들이었고, 악마의 도우미들이었다. 러시아 정교회는 러시아 국민들을 대나폴레옹 항쟁에 동원하기 위해 나폴레옹을 반기독교인으로, 악마로 선전했다. 러시아 국민들은 신심이 깊었기 때문에, 성직자들의 호소가 영향력을 발휘하여 민간의 저항이 치열했다. 그들은 '조국전쟁'을 통해 - 러시아인들은 나폴레옹과의 전쟁을 조국전쟁이라 불렀다 - 그들의 재산과 가족 뿐 아니라, 신앙과 국가의 중요성도 깨닫게 되었다. 모스크바 주민들의 프랑스인 학살은 프랑스 군인들이 범한 일탈행위와 잔혹행위에 대한 러시아인들의 복수였다.

모스크바를 떠난 프랑스군은 남서쪽 방향으로 움직였다. 드미트리 세르게예비치 도흐투로프(1756-1816) 장군은 10월 24일 말로야로슬라베츠(모스크바 남서쪽 130km) 전투에서 외젠 드 보아르네의 프랑스군 4군단과 대적하여 도시를 방어했지만, 그날 오후에 다시 철수해야 했다. 말로야로슬라베츠는 양방 간 전투과정에서 여러 번 주인을 바꾸었다. 쿠투조프 사령관은 말로야로슬라베츠에서 프랑스군과 결전을 치르는 것을 피하고, 칼루가(모스크바 남서쪽 190km)로 철수할 것을 명령했다. 프랑스군의 칼루가 경유를 저지하기 위함이었다. 보아르네는 제2의 보로디노 전투의 대가를 치르지 않고서는 칼루가와 러시아의 남부지역을 경유하는 철수가 불가능하다고 판단했다. 그는 계획을 바꾸어, 칼루가에서 식량을 조달하는 대신, 보로프스크(칼루가 주)와 베레야(모스크바 주, 모스크바 남서쪽 111km)를 경유하여 모사이스크(모스크바 서쪽 110km)로 퇴각한 후, 그곳에서 마지막으로 모스크바를 떠나는 모르티에 원수 휘하의 후위부대와 합류하기로 결정했다.

말로야로슬라베츠 전투는 프랑스군의 전술적 승리임과 동시에 러시아군의 전략적 승리로 평가되었다. 말로야로슬라베츠 전투 후 전쟁의 주도권은 러시아군으로 넘어갔고, 프랑스군의 후퇴는 이미 그들에 의해 일차적 약탈이 자행된 루트를 따라 다시 스몰렌스크를 경유하는, 모스크바로 진군했을 때의 정역방향으로 실시되었다. 러시아군은 말로야로슬라베츠 전투에서 프랑스군보다 많은 사상자를 냈지만, 프랑스군으로 하여금 초토화된 루트를 따라 스몰렌스크를 경유하지 않을 수 없게 만든 것이 러시아 군의 전략적 승리를 의미하는 것이었다. 그렇지 않아도 어려운 급양 사정이 더욱 악화되어, 결국 많은 인명손실을 초래하게 될 것이기 때문에, 나폴레옹의 러시아 원정군의 운명은 이미 말로야로슬라베츠 전투에서 결정된 것이나 다름없었다.

11월 3일 비아즈마(스몰렌스크와 모스크바 중간에 위치한 스몰렌스크주의 도시)에서 벌어진 전투에서 프랑스군은 미하일 안드레예비치 밀로라도비치(1771-1825) 장군 휘하의 러시아군의 공격으로 열흘 전 전투(말로야로슬라베츠 전투)에서보다 더 큰 피해를 입었다. 수적으로는 프랑스군(37,000명)이 우세했지만, 러시아군(33,000명)은 프랑스군에 비해 거의 두 배가 되는 기병을 보유함으로써 월등한 전술적 기동성을 장악했고, 후퇴중인 프랑스군보다 사기도 높았다. 러시아군은 다부 원수의 1군단을 여타 프랑스 군단들로부터 고립시킨 후, 섬멸하려고 했다. 보아르네와 포니아토프스키 원수가 각각 지휘한 4군단과 5군단의 도움을 얻어 다부의 1군단은 러시아군의 포위망을 벗어나는데 성공했다. 그 후 프랑스군은 비아즈마 시의 인근 언덕으로 후퇴하여 방어선 구축을 시도했지만, 러시아군 전위부대와의 전투에서 패했다. 비아즈마는 러시아군에 의해 점령되었고, 프랑스군은 휴식을 취할 틈도 없이 후퇴를 계속해야 했다. 쿠투조프의 원군이 적시에 전투현장에 도착하지 못했기 때문에, 프랑스군은 전멸의 위기로부터는 벗어날 수 있었다. 러시아군은 1,800명의 사상자를 냈고, 프랑스군의 인명피해는

6,500명 내지 8,000명(5,000명의 포로 포함)에 달했다. 프랑스군 최정예 군단인 1군단의 패배는 '그랑 아르메'(위대한 군대)의 사기를 꺾었고, 그들의 퇴각을 촉진시켰다.

　서유럽과 러시아를 이어주는 관문이며 러시아 원정군의 중간 보급기지인 스몰렌스크에 도달해서야 비로소 나폴레옹은 잔존병력을 규합하고, 행군에 지친 장병들에게 휴식을 허용할 수 있었다. 스몰렌스크에 도착했을 때의 나폴레옹이 장악한 잔존병력의 총수는 6만 여 명에 불과했다. 초기 병력의 십분의 일에 불과한 규모였다. 그 중 화기를 소지한 병력은 4만 명에 지나지 않았고, 나머지는 무기도 없는 낙오병들이었다. 그래서 그는 스몰렌스크에서 월동하면서 군대를 재정비하고, 신병을 징발하려 했다. 그러나 그 사이에 백러시아의 비테프스크(벨라루스 비테프스크 주의 수도)와 폴로츠크(비테프스크 주의 도시) 뿐만 아니라, 프랑스군이 건설한 대규모 보급창이 있는 민스크(현재 벨라루스의 수도)마저 11월 16일 러시아군의 수중에 들어갔다는 보고가 들어왔다. 나폴레옹은 원래 민스크를 경유하는 퇴로를 이용하기로 결정했었다. 그 길이 더 짧은데다, 프랑스군이 점령하고 있는 민스크에는 백만 명분의 하루치 식량이 저장되어 있었다.

　엎친 데 덮치기로 쿠투조프가 지휘한 러시아군의 주력군이 스몰렌스크 남쪽으로 진격해, 서유럽으로 가는 모든 루트를 차단하고, 나폴레옹과 프랑스군의 러시아 국경 통과를 저지하려 했다. 나폴레옹은 스몰렌스크에서의 월동 계획을 포기하고, 다시 후퇴해야 했다. 그러나 러시아군이 이미 스몰렌스크 서쪽의 크라스노예에 도달했기 때문에, 11월 16일부터 18일까지 퇴로를 확보하기 위한 전투가 스몰렌스크와 크라스노예 사이에서 벌어져, 프랑스군은 이제 그 심장부까지 타격을 입게 되었다. 크라스노예에서 고립된 미셸 네 원수의 프랑스군 3군단은 사실상 전멸을 당했다.

　1812년 11월 21일 프랑스군은 백러시아의 보리소프(벨라루스의 도시)에서 베레지나 강을 건널 수 있는 교량을 - 북쪽 우크라이나에서 진격해 온 -

파벨 바실리예비치 치차고프(1767-1849) 러시아 장군에게 모두 빼앗겨 버렸다. 마침 기온이 상승해 베레지나 강의 얼음이 녹아, 교량을 이용하지 않고서는 도강이 불가능했기 때문에, 나폴레옹에게 이제 서유럽으로 가는 연결로가 사라져 버렸다. 바로 이 시점에 클로드 빅토르-페렝(1764-1841) 원수의 9군단, 샤를 니콜라 우디노(1767-1847) 원수의 2군단, 그리고 전상을 입은 구비옹 생 시르(1764-1830) 대신 지휘봉을 잡은 카를 필립 폰 브레데(1767-1838) 바이에른군 원수 휘하의 6군단 및 모길리오프 요새 수비대 병력(얀 헨릭 돔브로프스키의 사단)이 스몰렌스크와 베레지나 강 사이에서 위기를 만난 나폴레옹의 주력군과 합세하지 않았더라면, 나폴레옹은 베레지나 강을 건널 수 없었을 것이다. 빌나(빌니우스)를 경유하여 메멜 강을 다시 건넌 다음, 서유럽을 관통하여 프랑스 국경까지 철수하려면, 우선 베레지나 강부터 무사히 건너야 했다. 쿠투조프 러시아군 총사령관은 3개 군단(쿠투조프, 치차고프, 비트겐슈타인)을 장악하고서도 프랑스군의 베레지나 강 도하작전을 저지하지 못했는데, 이는 러시아군의 지휘 체계가 일원화되지 않았기 때문이었다. 치차고프와 비트겐슈타인(루트비히 아돌프 페터 추 자인-비트겐슈타인, 1769-1843) 장군은 각각 3만 명의 병력을 보유했음에도 단독작전으로는 프랑스군 5만 명의 병력과 대항할 만큼 충분히 강하지 못했다.

민스크를 점령한 후 보리소프(벨라루스 민스크 주의 도시)로 진격한 치차고프는 프랑스군의 위장 도하작전으로 인해 전력을 적소에 배치하는데 실패했다. 실제로 프랑스군이 두 개의 부교를 가설한 지점은 보리소프 북쪽 3마일 지점의 스투디엔카였지만, 그들은 치차고프의 눈을 속이기 위해 보리소프와 우콜로다에서 부교 가설 공사 준비를 하는 척 했기 때문이었다. 치차고프는 스투디엔카에서의 프랑스군의 공격을 교란작전으로 간주하고, 대부분의 병력과 함께 남쪽 방향으로 이동한 틈을 이용해, 프랑스군은 스투디엔카에 가교를 건설했다. 비트겐슈타인은 베레지나 강 동안에서 프랑스군 낙오병들을 체포했고, 주력군과의 연결선을 잃어버린 루이 파르투노(1770-1835) 장군 휘하의 프랑스군 1개 사단을 항복시켰다. 5

만 명 이상의 병력을 장악한 쿠투조프는 베레지나 강에서 멀리 떨어진 지점에 있었기 때문에, 베레지나 강 전투에는 참여할 수 없었다.

7만여 명의 프랑스군 병사 중 베레지나 강을 무사히 건넌 숫자는 4만 명에 불과했다. 11월 28일 8시 경 26,000명의 병력을 장악한 치차고프는 우디노 원수 및 미셸 네 원수 휘하의 14,000명의 프랑스군을 베레지나 강 서안에서 공격했다. 우디노가 부상당하고, 미셸 네 원수가 지휘권을 인수했다. 미셸 네 원수의 군단에는 프랑스 출신 병사는 거의 없었으며, 스위스와 이탈리아 출신이 일부 섞여있을 뿐, 대부분 폴란드 출신이었다. 그들은 하루 종일 도하작전을 엄호하면서 러시아군의 공격을 저지했다. 탄약이 떨어지자, 스위스 병사들은 백병전을 감행했다. 양측은 큰 피해를 보았다. 1,600명의 러시아 병사들이 프랑스군의 포로가 되었다. 전투가 끝난 후 점호에 응한 프랑스군 측 병사는 300명의 스위스 병사들뿐이었는데, 그들 중 삼분의 일은 부상자들이었다. 천신만고 끝에 빌니우스(빌나)에 도착한 미셸 네 원수는 3천여 명의 전투 가능한 병력을 규합하여, 나폴레옹의 후퇴로를 엄호했다. 빌니우스는 1812년 12월 10일 러시아군의 수중에 들어갔다.

프랑스군이 <베레지나 강 전투>(1812년 11월 26-28일)에서 전멸을 면한 것은 러시아군 지휘관들의 실수 덕분이었다. 치차고프와 비트겐슈타인의 작전은 통일성이 결여했고, 쿠투조프 총사령관은 판단이 느리고 소심했다. 패전에도 불구하고 나폴레옹은 그의 군대의 일부를 거의 절망적인 상황에서 구해낼 수 있었다. 수적으로 우세한 적과의 전투에서 베레지나 강을 건넘으로써 적어도 그는 프랑스군의 마지막 남은 핵심부대를 구해내는 데는 성공했다.

나폴레옹의 군대는 빌니우스로 퇴각 중 특히 큰 손실을 입었다. 1812년 12월 7일부터 9일까지 급양도 받지 못한 상태에서 섭씨 영하 39도에 이르는 혹한의 추위가 엄습해 병사들은 들판에서 동사했고, 낙오병들은 추격해 온 카자흐 기병부대에 의해 살육되었다. 환자와 부상병과 탈진한

자들을 남겨 둔 채, 프랑스군은 12월 10일 빌니우스를 떠났다. 12월 16일 나머지 프랑스 군대는 - 같은 해 6월 24일 모스크바 정복의 꿈을 안고 건넜던 - 얼어붙은 메멜(네만) 강을 다시 건너 동프로이센 땅에 도달했다. 열흘 전 먼저 파리로 떠난 나폴레옹 대신 지휘권을 인수한 조아생 뮈라 휘하의 프랑스군은 고작 5천여 명이었다

1812년 10월 말 프랑스에서 클로드 프랑수아 드 말레(1754-1812) 장군이 주동한 쿠데타가 발생했었다. 공화주의 정신을 부정한 죄로 파면되어 1808년 이후 수감되어 있던 말레는 1812년 나폴레옹이 러시아에서 사망했다고 주장하면서 쿠데타를 일으켰지만, 10월 29일 군사재판에 의해 처형되었다. 나폴레옹은 이미 11월 초 스몰렌스크에서 쿠데타 소식을 접했지만, 1812년 12월 5일에 비로소 지휘권을 뮈라 원수에게 위임하고, 먼저 파리로 향했다. 프랑스군은 아직도 러시아군의 통제지역에 있었기 때문에, 나폴레옹의 파리 행은 모험이었다. 나폴레옹의 조기 귀국의 목표는 파리에서 발생한 쿠데타 때문이 아니라, 새로운 군대를 편성하기 위함이었다.

프랑스군 제10 군단에 배속된 루트비히 요르크 폰 바르텐부르크(1759-1830) 프로이센군 원수 휘하의 프로이센 군단(요르크 군단)은 쿠를란트(라트비아의 쿠르제메)에 투입되었기 때문에, 모스크바 원정에 참여한 나폴레옹 군대의 몰락과 운명을 공유하지는 않았다. 그러나 나폴레옹의 직접명령에 의해 프랑스 친위포병대에 배속된 프로이센군 포병여단의 2개 중대 병력은 모스크바 원정에서 전원 전사했다. 미셸 네 원수 휘하의 제3군단에 소속된 뷔르템베르크 군대와 구비옹 생시르(후일의 프랑스 국방장관) 원수가 지휘한 제6군단 소속의 바이에른 군대 등, 라인 동맹 군대도 전멸하다시피 했다. 몇 차례의 전투에도 불구하고 살아남은 프로이센군 15,000여 명은 프로이센이 러시아와 비밀휴전협정을 체결한 1812년 12월 30일 이후 10군단과 결별했다. 프로이센군의 이탈로 막도날드 원수에게 남은 10군단의 병력은 9,000명뿐이었다.

프로이센군과 러시아군 간의 비밀휴전협정은 1812년 12월 30일 타우

로겐(리투아니아의 타우라게)에서 요르크 폰 바르텐부르크 프로이센군 원수와 독일(니더슐레지엔) 출신의 한스 카를 폰 디비치-자발칸스키(1785-1831: 러시아 이름은 이반 이바노비치 디비치-자발칸스키) 러시아군 소장에 의해 체결되었다. <타우로겐 협정>에서 프로이센군은 중립을 선언하고, 더 이상 전투에 개입하지 않았다. 프리드리히 빌헬름 3세 프로이센 국왕의 명령 없이 요르크 폰 바르텐부르크 원수가 러시아 군부와 단독협상을 통해 체결한 타우로겐 휴전협정은 프로이센-프랑스 군사동맹의 와해를 의미하는 정치적 선언이기도 했다. 왜냐하면 프로이센에게 타우로겐 정전협정은 해방전쟁으로 이어진 대나폴레옹 6차 동맹전쟁의 촉발점이 되었기 때문이었다.

요르크 폰 바르텐부르크는 1813년 3월 17일 베를린에 도착했고, 그의 군단은 해방전쟁에 투입된 6차 동맹군의 핵심부대 역할을 했다. 한스 다비트 루트비히 요르크가 <타우로겐 휴전협정 체결과 해방전쟁에 기여한 공로로 프로이센 국왕으로부터 '폰 바르텐부르크'(바르텐부르크 백작)라는 귀족 칭호를 부여받은 것은 1814년 3월이었다. 프로이센군이 나폴레옹의 러시아 원정군과 결별한 지 일주일이 지난 1813년 1월 5일 오스트리아 군단도 전투를 중지했다. 원래 33,000명으로 편성된 오스트리아 군단은 러시아 원정을 끝낸 시점에는 총원이 20,000명 정도이었다.

❑ 7
해방전쟁(1813-1815)

1) 6차 동맹의 결성과 확대 - 타우로겐 협정(1812년 12월 30일) 에서 라이헨바흐 협약(1813년 6월 14-27일)까지

나폴레옹이 러시아 원정에 실패하여 다시 메멜 강을 건너 후퇴한 후,

프로이센군 사령관 요르크 폰 바르텐부르크 원수는 - 그는 프랑스군 제10 군단에 소속된 프로이센군 사령관이었다 - 프리드리히 빌헬름 3세 국왕의 사전지시 없이 직권으로 1812년 12월 30일 타우로겐(현 리투아니아의 타우라게)에서 디비치-자발칸스키 러시아군 원수와 비밀리에 휴전협정을 체결함으로써 러시아군과의 전쟁(나폴레옹의 러시아 원정)에 종지부를 찍었다. 요르크 폰 바르텐부르크 백작의 독단적인 결정은 유럽 역사에 전환점을 찍은 사건이었다. 프랑스와 체결한 군사동맹에 반대하는 국민적 저항이 점증하고 있는 배경에서 그의 담대한 행동은 프로이센의 나폴레옹과의 결별을 의미함과 동시에 <해방전쟁>의 시작을 알리는 신호탄이었다. <타우로겐 협정>은 단 3개 조항으로 이루진 간단명료한 조약이었다. 러시아 황제는 프랑스군 제10 군단으로부터의 이탈을 선언한 프로이센 군단(요르크 군단)에게 메멜(클라이페다), 틸지트(소베트스크), 라비아우(러시아의 폴레스크) 및 쿠를란트(쿠르제메)의 해안 석호 사이의 지역에서 최소 2개월 동안 중립적으로 주둔할 수 있는 권리를 허용하지만(1-2조), 프로이센의 국왕이나 러시아의 황제가 동의하지 않을 경우 이 지역에서 자발적으로 철수해야 한다(3조)는 것이 타우로겐 협정의 전체 내용이었다. 제2조가 규정한 프로이센 군단의 러시아 지역 주둔 허용기간이 종료된 1813년 2월 28일 양국 간 공수동맹조약이 칼리슈에서 조인됨으로써 타우로겐 협정은 <칼리슈 조약>으로 대체되었다. 칼리슈는 1772년 폴란드 1차 분할 이래 프로이센령이었다가, 1807년 이후 러시아령으로 바뀐 도시였다.

칼리슈에 소재한 러시아군 사령부에서 러시아와 프로이센 간에 체결된 <칼리슈 조약>은 그간 프로이센이 프랑스와 러시아 사이에서 보여준 이중외교를 끝내고, 반나폴레옹 동맹을 선택한 것을 의미했다. 프로이센 국왕 프리드리히 빌헬름 3세의 부관 카를 프리드리히 폰 뎀 크네제베크(1768-1848) 대령에 - 그는 1813년 12월 중장으로 승진했다 - 의해 제출된 프로이센 측의 칼리슈 조약 초안은 프로이센 왕국의 영토(북독일 지역의 영토 포함)를 1806년 이전 수준으로 회복시켜야 한다는 조항을 담았다. 당시 알렉산드르 1세 러시아 황제의 정치고문이었던 슈타인 남작이 개입하여 체결된 칼리슈 조약에서 러시아 황제는 프리드리히 빌헬름 3세의 요구를 수용하여, 프로이센의 영토를 1806년 이전 수준으로 회복시키되, 하노버는 제외시키는데 합의했다. 그러나 프로이센은 프로이센령 폴란드(남프로이센과 신동프로이센)에 나폴레옹의 위성국으로 설립된 바르샤바 공국은 러시아에게 양도해야 했다. 그 대신 슐레지엔과 프로이센 사이의 폴란드 영토는 프로이센령으로 인정되었다. 칼리슈 조약의 영토 관련 규정은 후일 <빈 회의>에서 부분적으로 수정되었다. 군사부문의 조항에서는 러시아가 15만 명, 프로이센은 8만 명을 분담하여 동맹군을 설립한다는 것이 핵심내용이었다. 칼리슈 조약은 1813년 2월 27일 프로이센의 국왕에 의해 브레슬라우(폴란드의 브로츠와프)에서 비준되었고, 2월 28일 칼리슈에서 러시아군 최고사령관(쿠투조프)에 의해 최종적으로 확인되었다. 이로써 대나폴레옹 전쟁을 수행하기 위한 <6차 동맹>(초기 병력: 230,000명)이 출범한 것이었다. 1813년 4월 22일 러시아의 권유로 스웨덴도 칼리슈 조약에 가입했다.

　칼리슈 조약이 조인된 4일 후인 1813년 3월 4일 비트겐슈타인 원수 휘하의 러시아군이 프로이센군에 앞서 - 직전에 프랑스군이 철수한 - 베를린에 진주했다. 베를린은 반나폴레옹 정서로 들끓고 있었다. 프리드리히 빌헬름 3세 프로이센 국왕도 이젠 베를린의 여론에 부응해야 했다. 베를린 입성을 목전에 두고 브레슬라우의 왕궁(쾨니히슐로스)에 머물고 있던 프리드리히 빌헬름 3세는 3월 10일 프로이센 왕국의 훈장 제도를 보완하여 <철십자 훈장>을 제정하고, 3월 16일 마침내 프랑스에 전쟁을 선포했다. 1차 슐레지엔 전쟁(1740-1742) 이후 프로이센 영토에 편입된 슐레지엔의 수도 브레슬라우는 - 1795년 1차 동맹전쟁에서 오스트리아를 고립시킨 후, 프랑스와 오스트리아, 그리고 프랑스와 러시아 사이에서 우유부단한 줄타기 외교로 일관해 온 - 프리드리히 빌헬름 3세가 마침내 그간의 침묵을 깨고 프랑스에 선전포고하여, 독일 해방전쟁의 시작을 알린 역사적인 도시가 되었다. 프랑스에 전쟁을 선포하고 하루가 지난 뒤 프로이센 국왕은 수도 베를린에 군대를 진주시킴과 동시에 자국민들에게 항전을 촉구하는 담화문에 서명했다. 프로이센군이 베를린에 진주한 1813년 3월 17일자로 서명한 프리드리히 빌헬름 3세의 대국민 담화문 <국민에게 고함>은 3월 20일자 브레슬라우 현지 일간지(슐레지셰 프리빌레기르테 차이퉁)에 게재되었다.

칼리슈 조약 체결 후, 러시아군 원수 비트겐슈타인과 프로이센군 원수 요르크 폰 바르텐부르크는 협력 체제를 가동하여, 비트겐슈타인은 3월 4일, 요르크 폰 바르텐부르크는 3월 17일 베를린으로 진격했다. 프로이센이 나폴레옹에게 선전포고한 후 발생한 프로이센-러시아 동맹(6차 동맹)군과 프랑스군 간의 첫 접전은 1813년 4월 2일 함부르크 동남쪽 50km 지점에 위치한 한자 도시 뤼네부르크에서 발생했다. <뤼네부르크 전투>는 러시아에서 철수한 나폴레옹 군대가 엘베 강을 건넌 후 6차 동맹군과 벌인 첫 전투였다. 소규모 전투에서 얻은 승리였지만, 프로이센이 타우로겐 협정과 칼리슈 조약을 체결한 후, 러시아군과 연합하여 프랑스군과 벌인 첫 전투에서 거둔 승리였기 때문에, 틸지트 평화조약(1807) 이후 프랑스의 영향권에서 벗어나지 못한 독일인들의 사기에 뤼네부르크 전투의 승리가 끼친 영향력은 매우 컸다.

프랑스군과 6차 동맹(프로이센-러시아 동맹) 주력군 간의 첫 대규모 전투는 뤼네부르크 전투 3일 후 작센의 뫼케른에서 발생했다. <뫼케른 전투>는 러시아군(비트겐슈타인)과 프로이센군(요르크 폰 바르텐부르크)이 탈환한 베를린을 다시 점령하기 위해 막데부르크에서 엘베 강 우안으로 진격한 외젠 드 보아르네 휘하의 프랑스군과 러시아-프로이센 동맹군이 1813년 4월 5일 뫼케른(뷔링엔) 인근의 3개 마을(단니히코, 펠리츠, 체데니크)에서 벌인 전투였다. 비트겐슈타인 원수가 6차 동맹군을 총지휘했고, 프로이센군 사령관 요르크 폰 바르텐부르크 원수는 루트비히 폰 보르스텔(1773-1844) 소장 및 프리드리히 빌헬름 뷜로(1755-1816) 중장과 함께 러시아군을 지원했다. 러시아군과 프로이센군(6차 동맹군)의 전력(23,500명의 병력과 130문의 대포)이 프랑스군의 그것(50,300명의 병력과 122문의 대포)보다 현저히 열세했지만, 동맹군이 승리했다. 동맹군은 약 500명을, 프랑스군은 2,200명의 병력손실을 기록했다. 다음 날 외젠 드 보아르네는 베를린 공격 계획을 포기하고, 다시 엘베 강을 건너 서쪽으로 후퇴했다. 뫼케른 전투 승리는 새로 체결한 프로이센과 러시아 간의 군사동맹(칼리슈 조약)을 공고히 다지는 계기를 제공했고, 프로이센 사람들의 자부심에 날개를 달아 주었다.

칼리슈 조약 체결 이후 프로이센(블뤼허 원수)과 러시아(비트겐슈타인 원수) 동맹군이 치른, 규모가 가장 컸던 전투는 <그로스괴르셴 전투>(1813년 5월 2일)였다. 그로스괴르셴은 뤼첸의 외곽 마을이기 때문에, 문헌에 따라서는 <뤼첸 전투>라고도 불리는 그로스괴르셴 전투는 1813년 4월 28일 쿠투조프가 사망한 후, 러시아군의 최고지휘권을 인수한 비트겐슈타인 원수와 블뤼허 프로이센군 원수가 지휘한 88,500명의 러시아-프로이센 동맹군이 144,000명이라는 압도적인 수적 우위의 프랑스군과 대결한 전투였다. 그로스괴르셴, 클라인괴르셴, 라나 및 카야 등 4개 마을이 6차례나 주인을 바꾼 치열한 전투에서 프로이센군의 친위대를 지휘한 헤센-홈부르크의 왕자 레오폴트(1787-1813)가 - 헤센-홈부르크 방백 프리드리히 5세(1746-1820)의 막내아들 - 전사하고, 블뤼허 장군의 참모장으로서 출전한 게르하르트 요한 폰 샤른호르스트는 슬개골에 입은 총상으로 그 해 6월 28일 사망했다. 샤른호르스트는 칼리슈 조약 체결을 위해 막후에서 노력했으며, 그로스괴르셴 전투계획도 그에 의해 입안되었다. 샤른호르스트의 죽음으로 프로이센은 탁월한 군사전문가 한 사람을 잃었다. 러시아 황제 알렉산드르 1세가 직접 관전한 그로스괴르셴 전투는 일원화된 지휘부의 부재로 인해 프랑스군에 패한 전투였다. 패한 전투치고는 비교적 피해가 적었음에도 불구하고 동맹군은 - 나폴레옹이 새로운 정예부대로 구성된 예비대를 투입했을 때 - 바우첸에서 슈프레 강 너머로 후퇴하지 않을 수 없었다. 그로스괴르셴 전투에서 동맹군은 11,500명을 - 그 중 프로센군의 전사자는 8,500명 - 잃은데 반해, 전투에 승리한 프랑스군의 인명피해는 22,000명이었고, 그 중 미셸 네 원수의 군단에서만 15,000명의 전사자가 나왔다.

러시아 원정에서 정예군을 모두 잃고, 신병으로 재편된 프랑스 군대의 사기를 위해서도, 또 러시아 원정의 실패에서 잃어버린 자신의 옛 명성을 회복하기 위해서도 승리가 절실히 필요했던 나폴레옹은 - 뤼네부르크 전투와 뫼케른 전투에서 연패한 후 - 그로스괴르셴 전투에서 힘겹게 승리를 쟁취했다. 그러나 사상자의 수만 놓고 보면, 프랑스군이 동맹군의 두 배에 육박하는 손실을 감수한 승리였으며, 동맹군을 섬멸한다는 애초의 목표는 전혀 달성하지 못한 전투였다. 참고로, 작센-안할트 주 뤼첸 시 인근 마을인 그로스괴르셴은 라이프치히와 바이센펠스 사이에 위치하고 있다.

그로스괴르셴 전투에서 패한 프로이센-러시아 동맹군은 일주일 후 약 100,000명의 병력과 639문의 대포로 무장하여 슈프레 강변의 바우첸에서 약 194,000명의 병력과 563문의 대포를 동원한 프랑스군과 재격돌했다. <바우첸 전투>(1813년 5월 20/21일)는 미셸 네 원수가 동맹군의 좌익군 공격을 위장하고, 나폴레옹이 동맹군의 우익군을 우회 공격하는 양동작전에 의해 프랑스군의 승리로 끝난 전투였다. 전선 뒤로 멀리 보이는 호흐키르히(바우첸 동쪽 마을)의 교회 탑을 공격목표 지점으로 오인한 미셸 네 장군이 공격을 지체하여, 프로이센군과 러시아군의 합류를 저지하는데 실패했기 때문에, 동맹군은 그나마 참패를 면할 수 있었다. 바우첸 전투는 일명 <호흐키르히 전투>라고도 한다. 호흐키르히는 7년 전쟁(3차 슐레지엔 전쟁)에서 오스트리아군(다운 원수)이 프리드리히 2세 국왕이 직접 지휘한 프로이센군을 섬멸한 전투현장이었다. 바우첸 전투에서 프랑스 측이 기록한 인명손실은 약 25,000명이었는데, 그 중 3,700명은 실종자였다. 프로이센-러시아 동맹군도 10,850명을 잃었다.

전투현장을 장악했느냐, 아니면 전장을 내어주고 후퇴했느냐에 따라 판단되는 승리와 패배의 고전적 기준을 적용하면, 나폴레옹은 그로스괴르셴 전투에 이어 바우첸 전투에서도 승리를 거두었지만, 이 두 차례의 승리에서 나폴레옹은 목표를 달성하지 못했다. 희생이 동맹군의 두 배가 넘는 유명무실한 승리였다. 그로스괴르셴 전투와 바우첸 전투의 승리를 연달아 프랑스군에 헌납한 비트겐슈타인 원수의 지휘력에 실망한 알렉산드르 1세 러시아 황제는 1812년에 군을 떠난 바르클라이 드 톨리 전 러시아군 최고사령관을 제기용하여 그에게 독일 해방전쟁의 지휘권을 위임했다.

괴질로 인해 수천 명의 인명손실이 발생하고, 반 나폴레옹 의용단에 의한 프랑스군의 후방 교통로의 교란으로 보급선이 불안정해지자, 나폴레옹은 그로스괴르셴 전투와 바우첸 전투의 승리에도 불구하고 러시아-프로이센 동맹군(6차 동맹군)과 전투를 계속하기가 어렵게 되었다. 바로 이러한 시점에 오스트리아 외무장관 메테르니히는 나폴레옹과 바르클라이 드 톨리 러시아군 사령관에게 휴전을 중재했다. 바우첸 전투가 끝난 직후인 1813년 5월 26일 프로이센-러시아 동맹군(6차 동맹군)의 최고지휘권을 인수한 러시아군 총사령관 바르클라이 드 톨리 원수에게도 현 상태에서의 휴전은 러시아군의 재편을 위해 필요한 것처럼 생각되었다. 6월 1일에 합의된 36시간의 임시휴전 기간이 끝난 후 - 오스트리아 외무장관의 중재로 - 니더슐레지엔의 슈트리가우(폴란드의 스체곰)에 소재한 플레스비츠 마을에서 프랑스를 대표한 아르망 드 콜렝쿠르(나폴레옹의 부관 출신) 장군과 러시아의 파울 안드레비치 슈발로프(1776-1823) 장군 및 프로이센의 프리드리히 폰 클라이스트(1762-1823) 장군에 의해 12개 조항의 <플레스비츠 휴전협정>(1813년 6월 4일)이 체결되어, 프랑스군과 동맹군 간의 군사분계선이 확정되었다.

오데르 강에서 슐레지엔을 가로질러 뵈멘의 국경에 이르는 군사분계선은 약 25-30km 넓이의 브레슬라우(브로추아프)를 포함하는 중립 완충지대를 만들어 냈다. 양측의 군대는 6월 12일까지 각각 이 군사분계선을 기준으로 하여 동쪽과 서쪽으로 철수해야 했다. 휴전기간은 - 6일간의 휴전 해지 사전 고지기간을 두고 - 나폴레옹의 의사와는 반대로 7월 20일까지로 한정된 후, 8월 10일까지 연장되었다. 양측은 모두 휴전기간을 군비증강에 이용했다. 나폴레옹은 후일 플레스비츠 휴전협정을 체결한 것이 일생일대의 실수였다고 말했다. 문헌에 따라서는 휴전협정 체결 장소가 플레스비츠 근처에 위치한 포이슈비츠(폴란드의 파스조비체)였다는 주장이 반복되고 있지만, 그 마을에서는 6월 5일 휴전협정 비준서가 교환되었을 뿐이었다.

메테르니히가 러시아-프로이센 동맹과 나폴레옹 간의 휴전협정 체결을 중재한 것은 휴전기간을 이용하여 기존 2자 동맹(러시아-프로이센 동맹)에서 오스트리아가 참여하여, 오스트리아가 주도하는 다자동맹으로 칼리슈 조약(6차 동맹조약)을 확대발전시키기 위해서였다. 스웨덴은 1813년 4월 22일 이미 칼리슈 조약(러시아-프로이센 동맹)에 가입했지만, 파병은 하지 않았다. 메테르니히는 목적을 달성하기 위해 한편으로는 플레스비츠 휴전협정을 평화조약으로 발전시키고, 또 다른 한편으로는 영국을 동맹국으로 확보한 후, 마지막으로 오스트리아가 6차 동맹을 완성시킨다는 전략을 동시에 구사했다. 메테르니히의 외교의 결과로 플래스비츠 휴전협정 체결 열흘 후, 슐레지엔의 라이헨바흐(폴란드의 드제르조니우프)에서 영국과 프랑스(6월 14일), 그리고 영국과 러시아(6월 15일) 간에 군사동맹이 체결되었다. 오스트리아는 마지막으로 6월 27일 러시아 및 프로이센과 군사동맹을 체결했다. 메테르니히의 개입으로 6차 동맹은 2국 동맹(프로이센과 러시아)에서 3국 동맹(프로이센, 러시아, 스웨덴)을 거쳐 이제 5국 동맹(오스트리아, 프로이센, 러시아, 스웨덴, 영국)으로 확대되었다.

영국과 프로이센 간의 라이헨바흐 협약은 1813년 6월 14일 체결되었다. 이 협약에서 프로이센은 8만 명의 군대를 해방전쟁에 투입하고, 영국은 파병 대신 프로이센에게 1813년 한 해 동안 매월 666,666파운드의 전비를 지원하기로 합의했다. 단, 프로이센과 프랑스 간에 해전이 발생할 경우 영국은 함대를 파견해 프로이센을 방어하고, 프로이센 해군의 군사작전을 지원하며, 해상무역을 보호할 것을 약속했다. 그 밖에 전쟁

수행 목적에만 사용될 최고 5,000,000파운드의 영국-러시아-프로이센 공동통화 발행 문제에도 영국과 프로이센은 합의했다. 비밀조항에서 영국 국왕(브라운슈바이크-뤼네부르크 선제후 겸 영국 국왕 게오르크/조지 3세)은 프로이센이 1806년도 수준의 영토를 회복하는데 기여할 것을 약속했다.

영국과 러시아 간의 라이헨바흐 협약은 1813년 6월 15일에 체결되었다. 9개 조항을 포함하는 협약에서 러시아는 모든 병과를 망라하는 160,000명의 병력을 나폴레옹과의 전쟁(해방전쟁)에 동원하고, 영국은 이에 대해 월 1,133,334파운드의 전비를 러시아에 제공할 것을 약속했다.

1813년 6월 27일 조인된 러시아, 프로이센 및 오스트리아 간 라이헨바흐 협약에서 오스트리아의 프란츠 1세 황제는 나폴레옹이 플레스비츠 휴전협정의 1차 만료일인 1813년 7월 20일까지 다음 다섯 가지 요구조건들을 받아들이지 않을 경우, 프랑스에 선전포고를 할 것을 러시아 황제와 프로이센 국왕에게 약속했다. 첫째, 바르샤바 공국을 러시아, 프로이센, 오스트리아 3국에게 분할 양도할 것, 둘째, 단치히(그다인스크)를 프로이센에게 반환할 것, 셋째, 1806년 이후 프로이센 및 프로이센령 폴란드의 요새에 주둔한 프랑스 수비대 병력을 철수시킬 것, 넷째, 일리리아(달마티아와 알바니아) 지역을 오스트리아에게 반환할 것, 다섯째, 한자 도시(함부르크, 브레멘 및 뤼베크)의 독립을 회복시킬 것 등이 오스트리아가 프랑스에 제시한 5개 조건들이었다. 위 요구사항들은 오스트리아가 자국의 현안 뿐 아니라, 프로이센과 러시아의 관심사를 모두 대변했다는 점에서 오스트리아가 6차 동맹의 주도권 확보 전략을 공개적으로 문서화한, 일종의 나폴레옹에 대한 최후통첩이었다.

오스트리아와 프로이센과 러시아 간에 체결된 13개 조항의 라이헨바흐 협약에서 러시아 제국과 오스트리아 제국은 각각 최소병력 15만 명을, 프로이센 왕국은 8만 명을 해방전쟁에 동원하는데 합의했다. 동시에 메테르니히는 프랑스와 칼리슈 동맹(러시아-프로이센) 간의 평화조약 체결을 성사시키기 위해 7월 20일로 만기가 되는 플레스비츠 휴전협정 기간을

8월 10일까지 연장시킨 다음, 오스트리아의 최후통첩에 대한 프랑스의 반응을 기다렸다. 평화조약 체결을 위해 1813년 7월 12일부터 8월 10일(휴전만료일)까지 한 달 동안 메테르니히 외무장관의 주도로 프라하에서 개최된 평화회의에 나폴레옹이 프랑스 대표를 참석시킨 것은 평화회의 기간이 끝나갈 무렵이었고, 뒤늦게 프라하에 도착한 프랑스 대표는 평화조약 체결을 위해 오스트리아(메테르니히)가 제시한 5개 전제조건에 대한 나폴레옹의 답변을 가져오지 않았기 때문에, 오스트리아는 하루 뒤 1813년 8월 11일 프랑스에 전쟁을 선포했다.

러시아-프로이센 동맹(칼리슈 동맹)과 나폴레옹 간의 평화조약을 성사시키기 위해 끝까지 노력한 메테르니히는 러시아 대표 요한 프로타지우스 폰 안슈테트(1766-1835)와 프로이센 대표 빌헬름 폰 훔볼트(1767-1835)와 함께 <프라하 평화회의>에 참석할 프랑스 대표를 기다렸지만, 나폴레옹이 파견한 콜렝쿠르 장군은 1813년 7월 28일에서야 비로소 프라하에 나타났다. 오스트리아의 최후통첩을 수용할 수 없었던 나폴레옹은 콜렝쿠르를 메테르니히가 주선한 평화회의에 참석시키긴 했지만, 그의 복심은 오스트리아가 제시한 조건들에 대한 회답을 지연시켜 휴전협정의 만료시한을 가능한 한 오래 연장시키는 것이었다. 나폴레옹의 지연작전의 목표는 휴전기간을 자국군의 전력증강에 이용하기 위함이었다. 나폴레옹은 결국 메테르니히의 중재안을 거부했고, 안슈테트(러시아 대표)와 훔볼트(프로이센 대표)는 그들이 황제와 국왕으로부터 위임받은 전권이 소멸되었음을 선언했다.

오스트리아 외무장관 메테르니히는 아무런 성과도 없이 끝나버린 프라하 평화회의의 종료를 선언했고, 1813년 8월 11일 오스트리아는 프랑스에 전쟁을 선포했다. 그리고 하루 뒤 프라하 평화회의에 참석한 프랑스 대표(나폴레옹의 심복 콜렝쿠르)에게 오스트리아의 대프랑스 선전포고문이 수교되었다. 8월 17일 오스트리아아군의 출병과 함께 6차 동맹전쟁(해방전쟁)은 완전히 새로운 국면으로 전환되었다. 메테르니히의 외교력에 의해 오스트리아군 원수 슈바르첸베르크 후작이 6차 동맹군의 최고지휘관이 되었다. 슈바르첸베르크는 직전까지 나폴레옹의 러시아 원정군 소속 오스트리아 보조군단의 사령관이었다.

프로이센-러시아 군사동맹(칼리슈 동맹)과 오스트리아 간의 동맹이 지연된 근본적인 이유는 물론 오스트리아가 점령국 프랑스의 눈치를 살피지 않을 수 없었던 데도 있었지만, 스웨덴의 전례에서처럼 - 스웨덴은 이미 1813년 4월 22일 칼리슈 조약에 가입했다 - 메테르니히는 칼리슈 조약에 추가로 가입하는 형식의 동맹조약 체결을 원치 않았기 때문이었다. 러시아 및 프로이센과 대등한 위치에서 신규 동맹조약을 체결하여, 그것도 오스트리아가 단순히 6차 동맹의 일부가 되는 것이 아니라, 해방전쟁(6차 동맹전쟁)의 성격과 목표를 결정하는 역할을 수행하도록 하는 것이 메테르니히의 외교적 목표였다. 나폴레옹과의 오랜 전쟁기간 동안 충천하기 시작한 민족주의적 열정을 냉각시킬 필요성을 느낀 메테르니히는 오스트리아의 출정으로 해방전쟁의 목표를 - 1815년 이후의 이른바 <빈 체제>로 구현된 - 구체제(1789년 이전의 앙시앵 레짐) 회복 전쟁으로 전환시키려 했던 것이다. 메테르니히의 궁극적 목표는 - 자국의 실지회복을 목표로 삼은 프로이센과는 - 달리 유럽의 균형과 정통적 질서의 회복이었다.

유럽의 균형을 유지하기 위해 메테르니히는 우선 러시아의 패권주의에 제동을 걸어야 했다. 그래서 그는 - 1807년의 틸지트 평화조약 이후 군사적으로 러시아에 종속된 - 프로이센이 러시아에 대한 군사적 의존을 탈피할 수 있을 정도로 프로이센의 국력이 신장되기를 원했고, 같은 이유에서 패전국 프랑스가 종전 후에도 유럽의 대국으로 기능할 수 있기를 바랐다. 그리고 독일과 이탈리아가 단일민족국가로 전환될 경우 오스트리아 다민족 국가(합스부르크 제국)의 안정성이 위협받을 것이기 때문에, 두 국가의 통일을 저지하는 것이 메테르니히에게는 매우 중요한 과제였다. 그래서 그는 오스트리아가 프랑스와의 기존 동맹을 외형적으로 교체하지 않은 채, 중립의 단계를 거쳐 반나폴레옹 동맹(6차 동맹)과 프랑스 간을 중재하여, 양 진영 간 평화협상을 이끌어 내는 외교작전을 전개했던 것이었다. 1813년 6월 4일 체결된 프랑스와 칼리슈 동맹(러시아-프로이센 동맹) 간의 플레스비츠 휴전협정을 중재함으로써 메테르니히는 러시아-프로이센 동맹으로 하여금 자신이 구상한 외교적 목표를 수용케 하는데 일단 성공했던 것이었다.

1813년 6월 27일 라이헨바흐 조약에 서명하기 직전 오스트리아 외무장관 메테르니히는 드레스덴(프랑스의 맹방 작센 왕국의 수도)에서 나폴레옹 1세와 회동했다. 메테르니히는 나폴레옹과의 드레스덴 회담에서 폴란드와 프로이센과 북독일과 일리리아의 프랑스 점령지들에 대한 양보를 나폴레옹의 면전에서 얻어내려고 시도했으나, 실패로 끝났다. 그럼에도 불구하고 메테르니히는 프랑스와 칼리슈 동맹(러시아-프로이센 동맹) 간의 평화조약 체결을 위한 중재를 포기치 않았고, 휴전기간을 연장하면서까지 나폴레옹에게 - 라이헨바흐 조약에서 다시 한 번 강조된 - 오스트리아의 최후통첩성 조건들에 대해 심사숙고할 시간적 여유를 허용한 것이었다. 결국 오스트리아는 라이헨바흐 조약에서 프로이센과 러시아에게 약속한 대로 1813년 8월 11일 6차 동맹전쟁(해방전쟁) 개입을 선언했으며, 동년 9월 9일 <테플리츠 동맹조약>에서 6차 동맹전쟁의 목표를 유럽의 균형 회복으로 확정했다.

1813년 6월 초부터 9월 초까지 체결된 일련의 조약은 - 플레스비츠 휴전협정과 라이헨바흐 조약 및 테플리츠 조약 - 6차 동맹에 가장 늦게 합류한 오스트리아를 동맹의 중심에 세우고, 자기 자신을 유럽의 정치가로 만든 메테르니히의 외교적 업적이었다고 할 수 있을 것이다. 플레스비츠 휴전협정의 만료기한을 20여 일 더 연장시킬 수 있을 정도로 동맹국 사이에서 메테르니히의 위상은 강화되었다. 오스트리아의 최후통첩에 대한 답변의 시간을 나폴레옹에게 벌어주기 위해 프라하 평화회의를 주선한 주체도 메테르니히였다. 1813년 2월 28일 칼리슈 조약에서 군사동맹을 체결한 러시아와 프로이센의 동맹군이 치른 뤼네부르크 전투(4월 2일)

를 기점으로 하여 해방전쟁(6차 동맹전쟁)은 이미 시작되었지만, 1813년 8월 11일에야 비로소 해방전쟁 개입을 선언한 오스트리아가 이 전쟁을 주도하였고, 전쟁의 목표를 구체제 재건과 유럽의 균형으로 설정한 것은 전후 개최된 <빈 회의>에도 결정적인 영향력을 행사했다.

2) 오스트리아의 해방전쟁 개입과 6차 동맹 주도

프라하 평화회의가 시작된 날과 같은 날인 1813년 7월 12일, 오스트리아의 해방전쟁 참전을 전제로 한 작전계획이, 그것도 오스트리아가 주도적으로 참여한 6차 동맹군의 작전계획이, 오스트리아가 프랑스에 전쟁을 선포하기도 전에 이미 수립되었다. 평화조약이 체결되지 않을 경우, 다시 말해 오스트리아가 제시한 5개 전제조건을 나폴레옹이 받아드리지 않을 경우에 대비한 해방전쟁(6차 동맹전쟁) 작전계획이었다. 러시아 침공에서 원정군의 거의 전체를 잃은 후, 1813년 초에 징집된 신병들로 편성된, 전투 경험이 전무한 프랑스군과의 전투에서도 프로이센군과 러시아군이 연패함에 따라 나폴레옹의 군사적 재능에 대한 존경심이 심지어 동맹국 병사들 사이에서도 수그러들지 않았다. 동맹국 정상들은 휴전기간을 이용하여 1813년 하반기의 대나폴레옹 전쟁을 성공적으로 수행하기 위한 공동전략 개발에 착수했다. 1813년 7월 12일 슐레지엔의 수도 브레슬라우(브로추아프) 인근 트라헨베르크 성에서 회동한 동맹국 대표들(프리드리히 빌헬름 3세 프로이센 국왕과 러시아 황제 알렉산드르 1세, 스웨덴 왕세자 베르나도트)에 의해 채택되었다 하여, <트라헨베르크 작전계획>이라 명명된 6차 동맹 작전계획의 실제 입안자는 프랑스군 원수 및 국방상을 역임한 바 있는 바티스트 쥘 베르나도트(1763-1844, 스웨덴 국왕 카를 14세 겸 노르웨이 국왕 카를 3세: 1818-1844)와 3개월 후의 <라이프치히 전투>(1813년 10월 16-19일) 작전계획을 입안한 오스트리아군 참모장 요제프 벤첼 라데츠키(1766-1858) 장군이었다. 트라헨베르크 작전계획은 6차 동맹전쟁에 아직 참전하지 않은 오스트리아 군대를 6차 동맹군의 주력군으로 상정하여 수립된 계획이었다.

6차 동맹군은 3개 군(뵈멘군/남군, 북군, 슐레지엔군)으로 편제되었다. 오스트리아 제국군이 3개 군의 주력군인 뵈멘군(동맹1군)을 담당하여 남쪽(뵈멘)으로부터 작전을 전개하고, 뵈멘군의 최고지휘관은 카를 필립 추 슈바르첸베르크 원수, 참모장은 트라헨베르크 작전계획을 수립한 라데츠키 장군이었다. 슈바르첸베르크 원수는 주력군(뵈멘군/동맹1군)을 따라 전투현장을 직접 참관한 동맹국 정상(프란츠 1세 오스트리아 황제, 프리드리히 빌헬름 3세 프로이센 국왕 및 알렉산드르 1세 러시아 황제)들의 지휘를 받아 뵈멘군과 북군과 슐레지엔군 간의 완벽한 협력체계를 구축하는 임무를 수행해야 했다. 뵈멘군의 전력은 오스트리아군을 포함하여 최대 250,000명이었다.

베르나도트 스웨덴 왕세자가 지휘한 북군(동맹2군)은 스웨덴군 및 프리드리히 빌헬름 빌로(1755-1816) 장군과 프리드리히 엠마누엘 폰 타우엔친(1760-1824) 장군 휘하의 프로이센군 2개 군단으로 편성되어, 주력군(뵈멘군)과는 반대 방향(북쪽)에서부터 나폴레옹 군대를 공략했다. 페르디난트 폰 빈칭어로데(1770-1818) 남작이 지휘한 러시아군 1개 군단도 북군에 배속되었다. 북군의 전력은 127,000명에 달했다.

프로이센령 슐레지엔에서부터 작전을 개시한 슐레지엔군(동맹3군)은 약 104,000명의 전력을 유지했다. 슐레지엔군의 최고지휘관은 게프하르트 레베레히트 폰 블뤼허(1742-1819) 프로이센군 원수였으며, 요르크 폰 바르텐부르크 장군 휘하의 프로이센군 1개 군단과 러시아군 3개 군단이 슐레지엔군에 배속되었다. 러시아군을 북군과 슐레지엔군에 분산 배속시킨 것은 러시아군의 작전권을 6차 동맹군 총사령관(오스트리아군 원수 슈바르첸베르크)의 지휘에 예속시킴으로써 러시아의 팽창주의를 사전에 저지하겠다는 메테르니히 외무장관의 전략이 개입된 것으로 해석될 수 있을 것이다. 슐레지엔군 사령관 블뤼허 원수의 참모장은 - 그로스괴르센 전투에서 입은 전상의 후유증으로 1813년 6월 28일 사망한 - 게르하르트 폰 샤른호르스트의 뒤를 이은 그나이제나우 중장이었다. 샤른호르스트와 그나이제나우는 헤르만 폰 보옌 및 클라우제비츠 등과 더불어 프로이센군 개혁에 기여한 탁월한 군사이론가들이었고, 전략가들이었다.

트라헨베르크 작전계획에서 수립된 6차 동맹군의 전략의 중점은 나폴레옹이 직접 지휘하는 프랑스 주력군과의 전투는 피하고, 그 예하부대를 공격하여 프랑스군의 전력을 소진시키는 작전에 놓여졌다. 6차 동맹의 3개 군(뵈멘군/남군, 북군, 슐레지엔군) 중 어느 1개 군이 나폴레옹 휘하의 주력군의 공격을 받을 경우, 다른 2개 군이 프랑스 주력군의 측면과 배면을 동시에 공격함으로써 프랑스 주력군으로부터 공격을 당한 동맹군에게 퇴로를 열어주도록 했다. 트라헨베르크 작전계획의 핵심은 그러니까 나폴레옹이 공격할 경우, 상호 신속한 원군 파견이 가능하도록 군과 군 간의 거리를 적정한 수준으로 유지하는 것이었다. 트라헨베르크 작전계획의 목표는 결국 군과 군의 연합작전에 의해 우세한 전력으로 나폴레옹을 제압하는 것이었다.

6차 동맹의 개별 군(뵈멘군/남군, 북군, 슐레지엔군)을 각개 격파함으로써 트라헨베르크 작전계획에 대처한다는 나폴레옹의 대응전략은 성공하지 못했다. 베르나도트 스웨덴 왕세자가 지휘한 북군은 그로스베렌 전투(1813년 8월 23일)에서, 슐레지엔군은 카츠바흐 전투(1813년 8월 26일)에서, 그리고 주력군인 뵈멘군은 쿨름 전투(1813년 8월 29/30일)에서 각각 승리를 거두었다. 미셸 네 원수의 베를린 진격 시도는 덴네비츠 전투(1813년 9월 6일)에서 블뤼허 장군에게 패함으로써 좌절되었다. 미셸 네 원수의 덴네비츠 전투 패배는 결국 라이프치히 전투(1813년 10월 16-19일)에서 6차 동맹군의 압도적 승리에 기여한 결과를 초래했다.

오스트리아가 6차 동맹전쟁(해방전쟁)에 합류한 후 발생한 첫 전투이며, 트라헨베르크 작전계획이 수립된 후의 첫 전투는 1813년 8월 23일 프로이센 영토(브란덴부르크) 내에서 발생한 <그로스베렌 전투>였다. 8월 19일 샤를 니콜라 우디노 원수 휘하의 약 83,500명의 프랑스군은 베를린 진격작전을 개시하였으나, 스웨덴 왕세자 베르나도트가 지휘한 북군(동맹2군)

152,000명에 의해 그로스베렌에서 저지되었다. 그로스베렌 전투를 승리로 결정지은 장군은 북군을 지원한 슐레지엔군(동맹3군) 사령관 빌로였다. 그는 프랑스군이 점령한 그로스베렌 마을을 시가전 끝에 재탈환했다. 동맹군은 약 1천 명의 병력을 잃었고, 3천 명의 인명피해를 프랑스군에 입혔다. 이 전투는 해방전쟁에서 뫼케른(1813년 4월 5일) 전투 승리 이후 동맹군이 거둔 두 번째 승리였다. 3일 후 벌어진 카츠바흐 강 전투는 나폴레옹이 프로이센군(슐레지엔군)에 크게 패한 전투였다.

보버(보브르) 강 유역의 - 보브르 강은 폴란드 남서쪽의 오데르 강 지류 - 뢰뵌베르크(폴란드의 르부베크 슐라스키)에서 나폴레옹의 주력군을 만난 블뤼허 원수의 슐레지엔군은 <트라헨베르크 작전계획>의 전략에 따라 일단 퇴각하다가, 나폴레옹이 드레스덴 쪽으로 방향을 전환한 후, 오데르 강의 왼쪽 지류인 카츠바흐(폴란드의 카차바) 강으로 진격하여, 나폴레옹의 주력군을 따라가지 않고, 슐레지엔에 남아 있던 자크 막도날드 원수를 - 막도날드는 러시아 원정에서 프로이센군이 배속되었던 프랑스군 10군단을, 1813년 해방전쟁에서는 원래 러시아 원정군의 예비군단이었던 11군단을 각각 지휘했다 - 공격했다. 블뤼허는 카츠바흐 강 전투를 뵈멘군(동맹1군)과 북군(동맹2군)의 도움 없이 슐레지엔군(동맹3군) 자력으로 대승으로 이끌었다. 폭우로 불어난 하천이 군사적 승리를 완벽하게 만들어 주었고, 프랑스군의 추격을 지연시켜 주었다. <카츠바흐 강 전투>(1813년 8월 26일)에서 프랑스 측의 사상자는 약 3만 명에 달했는데, 그 중 동맹군에 투항한 포로가 18,000명이었다. 이에 반해 동맹군 측의 사상자는 3,500여 명에 불과했다. 블뤼허 장군의 완벽한 승리였다. 프로이센 국왕은 카츠바흐 강 전투에서 대승을 거둔 블뤼허 장군의 공로를 인정해, 후자에게 후작의 작위를 수여하고, 전투현장에서 가까운 곳의 영지를 그에게 하사했다. 블뤼허 장군은 1814년 이후 발슈타트(폴란드의 레그니차로부터 10km 떨어진 마을) 후작이라 불렸다.

그로스베렌 전투와 카츠바흐 강 전투는 모두 동맹군이 승리했지만, 카츠바흐 강 전투와 거의 동시에 벌어진 슈바르첸베르크 원수 휘하의 6

차 동맹 주력군(뵈멘군)과 나폴레옹이 진두지휘한 프랑스 주력군 간의 <드레스덴 전투>에서는 나폴레옹이 승리했다. 6차 동맹 총사령관인 오스트리아군 원수 슈바르첸베르크 후작이 지휘한 뵈멘군은 프랑스군의 전략적 요충지이자 보급기지였던 드레스덴을 점령하기 위해 뵈멘을 출발하여 에르츠 산맥(현재 작센·안할트 주와 체코의 국경)을 넘었다. 슈바르첸베르크가 뵈멘에서 드레스덴으로 진격하고 있었을 때, 나폴레옹 역시 슐레지엔을 떠나 드레스덴으로 향하고 있었다. 6차 동맹군의 주력군(뵈멘군)이 에르츠 산맥을 넘어 나폴레옹보다 먼저 드레스덴에 도착한 8월 25일, 드레스덴의 프랑스군 수비대 병력은 구비옹 생시르 휘하의 3개 사단 뿐이었다. 나폴레옹의 주력군이 도착하기 전, 구비옹 생시르 군단의 수비가 비교적 허술한 틈을 타서 도착 당일 오스트리아·뵈멘 군대의 공격이 개시되었더라면, 드레스덴 전투도 동맹군의 승리로 끝났을 것이다. 그러나 슈바르첸베르크 원수는 전투태세가 완벽히 갖추어진 80,000명의 병력을 드레스덴 공격에 즉각 투입하지 않고, 하루를 더 지체했다. 기록에 의하면 전투 참관을 요청한 러시아 황제를 기다렸기 때문이었다.

아직 슐레지엔을 완전히 벗어나지 못했던 나폴레옹은 놀랍게도 드레스덴 발 급보를 접한 지 하루 만인 8월 26일 주력군을 데리고 드레스덴에 당도하여, 이틀간의 유혈전 끝에 수적으로 우세한 동맹군을 격퇴했다. 프랑스군의 전체 인명피해는 25,000명이었고, 그 중에는 치명상을 입은 장-빅토르 모로(1763-1813) 장군도 끼어 있었다. 교과서적인 돌격으로 동맹군의 드레스덴 포위망을 뚫은 나폴레옹은 전투 첫날 저녁에 이미 동맹군을 완벽하게 제압했다. 동맹군의 사상자 수는 30,000명에 육박했고, 20,000여명은 프랑스군의 포로가 되었다. 나폴레옹이 동맹군의 추격을 주저하지 않았더라면, 동맹군은 3일 후 벌어진 쿨름 전투에서 드레스덴의 패배를 만회할 기회가 없었을 것이다. 드레스덴 전투는 독일 땅에서 나폴레옹이 마지막 승리를 거둔 전투였다.

드레스덴 전투에서 나폴레옹에 패한 6차 동맹 주력군(뵈멘군)은 다시 에르츠 산맥을 거꾸로 넘어 작센에서 뵈멘으로 후퇴를 시도했다. 프랑스군의 도미니크 조제프 방담 장군이 8월 27일 피르나(작센과 체코의 국경도시)를 점령하여 테플리츠(체코의 테플리체)를 경유하는 동맹군의 후퇴로를 위협했기 때문에, 동맹군의 후퇴작전은 성공의 보장이 없었다. 더구나 총 120,000명의 대군이었던 동맹군은 에르츠 산맥의 협로를 뚫고 전진해야 했기 때문에, 질서정연한 철수가 구조적으로 불가능했다. 8월 29일 프리스텐(체코의 프레스타노프)에서 벌어진 전투에서 뷔르템베르크 출신의 러시아군 장군 오이겐(1788-1857) 공과 알렉산더 이바노비치 오스터만(1770/72-1857) 장군의 필사적인 엄호를 받아 - 러시아군은 프리스텐 전투에서 14,700명 중 6,000여 명이 희생되었다 - 6차 동맹 주력군(뵈멘군)은 에르츠 산맥을 넘을 수 있었다. 그러나 쿨름(체코의 흘루메츠) 전방의 국경지역에서 8월 30일 방담 장군에 의한 배면공격을 당할 순간, 방담 장군의 배후에 프리드리히 폰 클라이스트(1762-1823) 프로이센군 장군이 지원공격을 해 옴으로써 프랑스군은 2개의 전선 - 즉 쿨름과 놀렌도르프(흘루메츠와 인접한 체코의 나클레로프) - 사이에 갇히게 되었다. 프랑스군은 포위망 돌파에는 성공했지만, 큰 피해를 감수해야 했다. 방담 장군과 약 8천 내지 만 명의 프랑스군 병사들이 동맹군의 포로가 되었다. 방담은 러시아군에 의해 시베리아 접경지역으로 유배되었다가 석방되었다. 프랑스군의 전체 인명 피해는 15,000명 이상이었고, 동맹군의 피해는 3,319명에 불과했다. <쿨름 전투>와 <놀렌도르프 전투>에서 동맹군이 승리하면서 드레스덴 전투의 패배가 상쇄되었다. 클라이스트는 1814년 공적을 인정받아 놀렌도르프(나클레로프) 백작의 칭호를 수여받았다. 놀렌도르프 전투와 프리스텐 전투는 해방전쟁사에서는 쿨름 전투와 연계된 전투로 분류된다.

　일주일 후 작센의 차나에서 벌어진 전투에서 프로이센군은 선전했으나, 수적 열세를 끝내 극복하지 못했다. 프랑스군 원수 우디노는 그로스베렌 전투(1813년 8월 23일)에서 동맹군에 패해, 베를린 공격을 저지당했지만, 사령관이 우디노 원수에서 미셸 네 원수로 교체되자, 후자는 9월 5일 베를린 공격을 다시 시도했다. <차나 전투>(1813년 9월 5일)는 미셸 네 원수가 베를린 공격군 사령관을 맡아 프로이센군과 벌인 첫 전투였다. 동맹군의 북군(사령관 베르나도트)에 배속된 타우엔친 프로이센 장군은 프로이센 군단보다 병력수가 월등히 많은 미셸 네의 군단에 저항했으나, 역부족이었다. 그는 3천 명의 병사를 잃고, 브란덴부르크의 위터보크로 철수했다. 프랑스군의 사상자는 프로이센군의 십 분의 일에 지나지 않았다. 미셸 네 원수가 지휘한 프랑스군의 베를린 진격은 비텐베르크에서 차나를 경유하여 위터보크 순의 - 전임 사령관 우디노와는 전혀 다른 - 새로운 공격루트를 취했다. 주지하듯이 비텐베르크는 마르틴 루터가 1512년 교수직을 역임한 도시이며, 그의 종교개혁의 출발점이 된 도시였다. 비텐베르크 대학교는 1815년 할레 대학교와 통합되어, 오늘날 '할레 비텐베르크 마르틴 루터 대학'이라 불린다. 1813년 9월 6일 타우엔친 장군의 군단은 위터보크의 턱밑이라 할 덴네비츠에서 위터보크를 거쳐 베를린을 향해 진격중인 프랑스 군단의 진로를 차단했고, 곧 프리드리히 빌헬름 뷜로 중장의 지원을 받았다. 저녁 무렵 베르나도트 북군(동맹2군) 사령관 휘하의 러시아군과 스웨덴군의 지원을 받은 프로이센군은 앙리 그라티엥 베르트랑(1773-1844), 장 루이 레니에(1771-1814) 및 우디노가 지휘한 프랑스군을 압도했다. 다음 날 위터보크 동쪽 약 28킬로미터 떨어진 다메 강 전투에서 입은 피해와 함께 프랑스군은 9월 5일부터 7일까지 약 22,000명의 병력손실을 기록했는데, 그 중 포로로 사로잡힌 자가 13,000명이었다. 반면에 동맹군은 프로이센이 10,510명, 러시아와 스웨덴이 미상의 수의 병력을 상실한 대가로 <덴네비츠> 전투를 승리로 끝낼 수 있었다. 나폴레옹은 덴네비츠 전투 패배의 책임을 동맹국인 작센 군대에 전가시켰다. 뷜로 장군은 1814년 프리드리히 빌헬름 3세로부터 백작의 작위를 수여받았을 때, '폰 덴네비츠'라는 귀족의 칭호를 얻었다.

해방전쟁의 진행방향을 획기적으로 전환시킨 전투는 1813년 10월 3일의 <바르텐부르크 전투>였다. 해방전쟁에 참여한 6차 동맹 3개 군(뵈멘군/남군, 북군, 슐레지엔군) 중 프로이센 장군 블뤼허가 지휘한 슐레지엔군이 1813년 10월 3일 제일 먼저 엘베 강 도하 작전을 성공시킨 것이, 훗날 의 역사가 해방전쟁의 주역은 프로이센이었다고 주저 없이 기록할 수 있었던 근거 중의 하나가 될 수 있었을 것이다. 나폴레옹의 공격이 중단 될 것이라는 정황증거들이 1813년 9월 말경 여기저기서 나타났다. 블뤼 허 장군은 그 기회를 이용하여 해방전쟁의 무대를 엘베 강 서쪽으로, 프 랑스 국경 쪽으로 더 가까이 옮겨 놓으려 했다. 먼저 그는 뮐베르크에서 실시키로 예정된 엘베 강 도하 작전을 앞당겨 엘스터 강과 엘베 강의 합류 지점인 바르텐부르크(현재 작센-안할트 주의 쳄베르크 시의 일부)에서 실행에 옮 겼다. 프로이센군의 도하작전에 맞선 베르트랑 장군 휘하의 프랑스군 (13000-14,000명)의 완강한 저항을 요르크 폰 바르텐부르크 장군은 12,000명의 병력으로 이겨냈다. 열세한 전력에도 불구하고 프로이센군의 승리가 가 능했던 것은, 멕클렌부르크의 카를 프리드리히 아우구스트(1785-1837) 공작 이 프리드리히 폰 프랑크몽(1770-1842) 장군 휘하의 뷔르템베르크군 사단의 진로를 블레딘(쳄베르크 시의 일부)에서 차단함으로써 - 뷔르템베르크 왕국이 라인 동맹에서 탈퇴한 것은 오스트리아와 <풀다 조약>(1813년 11월 2일)을 체결한 후였다 - 바르텐부르크를 배후에서 공격할 수 있는 길을 여는데 성공했기 때문이었다. 바르텐부르크 전투에서 프로이센군은 67명의 장교 와 1,548명의 병사를 잃었다. 승리하고도 전사자의 수가 프랑스군의 그 것보다도 많았던 것은, 작전의 특성 때문이었다. 프랑스군으로부터 노획 한 대포는 11문이었고, 프랑스 군인 약 천 명이 프로이센군의 포로로 잡혔다. 해방전쟁에서 엘베 강을 처음으로 도하한 6차 동맹군은 블뤼허 사령관이 지휘한 슐레지엔군(동맹3군) 소속 프로이센군이었다. <바르텐부르 크 전투>(1813년 10월 3일)는 동맹군의 1813년 하반기 원정에서 획기적인 전 환점을 가져온 전투였다. 슐레지엔군에 뒤이어 10월 4일 스웨덴 왕자 베 르나도트가 지휘한 북군(동맹2군)이 아켄과 로슬라우에서 엘베 강을 넘었고, 동시에 남쪽으로부터는 6차 동맹 주력군인 뵈멘군(동맹1군)이 접근하고 있었다. 요르크 폰 바르텐부르크 원수는 예하 부대가 최초로 엘베 강을 넘은 공로를 인정받아, 1814년 바르텐부르크 백작의 작위를 수여받았다. 참고로 멕클렌부르크 공국과 뷔르템베르크 왕국은 둘 다 라인 동맹 소속이었지만, 바르텐부르크 전투에서 멕클렌부르크 공국은 동맹군 편에서, 뷔르템베르크 왕국은 나폴레옹 편에 서서 전투를 벌였다.

나폴레옹의 주력군은 아직도 프로이센 땅에서 작전을 벌이고 있었지만, 블뤼허 장군의 엘베 강 도하작전의 성공은 단순히 군사작전의 성공에 그치지 않고, 정치적, 외교적 차원에서도 6차 동맹을 안정화시키는데 크게 기여 했다. 1813년 9월 9일 러시아, 프로이센, 오스트리아 간에 체결된 <테플리츠 동맹조약>에 이어, 영국과 오스트리아 간의 <테플리츠 동맹조약>은 엘베 강 도하작전을 성공시킨 바르트부르크 전투 날짜와 같은 날인 10월 3일에 체결되었다. 6차 동맹군의 엘베 강 돌파는 바이에른의 라인 동맹 탈퇴를 유도한 리트 조약(1813년 10월 8일)의 체결에도 영향력을 행사했다.

1813년 9월 9일 테플리츠 소재 동맹군 사령부에서 회동한 러시아 외무장관 카를 로베르트 폰 네슬로데(1780-1862), 프로이센 수상 카를 아우구스트 폰 하르덴베르크(1750-1822) 및 오스트리아 외무장관 메테르니히는 총 6개의 쌍무조약에 서명했다. 이 조약에서 6차 동맹 3국(오스트리아, 프로이센, 러시아)은, 향후 프랑스와의 평화조약은 공동합의에 의해서만 체결할 수 있고, 상호군사지원 용도로 최소한 15만 명의 무장병력을 유지할 의무를 공유했다. 3국은 그밖에 라이헨바흐 협정(1813년 6월 27일)의 조항들을 반복하거나 다음과 같이 보완했다. 1805년의 상태로 오스트리아와 프로이센의 영토를 회복시킬 것, 개별가입국의 주권 침해 없이 라인 동맹을 해체시킬 것, 오스트리아와 프로이센 사이, 그리고 라인 강과 알프스 사이에 놓인 국가의 완전한 독립을 보장할 것, 하노버 및 여타 독일 북서지역을 원상회복시킬 것, 포르투갈의 브라간자 왕조의 왕권과 스페인과 나폴리-시칠리아 왕국의 부르봉 왕조의 왕권을 보장할 것 등이었다.

10월 3일에 체결된 두 번째 <테플리츠 동맹조약>은 영국과 오스트리아가 조약 당사국이었다. 여기서 영국은 6차 동맹 3국(러시아, 프로이센, 오스트리아)의 전쟁목표와 영국의 그것을 일치시켰고, 영화 1,000,000파운드를 오스트리아에 전비조로 지원키로 약속했다. 라이프치히 전투(1813년 10월 16-19일)에서 나폴레옹이 6차 동맹군에 패한 후, 1813년 말까지 독일의 29개 국가들이 테플리츠 동맹조약에 추가로 가입했다.

오스트리아가 해방전쟁에 참전하기 약 5개월 전인 1813년 3월에 이미 메테르니히 외무장관은 바이에른을 설득하여 동맹의 전환(라인 동맹 탈퇴)을 유도하려 했지만, 막시밀리안 1세 바이에른 국왕의 결단을 이끌어내지 못했다. 그때까지만 해도 해방전쟁이 본격적으로 시작되기 전이었다. 그러나 1813년 10월 3일 바르텐부르크에 구축된 프랑스군의 엘베 강 방어선이 무너지고, 같은 날 2차 테플리츠 동맹조약이 영국과 오스트리아 사이에 체결되자, 바이에른 국왕은 보겐하우젠 조약(1805)을 체결한 이후 유지되고 있던 프랑스와의 군사동맹을 재고하기에 이르렀다. 1813년 10월 8일 오스트리아의 리트(린츠 서쪽 70킬로미터)에서 체결된 <리트 조약>에서 바이에른은 라인 동맹 탈퇴와 6차 동맹 가입을 동시에 선언하고, 바이에른군(36,000명)의 6차 동맹전쟁(해방전쟁) 참전을 약속했다. 11개 조항과 11개 비밀조항으로 구성된 리트 조약은 오스트리아 대표 하인리히 15세(1751-1825) 원수와 바이에른을 대표한 카를 필립 폰 브레데 원수(바이에른군 사령관)에 의해 조인되었다. 라인 동맹 탈퇴에 대한 반대급부로 오스트리아는 바이에른 왕국의 1813년 현재의 영토수준과 주권을 보장하고, 합의에 의해 이행되는 영토할양에 대해서는 등가의 보상을 약속했다. 1813년 10월 14일 바이에른은 1805년 이후 동맹관계를 유지해온 프랑스에 선전포고했다. 러시아와 프로이센도 11월 4일자로 리트 조약에 가입했다. 리트 조약은 프랑스어로 작성되었으며, 이 조약은 여타 라인 동맹 가입국들이 프랑스와의 동맹을 단절하고, 반나폴레옹 동맹으로 전향할 때 체결된 조약의 기준이 되었다. 바이에른은 라인 동맹 가입국 중 조약체결을 통해 프랑스와 동맹을 파기한 최초의 국가였다.

1813년 10월 3일 바르텐부르크 전투에서 블뤼허 장군 휘하의 6차 동맹군이 프랑스군의 엘베 강 방어선을 무너뜨린 후에도 작센을 벗어나지 못한 나폴레옹과 그의 군대 주위에 그물망 같은 포위망이 형성되었다. 동맹군은 압도적 우위를 차지하기 위해 투입 가능한 모든 전력을 합류시켰다. 나폴레옹은 동맹군의 포위작전을 저지하려 했지만, 성공을 거두지 못했기 때문에, 10월 14일부터 전군을 라이프치히에 총집결시켰다. 그 사이에 뵈멘군(동맹1군)을 이끌고 남쪽에서부터 진격해 온 오스트리아군 원수 슈바르첸베르크는 같은 날(1813년 10월 14일) 라이프치히 동남쪽의 외곽 마을 리버트볼크비츠에서 조아생 뮈라의 프랑스군과 8시간에 걸친 기병 전투를 벌였다. 양측은 각각 2천여 명의 병력을 희생시켰다. 6차 동맹군은 라이프치히의 콘네비츠, 마르크클레베르크, 바하우, 리버트볼크비츠 및 콜름베르크(이상 모두 라이프치히 시역)를 연결하는 반원형의 전선을 형성한 138,000명의 나폴레옹 군대와 1813년 10월 16일 역사적인 일전을 벌이게 되었다.

205,000명에 달한 오스트리아-프로이센-러시아 동맹군은 나폴레옹군의 반원형 전선을 붕괴시키기 위해 4개 작전지역으로 나누어 작전을 전개했다. 플라이세 강 우측으로부터는 요한 폰 클레나우(1758-1819, 오스트리아군), 페터 폰 데어 팔렌(1777-1864, 러시아군), 비트겐슈타인(러시아군) 및 클라이스트(프로이센군) 등이 지휘한 군단들이, 플라이세 강과 바이세엘스터 강 사이에서는 막시밀리안 프리드리히 폰 메르벨트(1764-1815, 오스트리아군)의 군단이, 바이세엘스터 강 왼쪽은 이그나츠 줄로이(1763-1831, 오스트리아군)의 군단이, 북쪽으로부터는 슐레지엔군(동맹3군)이 포위망을 좁혀오면서 나폴레옹 군대를 압박하기 시작했다. 전장의 중심에는 프랑스 군대가 버티고 있었고, 라이프치히 남쪽의 바하우 마을은 시가전으로 여러 번 임자가 바뀌었다. 메르벨트 장군은 콘네비츠에서 플라이세 강을 건너려했지만, 오히려 프랑스군의 포로가 되었다. 나폴레옹이 패한 후 석방된 메르벨트는 1814년

런던 주재 오스트리아 대사에 임명되었다. 린다우(체르프스트와 뫼케른 사이) 점령과 더불어 줄로이의 군단은 프랑스군에게 유일하게 남은 라이프치히 서쪽방향으로의 퇴로를 차단했으나, 베르트랑에 의해 곧 다시 격퇴 당했다.

나폴레옹은 1813년 10월 16일 14시 경 역공으로 전환했지만, 저녁 때 투입된 러시아와 오스트리아의 예비부대들에 의해 손발이 묶였다. 그 사이 뫼케른(라이프치히 북부지역)에서 - 1813년 4월 5일 뫼케른 전투의 뫼케른(막데부르크 근교)과 라이프치히의 일부인 뫼케른은 다른 지역임 - 전투가 치열하게 진행되었다. 오귀스트 마르몽(1774-1852) 장군이 오전 내내 블뤼허의 공격을 기다린 나폴레옹을 지원하기 위해 린덴탈(라이프치히 북서지역)의 진지를 출발하자마자, 블뤼허 휘하의 슐레지엔군(동맹3군)이 들이닥쳤다. 마르몽은 뫼케른을 향한 다섯 차례의 동맹군 공격을 치열한 근접전 끝에 격퇴했으나, 프로이센의 요르크 폰 바르텐부르크 장군이 뫼케른을 기습 공격하여, 프랑스군의 좌익군을 라이프치히 성문 쪽으로 격퇴했다. 양측은 각각 20,000명 정도의 병력 중 절반을 잃었다.

궁지에 몰린 나폴레옹의 협상 제의는 묵살되었고, 북쪽으로부터는 블뤼허 장군이 라이프치히로 접근해 왔다. 10월 17일 일요일 전투를 하루 중단하고 휴식을 취한 후, 6차 동맹군 총사령관 슈바르첸베르크 오스트리아군 원수는 10월 18일 군단규모의 6개 공격종대(오스트리아 군을 지휘한 헤센-홈부르크 왕자 프리드리히 6세와 줄로이, 러시아군을 지휘한 바르클라이 드 톨리와 베니히센, 그리고 북군과 슐레지엔군)의 전열을 유지하면서 라이프치히를 향해 포위망을 좁혀갔다. 아침 일찍 라인 동맹 소속의 작센 왕국과 뷔르템베르크 왕국 기병이, 그 후 곧 작센의 보병과 포병도 투항하여, 동맹군에 합류했다. 6차 동맹군의 나폴레옹 포위작전은 그 날 오후 북군(동맹2군) 사령관 베르나도트에 의해 마무리되었다. 나폴레옹은 1813년 10월 18일 17시 경 전투를 포기하고, 유일하게 퇴로가 뚫려있는 린데나우(라이프치히 서부구역) 방향으로의 후퇴 명령을 전군에 하달했다. 하나밖에 없는 바이세엘스터 강 교량이 폭파된 후, 혼란에 빠진 프랑스군의 퇴로 엄호임무를 맡은 막도날드 장군은 치열한 시가전을 벌이면서 10월 19일 정오가 지날 무렵까지 동맹군의 라이프치히 점령을 저지할 수 있었다. 13시 경 알렉산드르 1세 러시아 황제, 프로이센 국왕 프리드리히 빌헬름 3세 및 동맹군 총사령관 슈바르첸베르크 오스트리아 후작이 동맹군이 장악한 라이프치히 시내로 진입했다.

동맹군 330,000명, 프랑스군 200,000명 등, 500,000명 이상의 병력이 투입되어 지금까지 세계사에서 그 유례를 찾을 수 없을 만큼 큰 희생을 치른 라이프치히 전투는 프랑스군은 물론이고, 동맹군에게도 막대한 인명손실을 초래했다. 동맹군은 - 러시아군 22,605명, 프로이센군 16,033명, 오스트리아군 14,958명, 스웨덴군 178명 등 - 거의 54,000명을 희생시켰고, 72,000명의 병력손실을 입은 프랑스는 사상자(37,000명)보다 포로와 낙오병의 수가 더 많았다. 그 중 최고위급 포로는 작센의 국왕으로서 바르샤바 공국의 공작을 겸했던 프리드리히 아우구스트 1세였다. 유럽의 헤게모니를 장악하기 위해 러시아 원정까지 감행했던 나폴레옹은 라이프치히 전투 패배로 이제 독일 땅을 영원히 떠나야 했다. 나폴레옹은 라인 강을 건너기 전에 바이에른 왕국 군대와 한 차례 전투를 벌인 것 외에는 동맹군의 추격을 받지 않았다. 6차 동맹군은 실제로는 나폴레옹을 라인 강 너머로 피신시켜 준 것이나 다름없었다. 나폴레옹군이 라이프치히 전투에서 참패한 후 라인 강을 건너 프랑스 땅으로 후퇴하도록 길을 열어준 것은 파리 점령의 명분을 쌓기 위한 동맹군의 전략적 판단이었을 것이라는 결과론적인 해석도 가능할 수 있을 것이다. 프로이센을 위시해 라인 동맹국들을 총망라한 독일, 오스트리아, 러시아, 스웨덴, 프랑스 등이 참여한 전쟁이라 하여 라이프치히 전투는 <라이프치히 민족전투>라고 불렸다.

라이프치히 전투에서 패한 나폴레옹 군대는 프랑스 국경을 향해 후퇴하는 과정에서 프랑크푸르트 동쪽, 마인 강에서 가까운 하나우에서 한 차례 동맹군의 - 독일 땅에서의 마지막 - 공격을 받았다. 이번 공격의 선봉장은 3주일 전까지만 해도 나폴레옹 휘하에서 6차 동맹군과 싸웠던 바이에른의 최고지휘관 브레데 원수였다. 오스트리아와 체결한 리트 조약(1813년 10월 8일)에서 라인 동맹 탈퇴를 선언한 후, 반나폴레옹 동맹(6차 동맹)으로 전향한 바이에른은 브레데 원수와 3만 명의 병력을 투입하여 나폴레옹의 퇴로를 차단하려 시도했지만, 상황을 오판한 나머지 오히려 나폴레옹에게 패배를 당했다. 그러나 바이에른 왕국 정부와 군부의 시각에서 보면, 바이에른이 나폴레옹과 전투를 벌였다는 사실이 중요했다. 그럴 것이 6차 동맹으로 전향한 직후 치른 옛 동맹(나폴레옹)과의 전투를 통해 동맹교체의 진정성을 확실히 보여줄 수 있었기 때문이었다. <하나우 전투>(1813년 10월 30-31일)에서 브레데 바이에른군 사령관은 194명의 장교와 9,087명의 병사를 잃었고, 브레데 장군 자신도 중상을 당했다. 물론 프랑스군에게도 똑같은 피해를 입혔고, 만여 명의 프랑스 병력을 포로로 획득했다. 추격을 겨우 막아낸 나폴레옹은 이제 겨우 6만 명의 병사만 데리고 라인 강을 넘었다. 나폴레옹에게 합당한 응징을 하려 했다면, 나폴레옹의 독일 땅에서의 마지막 전투를 6차 동맹에 뒤늦게 합류한 바이에른 군대에게만 맡겨 놓지는 않았을 것이다. 프랑스의 헤게모니를 완전히 와해시킨 라이프치히 전투는 라인 동맹의 운명을 결정지은 전투이기도 했다.

라이프치히 전투 전에 라인 동맹을 탈퇴한 남독일 국가는 바이에른 왕국이 유일했고, 라이프치히 전투가 끝난 후 라인 동맹을 탈퇴한 첫 번째 남독일 국가는 뷔르템베르크 왕국이었다. 뷔르템베르크 왕국이 프랑스와 체결한 동맹(루트비히스부르크 조약, 1805년 10월 5일)을 파기하고, 오스트리아와 동맹을 체결한 것은 1813년 11월 2일 체결된 <풀다 조약>을 통해서였다. 프로이센 수상 출신의 알렉산드르 1세 러시아 황제의 정치고문 슈타인 남작은 프랑스와 군사동맹을 체결하여 이적행위를 한 라인 동맹 국가들의 처리문제를 전시점령법에 의거하여 다룰 것을 주장했음에도 불구하고, 프로이센은 풀다 조약에 추가로 가입했다. 슈타인이 뷔르템베르크를 전범국가로 다루려 한 이유는 라이프치히 전투에서 - 일부 뷔르템베르크 군대는 라이프치히 전투 도중에 투항했다 - 나폴레옹이 패배할 때까지 계속해서 라인 동맹 소속으로 머물렀기 때문이었다.

메테르니히 오스트리아 외무장관과 페르디난트 루트비히 체펠린 (1772-1829) 뷔르템베르크 외무장관 간에 조인된 풀다 조약을 통해 뷔르템베르크 왕국은 공식적으로 라인 동맹에서 탈퇴하고, 최소 12,000명의 병력을 6차 동맹군에 제공해야 했다. 리트 조약(바이에른-오스트리아 조약)과 풀다 조약(뷔르템베르크-오스트리아 조약)이 적국의 언어인 프랑스어로 작성되었다는 사실은 이 언어가 국제조약 체결 언어로 굳어져 가고 있음을 방증한 예였다고 하겠다. 조약체결 언어로 라틴어 대신 프랑스어가 등장한 것은 스페인 계승전쟁 후 오스트리아와 프랑스 간에 체결된 라슈타트 평화조약(1714년 3월 6일)이 그 첫 사례였다는 사실은 언급된 바 있다.

바이에른과 뷔르템베르크를 제외한 여타 라인 동맹 국가들은 전시점령법의 적용을 피하기 위해 1813년 11월과 12월 사이에 서둘러 6차 동맹과 조약을 체결하여 프랑스와의 관계를 청산했다. 바덴 대공국은 11월 20일, 헤센-다름슈타트 대공국과 나사우 공국은 11월 23일, 작센-코부르크-자알펠트 공국은 11월 24일, 선제후국 헤센(헤센-카셀)은 12월 2일 프랑크푸르트에서 6차 동맹(프로이센, 오스트리아, 러시아)과 각각 독립적인 동맹조약을 체결하여 주권과 재산을 보장받았다. 참고로, 나폴레옹 시대의 헤센-다름슈타트(다름슈타트가 수도인 헤센)는 헤센 대공국, 헤센-카셀(카셀아 수도인 헤센)은 헤센 선제후국이라 불렸다. 멕클렌부르크 공국과 바이에른 왕국은 이미 라이프치히 전투 발발 이전에 라인 동맹을 탈퇴했지만, 투항하지 않고 끝까지 프랑스와 나폴레옹을 위해 싸운 국가들은, 예를 들어 작센 왕국과 - 라인 동맹은 아니지만 - 바르샤바 공국은 해방전쟁이 끝난 후 전시점령법의 적용을 받아야 했다.

3) 독일 해방전쟁에서 프랑스 침공전쟁으로

　1814년에 벌어진 6차 동맹전쟁(해방전쟁)의 특징은 전쟁의 무대가 라인 강 오른 쪽에서 라인 강 왼쪽 지역으로, 다시 말해 독일 땅에서 프랑스 땅으로 옮겨간 점이었다. 독일 해방전쟁은 이제 프랑스 본토 침공전쟁으로 그 양상이 바뀌게 된 것이었다. 1814년의 동맹군의 프랑스 원정에서는 승리를 확실히 챙긴 전투가 드물었다. 1월부터 3월까지 지속된 전쟁에서 6차 동맹군과 프랑스군은 번갈아 가면서 승패를 주고받았다. 1월 29일 브리엔느 전투, 2월 10일 샹포베르 전투, 2월 11일 몽미레 전투, 2월 12일 샤토티에리 전투, 2월 14일 보샹 전투, 2월 18일 몽트로 전투에서는 나폴레옹이 승리했고, 반대로 1월 10일 생디에 전투, 2월 1일 라로티에르 전투, 2월 27일 바르쉬로브 전투, 3월 9일 라옹 전투에서는 6차 동맹이 승리를 거두었다.

　나폴레옹이 직접 지휘한 프랑스 주력군 4만 명을 3만 명의 병력으로 맞선 <브리엔느 전투>(1814년 1월 29일)에서 블뤼허 원수와 그나이제나우 소장은 간신히 프랑스군의 포로를 모면할 수 있었다. 그러나 인명 손실은 양측이 각각 3천여 명씩을 기록했다. 브리엔느 전투는 프로이센-러시아 연합군(슐레지엔군)이 나폴레옹에 패한 전투였지만, 3일 후 벌어진 <라로티에르 전투>는 뵈멘군(6차 동맹 주력군) 소속 오스트리아군과 바이에른군이 블뤼허 장군에게 가세함으로써 승리한 전투였다. <라로티에르 전투>에서 합동작전을 벌였던 6차 동맹군의 뵈멘군과 슐레지엔군(사령관 블뤼허)은 전투에서 승리한 후 다시 헤어졌다. 슈바르첸베르크 오스트리아군 원수가 지휘한 뵈멘군은 트루아로 진격했고, 블뤼허 원수는 5만 명을 헤아리는 슐레지엔군을 지휘하여 샬롱을 경유하여 파리 방향으로 진군했다. 그나이제나우는 1809년 프로이센 국왕 프리드리히 빌헬름 3세가 애국적인 군부세력의 진언에도 불구하고 5차 동맹전쟁(오스트리아-프랑스 전쟁)을 방관한 데 대한 항의로 프로이센군을 떠났다가, 1813년 프로이센군에 복귀한 후, 1813년 8월 8일 샤른호르스트의 후임으로 블뤼허 사령관 휘하의 슐레지엔군 참모장에 임명되었다.

라로티에르 전투에서 승리한 6차 동맹군(뵈멘군과 슐레지엔군)이 각각 그들 담당 작전지역으로 복귀했을 때, 나폴레옹은 그 기회를 이용하여 전력이 허약한 자하르 드미트리예비치 올수피에프(1772-1835) 장군 휘하의 슐레지엔군 소속의 러시아 군단(3,700명)을 1814년 2월 10일 <샹포베르 전투>에서 괴멸시키고, 올수피에프를 포로로 확보한 후, 2월 11일 <몽미레 전투>에서 파비안 고틀리프 폰 데어 오스텐-작켄(1752-1837) 원수의 러시아 군단을 연달아 제압했다. 작켄 군단은 2만 명의 병사 중 2,800명을 잃었다. 요르크 폰 바르텐부르크 원수의 프로이센 군단이 원군으로 합류했지만, 800명의 전사자만 낸 채, 상황을 반전시키지 못했다. 나폴레옹은 2월 12일 <샤토티에리 전투>에서 작켄과 요르크 폰 바르텐부르크의 군단에 또 한 번 큰 피해(2,250명 전사)를 입혀, 이들을 마른 강 너머로 격퇴했다. 블뤼허(동맹3군/슐레지엔군 사령관)의 접근 소식을 접한 나폴레옹은 고틀리프 폰 데어 오스텐-작켄 군단과 요르크 폰 바르텐부르크 군단의 추격을 에두아르 아돌프 모르티에(1768-1835)의 군단에 일임하고, 블뤼허와 <보샹 전투>(1814년 2월 14일)에서 대결하여, 블뤼허에게 큰 피해를 입혔다. 보샹 전투에서 슐레지엔군이 입은 인명피해는 프로이센군이 4천 명, 러시아군이 2천 명이었다. 이로써 슐레지엔군은 1814년 2월 10일부터 14일까지 나흘 동안 거의 14,000명의 병력을 잃었다. 샹포베르 전투에서 나폴레옹의 포로가 된 올수피에프는 러시아군이 파리를 점령한 1814년 4월 1일 풀려났고, 고틀리프 폰 데어 오스텐-작켄 장군은 점령기간 동안 파리 총독에 임명되었다. 나폴레옹의 승리는 프랑스 국민의 저항 의지에 새로운 날개를 달아주었으며, 1814년 2월 5일부터 3월 19일까지 샤티용에서 개최된 평화회의의 진행과정에도 영향력을 행사했다.

몽미레 전투와 보샹 전투에서 블뤼허 장군에게 승리한 후, 나폴레옹은 67,000명을 지휘하여, 3일 행군 거리만 남겨 놓고 파리 전방에 주둔한 120,000명의 동맹군을 향해 진격했다. 나폴레옹은 <모르망 전투>(1814년 2월 17일)에서 페터 폰 데어 팔렌(1777-1864) 장군의 러시아 군단을 물리치고, 바이에른군 사령관 브레데가 지휘한 슐레지엔군의 전위부대를 돈느 마리로 격퇴했다. <몽트로 전투>(1814년 2월 18일)는 모르망 전투 다음 날 벌어졌다. 전투 진행과정에서 클로드 빅토르 페렝(1764-1841) 원수의 지휘에 만족하지 못한 나폴레옹은 지휘권을 에티엔 모리스 제라르(1773-1852)에게 위임했다. 150,000명의 병력과 2,600필의 군마를 동원한 프랑스군과 대결한 뷔르템베르크의 왕세자 빌헬름(1781-1864)은 - 후일의 빌헬름 1세(재위: 1816-1864) 뷔르템베르크 국왕 - 비교도 되지 않는 열세한 전력(7,500명의 병력과 군마 1,000필)으로도 늦은 오후까지는 간신히 버틸 수 있었지만, 나폴레옹이 몸소 15,000명의 원군을 대동하고 몽트로에 출현했을 때, 큰 피해를 입은 채 센 강 너머로 철수해야 했다. 동맹군의 인명피해는 4,850명이 달했는데, 그 중 3,400명은 프랑스군의 포로가 되었다.

나폴레옹은 파리 쪽으로 패주하면서도 여러 차례 6차 동맹군에 승리를 거둘 수 있었던 것은 동맹군의 느슨한 작전 때문이었다. 전쟁이 아직 독일 땅에서 진행되고 있었을 때 나폴레옹과 나폴레옹 군대에 대해 독일 군인들이 가지고 있었던 증오심은 전쟁의 무대가 라인 강을 건너 프랑스 역내에서 펼쳐지면서부터 그 크기와 깊이가 확연히 달라졌다. 모스크바에서부터 프랑스군을 추격해 온 러시아군의 마음가짐도 러시아 땅과 독일 땅을 벗어난 후 독일 출신 병사들의 그것과 크게 다르지 않았다. 6차 동맹군의 최종 목표는 파리 점령이었지만, 그들의 진군 속도는 완만했다. 낯선 현지 사정에다, 익숙하지 않은 지형과 풍광도 침공의 속도를 더디게 만들었다. 그러나 무엇보다도 나폴레옹을 추격하고 있는 동맹군의 긴장감을 떨어뜨린 것은 군과 군 - 뵈멘군(슈바르첸베르크)과 슐레지엔군(블뤼허)과 북군(베르나도트) - 간은 물론이고, 동일 군의 예하 군단 간에도 협력체계가 완벽하지 못했던 데 그 원인이 있었다.

1814년의 첫 패전으로 기록된 브리엔느 전투(1814년 1월 29일)의 패배를 설욕하기 위해 블뤼허 휘하의 슐레지엔군과 슈바르첸베르크 원수 휘하의 6차 동맹 주력군(뵈멘군)은 브리엔느 전투 3일 후 합동작전을 전개하여, 라로티에르에서 나폴레옹이 직접 지휘한 40,000명의 프랑스군을 포위했다. 슈바르첸베르크 동맹군 총사령관으로부터 공격을 위임받은 블뤼허 장군은 - 뵈멘군 소속 오스트리아 장군 줄로이 및 뷔르템베르크 왕위 계승자 빌헬름 공 휘하의 2개 군단병력의 지원을 포함하여 - 약 53,000명의 병력을 투입했다. 바이에른군 원수 브레데까지 가세한 <라로티에르 전투>(1814년 2월 1일)는 사상자 수로만 판단하면 승패가 불분명했지만, 동맹군에 유리하게 끝난 전투이었다. 프랑스군의 피해는 전사 3,000명, 포로 2,400명이었고, 동맹군의 인명 피해도 똑같이 6,000명 이었다. 나폴레옹은 트루아로 후퇴했다.

동맹군 사령관 슈바르첸베르크 원수는 프로이센 국왕 프리드리히 빌헬름 3세를 설득하여 몽트로에서 패한 동맹군(오스트리아군과 뷔르템베르크군)을 쇼몽으로 철수시키는 계획을 취소시켰다. 동맹군 추격을 막도날드 장군에게 위임한 나폴레옹이 블뤼허 장군의 슐레지엔군을 노렸기 때문이었다. 몽트로 전투 열흘 후 벌어진 <바르쉬로브 전투>(1814년 2월 27일)는 동맹군이 승리한 전투이었다. 브레데 원수의 바이에른 군단과 비트겐슈타인 원수의 러시아 군단은 44,000명의 병력을 투입하여 우디노의 프랑스 군단(33,700명)에 완벽한 승리를 거두고, 그들을 오브 강 너머로 격퇴했다. 동맹군의 인명 피해는 1,500명, 프랑스군의 피해는 3,500명이었다.

몽트로 전투(1814년 2월 18일)에 패한 후 동맹군의 주력군(슈바르첸베르크 원수)은 파리 진격을 잠시 중단했기 때문에, 나폴레옹은 블뤼허 장군 쪽으로 공격 방향을 잡을 수 있었다. 그러나 나폴레옹이 장악한 병력은 겨우 34,000명에 불과한 반면, 블뤼허 원수 휘하의 슐레지엔군의 전력은 프로이센의 뵐로 장군과 러시아의 페르디난트 폰 빈칭어로데(1770-1818) 장군이 합류한 후 110,000명으로 증강되었다. 그 가운데 기병이 30,000명이었고, 보유 대포는 600문에 달했다. 3월 7일 크라온느에서 치열한 접전을 벌인 후, 프랑스군은 3월 9일 라옹에서 다시 동맹군과 격전을 벌였다. 요르크 폰 바르트부르크의 군단이 마르몽의 프랑스 군단을 야간에 기습 공격하여 동맹군(슐레지엔군)은 승리를 거두었다. 그러나 다음날 블뤼허 장군이 건강상의 이유로 최고지휘권을 행사할 수 없었기 때문에, 슐레지엔군은 <라옹 전투>(1814년 3월 9일)의 승리를 전략적으로 이용하는 데는 실패했다.

   1814년 1월 29일(브리엔느 전투)부터 2월 18일(몽트르 전투)까지 6차례의 전투에서 거둔 나폴레옹의 승리는 샤티용에서 개최된 평화회의에서 프랑스의 주장에 힘을 실어주었다. 해방전쟁의 무대가 1814년 연초부터 독일에서 프랑스로 옮겨진 후, 6차 동맹군의 병력은 나폴레옹의 그것보다 수적으로 크게 앞섰음에도 불구하고, 어느 일방의 완벽한 승리도 없는 전투가 지지부진하게 계속되었다. 나폴레옹은 동맹군과 승패를 주고받았지만, 전선은 완만하나마 계속해서 파리 쪽으로 이동하고 있었다. 평회회담을 개최해야 한다는 목소리는 브리엔느 전투(1814년 1월 29일)에서 동맹군이 패했을 때, 동맹군 내부에서도 들리기 시작했다. 1814년 2월 5일부터 센강 상류의 소도시 샤티용(샤티용 쉬르 센)에서 6차 동맹국(오스트리아, 러시아, 영국, 프로이센)과 프랑스 간 5개국 회의가 시작되었다. 메테르니히 오스트리아 외무장관의 전임 외무장관 슈타디온, 빈 주재 러시아 공사를 역임한 안드레이 키릴로비치 라주모프스키(1752-1836), 상트페테르부르크 주재 영국 공사 윌리엄 캐스카트(1755-1843), 프라하 평화회의(1813)의 프로이센 대표였던 빌헬름 폰 훔볼트 등 6차 동맹 대표들은 나폴레옹으로부터 전권을 위임받은 콜렝쿠르 장군(프라하 평화회의 프랑스 대표)과 임시평화조약 체결에 관한 회담을 벌였다. 샤티용 평화회의의 성공 가능성은 처음부터 희박했다. 6차 동맹 측은 1차 동맹전쟁(1792-1797) 발발 이전의 영토를 평화조약 체결의 기준으로 삼았고, 프랑스 측은 라인 강을 독일과 프랑스 사이의 국경선으로 보장받으려 했기 때문이었다. 프랑스에게 1792년의 국경선을 허용하는 것도 지나치게 관대한 조치라고 반발한 러시아의 알렉산드르 1세 황제가 회의를 중단시켜, 회담 자체가 무산될 위기를 만나기도 했다. 나폴레옹은 나폴레옹대로 샤티용 평화회의가 시작된 이후 일주일도 아니 되어 샹포베르 전투(1814년 2월 10일)와 몽미레 전투(1814년 2월 11일), 그리고 보상 전투(1814년 2월 14일)에서 연승을 거둔데다, 슈바르첸베르크 동맹군 총사령관의 휴전제의에 고무되어, 프랑스와 독일 간의 국경선을 라인 강과 알프스 산맥을 기준으로 결정할 것을 요구했다. 이에 대해 동맹국 측은 2월 28일 평화조약 초안을 늦어도 3월 10일까지 제출할 것을 프랑스 측에 요구했다. 그러나 나폴레옹은 시간을 벌기 위해 최후의 순간까지 - 파리는 1813년 3월 30일 점령되었다 - 회담을 지연시키려 시도했다. 6차 동맹 4국은 3월 1일 새로운 군사동맹조약(쇼몽 4국 동맹)을 체결하여 나폴레옹을 압박했다. 3월 19일 콜랭쿠르가 제출한 프랑스 측의 평화조약 초안은 동맹국의 그것과 내용이 상반되었기 때문에, 동맹국 측은 평화회의를 중단시켰다. 프랑스 측 초안에서 나폴레옹이 요구한 사항은 그의 계자 외젠 드 보아르네를 이탈리아의 국왕으로 인정해 줄 것, 작센 국왕과 베르크 대공의 상속재산을 인정해 줄 것, 프랑스의 식민지를 승인할 것 등이었다. 프랑스의 위성국 베르크 대공국은 라이프치히 전투(1813년 10월 16-19일)에서 나폴레옹이 패한 후 사실상 해체되었고, 나폴레옹의 조카이며 베르크의 대공인 루이 보나파르트(1804-1831)는 1813년 12월 1일자로 폐위되었으며, 작센 국왕(프리드리히 아우구스트 1세)은 라이프치히 전투에서 동맹군의 포로가 되어 수감된 상태에 있었다. 나폴레옹의 요구사항이 나열된 프랑스 측의 평화조약 초안에는 나폴레옹이 점령한 오스트리아령 네덜란드(벨기에와 벨기에의 항구도시 안트베르펜)와 마인츠와 라인란트의 미래에 대해서는 일언반구의 언급이 없었다. 프랑스의 위성국으로 설립된 베르크 대공국의 초대 대공은 나폴레옹의 매제 조아생 뮈라(1806-1898), 2대 대공은 나폴레옹(1808-1809) 자신, 3대 대공은 나폴레옹의 조카 루이 보나파르트 나폴레옹(1809-1813)이었다.

<샤티용 평화회의>가 진행되는 도중에 러시아, 프로이센, 오스트리아,

영국 등 6차 동맹국은 1814년 3월 1일 긴급히 쇼몽에서 회동하여 4국 동맹을 체결했다. <쇼몽 4국 동맹>은 유럽의 균형을 유지하기 위해 체결된 반나폴레옹 공수동맹 조약으로서, 4국 측이 제안한 - 1792년의 국경선을 기준으로 삼은 - 평화조약 초안을 나폴레옹이 수용하지 않을 경우를 상정한 대응책이었다. 쇼몽 4국 동맹은 영국 외무장관 로버트 스튜어트 캐슬레이(1769-1822)의 발의로 메테르니히(오스트리아), 네셀로데(러시아), 하르덴베르크(프로이센) 등 4국 외무장관이 서명한 조약이었다. 17개 조항의 쌍무조약으로 구성된 쇼몽 4국 동맹조약에서 각국은 나폴레옹이 동맹 4국이 제시한 평화조약 조건들을 거부할 경우, 전쟁을 승리로 이끌 때까지 150,000명의 야전군을 유지하며, 향후 조약 당사국 중 어느 일방이 프랑스의 공격을 받을 경우 나머지 3국은 각각 60,000명의 병력을 지원토록 규정했다. 예외적으로 영국은 외국용병으로 편성된 군대를 제공하든지, 아니면 보병 1인당 20파운드, 기병 1인당 30파운드의 유지비를 3국(오스트리아, 프로이센, 러시아)에게 지원하는 것으로 영국 군대의 파병을 대신할 수 있는 권리를 얻었다. 현재 진행 중인 분쟁 혹은 미래의 분쟁의 경우에도 4국은 분쟁상대국과 단독평화조약을 체결할 수 없게 했다. 프랑스의 개입이 염려되는 유럽의 국가에게는 동맹(쇼몽 4국 동맹) 가입을 촉구키로 했다. 1814년 3월 9일에 조인되었지만, 3월 1일 자로 소급하여 발효된 쇼몽 4국 동맹조약의 유효기간은 20년이었다. 이 조약은 1815년 나폴레옹이 엘바 섬을 탈출한 후 체결된 <빈 4강 협약>(1815년 3월 25일)으로 대체되었다. 쇼몽 4국 동맹 체결로 러시아, 프로이센, 오스트리아 및 영국은 조약체결을 포함하여, 향후 대프랑스 정책을 실행함에 있어 개별행동을 취할 수 없게 되었다.

쇼몽 4국 동맹조약이 체결되고, 4국이 제안한 평화조약 초안의 수용을 나폴레옹이 거부했을 때, 4국은 샤티용 평화회의의 결렬을 선언했다. 그것은 전쟁의 재개를 의미하는 것이었다. 1814년 3월 20과 21일 양일간 아르시쉬르브에서 치른 결전은 파리가 점령되기 직전 6차 동맹군과 나폴레옹군 사이에 벌어진 마지막 대규모 전투였다. <아르시쉬르로브 전투>(1814년 3월 20/21일)에서 나폴레옹은 전사자, 부상자, 포로 합쳐 8,000명의 인명피해를 당한 채, 우디노 장군의 엄호를 받아 어렵게 전투현장을 벗어날 수 있었다. 반면에 동맹군의 피해는 2,500명이었다. 3월 24일 동맹군 사령부는 파리 진격명령을 내렸고, 파리는 1814년 3월 30일 점령되었다. 파리를 6차 동맹군에게 내줌으로써 이제 나폴레옹은 정치적, 군사적 기반을 완전히 잃게 되었다. 4월 2일 탈레랑 전 외무장관이 이끈 프랑스 임시정부가 정권을 인수하였다. 4월 11일 6차 동맹 대표와 프랑스 임시정부 수반 사이에 <퐁텐블로 조약>이 조인되었고, 폐위된 나폴레옹은 4월 13일 왕권 포기각서를 쓴 후, 4월 20일 파리를 떠나야 했다.

1814년 4월 11일 6차 동맹 3국(오스트리아, 프로이센, 러시아)과 나폴레옹 간에 체결된 퐁텐블로 조약에서 나폴레옹 1세 황제의 퇴위와 관련된 세부사항이 결정되었다. 왕권을 포기하는 대가로 나폴레옹은 엘바 섬(후작령)과 매년 2,000,000프랑의 연금, 그리고 나폴레옹이 직접 선발한 1,000명의 친위대 병력과 그들을 엘바 섬으로 수송할 코르벳함(중형전함) 1척을 프랑스 임시정부로부터 보장받았다. 그 외에도 퐁텐블로 조약은 1810년 나폴레옹과 결혼한 마리 루이제(프란츠 1세 오스트리아 황제의 장녀)에게 북이탈리아의 파르마, 피아첸차 및 구아스탈라 공국을 할양하고, 나폴레옹의 첫 부인(조세핀)의 상속자 외젠 드 보아르네에게 파르마 공작의 칭호 사용을 허용하고, 나폴레옹의 모후(레티치아 라몰리노, 1750-1836)와 3명의 누이동생(엘리사, 폴린, 카롤린)에게는 총 250,000프랑의 연금 지급이 보장되었다.

1814년 3월 30일의 파리 전투는 1814년 전쟁의 마지막 전투였지, 해방전쟁의 마지막 전투는 결코 아니었다. 1814년 5월 4일 나폴레옹이 유배지 엘바 섬에 도착한 직후 평화조약(파리 평화조약)이 체결되고, 그 해 9월부터 오스트리아 수도 빈에서 새로운 유럽의 미래를 논의하기 위해 <빈회의>가 개막됨으로써 유럽 대륙은 1792년 이후 계속된 나폴레옹과의 전쟁을 끝내고, 드디어 평화의 시대로 진입하는 것처럼 보였다.

4) 나폴레옹의 재기와 몰락

6차 동맹(오스트리아, 프로이센, 러시아)과 프랑스 임시정부(탈레랑) 간에 체결된 <퐁텐블로 조약>(1814년 4월 11일)에 근거하여 나폴레옹 1세가 권좌에서 물러나고, 루이 18세(1755-1824, 재위: 1814-1824)가 프랑스 국왕에 즉위함으로써 1792년 루이 16세(루이 18세의 한 살 위 형)의 폐위와 더불어 중단된 부르봉 왕조가 22년 만에 복원되었다. 해방전쟁에 참전했던 유럽의 4강(러시아, 프로이센, 오스트리아, 영국)은 1814년 5월 9일 루이 18세의 프랑스와 파리에서 평화협상을 시작하여 5월 30일 <1차 파리 평화조약>(1814년 5월 30일)을 체결했다. 1차 파리 평화조약은 오스트리아와 프랑스, 러시아와 프랑스, 영국과 프랑스, 프로이센과 프랑스 간에 각각 쌍무조약의 형식으로 체결되어, 빈 회의 주최국 오스트리아의 황제 프란츠 1세와 그의 신구 외무장관 메테르니히와 슈타디온, 알렉산더 1세 황제와 안드레이 키릴로비치 라주모프스키(1752-1836) 전 빈 주재 러시아 공사와 카를 로베르트 폰 네셀로데(1780-1862) 외무장관, 조지 3세 영국 국왕과 캐슬레이 외무장관과 윌리엄 케스카트(1755-1843) 장군과 조지 헤밀튼 고든 에버딘(1784-1860)과 찰스 스튜어트(1778-1854), 프리드리히 빌헬름 3세 프로이센 국왕과 카를 아우구스트 폰 하르덴베르크 수상과 훔볼트, 그리고 루이 18세 프랑스 국왕과 그의 신임 외무장관 탈레랑 등이 공동으로 서명했다. 스페인과 포르투갈과 스웨덴은 후일 추가로 1차 파리 평화조약에 가입했다. 영국 대표 중 에버딘은 1813년 오스트리아와 러시아와 프로이센이 테플리츠에서 군사동맹을 체결한 직후 당지에서 체결된 오스트리아와 영국 간의 군사동맹 조약에 서명한 장본인이었다.

33개 조항을 포함하는 1차 파리 평화조약은 프랑스에게 - 샤티용 평화회의에서 제시된 것과 같이 - 1792년 1월 1일 기준의 국경선을 허용함으로써, 이전 사르데냐 왕국 영토였던 사부아, 교황령에 속했던 아비뇽, 알자스의 자르루이, 자르브뤼켄 및 란다우, 그리고 벨기에(오스트리아령 네

딜란드)의 국경지대와 벨기에 역내의 프랑스 고립영토는 프랑스 영토로 남게 되었다. 북해에 이르기까지 라인 강의 자유운항이 선포되었다. 네덜란드는 오라녜가의 지배하에 벨기에를 편입시켜, 영토를 확대시키고, 구독일제국 소속 국가들은 독립적으로 연방제 결속을 통해 통합시키며, 스위스는 독립시켜 주권을 회복하게 하고, 이탈리아는 개별 주권국가들로 구성되게 했다. 영국은 몰타를 획득했지만, 북아메리카, 아프리카 및 아시아 소재 프랑스 식민지는 몇 개의 섬을 예외로 하고 모두 프랑스에 반환했다. 통치권자가 바뀐 지역의 주민들에게는 정치적 자유를 보장하고, 6년 이내의 경우 이주의 자유를 보장했다. 조약 당사국들은 1792년 이후 취득한 재산 및 영토에 대한 소유권 일체를 상호 포기하고, 향후 2개월 내에 기타 세목들을 조정하기 위해 각국의 전권사절을 1814년 9월에 소집되는 <빈 회의>에 참석시킬 의무를 공유했다. 프랑스는 빈 회의에서 노예거래 철폐를 위해 노력하고, 향후 5년 이내에 스스로 노예거래를 포기할 것임을 영국에게 선언했다. 프랑스는 탈취한 예술품의 반환을 면제받았다. 그러나 프로이센은 브란덴부르크 성문의 4두 이륜마차 석상을 돌려받았다. 독일의 각국에서는 프랑스에게 지나치게 관대한 평화조약의 조건들이 제시된데 대해 분개하는 여론이 지배적이었다. 유럽의 재편에 관한 문제는 제1차 파리 평화조약의 의제가 아니었기 때문에, 빈 회의에서 논의될 때까지 유보되었다.

1차 파리 평화조약(1814년 5월 30일)이 체결되고 백여 일이 지난 1814년 9월 18일 동맹전쟁의 승전국과 패전국의 대표들이 모두 참가한 국제회의가 오스트리아 제국의 수도 빈에서 개막되어, 나폴레옹 이후의 유럽의 미래를 논의하기 시작했다. 유럽의 재편 문제를 두고 <빈 회의>가 해를 넘기고도 갑론을박을 벌이고 있었을 때, 1815년 2월 26일 엘바 섬을 탈출한 나폴레옹이 3월 1일 남프랑스의 칸에 상륙했다는 청천벽력과도 같은 소식이 빈 회의 석상 을 덮쳤다. 나폴레옹의 엘바 섬 탈출은 나폴레옹의 파문을 선언한 빈 회의를 경악시켰다. 칸에 상륙한 나폴레옹은 프랑스의 정예부대를 규합하여, 민주주의적 개혁을 약속하면서 파리에 입성했다. 루이 18세는 헨트(벨기에)로 피신해야 했다. 이탈리아의 왕권을 노린 나폴레옹의 매제 조아생 뮈라 나폴리 국왕(1898-1815)은 손위처남 나폴레옹의 황제 복위를 제일 먼저 지지하고, 이탈리아 상륙을 시도했다. 그러나 그는 1815년 5월 <톨렌티노 전투>에서 오스트리아군의 포로가 되어, 1815년 10월 13일 나폴리-시칠리아 통합왕국 국왕 페르디난트 1세(1751-1825, 재위: 1816-1825)의 명령에 의해 처형되었다. 부르봉가 출신의 페르디난트 1세는 마리아 테레지아 여제의 딸 마리아 카롤리나(1752-1814)의 부군이었다.

나폴레옹은 영국군 사령관 아서 웰즐리 웰링턴(1769-1852) 공작과 프로이센군 사령관 블뤼허 원수가 합류하기로 한 벨기에로 군대를 이동시켰다. 그 사이 동맹 4국(러시아, 프로이센, 오스트리아, 영국)은 1815년 3월 25일 빈에서 쇼몽 4국 동맹조약(1814년 3월 1일)을 <빈 4국 협약>(1814년 3월 25일)으로 갱신하여, 나폴레옹을 최종적으로 진압할 때까지 각국이 150,000명의 병력을 동맹군에 제공할 의무를 나누어 가졌다. 군사적 대응은 그러나 유보되었는데, 그 가장 큰 이유는 오스트리아와 러시아의 군대가 1차 파리 평화조약 체결 후, 이미 본국으로 철수해 버리고난 후였기 때문이었다. 4국 동맹이 대군을 편성하여 프랑스 땅에 투입하려면, 2개월 이상의 시간이 필요했다. 빈에서 개최된 동맹군 작전참모 회의는 600,000명이라는 압도적인 수적 우위의 전력을 준비한 후, 나폴레옹 토벌 작전을 재개하려했다. 그 사이에 지지 세력의 규합과 재무장에 필요한 충분한 시간을 벌수 있었던 나폴레옹은 동맹군이 합류하기 전에 각개격파 식의 기동전을 통해 프로이센군과 영국군을 개별적으로 제압하려고 시도했다.

현저한 수적 열세의 나폴레옹군은 기동력을 앞세운 기습공격으로 활로를 모색하려했다. 엘바 섬을 탈출한 나폴레옹과 6차 동맹 간의 첫 전투는 빈 4국 협약 체결 약 3개월 후인 1815년 6월 15일 벨기에 땅에서 벌어졌다. 나폴레옹은 리니(벨기에의 나뮈르 주)에 집결한 웰링턴 장군 휘하의 영국-네덜란드 연합군과 리니 북서쪽 10킬로미터 지점의 카트르브라에서 기동중인 블뤼허 원수의 프로이센군을 동시 공격하여 각개 격파한다는 전략을 수립했다. 나폴레옹은 <리니 전투>(1815년 6월 16일)는 자신이 직접 지휘하였고, <카트르브라 전투>(1815년 6월 16일)는 미셸 네 원수에게 위임했다. 50,000명의 프랑스군의 공격을 받은 웰링턴은 처음에는 겨우 7,800명의 병력을 대치시켜, 큰 피해를 입었다. 웰링턴은 저녁 무렵 도착한 증원군의 덕분으로 전세를 역전시킬 수 있었다. 밤중까지 치열하게 전개된 전투에서 발생한 전사자 수는 영국-네덜란드 연합군 측에서 4,200명 내지 4,700명으로 집계되었고, 프랑스 측은 4,000명 내지 4,300명을 희생시켰다. 카트르브라 전투에서 블뤼허 원수의 프로이센군을 지원한 '흑의의 공작 프리드리히 빌헬름 브라운슈바이크 공작이 전사했다. 프리드리히 빌헬름은 1806년 4차 동맹전쟁(1806-1807) 때에는 블뤼허 휘하에서 나폴레옹과 전투를 - 예나 및 아우어슈테트 전투(10월 14일)와 뤼베크(11월 6일) 전투 - 벌였으며, 1809년에는 슐레지엔과 뵈멘에서 모집한 의용단을 지휘하여 오스트리아를 도와 나폴레옹과 싸웠다. 프리드리히 빌헬름 공작은 오스트리아가 바그람 전투(1809)에서 나폴레옹에게 패한 후, 영국으로 건너간 바로 그 '흑의의 의용단'의 지휘관이었다. 영국과의 인연에서인지, 그는 1815년 자원하여 웰링턴 휘하의 네덜란드-영국 연합군에 합류했다가, 카트르브라 전투에서 전사했다. 카트르브라 전투는 승패가 확실치 않은 전투였다. 전투현장을 고수했다는 점에서는 웰링턴 장군의 동맹군이 승리한 전투라 볼 수 있었지만, 영국-네덜란드 연합군과 프로이센군의 합류를 저지했다는 점에서는 미셸 네 원수의 프랑스군이 전략적 승리를 거둔 전투였다.

카트르브라 전투 패배 다음 날인 1815년 6월 17일 블뤼허 장군의 리니 전투 패배 소식을 접했을 때, 노련한 웰링턴은 <워털루 전투>의 무대인 몽생장 산의 고원으로 철수하여 나폴레옹과의 마지막 결전을 기다렸다. 나폴레옹이 블뤼허(리니 전투)와 웰링턴(카트르브라 전투)을 동시공격 목표로 삼은 이유는 동맹군에 비해 전력의 규모는 월등히 왜소했지만, 프랑스군의 장점이라 할 신속한 기동력을 전략적으로 이용할 수 있는 위치에, 그것도 서로 근접한 거리에 프로이센군과 영국군이 포진하고 있었기 때문이었다. <카트르브라 전투>에서 미셸 네 원수가 지휘한 프랑스군의 좌익군이 웰링턴 장군의 발목을 붙잡고 있는 동안, 나폴레옹은 엠마뉘엘 드 그루시(1766-1847) 원수를 지휘관으로 하는 프랑스군의 우익군과 함께 <리니 전투>에서 블뤼허와 대결했다. 6월 16일 오후에 시작하여 그 날 밤 자정이 지나도록 지속된 전투에서 프로이센군 사령관 블뤼허 원수는 나폴레옹의 공격을 견뎌낼 수 없었다. 리니 전투는 블뤼허 장군이 이미 서로 약속된 웰링턴 장군의 지원을 믿고 벌인 전투였다. 이 전투에서 쌍방은 모두 큰 피해를 입었다. 프로이센군은 전체 병력 83,000명 중 16,000명이, 프랑스군은 78,000명 중 11,000명이 전사했다. 리니 전투는 나폴레옹이 승리한 최후의 전투였다.

73세의 노지휘관 블뤼허 원수는 리니 전투에서 하마터면 프랑스군의 포로가 될 뻔 했다. 처음에는 그가 실종된 것으로 간주되었기 때문에, 그나이제나우 참모장은 자신의 책임 하에 프로이센군의 철수에 대한 결단을 내려야했다. 라인 강을 향해 북동쪽으로 행군하여 웰링턴의 후퇴를 유도할 것인가, 아니면 북쪽으로 철수하여 웰링턴과의 합류를 꾀할 것인가, 선택의 기로에서 그나이제나우 소장은 웰링턴과의 합류를 택했다. 후자 쪽이 더 큰 위험을 감수해야 할 해결책이긴 했지만, 웰링턴과 합류함으로써 그는 워털루 전투의 승리를 위한 초석을 놓게 되었다.

1815년 6월 16일 리니 전투에서 승리한 나폴레옹은 프로이센군이 라인 강 방향으로 철수하고 있다고 오판하고, 후퇴하는 프로이센군의 추격을 그루시 원수에게 일임한 후, 그 자신은 6월 17일 웰링턴을 제압하기 위해 진군했다. 그러나 웰링턴은 카트르브라 전투 다음 날, 때를 놓치지 않고 브뤼셀 남쪽 약 20킬로미터 지점의 몽생장 산 근처의 유리한 방어 위치로 이미 철수해 있었다. 그곳에서 블뤼허 장군의 지원약속을 믿고,

68,000명의 병력과 184문의 대포를 동원하여 나폴레옹을 기다린 것이었다. 프랑스군의 공격은 꽤 긴 시간의 포병공격 준비를 마친 후, 6월 18일 14시 경이 되어서야 시작되었지만, 첫 공격은 웰링턴의 영국 보병에 의해 격퇴되었다. 15시 30분 경 미셸 네 원수가 지휘한 두 번째 공격은 10,000필의 군마를 동원한 프랑스 기병대의 지원을 받아, 저녁 무렵 라 에이상트(샤를루아와 브뤼셀 사이의 도로변에 위치한 농장)를 접수하는 전과를 올렸다. 웰링턴은 시간이 지나면서 투입 가능한 모든 부대를 양쪽 날개로부터 중앙에 집중시켜서, 프랑스군의 대규모 공격을 견뎌냈다. 그러나 기다렸던 블뤼허의 프로이센군은 나타나지 않고, 상황은 점점 위태로워졌다. 그 사이에 블뤼허 장군의 지원군은 늦은 오후 프리시몽에서 프랑스군 오른쪽 날개의 후미에 도달하였고, 16시 30분 경 뵐로 장군의 군단을 전투에 투입하였지만, 공격은 저녁 때 정체되어 버렸다.

또 다른 프로이센의 원군이 개입하기 전에 웰링턴에게 결정적인 타격을 가할 생각만 한 나폴레옹은 19시 경 단판에 전투를 결정지으려 했다. 나폴레옹은 작전 개시 때 투입된 73,000명의 병력과 254문의 대포 중에서 아직 남아 있는 전력을 자신의 친위대까지 총동원하여 웰링턴의 중앙부를 향해 돌진시켰다. 그러나 프랑스군 돌격대는 네덜란드-영국 연합군의 격렬한 저항을 받은 끝에, 일대일의 육박전에서 차례로 쓰러졌고, 그 사이에 원군으로 도착한 게오르크 폰 피르히(1763-1838) 소장과 한스 에른스트 카를 폰 치텐(1770-1848) 소장의 프로이센 군단들이 가세했다. 나폴레옹의 군대는 동맹군의 역습을 받아 비참한 최후를 맞았다. 다음날 새벽까지 계속된 그나이제나우 장군의 추격으로 프랑스군은 완전히 와해되었다.

21시 경 벨 알리앙스의 전투 현장에서 조우한 블뤼허 장군과 웰링턴 장군은 값비싼 대가를 치른 승리를 확인할 수 있었다. 블뤼허 장군은 1815년 6월 18일의 결전을 실제로 전투가 벌어졌던 브뤼셀 남쪽 마을 농장 이름을 따서 <벨 알리앙스 전투>라 불렀고, 웰링턴 장군은 브뤼셀 남쪽 15킬로미터 지점의, 영국-네덜란드 연합군 사령부가 있던 마을의 이름을 따서 <워털루 전투>라 불렀다. 웰링턴 장군은 13,000명의 영국-네덜란드 연합군 병사를 잃었고, 블뤼허 장군은 7,000명의 프로이센 병사를 잃었는데, 그중 뷜로 군단 소속 전사자만 6,350명이었다. 그에 반해 프랑스군의 피해는 사상자가 25,000명, 포로가 7,000명에 달했다.

나폴레옹의 운명은 워털루 전투 패배와 더불어 결정되었다. 그는 블뤼허 장군의 추격을 받았다. 블뤼허 장군의 결심 여하에 따라 즉결처분을 당할 수도 있었던 나폴레옹의 신병은 7월 15일 영국군에 인계되었다. 웰링턴 장군은 1815년 캐슬레이 외무장관의 후임으로 빈 회의에 영국 대표로 참가했으며, 1828년부터 1830년까지 영국 수상을 역임했다. 벨 알리앙스 전투(워털루 전투) 후 진행된 평화협상에 강한 불만을 표출했던 독일 해방전쟁의 영웅 블뤼허 장군은 1819년 지병으로 사망했다.

리니 전투와 카트르브라 전투는 나폴레옹이 엘바 섬을 탈출한 후 동맹군과 벌인 첫 전투들로서 수적 우위의 동맹군을 효과적으로 공격하여 승리한 전투들이었다. 그러나 이틀 후 벌어진, 워털루 전투에서 나폴레옹의 군대는 괴멸되었고, 파리는 1815년 7월 7일 또다시 동맹군에 의해 점령되었다. 1814년 3월 30일의 1차 점령 후 1년 3개월 만에 파리는 또다시 6차 동맹군에 의해 점령되었다. 나폴레옹은 1815년 7월 15일 영국군에 항복했고, 영국군은 그를 전쟁포로로 취급하여, 이번에는 육지로부터 멀리 떨어져 있는 영국의 식민지 섬인 남대서양의 고도 세인트 헬레나에 유배시켰다. 나폴레옹은 1821년 그곳에서 사망했다. 엘바 섬으로 유배될 당시 체결된 퐁텐블로 조약은 나폴레옹을 적국의 원수로 예우했지만, 두 번째로 유배될 때 그의 신분은 전쟁포로였다. 엘바 섬을 탈출한 1815년 2월 26일부터 혹은 칸에 상륙한 1815년 3월 1일부터 6월 18일 벨 알리앙스 전투(워털루 전투)에 패할 때까지의 기간을 일컬어 - 실제로는 100일이 넘는 기간이지만 - 역사는 나폴레옹의 '백일'이라 부른다. 나폴레옹이 엘바 섬을 탈출하지 않았더라면, 벨기에 땅에서 벌어진 1815년

6월의 세 차례 전투는 없었을 것이고, 1814년 5월 30일의 1차 파리 평화 조약으로 해방전쟁은 막을 내렸을 것이다. 또 한 번의 파리 평화조약 체결이 불가피해졌다.

영국군의 포로가 된 나폴레옹을 유럽의 정치무대에서 완전히 퇴출시킨 직후, 1815년 7월 중순부터 새로운 평화조약 체결을 위한 전쟁당사국들 간의 외무장관회의가 패전국의 수도 파리에서 개최되었다. 평화조약은 <빈 회의>가 종료되고, 5개월이 지난 후인 1815년 11월 20일 체결되었다. 2차 파리 평화회담은 1차 회담 때보다 프랑스를 보호하려는 분위기가 눈에 띄게 약화되어 있었다. 그럼에도 불구하고 오스트리아의 카를(프란츠 1세 황제의 동생) 대공을 부르군트(부르고뉴)와 로트링엔(로렌)과 알자스로, 즉 합스부르크 제국의 옛 역외영토로 구성되는 신생국가의 수반으로 옹립하려 한 독일 측 대표들의 노력은 관철되지 못했다. 메테르니히 오스트리아 외무장관과 요한 폰 베센베르크 남작(1773-1858), 케슬레이 영국 외무장관과 웰링턴 장군, 라주모프스키 러시아 외무장관과 이오아니스 안토니오스 카포디스트리아스(1766-1831, 후일의 그리스 대통령: 1828-1831) 백작, 하르덴베르크 프로이센 수상과 훔볼트, 아르망 엠마뉘엘 뒤 플레시 리슐리외 (1766-1822) 프랑스 수상 등이 서명한 <2차 파리 평화조약>(1815년 11월 20일)은 - 미세한 수정을 제외하면 - 1차 평화조약과 그 내용이 대동소이했으며, 12개 조항 및 1개 추가조항, 그리고 4개의 협약을 포함했다.

2차 파리 평화조약에서, 프랑스의 동쪽 경계선은 - 1차 파리 평화조약(1814년 5월 30일)의 1792년에서 - 1790년의 국경선으로 환원되었다. 필리프빌 요새와 마리앙부르 요새는 네덜란드 영토에 편입되었고, 자르루이와 자르브뤼켄은 프로이센에 양도되었으며, 라우터 강 좌안지역을 포함한 란다우는 오스트리아(1816년 바이에른에 양도됨)에 귀속되었고, 젝스와 포르주(두 요새는 빈 회의에서 프랑스 영토로 인정)는 스위스에, 사부아와 모나코는 사르데냐에 각각 합병되었다. 바젤 근교의 프랑스 요새 휘닝엔(위네그)은 철거 대상이 되었다. 프랑스에게 7억 프랑의 전쟁배상금 변제의무가 부과되었고,

프랑스는 3-5년을 주둔기간으로 하여 최대 5십만 명 수준의 동맹국 점령군의 주둔 경비를 부담해야 했다. 5십만 명을 초과하는 동맹군 병력은 조약체결 후 늦어도 21일 이내에 프랑스에서 철수해야 했다. 추가조항에서 2차 파리 평화조약 서명국들은 <빈 회의> 규약에 따른 노예거래폐지 의무를 재확인 했다. 문화재 반환 규정은 강화되어, 독일과 이탈리아에서 강탈된 문화재는 2차 파리 평화조약 체결 후 대부분 반환되었다.

2차 파리 평화조약 체결과 더불어 1813년 4월 초부터 시작된 해방전쟁은 공식적으로 종식되었다. 1차 및 2차 파리 평화조약 공식 언어는 패전국 언어인 프랑스어로 작성되었다. 2차 파리 평화조약이 조인된 날 (1815년 11월 20일) 러시아, 프로이센, 오스트리아, 영국 등 제2차 파리 평화조약 서명국 대표들은 파리에서 <4국 동맹조약>을 다시 한 번 체결했다. <파리 4국 동맹>에서 유럽의 4강은 1814년 3월 1일에 체결된 <쇼몽 4국 동맹>과 1815년 3월 25일에 빈에서 체결된 <빈 4국 협약>, 그리고 <1차 파리 평화조약>의 규정을 - 1차 파리 평화조약의 경우 특히 나폴레옹과 그 가족의 권력박탈에 관한 규정을 - 재확인했다. 동맹국 군대가 파리를 점령하고 있는 동안 새로운 전쟁이 발발할 경우, 4국 동맹은 파리 점령군을 6만 명 정도 증강하거나, 부득이한 경우 전체 주둔 병력 (500,000명)만큼 증강할 수 있다는 규정을 별도로 만들었다. 프랑스는 1818년 <아헨 의정서>를 통해 4국 동맹에 가입했다. 오스트리아와 러시아 황제, 프로이센과 영국 국왕 등 기존 4국 동맹 군주와 프랑스의 국왕을 포함하는 유럽의 군주 회의는 그 후 아헨(1818), 트로파우(1820), 라이바흐(1821), 그리고 마지막으로 이탈리아의 베로나(1822)에서 모두 4차례 개최되어, 유럽의 균형과 평화를 유지하기 위해 노력했다.

| 제 6 장 |

빈 체제와 3월 혁명 그리고
비더마이어 문화

빈 체제와 3월 혁명 그리고 비더마이어 문화

❏ 1
빈 회의(1814/1815)

1814년 9월 18일 오스트리아 제국의 수도 빈에서 유럽의 체제 회복을 위한 국제회의가 개막되었다. <빈 회의>의 국제법적 근거는 1814년 4월 11일 나폴레옹 1세 황제가 폐위되고, 루이 18세가 프랑스 국왕에 즉위한 후, 해방전쟁 주요 참전국(오스트리아, 러시아, 영국, 프로이센) 정상들에 의해 그 해 5월 30일 체결된 1차 파리 평화조약 제 32조였다. 오스만 제국을 제외한 약 200여 국가 및 도시 대표들이 참가한 빈 회의는 1815년 6월 9일까지 계속되었다. 러시아는 알렉산더 1세 황제와 네셀로데 외무장관, 영국은 캐슬레이 외무장관과 웰링턴 장군, 오스트리아는 메테르니히 외무장관, 프로이센은 하르덴베르크 수상과 훔볼트가 수석대표로 각각 빈 회의에 참가했으며, 패전국 프랑스의 대표는 탈레랑 외무장관이었다.

'독일문제'를 논의한 독일위원회와 '유럽문제'를 논의한 유럽위원회로 분리되어 진행된 빈 회의의 가장 핵심적인 회의체는 - 현재 UN의 안전보장이사회와 유사한 권한을 행사한 - 동맹 4국(러시아, 영국, 오스트리아 및 프로이센)과 패전국 프랑스로 구성된 '5강 위원회'였다. 프랑스가 5강 위원회에 참여할 수 있었던 것은 외무장관 탈레랑 개인의 외교적 능력과 메테르니히의 지원 덕분이었다. 1809년 5차 동맹전쟁(오스트리아·프랑스 전쟁) 발발 직전까지 파리 주재 오스트리아 대사였던 메테르니히가 친분관계를 맺은 대표적인 프랑스 보수파 정치인 중 한 명이 탈레랑이었다.

'유럽위원회'는 <1차 파리 평화조약>(1814년 5월 30일)에 서명한 8개국(오스트리아, 러시아, 영국, 프로이센, 프랑스, 스페인, 포르투갈, 스웨덴)의 수석대표로 구성되었으며, 오스트리아 외무장관 메테르니히가 유럽위원회의 의장에 선출되었다. 유럽위원회 산하에 영토문제, 라인 강 선박운항 문제, 노예거래 문제 등을 논의하기 위한 소위원회들이 만들어졌다. '독일위원회'는 오스트리아와 4개 독일어권 왕국(프로이센, 하노버, 바이에른, 뷔르템베르크)의 대표로 구성되었으며, 독일위원회의 임무는 1차 파리 평화조약 6조(독일어권의 통일에 관한 조항)의 내용을 실행에 옮기는 일, 즉 구 독일제국(신성로마제국)소속 제후국들을 주권의 훼손 없이 연방제로 통일하기 위한 연방헌법을 제정하는 일이었다. 5강 위원회 소속의 오스트리아 대표(메테르니히)는 유럽위원회와 독일위원회의 의장직을 동시에 수행함으로써 빈 회의를 주도했다.

빈 회의는 5개의 상위 원칙에 의거하여 진행되었다. 첫 번째 원칙은 정통성의 회복이었다. 정통성의 개념은 나폴레옹 체제의 청산과 나폴레옹 이전 체제(구체제/앙시앵 레짐)의 원상회복을 의미했다. 프랑스 외무장관 탈레랑이 정통성의 원칙을 특히 강조한 것은 부르봉 왕조를 복원함으로써 프랑스를 승전국들(오스트리아, 러시아, 영국, 프로이센 등의 왕정국가)과 동등한 국가로 인정받음과 동시에 외교적 고립에서 조기 탈피하려 했기 때문이었다. 정통성의 원칙에 이어 1792년 이전의 지배체제와 정치상황의 회복으로 이해할 수 있는 복고정책이 두 번째 원칙이었다. 복고의 원칙은 1789년 이후 등장한 변혁을 무효화하는 수준으로만 적용시켜, 향후 일체의 혁명적 노력에 제동을 걸 수 있도록 했다. 프랑스 혁명 이후, 특히 해방전쟁을 거치면서 대두되기 시작한 자유주의 및 민족주의 운동의 차단이 빈 회의의 중요한 과제였다. 이러한 목표를 수호, 관철시키기 위해 각국 대표단은 국내적으로는 강력한 국왕의 권위를 세 번째 원칙으로, 국제적으로는 국가 간 연대의식을 네 번째 원칙으로 강조함으로써 혁명이념과 혁명운동으로부터 군주들의 이해관계를 상호 보호하기로 했다. 미래의 전쟁을 방지하기 위해 캐슬레이 영국 외무장관과 메테르니히 오스트리아 외무장관이 특히 관철시키려고 한 유럽의 균형의 원칙이 다섯 번째 원칙이었다. 메테르니히가 추구한 '체제' 완성의 궁극적 목표는 유럽의 안정과 평화에 있었으며, 이 목표는 프랑스를 포함한 유럽 5강의 힘의 균형을 통해서만 확보될 수 있다는 것이 메테르니히의 판단이었다.

유럽의 균형의 실천은 강대국들의 서로 다른 정치적 이해관계와 충돌했다. 메테르니히의 목표는 프랑스와 러시아라는 양쪽 날개로 균형을 유지하는 오스트리아라는 동체(胴體)가 지배하는 유럽의 건설이었다. 그러나 러시아는 빈 회의를 통해 폴란드 영토를 최대한 흡수하려 했기 때문에, 러시아의 중부 유럽에 대한 이해관계는 오스트리아와 프로이센의 그것과의 정면충돌을 극복해야 했다. 영국 대표도 메테르니히와 비슷하게 복고적 유럽을 위해 노력함과 동시에 러시아의 팽창주의를 가능한 한 저지하려고 노력했다. 프랑스 대표는 미래의 프랑스의 이익을 도모하기 위해 신성로마제국 붕괴 이후의 독일의 통일을 저지하려고 시도했다. 반대로 프로이센은 독일을 더 강력하게 결속시킴으로써 독일 내에서의 자국의 위상을 강화하려고 했다. 그러나 남독일 국가들과 오스트리아의 이해관계는 프로이센의 그것과 배치되었다.

해방전쟁 수행 과정에서 대두된 민족주의 사상과 자유주의 사상은 빈 회의에 의해 철저히 무시되었다. 빈 회의의 결과에 따라 재편된 새로운 유럽의 질서는 <빈 체제>라 통칭되었고, 오스트리아의 메테르니히 외무장관이 주도하였다하여 <메테르니히 체제>라고도 명명되었다. 이 새로운 유럽의 질서는 역사의 흐름을 바꾸어 유럽의 정치를 1792년 이전으로 되돌려 놓은 보수 반동 체제였다. 1848/1849년 혁명까지 지속된 메테르니히 체제는 자유주의와 민족주의라는 시대정신으로 무장한 정치적 반대세력과 충돌할 불씨를 처음부터 안고 출발했다. 메테르니히는 1809년부터 1848년까지 오스트리아 제국 외무장관이었으며, 1821년부터 1848년까지는 외무장관 겸 국가수상(슈타츠칸츨러)이었다. 책임장관 제도가 확립되기 이전의 오스트리아 제국의 외무장관은 수석장관의 역할을 수행한 관직이었다.

나폴레옹 이후의 유럽의 주도권을 장악하기 위해 세계사에서 그 유례를 찾을 수 없는 대규모 국제회의를 유치한 오스트리아 제국의 속사정은 복잡했다. 러시아-프로이센 동맹과 프랑스 간의 전쟁이었던 4차 동맹전쟁(1806-1807)만 제외하고, 1차 동맹전쟁부터 해방전쟁, 즉 6차 동맹전쟁까지 도합 다섯 차례의 나폴레옹과의 전쟁을 치르면서 소요된 천문학적인 규모의 전비 지출로 인해 국가재정이 고갈된 오스트리아에게, 더욱이 근검절약을 국민들에게 솔선수범해 보인 것으로 유명한 프란츠 1세 황제에게 빈 회의에 소요된 일일 경비 50,000굴덴은 실로 막대한 액수였다. 50,000굴덴의 가치는 1870년을 기준으로 환산할 경우 약 350,000유로에 해당하기 때문에, 1814년과 1815년의 굴덴화 가치는 이를 크게 상회했을 것이다. 회의에 참석한 외교사절 중 어느 누구도 부족함을 지적할 수 없을 정도로 빈 회의는 호화판으로 진행된 것으로 악명이 높았다. 러시아 황제는 40일 밤을 연달아 무도회에 참석했고, 덴마크 국왕 역시 더하면 더했지, 덜하지는 않았다는 소문이 민간에 회자됐다. 주간에는 프라터에서 열린 마상무술 경기와 열병식에 이어 비너발트(빈 숲)에서 개최된 사냥대회가 이어졌고, 야간에는 합스부르크 황실을 받들어 모신 - 에스터하지가, 팔퓌가, 아우어스페르크가, 슈바르첸베르크가, 로프코비츠가, 킨스키가, 리히텐슈타인가 등 - 당대의 오스트리아의 귀족가문들이 빈 회의에 참가한 외교사절들에게 그들의 저택을 경쟁적으로 개방했다. 1815년 1월 25일 황제의 집무실이 들어있는 호프부르크에서 개최된 연주회에서 베토벤이 직접 자신의 작품을 지휘했다. 그곳은 바로 1년 전 베토벤의 8번 교향곡이 처음으로 연주된 장소였다. 회의의 규모와 9개월이라는 회기에 비하면 실적도 없이 소모적으로 진행된 빈 회의를 풍자한 리뉴 후작의 "회의는 춤춘다, 그러나 진전은 없다"는 표현은 빈 회의에 참가한 유럽 정상들의 행태를 희화화한 역사적 유행어가 되었다. 브뤼셀(오스트리아령 네덜란드의 수도) 출신의 샤를 조제프 라모랄 드 리뉴(1735-1814) 후작은 7년 전쟁에 현역으로 참전했고, 상트페테르부르크 주재 오스트리아 공사를 역임할 당시 예카테리나 2세의 두터운 신임을 누린 왕년의 오스트리아군 원수 출신의 외교관이며 작가로서 빈 회의에 참가한 고위 외교사절들의 접대를 책임진 인물이었다. 그는 빈 회의가 한창 진행 중이던 1814년 12월 13일 빈에서 사망했다.

국가 간의 연대를 중요한 원칙으로 삼았음에도 불구하고 빈 회의가 고착상태에 빠져 진척을 보지 못한 데는 두 가지 큰 문제가 있었다. 그것은 다름 아닌 작센 왕국과 바르샤바 공국의 영토 처리에 관한 문제였다. 나폴레옹의 꼭두각시 역할을 한 작센의 국왕은 동시에 바르샤바 공국의 공작을 겸했기 때문에, 알렉산드르 1세 러시아 황제가 합병을 노리는 지역의 국가원수였다. 작센 문제는 동시에 폴란드 문제이었다. 바르샤바 공국의 국방장관 겸 나폴레옹의 러시아 원정군 소속 폴란드군 사령관 포니아토프스키는 1813년 10월 19일 라이프치히 전투에서 전사했고, 그와 함께 참전하여 끝까지 나폴레옹에게 충성한 프리드리히 아우구스트 1세 작센 국왕 겸 바르샤바 공작은 라이프치히 전투현장에서 동맹군에 의해 체포되었기 때문에, 작센 왕국과 바르샤바 공국의 운명은 빈 회의의 결과에 따라 결정될 것이었다. 빈 회의에 초청받지 못한 베틴 왕가(작센 왕가)는 중재인을 거치지 않고서는 빈 회의에 관한 어떤 정보도 얻을 수가 없었고, 어떤 영향력도 행사할 수 없었다.

폴란드와 작센 문제는 거의 전쟁으로 이어질 뻔 했다. 알렉산드르 1세 황제가 러시아에 합병하려한 바르샤바 공국의 영토는 1793년 및 1795년 이후 프로이센과 오스트리아의 영토이었다. 프로이센령 신동프로이센과 남프로이센은 틸지트 평화조약(1807년 7월 9일)에서, 오스트리아령 크라카우(크라쿠프)는 쇤브룬 평화조약(1809년 10월 14일)에서 나폴레옹에게 양도되어 바르샤 공국에 편입된 지역이었다. 러시아 황제는 독일해방전쟁에 기여한 대가로 바르샤바 공국의 영토의 양도를 요구했다. 그 대신 러시아는 프로이센에게 작센 왕국 합병을 용인함으로써 프로이센으로 하여금 폴란드에서 상실한 영토를 보상받게 한다는 계획을 드러냈다. 프로이센이 러시아의 바르샤바 궁국 합병을 승인하면, 러시아는 프로이센의 작센 합병을 승인한다는 러시아의 타협안에 대해 오스트리아의 메테르니히 외무장관과 영국 외무장관 캐슬레이는 단호한 반대의견을 표명했다. 영국과 오스트리아는 러시아의 대국화를 경계했다. 더욱이 메테르니히 오스트리아 외무장관은 작센을 병합으로써 프로이센이 유럽의 강국이 되는 것을, 그리하여 빈 회의 이후의 독일의 헤게모니를 장악하는 것을 용인할 수 없었다. 오스트리아 외무장관과 영국의 외무장관이 러시아와 프로이센 간에 진행된 작센과 폴란드 문제 해결의 방법에 반대한 이유는 빈 회의의 5대 원칙 중에서 특히 양국이 강조한 유럽의 균형의 원칙에 정면으로 위배되었기 때문이었다.

러시아와 프로이센, 오스트리아와 영국의 이해관계가 각각 일치하는 양상이 대두되자, 중재에 나선 패전국 프랑스의 외무장관 탈레랑이 오스트리아와 영국의 손을 들어주었다. 탈레랑도 러시아의 폴란드 점령과 프로이센의 작센 점령에 반대하고 나선 것이었다. 그 과정에서 프로이센과 러시아가 동맹을 체결했고, 영국과 오스트리아 간에 동맹이 성립됨으로써 빈 회의 주요 참가국들 간의 이해관계가 첨예하게 대립했다. 프랑스는 영국-오스트리아 동맹에 접근했다. 프랑스가 영국-오스트리아 동맹에 접근하여 양국으로부터 강대국의 위상을 인정받은 것은 탈레랑의 탁월한 협상력 덕분이었다. 동맹 4국 간에 전운이 감돌았고, 프로이센은 실제로 군사적 대응을 고려하고 있었다. 프로이센과 러시아 간의 동맹을 무력화시키기 위해 1815년 1월 3일 영국, 오스트리아 및 프랑스는 비밀협약을 체결했고, 네덜란드, 바이에른 및 하노버 3국도 이 비밀협약에 가입했다.

프리드리히 2세 때부터 이미 인접국 작센에 대한 영토적 야욕을 - 7년 전쟁(1756-1763) 기간 동안 작센은 프로이센의 점령지였고, 평화조약(후베르투스부르크 평화조약)도 작센에서 체결되었다 - 숨기지 않았던 프로이센은 결국 한 발짝 뒤로 물러났고, 위기는 신속히 극복될 수 있었다. 알렉산드르 1세 러시아 황제가 작센 왕국의 분할을 제의하고, 폴란드에 대한 야심을 억제했기 때문에, 러시아와 프로이센이 제시한 타협안을 메테르니히 뿐 아니라, 영국과 프랑스도 더 이상 반대할 수 없었다. 프로이센이 작센의 일부를 차지하는 대신, 러시아는 신동프로이센(대략 오늘날의 마조프셰 주와 포들라스키에 주)만 점령하고 남프로이센(포젠, 즉 포즈나인 주변 지역)은 프로이센에 양보하기로 한 것이었다. 작센 왕국이 프로이센 왕국에 양도한 지역은 비텐베르크, 토르가우, 니더라우지츠(수도 코트부스), 오버라우지츠의 절반(괴를리츠 포함) 및 튀링엔 등이었다. 이 지역은 작센 왕국의 전체 국토의 6할에 해당했고, 이 지역의 주민은 작센 왕국 전체 주민의 4할에 해당했다. 그나마 작센 왕국이 빈 회의에서 국가로서의 명맥이 부지될 수 있었던 것은 오스트리아 외무장관 메테르니히가 프로이센의 대국화를 견제한 덕분이었다. 1815년 1월 7일 프랑스를 포함한 5강(영국, 오스트리아, 프로이센, 러시아, 프랑스) 외무장관회의가 빈 회의가 시작된 이후 처음으로 개최되었을 때, 강대국들 간의 충돌위기는 최종적으로 해소되었다.

엘바 섬을 탈출한 나폴레옹이 1815년 3월 파리로 귀환하여 복위에 성공했을 때에도 빈 회의는 속행되었다. 영토문제 조정에 관한 입장 차이는 회의 참가국들이 대략적인 세력균형의 원칙을 확인함으로써 비교적 원만하게 제거되었다. 지지부진하게 진행된 회의의 발걸음을 재촉한 자극제는 때마침 들려온 나폴레옹의 엘바 섬 탈출 소식이었다. 빈 회의의 의결사항은 나폴레옹이 워털루 전투에서 최종적으로 패하기 9일 전인 1815년 6월 9일 - 처음이자 마지막으로 개최된 전원회의에 의해 - 서둘러 조인되었다. 향후 33년 동안 유럽의 정치를 혁명 이전의 절대왕정 시대로 역사의 수레바퀴를 되돌려 놓은 데 결정적으로 기여한 인물이 바로 나폴레옹이었다는 사실은 역사의 아이러니였다.

오스트리아는 빈 회의를 통해 1809년 프랑스와 체결한 쇤브룬 평화조약(10월 14일)으로 잃었던 영토를 모두 회수할 수 있게 되었다. 빈 회의는 포르아를베르크, 티롤, 잘츠부르크, 인 강을 중심으로 한 알프스 지역(인피어텔) 등을 다시 오스트리아 제국의 영토에 편입시켰으며, 케른텐과 크라인과 이스트리아도 오스트리아에 반환되었다. 포르아를베르크와 티롤과 잘츠부르크와 케른텐은 이후 현재의 오스트리아의 영토로 고착되었다. 합스부르크가는 토스카나 대공국과 모데나 공국도 되찾고, 밀라노와 만토바와 베네치아도 반환받았다. 베네치아는 '이탈리아 왕국'(1805-1814, 수도: 밀라노)에 편입되기 이전인 1797년에 이미 나폴레옹이 북이탈리아에 세운 프랑스의 위성국 '알프스이남 공화국'(치스알피나 공화국)에 흡수되었고, '알프스이남 공화국'은 1805년 '이탈리아 왕국'에 흡수되었다가, 1815년 다시 합스부르크가에 귀속되어, 밀라노 공국 및 만토바 공국과 합쳐져, 오스트리아 황제가 지배하는 롬바르디아-베네치아 왕국(수도: 밀라노)이 되었다. 토스카나 대공국은 프란츠 1세 황제의 동생인 오스트리아 대공 페르디난트 3세에게 반환되었고, 파르마 공국은 나폴레옹 1세의 왕비 마리 루이제 오스트리아 대공녀(프란츠 1세 오스트리아 황제의 장녀)에게 양도되었다.

그 대신 오스트리아는 브라이스가우와 슈바벤 일대를 뷔르템베르크 왕국과 바이에른 왕국에 양도해야 했다. 이로써 오스트리아는 남서부 독일에서 행사할 수 있었던 영향력을 전체적으로 상실했다. 그리고 오스트리아는 오스트리아령 네덜란드에 대한 영유권을 포기해야 했다. 프랑스 북쪽 국경지역에 강력한 국가를 탄생시켜 프랑스를 견제하려한 빈 회의의 의도에 의해 - 특히 영국이 주도하여 - 이 지역은 네덜란드에 반환되어, 네덜란드 통합왕국이 탄생했다. 오라녜-나사우가는 이제 네덜란드의 국왕 뿐 아니라, 룩셈부르크의 대공 직을 겸하게 되었다.

오스트리아령 네덜란드를 포기한 대신, 오스트리아는 - 바르샤바 원정 실패 후 - 1810년 러시아에 양도해야 했던 동갈리치아(타르노폴과 초르트코프)를 돌려받았다. 1795년 폴란드 3차 분할 시 오스트리아에 귀속된 크라카우(크라쿠프)와 그 주변 지역은 1809년 바르샤바 공국에 흡수되었다가, 1815년 오스트리아, 프로이센 및 러시아 3국이 체결한 조약에 의해, 주권을 보장받는 일종의 3국 공동통치 형식의 크라쿠프 공화국이 되었다. 프로이센과 러시아가 추가로 획득한 영토에 비하면, 빈 회의를 통해 오스트리아가 획득한 영토의 규모는 제한적이었다. 그러나 1815년의 영토 재편으로 오스트리아가 이탈리아에서만은 절대적인 패권을 행사할 수 있게 되었으며, 오스트리아 제국은 주민의 수가 450만 명에 달하는 지역을 새로이 획득하게 되었다.

프로이센은 프랑스의 위성국이었던 베스트팔렌 왕국의 일부와 베르크 대공국을 자국에 편입시킴으로써 서부독일(라인 강 유역)에 괄목할 만한 규모의 영토를 보유하게 되었다. 프로이센은 이 지역에 라인 주와 베스트팔렌 주(현재의 노르트라인-베스트팔렌)를 설립했다. 나폴레옹이 1806년 동생 제롬 보나파르트를 국왕으로 내세워 설립한 '베스트팔렌 왕국'은 프로이센의 엘베 강 서쪽 영토, 헤센-카셀 선제후국, 브라운슈바이크-볼펜뷔텔 공국과 브라운슈바이크-뤼네부르크 선제후국(하노버 선제후국)을 포함했었다. 빈 회의에서 헤센-카셀 선제후국은 베스트팔렌 왕국에서 독립하여 독일연방의 일원이 되었고, 브라운슈바이크-볼펜뷔텔은 브라운슈바이크 공국으로, 하노버 선제후국(브라운슈바이크-뤼네부르크 선제후국)은 하노버 왕국으로 각각 독립하여 독일연방에 가입했다.

빈 회의의 결의를 통해 프로이센에 귀속된 구 베스트팔렌 왕국의 영토는 대부분 1806년 이전까지 프로이센 왕국에 속했던 지역이었다. 헤센-카셀 선제후국과 브라운슈바이크 공국과 하노버 왕국이 독립국가로 승인됨으로써 북독일 지역에서의 영토 확대를 꿈꾸어 온 프로이센의 야망은 완전히 충족되지는 않았다. 따라서 하노버 왕국과 브라운슈바이크 공국과 헤센 선제후국이 북에서 남으로 넓은 띠 모양의 지괴를 형성하여,

프로이센 왕국의 독일 내 영토를 동과 서로 분리시켰다. 그리고 작센 왕국 전체를 합병하려던 프로이센의 계획은 오스트리아가 개입하여 제동이 걸렸지만, 그럼에도 불구하고 작센 영토의 절반 이상을 빈 회의를 통해 획득함으로써 작센 주를 신설하는데 성공했다.

프랑스가 점령했던 포젠(포즈나인)과 도시국가 단치히(그다인스크)는 프로이센에 반환되었다. 1793년 폴란드 2차 분할 시 프로이센이 차지한 포젠은 프로이센 왕국의 남프로이센 주 수도였다가, 1807년 나폴레옹이 세운 바르샤바 공국에 흡수된 지 8년 만에 프로이센에 반환되어, 포젠 주로서 프로이센 왕국의 행정체계에 다시 통합되었다. 1793년 프로이센 영토에 귀속된 단치히는 1807년 7월 9일 체결된 틸지트 평화조약에서 나폴레옹에게 양도된 후, 1813년 11월 17일 프랑스-바르샤바 군대가 러시아-프로이센 동맹군에게 항복한 후 러시아-프로이센의 군정을 거쳐 1815년 다시 프로이센에 반환된 것이었다. 그러나 프로이센은 3차 폴란드 분할에서 획득한 지역은 러시아에 양도해야 했다. 1795년 이후 신동프로이센이라 불렸던 바르샤바를 포함한 부크 강 및 메멜 강 서쪽지역은 1807년 나폴레옹이 세운 바르샤바 공국에 편입되었다가, 1815년 러시아의 군합국으로 설립된 폴란드 왕국(콩그레스 폴란드)에 흡수되었기 때문이었다. 입헌 왕국으로 출발한 러시아의 보호령 '폴란드 왕국'은 빈 회의의 산물이라 하여 '콩그레스 폴란드'라는 별칭을 얻었다.

1792년 이후 프로이센이 지배한 프랑켄 지방의 안스바흐와 바이로이트는 바이에른에 양도되었고, 마찬가지로 프로이센령이었던 동프리슬란트와 힐데스하임, 그리고 고슬라르 등은 하노버 왕국에 양도되었다. 그 대신 프로이센은 라우엔부르크 공국과 교환하는 조건으로 스웨덴령 폼메른과 뤼겐섬을 덴마크로부터 획득했다. 라인 강 유역의 영토를 획득함으로써 지정학적으로 프로이센은 대프랑스 방호벽 역할을 수행하게 되었다. 프랑스는 아직도 여전히 라인 강을 독일과의 국경선으로 만들기 위해 노력했기 때문에, 프로이센이 라인 강 강역에서 위임받게 된 지정학적 역할은 특히 라인 강 좌안 지역에도 영토를 보유하고 있는 팔츠와 라인헤센(현재의 라인란트-팔츠 주)에게는 안보정책적 의미가 매우 컸다. 국토가 하노버 왕국과 브라운슈바이크 공국과 헤센 선제후국을 사이에 두고 동서로 분리된 것이 프로이센에게는 오히려 이를 극복하여 경제적, 정치적 통합을 촉진시키는 동기로 작용할 것임이 분명했다.

3차 동맹전쟁(1805) 이후 동맹국의 반대편에 섰던 바이에른은 티롤을 오스트리아에 반환하고, 프랑켄 지방(프로이센으로부터 양도받은 바이로이트와 안스바흐)과 팔츠의 일부지역을 획득했지만, 영토적 야심을 완전히 실현시키지는 못했다. 바이에른과 마찬가지로 라인 동맹의 핵심국가들이었던 뷔르템베르크 왕국, 바덴 대공국과 헤센-다름슈타트 대공국 및 나사우 공국은 라인 동맹 시기의 영토 규모를 유지할 수 있었다. 영국과 군합국 관계를 유지한 전 브라운슈바이크-뤼네부르크 선제후국(1814년 이후 하노버 왕국), 브라운슈바이크 공국(전 브라운슈바이크-볼펜뷔텔 공국), 올덴부르크 대공국, 헤센-카셀 선제후국(선제후국 헤센), 헤센-홈부르크 방백령, 그리고 함부르크, 뤼베크, 브레멘 및 프랑크푸르트 암 마인 등의 도시국가는 빈 회의에서 주권국가로 각각 재독립했다. 1803년의 독일제국의회대표자회의결의에서 선제후국으로 격상된 헤센-카셀 방백령은 1806년 신성로마제국이 소멸된 후에도 선제후국의 명칭을 유지했다.

작센 왕국은 빈 회의에서 패전국의 입장에 서게 되었다. 라이프치히 전투에서 나폴레옹이 패할 때까지, 프랑스와의 동맹관계를 청산하지 않은데 대한 - 최후의 순간까지 나폴레옹에게 충성한데 대한 - 징벌로서 작센은 영토의 절반 이상을 프로이센에 양도해야 했지만, 프로이센도 튀링엔의 일부를 작센-바이마르-아이제나흐 대공국에 양도했다. 역사적으로 작센의 영토였던 튀링엔은 프랑스에 빼앗긴 라인 강 좌안의 영토에 대한 보상으로 1803년 독일제국의회대표자회의결의를 통해 프로이센에 편입되었다. 튀링엔의 수도 에르푸르트 뿐 아니라, 제국직속도시들인 뮐하우젠과 노르트하우젠도 독일제국의회대표자회의결의로 인해 제국직속성을 상실하고, 프로이센에 편입되었다. 이들 지역은 1807년부터 1813년까지 프랑스의 지배를 받다가, 1815년 빈 회의를 통해 다시 프로이센에 반환된 지역이었다. 좀 더 상세히 설명하자면, 뮐하우젠과 노르트하우젠은 1807년부터 1813년까지 - 다시 말해, 틸지트 평화조약(1807) 체결 이후부터 라이프치히 전투(1813) 때까지 - 프랑스의 위성국 베스트팔렌 왕국에 편입된 반면, 에르푸르트는 프랑스 영토에 합병된 후, 프랑스 황제 직할 지역으로 기능했다.

독일제국의회대표자회의결의(1803)를 통해 독립성을 상실한 후, 타제후국 영토에 편입된 이전 제국직속도시 및 제국직속기사단 영토는 타제후국에 편입되기 이전의 영유권 소유 제후들의 이의제기에도 불구하고, 그들의 요구(영토반환요구)는 빈 회의에서 수용되지 않았다. 마찬가지로 성직제후국의 세속화조치 취소 요구도 받아들여지지 않았다. 이는 빈 회의의 첫 번째 원칙인 정통성의 회복에 위배된 조치였다.

스위스는 빈 회의의 결의를 수용하여 북이탈리아 소재 벨틀린/발텔리나, 키아벤나 및 보르미오, 그리고 알자스의 뮐하우젠(뮐루즈)의 영유권을 최종적으로 포기해야 했다. 그러나 그에 대한 보상으로 이전 제후주교구 바젤, 프리크 계곡(라인펠덴, 뮐린, 카이저아우구스트, 프리크, 마그덴), 레첸스와 타라스프(이상 그라우뷘덴 주), 그리고 제네바 주변 지역이 스위스 영토에 귀속되었다. 빈 회의는 스위스의 국경선을 승인했고, 주(칸톤)의 신설을 승인했다. 독일어와 프랑스어를 공동공용어로 사용하는 발리스(발레) 주, 원래 프로이센의 역외 영토였던 노이엔부르크, 그리고 제네바는 빈 회의의 결의를 통해 스위스의 칸톤으로 인정되었다. 1792년부터 1815년까지 프랑스에 의해 점령되었던 사부아는 1815년 빈 회의의 결의를 통해 피에몬테-사르데냐 왕국에 반환되었지만, 북사부아(오트사부아)는 중립지역으로 만들어 전시에는 스위스의 중립을 보호하기 위해 스위스 군대가 이 지역(북사부아)의 사블레와 포시니를 점령할 수 있는 권리를 얻었다.

스위스는 1815년 빈 회의에서 체결된 연방조약을 통해 1798년부터

1814년까지 지속된 프랑스 점령시대를 청산하고, 22개 주(칸톤)로 구성된 스위스 연방으로 독립했다. 동등권을 보장받은 22개 독립 주(칸톤) 간의 국가연합을 확정한 15개 조항으로 구성된 스위스 연방조약은 복고시대의 스위스 연방, 즉 1815년부터 1848년 연방헌법 제정 시까지의 스위스 연방의 존립의 법적 근거였다. 나폴레옹 점령시기의 중재법에 비해 크게 약화되어, 공동 안보정책에서만 행사할 수 있게 한 연방권력은 - 주지사 제도가 없었기 때문에 - 취리히, 베른 및 루체른에서 번갈아 개최된 신분제의회에 의해 행사되었다.

복고적인 체제에 저항하여 발생한 유럽의 자유주의 운동은 스위스에서도 보수주의와의 갈등을 초래하여, 신교세력과 구교세력 간의 내분으로 이어졌다. 신교로 전향한 칸톤의 수(취리히, 베른 등 15개 주)가 압도적인 우위를 차지했을 때, 복고적인 8개 가톨릭 주(루체른, 우리, 슈비츠, 오프발덴, 니트발덴, 추크, 프라이부르크, 발리스)는 스위스 연방을 탈퇴하여 '분리 동맹'을 결성하였다. 분리 동맹 문제는 결국 분리 동맹과 스위스 연방 간의 전쟁(1847년 11월 3-29일)으로 발전하였고, 분리 동맹의 패배로 이 전쟁(분리동맹 전쟁)은 27일 만에 종료되었다. 분리 동맹은 해체되고, 1848년 9월 2일 연방헌법 제정과 더불어 스위스의 국체는 국가연합에서 - 개별 주의 연방 탈퇴권이 없는 - 스위스 연방(CH/콘푀더라치오 헬베티카) 국가로 바뀌었다. 1978년 유라 주가 베른 주에서 분리되어 독립함으로써 현재의 스위스 연방은 23개 칸톤으로 구성되어 있다.

빈 회의에서 프랑스는 - 탈레랑 자신이 강조한 정통성의 원칙에서 이미 예측 가능하듯이 - 전쟁기간 동안 점령 합병한 지역을 모두 원상회복시켜야 했다. 그러나 패전국 프랑스가 전승국과 동등한 권리를 지닌 채 국제사회에 복귀할 수 있었던 것과 강대국 대우를 받을 수 있었던 것은 탈레랑 외무장관의 외교력 덕분이었다고 하겠다. 덴마크는 나폴레옹을 지원했기 때문에, <킬 평화조약>(1814년 1월 14일)에서 노르웨이를 스웨덴에 양도해야 했다. 그 대신 스웨덴은 스웨덴령 폼메른과 뤼겐섬을 덴마크에 할양했으나, 덴마크는 1815년 빈 회의에서 - 동프리슬란트를 하노버 왕국에 양도하고 획득한 - 프로이센의 라우엔부르크와 교환하는 조건으로 이 지역을 프로이센에 재양도했다.

스페인(부르봉 왕조), 포르투갈(브라간자 왕조) 및 나폴리 왕국(부르봉 왕조)에도 구체제가 부활했다. 사부아와 피에몬테, 그리고 니스를 프랑스로부터 반환받고, 추가로 제노바를 획득한 사르데냐에도 구 왕조가 회복되었다. 교황령(교황국가)도 복원되었고, 이전 영토를 대부분 반환받았다. 교황령이 회복되고, 북이탈리아의 영토가 대폭적으로 오스트리아에 편입된 결과로 이탈리아는 산산 조각나, 향후 수십 년 동안 국가 통일이 어려워졌다. 영국이 나폴레옹과의 전쟁에서 획득한 지역에 대한 영유권도 빈 회의에서 공식적인 승인을 받아, 몰타와 헬골란트 섬은 영국에 귀속되었다. 북해의 헬골란트 섬이 독일에 반환된 것은 1890년 7월 1일 대영제국과 독일제국 간에 체결된 <헬골란트-잔지바르 조약>을 통해서였다. 지중해의 이오니아 제도는 영국의 보호령으로 승인되었다. 빈 회의의 실제 수혜국은 막대한 경비를 빈 회의에 투자하여 빈 회의를 주도한 오스트리아도, 해방전쟁을 승리로 이끈 주역이라 할 프로이센도 아닌, 프랑스를 누르고 식민지 제국의 위상을 공고히 한 영국, 그리고 중부 유럽과 지중해 진출권을 확보함으로써 대륙의 강국으로 부상한 러시아 두 나라였다.

앞에서 이미 지적했듯이, 나폴레옹은 2차 폴란드 분할에서 프로이센이 차지한 지역과 3차 분할에서 오스트리아에 편입된 지역을 틸지트 평화조약(1807)과 쇤브룬 평화조약(1809)에서 프로이센과 오스트리아로부터 각각 양도받아 바르샤바 공국을 건립했다. 1813년 바르샤바 공국을 점령한 러시아는 포젠(포즈나인)과 그 주변 지역, 그리고 크라카우(크라쿠프)와 그 주변 지역을 제외한 옛 바르샤바 공국의 영토에 1815년 <폴란드 왕국>을 설립했다. 빈 회의의 결과물이라 하여 <콩그레스 폴란드>라고 불린 폴란드 왕국은 1830년까지 러시아의 군합국으로 존속했지만, 1830/1831년 불발에 그친 혁명(11월 혁명) 이후 러시아 영토에 편입되었다. 1차 대전 후

콩그레스 폴란드의 동쪽 국경은 폴란드와 러시아 간의 군사분계선이 되었으며, 당시 영국 외무장관 조지 커즌(1859-1925)의 이름을 따 '커즌 선'이라 명명되었다. 러시아는 <빈 회의>에서 핀란드와 베사라비아의 점유권을 승인받음으로써 영토를 서쪽으로 확대하는데 성공했다.

1795년까지 7개 주로 합쳐진 공화국이었다가, 1795년 나폴레옹에 의해 점령당한 후 '바타비아 공화국'(1795-1806)에 이어 '네덜란드 왕국'(1806-1810)으로 불렸던 북네덜란드(1810-1813: 프랑스 영토)는 1815년 빈 회의에서 이전 오스트리아령이었던 남부네덜란드(1795-1813: 프랑스 영토) 및 전 뤼티히(리에주) 대주교구와 통합되어 네덜란드 통합왕국(1815-1831)이 되었다. 네덜란드 통합왕국은 1830년 남부 주들이 혁명을 일으켜 벨기에 국가를 건설할 때까지 지속되었다. 벨기에가 독립국가로 승인 받은 해는 1839년이었다.

빈 회의의 결의는 <빈 회의 규약>으로 문서화되었다. 총 121개 조항의 빈 회의 규약(빈 회의 조약)은 빈 회의 기간 동안 빈에서 빈 회의 참가국들 간에 체결된 일체의 조약들도 포함했다. 1815년 6월 9일 빈 회의 규약은 전원회의에서 조인되었다. 오스트리아, 러시아, 프로이센, 영국, 프랑스, 포르투갈, 스페인 및 스웨덴 등 8개 '유럽위원회' 소속국가 대표는 조약체결 당사국 자격으로 빈 회의 규약에 서명하고, 동시에 빈 회의 결의의 비준을 보증했다. 1815년 6월 9일 개최된 전원회의는 빈 회의의 유일무이한 전원회의였다. 그러나 바덴 대공국은 7월 26일, 뷔르템베르크 왕국은 9월 1일, 그리고 루이 18세 치하의 프랑스는 1815년 12월 7일에 가서야 비로소 빈 회의 규약을 공식적으로 승인했다.

빈 회의 조약, 즉 빈 회의 규약 체결 당사국 중의 하나인 스페인의 국왕 카를로스 4세도 에르투리아 왕국(1801년부터 1807년까지 존속한 프랑스의 위성국)의 마지막 국왕이었으며 외손자인 카를로 2세(카를로 루도비코, 1799-1883)가 이탈리아 내에서 합당한 보상을 받지 못했기 때문에, 1817년 5월 7일에 가서야 비로소 빈 회의 규약을 승인했다. 나폴레옹 1세는 파르마의 공작 페르디난도(1751-1802, 루이 15세의 외손자)가 사망하면 파르마 공국은 프랑스에 귀속되고, 파르마의 부르봉 왕가는 그 대신 신설될 에트루리아 왕국을 통치한다는 내용의 합의를 1801년 스페인 왕실 및 파르마의 부르봉가와 도출했었다. 파르마의 부르봉가에게 - 페르디난도 공작의 아들 루도비코 (1773-1803)에게 - 보상하기 위해 나폴레옹은 후자를 페르디난트 3세 오스트리아 대공을 축출하고 점령한 토스카나 땅에 설립된 에트루리아 왕국 (1801-1807)의 초대 국왕에 임명했다. 에트루리아 왕국의 초대 국왕 루도비코(루트비히) 1세는 1803년 젊은 나이에 사망했기 때문에, 스페인 국왕 카를로스 4세의 딸인 루도비코 1세의 미망인 마리 루이제(1782-1824)는 미성년 아들 카를로 2세(1799-1883)를 대신하여 통치권을 행사했다. 그러나 1807년 12월 10일 마리 루이제는 섭정을 포기해야 했다. 1808년 5월 30일자로 에트루리아 왕국이 프랑스에 합병되었기 때문이었다. 카를로 2세와 마리 루이제 모자는 프랑스가 점령한 포르투갈 땅으로 보상을 받기로 되었으나, 그 약속은 나폴레옹과 스페인 왕실 간의 불화로 인해 1808년 무효가 되었다. 1809년에 이미 이전 에트루리아 왕국은 다시 토스카나 대공국으로 환원되어 나폴레옹에 의해 그의 누이동생 엘리사에게 양도되었다. 엘리사는 1814년 토스카나를 페르디난트 3세에게 반환해야 한 반면, 파르마의 부르봉가는 뒤늦게 1815년 빈 회의에서 상실한 파르마 공국을 대신해 루카를 보상받았다. 그것이 카를로스 4세 스페인 국왕이 빈 회의 규약의 승인을 미룬 이유였다.

❑ 2
독일연방

빈 회의에서 '독일문제'는 1806년 해체된 신성로마제국(독일제국)을 원상회복시키는 대신 오스트리아가 주도하는 <독일연방>을 새로이 창설하는 쪽으로 결론이 났다. 국내외 안보 유지를 위해 "해체 불가능한" 국가

연합을 목표로 하여 각각의 독일제후국들과 자유시들이 주권을 유지하면서 결합된 형태인, 말하자면 연방정부가 부재한 국가연합인, 독일연방은 1815년 6월 8일 빈 회의에서 결의한 <독일연방규약>을 통해 창설되었다. 독일연방규약은 빈 회의 규약(빈 회의 조약)의 일부로서 오스트리아와 프로이센 외에 6개 유럽 국가들(러시아, 영국, 프랑스, 스페인, 스웨덴, 포르투갈)에 의해 조인되었다. 독일연방 구성에 관한 논의의 법적 근거는 이미 언급하였듯이 "연방제 결속을 통해 구 독일제국 소속 국가들의 독립과 통일을 보장한다"는 요지의 제1차 파리 평화조약 제6조에 의해 제공되었고, '독일문제"를 협의한 빈 회의의 회의체는 오스트리아, 프로이센, 하노버, 바이에른 및 뷔르템베르크 등 5개국 대표로 구성된 '독일위원회'였다.

빈 회의가 제일의 가치로 내세운 정통성의 원칙은 혁명 이전 체제의 부활에 놓여 있었지만, 이 원칙 역시 한계를 노출했다. 그럴 것이 1803년의 <독일제국의회대표자회의결의>와 더불어 도입된 제국직속영토(제국직속도시, 제국직속기사령 따위)의 독립성 상실로 영지를 몰수당했던 해당 제후들의 재산 회복 노력은 독일위원회의 논의 과정에서 인정되지 않았다. 성직제후 재산의 세속화 및 그로 인해 소멸된 성직제후국들의 원상회복 노력이 무산된 것 역시 정통성의 원칙이 적용되지 않은 사례였다. 소멸된 성직제후국의 복원을 시도한 교황청 대표 에르콜레 콘살비(1757-1824) 추기경의 노력은 결국 수포로 끝났다. 알렉산드르 1세의 정치고문 자격으로 러시아 황제를 수행하여 러시아 대표로 빈 회의에 참가한 슈타인 남작은 정통성의 원칙에 입각하여 구 독일제국(신성로마제국)의 재건을 통한 독일문제의 해결을 강력하게 주장했다. 카를 아우구스트 폰 하르덴베르크 남작과 더불어 프로이센의 개혁의 양대 기수 중 한 사람인 하인리히 프리드리히 카를 폼 운트 춤 슈타인 남작은 1809년 5차 동맹전쟁(프랑스-오스트리아 전쟁)이 발발했을 때, 그나이제나우 및 샤른호르스트 등과 더불어 프로이센의 오스트리아 지원을 헛되이 상소(上疏)한 후, 오스트리아를 거쳐 러시아로 망명한 정치인이었다. 슈타인 남작의 신성로마제국 재건 주장은 반항을 불러일으키지 못했지만, 4개 자유시를 포함한 38개 독일제후국의 미래를 위한 구 제국 대체 기능을 결정하는 일은 빈 회의의 중심의제 중의 하나이었다. 오스트리아와 프로이센의 대표는 구 독일제국보다 더 강력한 중앙집권적 조직과 집행기구를 가진 연방국가 편제를 대안으로 하여 독일위원회의 논의를 출발시켰다. 규모가 큰 왕국(오스트리아, 프로이센, 바이에른, 뷔르템베르크, 작센)의 대표들로 구성되는 공동집행기구를 설치하되, 최종의결 시 오스트리아와 프로이센이 연방 내 다른 국가들을 표결에서 이길 수 있는 제도적 장치를 강구하고, 전체 연방지역을 7개의 권역으로 구획하여 - 구 독일제국은 10개 제국직할관구로 구성되었었다 - 연방결의의 이행, 군사부문 및 최종심급의 법원을 관할토록 한다는 것이 원래의 구상이었다. 그렇게 되면 법률상 존재하는 군소 국가들은 사실상 독립성을 상실하고, 규모가 큰 국가들에게 그들의 관할권이 이전되는 결과가 초래될 위험성이 있었다. 이 계획은 소규모 국가들의 격렬한 저항뿐 아니라, 앞에서 서술한 작센 문제로 발생한 갈등 때문에 실현되지 않았다. 작센 문제에서 공공연히 노출된 프로이센의 영토 확대 시도를 저지한 오스트리아 대표에 의해 5개 중대형 국가(오스트리아와 4개 왕국)로 구성되는 집행기구 설치안은 백지화되었고, 이는 군소국 대표들의 지지를 이끌어 낸 결과를 가져왔다. 독일연방은 그 설립 목적이 애초부터 단일민족 연방국가가 아닌, "해체할 수 없는, 느슨한 국가연합"이었기 때문에, 독일의 통일을 갈망한 사람들에게는 실망을 의미했다.

1) 독일연방규약

빈 회의 규약(빈 회의 조약) 서명 하루 전 날인 1815년 6월 8일 독인연방규약이 독일연방 헌법으로 가결되었다. 빈 회의 초기에는 바이에른 왕국과 뷔르템베르크 왕국의 강력한 분립주의 주장으로 독일문제 해결은 난관에 부딪혔다. 막다른 골목에 갇힌 회의에 탈출구를 제공한 사건이 바로 엘바 섬에 유배된 나폴레옹의 귀환이었다. 오스트리아와 프로이센 양국은 1815년 5월 23일 메테르니히 오스트리아 외무장관에 의해 독일제후국 전체회의에 제출된 국가연합 안에 합의했다. 독일연방규약은 1815년 6월 2일 다수결로 통과되었는데, 그 과정에서 뷔르템베르크 왕국과 바덴 대공국은 표결에 참가하지 않았고, 바이에른 왕국과 작센 왕국은 기권했다. 그러나 작센은 6월 6일, 바이에른은 6월 8일 연방규약에 가입함으로써, 독일연방규약은 1815년 6월 8일 빈 회의 석상에서 조인될 수 있었다. 바덴 대공국은 빈 회의가 종료된 후, 그 해 7월 26일, 뷔르템베르크 왕국은 9월 1일에 각각 독일연방규약을 추인했다. 1815년 6월 8일에 통과된 독일연방규약은 - 1815년 6월 9일 빈 회의 개막이래 처음이자 마지막으로 열린 전원회의에 의해 조인된 - 빈 회의 규약의 일부를 이루었다. 오스트리아와 프로이센을 비롯해 러시아, 영국, 프랑스, 스웨덴, 포르투갈, 스페인 등의 8개 빈 회의 규약 서명국들은 동시에 독일연방의 보증국이 되었다. 독일연방규약의 첫 11개 조항은 전체 빈 회의 규약에 수용됨으로써 빈 회의 규약 서명국들의 보호 내지 보증을 받게 되었다. 강력한 중앙 집행기구와 최고연방법원의 설치는 오스트리아와 프로이센을 제외한 기타 독일 국가들의 반대에 부딪혀 실현되지 않았다.

모든 독일연방 소속 국가는 신분대표제 헌법을 제정해야 한다는 규정은 원래 논의된 대로 연방규약에 포함되었다. 대부분의 독일연방 소속국은 이 규정을 신속히 이행했다. 그러나 공교롭게도 양대 독일 강국 프로이센과 오스트리아는 1848년까지 성문헌법을 보유하지 않았다. 독일연방은 구 독일제국의 권리계승자가 아니라는 점이 독일연방규약 전문(前文)에 명시적으로 선언되었다. 20개 조항으로 구성된 독일연방규약은 독일연방의 기본법이었다. 독일연방규약의 전문에 의거하면 모든 "독일의 주권 군주들과 자유시들"이 독일연방의 회원국이었다. 그것은 4개 자유시(도시국가)를 포함한 38개(1815년 기준) 독일연방 국가들이었다. 독일연방은 순수 방어적인 특징을 지니며 독일의 내적, 외적 안보에만 기여한다는 점이 강조되었다. 이로써 독일연방은 공동의 - 연방 차원의 - 적극적 외교정책 수립은 불가능하더라도, 유럽의 균형체제 내의 필요조건은 될 수 있었다.

오스트리아 제국과 프로이센 왕국은 구 독일제국 소속 국가들만으로 독일연방에 가입해야 했다. 다시 말해 오스트리아의 경우 폴란드(예: 갈리치아-로도메리아 왕국)와 헝가리(예: 헝가리 왕국)와 이탈리아(예: 베네치아 공화국)에 소재한 국가들이, 프로이센의 경우에는 동프로이센과 서프로이센과포젠(포즈나인)은 독일연방에 포함될 수 없었다. 폴란드, 헝가리, 이탈리아, 그리고 서프로이센, 동프로이센과 포젠 등에는 연방결의가 적용되지 않으며, 제3국의 침략을 받을 경우에도 독일연방은 이 지역들에 대한 군사원조 의무로부터 자유로웠다.

외국의 군주로서는 영국 국왕이 하노버 왕국의 국왕 자격으로, 네덜란드의 국왕이 룩셈부르크의 대공 자격으로, 덴마크의 국왕이 홀슈타인의 공작 자격으로 독일연방의회의 의석과 투표권을 가지는 독일연방 소속 제후들이었다. 독일연방 창립에 관한 논의가 시작되었을 때, 프로이센과 오스트리아 대표들에 의해 거론된 강력한 중앙집행기구의 설치와 최고연방법원의 설치에 관한 규정은 독일연방규약에 포함되지 않았다. 회의장소를 프랑크푸르트 암 마인에 두는 연방의회가 독일연방의 유일한 중앙연방기구로 결정되었다.

독일연방 의회의 양대 회의체는 <전체회의>와 <특별위원회>였다. 그러나 실제로는 특별위원회가 전체회의를 대신하여 연방업무를 관장할 때가 많았다. 전체회의와 특별위원회를 구성하는 국가의 수는 양 회의체 공히 38개 독일연방 회원국이었다. 단 전체회의 총투표수는 69표이고, 특별위원회의 그것은 17표이었다. 표결 시 특별위원회가 행사하는 총투표수 17표는 11개 단독투표권 행사하는 11개 중대형 국가와 공동투표권을 행사하는 6개 소형국가 집단으로 구성되었다. 특별위원회의 의결은 단순과반수의 찬성으로 이루어지고, 찬반표가 동수일 경우 독일연방 의

회의 의장국인 오스트리아 대표가 결정권을 가지도록 했다. 단독투표권(비릴슈팀메)을 행사한 11개 국가는 오스트리아(황제국), 프로이센, 바이에른, 작센, 하노버, 뷔르템베르크(이상 5개 왕국), 바덴(대공국), 헤센 선제후국(헤센-카셀), 헤센 대공국(헤센-다름슈타트), 홀슈타인 공국 및 룩셈부르크 대공국이었다. 홀슈타인 공국과 룩셈부르크 대공국의 투표권은 덴마크의 국왕과 네덜란드의 국왕이 각각 행사했다. 6표의 공동투표권(쿠리아트슈팀메)은 대체로 지역과 가문의 속성에 따라 분류된 6개 제후국 집단이 각각 1표씩을 공동으로 행사했다. 빈 회의에서 대공국으로 격상된 작센-바이마르-아이제나흐, 그리고 작센-고타 공국, 작센-코부르크 공국, 작센-마이닝엔 공국 및 작센-힐트부르크하우젠 공국이, 다시 말해 작센가의 1개 대공국과 4개 공국이 합쳐서 공동투표권 한 표를 행사했다. 브라운슈바이크 공국(이전 브라운슈바이크-볼펜뷔텔 공국)과 나사우 공국이 한 표의 공동투표권을 행사했고, 1815년 빈 회의를 통해 공국에서 대공국으로 각각 격상된 멕클렌부르크-슈베린 및 멕클렌부르크-슈트렐리츠가 합쳐서 한 표의 공동투표권을 보유했다. 독일연방 가입국의 수로 보면 6개국이 공동투표권 한 표를 행사한 제후국 집단이 있었는데, 1815년 빈 회의에서 공국에서 대공국으로 격상된 올덴부르크 대공국과 안할트가의 3개 공국(안할트-데사우, 안할트-쾨텐, 안할트-베른부르크), 그리고 슈바르츠부르크가의 2개 후작국(슈바르츠부르크-루돌슈타트, 슈바르츠부르크-존더하우젠)이 그들이었다. 호엔촐레른가의 2개 후작국(호엔촐레른-헤힝엔, 호엔촐레른-지크마링엔)과 리히텐슈타인, 로이스 구파, 로이스 신파, 샤움부르크-리페, 리페 및 발데크(이상 6개 후작국) 등 8개 후작국이 공동투표권 한 표를, 그리고 4개 자유시(브레멘, 프랑크푸르트, 함부르크, 뤼베크)가 공동투표권 한 표를 행사했다.

특정한 연방업무는 전체회의 소관이었다. 전체회의에서는 38개 독일연방 회원국이 각각 최소 1표, 중대형 국가들은 4표까지 투표권을 행사했다. 전체회의의 총투표 수는 69표였다. 전체회의에서 4표를 행사한 독일연방 국가는 황제국 오스트리아와 5개 왕국(프로이센, 바이에른, 뷔르템베르크, 작센, 하노버)이었다(6개국 24표). 바덴 대공국, 헤센 선제후국, 헤센 대공국, 홀슈타인 공국 및 룩셈부르크 대공국이 각각 3표의 투표권을 행사했다(5개국 15표). 2표를 행사한 독일연방 국가는 멕클렌부르크-슈베린 대공국, 브라운슈바이크 공국 및 나사우 공국 등 3개 제후국이었고(3국 6표), 4개 자유시를 포함한 나머지 24개 독일연방 소속 제후국(멕클렌부르크-슈트렐리츠, 작센-바이마르-아이제나흐, 작센-고타, 작센-코부르크, 작센-마이닝엔, 작센-힐트부르크하우젠, 올덴부르크, 안할트-데사우, 안할트-베른부르크, 안할트-쾨텐, 슈바르츠부르크-존더하우젠, 슈바르츠부르크-루돌슈타트, 호엔촐레른-헤힝엔, 호엔촐레른-지크마링엔, 리히텐슈타인, 로이스 구파, 로이스 신파, 샤움부르크-리페, 리페, 발데크, 뤼베크, 프랑크푸르트, 브레멘, 함부르크)은 각 한 표를 행사할 수 있었다(총 24표).

형식 논리상으로만 판단하면, 독일연방의 구조는 패권적 주도권을 허용하지 않는 민주주의적 구조이었다고 볼 수 있을 것이다. 독일연방을 사실상 주도한 오스트리아와 프로이센도 특별위원회(총17표) 내에서는 단독 투표권을 행사한 나머지 9개국과 동등한 권한(17표 중 1표)을 행사했다. 전체회의(총69표)에서도 오스트리아와 프로이센은 바이에른 왕국과 뷔르템베르크 왕국과 작센 왕국과 하노버 왕국이 행사한 권한과 동등한 권한(69표 중 4표)을 행사했다. 그러나 구조상 공사회의로 구성된 회의체인 독일연방의회는 결의하는데 긴 시간이 소요된 데다가, 오스트리아와 프로이센이 거부권을 행사하지 않을 때만 실제로 의결이 가능한 구조였다.

독일연방규약 제 11조에 의하면, 독일연방 회원국은 전체 독일은 물론이고, 연방소속의 개별 회원국을 적의 공격으로부터 지키고, 독일연방에 속하는 모든 영지를 수호할 의무를 지니며, 일단 연방전쟁(신성로마제국의 제국전쟁에 해당)이 선포되면 어떤 회원국도 적국과 일방적인 휴전회담 혹은 평화회담을 시작하거나, 휴전협정 및 평화조약을 단독으로 체결할 수 없었다. 이 조항을 시행 및 보완하기 위해 1820년 8월 3일 연방집행법이 통과되었다. 연방집행법의 법적 근거는 1819년 11월 25일 빈에서 개최된 독일연방 각료회의 결의에 의해 의결되어 1820년 6월 8일 독일연방 의회에 의해 통과됨으로써 발효된 <빈 최종규약> 31조, 즉 "동맹의 충실성을 해하는 회원국 정부에 대해서는 가장 강력한 연방헌법 보호수단인 연방집행권을 통한 조처를 취한다"는 조항에 있었다. 연방규약을 위반한 회원국 제후의 통수권 정지나 내각 퇴출 혹은 통수권 회수 등의 조처를 통해 해당 제후국 혹은 그 정부는 독일연방규약이 규정한 의무사항들을 준수하도록 했다. 독일연방의 기본법으로서 1815년 빈 회의에서 제정된 20개 조항의 <독일연방규약>은 1819년 11월 빈 각료회의에서 의결되어, 1820년 6월 프랑크푸르트 연방의회에 의해 비준된 총 65개 조항의 <빈 최종규약>에 의해 보완되었다. 혼동을 피하기 위해 설명하지만, 121개 조항으로 구성된 <빈 회의 규약>, 즉 <빈 회의 조약>은 유럽위원회에서 의결된 독일을 포함하는 유럽의 문제에 관한 내용이었고, 65개 조항의 <빈 최종규약>은 독일위원회가 의결한 <독일연방규약>(1815)을 보완한 법률이었다.

빈 최종규약에서 결의된 연방개입의 조항(빈 최종규약 26조)은 개별 연방회원국의 국내 정정불안(신민의 불복종, 소요의 발생 및 확산 따위)을 방지하기 위해 - 연방개입의 요청 유무와 관계없이 - 해당 제후국에 제공되는 독일연방 차원의 지원을 규정한 내용이었다. 연방개입의 목표는 헌법질서의 수호와 회복이었다. 룩셈부르크가 1830년 벨기에 혁명에 동조했을 때, 그리고 헤센 선제후국(헤센-카셀)에서 헌법분쟁(1850-1852) 발생한 시기에 연방개입이 있었으며, 1833년 4월 3일 프랑크푸르트 <경비대본부 습격사건>이 일어났을 때에도 헤센 대공국(헤센-다름슈타트) 정부의 지원 요청이 없이 연방이 개입한 사례가 있었다. 연방규약 위배 시 해당 제후국 정부 또는 제후를 상대로 발동되는 연방집행권은 1830년 9월 7일 브라운슈바이크에서 민중봉기가 발생했을 때, 그리고 1864년 10월 슐레스비히와 홀슈타인 문제로 인해 덴마크 국왕에 대해 행사된 바 있다(독일-덴마크 전쟁). 전쟁과 관련된 헌법은 <빈 최종규약>과는 별도로 1821년 4월에 제정되었다.

독일연방규약 12조와 13조는 소규모 회원국들의 대법원의 설립과 헌법제정에 관한 내용을 포함했다. 주민 수가 3십만 명을 초과하지 않는 소규모 연방회원국들은 대규모 회원국(오스트리아 황제국과 5개 왕국) 또는 그들과 혈연관계가 있는 가문들과 합쳐 3십만 명 이상의 주민수를 채울 경우, 대법원 설립에 합의할 수 있도록 허용하고, 4개 자유도시 국가에게 공동으로 대법원을 설립할 수 있는 권한을 부여함으로써 연방은 3심 법원의 설립을 조정했다.

모든 연방회원국은 신분제헌법을 제정할 수 있도록 했다. 헌법제정의 시기나 내용을 별도로 명시하지 않았기 때문에 구속력을 가지지 않은 독일연방규약 13조의 헌법제정에 관한 조항은 개별 독일연방 회원국들의 국내 사정에 따라 서로 다르게 실현되었다. 샤움부르크-리페 후작국과 작센-바이마르-아이제나흐 대공국은 이미 1816년에 헌법을 통과시켰다. 바이에른 왕국과 바덴 대공국은 1818년, 뷔르템베르크 왕국은 1819년, 헤센-다름슈타트 대공국은 1820년 헌법을 제정했다. 1848년까지 헌법을 제정하지 않은 국가는 독일연방의 양대 강국 오스트리아와 프로이센을 제외하면 올덴부르크 공국과 1817년 독일연방에 가입한 방백국 헤센-홈부르크 뿐이었다. 오스트리아와 프로이센이 헌법을 제정하지 않은 것은 그들이 러시아와 더불어 <신성동맹>의 주도국이었다는 사실에서 이미 설명될 수 있을 것이다. 오스트리아의 최초 헌법인 이른바 <필러스도르프 헌법>은 <메테르니히 체제>를 붕괴시킨 1848년 혁명(3월 혁명)이 발발 직후인 1848년 4월 25일에 제정되었다.

독일연방규약의 종교 관련 조항(16조)은 독일연방 내에서 시민권과 정치권이 기독교 종파의 상이성 때문에 차별받지 않도록 규정했고, 연방의 회를 통해 가능한 한 전원일치의 형식을 갖추어 유대교 신도의 시민적 입지가 개선되는 방향으로 논의하도록 규정했지만, 이 조항은 선언적 규정에 머물렀다. 나폴레옹과의 전쟁기간 동안 유대인들은 독일 민족주의 세력들에 의해 전쟁의 배후 조종자로 간주되곤 했었다. 그리고 그들은 교회재산 세속화조치(1803)의 수혜자로 간주되어 나폴레옹 지배 시대의 부당 이득자로 매도당했다. 해방전쟁이 끝난 이후에도 이러한 분위기는 지속되어, 그들은 민족주의자들이 주도한 폭력시위의 표적이 되곤 했다. 1819년 8월 2일 뷔르츠부르크에서 발생한 대학생들 중심의 반유대인 폭력시위 사건이 독일의 여러 도시들로 급속히 확산되었을 때, 독일연방은 반유대인 운동은 방치한 채, 대학생들의 시위가 표방한 민족주의를 문제로 삼아, <카를스바트 결의>(1819년 8월 31일)를 이끌어내는 구실로 이용했다. 독일연방 의회는 첫 전체회의(1816년 11월 5일)에서 언론의 자유와 저작권 보호에 관한 법률을 제정했었는데, 3년도 채 지나지 않은 1819년 여름에 통과된 카를스바트 결의에서 검열제도가 재도입되었다. 1819년 8월 31일 이후 - 카를스바트 결의 후 - 전지 20매(A4 용지 80매) 규모까지의 모든 저서는 사전 검열을, 그 이상의 규모의 저서는 사후 검열을 의무적으로 받아야 했다.

  1816년 11월 5일부터 일주일에 한 번씩 프랑크푸르트에서 개최된 독일 연방의회의 첫 회의는 <빈 회의 규약>에 따라 결정해야 할 개별 독일연방 회원국들 간의 교역과 교통, 그리고 선박운항과 관련한 협의를 유보했다. 1833년 3월 22일에 의결되어, 1834년 1월 1일부터 발효된 <독일관세동맹> 조약 체결과 더불어 비로소 통일적인 교역 및 교통 구역이 창설되었다. 독일관세동맹조약이 체결됨으로써 기존 프로이센 왕국과 헤센-다름슈타트 대공국 간의 관세조약, 튀링엔 지역의 국가들을 중심으로 한 중부독일 교역동맹 및 남독일 관세동맹은 독일관세동맹으로 대체되었다. 1835년 브라운슈바이크 공국과 하노버 왕국 간에 체결되어 1853년까지 가입국이 확대되어 존속한 <조세동맹>은 - 브라운슈바이크는 1841년에 이미 조세동맹에서 탈퇴하여 독일관세동맹에 가입했다 - 1854년 1월 1일 프로이센이 주도한 독일관세동맹에 완전히 흡수되었다. 합스부르크 다민족 제국 산하에 독일연방의 역외지역을 다수 포함한 오스트리아는 독일관세동맹에서 제외되었다. 독일관세동맹에 가입하지 못한 오스트리아는 결국 프로이센 및 독일관세동맹과 별도의 통상조약을 체결해야 했다. 1853년 오스트리아와 프로이센, 그리고 오스트리아와 독일관세동맹 간에 통상조약이 체결되었을 때, 경제정책에 있어서는 대독일주의가 실현되는 듯 했다. 그러나 1862년 최혜국약관을 포함한 프랑스-프로이센 통상조약이 체결되어 프랑스가 독일관세동맹에 연결됨으로써 독일관세동맹과의 교역에서 오스트리아가 누렸던 기존의 특수지위가 완전히 소멸되어버렸다. 그럼에도 불구하고 오스트리아-프로이센 통상조약은 독일관세동맹이 갱신된 것처럼 1865년 갱신되었다. 프로이센 정부는 독일관세동맹을 독일연방의 주도권을 둘러싼 헤게모니 투쟁의 도구로 삼았기 때문에, 오스트리아는 - 특히 1865년 이후 - 프로이센에 의해 철저히 따돌림을 당했다. 관세정책과 관련한 한 오스트리아는 독일연방 내의 '외국'이었다.

20개 조항으로 구성된 독일연방규약은 모든 회원국들에 의해 비준되어 독일연방 의회 의장국인 오스트리아의 황제에게 제출되었고, 독일연방이 출범한 후 연방규약은 프랑크푸르트의 연방기록보존소에 보관되었다. 1815년의 독일연방규약은 독일연방 창설의 원칙만을 취급한 기본법에 불과했다. 그래서 독일연방 의회 특별위원회는 1820년 5월 15일 빈에서 개최된 장관회의에서 65개 조항으로 된 <빈 최종규약>을 추가로 의결하여 독일연방헌법, 즉 독일연방규약을 완성시켰다. 이로써 1815년의 독일연방규약은 <빈 최종규약>으로 보완되어 독일연방헌법으로 공식 승인되었다. 빈 최종규약과 더불어 오스트리아가 독일연방의회 의장국으로 확정되었고, 개별 독일연방 회원국들은 마침내 주권 국가가 되었다. 독일연방은 1815년 38개 회원국으로 출범했으며, 1817년 방백령 헤센-홈부르크가 가입하여, 회원국 수가 39개국으로 확대되었다가, 통폐합을 거친 후의 최종적인 회원국 수는 33개국이었다.

<빈 최종규약> 제1조는 <독일연방규약>에 의거하여 "연방에 포함된 국가들의 독립과 불가침의 유지"를 독일연방 결성의 주목적으로 선언하고, "국내외 안보 유지"가 연방의 임무임을 분명히 했다. 독일연방의 안보가 위협을 받을 경우, 독일연방의 공권력은 원칙적으로 방어적 조처에

그 초점이 맞추어 졌다. 빈 최종규약 제25조는 특정 회원국의 안정과 질서가 위태로워질 경우, "안정의 유지 또는 회복"을 위해 모든 연방회원국들이 협력할 것을 규정했다. 이와 관련하여 연방 차원의 개입이 허용되었다(26조). 특정 회원국 정부가 연방헌법을 준수하지 않을 경우, 연방집행권을 발동할 수 있게 했다(31조 이하). 공사파견권과 조약체결권, 전쟁선포권, 평화조약 및 동맹조약 체결권은 개별 연방회원국이 아닌, 연방이 행사토록 했다. 동맹을 체결할 경우에도 방어적 성격이 강조 되었다. 빈 최종규약 57조의 왕정의 원칙은 국가의 모든 권력을 국가원수에게 집중시킴으로서 - 대의기관으로서 유일하게 허용된 - 회원국 내의 신분제의회가 진정한 민주주의적 대표성을 발휘할 수 없도록 그 권한을 제한했다(53-61조). 결과적으로 독일연방은 자유주의 운동과 민족주의 운동을 억압하는 도구로 변질되었다. 연방대법원의 설립은 무산되었고, 연방 차원의 경제, 조세 또는 교통 입법은 추진되지 않았다. 예외가 있었다면 그것은 1863년의 일반 무역법령집의 제정이었다.

1815년에 제정된 독일연방규약 제 11조("모든 연방 회원국은 전체 독일은 물론이고, 개별 연방 국가를 적의 공격으로부터 수호하고 연방 소속 영토를 수호할 책임이 있다")의 선언적 내용을 구체화하여, 전쟁과 관련된 연방헌법이 완성된 것은 <빈 최종규약>이 연방의회에 의해 통과된 이듬해의 일이었다. 1821년 4월 9일 입법 완료된 독일연방 전쟁헌법은 10개 군단을 포함하는 연방군의 설립을 규정했고, 그 후속조치로서 1822년 7월 11일 연방요새 설립법이 제정되었다. 연방요새는 독일연방이 보유한 유일한 상설 군사시설이었으며, 프랑스와의 경계지역에 이미 설립된 요새가 연방요새로 확장되거나, 새로운 요새가 추가로 건설되었다. 마인츠와 룩셈부르크와 란다우 요새는 1815년 제2차 파리 평화조약 체결 후 건설되었고, 라슈타트와 울름 요새는 1841/1842년 연방결의에 의해서 건설되었다. 독일 연방요새 다섯 곳(마인츠, 룩셈부르크, 란다우, 라슈타트, 울름)은 유럽 최대의 요새였으며, 요새 및 수비대의 운용비는 연방의 차원에서 조달되었다. 마인츠 연방요새를 예로 들면 평시 수비대 병력의 규모는 7,000명이었고, 유사시 20,000명까지 증원될 수 있도록 했다. 오스트리아와 프로이센이 동수의 병력을 주둔시키고, 나머지 병력은 마인츠를 관할한 헤센-다름슈타트 대공국 병력으로 충원되도록 했다.

연방요새가 유독 독일연방의 서쪽 경계선에 설치된 것은 프랑스와의 전쟁 위험만을 상정했기 때문이었다. 민간 출신 총독 1명과 군사령관 1명으로 구성되는 연방요새 책임자는 연방요새가 소재한 해당 연방회원국 군주가 - 마인츠 요새의 경우 헤센-다름슈타트 대공이 - 임명하도록 규정했다. 전쟁 발생 시, 연방요새의 총독과 사령관은 임시 임명된 독일연방군 최고지휘부에 예속되었다. 연방요새 유지비용은 독일연방 회원국들의 분담액으로 충당되었다. 독일연방군 산하 10개 군단 중, 오스트리아와 프로이센은 각각 3개 군단, 바이에른은 1개 군단을 보유하고, 나머지 3개 군단은 혼성군단이었는데, 획일적 편제와 평시의 최고지휘권은 존재하지 않았다. 독일연방군의 편성 및 임무와 관련된 세부적인 설명은 다음 장에 독립적으로 다루기로 한다.

2) 독일연방 군대의 편제와 운용

1821년 4월 9일 입법 완료된 전쟁헌법에 의거하여 편성된 독일연방군은 10개 군단 및 1개 예비군단으로 구성되었고, 상비군의 규모는 1835년을 기준하여 총 303,584명에 달했다. 39개 독일연방 회원국이 - 1815년의 38개 회원국은 1817년 39개 회원국으로 확대되었다 - 분담한 상비군 병력의 총수는 서로 달랐다. 오스트리아 제국과 프로이센 왕국은 각각 3개 군단 병력을 제공해야 했다. 제1군단부터 3군단까지 오스트리아가 분담한 3개 군단병력의 총수는 94,826명이었다. 오스트리아와 마찬가지로 프로이센도 제4군단부터 제6군단까지 3개 군단을 책임졌지만, 제공한 병력 총수는 오스트리아에 뒤진 79,234명이었다. 제7군단은 35,600명의 바이에른 왕국의 독립군단이었다. 8군단(30,150명)은 13,955명을 제공한 뷔르템베르크 왕국과 10,000명을 제공한 바덴 대공국, 그리고 6,195명을 분담한 헤센-다름슈타트 대공국의 혼성군단이었다. 제9군단(41,397명)에 참여한 3개 제후국은 작센 왕국(31,679명)과 헤센-카셀 선제후국(5,679명)과 나사우 공국(4,039명)이었다. 제10군단(28,038명)에 병력을 제공한 제후국은 하노버 왕국(13,054명), 홀슈타인-라우엔부르크 공국(3,600명), 브라운슈바이크 공국(2,096명), 멕클렌부르크-슈베린 공국(3,580명), 멕클렌부르크-슈트렐리츠 공국(718명), 올덴부르크 공국(2,800명), 3개 자유도시(뤼베크, 브레멘, 함부르크)(2,190명)이었다. 룩셈부르크 대공국과 프랑크푸르트 자유시를 제외한 나머지 독일연방 회원국들이 분담한 12개 대대 병력은 예비군단으로 분류되어 유사시 연방요새 수비대를 지원하는 임무를 부여받았다. 룩셈부르크 대공국(2,556명) 병력은 룩셈부르크 요새 수비대 병력이었고, 독일연방군 사령부 소재지의 관할 제후국, 즉 프랑크푸르트 자유시가 분담한 400명의 보병은 연방군 사령부 경계임무를 부여받았다.

1866년 독일전쟁(오스트리아-프로이센 전쟁)이 발발했을 때, 마인츠 연방요새 수비대의 지원은 전적으로 마인츠 요새가 위치한 헤센 대공국(헤센-다름슈타트)에게 일임되었다. 헤센 대공국과 헤센 선제후국(헤센-카셀)의 군대는 독일전쟁 당시 독일연방군에 소속되어 오스트리아를 위해 프로이센군과 싸웠다. 헤센 선제후국과 작센 왕국 군대가 소속된 독일연방군 9군단은 1866년 독일전쟁에서 동부전선(뵈멘)에 동원되어 오스트리아를 지원했기 때문에, 헤센 선제후국은 서부전선의 전투(프로이센군의 마인 원정)에는 자국 군대를 실전에 투입하지 않았다. 독일전쟁에서 오스트리아 측에 섰던 바이에른 왕국은 7군단 병력을 동원하여 독자적으로 프로이센군과 대결했다. 뷔르템베르크 왕국, 바덴 대공국, 헤센 대공국(헤센-다름슈타트) 및 나사우 공국 등은 독일연방군 제8군단의 이름으로 프로이센군과 대결했다. 독일전쟁 당시 오스트리아는 동부전선(오스트리아-프로이센 전쟁)과 남부전선(오스트리아-이탈리아 전쟁)에서는 오스트리아 제국군대를 직접 투입했고, 서부전선(프로이센의 마인 원정)에 동원된 오스트리아 군대는 독일연방군 제8군단에 소속되어 연방군의 기치 하에 남독일 군대의 대프로이센 전쟁을 지원했다(독일전쟁 참조).

독일연방군이 편성된 이후 외국과의 전쟁이 없었던 1848년까지의 시기, 즉 혁명전기 혹은 비더마이어 시대로 명명될 수 있는 30여 년 동안은 외부의 적으로부터 독일연방을 방어할 기회가 없었다. 그러나 독일연방규약을 위반한 회원국 정부를 제재하기 위해 독일연방군이 연방집행권을 위임받은 적은 수차례 있었다. 독일연방의 양대 군사강국인 오스트리아 제국과 프로이센 왕국의 강력한 뒷받침이 없었더라면 연방집행 혹은 연방개입을 통한 독일연방군의 검증기회가 없었을 지도 모른다. 그럴것이 총 10개 군단으로 편성된 독일연방군의 6개 군단병력을 양대 강국이 분담했고(오스트리아는 연방군 총병력의 31.44%, 프로이센과 바이에른은 각각 26.52%와 11.8%를 차지했다), 양대 강국을 제외한 중소 독일연방 회원국들의 군대만으로는 국내외에서 발생한 위협을 방어할 충분한 힘이 없었기 때문이었다.

연방의회의 결의를 거쳐 연방군이 투입된다는 점에서 공통점을 가지는 연방집행(분데스엑세쿠치온)과 연방개입(분데스인터벤치온)의 차이는 제재 대상이 회원국 정부일 경우에는 연방집행, 회원국 정부의 요청으로 연방군이 투입되는 경우는 연방개입이라는 용어를 사용했다. 연방개입의 경우, 연방군의 제재 대상은 주로 회원국 군대의 전력만으로는 진압이 불가능한 반정부 세력의 봉기 혹은 반란이었다. 연방집행의 결과는 연방군에 의한 해당 회원국 점령, 통수권의 회수 및 통수권자 교체, 독일연방규약을 위반한 연방 회원국의 헌법의 폐기 등으로 나타났다.

1830년 브라운슈바이크-뤼네부르크 공국의 카를2세(1804-1873, 재위: 1815-1830) 공작이 - 브라운슈바이크-뤼네부르크 공국은 1692년 선제후국으로 승격된 후 하노버 선제후국이라고 불렸지만, 빈 회의에서 왕국으로 승격된 이후의 국명은 하노버 왕국으로 통일되었다 - 그의 후견인 겸 섭정이었던 게오르크 4세(영국 국왕 겸 하노버 국왕, 재위: 1820-1830) 치하에서 제정된 헌법의 승인을 거부했을 때, 독일연방은 연방집행권을 발동하여 그의 통수권을 정지시키고, 그의 동생 빌헬름(1806-1884, 재위: 1830-1884)을 브라운슈바이크-뤼네부르크 공작으로 교체했다. 프랑크푸르트 경비대본부습격 사건(1833년 4월 3일)이 발생했을 때에도 프랑크푸르트 자유시에 대한 연방집행이 가결되어 오스트리아군 및 프로이센군이 독일연방군의 이름으로 1834년 이후 프랑크푸르트에 주둔하였다. 반정부 세력을 진압하는 과정에서 30여 명의 사상자가 발생한 프랑크푸르트 경비대본부습격 가담자들에 대한 연방군의 제재는 연방개입으로도 해석될 수 있지만, 연방군 주둔의 법적인 근거를 마련하기 위해 프랑크푸르트 자유시에 내린 제재는 연방집행이었다. 1850년 헤센-카셀(헤센 선제후국)에서 헌법분쟁이 발생하여 의회 뿐 아니라, 사법부와 군대까지 프리드리히 빌헬름 1세(1802-1875, 재위: 1847-1866) 선제후에게 대항했을 때, 반란군을 제압하기 위해 프리드리히 빌헬름 1세 프로이센 국왕은 독일연방 의회에 도움을 요청했고, 연방의회는 연방개입권을 발동하여 바이에른 군대를 독일연방군의 이름으로 헤센에 진주시켜 군부를 제압했다. 그 외에 독일연방군은 1848/1849년 라인팔츠와 바덴에서 발생한 민중혁명도 진압했다.

독일연방 군대가 대규모로 동원된 것은 - 독일연방과 동맹을 체결한 슐레스비히-홀슈타인 공국 내의 독일민족주의 세력과 덴마크 왕국 간의 전쟁인 - <1차 슐레스비히-홀슈타인 전쟁>(1848-1851)이 발생했을 때였다. 덴마크 통합왕국으로부터 분리독립을 시도한 슐레스비히-홀슈타인 군대(약 9,000명)를 지원한 약 14,000명의 프로이센군과 11,000명의 하노버, 올덴부르크, 멕클렌부르크, 브라운슈바이크 및 기타 연방회원국 병력이 독일연방군의 이름으로 덴마크 통합왕국과 전쟁을 벌였다(1차 독일-덴마크 전쟁). 그럼에도 불구하고 슐레스비히-홀슈타인 문제가 해결되지 않았기 때문에, 1863년 말 - 오스트리아, 프로이센, 작센 및 하노버 군대 각 1개 연대로 구성된 - 독일연방군이 다시 홀슈타인에 진주했다. 홀슈타인 공작을 제거하기 위해 독일연방의회에 의해 연방집행권이 가결된 것이었다. 1863년 11월 15일 프리드리히 7세(1808-1863, 재위: 1848-1863) 덴마크 국왕이 후사 없이 사망한 후 아우구스텐부르크 가계의 공작 크리스티안 9세(1818-1906, 재위: 1863-1906)가 덴마크 국왕에 즉위하여 독일연방 회원국인 홀슈타인을 다시 덴마크 통합왕국에 합병시켰을 때, 독일연방 의회는 즉시 홀슈타인 공작(크리스티안 9세)을 제재하기 위한 연방집행을 결의하여 오스트리아와 프로이센의 군대가 슐레스비히와 홀슈타인 공국을 점령하였으며, 이로 인해 1864년 <2차 독일-덴마크 전쟁>이 시작되었다. 독일연방군(오스트리아와 프로이센)과의 전쟁에서 패한 덴마크는 슐레스비히와 홀슈타인을 프로이센과 오스트리아에 양도해야 했다(가슈타인 협약 참조).

마지막 연방집행은 1866년 6월 9일 프로이센 왕국이 오스트리아 제국 관할의 홀슈타인 공국을 무력으로 점령했을 때, 프로이센을 제재하기 위해 내려진 독일연방 의회의 조치였다. 슐레스비히-홀슈타인의 영유권 다툼 및 독일연방 내 주도권 장악을 둘러싼 프로이센과 오스트리아 간의 분쟁은 프로이센의 홀슈타인 점령과 더불어 시작되어 독일전쟁(프로이센-오스트리아 전쟁)으로 발전했다. 다시 말해 오스트리아가 제출한 '프로이센 제재안'이 연방의회에서 통과됨으로써 연방군이 오스트리아와 프로이센 간의 분쟁에 개입함으로써 오스트리아와 프로이센간의 전쟁이 독일연방과 프로이센 간의 전쟁으로 확대된 것이었다. 1866년의 독일전쟁은 한 편으로는 오스트리아-프로이센 전쟁이었고, 다른 한 편으로는 오스트리아의 '프로이센 제재안'을 집행한 독일연방군과 프로이센군 간의 전쟁이었다.

❑ 3
신성동맹과 메테르니히 체제

독일연방규약(1815)과 빈 최종규약(1820)의 내용에 대해 직접적으로 영향력을 행사한 사람은 오스트리아 외무장관 메테르니히(1821년 이후 외무장관 겸 수상)였다. 구체제가 복원된 1815년의 상태를 유지하기 위해 메테르니히는 독일어권 국가들과 합스부르크 제국뿐 아니라, 유럽의 다른 국가에서도 확산 일로로 치닫고 있는 자유주의와 민족주의 운동을 저지해야 했다. 이를 위해 그는 오스트리아와 독일에서는 독일연방이라는 체제를, 유럽의 다른 나라들에서는 <신성동맹>이라는 무기를 이용했다. 신성동맹은 빈 회의가 끝나고 3개월이 지난 1815년 9월 26일 기독교의 계명을 정치 분야에서도 최고의 원칙으로 삼자는 러시아 황제의 제의에 오스트리아 황제와 프로이센 국왕이 화답하면서 체결된 조약이었다. '신성동맹'이라는 이름으로 체결된 동맹이 과거에도 존재했지만, 1815년의 신성동맹과 다른 것은 1526년의 코냑 동맹(카를 5세 황제의 세력확대를 전제하기 위해 교황과 프랑수아 1세 프랑스 국왕 간에 체결된 조약)과 1684년의 신성동맹(오스만 제국의 침공에 대비한 교황령, 오스트리아, 폴란드 및 베네치아 간의 조약)은 모두 교황이 주도하여 체결된 동맹이었다는 점이다.

로마가톨릭 황제 프란츠 1세와 프로테스탄트 국왕 프리드리히 빌헬름 3세와 러시아 정교를 대표하는 알렉산드르 1세 황제에 의해 파리에서 조인된 3개 조항의 신성동맹은 정의, 사랑, 평화라는 기독교 계명을 행동규범으로 삼을 것(전문), '형제'이자 '동향인'인 서로를 도울 것(1조), 서로를 신이 유일한 주권행사자인 기독교국가의 일원으로 생각할 것(2조)을 약속한 조약이었다. 그리고 이와 같은 믿음의 진리를 신봉하는 모든 국가는 신성동맹에 가입할 수 있다는 규정이 3조의 내용이었다.

왕권신수설을 지지한 러시아, 오스트리아, 프로이센 3국 정상은 기독교 종교를 정치질서의 근본으로 삼고, 이 질서를 수호하기 위해 상호지원을 약속한 것이었다. 그러나 신성동맹의 목표를 철저히 정치적으로 이용한 사람은 메테르니히였다. 왕정지배체제와 빈 체제를 유지, 확립하기 위해 독일연방 내부는 물론이고, 유럽의 차원에서 발생하는 정치적 반대 세력(자유주의와 민족주의)을 타도하기 위해서 신성동맹을 내정 개입의 도구로 이용했기 때문이었다. 독일연방의 모든 회원국들과 패전국인 프랑스와 중립국인 스위스까지 포함하여, 거의 모든 유럽 국가들이 신성동맹에 가입했다.

영국 국왕 조지 4세는 하노버 국왕의 자격으로만 신성동맹에 가입했고, 영국은 의회의 반대로 가입하지 않았다. 교황은 로마가톨릭교가 차별화되지 않기 때문에 신성동맹 가입을 거부했고, 오스만 제국은 기독교 국가가 아니어서 신성동맹에 가입할 수 없었다. 알렉산드르 1세 러시아 황제가 입안한 신성동맹 조약 1조가 '형제'와 '동향인'에 방점을 찍은 것은 그가 오스트리아 황제 및 프로이센의 국왕과 기독교 신앙을 공유한 사실을 강조하기 위해서였지만, 알렉산드르 1세의 부모는 실제로 모두 독일인이었다. 부친 파벨 1세 황제(1796-1801, 재위: 1796-1801)는 홀슈타인-고토르프의 공작(1762-1773) 출신이었고, 모친 마리아 표도로브나(1759-1828, 독일 이름은 조피 도로테)는 뷔르템베르크 공국의 프리드리히 오이겐(1732-1797, 재위: 1795-1797) 공작의 장녀였다. 알렉산드르 1세의 조부 표트르 3세 황제는 1739년부터 1762년까지 슐레스비히-홀슈타인-고토르프 공국의 공작을 역임한 카를 페터 울리히였다.

메테르니히는 1815년 빈 회의를 통해서 복원된 유럽의 보수적 국제 정치 질서를, 다시 말해 <빈 체제>를 지속적으로 유지시키기 위해 신성동맹을 이용함으로써 진보적인 지식인들과 자유주의자들의 증오의 대상이 되었다. 신성동맹을 체결한지 2개월이 채 경과하지 않은 시점인 1815년 11월 20일 - 제2차 파리 평화조약도 같은 날, 같은 장소에서 체결되었다 - 신성동맹을 주도한 러시아, 오스트리아, 프로이센 3국은 파리에서 영국과 4국 동맹조약을 체결하여 복고시대의 정책수행에 협력하고, 자유주의와 민족주의 세력에 공동으로 대처할 것을 합의하였다. 파리에서 체결된 4국 동맹(파리 4국 동맹)은 1814년에 체결된 쇼몽 4국 동맹과 제1차 파리 평화조약, 그리고 1815년 3월 25일 체결된 빈 4강 협정을 재확인하는 성격의 조약이었다. 신성동맹 체결 이후 1818년부터 1822년까지 4차례 개최된, 신성동맹이 주도한 유럽 강국들의 군주회의에서 메테르니히는 그의 정치적, 외교적 목표를 관철시켰다. 1818년 9월 29일부터 11월 21일까지 신성동맹 원조 3국 정상 및 프랑스와 영국 대표가 참가하여 혁명적 민주주의 운동 탄압 대책을 논의한 <아헨 회의>는 메테르니히에게 <카를스바트 결의>의 계기와 명분을 제공했다.

1820년 트로파우(체코의 오파바)와 1821년 라이바흐(슬로베니아의 류블랴나)에서 개최된 신성동맹 3국 정상회의는 나폴리 혁명(1820-1821)을 진압하기 위한 군사개입을 결정했고, 그리스 해방전쟁(1821-1829)을 저지하기 위해 오스만 제국을 지원하는 결의를 했다. 오스트리아, 러시아 및 프로이센 3국 정상은 유럽에서 혁명이 발생하면 외부로부터 개입하여 이를 억제함으로써 1815년의 상태(빈 체제)를 유지한다는 메테르니히 노선의 이행을 유럽의 정상들에게 촉구하는 프로토콜에 서명했다. 그러나 기독교 국가(그리스)의 독립을 막기 위해 이슬람국가(오스만 제국)를 지원한 결의는 애초의 신성동맹의 대원칙에 위배된 것이었다. 이탈리아의 리소르지멘토(이탈리아의 국가통일운동)의 시작은 오스트리아 군부에 의해 강력하게 억제되었다. 나폴리 혁명은 오스트리아 군대의 개입으로 진압되었고, 페르디난도 1세(카를로스 3세 스페인 국왕의 3남, 재위: 1816-1825) 나폴리-시칠리아 통합왕국 국왕의 통치체제는 1821년 5월 15일 다시 정상화되었다. 오스트리아령 이탈리아에서 대두된 민족운동 역시 메테르니히는 초강경으로 대처했다. 메테르니히의 영향력은 1820년 초 절정에 도달했다. 그는 1821년 카우니츠(수상: 1753-1792) 이후 오스트리아의 두 번째로 수상에 임명되었다. 1822년 개최된 <베로나 회의>(10월 20일-12월 14일)는 신성동맹 3국 정상(러시아 및 오스트리아 황제, 프로이센 국왕)과 나폴리-시칠리아 국왕(페르디난도 1세) 외에 영국과 프랑스 국왕의 전권대표가 참가하여 그리스의 독립선언 승인을 거부하고, 스페인에서 발생한 시민혁명의 진압을 프랑스 정부에 위임했다.

1818년 <아헨 회의> 이후 3차례 더 개최된 신성동맹 군주들의 정상회의는 <베로나 회의>를 끝으로 막을 내렸고, 신성동맹을 중심으로 형성된 유럽 정상들의 연대의식과 결속력은 금이 가기 시작했다. 신성동맹은 1830년 7월 혁명과 더불어 급격히 영향력을 상실하기 시작했으나, 최종적으로 와해된 것은 1853년 <크림 전쟁>(1853-1856)이 발발한 후이었다. 크림 전쟁과 병행하여 러시아와 오스만 제국 간의 전쟁(러시아의 10차 터키전쟁)이 발발하여 1853년 7월 3일 오스만 제국령 왈라키아와 몰도바가 러시아군에 의해 점령되었다. 남유럽의 힘의 균형이 깨어지는 것을 우려한 영국과 프랑스는 오스만 제국을 지지했고, 오스트리아 역시 러시아의 팽창주의를 염려했다. 오스트리아와 러시아의 관계가 악화된 것은 1년 후 왈라키아와 몰도바로부터 러시아군이 철수한 후였다. 러시아군이 철수한 지역을 오스트리아가 점령했기 때문이었다. 러시아의 지원 덕분으로 1849년 헝가리 혁명을 어렵게 극복할 수 있었던 사실을 상기하면, 오스트리아는 이 사건으로 인해 전통적 우방국이었던 러시아를 잃었다. 크림 전쟁으로 인해 러시아와 오스트리아의 관계만 깨어진 것은 아니었다. 오스트리아와 프로이센 간의 긴장도 고조되었고, 오스트리아는 영국과 프랑스로부터도 고립되는 위험을 떠안게 되었다. 빈 회의 이후 그 어느 시기보다 상대적인 안정감을 보여 온 유럽의 정세는 오스트리아에게 불리하게 작용했고, 오스트리아가 그토록 강조했던 유럽의 균형은 깨지고, 신성동맹은 붕괴되었다(크림 전쟁 참조).

□ 4
부르셴샤프트(대학생조합)와 카를스바트 결의

해방전쟁 당시 나폴레옹과 나폴레옹의 군대를 독일 땅에서 격퇴하기 위해 독일의 제후들이 이용했던 민족주의는 전쟁을 극복한 후에는 거꾸로 감시와 탄압의 대상으로 바뀌었다. 해방전쟁 기간 동안 독일의 제후들이 정치적 목적에 이용했던 민족운동 세력이 복고시대의 새로운 정치적 위협으로 등장했기 때문이었다. 이를 극복하기 위해 메테르니히 체제 하의 독일연방은 회원국들로 하여금 경찰력을 동원케 하고, 검열을 강화시켰다. 해방전쟁의 공동체험과 승리의 자부심으로 충만한 청년 대학생들은 빈 회의가 종료된 직후인 1815년 7월 12일 예나 대학에 집결하여 지금까지 대학생향우회 조직으로 분산되어 있던 대학생 단체들을 하나로 합쳐 독일 최초의 <대학생조합>을 결성했다. 1871년 독일의 통일로 이어진 민족주의 운동의 전위세력을 담당한 독일 대학생조합 <부르셴샤프트>가 1815년 메테르니히 체제의 출범과 동시에 예나 대학에서 탄생한 것이었다.

대학생조합의 기본강령으로 채택된 자유주의와 민족주의를 상징하기 위해 예나 대학생조합은 1813년 라이프치히 전투에 참전했던 - 퇴역 소령 루트비히 아돌프 빌헬름 폰 뤼초(1782-1834) 휘하의 - 의용단이 착용한 제복의 검정색 상의와 적색 소매 휘장과 황금색 단추의 흑, 적, 황 삼색을 대학생조합의 엠블럼으로 삼았다. 라이프치히 전투에 참전한 3천여 명의 청년들이 훈련된 나폴레옹의 군대를 맞아 거의 전원이 장렬히 전사한 사건을 영원히 기리기 위함이었다. 그 후 삼색기는 1817년의 <바르트부르크 집회>, 1832년의 <함바흐 집회> 등에서 독일대학생조합의 공식 깃발로 사용되었다. 뤼초의 의용단에 참가한 유명인사들 중에는 1813년 8월 26일 프랑스군과의 교전(가데부쉬 전투)에서 전사한 애국시인 테오도르 쾨르너(1791-1813)를 위시해 독일체조협회 창립자 프리드리히 루트비히 얀

(1778-1852)과 그의 협력자 프리드리히 프리젠(1784-1814), 킨더가르텐의 창립자인 프리드리히 프뢰벨(1782-1852), 그리고 독일 낭만주의 시인 요제프 폰 아이헨도르프(1788-1857) 등이 끼어 있었다.

독일대학생조합의 전국조직 결성을 독일민족통일의 상징으로 선언하기 위해 1817년 10월 18일부터 19일까지 이틀 동안 11개 독일대학을 대표한 500여 대학생조합원들이 예나 대학 대학생조합의 초청으로 루터의 종교개혁 300주년과 1813년의 라이프치히 전투 4주년을 기념한다는 명분하에 아이제나흐의 바르트부르크 성에 집결하여 <전국독일대학생조합>을 결성하였다. 바르트부르크 성은 종교개혁 시기에 마르틴 루터가 2년(1521-1522)간 피신해 있으면서 성서를 고대히브리어와 고대희랍어와 아람어에서 현대독일어로 번역한 역사적인 장소이기도 했다(신약성서 초판은 1522년, 신구약 완간본은 1534년 비텐베르크의 한스 루프트 출판사에서 출간되었다). <바르트부르크 집회> 1년 후 선포된 전국독일대학생조합 규약의 골자는 대학생조합의 기본노선을 천명한 것이었다. 그들은 자유주의와 민족주의를 으뜸 강령으로 채택함과 동시에 이를 추진하기 위해 국가적, 경제적, 종교적 독일통일을 쟁취할 것을 선언하고, 이를 실현하기 위해 입헌군주제, 법의 원칙성과 형평성, 표현의 자유와 언론의 자유, 지방자치 제도, 국민개병제 등의 도입의 불가피성을 역설하였다. 전국독일대학생조합의 강령은 메테르니히 체제(빈 체제)의 원칙에 대한 전면적 도전으로 해석되었다. 과격한 대학생조합은 심지어는 공화정의 채택을 주장하기도 했다. 기센 대학 독문학과 강사 카를 테오도르 폴렌(1716-1840)이 과격파 대학생조합의 정신적 지도자였으며, 예나 대학 신학부 학생 카를 루트비히 잔트(1795-1820)는 폴렌을 추종한 과격파 대학생조합원이었다.

대학생조직을 공개적으로 와해시킬 구실을 찾고 있던 메테르니히 오스트리아 외무장관은 바르트부르크 집회 2년 후인 1819년 두 번 다시 만나지 못할 정치적 호재를 만났다. 예나 대학 학생 카를 루트비히 잔트가 바이마르 출신의 독일 극작가 아우구스트 폰 코체부(1761-1819)를 살해한 사건이 발생한 것이었다. 200편 이상의 희곡을 남기기도 한 코체부는 베를린과 쾨니히스베르크(동프로이센의 수도)를 오가면서 잡지를 경영했으며, 살해되기 1년 전인 1818년에는 <주간 문학지>라는 자신이 창간한 잡지에 독일대학생조합의 자유이념을 신랄하게 비판하는 기사를 게재함으로써 대학생조합의 공적으로 간주된 보수주의자였다. 더구나 그는 1817년 러시아 황제(알렉산드르 1세)의 지원을 받아 러시아 총영사 자격으로 독일을 여행한 적도 있었기 때문에, 러시아 스파이의 혐의까지 받아 잔트에 의해 살해된 것이었다. 1819년 3월 23일 만하임에서 발생한 코체부 살해 사건에 이어, 1819년 7월 1일에는 나사우 공국의 추밀원 고문관 카를 이벨(1744-1826)이 테러를 당한 사건이 발생했다. 이 두 사건이 3개월 사이에 연이어 일어나자, 메테르니히는 프로이센 국왕(프리드리히 빌헬름 3세)의 협조를 얻어 즉각 독일연방 주요 회원국 각료회의를 개최하여 반체제 인사들을 색출하기 위한 긴급조치를 결의하였는데, 이 조치가 <카를스바트 결의>였다. 카를 루트비히 잔트는 1820년 5월 20일 공개 처형당했다.

1819년 7월 29일 메테르니히 오스트리아 외무장관은 프로이센의 국왕 프리드리히 빌헬름 3세를 테플리츠(체코의 테플리체)에서 회동하여 사전 합의를 본 후, 독일연방의 양대 주도국인 오스트리아와 프로이센이 취해야 할 연방정책의 공동원칙에 관해 프로이센 국왕과 사전 조율한 내용을 카를 아우구스트 폰 하르덴베르크(1750-1822) 프로이센 수상으로 하여금 관철시키게 했다. 카를스바트 결의는 오스트리아 외무장관과 프로이센 수상이 서명한 <테플리츠 가협약>(1819년 8월 1일)에 그 법적 근거를 두었다. 여기서 주목할 것은 테플리츠 회담 개최 3일 전에 이미 회담의 의제가 오스트리아 외무장관과 프로이센의 국왕 간에 직접 결정되었다는 사실이었다. 이것은 독일연방의회 의장국의 외무장관으로서의 메테르니히의 위상을 가늠할 수 있는, 유럽 외교사에서 그 유례를 찾을 수 없는, 그야말로 전대미문의 외교적 사건이었다고 할 수 있었다.

1819년 8월 6일부터 31일까지 지금의 체코 휴양지 카를로비바리(카를스바트)에서 오스트리아 외무장관 메테르니히의 주도로 개최된 독일연방 10개국 각료회의의 결과물인 <카를스바트 결의>는 1819년 9월 20일 프랑크푸르트 독일연방의회에 의해 만장일치로 가결되자마자 효력을 발생하였다. 카를스바트 결의의 법률적 효력이 발생한 후 언론검열과 대학의 감시가 본격화되고, 대학생조합의 활동이 전면적으로 금지되었으며, "혁명적 책동과 선동적인 단체"의 색출을 위해 1828년까지 활동할 중앙조사위원회가 마인츠에 설립되었다.

    <선동자 추적>의 주요 희생자는 애국시인 에른스트 모리츠 아른트(1769-1860), <당통의 죽음>을 쓴 요절 작가 게오르크 뷔히너(1813-1837), 독일의 국가를 작시한 시인 하인리히 호프만 폰 팔러스레벤(1798-1874), 당대의 자유주의 문필가 요한 요제프 폰 괴레스(1776-1848), 스타벤하겐 출신의 저지독어 시인 프리츠 로이터(1810-1874), 뮌헨 대학 독문학교수 한스 페르디난트 마스만(1797-1874), 작가이며 신학자인 크리스티안 자르토리우스(1796-1872), 기센 대학 고고학교수 프리드리히 고틀리프 벨커(1784-1868)와 같은 대학 법학교수 카를 테오도르 벨커(1790-1869) 형제, '체조의 아버지'라 불린 독일 체조운동의 창시자 프리드리히 루트비히 얀(1778-1852), 슐레스비히-홀슈타인 출신의 법조인 우베 옌스 로른센(1793-1838) 등이었다.

    1823년 비밀대학생조합 집회와 기센 대학 강사 카를 테오도르 폴렌에 의해 창립된 대학생조합의 하위조직 '청년동맹'이 프로이센 왕국 경찰에 의해 색출된 후, 당국의 선동자 추적은 한층 강화되었다. 카를스바트 결의는 1824년 8월 16일 독일연방의회에 의해 그 효력이 무기한 연장되었다. 1830년 프랑스에서 7월 혁명이 발생한 후 3개월이 지난, 1830년 10월 31일 독일연방의회는 독일의 안정회복과 안정유지를 위한 조치를 재의결했다. 또 다시 선동자 색출이 시작된 것이었다. 선동자 추적이 가장 가혹하게 실시된 국가는 프로이센이었다. 1832년 5월 27일부터 6월 1일까지 약 3만여 명이 참가하여 개최된 <함바흐 집회> 주동자를 처벌하기 위해 독일연방은 언론 및 출판의 자유, 결사 및 집회의 자유

철폐로 대응했다. 독일통일, 자유, 국민주권 등을 요구하면서 메테르니히 주도의 복고체제에 정면으로 도전한 1832년의 함바흐 대학생집회는 바르트부르크 집회(1817), 프랑스의 7월 혁명(1830), 폴란드의 11월 혁명(1830/1831), 벨기에 혁명(1830/1831) 등의 영향을 받은 정치집회로서, 1848년 3월 혁명 이전 시기의 독일연방에서 발생한 가장 규모가 큰 반체제 민주화운동이었다. 함바흐 집회가 개최된 지 1년도 채 지나지 않은 시점에 과격파 대학생조합원들에 의한 <프랑크푸르트 경비대본부 습격사건>(1833년 4월 3일)이 발생하자, 1833년 6월 30일 중앙조사위원회가 새로이 설립되어, 약 2천 명의 혐의자에 대한 조사가 1838년까지 계속되었고, 1839년에 가서야 그 결과가 최종적으로 발표되었다. 베를린의 법원은 192명의 대학생들을 심판했으며, 그 중 39명에게 사형 혹은 종신형 선고가 내려졌다. 그 후 1834년 1월부터 6월까지 빈에서 메테르니히 오스트리아 수상의 주도로 개최된 <빈 각료회의 결의>를 통해 언론검열과 대학통제가 빈틈없이 확대 실시되었다. 빈 각료회의에서 취해진 조처들은 선동자 추적의 마지막 클라이맥스를 의미했다. 빈 각료회의의 결의는 왕정의 원칙에 부응하여 독일연방 회원국 의회의 권한을 제한한 1820년의 <빈 최종규약>을 확인하고 강화한 내용이었다.

카를스바트 결의에 의해 성안된 대학법(대학안정법)과 언론출판법은 대학생들과 교수들의 민족주의운동과 자유주의운동을 억압하고, 관련자들을 민중의 선동자들로 간주하여 무자비하게 탄압하는 도구가 되었다. 민족주의 운동의 파급을 막기 위해 체조장이 폐쇄되고, 체조협회의 활동은 1820년부터 1842년까지 금지되었다. 언론검열이 강화되었으며, 자유주의와 민족주의 사상을 가진 교수들은 해고되거나 초빙이 금지되었다. 선동적인 이념과 사상의 확산을 차단하기 위해 제정된 언론출판법은 전지 20매, 즉 8절판 320쪽 이하의 출판물은 사전 검열, 320쪽 이상의 출판물은 사후검열 대상으로 규정했다. 카를스바트 결의는 1848년 3월 혁명으로 메테르니히가 실각하여 드레스덴을 경유하여 런던으로 망명한 후, 독일연방의회 결의를 통해 폐기될 때(1848년 4월 2일)까지, 30년 동안이나 유효한 법률이었다.

❑ 5
메테르니히와 페르디난트 1세 황제 치하의 오스트리아

메테르니히 체제 하의 오스트리아는 자타가 공인한 유럽 정치무대의 주역이었다. 나폴레옹 전쟁 이후의 오스트리아는 역사상 그 유례를 찾을 수 없는 풍요와 평화의 시기를 구가했다. 그러나 오스트리아는 한 가지 중요한 가치를 잃고 있었다. 그것은 바로 자유였다. 자유선거에 의한 의회도, 언론과 출판의 자유도, 대학과 교수의 자유도, 시민의 자유도 부재했다. 민주주의적 입헌정치의 이념을 무력화시키고, 복고정책의 원활한 수행을 위해 1820년 11월 19일 오스트리아령 슐레지엔의 트로파우(폴란드의 오파바)에서 1820년 10월 20일부터 12월 30일까지 개최된 <트로파우 군주회의>(신성동맹 후속회의)에서 문서화된 이른바 트로파우 강령은 군주의 권한을 보장한 제도적 장치였다. 일체의 주권은 군주의 수중에 놓이며, 그 어떤 법률이나 제도에 의해서도 군주의 권한은 제한받지 아니한다는 왕정의 원칙이 트로파우 강령의 정신, 즉 신성동맹의 정신이었다. 메테르니히가 트로파우 군주회의를 통해서 재확인한 체제는 절대군주제였다. 그것은 독일연방규약이 권장한 입헌군주제에 대한 명확한 거부였다. 독일연방규약 13조의 헌법제정 권장 규정에도 불구하고 오스트리아와 프로이센은 1848년 혁명이 발발할 때까지 헌법을 제정하지 않았을 뿐 아니라, 헌법제정에 관한 논의 자체를 허용하지 않았다. 메테르니히는 자신의 정책을 관철시키기 위해 국외적으로는 신성동맹을 이용한 콩그레스 외교와 군사개입을 정책적 도구로 이용했고, 국내적으로는 경찰국가의 건설과 검열을 절대군주제 유지를 위한 수단으로 삼았다.

대 프랑스 1차 동맹전쟁이 발발한 1792년 즉위하여 33년간 - 신성로마제국 황제(프란츠 2세)로서는 14년 - 재위한 프란츠 1세 오스트리아 초대 황제는 3월 혁명이 발발하기 3년 전인 1835년 사망했다. 1815년 이후 오스트리아와 독일연방에서 복고적 왕정의 원칙을 해하는 일체의 시도를 추적 감시한 메테르니히 체제의 감시망은 프란츠 1세가 사망한 후 통치능력이 결여된 다음 황제가 즉위하자, 감시망의 그물코는 더욱 좁혀졌다. 프란츠 1세에게는 성인으로 성장한 아들이 두 명 있었다. 신체적, 정신적 장애를 안고 출생한 프란츠 1세의 장자 페르디난트 1세(1793-1875, 재위: 1835-1848)는 1831년 38세의 늦은 나이에 6촌 여동생 마리아 안나(1803-1884)와 결혼했고, 3남 프란츠 카를(1802-1878)은 - 프란츠 1세의 차남 요제프(1799-1807)는 8세의 나이에 사망했다 - 1824년 형보다 7년 먼저 26세의 나이에 막시밀리안 1세 바이에른 국왕의 여덟 번째 딸 조피 프리데리케(1805-1872)와 결혼했다. 후계자로서 결격 사유가 충분한 페르디난트(프란츠 1세의 장남)를 제치고, 페르디난트의 아홉 살 아래 동생 프란츠 카를이 차기 오스트리아 황제에 오를 수 있는 가능성을 노린 바이에른 국왕은 일찌감치 프란츠 1세의 3남을 자신의 사위로 맞아드렸다. 1816년 네 번째로 결혼한 프란츠 1세의 24세 연하의 마지막 황비(카롤리네 아우구스테)가 막시밀리안 1세 바이에른 국왕의 네 번째 딸이었는데, 사위(프란츠 1세)의 전처소생(프란츠 카를 대공의 모친은 나폴리·시칠리아 국왕 페르디난도 1세의 딸)을 다시 자신의 사위로 삼은 바이에른 국왕의 혼인정책에서 권력의 정상에 도달하기 위해 수단과 방법을 가리지 않은 왕정시대의 정략결혼의 총체적 난맥상이 드러난다. 바이에른 국왕의 노림수에도 불구하고, 프란츠 1세 생전에 이미 차기황제에 지명된 페르디난트 1세가 1835년 프란츠 1세 사망 후 장자상속의 원칙과 정통성의 원칙을 고수한 메테르니히 수상과 프란츠 안톤 폰 콜로브라트-리프슈타인스키(1778-1861) 백작의 강력한 추천에 의해 황제에 즉위함으로써 막시밀리안 1세의 계획은 좌절되었다. 메테르니히 수상의 정적이었던 콜로브라트-리프슈타인스키 백작은 1848년 메테르니히가 실각한 후 오스트리아 제국의 초대 국무총리에 임명된 정치인이었다.

다민족 국가 오스트리아 제국 황제 프란츠 1세의 업적은 황제보다 더 큰 권력을 행사한 메테르니히 수상과 분리하여 평가될 수는 없을 것이다. 1809년 수석장관(외무장관)에 임명된 메테르니히는 독일연방규약(독일연방기본법)을 보완한 <빈 최종규약>을 독일연방 의회에서 통과시킨 다음 해인 1821년 수상에 임명되어 오스트리아 제국의 국내정책과 외교정책을 주도한 반면, 프란츠 1세 황제는 메테르니히를 전면에 내세운 후 정치보다는 개인적인 관심분야에 집중했다. 그럼에도 불구하고 프란츠 1세는 왕권신수설의 철저한 신봉자였다. 황제의 이러한 이념적 기본입장이 메테르니히의 운신의 폭을 확대시킨 근본적인 요인이었다. 흔히들 빈 회의 이후의 보수적 체제를 메테르니히 체제, 또는 빈 체제라 일컫지만, 정확히 표현하자면 빈 체제는 여하한 개혁도, 변화도 허용하지 않은 '메테르니히 및 프란츠 체제'였다.

1835년 프란츠 1세가 사망한 후, 지체 없이 그의 장남 페르디난트 1세에게 황제의 지위가 승계되었다. 황제세습 과정에서 프란츠 1세와 메테르니히 수상의 경직된 보수주의의 특징이 적나라하게 노출되었다. 정통성의 원칙에 집착하지 않았더라면, 페르디난트 1세는 애초부터 황제가 될 수 없는 사람이었지만, 후계자 교체 문제는 한 번도 황실 내부에서 거론된 적이 없었다. 그것은 정통성의 원칙에 대한 생전의 프란츠 1세 황제와 메테르니히 수상, 그리고 메테르니히의 정적 콜로브라트-리프슈타인스키 백작의 견해가 완벽하게 일치한 결과였다.

1826년 프라하 총독에서 국무위원에 임명된 뵈멘 출신의 콜로브라트-리프슈타인스키 백작이 내무장관의 역할을 맡은 후, 메테르니히는 지금까지 전권을 행사한 국내정치 권력을 전자와 공유해야 했다. 콜로브라트-리프슈타인스키의 내각기용은 차기정부에서 메테르니히의 독주를 견제하기 위한, 다시 말해 아들 페르디난트 1세의 정권을 보호하기 위한 프란츠 1세의 사전 포석이었을 것이다. 실제로 페르디난트 1세 황제의 특별한 신임을 받은 콜로브라트-리프슈타인스키는 황제에 대한 영향력이 막강한 정치인이었다. 관할의 경계가 분명한 내각을 만들어, 다시 말해 책임장관 제도를 도입해 국가개혁을 시도하려 한 메테르니히의 소신은 프란츠 1세와 똑같은 절대주의의 신봉자 콜로브라트-리프슈타인스키의 저항에 부딪혀 관철되지 못했다. 그러나 프란츠 1세의 후계자 결정에서 만은 메테르니히와 콜로브라트-리프슈타인스키의 견해가 일치한 것이었다. 이 두 정치가의 견해차이가 1835년 이후의 오스트리아의 정국을 1848년의 3월 혁명의 파국으로 몰고 갔지만, 그 파국의 단초를 제공한 1835년의 결정에서는 두 정치가의 견해가 일치한 것은 역사의 모순이었다.

프란츠 1세가 1835년 사망했을 때, 메테르니히는 그의 권력의 가장 중요한 토대를 잃어버렸다. 1836년 12월 12일 설립된 <비밀국가회의>는 신임황제 페르디난트 1세를 위한 대리통치 기구였다. 프란츠 1세의 유언에 따라, 메테르니히 수상이 아닌, 프란츠 1세의 동생 루트비히(1784-1864) 대공을 의장으로 하여 설립된 비밀국가회의는 1848년 3월 혁명으로 하야할 때까지, 통치능력이 결여된 페르디난트 1세 황제를 대신해 오스트리아 제국을 통치한 - 오스트리아 역사상 초유의 - 국가최고권력 기관이었다. 비밀국가회의 구성원은 페르디난트 1세 황제의 숙부 루트비히 대공을 의장으로 하여 페르디난트 1세의 동생 프란츠 카를 대공, 메테르니히 수상, 콜로브라트-리프슈타인스키 장관 등 4인이었다. 1836년 메테르니히는 페르디난트 1세가 즉위한 후에도 다시 한 번 책임장관 제도 관철을 통한 국가개혁을 시도했지만, 이번에도 성공하지 못했다. 그 결과 그의 영향력은 그 후 외교정책 분야에 국한되었다. 1848년 혁명으로 비밀국가회의가 해체된 후, 메테르니히 수상은 실각하여 망명을 택했지만, 콜로브라트-리프슈타인스키는 혁명 발발 후 1개월 간 - 1848년 3월 20일부터 4월 19일까지 - 국무총리를 역임했다.

메테르니히는 황제와 교회와 군대를 통해서, 그리고 무엇보다도 비밀

경찰과 검열의 수단을 동원하여 1815년 이후 30년 이상 오스트리아 제국과 독일연방을 사실상 좌지우지할 수 있었다. 그는 수상으로서의 자신의 역할을 붕괴 직전의 건물을 떠받치고 있는 기둥과 같다고 비유적으로 표현한 적이 있었다. 긴급을 요하는 외과수술 대신 일시적인 통증완화제와 진정제를 처방하고 있다는 사실을 메테르니히 수상 자신도 이미 1840년대에 들어와서는 인식했을 것이었다. 그는 빈 회의에서 정치의 시계바늘을 거꾸로 돌려놓았다. 거꾸로 돌려놓은, 복고정치의 시계는 1830년 7월 혁명 이후 자주 고장을 일으키고, 서서히 작동을 멈추어 가더니, 1848년 3월 혁명 발발과 더불어 완전히 작동을 멈추었다. 그의 체제는 유연성을 잃은 경직된 독재체제로 굳어버렸다. 그는 민족주의와 자유주의 운동을 정책으로 극복해 낼 수 있다고 생각했고, 한두 가지의 개혁정책을 실행에 옮김으로써 민족주의자들과 자유주의자들의 기세를 꺾어 놓을 수 있다고 믿었다. 그러나 그의 개혁의 시도는 프란츠 1세 생전에는 황제에 의해, 그의 사후에는 콜로브라트-리프슈타인스키에 의해 무산되었다. 1848년 3월 이미 오래 전부터 예고된 것이나 다름없는 혁명이 터지자, 메테르니히는 빈을 떠나야 했다. 그는 혁명세력이 와해되고, 정부가 혁명 전의 기능을 회복한 1851년에 귀국하였다. 그 후 그는 정치 일선에서 물러났지만, 86세의 나이로 1859년 타계할 때까지 막후에서 영향력을 행사할 수 있었다.

메테르니히는 3월 혁명 전기의 탁월한 외교전문가였다. 그리고 그는 냉철한 이성의 소유자였고, 빠른 이해와 선견지명과 단호함과 애국심을 겸비한 정치가였다. 그의 이름은 한 시대를 상징했다. 그는 결과적으로 볼 때는 실패한 정치가라고 할 수 있지만, 역사상 19세기를 통틀어 오스트리아가 30년 이상 전쟁에 한 번도 휘말리지 않은 것은 메테르니히 체제 시대가 처음이자 마지막이었다. 그것이 메테르니히 개인의 업적이라는데 동의하지 않을 사람은 없을 것이다. 두 번의 세계대전으로 발전하게 된 동인을 제공한 제국주의와 민족주의는 그의 실각과 때를 같이

하여 대두된 유럽의 병이었다.

1848년 3월 13일 혁명 발발과 때를 같이하여 메테르니히는 퇴진을 강요받아 영국으로 망명했지만, 그의 정적 콜로브라트-리프슈타인스키는 3월 20일 오스트리아 사상 첫 입헌 내각의 총리에 임명되었다. 그러나 그는 한 달 만인 1848년 4월 19일 총리직을 사임하고, 정계를 은퇴해야 했다. 혁명 직전 오스트리아의 국정혼란은 프란츠 1세 사망 후 즉위한 페르디난트 1세의 선천적 책임무능력에 기인했지만, 정적 간이었던 메테르니히 수상과 콜로브라트-리프슈타인스키 장관 간의 견해차이로 촉발된 불화도 한 가지 원인이었다. 비밀국가회의의 도움 없이 자력으로 혁명의 소용돌이를 피해가며 제국을 운영할 능력이 없었던 페르디난트 1세 황제는, 메테르니히 수상과 콜로브라트-리프슈타인스키 총리가 차례로 정계를 떠나버린 후, 1836년 12월 12일 이후 12년 동안 오스트리아 국정의 방향타 역할을 한 비밀국가회의(1836-1848)도 그들의 은퇴와 더불어 기능을 상실하게 되었을 때, 퇴위를 고려하지 않을 수 없었다. 페르디난트 1세는 1848년 5월 혁명의 예봉을 피해 인스부르크로 파천했다가, 8월 12일에야 다시 빈으로 귀환했다. 군대에 의한 반혁명이 성공했을 때, 그는 1848년 12월 2일 18세의 장조카 프란츠 요제프 대공에게 양위한 후, 빈을 떠나 1875년 사망할 때까지 프라하에서 은둔생활을 했다. 페르디난트 1세의 후임 황제가 바로 오스트리아 역사상 최장수 황제로 기록된 프란츠 요제프 1세(재위: 1848-1916)였다. 퇴위 후 페르디난트 1세가 은거한 프라하 성은 1611년 동생 마티아스(1612-1619)에게 뵈멘의 왕위를 찬탈당한 신성로마제국 황제 루돌프 2세(재위: 1576-1612)가 1년 간 은둔하다 세상을 떠난 바로 그 흐라친(흐라드카니) 언덕의 고성이었다.

1793년 4월 19일 프란츠 1세 황제와 그의 두 번째 부인(1772-1807, 나폴리-시칠리아 통합왕국 공주 마리아 테레사) 사이에 출생한 페르디난트 1세는 간질과 구루병과 뇌수종의 후유증에 시달리면서 성장했지만, 1804년 11살의 나이에 이미 후계자로 낙점을 받았다. 그는 37세의 나이에 헝가리 국왕 대관식(1830년 9월 28일)을 프레스부르크(브라티슬라바)에서 가졌지만, 중대사를 결정하는 독립적인 권한은 부여받지 못했다. 정책 결정권은 황제의 위임을 받은 메테르니히 수상이 행사했다. 대관식에서 통례적으로 헝가리 신분제의회대표들이 신임국왕에게 바치는 50,000두카텐의 축하금은 메테르니히의 제안에 따라 빈한한 헝가리 지방을 지원하는 기금과 부다페스트 대학 발전기금으로 출연되었다. 황태자 시절의 페르디난트 1세가 1831년 결혼한 6촌 동생 마리아 안나(1803-1884)는 사르데냐 피에몬테의 빅토르 엠마누엘(비토리오 임마누엘레) 1세 국왕과 오스트리아-에스테가의 대공녀 마리아 테레지아(1773-1832, 페르디난트 1세의 종조부 페르디난트 카를 안톤(1754-1806) 대공과 모데나 공국의 상속인인 에스테가의 마리아 베아트리체 사이의 딸) 사이에서 출생한 딸이었다.

페르디난트 1세는 국정수업을 받기 위해 1829년 이후 추밀원회의에 참가했다. 그는 프란츠 1세 황제 생전에 헝가리 국왕에 즉위했지만, 뵈멘 왕국과 롬바르디아-베네치아 왕국(수도: 밀라노)의 국왕에 오른 것은 - 오스트리아 황제에 즉위한 후인 - 1836년과 1838년이었다. 프란츠 1세가 뵈멘과 롬바르디아-베네치아 왕국의 국왕직을 사망 시까지 유지했기 때문이었다. 1835년 황제에 등극한 후, 절대군주인 것처럼 통치하는 모습을 국민들에게 과시하기 위해 대리통치기구로 신설된 <비밀국가회의>는 페르디난트 1세의 재위기간 동안 대외적으로는 황제자문위원회와 유사한 역할을 하는 것처럼 보였지만, 실질적으로는 황제를 대리한 국정수행 최고기관이었다. 비밀국가회의의 의장은 황제의 숙부 루트비히(1784-1864) 대공이었지만, 실제로는 메테르니히 수상과 콜로브라트-리프슈타인스키 장관에 의해 주도되었다. 비밀국가회의 내에서 메테르니히는 외교정책을, 그의 정적 콜로브라트-리프슈타인스키는 국내정책과 재정분야를 관장했다. 비밀국가회의는 페르디난트 1세 통치기간에 국한된 제도였다.

페르디난트 1세의 즉위원년인 1835년 9월 12일 오스트리아 제국의 첫 건축법이 반포되어, 건물의 출입문과 창문의 높이와 넓이가 법으로 규정되었다. 1836년 9월 7일 그는 프라하에서 뵈멘 국왕대관식을 가졌고, 뵈멘 의회로부터 헌납 받은 50,000 두카텐은 이번에도 복지 및 공익 목적을 위해 출연되었다. 1838년 9월 6일 롬바르디아-베네치아 왕국 국왕대관식 날 페르디난트 1세는 오스트리아령 이탈리아의 정치범 전원에게 일반사면령을 내렸다. 1838년 그는 합스부르크(-로트링엔)가 구성원에게 적용되는 호칭, 수입 및 결혼에 관한 규정 등을 확정한 가법을 공포했다.

페르디난트 1세의 재위기(1837년 11월 23일)에 오스트리아의 첫 증기기관차 노선 개통식이 거행되었다. 오스트리아의 산업화의 출발을 알린 <카이저 페르디난트 북부철도>는 플로리즈도르프(현재의 빈 21구)에서 니더외스터라이히의 도이치바그람(1809년의 바그람 전투 현장)을 연결한 길이 13킬로미터의 노선이었다. 브륀(체코의 브르노)까지의 연장노선은 1839년 7월 7일, 올뮈츠(올로모우츠)까지의 노선은 1841년 10월, 올뮈츠에서 프라하까지의 연결철도는 1842년과 1845년 사이에 건설되어 <제국북부철도>라 명명되었다. 1847년 4월 1일 오더베르크(체코의 폴란드 국경도시 보후민)까지 철도가 연결됨으로써 보후민은 빈과 크라카우(크라쿠프) 사이의 중요한 정거장이 되었다. 철도개통과 더불어 제국의 북부 및 북동부 지역의 철광 및 탄광을 잇는 노선이 빈과 직접 연결됨으로써 오스트리아는 페르디난트 1세 시기에 산업화에 박차를 가할 수 있게 되었다.

❑ 6
오스트리아의 크라카우(크라쿠프) 재합병

1795년 러시아, 프로이센 및 오스트리아가 참여한 3차 폴란드 분할 과정에서 크라카우(크라쿠프)는 오스트리아 영토에 편입되어, 1차 분할(1772)에서 획득한 갈리치아-로도메리아 왕국에 부속되었다. 그러나 1809년 5

차 동맹전쟁의 일환으로 시도된 오스트리아군의 <바르샤바 공국 원정>이 실패로 끝난 후, 크라카우는 바르샤바 공국과 러시아 군대에 의해 점령되었다. 1815년 빈 회의의 결의를 통해 바르샤바 공국(프랑스 위성국)은 해체되어 러시아의 보호령(폴란드 왕국, 즉 콩그레스 폴란드)으로 바뀌는 과정에서 크라카우는 오스트리아에 반환되지 않고, 1815년 5월 3일 체결된 오스트리아, 프로이센 및 러시아 3국 간 조약을 통해 3국 공동통치지역 자격으로 자치권을 부여받았다. 1815년부터 1846년까지 3국(러시아, 프로이센, 오스트리아) 공동통치령이었던 크라카우는 도시국가(자유시)로서 공화국이라 불렸다. 크라카우 시와 그 주변지역으로 구성된 약 1,164km²의 면적과 약 88,000명의 - 주로 폴란드인으로 구성된 - 주민을 장악한 크라카우 자유시는 입법, 행정 및 사법부를 거느린 자치공화국이었다. 나폴레옹에 의지하여 국권을 회복하려 했던 폴란드인들의 노력은 나폴레옹의 몰락으로 일단 좌절되었지만, 빼앗긴 국권을 회복하기 위한 그들의 저항이 동력을 완전히 상실한 것은 아니었다.

오스트리아 제국 산하의 갈리치아-로도메리아 왕국과 국경을 공유한 폴란드 왕국(구 바르샤바 공국)에서 - 1795년 이전의 폴란드 왕국과 1815년 이후의 러시아의 속국으로서의 폴란드 왕국은 구분되어야 한다 - 러시아의 지배에 항거하여 1830년 <11월 반란>이 일어났을 때, 반란군이 밀반입한 무기가 크라카우 공화국을 경유했기 때문에, 1831년 반란이 진압된 후, 크라카우 공화국은 정치적 보복에 직면하게 되었다. 11월 반란은 폴란드인들에게는 1815년 이후 최초의 민족독립운동이었다. 크라카우의 자치권은 1831년 반란 이후 종주국들(러시아, 프로이센, 오스트리아)에 의해 크게 제한되었다. 11월 반란이 일어나기 전까지 보장받은 자유선거는 종주국의 승인이 필요했고, 행정부도 그들의 지시를 받아야 했으며, 정치적 사건에 관련된 독립적인 재판권은 원천적으로 박탈되었다. 크라카우의 경찰력은 오스트리아의 지휘에 종속되었다. 1836년부터 1841년까지 크라카우는 오스트리아, 러시아 및 프로이센 군대에 의해 점령되었다. 폴란드 왕국 내에서 발생한 1830년 11월 반란에 이어 1846년 크라카우 공화국에서도 대규모 무장반란이 발생했다.

폴란드인들의 저항조직은 1840년대에 들어와서도 폴란드 왕국(러시아의 보호령, 구 바르샤바 공국)의 수도 바르샤바와 프로이센령 포젠 주(수도: 포젠/포즈나인)에서 왕성한 활동을 보였다. 앞에서도 설명했지만, 1815년 빈 회의에서 포젠을 중심으로 프로이센과 국경을 공유한 구 바르샤바 공국의 서부지역(바르샤바 공국 면적의 약 사분의 일)은 프로이센 왕국에 편입되어 포젠 주(1815-1920)가 되었다. 1845년 초 프로이센 왕국의 개혁정책으로 인해 폴란드의 정체성 상실을 염려한 폴란드 저항세력들은 포젠(포젠 주의 수도)에서 무장반란을 계획했다. 그들은 포젠에 주둔한 프로이센군과 갈리치아에 주둔한 오스트리아 군부대를 습격한 후, 러시아령 폴란드(폴란드 왕국)로 반란을 확대시킬 계획을 가지고 있었다. 폴란드 저항세력의 최종 목표는 폴란드를 1차 분할 이전의 국경선을 가진 주권국가로 복원하는 것이었다.

폴란드인들의 저항을 주도한 주체는 1846년 1월 크라카우에서 구성된 혁명 폴란드 민족정부였고, 그 중심인물은 포젠 출신의 카롤 리벨트(1807-1875)와 렘베르크(오스트리아령 갈리치아-로도메리아 왕국의 수도로서 현재 우크라이나의 리비우) 출신의 얀 티소프스키(1817-1857)였다. 베를린에서 박사학위를 딴 리벨트는 1830년 11월 반란에 참가한 죄목으로 막데부르크 감옥에서 9개월을 복역한 전력을 가진 엘리트 폴란드인이었다. 그들이 크라카우에서 폴란드 혁명정부를 수립한 이유는 프로이센령 폴란드(포젠)에서 그들의 계획이 노출되어 주동자들이 체포되었기 때문이었다. 그들은 오스트리아 관리들을 추방하고, 크라카우 자유시의 통치권을 접수했다. 그들은 시민계급은 물론이고, 하층계급과 이민자들의 광범위한 지지를 받았다. 리벨트에 의해 입안된 1846년 2월 22일자 크라카우 선언은 농민해방, 빈자지원 및 유대인의 동등권 등을 요구하는 내용이었다. 반란조직에 의해 설립된 폴란드 임시혁명정부는 소규모 군대를 편성했고, 농민들을 반란군에 동원했다. 오스트리아 쪽에서는 평소 폴란드인들의 차별대우에 불만을 품고 있던 크라카우 공화국 내 우크라이나 농민들을 선동하여, 폴란드인 지주들에 대한 저항을 유도했다.

반란군은 결국 오스트리아군에 의해 제압되었다. 살아남은 자들은 우크라이나 농부들의 추격을 받았다. 법률가이며 크라카우 반란 주동자 중의 한 사람인 얀 티소프스키는 1846년 2월 24일 폴란드 혁명군의 사령관이 자신임을 밝혔다. 카롤 리벨트와 함께 1830년 11월 반란에 참가한 전력이 있는 티소프스키는 크라카우 반란을 조직한 타르노프(갈리치아의 도시, 현 폴란드의 타르누프 주의 주도)의 지역총책 출신이었다. 그는 1846년 3월 2일 오스트리아군의 추적을 피해 1,500명을 데리고 드레스덴으로 피신했지만, 그곳에서 프로이센 정부군에 의해 체포되었다. 리벨트는 베를린 대법원에서 20년 형을 선고받았지만, 후일 정치인으로 변신하여 1859년부터 1870년까지 프로이센 하원 의원을 역임했다. 티소프스키는 후일 미국으로 망명했다. 서갈리치아에서는 수많은 폴란드인 소유의 농장과 가옥이 파괴되고, 수천 명의 폴란드인 지주들이 우크라이나 농민들에 의해 살해되었다. 빈의 중앙정부는 우크라이나 농민들의 사회적 불만을 이용해 폴란드인들의 독립운동을 교묘히 저지했다. 오스트리아의 크라카우 반란진압은 갈리치아 거주 우크라이나인들의 지원에 힘입은 바가 컸지만, 결과적으로는 그들에게 민족의식을 고취시킨 부정적인 결과를 초래하기도 했다.

크라카우 반란이 오스트리아군에 의해 진압된 후, 이 도시국가(크라카우 공화국)는 1846년 11월 16일 러시아와 프로이센의 동의하에 다시 오스트리아 제국 영토에 귀속되었다. 크라카우는 1846년부터 1918년까지 대공국으로 존재했고, 오스트리아 제국 황제가 대공 직을 겸했다. 크라카우 공화국의 마지막 대통령(1840-1846)은 갈리치아 출신의 오스트리아 제국의회 상원 의원 요한 밥티스트 쉰들러(1802-1889)였다.

❑ 7
합스부르크 제국의 3월 혁명과 프랑크푸르트 국민의회

1) 3월 혁명의 배경

자유주의 이념은 가혹한 검열을 통해 억압될 수 있었지만, 민족주의 사상의 부상에 대해서는 정치적 탄압이 쉽지 않았다. 1848년 3월 혁명 전기(1815-1848)는 민족주의 사상이 고개를 들기 시작한 시기였다. 이론적, 학문적으로 출발한 민족주의 이념들이 정치적 민족주의 운동에 불을 붙여 제민족 독립투쟁으로 발전하게 된 것은 1848년 3월 혁명을 거쳐 19세기 후반으로 진입하면서부터였다. 합스부르크 다민족 제국 내의 민족 집단들에게 그들의 정체성을 확인할 수 동기를 제공한 것은 19세기 전반부를 풍미한 낭만주의 사상이었다. 그들은 과거의 시점으로 회귀하여 그들의 미래를 꿈꾸려 했다.

합스부르크 제국 내의 독일인들은 그들의 정체성을 신성로마제국을 출범시킨 오토 1세(912-973)에게서 찾으려 했고, 체코인들은 1620년 이전으로 되돌아간 시점에서 그들의 정체성을 확인하려고 했다. 1620년은 뵈멘 왕국의 '겨울왕' 프리드리히 5세의 신교 동맹군이 프라하 교외의 백산 전투(바이센베르크 전투/빌라호라 전투)에서 황제군에 참패하여 신교세력이 박해를 받기 시작한 해였다. 헝가리의 민족주의자들은 896년 드네스트르 강과 프루트 강 유역에 흩어져 거주하던 헝가리 부족들을 한 민족으로 통일하여 파노니아 평원으로 이주시킨 헝가리 민족의 시조 아르파드(907년 경 사망) 왕의 시대로 거슬러 올라간 시점에서 그들의 미래를 설계하려고 시도했다. 그리고 오스트리아 다민족 제국의 또 하나의 중요한 구성원인 남 슬라브족은 중세기의 크로아티아 왕국과 세르비아 왕국의 시기를 그들 민족의 시원으로 삼으려 했다. 그들은 그들의 꿈을 실현시키기 위해 민족의 언어를 표준화하고 자국의 역사를 새로이 기록했다.

오늘날까지도 표준사전으로 사용되고 있는 5권으로 된 120,000여 표제어를 담은 체코어-독일어 사전을 발간한 언어학자 요제프 융만(1773-1847)과 역사학자이며 정치가 프란티셰크 팔라츠키(1798-1876)는 체코 민족주의 운동의 선구자들이었다. 헝가리와 체코처럼 민족과 국가의 역사가 장구하지 못한 민족들의 경우에도 언어의 표준화로 민족의식을 고취한 예가 있었다. 슬로바키아 시인이자 어문학자 얀 콜라르(1793-1852)는 슬로바키아 전래 민요를 수집한 낭만주의적, 문학적 범슬라브주의의 창시자였고, 루도비트 스투르(1815-1856)는 중세 슬로바키아어 방언을 문자언어로 체계화한 작가이며, 언어학자로서 1848년 슬로바키아 혁명을 주도한 민족주의자이었다. 세르비아 작가이며 언어학자 부크 스테파노비치 카라지치(1787-1864)는 세르비아어의 개혁에 기여했고, 슬로베니아어 문법을 확립한 예르네이 코피타르(1780-1844)는 슬라브학 및 친오스트리아 슬라브주의의 창시자 중의 한 사람이었다. 이들의 초기 민족주의는 타자(지배민족)에 대한 증오와는 무관하게 출발하였다. 참고로 2005년 체코 국립텔레비전방송국에 의해 선정된 가장 위대한 체코인 100명 중 프란티셰크 팔라츠키가 15위, 요제프 융만은 53위에 자리했다.

그러나 합스부르크 제국령 이탈리아의 사정은 달리 전개되었다. 1814/1815년 빈 회의를 통해 단일국가로서의 통일노력이 저지된 이탈리아에서는 급진공화주의 비밀정치조직인 카르보나리당이 독립투쟁을 벌였는데, 그들의 투쟁지역이 합스부르크령 롬바르디아-베네치아 왕국과 겹쳤기 때문이었다. 카르보나리당은 합스부르크 제국으로부터 분리 독립하여 공화정을 수립한다는 목표 하에 19세기 초 나폴리에서 창당되었다. '카르보나리'란 이름은 창당 초기 조직원들이 숯 굽는 인부로 위장하였다하여 붙여진 명칭이었다. 이탈리아 민족주의는 처음부터 합스부르크 제국의 정치사찰대상이 되어, 수많은 조직원들이 감옥에 수감되거나, 처형당했다. 실비오 펠리코(1781-1854)가 대표적인 카르보나리 당원 중 한 명이었다. 그는 1819년 메테르니히 체제 하의 오스트리아 검열당국에 의해 강제 폐간된 잡지 <일 콘칠리아토레>의 공동 발행인으로서 정치적 기고를 통해 이탈리아의 통일을 준비하고, 낭만주의 이념을 이탈리아에 보급하려고 노력한 시인이었다. 그는 1820년 체포되어 사형선고를 받고 베네치아의 악명 높은 납 지붕 감옥에 수감되었다. 그러나 얼마 후 감형되어 1830년까지 브륀(체코의 브르노)의 슈필베르크(스필베르크) 형무소에 감금되었다. 슈필베르크는 원래 브륀의 군사요새였지만, 요제프 2세 때 요새 시설 일부가 감옥으로 개조된 이후, 1855년까지 반역죄를 범한 오스트리아 제국의 정치범들이 그곳에 수감되었다. 오스트리아를 불의의 국가로 지탄한 실비오 펠리코의 시집 <나의 감옥들>은 1832년 출간되자마자, 국제적인 반향을 불러일으켜, 메테르니히 체제 하의 오스트리아를 궁지에 몰아넣었다.

이미 일찍부터 자유주의 사상이 정치적 기반을 형성할 수 있었던 엘베 강 서쪽의 남부독일 국가들과는 달리, 오스트리아는 1848년 3월 혁명이 터질 때까지 메테르니히의 방해 작전으로 절대왕정 체제를 고수하고 있었다. 빈 회의를 주도하면서 외교적으로 성공한 '유럽의 마부' 메테르니히는 국내정치적으로는 황제를 대리한 '폭군'이었다. 메테르니히 체제는 자유로운 의사표명의 억압을 토대로 구축된 체제였다. 엄격한 검열제도가 작동되었고, 연극 공연장이나 무도회장 같은 공공의 장소에서 개최되지 않는 모든 공적, 사적 집회는 금지되었다. 밀고 시스템과 그물망 같은 경찰조직이 국민들을 감시했다. 합스부르크 왕가가 지배한 광대한 지역의 다민족 국가 시스템을 유지하기 위해 메테르니히가 가장 경계한 것은 비독일계 민족의 독립운동이었다. 그들 사이에 민족의식이 고양되어 독자적인 헌법제정을 요구한 것이 혁명의 상황을 더욱 긴박하게 만든 요인 중의 하나였다. 이미 마리아 테레지아 여제와 요제프 2세 시기(절대계몽주의시대)에 시작되었다가, 중단된 행정과 경제의 개혁, 검열 철폐, 정치사찰의 완화, 신분대표의회의 부활 따위를 요구하는 민족 집단의 탄원서는 황실과 정부에 의해 묵살되거나 행방불명되고 있었다. 오스트리아는 특히 19세기 후반에 들어오면서 활발해진 제국 내 독일인들(오스트리아인)의 민족주의도 탄압했다. 프로이센이 주도하는 독일통일을 경계했기 때문이었다.

메테르니히 체제 하에서 진보적, 자유주의적 신질서를 창조하려는 시민계층의 노력은 무자비한 탄압에 부딪쳤기 때문에, 그들과 당국 간의 충돌은 시간문제였다. 최초의 유혈전쟁은 스위스에서 일어났다. 1815년의 빈 회의 규약(빈 회의 조약)은 1798년 이후 나폴레옹 치하의 공화국(헬베티아 공화국, 1798-1803) 시대를 거치면서 느슨한 국가연합 상태로 머물고 있던 스위스를 22개의 주로 구성된 연방국가(1979년 이후 23개 주)로 그 정체를 바꾸어 놓았다. 1831년 신교도들이 우세한 주(칸톤)들이 지역 내의 귀족주의를 제거하고, 주 헌법을 제정하는데 성공하자, 신교도의 세력 확대를 우려한 보수적 구교도 집단거주 칸톤(주)들은 <분리동맹>(존더분트)을 결성하여, <스위스 연방>을 결성한 신교도 세력(민주주의 세력)에 대항했다. 1847년 제네바주와 장트 갈렌주가 급진적 민주주의 편에 가세하여, 구교세력에 의해 결성된 분리동맹의 해체를 요구했다. 결국 양 진영 간에 내전이 일어나고, 연방국가 사상을 내세운 신교도 측의 승리로 전쟁(분리동맹 전쟁)은 끝났다. 그리하여 국가연합 대신 민주헌법에 의한, 신교를 지향하는 연방국가가 등장했다. 연방헌법에 의해 군대, 우편, 화폐, 도량형, 관세업무가 중앙집권화되고, 국민의 기본권이 보장되었다. 그러나 억제된 에너지를 폭발시킨 1848년 3월의 오스트리아 혁명의 불꽃은 스위스보다 훨씬 먼 프랑스로부터 날아들었다. 오스트리아의 혁명을 점화시킨 동력은 1848년 2월에 발발한 파리혁명에서 전달되었다.

1830년 <7월 혁명> 이후 프랑스의 부르주아 시민계급은 혁명의 덕분으로 집권한 루이 필립(18773-1850, 재위: 1830-1848) 국왕의 배려로 정치 및 경제 문제를 실제로 결정하는 계급으로 바뀌었다. 그러나 7월 혁명의 결과에 배신감을 느낀 소시민과 노동자들은 정치적 동등권을 요구하고 나섰다. 그들은 부르주아 시민계급에게 일방적으로 유리한 선거방식의 철폐와 보통비밀선거제의 도입을 주장했다. 그뿐 아니라, 유럽을 강타한 경제위기와 실업의 공포에 직면한 노동자들은 노동권 보장의 성문화를 요구하고 나섰다. 1848년 2월 22일부터 이틀간 계속된 노동자와 대학생들의 시위로 '시민의 왕으로 불린 루이 필립은 하야하고, 공화국이 선포되었다. 시인 알퐁스 드 라마르틴(1790-1869)이 이끈 임시정부는 노동자들이 요구한 노동권을 보장했으며, 실업률을 떨어뜨리기 위해 국영공장을 설립하고 노동자들에게 최저임금을 보장하는 한편, 보통평등선거 실시를 공포했다.

파리의 <2월 혁명> 소식은 전광석화같이 독일 땅에 전파되었다. 메테르니히 체제 하의 자유주의자들과 민족주의자들은 1815년 이후 그들이 쟁취하려고 시도했던 모든 것이 하루밤새 실현될 수 있을 것 같은 흥분에 사로잡혔다. 모든 사람들이 민주주의에 관해 이야기하기 시작하고, 모든 계층이 다투어 그들의 권리를 주장하기 시작했다. 자유주의 사상에 심취한 시민들과 대학생들, 급진적 민주주의자들, 그리고 농민과 노동자들은 제각기 그들의 요구가 관철되기를 바랐다. 1789년 혁명이후 1830년(7월 혁명)을 거쳐 1848년(2월 혁명)에 이르기까지 세 차례 발생한 파리 혁명과 오스트리아와 독일의 3월 혁명 사이에는 엄연한 차이점이 존재했다. 그것은 바로 파리 혁명과는 달리 독일의 혁명은 생존 그 자체를 위해 투쟁하는 기층 계급이 아니라, 프랑스의 혁명을 세 차례나 경험하여 이제 드디어 행동하지 않으면 안 된다는 당위성을 뒤늦게나마 느끼게 된 시민계급에 의해 주도되었다는 점이었다. 독일의 혁명은 물질적 궁핍을 겪는 노동자, 농민들이 아닌, 정신적 자유를 쟁취하려는 시민계급이 일으킨 혁명이었다. 검열, 주민 신고체제, 경찰조직, 인권침해, 절대주주의적 국가경영 따위에 불만을 품은, 그리고 그 불만을 표출한 계층은 특히 지식인들과 대학생들이었다.

1848년 2월 22일 발발하여 이틀 만에 왕정을 무너뜨린 프랑스의 2월 혁명에 관한 소문과 그로 인해 프랑스와 인접한 남서부 독일에서 촉발된 군중봉기에 대한 소식이 확산되자, 불만이 구체적인 방향을 잡아가기 시작했다. 그러나 오스트리아의 3월 혁명은 헝가리 사태에서 발단되었다. 1848년 3월 3일 헝가리 민족주의자 로요슈 코슈트(1802-1894)는 프레스부르크의 헝가리 국회의사당에서 합스부르크 제국의 정체를 입헌제국으로 전환시키고, 제국 산하 개개 민족국가의 고유헌법 제정을 허용하라는 내용의 선동적인 연설을 행했다. 지금은 슬로바키아의 수도(브라티슬라바)인 프레스부르크는 1536년부터 1783년까지 헝가리 왕국의 수도였다. 코슈트의 연설 직후 합스부르크 제국의 수도 빈에서도 상소문이 날아들고, 성명서 발표가 확산되었는데, 그 주요 요구사항은 메테르니히 수상의 퇴진, 검열 폐지, 헌법제정과 책임각료의 임명 등이었다.

2) 오스트리아 혁명의 발발과 진행

루이 필립 프랑스 국왕을 실각시킨 2월 혁명의 파도가 독일연방 지역까지 도달하는 데는 긴 시간이 걸리지 않았다. 먼저 밀라노와 헝가리에서 소요사태가 야기된 후, 혁명의 불똥은 마침내 다민족 제국의 수도 빈으로 튀었다. 오스트리아 제국의 수도 빈이 독일연방 국가 중 혁명의 도화선이 제일 먼저 점화된 역사적인 장소로 기록되게 된 것이었다. 1848년 3월 13일 제국의회 의사당이 군중에 의해 점령되고, 빈 외곽의 상점과 공장이 습격당하면서 역사적인 3월 혁명이 발발했다. 로요슈 코슈트의 프레스부르크 연설 열흘 후의 일이었다. 부다페스트 출신의 유대계 청년의사 아돌프 피쉬호프(1816-1893)에 의해 빈의 니더외스터라이히 정부 청사 앞에 운집한 군중 앞에서 독일어로 번역된 코슈트의 연설문이 낭독되었다. 이미 이 시점에 두 민족 간의 대타협을 요구한 코슈트의 연설문은 - 헝가리와 오스트리아간의 대타협이 이루어져 오스트리아-헝가리 이중제국이 출범한 것은 그로부터 30년 후인 1867년의 일이었다 -

빈의 3월 혁명에 직접적인 동기로 작용했다. 코슈트의 연설문을 대독한 피쉬호프는 1년 후 - 1849년 3월 7일 - 오스트리아 제국 혁명의회가 피난지 크렘지어(체코의 크로메르지슈)에서 반혁명군(오스트리아 정부군)에 의해 강제 해산되었을 때, 체포되어 반역죄로 기소된 의원 중의 한 명이었다.

황제(페르디난트 1세)에게 오스트리아 제국헌법 제정 청원서를 제출하기 위해 호프부르크(왕궁)로 몰려가는 과정에서 군중들은 과격한 시위행렬로 발전했고, 이 과정에서 당시 니더외스터라이히 및 오버외스터라이히 주둔 황제군 총사령관 알브레히트(1817-1895, 페르디난트 1세 황제의 종제) 대공의 발포 명령으로 3월 혁명의 첫 희생자들이 발생했다. 그 날(1848년 3월 13일) 저녁 복고정치의 상징적 인물이며 자유주의자들의 증오의 대상이었던 74세의 노(老)수상 메테르니히는 혁명세력에 굴복하여 영국으로 망명해야 했다.

메테르니히가 실각한 후, 오스트리아의 정국은 급변하기 시작했다. 3월 15일 페르디난트 1세 황제는 시민군(혁명군)의 존재를 인정하고, 검열폐지와 헌법제정을 약속했다. 메테르니히와 함께 비밀국가회의 위원이었던 콜로브라트-리프슈타인스키 백작이 3월 20일 오스트리아 제국 초대 국무총리에 임명되었다. 메테르니히의 오랜 정적이었던 콜로브라트-리프슈타인스키는 총리에 기용되자마자 황제가 약속한 헌법제정에 착수했다. 내무장관에 임명된 프란츠 폰 필러스도르프(1786-1862)가 입안하였다하여 <필러스도르프 헌법>이라 명명된 오스트리아 최초의 흠정헌법이 완성되어 1848년 4월 25일 공포와 더불어 발효되었다. 초기 입헌주의의 특징인 양원제를 채택한 필러스도르프 헌법은 오스트리아의 자유화 과정을 한 단계 높였지만, 혁명세력들을 만족시키지는 못했다. 황제가 임명하는 귀족원(상원)은 황제 지지 세력의 온상이었고, 선거에 의해 구성되는 하원은 독립적인 회의개최권을 가지지 못한데다가, 선거권 역시 제한적으로 부여되었기 때문이었다. 더욱이 이 헌법에 의한 총선날짜가 이미 5월 9일로 예고된 것이 혁명세력들을 분노케 만들었다.

황제가 3월 15일에 약속한 헌법의 실체가 40일 만에 드러나자, 분노한 군중들은 두 번째 폭동을 일으켰다. 3월 혁명에 이어 5월 혁명이 터진 것이었다. 노동자들과 대학생들을 주축으로 한 시민군은 5월 15일 왕궁으로 난입하여, 진일보한 요구사항들을 담은 청원서를 황제에게 제출했다. 황제는 발효된 지 20여 일 밖에 안 된 필러스도르프 헌법을 잠정헌법으로 선언하고, 귀족원(상원)의 폐지를 언약했다. 제국의회는 단원으로 구성하고, 이 단원제 의회가 확정적인 헌법을 제정할 것임을 황제는 약속했다. 그럼에도 소요사태가 진정될 기미를 보이지 않았기 때문에, 페르디난트 1세와 정부는 5월 17일 혁명을 피해 인스부르크로 파천하여 안전을 도모해야 했다.

1848년 4월 25일자로 발효된 필러스도르프 헌법이 황제에 의해 임시헌법으로 번복 발표된 후 완성된 1848년 5월 16일자 수정헌법 초안에 근거하여 실시된 총선에서 오스트리아 헌정사상 초유의 제헌제국의회가 구성되었다. 383명의 독일계(오스트리아인) 및 슬라브계 의원들로 구성된 제헌의회에서 - 오스트리아 제국으로부터의 분리 독립을 관철시키려 한 - 헝가리 왕국은 제외되었다. 오스트리아 제헌제국의회는 1848년 7월 22일 빈에서 요한 대공(1782-1859, 페르디난트 1세 황제의 숙부)을 의장으로 하여 개원되었다. 요한 대공은 1848년 6월 29일 프랑크푸르트 국민의회에 의해 미래의 '독일제국' 섭정으로 - 프랑크푸르트 국민의회는 독일연방을 통일된 독일제국으로 그 정체를 변경시킬 준비를 하고 있었다 - 선출될 만큼 인기와 신망이 높은 정치인이었다. 오스트리아 최초의 제헌의회는 의사당 건물이 없었기 때문에, 임시로 황실전용 동계승마학교(현재의 스페인 승마학교)를 회의장으로 사용했다. 오스트리아 제헌의회는 프랑크푸르트 국민의회와 유사한 합스부르크 제국의 혁명의회였지만, 그 구성원의 분포와 그들의 입법활동으로 평가할 때, 오스트리아 제국의 혁명의회가 프랑크푸르트 혁명의회보다 더 '혁명적'이었다.

필러스도르프 헌법의 수정헌법 초안에 의해 1848년 7월 초순 오스트리아 헌정사상 초유의 일반선거가 실시되었고, 이 선거를 통해 구성된 제국의회에서 처음으로 정파들이 형성되었다. 제헌의회를 선도한 세력은 온건한 입헌주의를 표방한 '법과 질서' 당이었다. 좌파세력으로 분류된 이른바 민주주의자들도 원내에 진출했지만, 그들의 수는 제한적이었다. 그밖에 다민족 제국 내 여러 민족의 대표들이 제국의회에 선출되었는데, 그 중에는 주로 갈리치아 출신의 농민 의원들도 30여 명이 포함되어 있었다. 그들은 독일어를 구사하지 못했지만, 그들의 협력을 얻기 위해 정파 간 경쟁이 치열하게 전개되었다. 1848년 7월 24일 오스트리아 제헌 제국의회 최연소 의원인 당시 25세의 한스 쿠들리히(1823-1917) 의원에 의해 봉건제도의 상징인 영주권(領主權) 폐지를 골자로 한 개혁 법안이 상정되었다. 오랜 토론 끝에 1848년 9월 7일 농민해방법이 가결되어 세습농노제도가 폐지되었다. 쿠들리히가 입안한 농민해방 법안은 반혁명에 의해서도 폐기되거나, 훼손되지 않고 후세에 살아남은 '혁명적' 법안이었다. 한스 쿠들리히는 오스트리아령 슐레지엔(체코) 출신 소작농의 아들이었다.

1848년 7월 일반선거에 의해 구성된 제국제헌의회는 3개월 후 빈에서 발생한 세 번째 혁명(10월 혁명)으로 메렌(모라비아)의 소도시 크렘지어(크로메르지슈)로 피난했다가, 이듬해인 1849년 3월 7일 반혁명군에 의해 강제 해산되면서, 여러 의원들이 체포되어 기소되었다. 오스트리아의 3월 혁명에 불을 지른 아돌프 피쉬호프도 그 중의 한 명이었다. 크렘지어 제국의회가 해산된 후, 쿠들리히는 독일로 피신해 1849년 6월 <팔츠 반란>에 참여했다. 그는 빈의 10월 혁명 당시 알프레드 추 빈디쉬그레츠(1787-1862) 원수와 요제프 옐라치치(1801-1859) 원수에 의해 포위된 빈을 구하기 위해 농민동원을 시도했다는 죄목과 팔츠 반란에 참가한 죄로 오스트리아 법원의 궐석재판에서 사형을 선고받았지만, 스위스를 거쳐 미국으로 망명한 후, 그 곳에서 노예제도 철폐와 링컨의 대통령 당선에 기여했다. 후세는 농민해방에 기여한 쿠들리히의 공로를 기억하고 있다. 오스트리아와 독일, 그리고 그의 고향 체코의 여러 지역에 건립된 추모비와 기념비, 그의 이름을 딴 도로(예: 빈 10구)와 장학금제도(린츠 대학) 등이 그것을 증명해 주고 있다. 1998년에는 쿠들리히의 출생 175주년을 기념하는 우표도 발행되었다. 오스트리아 <생태사회학 포럼>(오스트리아 농림업정책협회의 후신)은 1968년 이후 농림업 분야에 기여한 개인 및 단체를 대상으로 농민해방자의 이름을 딴 <한스 쿠들리히 상> 수상 후보를 공모하고 있다.

1848년 3월 혁명과 10월 혁명 사이의 하절기에 농지를 소유하지 못한 소작농 출신의 가난한 농민들이 일자리를 구하기 위해 대거 수도 빈으로 몰려들었다. 일자리를 얻지 못한 이주농민들은 공공사업, 특히 빈 제2구 프라터의 토목공사에 임시 고용되었다. 기하급수적으로 늘어나는 노동자 때문에 노동부 장관 에른스트 슈바르처(1808-1860)는 노동자들의 임금을 1크로이처 - 1굴덴은 60크로이처 - 삭감하는 조치를 취해야 했다. 이것이 화근이 되어 1848년 8월 23일 노동자들이 일제히 봉기했다. 그들은 1크로이처짜리 동전을 입에 물린, 진흙과 짚으로 만든 노동부 장관의 허수아비를 당나귀에 태워 희화적인 장례식을 거행한 후, 시위에 돌입했다. 그러나 빈의 시민계급은 외지에서 온 이주노동자들의 시위를 용인하지 않았다. 노동자들의 약탈 행위를 두려워한 시민들은 자체 민병대를 조직하여 노동자들의 시위에 맞서 맞불을 놓았다. 프라터 광장에서 소위 '프라터 전투'로 불린 대규모 충돌이 발생하여, 다수의 노동자들이 죽임을 당하거나 부상을 입었다. 3월 혁명에 함께 참가했던 혁명세력들은 이제 분열되었다. 시민계급은 이미 달성한 것에 만족하여 법과 질서를 회복시키려고 했다. 프롤레타리아 혁명으로부터 자신들을 보호하기 위함이었다. 혁명 지지 세력이었던 농민들도 영주권의 폐지로 장원의 예속에서 해방되었기 때문에, 이제 혁명의 대열에서 이탈하기 시작했다. 혁명에 관심을 가지고 정국의 변화를 예의 주시한 세력은 이제 대학생과 노동자 계층뿐이었다. 그들이 결성한 정치적 단체와 시민군만이 최후까지 혁명에 동참했다.

3월과 5월에 이어 1848년 10월 6일 또 한 차례 혁명군(시민군)과 반혁명군(정부군) 간 대규모 충돌이 수도 빈에서 발생했다. '10월 혁명'의 원인은 외부에서 제공되었다. 6월 초 프라하에서 개최된 제1차 유럽 슬라브 민족회의와 연계하여 발생한 이른바 <프라하 성령강림절 반란>은 1848년 6월 17일 프라하 주둔 황제군(사령관 빈디쉬그레츠 원수)에 의해 진압되어 단발성으로 끝났지만, 9월 12일 로요슈 코슈트가 주도한 헝가리 혁명은 빈의 10월 혁명에 직접적인 영향력을 행사했다. 왜냐하면 부다페스트 주둔 황제군 사령관 프란츠 필립 폰 람베르크(1791-1848) 원수가 헝가리 혁명군에 의해 살해된 사건이 발생했기 때문이었다. 람베르크 백작은 헝가리 사태를 진정시키기 위해 부다페스트 주둔 오스트리아군 사령관에 임명되었지만, 그의 부임을 거부한 헝가리 혁명의회는 불복종 운동을 전개했다. 그는 부다페스트에 도착하자마자, 9월 28일 살해되었다. 이 사건은 헝가리 혁명이 과격화하는 원인이 되었다. 빈의 중앙정부는 람베르크 장군으로 하여금 헝가리인들(마자르족)에 대한 크로아티아인들(슬라브족)의 일반적인 적대감정을 이용하여 시위를 진압하고, 헝가리를 빈의 중앙정부에 확실하게 예속시키려고 시도했다. 헝가리 반란군 진압에 동원된 크로아티아의 민족영웅 옐라치치 원수와 크로아티아 군대의 부다페스트 진입이 반란군의 저항에 막혀 실패로 끝나는 과정에서 람베르크 장군이 반군에 의해 살해된 것이었다. 헝가리 왕국에 예속된 크로아티아(슬라브족)와 헝가리(마자르족) 간의 역사적인 갈등관계를 이용하여 헝가리 사태를 해결하려고 빈 당국이 크로아티아 군대를 진압군으로 동원한 것이었다. 이 사건은 오스트리아와 헝가리 간의 관계를 긴장시켰을 뿐 아니라, 결과적으로 빈의 10월 정국에도 결정적인 영향을 끼쳤다.

10월 6일 합스부르크 제국의 국방장관 테오도르 바일레트 폰 라투르(1780-1848) 백작은 헝가리 사태를 해결하고, 옐라치치 장군의 헝가리 혁명 - 혹은 반란 - 진압작전을 지원하기 위해 빈에 주둔한 황제군을 부다페스트에 파병하기로 결정했다. 그러나 헝가리 혁명에 동조한 빈의 노동자, 대학생 및 시민군은 황제군의 파병을 저지하기 위해 라투르 장관을 그의 집무실에서 살해했다. 라투르의 죽음은 빈의 10월 혁명을 무자비하게 진압할 수 있는 구실을 반혁명군에게 제공했다.

　10월 6일 사건이 터진 지 하루 후, 페르디난트 1세 황제는 5월에 이어 또 다시 수도 빈을 버리고, 이번에는 올뮈츠(체코의 올로모우츠)로 피난해야 했다. 7월 22일 빈에서 개원한 제헌제국의회 역시 황제를 따라 10월 22일 올뮈츠 남쪽의 크렘지어(크로메르지슈)로 의사당을 옮겨 피난의회를 꾸려야 했다. 정부와 의회가 피난한 후, 빈은 주로 대학생 중심의 청년들과 노동자들로 구성된 시민군에 의해 완전히 장악되었다. 그러나 혁명세력들은 오래 버티지 못했다. 1848년 10월 23일 요제프 옐라치치 원수가 지휘한 크로아티아 출신 병사들로 편성된 황제 지지 반혁명군과 프라하에서 출동한 빈디쉬그레츠 원수 휘하의 오스트리아군에 의해 수도 빈은 완전히 포위되었다. 시민군의 격렬한 저항에도 불구하고 1주일 후 빈은 정부군에 의해 탈환되었다. 전 유럽의 진보적 성향의 시민들의 이목이 1848년 10월의 빈에 집중되었다. 빈의 혁명참가자들은 헝가리 혁명군으로부터 원군을 기대했다. 헝가리 혁명군은 실제로 빈으로 지원군을 보냈지만, 옐라치치 장군이 빈으로 향하는 동쪽 길목인 슈베하트에서 - 지금은 빈 국제공항이 위치한 지역이다 - 그들의 진입을 차단했다. 빈디쉬그레츠 원수는 수도 빈을 포격하였다. 호프부르크(왕궁)는 화염에 휩싸였고, 귀중한 문화재들이 화재로 소실되었다.

　빈의 10월 혁명 혹은 반란의 지휘자는 1812년 나폴레옹의 러시아 원정에 포병장교로 참전한, 전투 경험이 풍부한 타르노프(갈리치아/폴란드) 출신의 요제프 벰(1794-1850) 장군이었다. 약 2천 명의 혁명군이 시가전에서 전사했고, 10월 반란의 주동자들은 사형 혹은 장기 징역형을 선고받았다. 뵈멘 출신의 오스트리아군 장교였으며 극작가로 활동한 벤첼 메센하우저(1811-1848), 변호사 출신의 음악비평가 알프레드 율리우스 베허(1803-1848), 쾰른 출신의 프랑크푸르트 국민의회 의원 로베르트 블룸(1807-1848) 등이 빈의 10월 혁명 주동자들로 체포된 후, 즉결심판에 의해 처형되었다. 프랑크푸르트 국민의회에서 인기가 높았던 좌파 노선의 공화주의자 로버트 블룸 의원은 면책특권이 있는 의원 신분이었음에도 불구하고 처형됨으로써 3월 혁명으로 통칭되는 오스트리아 혁명의 순교자가 되었다. 로베르트 블룸 의원 외에 빈의 10월 혁명 주동자로 체포된 또 한 사람의 프랑크푸르트 국민의회 의원인 튀링엔 출신의 율리우스 프뢰벨(1805-1893)도 사형선고를 받았지만, 빈디쉬그레츠 장군에 의해 사면되었다. 그가 대독일주의 통일을 - 오스트리아를 포함시키는 독일통일을 - 지향한 정치가였다는 점이 사면의 이유였다고 한다. 합스부르크 다민족 제국의 지배국가인 오스트리아를 통일독일에 포함시킨다는 이른바 대독일주의는 오스트리아가 지향한 통일안은 - 오스트리아의 통일 방안은 합스부르크 제국 전체를 독일제국에 포함시키는 것이었다. - 아니었다. 프랑크푸르트 국민의회(1848년 5월 18일부터 1849년 5월 30일까지 존속한 혁명의회)의 예비의회(1848년 3월 31일부터 4월 3일까지 프랑크푸르트 국민의회의 개원을 준비한 의회) 부의장과 <50인 위원회>(1848년 4월 4일부터 5월 18일까지 존속한 예비의회의 후속 회의체)의 위원을 역임한 로베르트 블룸 의원은 작센에서 자유주의 운동을 시작한 민주주의자로서 빈의 혁명을 지원하기 위해 프뢰벨과 함께 프랑크푸르트 국민의회가 공식적으로 파견한 2명의 의원 중 한 사람이었다. 율리우스 프뢰벨은 메테르니히 체제 하의 독일에서 좌파작가로 낙인이 찍혀 독일연방 지역 내에서의 출판이 금지된 참여시인 게오르크 헤르베크(1817-1875)와 호프만 폰 팔러스레벤(1798-1874)의 작품을 스위스에서 출판한 정치인이었다. 로베르트 블룸이 순교한 후, 작자 미상의 '로베르트 블룸의 노래'가 민중들에 의해 전파되었는데, 이 노래는 주로 오스트리아를 벗어난 독일연방 지역에서 불렸다고 전해진다.

혁명의 와중에 오스트리아 제국의 피난수도 올뮈츠(올로모우츠)에서 1848년 12월 2일 오스트리아 황제가 교체되었다. 혁명의 진행과정에서 페르디난트 1세의 통치력 부재가 있는 그대로 일반 국민들에게 노출되었기 때문이다. 외교관 출신의 국무총리 펠릭스 추 슈바르첸베르크(1800-1852, 총리: 1848-1852) 후작의 정권 이양 건의를 수용한 페르디난트 1세는 조카인 프란츠 요제프에게 제위를 양도했다. 백부로부터 제권을 물려받은 프란츠 요제프 1세(1830-1916, 재위: 1848-1916)는 이제 겨우 18세의 청년이었지만, 공명심이 남다르고, 정치에 큰 관심을 가진 모후 조피 폰 바이에른(1805-1872, 막시밀리안 1세 바이에른 국왕의 딸)에 의해 이미 양위에 대비한 지도자 수업을 마친 인물이었다. 특히 군사부문의 교육을 철저히 받은 대공 시기의 프란츠 요제프 1세는 14세 때 이미 대령으로서 연대를 지휘한 경험을 가졌으며, 황제가 되어서도 노년에 이르기까지 공식석상에서 즐겨 군복을 착용한 것으로 유명했다. 모후 조피가 특히 강조한 신앙심과 책임감에 대한 교육은 프란츠 요제프 1세의 통치철학을 특징지은 가치였으며, 58년의 재위기간 동안 제국의 모든 정책에 영향을 끼친 가치였다. 그는 황실의 전통을 따라 외자 이름을 사용하지 않고, 요제프 2세(재위: 1765-1790) 황제의 이름을 더하여 프란츠 요제프 1세라 불리게 했다. 역대 황제 중 프란츠라 불린 황제는 두 사람이었다. 신성로마제국 황제 프란츠 1세(마리아 테레지아의 남편)와 1806년에 물러난 프란츠 2세 신성로마제국 황제, 즉 프란츠 1세 오스트리아 제국 초대황제가 그들 두 사람이었다. 프란츠 요제프 1세가 합스부르크가의 전통에 따라 외자 이름을 택했더라면, 프란츠 2세 오스트리아 황제라 불려야 했다. 프란츠 요제프 1세는 합스부르크가의 역대 황제 중 두 개의 이름을 황제의 이름에 사용한 유일한 황제였다. 그가 두 개의 이름을 사용한 이유는 종증조부 요제프 2세(프란츠 요제프 1세의 증조부는 레오폴트 2세)의 개혁정치(요제프주의)를 연상시킴으로써 국민들의 지지를 얻어, 혁명을 극복하고, 동시에 무능한 백부(프란츠 1세의 장자 페르디난트 1세)와의 차별화를 기하기 위함이었을 것이다. 프란츠 요제프 1세의 황제 즉위식은 빈이 아닌, 피난지 올뮈츠(올로모우츠)에서 당지의 대주교 궁에서 거행되었다. 막시밀리안 요제프 고트프리트 폰 좀메라우-베크(1769-1853) 올뮈츠 대주교는 자신의 주거궁을 프란츠 요제프 1세에게 제공한 대가에서인지, 1849년 민간인이 받는 최고훈장인 '성 슈테판 훈장'을 수여받고, 1년 후 1850년 피우스(비오) 9세(재위: 1846-1878) 교황에 의해 추기경에 서임되었다.

　페르디난트 1세 황제는 프란츠 요제프 1세의 세습에 동의하고, 1848년 12월 2일 피난지(올뮈츠)에서 후자에게 양위했다. 페르디난트 1세는 그 후 1875년 6월 29일 세상을 떠날 때까지 프라하의 흐라친 왕성에 은거했다. 페르디난트 1세가 육체적 정신적 장애를 안고 출생한 것은 선대의 누적된 근친결혼과 깊은 관계가 있는 것으로 추정되었다. 6촌 여동생과 결혼한 페르디난트 1세의 증조모 마리아 테레지아 여제는 동시에 페르디난트 1세의 외증조모였다.

3) 오스트리아 헌법제정 소사

　1815년 빈 회의에서 제정된 독일연방규약(독일연방헌법) 13조는 38개 연방 회원국의 헌법 제정의 필요성을 규정했지만, 의무규정이 아니었기 때문에 오스트리아 제국과 프로이센 왕국은 1848년 3월 혁명이 발발할 때까지 자유주의 세력들의 끈질긴 요구를 외면하고, 정국을 절대왕정체제로 유지시켰다. 3월 혁명 발발 이틀 후인 1848년 3월 15일, 혁명세력의 압력으로 페르디난트 1세 황제는 검열폐지, 헌법제정, 대학의 기본권 보장 등을 약속했다. 그 외에도 요제프 2세 황제 때 신앙의 자유를 보장한 관용칙령(1781)의 제한규정(예: 신교 교회를 신축할 때 간선도로로부터 최소한 50m의 거리를 유지하고, 교회의 외양을 일반 민가처럼 보이게 해야 하며, 최소 100가구 또는 500인 이상의 신자 당 1개소의 교회당 신축을 허가한 규정)도 철폐했다. 1848년 3월의 정국은 하루가 다르게 급변했다. 페르디난트 1세는 3월 15일의 대국민 약속을 이행하기 위해 3월 17일 브륀(체코의 브르노) 출신의 프란츠 폰 필러스도르프(1786-1862) 남작을 내무장관에 임명했다. 이른바 신분대표 중앙위원회라 불린 친정부 신분대표들과 오스트리아 정부는 내무장관 필러스도르프의 주도 하에 공동으로 황제가 혁명세력들에게 약속한 헌법을 완성했다. 다른 독일연방 소속 국가들의 헌법과 1830년의 벨기에 헌법을 모범으로 삼은 오스트리아 제국 최초의 헌법인 소위 <필러스도르프 헌법>은 1848년 4월 25일 발효되었다.

필러스도르프 헌법은 양원제를 도입했다. 임명제 귀족원(상원)의 구성원은 만 24세 이상의 합스부르크-로트링엔가의 대공, 황제가 임명하는 국무위원, 그리고 선임된 대지주들이었고, 하원은 국민에 의해 선출되는 383명의 의원들로 구성되었다. 하원은 독립적인 회의 개최권이 없었으며, 입법권은 황제와 공유했다. 하원의원 선거권은 만 24세가 지난 성년의 남자에게만 부여되었다. 그러나 고용인, 생활보조금 수혜자 및 일급제 혹은 주급제 노동자에게는 선거권이 부여되지 않았다. 그리고 헌법상의 국권의 보유자는 여전히 황제였다. 황제의 명령과 지시는 반드시 책임장관 1인에 의해 부서되어야 한다는 조항이 황제의 권한을 견제하는 유일한 조항이었다. 그러나 황제는 하원의 결의에 대해 절대적 거부권을 행사할 수 있었다. 재판권은 독립적인 법원에 의해 행사되었다. 형사소송의 경우에는 배심재판 제도가 도입되어야 했다. 필러스도르프 헌법은 당시로서는 매우 진보적이라 간주된 기본권 조항들을 담았다. 기본권 조항은 인권(평등/자유/신앙/양심/재산을 보호받을 수 있는 권리)과 시민권(선거권/집회결사권/청원권/언론의 자유)을 구분했다.

필러스도르프 헌법은 발표 직후 열광적으로 수용되었지만, 곧 결함들이 지적되었다. 각료들의 책임소재가 불분명한 점과 크론란트(합스부르크 제국의 최대행정단위)와 중앙정부 사이의 관계설정이 모호한 점 외에도, 광범위한 계층, 특히 노동자들의 선거권 불인정 등이 특히 비판의 대상이었다. 불만세력들은 필러스도르프 헌법의 대체헌법을 요구하기 위해 5월 15일 왕궁을 습격해 일반선거에 의해 의회를 구성하고, 선출된 단원제 제헌제국의회가 민주헌법을 다시 제정할 것을 요구했다. 위기에 봉착한 페르디난트 1세 황제는 5월 15일 왕궁에 난입한 시위군중 앞에서 이미 발효된 필러스도르프 헌법을 임시헌법이라고 번복했다. 그리고 하루 후인 5월

16일 양원제를 단원제로 변경한 수정헌법을 공포하고, 5월 17일 혁명(5월 혁명)을 피해 황급히 인스부르크로 피난했다.

1848년 7월 필러스도르프 헌법의 수정헌법에 의거 일반선거를 통해 구성된 제헌제국의회는 빈에서 개원한 지 3개월 만에 10월 혁명을 피해 메렌의 크렘지어(체코의 크로메르지슈)로 피난했다. 크렘지어로 피난한 제국제헌의회는 연방제의 기초 위에서 - 연방국가 법안은 두 명의 뵈멘 출신 제국의회 의원인 역사학자 프란티셰크 팔라츠키(1798-1876, 체코 역사학자)와 의사 출신의 좌파 의원 루트비히 뢰너(1812-1852)에 의해 발의된 법안이었다 - 합스부르크 제국을 재편하는 합의를, 오스트리아의 헌정사상 그 유례를 찾을 수 없는 '혁명적' 합의를 도출했다. 둘 다 흠정헌법이었던 필러스도르프 헌법과 그 수정헌법을 대체할 이 민주헌법(크렘지어 헌법)은 그러나 발효되지 못했다. 크렘지어 헌법을 무시한 프란츠 요제프 1세 신임황제는 즉위한 지 3개월 만인 1849년 3월 4일 이른바 <3월 흠정헌법>을 칙령의 형식으로 공포했다. 그러고 나서 사흘이 지난 1849년 3월 7일 크렘지어 피난의회는 슈바르첸베르크 총리 정부에 의해 무력으로 강제 해산되었다. 다민족 국가의 문제를 연방제 국가로의 재편을 통해 해결하려고 한 오스트리아 제국 대의기관의 처음이자 마지막 시도는 반혁명군의 무력 행사로 좌절되었고, 역사의 수레바퀴는 다시 과거를 향해 거꾸로 돌아가기 시작했다. 그것은 신절대주의의 도래를 예고를 하는 신호음이었다.

1849년의 <3월 흠정헌법>은 그때까지 헝가리 왕국에 부속되어 있던 크로아티아-슬로베니아 왕국과 달마티아 왕국을 각각 독립적인 크론란트로 승격시켰다. 크로아티아-슬로베니아가 크론란트로 승격됨으로써 크로아티아-슬로베니아 왕국과 헝가리 왕국의 합스부르크 제국 내 행정체계상의 지위가 동등하게 된 것은 합스부르크 제국을 위해 충성을 다한 크로아티아의 태수 옐라치치 원수가 1848년 4월 19일 기존 헝가리-크로아티아 동맹조약을 파기하여 헝가리 혁명군과의 관계를 단절한 것과 유관한 행정적 조치였을 것으로 추정된다. 그러나 1867년 오스트리아-헝가리 이중제국 출범과 더불어 크로아티아와 슬로베니아는 다시 헝가리 제국에 부속됨으로써 합스부르크 제국 내에서의 위상이 변경되었고, 헝가리와 크로아티아-슬로베니아 왕국 간의 갈등은 계속되었다.

크렘지어 피난 제국의회가 강제로 해산된 후, 법안으로만 머물렀던 <크렘지어 헌법>은 1851년 12월 31일 <질베스터 헌법>이 공포됨으로써 공식적으로 폐기되었다. <질베스터 헌법>은 - 사실상 발효된 적이 없는 - 1849년 3월 4일자 <3월 흠정헌법>도 무효화시켰다. 필러스도르프 헌법과 필러스도르프 헌법의 수정헌법에서 황제가 약속한 언론의 자유, 소송절차의 공개, 지방자치 등의 공약을 폐기한, 절대왕정으로의 회귀를 공식화한 <질베스터 헌법>은 1852년 1월 1일부터 <10월 헌법>이 제정된 1860년 10월 20일까지 오스트리아의 기본법 역할을 했다. 1848년 빈의 10월 혁명 혹은 폭동이 진압된 후, 이미 예고된 신절대주의 시대가 1851년 <질베스터 헌법>과 더불어 공식적으로 도래한 것이었다. 그러나 1859년 오스트리아가 <이탈리아 전쟁>(이탈리아에서는 이 전쟁을 1848-1849년의 1차 전쟁에 이어 2차 독립전쟁이라 함)에서 사르데냐-피에몬테 왕국과 그 동맹국 프랑스(나폴레옹 3세) 군대에 패한 후, <질베스터 헌법>의 개정이 불가피해졌다.

<질베스터 헌법>은 1860년의 <10월 헌법>과 4개월 후 재개정된 1861년 2월 26일의 <2월 헌법>으로 다시 대체되었다. <2월 헌법>은 1867년 오스트리아-헝가리 이중제국이 출범하면서 제정된 <12월 헌법>의 모태가 되었다. 그러나 <12월 헌법>은 오스트리아-헝가리 이중제국의 동반부인 헝가리 제국(헝가리, 지벤뷔르겐, 크로아티아, 슬라보니아 포함)에는 적용되지 않았다. 왕정시대의 오스트리아의 마지막 헌법인 <12월 헌법>은 1918년 오스트리아 제국이 붕괴될 때까지, 헝가리 제국 관할지역을 제외한 합스부르크 제국 소속 국가들에 적용되었다. 오스트리아-헝가리 이중제국의 헝가리 제국 관할지역은 '트란스라이타니엔'(라이타 강 피안 지역 뜻), 오스트리아 제국 관할 지역은 '치스라이타니엔'(라이타 강 차안 지역)이라 불렸

다. 1867년 이후의 오스트리아 제국의회는 '치스라이타니엔' 지역의 대표들로만 구성되었다. 다시 말해 이중제국의 서반부(치스라이타니엔), 즉 오스트리아 제국에 속한 국가는 오스트리아 제국의회에 의석을 보유한 국가였다.

1821년부터 1848년까지 27년간 수상으로, 1809년부터 1848년까지 39년 동안 외무장관으로 재임한 메테르니히가 1848년 3월 13일 혁명 발발과 때를 같이하여 실각한 후, 그해 11월까지 페르디난트 1세 황제는 6명의 국무총리를 연달아 교체해야 했다. 내각의 수반으로서 각의를 주재한 국무총리(미니스터프레지덴트)는 원래 오스트리아 제국에 없던 직책으로서 1848년 혁명기에 한시적으로 도입된 제도였다. 프란츠 1세 황제 재위기의 오스트리아 제국 국무회의는 수석장관(외무장관)에 의해 - 메테르니히의 경우는 1809년부터 1820년까지는 수석장관 자격으로, 1821년 이후 국가수상(슈타츠칸츨러)으로서 국무회의를 관장했다 - 주도되었다. 단, 페르디난트 1세 치하(1835-1848)에서는 비밀국가회의가 황제를 대신해 국정을 운영했다. 이미 지적했지만, 마리아 테레지아 여제 재위기 이후(1740-1780) 1918년 오스트리아 제국이 붕괴될 때까지 국가수상(슈타츠칸츨러)이란 공식직함을 사용한 정치가는 벤첼 안톤 폰 카우니츠(1711-1794) 백작과 클레멘스 벤첼 로타르 폰 메테르니히(1773-1859) 백작 두 사람뿐이었다. 역사서에서 이 두 사람 이외에도 수상이라 거명되는 정치인은 수상의 역할을 수행한 수석장관이었다. 국무총리는 의회의 통제를 받지 않고, 황제가 임면권을 자유로이 행사한 관직이었다. 1848년에 도입된 국무총리 제도는 메테르니히가 실각한 이후의 비상시기를 극복하려 시도한 정치적 수단이었던 것으로 설명될 수 있을 것이다.

메테르니히 수상이 런던으로 망명한 후, 1848년 3월부터 11월 사이에 6명의 국무총리가 임면되었다. 1848년 3월 20일부터 4월 19일까지 재임한 콜로브라트-리프슈타인스키 백작이 초대 국무총리였고, 1848년 4월 19일부터 5월 19일까지 한 달 동안 총리직을 유지한 카를 루트비히 폰 피크벨몬트 백작과 1848년 5월 19일부터 7월 8일까지 총리직을 수행한 - 필러스도르프 헌법을 만든 - 프란츠 폰 필러스도르프 남작이 그 뒤를 이었다. 안톤 폰 도블호프-디어 남작은 1848년 7월 8일부터 7월 18일까지 열흘 동안 재임한 총리였고, 5대 총리 요한 폰 베센베르크-암프링엔 남작은 1848년 7월 18일부터 11월 21일까지 재임했다. 1848년 11월 21일 제6대 총리에 임명된 펠릭스 추 슈바르첸베르크 후작은 1852년 4월 5일 사망할 때까지 재임한 최장수 오스트리아 국무총리였다.

페르디난트 1세의 친정(親政)을 대외적으로 위장한 통치기구였던 비밀국가회의는 공식적으로 폐지되지는 않았지만, 혁명의 진행과정을 속수무책으로 바라볼 수밖에 없었다. 그럴 것이 4인의 위원 중 메테르니히 수상은 런던으로 망명했고, 메테르니히 수상 대신 기용된 콜로브라트-리프슈타인스키는 정국의 안정화에 실패하여 한 달 만에 총리직에서 물러나 정계 은퇴를 선언했기 때문에, 비밀국가회의는 사실상 해체된 것이나 다름없었다. 1848년 잠정적으로 도입된 국무총리 제도는 슈바르첸베르크가 1852년 사망한 후 폐지되었다. 그 후 오스트리아-헝가리 이중제국이 출범한 1867년 이전까지는 다시 수석장관에 의해 각의가 주도되었다. 국무총리 제도가 부활한 것은 1867년 오스트리아 제국이 오스트리아-헝가리 이중제국으로 개편된 후이었다. 이중제국 시대(1867-1918)에는 두 명의 국무총리가, 다시 말해 오스트리아 제국 국무총리와 헝가리 제국 국무총리가 헝가리의 국왕과 오스트리아 제국의 황제를 겸직한 프란츠 요제프 1세 황제를 각각 독립적으로 보필했다.

4) 뵈멘 혁명

합스부르크 제국의 4대 대표민족이라 할 독일 민족(오스트리아)과 슬라브족(뵈멘)과 마자르족(헝가리), 그리고 이탈리아 민족(오스트리아령 북이탈리아) 중 어느 민족도 1848년 3월 이후 혁명에 가담하지 않은 민족은 없었다는 공통점이 있었다. 그러나 지배민족과 피지배민족의 혁명의 목적은 서로 달랐다.

빈에서 발생한 혁명의 목적이 여타 독일연방 회원국(예: 프로이센)과 마찬가지로 정부정책의 자유화와 민주화를 이끌어내어 복고정치를 청산하는 것이었다면, 헝가리와 뵈멘과 북이탈리아(롬바르디아-베네치아 왕국)에서 발생한 혁명 혹은 반란의 목적은 달랐다. 그들의 정치적 목적은 최소한 합스부르크 제국 내에서의 동등한 권리(자치권)를 쟁취하거나, 오스트리아의 패권적 지배로부터 민족의 독립을 쟁취하는 것이었다.

<프라하 성령강림절 반란>이 발생하기 직전인 1848년 6월 2일부터 11일까지 뵈멘의 수도 프라하에서 <제1차 유럽 슬라브민족회의>가 오스트리아 제국의회 의원인 체코 민족주의자 프란티세크 팔라츠키의 주도 하에 개최되었다. 이 회의의 주체는 프로이센령 포젠(포즈나인) 출신의 폴란드인들과 슬라브계 오스트리아인들이었고, 러시아로부터는 무정부주의자 미하일 알렉산드로비치 바쿠닌(1814-1876)이 유일한 참가자였다. 프랑스 혁명(1848년 2월 혁명)의 열렬한 지지자였던 바쿠닌은 러시아령 폴란드와 프로이센령 폴란드에서 혁명을 유도하는데 실패한 후, 1848년 6월 프라하에서 개최된 슬라브민족회의에 참석했다. 회의 참석자들은 다민족 국가 오스트리아 제국을 - 모든 민족이 동등한 권리를 가지는 - 연방국가로 전환할 것을 결의했지만, 그들의 요구는 혁명을 피해 인스부르크에 체류 중인 페르디난트 1세(뵈멘 국왕으로서는 페르디난트 5세) 황제에 의해 공개적으로 거부당했다. 1772년 이후 러시아 및 프로이센과 더불어 폴란드를 분할 지배하고 있는 오스트리아의 입장에서는 슬라브 민족의 통일을 궁극적 목표로 삼고 있는 프라하 슬라브민족회의를 용인할 수 없었다.

헝가리의 마자르인들과는 달리 뵈멘(체코)인들은 분리독립을 요구하는 대신 오스트리아 제국 중앙정부로부터 자치권을 획득하려는 노력을 기울였다. 중도파 체코 민족주의 지도자인 팔라츠키는 뵈멘 왕국의 분리독립을 주장한 사람은 아니었지만, 뵈멘 왕국이 독일연방에 소속되는 것에

대해서는 반대했다. 팔라츠키가 달성하려 한 뵈멘의 국가모델은 오스트리아 제국에 소속되면서도 독일연방에는 포함되지 않는, 헝가리와 동일한 국가 형태였다. 그러나 독일연방의 주도권 장악을 위해 프로이센과 경쟁하는 빈의 중앙정부는 뵈멘을 독일연방에서 제외시키는데 동의할 수 있는 입장이 아니었다.

합스부르크 제국의 수도 빈에서는 이미 1848년 3월 13일 이후 혁명세력과 반혁명세력 간의 유혈충돌이 계속되고 있었지만, 프라하의 분위기가 과격해지기 시작한 것은 프라하 주둔 황제군 사령관 빈디쉬그레츠 후작이 프라하 슬라브민족회의를 강제 해산시키겠다고 위협한 이후부터였다. 프라하의 혁명세력들은 1848년 6월 11일 슬라브민족회의가 끝난 직후 동원된 대학생집회를 통해 빈디쉬그레츠 사령관의 해임을 촉구했다. 시위는 6월 12일 성령강림절 월요일부터 시작되었다. 프라하의 도심에서 진행된 옥외예배 참가자들이 오스트리아의 지배에 항거하는 시위대로 돌변한 것이었다. 시위자들 중에는 상당수의 해고된 노동자들이 - 인접국과의 경쟁을 고려하여 고용주들에 의해 해고된 실직 직조공들이 - 섞여 있었다. 특히 이들로부터 과격한 정치적 구호가 터져 나오면서 혁명적 분위기가 고조되었다. 시위군중의 공격목표는 프라하 주둔 황제군 사령관 빈디쉬그레츠 원수의 집무실이었다. 군대가 시위군중과 대치하던 중, 장교 한 명이 군중에게 맞아 쓰러지자, 군인들이 발포했고, 이것이 프라하 반란 혹은 혁명의 동기가 되었다. 프라하 시 곳곳에 바리케이드가 설치되었고, 프라하 총독 레오 폰 툰-호엔슈타인(1811-1888) 백작이 인질로 잡히는 등, 혁명군이 처음에는 우세했다. 빈디쉬그레츠 사령관은 아내(1796-1848, 슈바르첸베르크 총리의 누나인 엘레오노레)가 유탄에 맞아 사망하고, 자신의 부관이며 장남인 알프레트 2세 추 빈디쉬그레츠(1819-1876) 장군은 부상을 입었다. 혁명군은 5일간의 시가전 끝에 1848년 6월 17일 황제군에 의해 완전히 진압되었다.

1848년 6월의 프라하 성령강림절 반란은 다른 독일연방 회원국이나,

합스부르크 제국 내 다른 민족진영과의 제휴 없이 발생한 단발의 고립된 사건이었다. 다른 독일연방 소속 국가들에서 발생한 봉기와 연계가 없었던 것은 차치하더라도, 오스트리아 제국의 수도 빈에서 현재 진행 중인 혁명으로부터도 차단된 상태에서 발생했기 때문에, 프라하 반란 혹은 혁명은 - 헝가리나 북이탈리아에서 발생한 혁명 혹은 반란의 목표와는 달리 - 자치권 쟁취라는 체코민족의 분리주의적 특수 이해관계에 의해 주도된 것으로 해석되곤 했다. 공교롭게도 독일연방 전역에서 승승장구하던 혁명이 - 프라하 반란이 진압된 1년 후 - 모조리 실패로 끝났기 때문에, 그 원인이 프라하 혁명의 실패에서 비롯된 것이라고 당시 상황에서는 오해하는 사람들이 있었다. 혁명 실패로 인해 메렌 의회와 오스트리아령 슐레지엔의 의회를 포함하는 뵈멘 의회 중심의 통합의회 구성의 목표를 포기해야 했던 중도파 민족주의자들에 의해서도 프라하의 6월 혁명은 비판받았다. 그들의 대표 격인 팔라츠키는 1861년 오스트리아 제국의회 상원(귀족원)에 진출한 후 행한 연설에서 1848년 6월의 제1차 유럽 슬라브민족회의에 참가했던 바쿠닌의 영향력 행사를 언급하면서, 1848년의 프라하 성령강림절반란은 타지에서 온 교사자의 작품이었다고 비판했다.

역사학자 팔라츠키는 1830년대 이후 체코 민족운동 프로젝트에 다양하게 참여한 온건파 민족주의자였다. 1848년 이후 정치에 관여한 그는 그 해 6월 프라하에서 개최된 제1차 유럽 슬라브민족회의 의장으로 활약했다. 그는 뵈멘과 같은 슬라브족 거주 지역은 독일연방에 편입되어서는 안 된다는 견해를 대변했기 때문에, 프랑크푸르트 국민의회 예비의회 산하 <50인 위원회>의 참가를 거부했다. 독일연방 소속 17개 국가 대표로 구성된 <17인 위원회>와 함께 미래의 독일제국 헌법초안 완성과 국민의회 의원 선거 준비를 위임받은 <50인 위원회>는 1848년 4월 4일부터 5월 18일까지 활동했으며, 그 구성원들은 자유주의와 중도민주주의 대표들이었다. 뵈멘의 독립과 관련해 팔라츠키에게 일차적으로 중요한 정치적 목표는 우선 오스트리아 다민족 국가를 연방국가 체제로 전환시킨 연후, 오스트리아 연방 내의 자치국 자격을 쟁취하는 것이었다.

팔라츠키는 프라하 성령강림절 반란이 진압된 후 정치 일선에서 물러났다가, 1860년대부터 보수파 체코인들을 대변하는 친황제 노선을 택했지만, 지배민족(오스트리아)과 피지배민족(뵈멘)의 동등권을 지속적으로 요구한, 중도실용노선을 견지한 민족주의자였다. 그러나 팔라츠키의 염원은 그의 생전에 이루어지지 않았다. 오스트리아 제국에 대한 그의 입장이 변경된 것은 1867년 이후부터였다. 1867년 오스트리아-헝가리 대타협 조약이 체결되어 헝가리가 뵈멘에 앞서 자치국의 자격을 얻었기 때문이었다. 체코 역사에 대한 천착으로 그는 '민족의 아버지'라는 호칭을 얻었다. 1836년부터 1867년 사이에 5권으로 출간된 팔라츠키의 역저 <뵈멘 역사>는 체코어 판에 앞서 독일어 판으로 먼저 출간되었다. 크렘지어 헌법 초안 작성에 팔라츠키가 주도적으로 참여한 사실에 대해서는 이미 언급된 바 있다.

5) 헝가리 혁명

1848년 3월 혁명 발발 당시 <페스트 저널>의 책임편집인이고 변호사이며 정치가였던 헝가리 독립투사 로요슈 코슈트는 빈에서 3월 혁명이 발발하기 열흘 전인 1848년 3월 3일 헝가리 의회 의사당에서 행한 연설에서 다민족 국가 합스부르크 제국의 정체를 입헌군주제로 변경할 것과 제국 산하 개별 민족국가의 헌법 제정을 수용할 것을 요구했다. 헝가리의 3월 혁명은 페르디난트 1세 황제가 빈의 혁명세력들에게 헌법제정을 약속한 날인 1848년 3월 15일 이후 본격적으로 불붙기 시작했고, 그 과정에서 코슈트의 요구는 헝가리의 독립 요구로 발전했다. 빈에서 발생한 혁명세력과 정부군 간의 유혈충돌이 헝가리에서도 그대로 반복되자, 빈의 중앙정부는 그들의 요구에 민감하게 반응했다. 페르디난트 1세 황제는 우선 헝가리 내각의 독립성을 보장하고, 1830년 이후 헝가리 왕국 의원으로 활동한 자유주의자 로요슈 보트야니(1807-1849)를 초대 헝가리 왕국 국무총리에 임명했다. 급변하는 혁명정국에 유연하게 대처하기 위해 오스트리아 뿐 아니라, 헝가리에도 국무총리 제도가 도입된 것이었다.

보트야니는 헝가리 민족의 권리와 독립적인 정부, 그리고 헝가리 민족 고유의 헌법을 쟁취하기 위해 일생 동안 투쟁한 개혁적 정치인이었지만, 목적을 달성하기 위해 폭력을 정당화한 코슈트 같은 과격한 혁명가는 아니었다. 소요사태를 무마하기 위해 보트야니를 총리에 임명했지만, 보트야니 총리 하에서 헝가리 혁명은 오히려 합법적 과격화의 길을 치달았고, 그 배후는 헝가리 내각의 실권자 코슈트였다. 코슈트는 보트야니 내각의 재정장관 겸 국방위원회 의장으로서 농민해방과 같은 개혁을 단행했으며, 헝가리 왕국 역내의 비 마자르 민족집단의 반란에 대비해 - 특히 크로아티아의 태수이며 오스트리아 제국군 원수인 옐라치치 휘하의 크로아티아 슬라브족을 통제하기 위해 - 헝가리 군대(혼베드)를 창설했다. 헝가리 왕국에 예속된 크로아티아는 헝가리 정부의 마자르화 정책에 저항했으며, 헝가리 왕국 내에서 크로아티아 민족과 오스트리아 제국의 이해관계를 대변했다. 헝가리가 오스트리아 제국으로부터 독립하기 위해 투쟁했듯이, 크로아티아는 오스트리아 중앙정부의 지원을 얻어 헝가리 왕국의 지배로부터 독립하기 위해 노력했다.

보트야니 내각은 오스트리아의 중앙집권적 지배에서 벗어나려는 정책을 계속해서 밀고나갔다. 혁명의 와중에서 페르디난트 1세가 물러나고, 그의 장조카 프란츠 요제프 1세가 황제가 백부를 승계한 사건이 발생했다. 그러나 헝가리는 프란츠 요제프 1세의 헝가리 국왕 즉위를 거부했다. 1848년 12월 2일 페르디난트 1세로부터 양위받은 프란츠 요제프 1세가 즉위 3개월 만에 공포한 <3월 흠정헌법>(1849년 3월 4일)이 오스트리아 다민족 제국을 연방제 국가로 변경하는 내용을 포함한, 오스트리아 제국 제헌의회에서 입안된 <크렘지어 헌법>을 무효화시켰을 때, 헝가리 혁명군과 오스트리아 정부군 간에 마침내 전쟁이 발발했다. 1849년 3월 흠정헌법은 지금까지 헝가리 왕국에 예속되어 있던 크로아티아 왕국과 슬라보니아 왕국을 헝가리에서 분리하여 독립적인 크론란트(크로아티아-슬라보니아 크론란트)로 격상시키는 내용을 포함하고 있었기 때문에, 헝가리 민족주의자들의 눈에는 <3월 흠정헌법>이 1년 전(1848년 4월 19일) 헝가리-크로아티아 동맹의 무효화를 선언한 옐라치치 크로아티아 태수의 슬라브민족주의 노선과 일치하는 것으로 비쳤다. 헝가리 혁명이 실패한 가장 큰 이유는 헝가리 왕국의 내분 때문이었다. 헝가리가 마자르화 정책을 크로아티아에 강행하지 않고, 옐라치치 장군이 헝가리 혁명에 동조했더라면, 오스트리아-헝가리 이중제국(1867)은 1848/1849년의 혁명과 더불어 출범했을지도 모른다.

헝가리 혁명군을 진압하기 위해 빈디쉬그레츠 원수는 7만 명의 진압군을 동원했지만, 혁명군의 저항으로 1849년 4월 10일 철수해야 했다. 코슈트는 1849년 4월 14일 헝가리의 독립을 선포하고, 오스트리아 군대의 접근이 상대적으로 어렵다고 생각한 헝가리의 동쪽 끝, 루마니아 국경지역에 위치한 데브레첸을 헝가리 혁명정부의 임시수도로 결정했다. 데브레첸의 대개혁교회(레포르마투슈 노디템플롬)에서 개최된 헝가리 혁명의회는 헝가리 국왕 프란츠 요제프 1세의 폐위를 선언하고, 민족주의자 코슈트를 헝가리 왕국의 섭정으로 선출했다. 사실상의 헝가리 국왕이 된 코슈트는 합스부르크가의 헝가리 국왕 계승권을 무효화시키고, 오스트리아 제국 황제가 점유해온 헝가리 왕권을 회수해 버렸다.

그러나 그 사이에 왕정을 회복하기 시작한 유럽이 헝가리의 혁명을 두고 볼 리가 없었다. 1815년 이후의 <메테르니히 체제> 유지에 협력해온 러시아의 니콜라이 1세(1796-1855, 1825-1855, 신성동맹을 주도한 알렉산드르 1세의 동생) 황제가 프란츠 1세 황제의 요청으로 오스트리아군의 헝가리 혁명 진압작전을 지원하기 위해 2십만 명의 대군을 헝가리에 파병했다. 러시아군이 개입하자, 코슈트는 1849년 8월 11일 헝가리 혁명정부의 전권을 아르투어 괴르게이(1818-1916) 장군에게 이양하는 선언문을 채택한 후, 헝가리 혁명정부 수반 직에서 물러났다. 이틀 뒤 헝가리 혁명군 사령부 아라드 요새는 러시아 군대에 의해 점령되었고, 1849년 8월 13일 괴르게이 장군은 헝가리 혁명군 사령관직을 인수한지 이틀 만에 러시아군에 항복하고, 혁명군의 지휘권을 러시아군에 넘겨야 했다. 헝가리 대평원의 동쪽 끝자락에 위치한 아라드(루마니아의 서부국경도시)는 헝가리 혁명에서 중요한 역할을 한 도시였다. 1849년 7월까지 오스트리아 군대가 주둔한 이 도시는 헝가리 혁명군에 의해 점령되어 혁명군 사령부가 들어선 도시였다. 헝가리 사태가 진정된 후, 오스트리아군은 아라드 요새를 체포된 헝가리 혁명군 장교들을 수감한 감옥으로 사용했다. 헝가리의 토포르츠에서 출생한 오스트리아 제국군 소위 출신의 괴르게이는 클라겐푸르트 감옥에 수감되었다가 사면되었다. 코슈트의 반란(헝가리 혁명)은 빈디쉬그레츠의 후임으로 헝가리 혁명 진압군 사령관에 임명된 율리우스 폰 하이나우 원수와 러시아군에 의해 완전히 진압되었다. 헝가리의 분리독립 시도가 실패로 끝난 후, 코슈트는 추종자들을 데리고 일단 오스만 제국으로 망명했고, 헝가리는 오스트리아의 지배체제에 재편입되었다. 코슈트가 사면된 것은 1867년 오스트리아-헝가리 대타협 조약이 체결되었을 때였다. 코슈트는 1894년 토리노에서 사망할 때까지 일생을 헝가리의 독립을 위해 투쟁한 헝가리의 전설적 민족영웅이었다.

헝가리 왕국의 초대 총리 로요슈 보트야니는 더 이상의 희생을 피하기 위해 신임 황제 프란츠 요제프 1세에게 충성맹세를 했지만, 빈에서 10월 혁명이 발발한 후, 만 1주년이 되는 날인 1849년 10월 6일 혁명진압군 사령관 하이나우 원수의 명령에 의해 부다페스트에서 처형되었다. 보트야니는 - 코슈트와는 달리 - 언어민족주의(마자르화 정책)의 강요가 초래할 결과와 헝가리의 분리독립 시도가 헝가리 국민에게 야기할 위험성을 처음부터 인지한 정치가였다. 그는 빈의 중앙정부와 협상을 통해 목표를 달성하려한 중도파 개혁가였다. 바트야니 총리가 부다페스트에서 처형된 날, 반란에 가담한 13명의 헝가리 혁명군 장군은 아라드에서 처형되었다. 즉결심판권을 빈의 중앙정부로부터 위임받은 진압군 사령관 하이나우는 천성적으로 성격이 냉혹한 군인으로서, 라데츠키 사령관 휘하의 지휘관으로서 <브레시아의 하이에나>라는 별호를 얻었을 만큼 북이탈리아에서는 악명을 떨친 장군이었다. 1849년 3월 23일부터 4월 1일까지 오스트리아군에 극렬히 저항한 브레시아는 이탈리아 독립운동(리소르지멘토)의 본거지 중의 하나였다. 하이나우 원수의 군정 하에서 헝가리인들은 모든 권리를 박탈당했다. 이제 혁명은 물론이고, 혁명과 연계된 헝가리인들의 모든 기대는 과거지사가 되었다. 프란츠 요제프 1세 황제에 의해 그의 종숙 알브레히트(1817-1895) 대공이 헝가리 왕국의 총독에 임명된 후 헝가리 왕국의 게르만화가 시작되었고, 헝가리인들의 저항은 물밑으로 가라앉았다. 헝가리는 '아라드의 순교자'들을 기억하기 위해 지금도 매년 10월 6일 조기를 게양한다.

6) 이탈리아(롬바르디아-베네치아 왕국) 혁명

유럽에서 프랑스 혁명의 영향을 가장 먼저, 그리고 가장 많이 받은 나라는 이탈리아였다. 나폴레옹 전쟁을 결산한 빈 회의(1814-1815)에서 국가의 통일이 저지된 이탈리아는 - 사르데냐-피에몬테 왕국을 제외하면 - 국토의 대부분이 외세의 지배를 받았다. 1815년 현재의 이탈리아에 존재한 국가 중 이탈리아인이 지배한 국가는 사르데냐-피에몬테 왕국뿐이었던데 반해, 부르봉가가 지배한 국가는 나폴리 왕국과 시칠리아 왕국이었고, 합스부르크가의 지배를 받은 국가는 토스카나 대공국, 롬바르디아-베네치아 왕국, 파르마 공국 및 모데나 공국이었다. 다시 말해 교황국가,

즉 교황령을 사이에 두고 북쪽은 합스부르크가의 지배지역이었고, 남쪽은 부르봉가의 지배지역이었다. 프랑스와 국경을 공유한 사르데냐-피에몬테 왕국은 이탈리아 반도의 북서쪽(오스트리아령 롬바르디아-베네치아 왕국의 서쪽)의 한 모퉁이와 지중해의 사르데냐 섬만을 차지하고 있었다. 외세 구축과 반도의 통일을 갈망한 이탈리아인들은 저항을 조직화하기 시작했다. 빈 회의 직후 <카르보나리당>이라는 이름의 비밀저항조직이 생겨났고, 이 조직의 일원인 주세페 만치니(1805-1872)에 의해 1831년 <청년 이탈리아>라는 저항단체가 결성된 후, 외세를 축출하기 위한 이탈리아인들의 독립운동은 이들 단체를 중심으로 전개되었다. 이탈리아의 독립운동을 주도한 이탈리아 국가는 물론 사르데냐-피에몬테 왕국이었다.

이탈리아의 국가통일운동(리소르지멘토)은 특히 7월 혁명(1830년의 프랑스 혁명) 후 활성화되기 시작했다. 1848년 2월 혁명을 전후하여 토스카나 대공국과 심지어는 교황령까지 혁명세력들에 장악되었다. 합스부르크가 출신의 레오폴트 2세(1797-1870, 재위: 1824-1859. 레오폴트 2세 황제의 손자) 토스카나 대공은 급진공화주의자들의 강요로 1848년 2월 15일 헌법을 제정했음에도 불구하고, 1849년 그들에 의해 축출되어 - 그 해 4월 오스트리아 군대에 의해 혁명이 진압되어 귀환할 때까지 - 일시 피난해야 했다. 교황국가의 상황도 토스카나 대공국의 그것과 유사하게 전개되었다. 교황령 총리 펠레그리노 로시(1787-1848)는 1848년 11월 15일 혁명군에 의해 살해되었고, 일주일 후 가에타(로마 남동쪽의 항도)로 파천한 비오(피우스) 9세(재위: 1846-1878) 교황은 혁명군에 의해 설립된 <로마 공화국>(1849년 2월 9일-7월 3일)이 프랑스-스페인 연합군에 의해 붕괴된 후에야 비로소 로마에 귀환할 수 있었다.

헝가리 혁명과 때를 같이하여 오스트리아 제국령 롬바르디아-베네치아 왕국에서 일어난 혁명은 헝가리에서와 마찬가지로 민족독립운동의 특징을 띄고 있었다. 1848년 3월 18일부터 22일까지 5일 동안 지속된 밀라노의 민중반란으로 밀라노(롬바르디아-베네치아 왕국 수도)에 사령부를 둔 북이탈리아 주둔 오스트리아 제국군은 밀라노를 반군에게 통째로 넘겨주어

야 했다. 오스트리아군 사령관 요한 요제프 벤첼 라데츠키(1766-1858) 원수
는 - 오스트리아가 자랑한 유럽 최대의 복합요새인 - 만토바 요새, 페스
키에라 델 가르다 요새, 베로나 요새 및 레냐노 요새를 사각형으로 연결
하는 방진(方陣)요새로 철수하여, 본국으로부터 원군이 도착하기를 기다
려야 했다.

　　프랑스에 점령당했던 사부아, 피에몬테 및 니스를 빈 회의(1815)를 통해
모두 회수하여, 나폴레옹 전쟁 이전의 왕정을 원상회복시킨 사르데냐·피
에몬테 왕국의 국왕은 1848년 3월 밀라노를 위시하여 오스트리아령 이
탈리아의 여러 도시에서 대규모 민중반란이 동시다발적으로 발생했을
때, 중남부 이탈리아(토스카나 대공국, 나폴리 왕국, 시칠리아 왕국)를 장악한 혁명정부
로부터 차제에 사르데냐·피에몬테 왕국이 이탈리아의 통일을 주도하여
오스트리아의 지배체제를 종식시켜 달라는 요청을 받기에 이르렀다. 카
를로 알베르토 1세(1798-1849, 재위: 1831-1849) 사르데냐·피에몬테 국왕은 토스카
나 대공국으로부터 7,000명, 나폴리-시칠리아 통합왕국으로부터 16,000명,
교황령으로부터 10,000명의 병력지원을 약속받았다. 그러나 이들 국가로
부터 약속받은 병력의 파병은 지연되었다. 카를로 알베르토 1세는 우선
사르데냐·피에몬테 왕국 군대만으로 전쟁을 시작해야 했다. 사르데냐·피
에몬테 국왕으로 하여금 대오스트리아 선전포고를 결정케 할 정도로 카
를로 알베르토 1세를 압박한 정치가는 - '일 리소르지멘토'지의 발행인으
로서 사르데냐·피에몬테 왕국의 정책 결정에 막강한 영향력을 행사한 -
카밀로 벤소 콘테 디 카부르(1810-1861)였다. 자유주의와 입헌주의와 국가통
일을 모토로 하여 1847년 카부르에 의해 그의 출생지 토리노(사르데냐·피에몬
테 왕국의 수도)에서 창간된 '부활' 혹은 '부흥'이란 의미의 <리소르지멘토>
는 1848년 이후 이탈리아 통일운동의 대명사로 굳어버렸다. 카부르는
1861년 사르데냐·피에몬테 왕국이 나폴리-시칠리아 왕국을 합병하여 이
탈리아 왕국을 설립했을 때, 이탈리아 왕국의 초대 총리를 역임한 정치
가이었다.

사르데냐-피에몬테 왕국 군대는 1848년 4월 8일 고이토에서 민치오 강을 도하하여, 오스트리아군의 방진요새의 서쪽 측면(만토바 요새와 페스키에라 요새)을 공격하였다. 오스트리아는 북이탈리아 수호에 전략적으로 매우 중요한 만토바-페스키에라-베로나-레냐노를 4각형으로 연결하는 방진요새를 운용하고 있었기 때문에, 북이탈리아 전체를 통제할 수가 있었다. 동시에 오스트리아는 이들 요새 덕분으로 남티롤에서 발원하여 북이탈리아를 관통하여 아드리아 해로 빠지는 이탈리아 제2의 강인 415km 길이의 아디제 강 계곡을 따라 북쪽의 오스트리아로 연결되는 통로를 확보할 수 있었다. 고이토에서 민치오 강 도하지점을 점령한 사르데냐-피에몬테 군대는 그곳에서 좀 더 북쪽에 위치한 민치오 강 유역의 발레지오와 몬잠바노에서 오스트리아군과 대결하여, 두 번의 소규모 전투를 모두 이탈리아군의 승리로 장식했다. 그 후 그들은 방진요새의 중앙부로 침투하여 파스트렝고와 베로나 외곽의 산타루치아(현재는 베로나 시)에서 첫 번째의 큰 승리를 거두었다. 난공불락의 방진요새 중의 하나인 페스키에라 요새를 공성하여 마침내 점령할 정도로 <오스트리아-사르데냐 전쟁> 초기의 사르데냐-피에몬테 왕국군의 기세는 대단했다.

오스트리아로부터 35,000명 규모의 원군이 만토바 요새에 도착한 것은 1848년 5월 말이었다. 라데츠키 오스트리아군 사령관은 그곳에서부터 직접적인 역공에 돌입했다. 그러나 1848년 5월 29일 만토바에 인접한 쿠르타토네와 몬타나라에서 오스트리아군은 피사 대학과 시에나 대학 학생 및 강사들로 구성된 5천 여 명의 대항군의 강력한 저항을 만났다. 이로 인해 고이토에 진을 친 사르데냐-피에몬테 군대는 라데츠키 원수의 포위공격에 대비할 시간적 여유를 얻게 되었다. 같은 날 롬바르디아 혁명정부는 사르데냐-피에몬테 왕국 군대에 점령된 밀라노의 지휘를 받아 오스트리아 제국으로부터 분리 독립을 선언하고, 롬바르디아와 사르데냐-피에몬테 왕국의 통합을 선포했다. 이에 고무된 카를로 알베르토 1세는 성급하게 자신을 통일 이탈리아의 국왕이라고 선포했다. 그리고 하루 뒤인 5월 30일 사르데냐-피에몬테 왕국군은 고이토 전투에서 라데츠키의 오스트리아군을 격퇴했다.

그러나 고이토 전투 후 전세가 역전되었다. 프랑스와 오스트리아와 헝가리에서 반혁명군이 혁명세력을 상대로 우위를 재확보했는가 하면, 오스트리아는 로마교회에 대한 불복종이라는 무기를 동원하여 교황을 위협했기 때문에, 비오 9세는 카를로 알베르토 1세에게 지원한 병력을 철수시키지 않을 수 없었다. 자국 내 반대세력들에 의한 반란의 위협에 직면해 있던 나폴리-시칠리아 국왕 페르디난도 2세 역시 자국병력을 본국으로 소환해야 했다. 부르봉가의 페르디난도 2세가 카를로 알베르토 1세를 지원한 것은 북이탈리아의 패권을 장악한 합스부르크가를 북이탈리아에서 몰아내기 위함이었다. 나폴리-시칠리아 왕국 군대와 교황령 군대가 철수하자, 결단력이 부족한 카를로 알베르토 1세는 당황한 나머지 고이토 전투 후 2개월 이상 전황을 수수방관하면서 시간을 흘려보냈다. 7월 중순 그는 만토바 요새 공격을 시도하여, 민치오 강과 포 강 합류지점에 위치한 고베르놀로 전투에서 오스트리아군에 승리했지만, 공격부대 간의 간격 유지에 실패하여 전략적으로 불리한 위치로 부대를 전개시키게 되었다. 오스트리아군 사령관 라데츠키 원수는 카를로 알베르토 1세의 전략적 실수를 놓치지 않았다. 1848년 7월 25일 쿠스토차 전투에서 카를로 알베르토 1세의 군대를 제압한 라데츠키 원수는 8월 6일 5개월 만에 밀라노를 수복했다. 밀라노를 다시 오스트리아군에 빼앗긴 사르데냐-피에몬테 왕국군은 8월 9일 롬바르디아에서 완전히 철수했고, 카를로 알베르토 1세는 피에몬테의 살라스코에서 라데츠키 원수와 휴전협정 (살라스코 협정)을 체결하지 않을 수 없었다.

그러나 헝가리는 물론이고, 오스트리아의 빈에서도 다시 상황이 악화되었기 때문에, 1848년 12월 2일 페르디난트 1세 황제는 조카인 프란츠 요제프 1세에게 선위하고, 퇴위해야 했다. 의회의 압력으로 카를로 알베르토 1세는 1849년 3월 12일 전년도 8월 9일 라데츠키 원수와 체결한 살라스코 휴전협정을 일방적으로 파기한 후, 오스트리아군을 북이탈리아에서 몰아내기 위해 다시 한 번 공격을 시도했지만, 3월 23일 <노바라 전투>에서 대패해, 아들 비토리오 엠마누엘레 2세(빅토르 엠마누엘 2세, 1820-1878)에게 왕위를 넘기고 물러났다. 노바라 전투 현장에서 왕위를 물려받은 비토리오 엠마누엘레 2세(재위: 1849-1878)는 1849년 3월 26일 라데츠키가 강요한 정전협정 체결에 다시 합의해야 했다. 카를로 알베르토 1세는 포르투갈로 망명하였지만, 4개월 후인 1849년 7월 28일 포르투갈 북부의 항구도시 포르토의 수도원에서 사망했다.

사르데냐피에몬테 군대가 수적 우위(100,000명 대 70,000명)를 점했음에도 불구하고 노바라 전투(1849년 3월 23일)에서 오스트리아군에 패한 직후, 롬바르디아 제2의 도시 브레시아에서 그곳 태생의 이탈리아 독립투사 티토 스페리(1825-1853)에 의해 주도된 무장민중봉기가 10일 간 지속되었다. 반란 4일째 되는 날, 티토 스페리는 시민군을 동원하여 만토바 요새에서 출동한 1,000명의 오스트리아 군대를 격퇴하였다. 반란 9일째가 된 날, 율리우스 폰 하이나우 장군이 직접 반군을 소탕하기 위해 군단규모의 병력을 동원하여 브레시아에 도착했다. 하이나우 장군은 즉각적인 무조건 항복에 응하지 않을 경우, 도시를 초토화 시키겠다고 시민군을 위협했지만, 묵살 당했다. 시민군의 저항은 하이나우에 의해 유혈 진압되었다. 하이나우 장군은 브레시아 전투 후, '브레시아의 하이에나'로 불렸을 만큼 오스트리아 제국의 존립을 위해하는 적에 대해서는 가혹했다.

사르데냐피에몬테 왕국처럼 소규모의 국가가 포괄적인 사전준비 없이, 그리고 대규모 동맹을 조직하지 않고서는 오스트리아와 같은 거대 제국의 군대를 무력으로 이탈리아 땅에서 몰아낼 수 없다는 사실이 명백해졌지만, 그렇다고 해서 민족의 독립을 쟁취하기 위한 이탈리아인들의 투쟁이 중단된 것은 아니었다.

오스트리아와 사르데냐피에몬테 왕국 간의 전쟁은 10년 후 재발한다. 1859년 6월 29일의 역사적인 솔페리노 전투에서 오스트리아군이 패할 때까지, 브레시아는 10년을 더 오스트리아의 지배를 받아야 했다. 오스트리아와 사르데냐-피에몬테 왕국 간에 발생한 두 차례의 전쟁, 즉 1848/1849년의 전쟁과 1859년의 전쟁을 오스트리아에서는 전자를 <오스트리아-사르데냐 전쟁>, 후자를 <이탈리아 전쟁>이라 부르지만, 이탈리아에서는 두 전쟁을 모두 이탈리아 독립전쟁이라 - 오스트리아-사르데냐 전쟁은 1차 독립전쟁, 이탈리아 전쟁은 2차 독립전쟁이라 - 부른다. 그리고 1866년의 오스트리아와 이탈리아 왕국 간의 전쟁을 이탈리아인들은 3차 독립전쟁이라 한다.

롬바르디아-베네치아 왕국의 제2의 도시 베네치아도 리소르지멘토의 일환으로 합스부르크 제국의 지배에서 벗어나기 위해 1848년 3월 혁명에 가담했다. 밀라노에서 민중봉기가 성공한 후, 사르데냐-피에몬테 왕국이 밀라노를 점령하자, 이에 고무된 베네치아의 혁명지도자 다니엘레 마닌(1804-1857)은 1848년 3월 23일 베네치아의 독립과 베네치아 공화국의 재건을 선포했다. 1849년 3월 사르데냐-피에몬테 왕국이 휴전협정을 파기하고 오스트리아를 북이탈리아에서 몰아내기 위한 공격을 재개하는 동안, 마닌은 그 해 3월 7일 자신이 재건을 선포한 베네치아 공화국의 대통령에 선출되었다. 베네치아 혁명의 배후 지원세력인 사르데냐-피에몬테 왕국 군대가 1849년 3월 23일 <노바라 전투>에서 오스트리아군에 참패한 후, 카를로 알베르토 1세는 그의 아들 비토리오 엠마누엘레 2세에게 양위하고, 포르투갈로 망명했다. 정국이 마닌 대통령에게 불리하게 전개되었지만, 베네치아 공화국에서는 사르데냐-피에몬테 왕국과 롬바르디아-베네치아 왕국의 통합을 묻는 주민투표가 계획대로 1849년 5월에 실시되어, 그해 7월 4일 통합이 최종적으로 결정되었다. 그러나 같은 해 8월 6일 신임 사르데냐-피에몬테 국왕 비토리오 엠마누엘레 2세의 요청에 의해 오스트리아와 사르데냐-피에몬테 왕국 간에 평화조약이 - 밀라노 평화조약이 - 체결된 후, 북이탈리아의 혁명세력과 공화주의자들의 마지막 보루로 남은 베네치아 공화국도 1849년 8월 23일 오스트리아군에 항복했다. 다니엘레 마닌은 파리로 망명했다.

　4개월의 협상 끝에 영국과 프랑스의 중재 하에 체결된 <밀라노 평화
조약>(1849년 8월 6일)으로 1848년 3월에 시작된 <오스트리아-사르데냐 전
쟁> 혹은 <1차 이탈리아 독립전쟁>은 1년 5개월 만에 종식되었다. 밀
라노 평화조약은 빈 회의(1814/1815)에서 확정된 국경선과 1848년 3월 1일
까지 양국 간에 체결된 일체의 합의를 재확인했다. 모데나 공국, 파르마
공국 및 피아첸차 공국도 밀라노 평화조약에 가입했다. 사르데냐-피에몬
테 왕국은 7,500만 프랑의 전쟁배상금을 오스트리아에게 분할 지불해야
했다. 1850년 1월 사르데냐-피에몬테 왕국의 총선이 끝난 후 비로소 비
준된 밀라노 평화조약은 1859년 두 나라 간에 전쟁이 재발할 때까지 유
효했다.

　1849년 8월 23일의 베네치아의 항복은 오스트리아 제국의 이탈리아
영토에서 발생한 혁명의 종식을 의미했다. 롬바르디아 왕국(수도: 밀라노)은
1859년 6월 24일 <솔페리노 전투>에서 프란츠 요제프 1세 오스트리아
황제가 사르데냐-피에몬테 왕국과 동맹을 체결한 프랑스 국왕 나폴레옹
3세에게 패할 때까지, 베네치아 왕국은 1866년 <독일전쟁>(오스트리아-프로이센
전쟁)에서 오스트리아가 프로이센 왕국과 동맹을 체결한 프로이센의 동맹
국 이탈리아 왕국에 패할 때까지, 오스트리아의 지배를 받았다.

7) 프랑크푸르트 국민의회

　합스부르크 제국을 위기로 몰아간 혁명의 소용돌이가 프로이센 왕국
을 비켜갈 리가 만무했다. 베를린에서는 이미 1848년 3월 5일부터 소요
가 이어지면서 신분제의회 합동회의 소집과 헌법제정 요구가 수그러들
기미를 보이지 않았다. 프로이센 정부는 만일의 사태에 대비해 3월 14일
군대를 동원하여 베를린 시내 도처에 바리케이트를 구축하였다. 일촉즉

발의 험악한 분위기가 조성되자, 프리드리히 빌헬름 4세 프로이센 국왕은 3월 13일 이후 진행 중인 빈의 혁명을 반면교사로 삼아 시민들의 소요가 혁명으로 발전하기 전에 오스트리아 황제가 허용한 정도의 정치적 자유화 조치를 칙령을 통해 공포하기로 결정했다. 1848년 3월 18일 프리드리히 빌헬름 4세(1795-1861, 재위: 1840-1861)는 의회 소집, 언론의 자유와 헌법제정, 군대의 철수와 개혁을 시위 군중들에게 약속했다. 그러나 바로 그날 국왕에게 감사를 표하기 위해 베를린의 왕궁 앞에 모인 일단의 군중들은 철수 약속에도 불구하고 그곳에 주둔한 군대를 목격하게 되었다. 국왕의 약속에 대한 군중들의 감격은 적대감정으로 돌변했다.

위협을 느낀 프리드리히 빌헬름 4세는 군중의 해산을 명령했다. 유혈 시가전이 벌어졌다. 이날 밤 프리드리히 빌헬름 4세는 군대를 왕궁 내로 철수하도록 명령했지만, 군대는 이에 불복하고 혁명가담자들에 의해 점령된 시가를 장악해 버렸다. 분노한 군중들은 군의 발포로 사망한 사람들의 시신을 왕궁 내에 안치할 것을 요구했다. 이틀 후 프리드리히 빌헬름 4세는 포고문을 발표하여 국민과 타협했다. 귀족 출신의 장교단은 왕권의 무력함에 배신감과 통분을 금치 못하면서도 한 걸음 뒤로 물러서야했다. 프로이센에도 이제 드디어 혁명이 완수되는 듯 보였다. 국왕과 국민 사이의 충성관계에 대한 낭만주의적 이상이 파괴되어 버린 지금 프리드리히 빌헬름 4세 국왕은 어제의 적들인 자유주의자들을 정부의 관료로 임명하지 않을 수 없었고, 자유민주주의 헌법을 제정하기 위해 <프로이센 국민의회>를 소집하지 않을 수 없었다.

메테르니히의 실각과 망명, 빈과 베를린에서의 혁명세력의 승리로 인해 독일연방의 양대 열강(오스트리아와 프로이센)은 독일연방 내에서 발생하는 정치적 문제를 해결함에 있어 그간 행사해 온 절대적 영향력을 상실하게 되었다. 이로 인해 독일연방과 독일연방의회의 기능은 마비되었다. 독일연방의회를 대체할 혁명의회가 구성되어야 한다는 여론이 비등했다. 독일연방의회는 단일민족국가로 통일될 미래의 '독일제국' 헌법초안 완성을 <17인 위원회>에게 위임하고, 오스트리아의 요한(프란츠 요제프 1세 황제의 숙조부) 대공을 '독일제국' 섭정으로 임명했다. 17인 위원회는 회의체의 명칭만 바꾸었을 뿐, 독일연방의회의 양대 회의체(전체회의와 특별위원회) 중의 하나인 - 단독투표권을 행사한 11개 국가와 공동투표권을 행사한 6개 국가집단 대표로 구성된 - <특별위원회>와 동일한 회의체였다(독일연방규약 참조). 그러나 1848년 3월 31일 프랑크푸르트 국민의회의 <예비의회>가 구성된 후, 17인 위원회에 부여된 헌법초안 작성임무는 예비의회 의원들로 구성된 <50인 위원회>로 이양되었다. 예비의회에 의해 선출된, 예비의회로부터 전권을 위임받은 <50인 위원회>는 과도기구로서 국민의회의 개원을 준비하고, 독일연방 회원국 정부들과 협력하여 국민의회 의원선거를 치르기로 결의했다. 독일연방 대표로 구성된 특별위원회, 즉 <17인 위원회>의 권한이 프랑크푸르트 예비의회 의원들로 구성된 <50인 위원회>로 이관되었다는 점은 그간 독일연방과 독일연방의회가 행사한 권한이 혁명의회에 의해 완전히 장악되었다는 사실을 의미했다. 다시 말해 독일연방과 독일연방의회의 기능이 완전히 정지된 것이었다.

독일연방 차원에서 3월 혁명의 역사를 이해하기 위해 <프랑크푸르트 예비의회>와 <프랑크푸르트 국민의회>의 차이점을 명확히 해둘 필요가 있을 것 같다. 독일연방의회의 기능이 3월 혁명으로 인해 정지된 후 설립된 프랑크푸르트 예비의회는 카를 요제프 안톤 미터마이어(1787-1867, 바덴 대공국 의회 의장 출신의 하이델베르크 대학 법학교수)를 의장으로 하여 프랑크푸르트 국민의회를 구성하기 위해 1848년 3월 31일부터 4월 3일까지 프랑크푸르트의 파울교회에서 예비회의를 가진 574명의 회의체였다. 프랑크푸르트 예비의회 의원들은 선거에 의해 선출된 것이 아니어서, 독일연방 회원국의 대표성이 골고루 반영된 회의체가 아니었다. 그들은 <17인 위원회> 소속 위원들에 의해 추천된 사람들이었다. 그 결과 프로이센 왕국에서는 141명이, 헤센 대공국에서는 84명이, 바덴 대공국에서는 72명이 프랑크푸르트 예비의회에 참여했고, 오스트리아 제국 출신의 예비의회 의원은 단 2명뿐이었다. 프랑크푸르트 국민의회를 구성하기 직전의 프랑크푸르트 예비의회는 민주주의적 절차에 의해서 선출된 의회가 아니라, 지역명망가들로 구성된 의회였다고 할 수 있을 것이다. 예비의회 의원들 중, 바덴 대공국의 3월 혁명을 주도한 프리드리히 헤커(1811-1881)와 구스타브 폰 슈트루베(1805-1870) 같은 급진적 민주주의 노선의 좌파들은 별도로 국민의회 의원 선거를 치를 필요 없이, 예비의회로 국민의회를 대체하고, 독일연방을 공화국으로 전환시킬 준비를 하려 했지만, 그들의 시도는 - 예비의회의 다수파를 형성한 - 하인리히 폰 가게른(1799-1880)과 프리드리히 다니엘 바서만(1811-1855) 등을 중심으로 한 중도 자유주의 노선 의원들의 반대로 무산되었다. 참고로 가게른은 헤센 대공국, 바서만은 바덴 대공국을 대표한 예비의회 의원이었다.

독일연방의 전체 회원국에서 보통 직접 평등선거로 선출된 프랑크푸르트 국민의회는 <17인 위원회>의 추천에 의해 구성된 프랑크푸르트 예비의회와는 달리 자유선거에 의해 선출된 독일 최초의 의회였다. 1848년 3월 31일 구성된 프랑크푸르트 예비의회는 1848년 4월 3일 해체되었다. 예비의회의 임무를 물려받은 <50인 위원회>는 1848년 4월 4일부터 5월 18일 국민의회가 개원하기 전까지 43일 동안 존치된 독일연방 의회와 프랑크푸르트 국민의회 사이의 과도기구로서, 그 임무는 <독일연방>을 대체할 미래의 <독일제국>의 헌법제정 문제를 논의하고, 국민의회 의원 선거를 준비하는 일이었다. 국민의회 의원 선거를 따로 치를 필요 없이, 혁명세력에 의해 탄생된 예비의회를 통해 독일연방의 권력인수를 주장한 프랑크푸르트 예비의회 강경파 의원들은 <50인 위원회>가 구성되자 즉각 반발했다. 50인 위원회가 - 급진좌파들은 제외된 - 자유주의와 중도민주주의 노선을 따른 온건파 의원들로 구성되었기 때문이었다. 이들 과격 좌파 의원들은 프랑크푸르트를 떠나 슈바르츠발트에서 공화주의를 지향하는 반란을 시도했지만, 연방군에 의해 진압되었다. 프랑크푸르트 국민의회를 구성하기 위한 독일 최초의 총선거는 이렇게 프랑크푸르트 예비의회의 온건파들에 의해 실시되었다.

온건파 자유주의자들을 주류로 하여 구성된 프랑크푸르트 국민회의의 첫 회의는 예비의회가 열렸던 프랑크푸르트의 파울 교회를 의사당으로 삼아 1848년 5월 18일 개원되었다. 총 809명의 프랑크푸르트 국민의회 의원들의 직업은 판사, 검사, 변호사 등 법률 전문가들과 교수 출신이 대부분을 차지했고, 작가, 농민대표, 상인 및 수공업 대표들도 끼어 있었으나, 노동자의 대표는 한 사람도 없었다. 1848년 3월 혁명에 의해 탄생된 프랑크푸르트 국민회의의 구성원은 이렇게 대부분 시민계급 출신의 인텔리들과 명망가들의 회의체였다. 프랑크푸르트 국민의회의 가장 중요한 임무는 독일연방을 대체할 단일민족국가로서의 독일제국을 창건하기 위해 미래의 독일제국 헌법을 제정하는 일이었다.

프랑크푸르트 국민의회는 헤센 대공국(다름슈타트가 수도인 헤센) 출신의 예비의회 의원 하인리히 폰 가게른(1799-1880)을 의장으로 선출하고, 헌법제정에 관한 논의를 시작하기 전의 잠정적인 중앙집권기구를 설치한 후, 독일제국의 황제가 선출될 때까지 이 중앙집권기구를 장악할 최고위 통치자를 제국섭정이라 부르기로 결의했다. 오스트리아가 독일연방 의회의 의장국이었음을 감안하여 국민의회는 합스부르크가 출신의 자유주의자 요한 (1782-1859, 프란츠 1세 황제의 동생, 페르디난트 1세 황제의 숙부, 프란츠 요제프 1세 황제의 숙조부) 대공을 제국섭정으로 추대했다. 요한 대공은 독일연방의회 의장이 지금까지 행사했던 일체의 권한을 독일연방으로부터 위임받았다. 독일연방의회는 1848년 7월부터 1850년 8월까지 폐쇄되었다. 오스트리아와 프로이센을 포함한 독일연방 소속국가들은 모두 제국섭정에게 충성을 서약하고, 그들의 군대를 독일연방이 아닌, 제국섭정(요한 대공) 치하의 프랑크푸르트 국민의회 집행부에 예속시켰다.

프랑크푸르트 국민의회와 요한 대공이 섭정인 집행부(내각)가 정치적으로 얼마나 미숙하고 대외정책에 있어서도 얼마나 무기력했던가는 슐레스비히 공국과 홀슈타인 공국의 영유권 문제에서 증명되었다. 역사적으로 덴마크 왕국의 봉토인 슐레스비히와 구 독일제국(신성로마제국)의 봉토 홀슈타인은 1460년 이후 덴마크와 군합국 관계를 유지했다. 신성로마제국 시대의 덴마크 국왕은 홀슈타인의 공작 자격으로 독일제국 의회에 참석했고, 독일연방 내에서도 홀슈타인 공국은 회원국이었다. 그런데 1848년 1월에 즉위한 덴마크 국왕 프리드리히 7세(1808-1863, 재위: 1848-1863)는 3월 혁명의 와중에서 새 헌법을 제정하여, 대부분의 주민이 독일계인 슐레스비히 공국을 주민의사를 무시한 채, 덴마크 영토에 편입시켜 버렸다. 이에 반발한 독일계 주민들은 덴마크의 지배를 거부하고, 아우구스텐부르크 파의 슐레스비히-홀슈타인 공작(프리드리히 크리스티안, 1765-1814)의 아들 크리스티안 아우구스트(1798-1869)를 슐레스비히와 홀슈타인 공국의 적법한 후계자로 선언하였다. 덴마크와 슐레스비히 공국 간에 전시 분위기가 조성되자, 프랑크푸르트 국민의회의 요청으로 프로이센군이 개입했다. 그러나 프로이센과 덴마크는 러시아와 영국의 압력으로 스웨덴의 말뫼에서 1848년 8월 6일 휴전협정을 체결해야 했다. <말뫼 휴전협정>은 슐레스비히와 홀슈타인 거주 독일계 주민들의 요구사항들을 무시한 조항들로 채워져 있어서, 독일 전역에서 민족적 분노를 유발했다. 그들은 덴마크의 지배에서 벗어나려 했지만, 휴전협정 체결로 인해 프로이센군은 슐레스비히와 홀슈타인 공국에 투입한 군대를 철수시켜야 했다. 그럼에도 불구하고 프랑크푸르트 국민의회는 말뫼 휴전협정을 승인했다.

이 사건으로 인해 프랑크푸르트 국민의회가 인정하지 않을 수 없었던 교훈은, 유럽 열강들의 의사를 무시하고서는 결코 독일의 통일을 성취시킬 수 없다는 사실이었다. 그래서 독일연방 회원국들을 단일국가(독일제국)로 통일시키기 위해 우선 독일제국의 헌법이 제정되어야 한다는 결론에 도달했고, 독일인들의 기본권 제정에 대한 합의를 도출했다. 신성로마제국이 해체된 해에 결성된 <라인 동맹>은 친 나폴레옹 성향의 반쪽 독일국가연합이었고, 실제로 신성로마제국, 즉 구 독일제국의 법통을 계승한 국가연합은 메테르니히가 주도한 독일연방이었다. 그 독일연방과 연방의회가 1848년 혁명으로 기능이 중지되고, 혁명의회인 프랑크푸르트 국민의회가 독일민족의 통일을 달성하고, 독일연방을 대체할 미래의 독일제국 건설에 관한 논의를 진행하는 과정에서 독일제국 헌법제정의 불가피성이 대두된 것이었다.

1848년 프랑크푸르트 국민의회에서 합의된 기본권 조항들은 후일 비스마르크 헌법(1871)과 바이마르 헌법(1918)의 모체가 되었다. 1848년 12월 27일 제정되어, 1849년 3월 28일 독일제국의 헌법으로 선포된 이 기본권 조항들은 인신의 자유, 평등한 권리, 경제 및 상업의 자유, 이주의 자유, 자의적 체포 및 기본권 침해에 대한 법적 보장, 언론과 종교의 자유, 집회 및 결사의 자유, 학문의 자유, 직업선택의 자유, 판사의 독립성 보장, 사형 폐지 등에 관한 것이었다. 이 항목들은 독일 역사상 처음으로 헌법에 명시된 원칙들이었다.

기본권에 관한 합의와는 반대로 실제의 제국헌법에 관한 논의는 훨씬 어렵게 진행되었다. 헌법제정 논의 이전에 선결되어야 할 세 가지 근본적인 문제 때문이었다. 그것은 민족 문제와 연방의 형식문제와 국가조직의 형태 즉, 정체의 형식 문제였다. 그런데 이 세 가지 중대한 원칙을 결정함에 있어 프랑크푸르트 국민의회 내의 정치적 이해집단의 견해는 일치하지 않았다.

미래의 독일제국의 외연과 직접적인 관련을 가진 민족의 범위를 규정하는 문제에서부터 벌써 프랑크푸르트 국민의회 의원들은 '소독일' 제국 건설파와 '대독일' 제국 건설파로 갈려서, 서로 극심한 대립을 보였다. 소독일파는 프로이센을 미래의 독일제국의 주축으로 삼고, 프로이센의 국왕을 세습황제로 삼아서 보다 밀착된 연방을 결성하려 한 반면, 대독일파는 오스트리아 제국, 즉 합스부르크 제국의 독일어권을 포함하는 제국의 건설, 심지어는 합스부르크 제국의 비독일어권 지역까지도 포함하는 독일제국의 건설을 주장했다.

연방의 형식을 결정하는 문제에 있어서도 양대 정치세력의 견해는 상충했다. 소독일 제국 건설파는 대체적으로 미래의 독일제국의 의회와 각의가 가능한 한 연방에 속한 개별 국가로부터 독립함으로써 제국의 중앙정부가 강력한 권위를 가지는 쪽으로 의견을 모았다. 이에 반해 대독일 제국 건설파는 개별국가의 독립을 인정하면서 제국의 중심을 양대 독일 열강, 즉 오스트리아와 프로이센에 두는 제국을 건설할 것을 주장했다. 후자의 주장은 독일 특유의 정치적, 문화적 지방분권을 가능하게 하는 제국을 건설하자는 것이었다고 해석할 수 있을 것이다.

정체와 관련한 문제에서도 소독일주의자들과 대독일주의자들은 대립했다. 프랑크푸르트 국민의회 내의 다수를 점한 온건파 의원들은 입헌군주제를 옹호한 반면, 소수의 과격파는 내친 김에 공화국 건설을 주장했다. 출범 당시의 프랑크푸르트 국민의회는 오스트리아를 포함시키는 대독일제국 건설파가 - 합스부르크 제국의 비독일어권 지역은 제외하는 대독일주의가 - 다수 의견을 지배했지만, 오스트리아의 반대에 부딪혀 더 이상 진전을 보지 못했다. 실각한 메테르니히 수상의 후임으로 - 콜로브라트-리프슈타인스키, 피크벨몬트, 필러스도르프, 도블호프-디어 및 베센베르크-암프링엔에 이어 - 여섯 번째 오스트리아 제국 총리에 임명된 슈바르첸베르크 후작은 1848년 11월 오스트리아 제국의회에서 행한 연설에서 합스부르크 제국이 단일국가로 존속해야하는 것은 유럽의 요청이라고 잘라 말함으로써 합스부르크 제국 내의 - 오스트리아와 독일의 통일을 주장하는 - 독일민족주의자들에게 경고를 보냄과 동시에 프랑크푸르트 국민의회 내의 대독일주의자들의 행보에 제동을 걸었다. 그도 그럴 것이 합스부르크 다민족 제국 내에서의 민족주의의 발호는 설사 그것이 독일 민족주의라 할지라도 다민족 제국의 근본을 위협하는 반역죄에 해당되었기 때문이었다. 메테르니히의 실각과 더불어, 아니 3월 혁명과 더불어 메테르니히 체제는 끝났지만, 다민족 제국의 앞날에 파괴적인 요인은 여전히 민족주의였다.

슈바르첸베르크 총리는 이와 같은 정치적 소신에 입각하여 합스부르크 제국 전체를 대상으로 한 흠정헌법(3월 흠정헌법)을 선포한 직후인 1849년 3월 9일자 칙서에서 오스트리아를 중심으로 한 독일어권 지역 이외에도 합스부르크가의 주권이 미치는 제국의 전 지역을 단일국가로 간주해야 할 것이라고 프란츠 요제프 1세 황제의 이름으로 선언했다. 그러니까 프랑크푸르트 국민의회에서 논의된 미래의 독일제국의 정체는 - 소독일 제국은 말할 것도 없고, 대독일 제국 논의도 - 슈바르첸베르크 총리와 프란츠 요제프 1세 황제가 구상한 그것에 일치하지 않았다. 오스트리아는 합스부르크 제국의 주권이 미치는 지역 전체를 통일될 독일의 정체에 포함시키는, 다시 말해 '대독일'이 아닌, '대오스트리아' 제국 주도의 독일제국을 통일될 미래의 독일의 모델로 삼았기 때문이었다.

프란츠 요제프 1세의 칙서 내용이 슈바르첸베르크 총리의 입을 통해 발표되었을 때, 지금까지 소독일 제국의 건설에 반대 입장을 견지했던 프랑크푸르트 국민의회 내 대독일 제국 건설파의 상당수 의원들이 기존의 입장을 재검토하기에 이르렀다. 예를 들자면 합스부르크 제국 내의 독일민족 국가는, 다시 말해 최소한 오스트리아만은 독일제국에 포함시켜야 한다고 주장해 온, 프랑크푸르트 국민의회 헌법분과위원회 소속 기센 대학 법학교수 출신의 칼 테오도어 벨커(1790-1869) 의원은 - 그는 바덴 대공국 상원 의원을 겸했다 - 오스트리아를 기다린다는 것은 독일 통일의 죽음을 의미한다는 요지의 폭탄선언을 한 후, 1849년 3월 12일 소독일 제국 헌법초안과 초대황제선출안건을 국민의회의 본회의에 상정해 버렸다. 1849년 3월 27일 프랑크푸르트 국민의회의 전체회의는 소독일 제국의 건설을 골자로 한 헌법초안과 세습왕정제를 찬성 267대 반대 263이라는 근소한 표차로 통과시켰다. 독일제국 헌법을 통과시킨 후 하루가 지난 1849년 3월 28일 프랑크푸르트 국민의회는 찬성 290표 대 기권 248표로 프로이센의 현직국왕 프리드리히 빌헬름 4세를 - 독일연방을 대체할 - 독일제국의 초대황제로 선출했다.

프랑크푸르트 국민의회의 의장 에두아르트 폰 짐존(1810-1899)은 - 초대 선출의장 하인리히 폰 가게른에 이어 1848년 12월 18일부터 1849년 5월 11일까지 국민의회 의장을 역임한 짐존은 후일 독일연방이 붕괴된 후 북독일 연방의회 의장(1867-1870)을, 독일 통일 후에는 독일제국 대법원장(1879-1891)을 역임했다 - 32명으로 구성된 국민의회 대표단을 대동하고 1849년 4월 3일 독일제국 황제의 칭호와 제관을 프리드리히 빌헬름 4세 프로이센 국왕에게 직접 전달하려고 했다. 그러나 프리드리히 빌헬름 4세는 프랑크푸르트 국민의회 대표단을 접견한 자리에서 황제 추대를 거부했다. 프로이센의 국왕은 독일연방 회원국 전체가 추대할 때까지는 황제의 칭호를 접수할 의사가 없음을 분명히 했다. 그러나 그가 황제 추대를 거절한 진정한 이유는 프랑크푸르트 국민의회의 존재 그 자체가 독일연방 소속국가들의 의사와는 무관한, 1848년 3월 혁명의 산물이었기 때문이었다. 혁명의 구심세력이라 할 프랑크푸르트 국민의회의 기능이 약화되어, 국민의회가 저절로 와해되는 날을 기다리고 있는 중인데, 프리드리히 빌헬름 4세가 그들에 의해 제공된 제관을 받아 쓸 리가 없었다. 게다가 그가 개인적으로도 못마땅하게 생각했을 것은 248명이나 되는 국민의회 의원들이 자신의 황제 즉위를 묵시적으로 반대했다는 사실이었다. 혁명의회의 결의에 의한 황제 추대를 거부함으로써 프리드리히 빌헬름 4세는 오스트리아와 프로이센 간에 발생할 수 있는 공개적인 대결상황을 피할 수 있었고, 왕정의 원칙과 프로이센 국왕의 특권이 훼손되는 것을 방지할 수 있었다. 프로이센 국왕의 황제 추대 거부는 프랑크푸르트 국민의회에 의한 독일제국 창건 계획의 무산을 의미했으며, 동시에 1848/1849년 혁명이 실패로 끝나는 결정적인 요인으로 작용했다.

프리드리히 빌헬름 4세가 독일제국 황제 추대를 거부한 지 이틀 후인 1849년 4월 5일 오스트리아 정부는 프랑크푸르트 국민의회에 소속된 오스트리아 제국 출신 의원 전원을 본국으로 소환했다. 이들의 철수로 프랑크푸르트 국민의회는 동력을 크게 상실했는데, 5월 14일에는 프로이센 왕국 출신 국민의회 의원들도 - 소수의 급진좌파를 제외하고 - 의원직을 사임함으로써 프랑크푸르트 국민의회는 이제 존폐의 위기를 맞게 되었다. 1848년 5월 19일부터 12월 16일까지 프랑크푸르트 국민의회 초대 선출의장을 역임한 바 있는 하인리히 폰 가게른이 요구한 보궐선거는 실시되지 않았고, 국민의회는 하루가 다르게 약화되었다. 오스트리아 제국 및 프로이센 왕국 출신 의원들이 프랑크푸르트에서 철수한 후, 헤센 대공국과 바덴 대공국 출신 의원들을 비롯한 보수파 및 중도자유주의 노선의 의원들이 국민의회를 떠났다.

프랑크푸르트 헌법 제정과 더불어 절정에 달했던 혁명운동은 오스트리아가 자국 출신의 국민의회 의원들을 본국으로 소환한 후부터 그 동력이 급격히 떨어지기 시작했다. 프랑크푸르트에 잔류한 좌파 의원들은 28개 독일연방 회원국들이 프랑크푸르트 국민의회가 제정한 제국헌법을 이미 승인했다는 점에 근거하여 '프랑크푸르트 헌법' 지지 캠페인을 벌임과 동시에 기존 독일연방 회원국 정부에 대한 불복종 운동을 전개함으로써 혁명세력들의 반정부투쟁을 공공연히 선동했다. 그 결과 독일연방과 잔류국민의회 간에 정치적 갈등이 심화되었다. 국민의회 잔류 좌파들에 의해 프랑크푸르트 헌법 지지 호소문이 1849년 5월 6일자 독일의 여러 일간지에 게재된 후, 공화주의자들의 <5월 반란>이 독일의 광범위한 지역에서 연쇄적으로 발생했다. 그것은 오스트리아가 거부한 - 이유는 서로 달랐지만, 결과적으로 프로이센에 의해서도 수용되지 않은 - 프랑크푸르트 헌법을 관철시키기 위한 좌파 의원들의 선동의 결과이었다.

작센 왕국의 수도에서 발생한 <드레스덴 5월 반란>(1849년 5월 3-9일), 베스트팔렌에서 발생한 <이절론 반란>(1849년 5월 10-17일), 라인란트의 <엘버펠트 5월 반란>, 그리고 <바덴 반란>(1849년 5-6월) 등이 - 1849년 5월에 발생한 - 3월 혁명의 마지막 불꽃들이었다. 통칭 <5월 반란> 또는 <5월 혁명>은 독일연방 회원국 정부군과 정부군을 지원한 프로이센 왕국 군대에 의해 모두 진압되었고, 그 과정에서 수많은 희생자가 발생했다. 그 중에서도 특히 1849년 5월 11일 라슈타트 연방요새 수비대의 반란으로 시작된 바덴의 반란은 반란세력들이 혁명정부와 혁명군대를 운용할 만큼 규모가 컸다. 1849년 5월 14일 레오폴트(1790-1852, 재위: 1830-1852) 바덴 대공은 라슈타트 수비대의 반란으로 바덴을 떠나 알자스를 거쳐 마인츠로 피신한 후, 독일연방과 프로이센 왕국에 군사개입을 요청했다. 반란세력에 의해 바덴 공화국의 수립이 선포되었고, 프랑크푸르트 국민의회의 급진좌파 의원 로렌츠 브렌타노(1813-1891)를 수반으로 하는 바덴 공화국 임시혁명정부가 구성되었다. 혁명정부에 투항한 바덴 대공국 군대를 주력으로 한 혁명군도 편성되었다. 파리 거주 폴란드 이민자 출신의 혁명가 루드비크 미에로수아프스키(1814-1878)가 바덴 혁명군 사령관에 임명되었다. 바덴 반란은 프로이센 군대에 의해 진압되었고, 40명이 반역죄로 처형되었다. 로렌츠 브렌타노를 위시해 바덴 혁명을 주도한 아말리에 슈투르베(1824-1862), 고트프리트 킹켈(1815-1882), 카를 슈르츠(1829-1906) 등의 좌파 성향의 급진적 민주주의자들은 화를 면했다. 약 8만 명의 바덴 주민들이 고향을 떠났다. 반란이 진압된 후, 바덴 대공국은 1,500,000탈러의 배상금을 프로이센 왕국에 지불해야 했다. 바덴 반란을 진압한 프로이센군 사령관 빌헬름(1797-1888, 프리드리히 빌헬름 4세의 동생) 공은 1861년 프로이센 국왕에 즉위한 후, 1871년 파리의 베르사유 궁에서 독일제국의 황제가 된 빌헬름 1세였다. 1849년 7월 23일 반란군의 근거지인 라슈타트 수비대가 프로이센 군대에 의해 탈환됨으로써 바덴 반란은 최종적으로 진압되었다. 바덴 반란이 진압된 후에도 프로이센군은 레오폴트 바덴 대공의 요청으로 1851년까지 바덴에 주둔했다. 프로이센 군대의 바덴 장기 주둔은 결과적으로 남독일에 대한 프로이센 왕국의 영향력 확대에 크게 기여했다.

　독일연방의 위임을 받아 프로이센 군대가 바덴 혁명군을 진압하는 동안, 프로이센 정부는 1849년 5월 말 잔류 국민의회 의원들을 프랑크푸르트 자유시로부터 추방할 준비를 했다. 급진민주주의 좌파노선을 따를 의향이 없는 국민의회 의원들은 의원직을 사퇴하거나, 본국 정부의 종용에 따라 의원직을 포기했다. 1849년 5월 26일 프랑크푸르트 국민의회는 의원 수 부족으로 의결정족수를 100명의 의원으로 낮추어야 했다. 1849년 5월 30일 법무장관을 겸한 뷔르템베르크 왕국 혁명정부(1848년 3월 9일부터 1849년10월 28일까지 존속) 총리 프리드리히 폰 뢰머(1794-18645) 의원의 제의에 의해 국민의회를 프랑크푸르트에서 뷔르템베르크 왕국의 수도 슈투트가르트로 이전하는 결정이 내려졌다. 프로이센 왕국의 영향권을 벗어나기 위함이었다. 뷔르템베르크 왕국은 독일연방 소속 5개 왕국 중 프랑크푸르트 국민의회에 의해 제정된 독일제국 헌법을 가장 먼저 승인한 국가였다.

프랑크푸르트 국민의회는 슈투트가르트로의 이전 결정으로 사실상 해산된 것이나 다름없었다. 의원 수가 줄어들 대로 줄어들어 수족이 모두 잘려나가고, 동체만 남은 형국이라 하여 조소적으로 <몸통의회>라 명명된 프랑크푸르트 국민의회의 잔해는 1849년 6월 6일부터 슈투트가르트에서 회의를 개최했다. 제국섭정 요한 대공과 그의 과도정부는 슈투트가르트 몸통의회를 승인하지 않았다. 슈투트가르트 몸통의회는 거꾸로 요한 제국섭정의 폐위를 선언하고, 1849년 6월 6일 프란츠 라보(1810-1851, 프로이센 왕국 출신), 카를 포크트(1817-1895, 헤센 대공국 출신), 하인리히 아우구스트 지몬(1805-1860, 프로이센 왕국 출신), 프리드리히 쉴러(1791-1873, 바이에른 왕국 출신) 및 아우구스트 베허(1816-1890, 뷔르템베르크 왕국 출신) 의원으로 구성된 5인의 제국섭정단을 선출한 후, 납세거부 및 프랑크푸르트 헌법 불승인 국가 정부에 대한 불복종 운동과 무력저항을 선동했다.

슈투트가르트 몸통의회의 선동으로 뷔르템베르크 왕국의 자율권이 크게 훼손된 데다가, 프로이센 군대가 뷔르템베르크에서 멀지않은 팔츠와 바덴에서 발생한 5월 반란을 성공적으로 진압했기 때문에, 뢰머와 뷔르템베르크 혁명정부는 더 이상 몸통의회의 슈투트가르트 잔류를 허용할 수 없었다. 6월 18일 프로이센 정부의 압력을 받은 뷔르템베르크 정부군이 슈투트가르트 몸통의회의 회의장을 점령하자, 의원들은 시위에 들어갔지만, 뷔르템베르크 왕국 군대에 의해 해산되었다. 국민의회 의원들 중 뷔르템베르크 왕국 출신이 아닌 자들은 추방되었다. 몸통의회를 뷔르템베르크 왕국의 수도 슈투트가르트에서 바덴 대공국의 카를스루에로 다시 이전하려던 계획은 독일연방군의 자격으로 바덴 반란 진압에 동원된 프로이센군이 1849년 7월 23일 바덴 혁명의 마지막 보루로 남은 라슈타트 연방요새를 접수하면서 무산되었다. 이로써 독일연방 역내에서 발생한 1848년 3월 혁명의 마지막 단계의 반란(1849년 5월 반란)은 모두 종식되었다.

오스트리아 제국 수도 빈과 프로이센 왕국 수도 베를린에서 시작되어, 작센과 팔츠와 바덴에서 발생한 1849년 5월 반란을 마지막으로 미완의 혁명으로 끝난 독일연방의 1848/1849년 혁명은 혁명의 주체라 할 독일시민계급의 정치의식의 성숙에서 연원한 결과라기보다는 외부로부터의 충격의 - 1830년 7월과 1848년 2월에 각각 발발한 파리혁명의 - 영향으로 터진 혁명이라고 규정해야 할 것이다. 독일(독일연방)의 혁명은 1848년 3월 발생과 동시에 절정기를 맞이했고, 그 이후부터 이미 점진적으로 쇠퇴의 징후를 보이다가, 1년 남짓 세월이 지난 1849년 5월 말 프랑크푸르트 국민회의가 이른바 '슈투트가르트 몸통의회'로 바뀌면서 종말이 예고되었다. 독일의 혁명은 노동자와 농민 같은 기층계급이 아닌, 귀족계급과 공생관계에 있던 시민계급에 의해 주도되었고, 혁명의 목표 역시 독일의 통일과 의회제도의 확립이었다는 사실이 프랑스의 혁명과 근본적으로 다른 점이었다고 할 수 있을 것이다. 그러나 프랑크푸르트 국민의회는 재정을 조달할 능력도 없었고, 자체 내에 강력한 정치조직이나 행정조직을 두지 못했기 때문에, 처음부터 기존 독일연방 회원국들의 눈치를 살피지 않을 수 없었다. 혁명의 초기에는 일반적으로 과격파들이 혁명의 주류세력을 형성하는 것과는 판이하게, 독일의 혁명은 처음부터 온건파들이 의회의 다수를 점하는 기현상을 보인 것도 그 때문이었다. 3월 혁명 발발과 더불어 메테르니히 체제가 종말을 고했을 때, 독일인들은 그토록 염원해 온 자유와 민족의 통일에 대한 열망이 현실화될 수 있다는 확신을 가지는 듯 했다. 프랑크푸르트 국민의회가 독일연방 회원국 전체가 참여하여 실시된 보통·평등·직접·비밀선거에 의해 구성되었기 때문이었다. 프랑크푸르트 국민의회는 독일 역사상 최초의 (그리고 최후의) 독일어권 국가 전체를 대표한 의회였다.

본 대학 학생 신분으로 1849년 5월 <바덴 반란>에 참가했다가, 라슈타트 요새가 프로이센 군대에 의해 함락되었을 때 체포되었지만, 탈출에 성공하여 스위스를 거쳐 파리와 런던에서 기자로 활동한 후, 1852년 미국으로 망명하여 1877년부터 1881년까지 미합중국 내무부장관을 역임한 바 있는 노르트라인-베스트팔렌 출신의 급진적 민주주의자 카를 슈르츠는 바덴의 1849년 5월 혁명을 함께 주도한 동지이며 스승인 고트프리트 킹켈에게 쓴 편지에서 - 프로이센군에 체포되어 슈판다우 감옥에 수감된 킹켈은 1850년 슈르츠의 도움을 받아 탈옥에 성공했다 - 3월 혁명의 작품인 프랑크푸르트 국민의회가 단명으로 좌초한 이유를 다음과 같이 기술하였다. "프랑크푸르트 국민의회는 지성과 학식과 미덕의 과잉이라는 병을 앓고 있었다. 진정한 정치가라면 대단치 않은 것을 고집스럽게 주장함으로써 중대한 문제의 해결을 위태롭게 만든다는 사실을 인식할 수 있어야 했음에도, 그들에게는 경륜과 통찰력이 부족했다. 나는 이 의회보다 더 많은 고상한 사람들과 학자들과 양심적인 인간들과 애국적인 인사들을 포함하는 정치집단을 이 세상에서 본 적이 없다. 프랑크푸르트 의회의 속기록보다 더 풍부한 기초 지식과 능숙한 웅변의 범례를 갖춘 책자는 아마도 없을 것이다. 그러나 이 의회는 기회를 알아차려서 신속하게 포착하는 재주가 없었다. 변동이 심한 시기에 역사는 사상가를 기다리지 않는다는 사실을 이 의회는 망각하고 있었다."

8

농민해방과 오스트리아의 산업화

오스트리아에서 농업사회가 산업사회로 발전하기 시작한 것은 19세기 초 이후였다. 산업화정책이 시행되면서 새로운 생산형태가 생겨났다. 수공업에 의한 생산이 공장제 생산으로 대체되면서 산업화 이후 시대의 여러 특징들이 나타났다. 분업방식의 도입으로 노동의 제과정이 쉽게 습득될 수 있는 단계들로 분화됨으로써 비숙련 노동력의 이용이 가능해졌다. 그러나 속성교육을 받은 노동자들의 보수는 열악했다. 산업화 이전의 수공업 종사자들은 그들이 종사하는 일과 자기 자신을 동일시 할 수 있었던 데 반해, 분업생산 참여 노동자들은 종래의 작업방식과는 다른 생소한 단순노동을 수행해야 했다. 분업생산 방식의 도입과 더불어 직장과 주거지가 분리됨에 따라 전에 없었던 현상이 나타나기 시작했으니, 그것은 여성과 아동의 노동이었다. 이들 집단은 산업화 내지는 초기 산업화 과정에서 성인 남성들보다 훨씬 더 많이 착취당한 계층이었다. 그들은 동일노동에 대해 성인 남성들보다 훨씬 더 낮은 임금을 받았다.

그러나 초기 산업화 과정에서 과거의 공장제 수공업과 비교하여 실제적 혁신이라고 할 수 있는 부분은 노동의 형식이 아니라, 새로운 에너지의 수단에 있었다. 증기기관의 출현과 더불어 지금까지 중요성이 부각되지 않았던 석탄이 집중적인 경제적 관심의 대상이 되었다. 엄격한 의미에서의 산업화는 섬유공업으로 시작되었지만, 중공업도 열외는 아니었다. 일련의 기술혁신, 특히 석탄의 코크스화를 통해 고온을 이용한 생산이 가능해지면서 철강 산업이 비약적으로 발전했다.

산업화 과정에서 특히 중요한 역할을 한 것은 철도였다. 철도 건설을 통해 한편으로는 산업시설을 연결하는 교통망이 조성되었고, 다른 한편으로는 철도를 통해서 원자재의 원산지들이 서로 연결되어 상품의 수출이 용이해지게 되었다. 합스부르크 제국의 가장 중요한 철도는 뵈멘의 탄광지역과 슈타이어마르크의 철광지역을 아드리아 해의 항구 도시와 연결시킨 노선이었다. 유대계 금융가문인 로트쉴트가의 - 오스트리아 로트쉴트가의 시조는 잘로몬 마이어 폰 로트쉴트(1774-1855) 남작이었다 - 재정지원으로 1836년과 1847년 사이에 이미 빈과 뵈멘을 연결한 북부철도 노선이 - 페르디난트 1세 재위기에 개통된 북부노선은 황제의 이름을 따서 '카이저 페르디난트 제국북부철도'라 불렸다 - 건설되었고, 빈에서 아드리아 해의 항구도시 트리에스테로 - 트리에스테는 1382년부터 1918년까지 오스트이아 제국 소속 항구이었다 - 이후 연결되는 남부노선은 1841년에 착공되었다. 빈의 플로리츠도르프(현재 빈 21구)에서 니더외스터라이히의 도이치바그람과 브륀(브르노)을 경유하여 올뮈츠(올로모우츠)까지 연결된 '카이저 페르디난트 제국북부철도'는 1837년에 착공되어 1841년에 완공되었고, 올뮈츠와 프라하를 연결한 구간은 1842년과 1845년 사이에 건설되었다. 오스트리아 철도의 총연장은 1840년에는 고작 144㎞이던 것이 10년 후에는 1,357㎞에 달했다. 그러나 오스트리아의 철도건설은 영국과 비교하면 낙후성을 면치 못했다. 영국은 1840년에 이미 1,349㎞, 1850년에는 무려 10,660㎞의 철도망을 보유했다. 1900년경 합스부르크 제국이 보유한 철도망의 총연장은 36,000㎞를 상회했다.

철강생산과 방적기의 수효를 보면 산업생산의 성장수치를 알 수 있는데, 19세기 전반부에는 산업화의 속도가 완만했다. 산업화가 더디게 진행된 이유는 1789년의 충격을 잊지 않은 빈의 중앙정부가 노동자들의 결집을 두려워했기 때문이었다. 산업화가 급속히 진척된 것은 19세기 후반에 들어오면서부터였다. 산업화에 가장 큰 기여를 한 것은 1848년 7월 22일 빈에서 개원한 제헌제국의회에서 한스 쿠들리히 의원의 발의로 입법되어 신절대주시대(1849-1867)에 현실화된 농민해방 법이었다. 부역과 십일조 제도를 폐지한 농민해방 법은 소작농들에게 농지임대료의 부담을 덜어줌으로써 자작농을 탄생시켰다는 역사적 의의와 더불어 또 하나의 사회적인 순기능을 야기했다. 농지매입 시 농민들은 평가총액의 삼분의 일만 지불토록 하고, 지주들은 농지매도 과정에서 농민들에게 할인해 준만큼의 농지대금을 국가로부터 배상받았다. 나머지 삼분의 일은 지주 들이 국가정책에 순응하여 스스로 포기했다. 즉 지주들은 소유농지의 평가액 중 삼분의 이만을 지불받고 농지를 매도한 셈이었다. 그러나 그들은 그 대신 유동자본을 손에 쥐게 되었다. 수많은 귀족들이 - 적어도 진취적 성향의 귀족들은 - 이 자본을 가지고 근대자본주의 세계에 편입하여, 은행을 위시해 양조업과 방직업과 제당업 따위에 투자하여 그 생산품을 지금은 농지를 소유한 이전 소작농들에게 공급할 수 있게 되었다. 농민들 중에는 지주계급으로부터의 해방의 대가로 매입할 수 있게 된 농지의 대금(평가액의 삼분의 일)을 지불할 능력이 없는 소작농들도 있었다. 그들은 대도시로 몰려 무산계급의 수를 증가시키는데 일조했다. 이로써 노동력의 수요는 충족되고도 남았다.

19세기 후반에 크게 발전한 일련의 기업들이 있었는데, 무기제조업자이며 발명가였던 요제프 베른들(1831-1889), 철제금고를 생산한 프란츠 폰 베르트하임(1818-1883), 가구 디자이너 미하엘 토네트(1796-1871), 방수천을 생산한 요한 네포무크 라이트호퍼(타이어 제조회사 젬페리트의 창업자) 등이 그 주인공들이었다.

1868년 7월 24일자 계약서에 의하면 베른들은 100,000정의 1867년도형 후장총을 오스트리아 국방부에 납품해야 했다. 그것은 아마도 2년 전 (1866년 7월 3일) 쾨니히그레츠(체코의 흐라데츠크랄로베) 전투에서 공이, 즉 격침에 의해 발사되는 후장총을 사용한 프로이센 군대에게 전장총을 사용한 오스트리아군이 참패당한 후, 오스트리아 육군의 개인화기 현대화에 박차를 가하기 위한 조치였을 것으로 추정된다. 후장총은 1866년의 <독일전쟁>(오스트리아-프로이센 전쟁)에서 프로이센군이 처음으로 실전에 사용한 총이었다. 6천 명의 직원을 거느렸던 베른들은 직원들을 위한 후생 및 복지에도 크게 기여했다. 그는 근대식 직원전용 주택, 학교 및 수영장을 건립했다. 1874년에 설립된 '요제프 베른들 수영장'은 1950년 '슈타이르 수영

학교'라는 이름으로 변경되어 지금도 이용되고 있는 슈타이르(오버외스터라이히)의 명소이다. 엔진제조회사 '슈타이르 다임러 푸흐 주식회사'의 전신이 바로 요제프 베른들이 세운 무기생산 공장이었다.

현재에도 생산되고 있는 베르트하임 금고는 1857년 콘스탄티노플(이스탄불)에서 오스만 제국 황제(압뒬메시드 1세, 재위: 1839-1861)가 임석한 가운데 공개리에 내화시험을 하여 센세이션을 야기했으며, 오스만 제국의 수도에서만 3,000여 대의 제품이 판매되었다고 한다. 1869년 베르트하임 금고 생산 20,000대 돌파 기념행사가 빈에서 거행되었는데, 이 행사에서 '대장간 폴카' 또는 '불타지 않는 폴카'라는 제목으로 우리들에게도 익히 알려진 요제프 슈트라우스(1827-1870, '왈츠의 왕' 요한 슈트라우스의 동생)의 폴카 <불의 제전>(포이어페스트)이 초연되었다.

기술적인 측면에서 디자인의 현대화에 지대한 영향을 끼쳤으며, 가구의 대량생산을 가능케 한 가구 디자이너 미하엘 토네트(1796-1871)는 그의 특허품이었던 곡목의자(특히 '토네트 의자' 시리즈 중 14번 작품)를 출품하여 1867년 파리 세계박람회에서 금상을 수상했다. 토네트의 곡목의자의 형태는 21세기의 가구생산에서도 널리 모방되고 있다.

오스트리아에서 나온 세계최초의 발명품도 다수가 있었다. 1870년 가솔린 엔진을 장착한 최초의 자동차를 발명한 사람은 지크프리트 마르쿠스(1831-1898)였다. 요제프 레셀(1793-1857)의 선박추진기와 풍향에 영향을 받지 않는 풍차, 요제프 마더스페르거(1768-1850)의 재봉틀, 페터 미터호퍼(1822-1893)의 타자기도 19세기 오스트리아의 발명품이었다.

마흘린(독일의 멕클렌부르크-포르폼메른 주) 태생인 마르쿠스는 1870년 세계 최초의 사륜자동차를 제작했지만, 이 작품은 사진으로만 남아 있으며, 1888년에 제작된 두 번째 마르쿠스 자동차는 빈의 기술박물관에 소장되어 있다. 레셀이 1827년 발명한 나선형 프로펠러 스크루를 장착한 선박이 1839년 세계 최초로 대서양을 횡단했다. 유로화로 편입되기 전에 사용된 오스트리아 화폐의 - 두 번째로 큰 단위인 - 500실링짜리 지폐 전면에는 요제프 레셀의 초상이, 후면에는 1829년 그의 발명품이 장착되어 트리에스테 앞바다에서 시험 운행한 증기선 시베타 호의 모습이 인쇄되어 있었다. 티롤 쿠프슈타인의 재단사 가정에서 태어난 마더스페르거는 1814년에 최초의 재봉틀을 발명하여 1815년 특허를 획득했지만, 세금을 납부하지 못해 3년 후인 1818년 특허권을 상실했다. 그는 제품을 생산할 자본이 없었기 때문에, 1839년 자신의 기술을 빈 국립 종합기술연구소(빈 공과대학교의 전신)에 기증했다. 그러나 1846년 재봉틀을 시장에 처음으로 공급한 발명가는 미국인 일라이어스 하우(1819-1867)였다. 원래 목수가 직업이었던 미터호퍼는 1864년부터 1869년까지 모두 5대의 타자기를 제작했는데, 그 중 4대가 보존되어 빈의 기술박물관과 미터호퍼의 출생지인 보첸의 파르트쉰스(볼차노의 파르시네스)에 소재한 타자기 박물관, 그리고 드레스덴의 시립박물관 등에 소장되어 있다. 미터호퍼는 1864년과 1866년 두 번에 걸쳐 200굴덴과 150굴덴의 격려금을 황제로부터 하사받았지만, 빈의 국립종합기술연구소는 미터호퍼를 지원하지 않았다. 그의 발명품은 1905년과 1911년 파르트쉰스의 고향집 지붕 밑 창고에서 발견되었다. 4대의 타자기 중 앞선 두 대의 타자기는 활자와 활자 틀을 제외하고는 목재로 제작되었고, 나머지 두 대는 철제 타자기였다. 빈의 기술박물관이 소장한 미터호퍼의 타자기는 1864년에 제작된 세계 최초의 미완성 목제 타자기이고, 미터호퍼의 고향마을 파르트쉰스의 타자기 박물관이 소장한 타자기는 철제 타자기이다.

산업화가 합스부르크 제국 전역에서 균등하게 진행된 것은 아니었다. 원자재 생산지역, 특히 석탄 매장지역의 산업화는 여타 지역보다 진행속도가 빨랐지만, 그 밖의 지역, 특히 헝가리와 갈리치아 등 합스부르크 제국의 동부지역은 제국이 붕괴될 때까지도 농경지역으로 머물렀다. 산업화가 가장 심도 있게 이루어진 지역은 북뵈멘(체코)의 탄광지대였다. 그 밖에 무르 강 및 뮈르츠 강 유역과 포르아를베르크, 그리고 규모는 크지 않지만, 수도 빈의 외곽지역도 산업화의 핵심지대였다. 무르는 도나우 강의 지류인 드라우(드라바) 강의 좌측 지류이며 뮈르츠는 무르 강의 좌측 지류이다.

산업화의 또 하나의 중요한 전제조건이 된 것은 무엇보다도 이 시기의 인구증가였다. 중세 이후 완만하게 진행된 인구증가의 속도가 19세기에 들어와서 가파르게 상승하였다. 유럽에 있어 초기 근대사회(16-18세기)의 결혼은 재산의 유무와 밀접한 연관이 있었다. 결혼을 하지 못한 사람들의 수가 늘어난 것과 여자들의 결혼연령이 늦어진 것도 인구증가를 더디게 만든 요인이었다. 또 오스트리아는 주민수를 통제하였던 시기가 있었던 데다가, 전염병과 전쟁, 그리고 높은 유아사망률 등으로 인해 근대 초기의 인구성장 속도는 매우 저조했다. 그러던 것이 18세기 후반에서 19세기로 오면서 몇몇 기본조건들이 충족됨으로써 대규모의 인구성장으로 이어질 수 있었다.

특히 수확량이 많은 신작물이 도입되어 재배됨으로써 식재료의 선택폭이 넓어졌다. 17세기 후반부터 식용 옥수수가 성공적으로 재배되었으며, 18세기 말이 되면서 감자 재배가 적극적으로 권장되었다. 요제프 2세 황제 때인 1780년대는 교회에서 신부들이 강론 도중 새로 도입된 감자와 감자의 재배법에 대해 설명하는 등, 신작물 재배가 거국적으로 장려되었다. '감자강론'이라는 말이 이 시기의 신조어가 되었을 정도였다. 바이에른 계승전쟁(1778-1779)을 '감자전쟁'이라 불렀을 만큼 감자는 이 시기에 이미 광범위하게 재배된 새로운 식자재이었다. 가축을 우리에 가두어 사육하면서 한편으로는 가축분뇨의 양이 늘어나, 이를 비료로 전용함으로써 농경지의 수확률을 증대시킬 수 있게 되었고, 다른 한편으로는 이종교배를 통해 개량된 젖소 덕분에 우유의 생산량이 늘어나, 특히 유아용 식재료 공급에 도움이 되었다. 거기에다가 의료 및 위생 상태도 크게 개선되어 유아사망률을 줄이는데 한몫을 했다. 그리하여 18세기 중엽 이후 인구는 해마다 빠르게 증가하기 시작하여, 19세기 초반에는 전국 평균 약 40퍼센트의 증가(오스트리아의 인구는 1700년 2,100,000명, 1754년 2,700,000명, 1869년

_{4,500,000명)}를 보였다. 그러나 지역적 성장률은 균등하지 않았다. 도시의 인구밀집 지역과 산업화가 진척된 지역의 인구성장이 타 지역보다 높았다. 물론 여기에는 인구의 유입도 포함되었다. 비농업인구의 비율도 괄목할 만큼 증가하여 도시화가 가속화되었다. 인구성장은 점점 노동집약형으로 변모하게 된 농업분야는 물론이고, 특히 산업에 종사할 노동력을 공급해 주었다. 다른 한편 인구증대를 통해 산업생산품을 구매할 수 있는 소비자층도 늘어나게 되었다.

사회사적으로 볼 때, 산업화는 미래지향적인 변화로 이어졌다. 귀족과 농민의 비중은 줄어든 반면, 두 종류의 새로운 계층, 즉 부르주아 시민계급과 프롤레타리아 노동자 계급이 생겨나 그들의 사회적 중요성이 커졌다. 공장소유주와 은행, 보험회사, 법률사무소 등 산업화의 하부구조를 책임진 사람들이 드디어 유산시민계급을 형성하게 된 것이었다. 기업가들 뿐 아니라, 관리들과 하급 장교들도 이제 소비를 촉진시킨 시민계급의 대열에 동참했다. 이들은 산업화 이전 시기의 시민계급과는 비교할 수 없는, 새롭게 부상한 유산 시민계급이었다. 자본 소유자들 중 상당수는 영국과 독일 출신으로, 이들은 벤처자본과 노하우를 함께 들여왔다. 선진 서유럽 국가들에 비해 합스부르크 제국 내에서 자본집중이 저조한 데는 여러 가지 이유가 있었다. 서유럽의 자본축적은 주로 해상 무역을 통해서 발생했는데, 합스부르크 제국은 자본을 조달할 해외식민지가 없었다. 그러나 다른 요인들도 있었다. 산업화에 투자할 자본을 소유한 거의 유일한 집단은 소수의 부유한 유대인들뿐이었다는 사정이 그 중 하나였다. 이들은 상업과 금융업을 통해 축적한 자본을 공장, 은행, 철도 등에 투자했다. 유대인 기업의 높은 비율은 유대인배척주의가 초래되는 부작용을 초래했다. 부유한 유대인에 대한 시기심이 유대인을 싫어하는 사람들에게 이념적인 근거를 제공한 때문이었다. 조직적 유대인배척주의를 의미하는 안티제미티스무스라는 개념은 19세기 말부터 대두되기 시작했다. 안티제미티스무스의 반대말인 필로제미티스무스_(유대인옹호주의)는 2

차 대전 후에 확산된 개념이다. 참고로 독일문예학자 오토 콘라디(1926-)는 1966년 출판된 그의 <독일현대문예학입문>에서 1908년도 판 마이어 대백과사전을 추천했는데, 그 이유는 그 시기가 안티제미티스무스와 필로제미티스무스로부터 자유로운 시기였기 때문이다. 초기 발전단계에서는 대부분의 기업가들이 독일어사용 민족 출신이었다. 유대인들이 그들의 일상어로 사용한 언어 역시 '유대인 독일어'라 폄하된 이디시어였다. 시간이 경과하면서 합스부르크 제국의 비독일어사용 민족들도 새로운 시민계급(유산시민계급)의 대열에 동참할 수 있었다.

신생 유산시민계급은 초기단계에서는 정치적 권리를 소유하지 못했다. 물질적으로는 유복했지만, 메테르니히 체제 하의 유산시민계급은 유유자적하면서 문화생활을 즐기는 것 이외의 다른 선택을 부여받지 못했다. 현실참여가 불가능했던 그들의 은둔생활의 예술적 표현이 바로 <비더마이어 문화>였다. 그들은 1848년 혁명 당시 단기적으로는 정치활동에 참여할 기회가 있었지만, 뒤이어 부상한 신절대주의 시대를 맞아 다시 세력을 잃게 되었다. 그럼에도 불구하고 사회에서 차지하는 그들의 경제적 중요성은 해를 거듭할수록 커졌다. 시민계급이 정치적 영향력을 회복한 것은 1867년 오스트리아-헝가리 이중제국의 출범과 더불어 <12월 헌법>이 제정된 후부터였다.

<12월 헌법>은 오스트리아-헝가리 이중제국 전체를 위한 헌법이 아니었다. 다시 말해 12월 헌법은 독일어가 국가의 공용어로 채택된 라이타 강 서쪽 지역, 즉 황제직할 통치지역을 위해 1867년 12월 21일에 공포된 헌법이었다. 대의제도와 제국신민의 일반권리, 대법원 설립과 재판권, 통치권과 집행권의 행사에 관한 규정 등을 담은 <12월 헌법>은 오스트리아 제국을 명실 공히 입헌제국으로 불리게 만든 헌법이었다. 오스트리아-헝가리 이중제국의 비독일어 사용지역인 헝가리 제국은 슬라브어권인 크로아티아와 슬라보니아를 포함했다.

유복한 시민계급과는 달리, 그 수가 빠르게 증가한 임금노동계층의

생존조건은 비참했다. 그들이 처한 노동환경과 생활환경의 특징은 긴 노동일수, 열악한 보수와 주거시설, 재앙에 가까운 위생과 질병의 만연, 알코올 중독자의 급증 등으로 나타났다. 초기 자본주의 시대의 노동자들은 현재의 기준으로서는 상상이 불가능한 착취구조에 노출되었다. 그것은 산업화의 역기능이었다. 1848년 3월 혁명 이전 시기에도 빈곤상태에 대한 논의가 없었던 것은 아니지만, 그것이 사회적 이슈로 수용된 것은 한 세대가 흘러간 1870년대에 들어와서의 일이었다. 노동운동이 결성되고, 국가도 압력을 받아 노동자들에게 진전된 노동조건들을 제공하는 법률을 제정하기 시작했다. 그러나 합스부르크 제국 내 노동자계급의 빈곤상태는 크게 개선될 기회가 없었다. 사정이 완만하게나마 호전되기 시작한 것은 사회민주주의가 강화된 이후부터였다. 사회민주당(SPÖ)의 전신인 오스트리아 사회민주주의노동자당(SDAPÖ)이 정당으로 결성된 것은 1889년이었고, 노조가 전국조직(ÖGB/오스트리아 노조연맹)으로 결성된 것은 1934년이었다.

❏ 9
비더마이어 문화

1) 비더마이어 문학

빈 회의를 통해 왕정체제가 복원된 1815년부터 시민혁명이 발발한 해인 1848년까지의 30여 년은 문학사와 예술사에서도 혁명전기라 불리며, 이 시기는 빈 체제 또는 메테르니히 체제라 불린 정치적 암흑기였다. 특별히 '오스트리아 문화'라 할 - 아니 좀 더 그 특징을 살려서 표현한다면 - '빈 문화'라 할 정신사조인 비더마이어 문화가 생성된 시기가 바로 혁명전기라 불린 정치적 암흑기였다. 비더마이어 문화 혹은 비더마이어 시대라고 불리는 - 계몽주의와 낭만주의의 요소를 두루 포함한 - 이 특별히 '오스트리아적'인 예술사조는 혁명전기의 메테르니히 체제에 대한 일종의 반작용으로 나타난 문화현상이었다. 시대명칭으로서의 비더마이어 개념은 이와 같이 나폴레옹 지배시대 이후의 정치적 복고의 개념과 연관되어 있지만, 이 시기에 생성된 시민계급의 독특한 문화 및 예술과 밀접한 관계가 있었고, 다른 한편으로는 이 시기의 문학과 깊은 관계가 있었다. 그러나 비더마이어 문학 혹은 문화의 공통점은 정치성을 배제하고, 일상성과 보수성을 지향하는 데 놓여 있었다. 시대적 거대담론들을 피해 개인적인 영역으로 침잠하여, 일상적인 소재나 자연 속에서 발견되는 평범한 가치들이 비더마이어 문학과 문화의 특징이었다. 비더마이어 문학의 대표작가 아달베르트 슈티프터(1805-1868)의 초기 문학에 영향을 끼친 것으로 밝혀진 동시대 소설가 장 파울(1763-1825)은 사적인 영역이나 목가적 분위기 속으로의 도피를 "제약 속의 행복"이라 하였고, <괴테와의 대화>의 저자 요한 페터 에커만(1792-1854)은 이와 같은 비더마이어적 특징을 "변용의 빛 속에 나타나는 순수한 현실"이라 인식했다. 그러나 비더마이어 개념이 문학사에서 거론되기 시작한 것은 메테르니히 체제가 붕괴된 1848년 이후의 일이었으며, 그것도 오스트리아가 아닌, 독일 땅에서였다.

비더마이어라는 단어는 하이델베르크 대학에서 법률학을 공부한 후 작가의 길을 선택한 루트비히 아이히로트(1827-1892)가 그와 함께 같은 대학에서 의학을 전공한 의사이며 대학교수(에어랑엔 대학)이며 시인이었던 아돌프 쿠스마울(1822-1902)과 공동으로 1853년 슈투트가르트에서 발행한 시집 <온갖 해학시>에 실린 전자(아이히로트)의 해학시 <비더마이어 서>에서 유래했다. <비더마이어 서>는 "바일란트 고틀로프 비더마이어의 정선된 시", "제본사 호라티우스 트로이헤르츠의 노래" 및 "노 슈바르텐마이어의 이야기" 등 3부로 구성되어 있다. <비더마이어 서>에 포함된 총 45편의 시 곳곳에 등장하는 슈바벤의 시골학교 교사 비더마이어는 오버데

어딩엔(바덴-뷔르템베르크 주)의 마을학교 교사이며 시인이며, 아이히로트의 친구인 자무엘 프리드리히 자우터(1766-1846)라는 실존인물을 희화화한 허구의 존재였다.

아이히로트는 <비더마이어 서>의 서문에서 비더마이어의 특징을 파우스트와의 비교를 통해 이렇게 규정했다. "[파우스트는] 초천재적인 이카루스이다. [그러나] 만족할 줄 아는 비더마이어에게 지상의 행복을 얻어 준 것은 그의 작은 골방, 그의 좁은 정원, 그의 초라한 고장, 그리고 경멸당하는 마을학교 교사라는 옹색한 운명이다. 비더마이어도 외부의 역사를 실제로 체험했을까 하는 논란이 일어날 지경이다. 빠듯한 급여에도 이 품위 있는 남자는 소박하고 정직하며, 유쾌한 슈바벤인의 깊은 수직갱과 같은 심성 속에서 가정생활의 근심을 없애 주고, 직업의 짐을 지고 가는 것을 도와주는 값진 샘물을 발견한다. [그 샘물은] 그가 살고 있는 마을 환경의 무미건조한 단조로움을 더 없이 즐겁게 변용시키는 황금의 마법이다." 철학과 법학과 의학, 그리고 신학까지 공부했지만, 우주를 지배하는 궁극적 진리에 도달하지 못한 자신의 한계에 절망한 나머지 악마(메피스토펠레스)와 거래하는 파우스트와는 달리, 비더마이어는 환경과 여건에 만족할 줄 안다. 방황하는 천재 파우스트와 운명에 순응하는 우직한 인간유형이 비교됨으로써 비더마이어 문학 혹은 비더마이어 문화의 방향성이 정초된 것이었다.

아이히로트가 만들어 낸 비더마이어라는 이름은 '우직함'을 뜻하는 '비더'라는 형용사와 그 자체로서 이미 흔한 고유명사이면서, 어디에 붙여도 인명이 되는 '마이어'를 결합시킨 단어였다. 아이히로트의 해학시에는 비더마이어(우직한 마이어) 뿐 아니라, 슈바르텐마이어(불쌍한 마이어)와 붐멜마이어(하릴없는 마이어) 등의 인명이 자주 등장한다. 비더마이어와 슈바르텐마이어와 붐멜마이어는 서로 다른 이름을 가진 동일유형의 인간임을, 다시 말해 비더마이어 문화를 대표하는 인간유형임을 알 수 있다. 쿠스마울은 뮌헨의 주간지 <플리겐데 블랫터>에 <슈바벤의 교사 고틀리프 비

더마이어와 그의 친구 호라티우스 트로이헤르츠의 시>라는 제목으로 1855년 이후 아이히로트와 공동으로 시를 기고했는데, 그 중에는 자무엘 프리드리히 자우터의 시를 풍자한 시도 포함되어 있었다.

비더마이어의 특징은 근면과 정직, 성실과 겸손, 의무감, 조화, 질서, 관조, 절제 따위의 단어와 관계가 있다. 이러한 특징에 따라 비더마이어 문학은 노벨레와 같은 산문 형식의 장르를 선호했다. 혁명전기(1815-1848)의 정치참여 작가들에 비해 상대적으로 탈정치적인 성향의 비더마이어 작가들은 증가 일로의 산업화와 도시화의 특징을 보여주는 현실세계에서 단순하고 조화로운 일종의 현실 도피적 삶을 동경했다. 시사적인 사건을 외면한 채, 전원문학의 분위기를 재현했다는 점에서 비더마이어 문학은 낭만주의 문학의 유산으로부터 자유롭지 않지만, 낭만주의 작가들이 대체로 귀족출신이었던 것과는 대조적으로 비더마이어 작가들은 대부분 시민계급 출신이었다.

비더마이어 시대에는 특히 낭만주의의 영향을 받아, 중세의 소재들을 선호했던 산문문학이 번창했다. 이러한 경향을 대표하는 산문작가로는 오버플란(체코의 호르니 플라나) 출신의 아달베르트 슈티프터(1805-1868)와 초기 사실주의의 영향 하에서 작품 활동을 한 츠나임(체코의 즈노이모) 출신의 찰스 실즈필드(1793-1864, 본명: 카를 안톤 포스틀) 등의 작가가 있다. 비더마이어 시대의 시인이라면 - 동시대의 영국 시인 조지 고든 바이런(1788-1824) 및 이탈리아 시인 지아코모 레오파르디(1798-1837)와 더불어 세계 3대 염세시인으로 알려진 - 챠다트(루마니아의 차타드) 출신의 오스트리아 시인 니콜라우스 레나우(1802-1850)를 반드시 언급해야 할 것이다. 슈티프터는 비더마이어 문학을 대표하는 소설가였고, 레나우는 비더마이어 문학을 대표하는 시인이었다.

같은 시기의 오스트리아 시인 중 라이바흐(슬로베니아의 류블랴나) 출신의 아나스타지우스 그륀(1806-1876, 본명: 안톤 알렉산더 폰 아우어스페르크)은 비더마이어 작가들(소설가 슈티프터와 시인 레나우)과는 반대되는 성향의 작가였다. 3월 혁명전기의 최초의 정치참여 시인으로 평가받는 아나스타지우스 그륀은 정치적 자유주의자로서 1848년 프랑크푸르트 예비의회 의원으로 추천된 후, 1848년 5월 18일 선거에 의해 정식으로 프랑크푸르트 국민의회 의원이 되었지만, 4개월만인 9월 13일 의원직을 포기했다. 프랑크푸르트 국민의회가 슬로베니아를 포함하여 오스트리아 제국 소속 비 독일어권 지역의 대표성을 인정하지 않았기 때문이었다.

1815년과 1848년 사이의 독일문학을 독일문학사는 일반적으로 탈정치적인 문학(비더마이어문학)과 참여문학(1830년대의 청년독일 문학과 1840년대의 정치참여문학)으로 구분한다. '혁명전기'를 의미하는 '포르메르츠'의 개념은 원래 메테르니히 시대의 체제에 저항한 문학을 가리킬 때 사용된 개념이었기 때문에, 문학사조 개념으로서의 '혁명전기 문학'(포르메르츠 문학)은 사실상 시대구분이 애매한 표현이다. 그럴 것이 비더마이어 문학도 시기적으로는 1848년 3월 혁명 전기에 속하는 문학이기 때문이다.

비더마이어 문학의 대척개념으로 사용되는 참여문학, 즉 혁명전기 문학의 출발점도 그래서 명확하지 않다. 메테르니히 체제가 시작된 1815년, <카를스바트 결의>가 채택된 1819년, 1830년대에 주로 활약한 <청년독일> 작가들의 활동과 연관시켜 7월 혁명이 발발한 해인 1830년 등을 혁명전기 문학의 시작년도로 보려는 시도들이 있지만, 일반적으로는 혁명전기문학을 3월 혁명 전기(1815-1848)의 탈정치 문학, 즉 비더마이어 문학과 대립적인 문학사조로 보려는 경향이 지배적이다. 그러나 작가들의 현실정치 참여와만 결부시킨다면, 오히려 1848년 3월 혁명과 직간접적인 관계를 지닌 게오르크 헤르베크(1817-1875), 페르디난트 프라일리그라트(1810-1876) 혹은 하인리히 폰 팔러스레벤(1798-1874)과 같은 시인들이 활약한 1840년대의 독일 작가들의 참여문학을 진정한 혁명전기문학으로 볼 수도 있을 것이다.

이들 1840년대에 활약한 정치시인들 이외에 <보이체크>, <당통의 죽음> 그리고 <레옹스와 레나> 등 3편의 희곡과 노벨레 <렌츠>와 <헤센의 급사(急使)>를 남기고 1837년 24세의 나이에 요절한 게오르크 뷔히너(1813-1837), 그리고 뷔히너와 동시대에 활약한 - 독일문학사가 <청년독일>로 분류하는 - 5인의 작가가 혁명전기 참여문학에 속하는 대표작가들이었다. 1835년 독일연방의회가 '청년독일'이라고 명시적으로 지적하여 금독작가로 낙인찍은 <청년독일> 작가는 하인리히 하이네(1797-1856), 하인리히 라우베(1806-1884), 카를 페르디난트 구츠코(1811-1878), 테오도르 문트(1808-1851), 루돌프 빈바르크(1802-1872) 등 5인의 작가들이었다. 비더마이어 문학을 대표하는 작가들이 모두 오스트리아 출신이었다면, 5인의 청년독일 문학 작가들은 모두 프로이센 왕국 출신이었다. 독일(독일연방)의 정치적 변화를 모색하고, 문학을 통한 사회적, 정치적 환경의 개선을 기대했던 청년독일 문학은 정치적으로 체념한 보수적, 복고적 비더마이어 문학과 대조를 이루었다. 비더마이어라는 개념 자체는 1848년 이후에 등장했지만, 청년독일은 언급한 5인의 작가들이 1835년 독일연방 의회에 의해 반체제작가로 낙인찍힘과 동시에 등장한 개념이었다.

오스트리아의 비더마이어 문학과는 반대로 청년독일 작가들은 고전주의와 낭만주의 문학의 이상주의적 전통을 배격하고, 메테르니히 체제에 저항하면서, 저술활동을 통해 사회적 정의와 민주주의를 구현하기 위해 노력했다. 1835년 12월 독일연방 의회가 <청년독일>의 작품을 금지한 이유는 그들이 기독교를 공격하고, 기존 질서를 폄하하고, 미풍양속을 파괴했다는, 다시 말해 메테르니히 체제에 저항했다는 판단 때문이었다. 당시의 보수파 논객 볼프강 멘첼(1798-1873)이 쓴 카를 페르디난트 구츠코(1811-1878)의 신작 장편소설 <회의녀 발리>에 대한 비판적 서평이 독일연방의회로 하여금 구츠코를 포함한 5인의 작가의 활동을 금지하는 결의를 이끌어 낸 동기로 작용했다.

혁명전기 참여문학 내에서도 1830년대의 <청년독일> 문학과 1840년대의 참여문학은 정치적 지향성이 상이했다. 작품의 주제와 모티브에 있어 동시대 오스트리아 작가(비더마이어 작가)들과 확연히 구별되었던 <청년독일>은 그러나 1840년대에 활약한 게오르크 헤르베크, 페르디난트 프라일리그라트, 호프만 폰 팔러스레벤 등의 정치참여 시인들의 혁명지향적인 과격노선과는 거리가 있었다. <청년독일>과 동시대 작가인 게오르크 뷔히너의 문학은 <청년독일>보다는 오히려 1840년대의 참여시인과 문학적 지향성이 유사했다. 비더마이어 작가들이 정치적 현안에 대해서는 애초부터 눈을 감아버렸다면, 1830년대의 <청년독일>은 문학을 통해 정치적인 이상을 구현하려 했고, 1840년대의 정치참여 시인들은 - 예컨대 헤르베크와 프라일리그라트는 1848년 혁명에 직접 가담함으로써 - 정치혁명을 실천적으로 시도한 작가들이었다.

1819년의 카를스바트 결의가 없었더라면 비더마이어 시대도 존재하지 않았을지도 모른다. 그런 의미에서 비더마이어 문화는 19세기 중엽의 혁명을 피해간 사회적 휴식기이며, 국가의 통제와 검열에 대한 반작용으로 이해될 수도 있을 것이다. 문학의 명칭 혹은 사조의 명칭으로서의 비더마이어는 고전주의나 낭만주의, 또는 사실주의처럼 보편적인 사조의 개념은 아니었다. 그 이유는 오스트리아와 독일, 그리고 스칸디나비아 반도를 제외한 여타 유럽지역에서는 사회적 발전이 달리 진행되었기 때문이었다.

2) 비더마이어 시대의 회화와 음악

이 시기의 회화는 고전주의적 특징을 지닌 역사주의가 확고한 위치를 차지했다. 양대 고전주의 화가로 평가받는 프리드리히 하인리히 퓌거(1751-1818)와 요한 밥티스트 람피(1751-1830)는 주로 초상화와 역사화를 남겼다. 퓌거의 역사화 <게르마니쿠스의 죽음>은 빈의 벨베데레 미술관에 소장되어 있다. 퓌거는 나폴레옹 전쟁에서 두각을 나타낸 카를 대공(프란츠 1세 황제의 동생)의 업적을 소재로 한 작품을 여럿 남겼다. 카를 대공을 신격화한 <독일을 구출한 카를 대공 찬미>라는 제목의 작품은 빈의 군사(軍

史)박물관에 소장되어 있다. 그 외에도 퓌거는 황실의 업적, 특히 아스페른 전투(1809년 5월 21/22일)에서 나폴레옹과 싸워 이긴 카를 대공의 무훈을 알레고리 형식으로 표현하여, 대공의 집무실의 벽을 장식하기도 했다.

1809년 5월 13일 나폴레옹에 의해 빈이 두 번째로 점령되었을 때, 오스트리아군 소령으로서 대학생 군단을 지휘했던 요한 밥티스트 람피는 프랑스군의 약탈을 막기 위해 미술품을 대피시키는 일에 큰 공을 세웠다. 풍경화와 인물화, 그리고 장르화의 대가들인 페르디난트 게오르크 발트뮐러(1793-1865)나 페터 펜디(1796-1842) 같은 비더마이어 시대를 대표하는 화가들은 람피의 화풍을 이어받은 화가들이었다. 람피가 남긴 초상화와 역사화는 빈과 오스트리아의 여러 박물관, 그리고 상트페테르부르크의 에레미타쥬 박물관에서 만날 수 있다.

고전주의 화풍이 지나치게 아카데믹하여 표현이 빈약한 데 대한 반작용으로 나사렛파 화가들이 같은 시기에 등장하였다. 이들은 종교적 주제와 낭만주의 화풍을 고수하였다. 요제프 퓌리히(1800-1876)와 레오폴트 쿠펠비저(1796-1862) 등이 나사렛파 화가들의 영향을 받은 오스트리아 화가들이었다. 빈 제7구에 소재한 알트레르헨펠트 교회의 장식화와 벨베데레 미술관이 보유한 <야곱과 라헬>이 퓌리히의 대표작이며, 쿠펠비저는 프라터(빈 제2구)에 소재한 요한 폰 네포무크 교회의 제단장식화와 벽화를 제작한 화가였다. 모리츠 폰 슈빈트(1804-1871)는 빈 후기 낭만파에 속하는 화가로서 뮌헨과 베를린에서 활약한 독일의 나사렛파 화가 페터 폰 코르넬리우스(1783-1867)의 웅장한 양식의 영향을 받은 화가이었다. 그의 주요 작품 대다수는 주로 뮌헨의 바이에른 국립미술관과 샤크 미술관에 분산 소장되어 있다. 빈의 벨베데레 미술관에 소장되어 있는 작품은 <아름다운 멜루지네>가 유일하다. 샤크 미술관은 북독일 출신의 시인 아돌프 프리드리히 폰 샤크(1815-1894) 백작의 소장품으로 출발한 미술관으로서 지금은 바이에른 국립미술관의 일부로 기능하고 있다.

비더마이어 시대의 회화는 소형의 친숙한 그림, 예를 들어, 꽃을 소재로 한 정물화를 비롯해서 평화스러운 분위기나 극적인 요소를 특징으로 하는 풍속화를 선호했다. 풍경화를 주로 그린 비더마이어 화가들은 음울한 분위기를 선호하여, 소나기와 폭풍을 형상화한 작품들을 많이 남겼다. 풍경화에서 탁월한 업적을 남긴 화가들 중 대표적인 화가는 프리드리히 가우어만(1807-1862)과 페르디난트 게오르크 발트뮐러(1793-1865)였다. 가우어만과 발트뮐러는 아틀리에를 벗어나 빈 주위의 풍경 뿐 아니라, 잘츠캄머구트의 호수가 있는 풍경을 사실적으로 재현했다. 가우어만은 농부가 등장하는 풍속화와 산악풍경을 즐겨 그렸다. 빈 쿤스트아카데미(현재의 국립미술대학교)의 교수였던 발트뮐러는 일상적 현실과 자연을 섬세하게 묘사한 대표적 비더마이어 화가로 평가 받고 있다. 그의 작품은 빈의 벨베데레 미술관을 비롯하여, 뮌헨, 베를린, 파두츠(리히텐슈타인의 수도) 등지에 분산 소장되어 있으며, 특히 뮌헨의 노이에 피나코텍(19세기 회화 미술관)에 소장되어 있는 1840년 작 <젊은 농부와 세 자녀>가 그의 대표작으로 알려져 있다. 빈의 비더마이어 화가 페터 펜디(1796-1842)는 수채화의 기법으로 소시민의 일상을 주제로 하는 풍속화를 많이 그렸는데, 1839년 작 <저녁기도>가 그의 대표작으로서, 빈의 알베르티나 박물관(빈 제1구 알베르티나 광장 소재 유럽 최대의 그래픽아트미술관)이 소장하고 있다.

프리드리히 폰 아멀링(1803-1887)과 요제프 크리후버(1800-1876)는 초상화의 대가들이었다. 아멀링은 유화로 초상화를 제작했지만, 크리후버는 석판화라는 새로운 기법을 완성한 초상화가였다. 당대의 빈과 유럽의 명사들치고 크리후버에게 초상화 제작을 의뢰하지 않은 사람이 드물었다고 한다. 예를 들면 프란츠 1세 황제, 황제의 장녀이며 나폴레옹과 결혼한 마리 루이제, 프란츠 요제프 1세의 황비 조피와 황제의 동생 카를 대공, 프랑크푸르트 국민의회에 의해 독일제국 섭정으로 선출된 요한 대공(프란츠 1세 황제와 카를 대공의 동생), 메테르니히, 프란츠 그릴파르처와 요한 네포무크 네스트로이와 프리드리히 헵벨 같은 극작가, 프란츠 슈베르트와 프란츠 리스트와 니콜로 파가니니 등의 작곡가들이 그들에 속했다. 아멀링의

1835년 작 <밀짚모자를 쓴 처녀>는 2008년 10월 15일 중부유럽 최대의 미술품 경매소인 빈의 도로테움에서 1,502,300유로로 낙찰되어, 현재 빈의 리히텐슈타인 미술관이 소장하고 있다. 석판화는 19세기 중반을 기점으로 하여 점차 금속판 사진술에 자리를 내주고 밀려났다. 그리하여 만년의 크리후버는 극심한 가난으로 고통을 받아야 했다.

비더마이어 시대는 <빈 고전주의> 작곡가(루트비히 판 베토벤과 프란츠 슈베르트)들 뿐 아니라, 요제프 란너(1801-1843)나 요한 슈트라우스(1804-1849) 같은 작곡가들의 무곡이 대중적인 성공을 거둔 시기였다. 왈츠 음악이 비더마이어 시대를 대표하는 음악으로 번성한 이유 중의 하나는 성탄절이 지나고 사순절이 시작되기 전까지 개최되는 각종 무도회가 일반시민들이 합법적으로 모일 수 있는 드문 기회였다는 사실에 있었다. 메테르니히 체제조차 무도회 행사만은 정치적 음모의 장으로 호도할 수 없었기 때문이었다. 비더마이어 시대의 음악은 시민의 취향에 의해 좌우되는 가정음악의 특징을 띄었다. 피아노를 보유한 시민계급의 가정이 늘어났기 때문에, 실내악곡에 대한 수요가 많았다. 비더마이어 시대의 화가들도 피아노가 있는 일반가정의 소박한 실내장식을 화폭에 표현한 작품을 많이 남겼다. 프란츠 슈베르트는 루트비히 판 베토벤과 더불어 고전주의와 낭만주의를 이어준 가교 역할을 한 초기 낭만주의 작곡가였다. 그러나 슈베르트와 베토벤이 가곡과 실내악 작곡에도 관심을 기울인 것은 가정문화의 보호라는 비더마이어 문화의 특징과도 일치했다. 로베르트 슈만(1810-1856)의 피아노곡이 시민들의 사랑을 받은 이유도 동일했다. 대표적인 비더마이어 작곡가를 예시하라면, 빈 태생은 아니지만 빈에서 활동한 실내악 작곡가 베토벤과 빈 토박이 작곡가 슈베르트, 빈 태생의 요제프 란너와 요한 슈트라우스 1세의 이름을 들 수 있을 것이다. 그리고 이들과 동시대에 활동했지만, 우리들에게 거의 알려지지 않은 생소한 이름들이 등장한다. 루트비히 베르거(1777-1839), 크리스티안 하인리히 링크(1770-1846), 레오폴트 셰퍼(1784-1862) 등이 그들이다. 이들 세 명의 작곡가들은 독일 출신이지만, 가곡과 합창곡과 피아노곡을 위시한 실내악곡을 주로 작곡했다는 점에서 빈의 비더마이어 음악과 공통작인 특징을 보였다. 특히 루트비히 베르거는 베를린 비더마이어 작곡가로 통했다.

대도시를 중심으로 도처에 음악협회와 합창단이 창립된 것도 비더마이어 시대에 있었던 일이다. 빈의 <음악애호가협회>는 1812년에, <빈 필하모니 관현악단>은 1842년에 각각 창립되었다. 고객의 취향이 악보 판매에 결정적인 요인이었기 때문에, 악보출판사들은 작곡가들에게 가볍고 유쾌한 곡을 주문했다. 비더마이어 시대 이전에는 편곡을 통한 수요를 제외하면 가정용 창작곡에 대한 주문은 거의 없다시피 했었다. 음악에서 비더마이어 시대는 왈츠의 시대였다. 왈츠는 옥외에서 추는 사분의 삼 박자 멜로디와 민속춤에서 유래했다. 무도회에 군중들이 몰렸으며, 그곳에서는 자유분방한 여흥이 허용되었다. 왈츠의 시조는 요제프 란너와 아버지 요한 슈트라우스였지만, '왈츠의 왕'이라 불린 작곡가는 아버지와 동명의 아들 요한 슈트라우스(1825-1899)였다. 1921년에 제막식을 가진, 빈 시립공원에 건립된, 바이올린을 연주하는 실물크기의 요한 슈트라우스 전신상은 '왈츠의 왕'의 동상이다. 매년 12월 31일 자정에 개최되는 빈 신년음악회는 1987년 이후 빠지지 않고 '슈트라우스 왕조'(아버지 슈트라우스와 그의 두 아들 요한 슈트라우스와 에두아르트 슈트라우스)의 왈츠를 개막 곡으로 연주한다. 특히 아버지 요한 슈트라우스의 <라데츠키 행진곡>과 아들 요한 슈트라우스의 <아름다운 푸른 도나우>는 매년 빈 신년음악회에서 부자 상봉을 한다. 무모한 시도이긴 하나, 비더마이어 음악을 대표하는 작품을 하나만 들라고 한다면, 토박이 데사우 출신 시인 빌헬름 뮐러(1797-1828)의 연작시에 프란츠 슈베르트가 곡을 부쳐 완성된 연가곡 <아름다운 물방앗간 아가씨와 겨울 나그네>를 거명해야 할 것이다.

3) 비더마이어 문화로서의 살롱문화

메테르니히 체제 하의 정치적, 사회적 활동은 감시의 대상이었다. 표현의 자유가 제한되고 사회참여가 금지된 메테르니히 시대의 예술가들 중에는 사적인 영역과 일상적인 공간에서 발견되는 소재를 표현해 이상과 현실의 조화를 이루려고 시도한 사람들이 많았다. 그들의 노력은 당대의 문학과 음악과 미술에 유의미한 결과를 가져왔다. 가곡과 실내악곡, 정물화와 풍경화가 비더마이어 시대의 음악과 회화를 대표한 장르이었던 점은 결코 우연이 아니었다. 이 시기에 등장한 살롱문화도 비더마이어 문화의 특징 중의 하나였다. 자택을 개방하여 작가들과 예술가들에게 만남의 장소를 제공한 학문과 예술의 후원자들은 모두 여자들이었다. 파니 아른슈타인(1758-1818) 부인과 그녀의 딸 헨리에테 페레이라(1780-1859)는 유대계 거상 가문 출신이었고, 카롤리네 피흘러(1769-1843) 부인은 스스로 발라드와 역사소설과 드라마를 쓴 작가였다.

프로이센 왕국의 경제발전에 크게 기여한 베를린의 유대계 거상이며 은행가 다니엘 이치히(1723-1799)의 여덟 번째 자식으로 태어난 파니 폰 아른슈타인(아명: 푀겔레 이치히)은 포괄적인 교육을 받은 피아니스트로서 1776년 결혼과 더불어 빈으로 이주하여, 그곳에서 문학 살롱을 운영한 최초의 예술후원자였다. 빈 제1구에 소재한 그녀의 호화저택은 특히 1814/1815년 빈 회의 개최기간 중 외교관, 학자, 예술가 및 언론인들에게 교류의 장소로 개방되었다. 빈 회의에 참가한 인사들 중 파니 폰 아른슈타인의 살롱에 출입한 유럽의 정치가들은 영국 대표로 빈에 온 독일해방전쟁의 영웅 웰링턴 장군을 비롯하여 프로이센 대표로 빈 회의에 참석한 베를린의 훔볼트 대학 창립자 빌헬름 폰 훔볼트와 아우구스트 폰 하르덴베르크 프로이센 수상, 그리고 메테르니히 오스트리아 외무장관 등이었다. 마담 드 스타엘로 더 잘 알려진 프랑스 작가 안 루이제 제르멘 드 스타엘(1766-1817), 초기 독일 낭만주의 문학의 대표자 프리드리히 슐레겔(1772-1829)

과 도로테아 슐레겔(1764-1839) 부부, 독일 작곡가 지아코모 마이어베어(1791-1864)도 파니 폰 아른슈타인의 살롱을 방문했다. 스타엘 부인은 통칭 <독일론>으로 알려진 그녀의 유명한 저서 <독일에 관하여>를 집필하기 위해 자료 수집 차 1807/1808년 겨울 빈에 머물렀고, 1809년에는 나폴레옹 전쟁을 반 나폴레옹 동맹의 승리로 이끌기 위해 나폴레옹에 의해 점령된 빈을 거쳐 - 빈은 3차 동맹전쟁과 5차 동맹전쟁 때(1805년 11월과 1809년 5월) 두 차례 나폴레옹에 의해 점령되었다 - 러시아 여행을 감행했다. 오페라 작곡가 마이어베어는 볼프강 아마데우스 모차르트와의 경쟁으로 우리들에게도 친숙한 이탈리아 출신의 오스트리아 궁정작곡가 안토니오 살리에리(1750-1825)를 사사하기 위해 1813년 초부터 10개월 동안 빈에 체류했다.

파니 폰 아른슈타인 부인은 모차르트를 후원했고, 1812년 <빈 음악애호가협회>의 창립에 기여했을 뿐 아니라, 정치적, 사회적 이슈도 적극적으로 후원하여 나폴레옹 전쟁 당시 야전병원과 민간병원, 그리고 빈민구호시설 설립을 위해 거액을 출연하였고, 요제프 2세 황제 때는 오스트리아 유대인의 권리를 위해 노력했다. 주지하듯이 요제프 2세의 <관용칙령>은 1781년에 반포되었고, 유대인에 대한 별도의 관용칙령은 1782년에 공포되었다. 특히 아른슈타인 부인은 나폴레옹에 저항한 티롤의 민중봉기를 지원한 것으로 유명하다. 모제스 멘델스존(1729-1786)의 손자인 작곡가 펠릭스 멘델스존 바르톨디(1809-1847)가 그녀의 조카였으며, 쳄발로 연주자 사라 레비(1761-1854)는 그녀의 친동생이었다.

파니 폰 아른슈타인 부인의 동생 사라 레비는 빈이 아닌, 베를린에서 문학 살롱을 운영하였다. 사라 레비의 문학 살롱은 베를린의 음악가들과 학자들의 교류장소였다. 철학자 프리드리히 슐라이어마허(1768-1834), 슐레스비히-홀슈타인 공국의 정치가이며 작가인 아우구스트 아돌프 폰 헤닝스(1746-1826), <철학적 자연과학의 특징들>(1806)의 저자 하인리히 슈테펜스(1773-1845), 독일 낭만주의 여성작가 베티나 폰 아르님(1785-1859, 아힘 폰 아르님의

^{부인)} 등이 사라 레비의 문학 살롱에서 교류한 사람들이었다. 파니 폰 아른슈타인의 부친 다니엘 이치히는 프리드리히 2세 프로이센 국왕에 의해 프로이센 유대인 대표에 임명되었고, 프리드리히 2세를 승계한 프리드리히 빌헬름 2세로부터는 프로이센 왕국의 시민권을 획득했다. 파니 폰 아른슈타인의 남편 아담 폰 아른슈타인₍₁₇₄₈₋₁₈₃₈₎은 빈의 유대계 은행가였다.

파니 폰 아른슈타인 부인의 딸 헨리에테 페레이라₍₁₇₈₀₋₁₈₅₉₎도 어머니의 뒤를 이어 빈에서 문학 살롱을 경영한 피아니스트였다. 페레이라는 매주 그녀의 저택에서 스스로 피아노 반주를 맡으면서 연주회를 개최했다. 베토벤, 리스트, 멘델스존 바르톨디 등의 작곡가들과 덴마크 조각가 베르텔 토르발센₍₁₇₇₀₋₁₈₄₄₎, 그리고 오스트리아 고전주의 문학의 대표작가 프란츠 그릴파르처₍₁₇₉₁₋₁₈₇₂₎, 바더마이어 문학의 거장 아달베르트 슈티프터 등이 헨리에테 페레이라가 개방한 살롱에서 교류하면서 예술적 체험을 공유했다. 하이델베르크 낭만주의를 대표하는 시인 클레멘스 브렌타노₍₁₇₇₈₋₁₈₄₂₎와 대학생의 신분으로 독일 해방전쟁_(가데부쉬 전투, 1813년 8월 26일)에 참전하여 24세의 나이에 산화한 애국시인 테오도르 쾨르너 같은 프로이센 작가들도 페레이라의 문학 살롱을 방문하여 그들의 최신작품을 그곳에서 소개할 기회를 가졌다고 한다. 브렌타노는 1813년부터 약 1년간 빈에 체류하면서 극작가로 자리 잡으려는 시도를 하다가 베를린으로 귀환했다.

1812년 이후 빈 궁정극장_(부르크테아터)의 초빙으로 빈에 체류하면서 궁정극장 공연 용 희극작품을 쓴 테오도르 쾨르너는 페레이라의 살롱에서 그의 최신작을 - 1814년 그의 사후 출간된 시집 <칠현금과 검>에 실린 시작품들은 헨리에테 페레이라에게 헌정된 것이었다 - 선보였으며, 그곳에서 카롤리네 피흘러 부인을 만났다. 1811년에 쓴 희극 <초록 옷을 입은 도미노>의 빈 궁정극장 시연에 주역배우로 발탁된 오스트리아의 인기 여배우 안토니 아담베르거₍₁₇₉₀₋₁₈₆₇₎와 사랑에 빠진 쾨르너는 1812년 빈에서 그녀와 결혼을 약속했다. 1812년 2월에 출간된 쾨르너의 드라마 <토니>는 궁정극장과 안토니 아담베르거를 위한 작품이었고, 안토니가 토니 역을 맡았다. 안토니 아담베르거는 카롤리네 피흘러 부인의 문학 살롱과 교류한 여배우였고, 쾨르너는 안토니를 따라 피흘러 부인의 문학 살롱에도 출입하게 되었다. 피흘러 부인은 그녀의 사후 출간된 - 이 시기의 문단의 야사들이 상세히 기록된 - <회상록>(1844)에서 안토니 아담베르거가 연기한 토니의 역할을 기술하면서, 작가(쾨르너)의 안토니에 대한 사랑이 등장인물(토니)에게 여성스러운 품위와 영혼을 불어넣었다고 회고했다.

쾨르너는 1813년 <뤼초 의용단>의 일원으로 해방전쟁에 기병으로 참전하여 1813년 8월 26일 멕클렌부르크 근교의 <가데부쉬 전투>에서 전사할 때까지 여러 편의 시와 <토니>에 이어 희곡 <즈리니>(1813)를 - 크로아티아어의 즈린스키는 헝가리어로는 즈리니이다 - 토니 아담베르거에게 헌정했다. <즈리니>는 2차 터키전쟁(1566-1568) 시, 막시밀리안 2세(재위: 1564-1576) 황제를 위해 산화한 크로아티아군 지휘관 니콜라우스 수비츠 즈린스키(1508-1566)의 영웅적인 죽음을 무대작품으로 형상화한 드라마였다. 터키전쟁 대신 나폴레옹 전쟁을 대입시키면 즈린스키의 운명은 쾨르너의 그것이었다.

만약 전쟁에 참전하지 않았더라면, 쾨르너는 안토니 아담베르거와 결혼하여 영구히 빈의 문단에서 활약한 작가로 후세에 기록되었을지도 모른다. 그럴 것이 쾨르너는 그를 초청한 궁정극장 외에도 로프코비츠 후작 가문과 팔피 백작 가문으로부터도 그를 전속극작가로 채용하고 싶다는 제의를 받았기 때문이었다. 양 가문은 모두 당대의 유수한 예술후원자 가문이었다. 쾨르너와 전속계약을 체결하려고 한 로프코비츠 가문의 7대 후작 프란츠 요제프 막시밀리안(1772-1816)은 요제프 하이든과 베토벤의 후원자였다. 그는 베토벤을 초청하여 그의 곡을 연주케 한 후, 수익금은 다시 작곡가들을 위해 환원되었다. 빈 제1구 요제프 광장에 위치한 팔피가의 대저택(팔레 팔피)은 모차르트의 <휘가로의 결혼>이 - 1786년 5월 1일 빈의 궁정극장에서 초연되기 직전 - 시연된 장소였다. 쾨르너는 궁정극장을 택했고, 궁정극장 전속극작가로서 '궁정작가'의 칭호를 얻었다. 그러나 그는 1813년 3월 궁정극장과의 전속계약을 해지하고 귀국했다. 프리드리히 빌헬름 3세 프로이센 국왕이 국민들에게 대 나폴레옹 무력항쟁을 호소했기 때문이었다. 만년의 하이든도 헨리에테 페레이라의 살롱과 접촉이 있었다. 그녀는 살롱을 경영했을 뿐 아니라, 가문의 전통에 따라 자선사업에도 참여하여, 빈 근교의 바덴에 소재한 성모병원을 운영했다. 그녀의 사후 1864년 빈 시는 빈 15구(루돌프스하임-핀프하우스)의 한 광장의 이름을 <헨리에테 광장>이라 명명하여 그녀의 공적을 기렸다.

빈 역사박물관을 들어서면 짙은 실크 드레스에 붉은 터번을 두른 카롤리네 피흘러 부인의 초상화가 마치 그녀의 문학 살롱을 찾아 온 예술가들을 환영하듯이 입장객들을 맞고 있다. 카롤리네 피흘러의 문학 살롱은 비더마이어 시대의 빈을 대표한 문화교류 공간이었다. 베토벤과 슈베르트 같은 당대의 작곡가들과 프란츠 그릴파르처를 위시한 오스트리아 작가들 이외에도 초기 독일낭만주의 문학을 대표하는 작가이며 비평가인 하노버 출신의 슐레겔 형제(아우구스트 빌헬름 폰 슐레겔과 프리드리히 폰 슐레겔), 프로이센 출신의 낭만주의 작가들인 차하리아스 베르너와 클레멘스 브렌타노와 루트비히 티크, 그리고 프로이센 출신의 극작가 테오도르 쾨르너와 작센 출신의 여류작가 루이제 브라흐만(1777-1822), 그리고 나폴레옹의 침략으로부터 티롤의 독립을 지키기 위해 티롤 해방전쟁에 몸을 던진 오스트리아의 민족영웅 안드레아스 호퍼를 배후에서 지원한 역사학자이자 출판인이었던 요제프 폰 호르마이르, 해방전쟁(6차 동맹전쟁, 1813-1815)에 동맹군 총사령관으로 참전하여 오스트리아-러시아-프로이센 동맹군을 지휘한 한 오스트리아군 원수 슈바르첸베르크의 부관 출신 장군이며 외교관인 안톤 폰 프로케쉬-오스텐(1795-1876) 등이 피흘러 부인의 문학 살롱을 이용한 대표적인 명사들이었다. 브렌타노는 빈 체류 시기에 3편의 희곡을 완성했다. 5막 역사극 <프라하의 창건>은 1815년에, <알로이스와 이멜데>는 1912년에 각각 출판되었다. 축제극 <휘날리는 깃발과 불붙은 화승을 든 빅토리아와 그녀의 누이동생>은 빈의 검열당국에 의해 제동이 가해져, 출판 및 공연금지 처분을 받았다. 브렌타노는 1815년 베를린으로 귀환했다.

하이든과 모차르트를 사사한 피흘러는 비전문가로서 연주활동을 한 최초의 여성 피아니스트 중의 한 사람이었다. 그녀는 애국적 역사소설을 여러 편 남겼다. 1824년에 출판된 <빈 2차 공성>은 오스만 제국의 빈 침공(1683)을 다룬 역사소설이었고, 1831년에 출간된 <호전공 프리드리히>는 바벤베르크 왕조의 마지막 공작 프리드리히 2세(1230-1246)의 일대기를 다룬 장편소설이었다. 1844년 그녀의 유고에서 4권으로 출판된 회상록('내 인생에서 기억할 가치가 있는 일들)은 1769년부터 1843년까지의 빈의 문화, 그리고 특히 여성문학을 연구하는 사람에게는 귀중한 자료로 평가될 수 있을 것이다. 후세는 카롤리네 피흘러의 문학 살롱과 이들의 모임을 <비더마이어 살롱>이라 부른다. 피흘러 부인의 문학 살롱은 18세기 말에서 19세기 중반까지 작가들과 음악가들의 후원기관과 같은 역할을 하였다. 문학 살롱 경영자들은 단순히 예술가들의 후원자 역할에만 그치지 않았다. 카롤리네 피흘러가 쓴 시, 희곡, 소설 및 비평은 그녀의 생전에 이미 60권의 책으로 출판되었고, 그녀의 회상록은 1844년 빈 토박이 소설가 페르디난트 볼프(1796-1866)에 의해 4권의 책으로 출간되었다. 카롤리네 피흘러는 빈에서 태어나, 빈에서 사망한 토박이 빈 여성이었다.

인명 • 지명 색인

인명 색인

ㅈ

ㅌ

ㅍ

지명 색인

ㅂ

오스트리아의 역사와 문화 2

초판 1쇄 발행일 2014년 4월 15일

지은이 _ 임종대
펴낸이 _ 배정민
펴낸곳 _ 유로서적

편집/디자인 _ 공감인(IN)

등록 _ 2002년 8월 24일 제10-2439호
주소 _ 서울시 금천구 가산동 327-32번지 대륭테크노타운 12차 416호
Tel _ 02-2029-6661, Fax _ 02-2029-6663
E-mail _ bookeuro@bookeuro.com

ISBN 978-89-91324-61-9 (set)
ISBN 978-89-91324-59-6 (2권)
ⓒ 유로서적

정가 25,000 원

이 도서의 국립중앙도서관 출판시도서목록(CIP)은 서지정보유통지원시스템 홈페이
지(http://seoji.nl.go.kr)와 국가자료공동목록시스템(http://www.nl.go.kr/kolisnet)
에서 이용하실 수 있습니다. (CIP제어번호 : CIP2014009547)